Helmut Schröcke: Germanen – Slawen

Odin reitet

Der Reiterstein von Hornhausen, gestaltet von einem heidnischen Nordgermanen nach 600 n.d.Ztr. sei als Sinnbild der germanischen Stämme von den Bastarnen bis zu den Vandalen und Wikingern vorangestellt, die aus Not, Wagemut und Schicksalstrotz aus ihrer Heimat zogen und wie die Ostvandalen in 600jährigem Vernichtungskampf durch das Christentum zum Teil untergingen und deren Reste Teil unseres Volkes wurden, das heute nach dem größten Nibelungendrama seiner daran so reichen Geschichte durch Mord an seiner Seele und durch Masseneinwanderung aus aller Herren Länder ebenso vor dem Untergang steht.

Helmut Schröcke

Germanen – Slawen

Vor- und Frühgeschichte des ostgermanischen Raumes

PANORAMA

2000
Lizenzausgabe, 2. Auflage
Panorama Verlag, Wiesbaden
ISBN 3-926642-20-3

Umschlag: Günter Seidel, Wiesbaden

Satz: Satzstudio Pfeifer, 82166 Gräfelfing
Gesetzt nach alter Rechtschreibung

Herstellung: Offset-Druckerei Reinhard Ascher
CZ 70100 Ostrava 1

INHALT

Einleitung

Es gibt zwei Bereiche der deutschen Geschichte, deren Darstellung sich bei näherer Betrachtung bis in die Lehrbücher hinein als recht fragwürdig erweist. Der eine Bereich ist die jüngste Vergangenheit ab der Jahrhundertwende. Hier zeigte kürzlich der sog. Historikerstreit, daß wir wohl beanspruchen können, daß diese Zeit endlich „historisiert", d.h. wissenschaftlich unvoreingenommen untersucht wird. Der andere Zeitabschnitt ist die deutsche Vor- und Frühgeschichte Mitteldeutschlands und der nach den beiden Weltkriegen verlorenen Gebiete Ostdeutschlands einschließlich der angrenzenden Gebiete bis etwa 1200. Die allgemeine Lehrmeinung ist hier, daß die ab Karl dem Großen betriebene Christianisierung der Bevölkerung östlich und südöstlich der Reichsgrenzen vor allem die „Slawen" betroffen hätte und daß es sich bei diesen „Slawen" um ein dem deutschen Volk fremdes Volk aus der sogenannten *Satem*gruppe der Indogermanen gehandelt habe, das in jene Gebiete von Osten her eingewandert sei, nachdem diese von den Germanen bis zum Ende der Völkerwanderung geräumt worden seien. Überdies hätten diese Ostgermanen, die den „Slawen" ihre Gebiete überließen, nie Anteil am deutschen Volkskörper gehabt. Die folgende Ostkolonisation hätte nun diese „Slawen" entweder vertrieben oder unterjocht und dann integriert, weshalb die deutsche Bevölkerung Mittel- und Ostdeutschlands das Ergebnis der Vermischung mit „Slawen" sei.

Die Christianisierung wurde tatsächlich durch Eroberung und mit Feuer und Schwert („Tod oder Taufe") und nur zum kleineren Teil friedlich durchgeführt. „Sie zerstörte eine große Kultur" (Prof. Dr. Lamm, Stockholm). Diese Darstellung enthält in ihrem Bezug auf „Slawen" einen entscheidenden Fehler, der in jüngster geschichtlicher Vergangenheit verhängnisvolle politische Folgen gezeitigt hat. Ursache war ein bis heute weitgehend unaufgeklärt gebliebener Irrtum, der zuerst dem an sich sehr verdienstvollen Herder († 1803), dann Bandtke, Schlözer († 1808) und anderen unterlief und von Herders Buch *Slawische Völker* 1791 ausging, für das Herder keine der alten Chroniken zitierte. Dieses Buch wurde der Ausgang des Panslawismus, der im Imperialismus des Zarenreiches und der UdSSR so überaus tragische Entwicklungen zur Folge hatte. Erst heute gibt es in Rußland eine Rückbesinnung auf die wahre Entstehungsgeschichte der Urslawen (s. Kap. 4.2.7) und des Russischen Reiches.

Die Ursache dieser Fehlentwicklung läßt sich letztlich mit Sprachschlampereien der Kopisten alter lateinischer Chroniken – vor allem von Helmold v. Bosaus verschollener Urschrift – erklären. In den lateinischen Abschriften war aus dem ursprünglich verwendeten Wort *„sclavi"* oder auch *„slaveni"*, das heidnische Ostgermanen bezeichnete, das Wort „slavi" geworden, das dann auch von späteren Chronisten so verwendet wurde. Dabei war ihnen, die nach deutscher Mundart das c in *„sclavi"* allmählich ausließen, die ursprüngliche Bedeutung offensichtlich noch geläufig. Erst Herder setzte *„sclavi"* mit „Slawen" gleich, und damit wird etwa ab 1800 die Falschübersetzung der Worte *„sclavi"*, *„sclaveni"* mit „Slawen" im heutigen ethnischen Verständnis üblich. Dabei betonen selbst seriöse Vertreter der Slawistik aus slawischen Ländern immer wieder, daß die Herkunft des Wortes „Slawen" und die Herkunft der slawischen Völker völlig unklar sei.

Die Bedeutung der Falschübersetzung *Sclavi* = Slawen im heutigen Sinne kann überhaupt nicht unterschätzt werden, sie ist eine der Hauptursachen für den Verlust des deutschen Volksbodens bis zur Oder-Neiße-Linie, des Sudetenlandes und der Vertreibung der dort lebenden deutschen Einwohner.

Noch Friedrich der Große schrieb in seinem Werk *Denkwürdigkeiten zur Geschichte des Hauses Brandenburg: „Jede Gegend besaß ihren eigenen Gott. Die Vandalen einen, der Triglav hieß. Man findet eine Darstellung von ihm auf dem Harlungerberg bei Brandenburg. Er hatte drei Köpfe."* Und die Chronisten verwandten bis dahin für den Raum östlich und südöstlich der Reichsgrenzen zumeist die Identität *Sclavi* = heidnische Ostgermanen und besonders *Sclavi* = Vandalen und Vandalen = Wenden und auch z.T. *Sclavi = Slavi.*

Zur Zeit Herders, mit dem die Umdeutung einsetzte, waren die historischen Fakten offenbar noch weithin richtig bekannt. So nannte sich eine Landsmannschaft in Mecklenburg beheimateter Studenten an der Universität Jena noch 1815 *Landsmannschaft Vandalia.* Sie führte aus dem mecklenburgischen Wappen die Farben *Rot-Gold.* 1815 ging sie bei der Gründung der Burschenschaft in dieser auf, die anfangs die Farben des Freikorps Lützow *Schwarz-Rot*, danach zur Erinnerung an die alten Kaiserfarben *Schwarz-Gold* – das Reichspanier unter Kaiser Barbarossa zeigte den schwarzen Adler auf goldenem Grund – und ab 1816 die Farben *Schwarz-Rot-Gold* führte (P. Knaupp, Europa 2/1990). Diese Farben sind die Vereinigung der Farben des letzten wikingisch-vandalischen Fürstengeschlechts der Ostgermanen mit den Kaiserfarben des *Heiligen Römischen Reiches Deutscher Nation*, wobei der vandalisch-ostgermanische Teil dieser Farben viel älter sein dürfte als jener andere.

Daß die Geschichte ganz anders gewesen sein muß, als in den heutigen Lehr- und Schulbüchern steht, zeigen eigentlich schon die folgenden herausgegriffenen Befunde. Der Bischof Adalbert von Prag († 977) sagte von sich *„Sclavus eram"*. Am Grabmal des ersten Daglingerkönigs, Boleslav I. (992–1025), das im 12. Jahrhundert im Dom zu Posen aufgestellt wurde, stand *„regnum Sclavorum, Gothorum sive Polonorum"* (bei Renovierung beseitigt). Der erste Geschichtsschreiber des Mesikoreiches, des Reiches der Daglinger (später Polen), Vinzenz Kadlubek (Gottlobonus) (1160–1223) schrieb, die *„alten Polen sind Nachkommen der Goten und Vandalen"*. Eine mittelalterliche lateinische Urkunde weist Rostock aus als *„urbs Vandalica Anseatica et megapolitana"*. Der Große Kurfürst (1640–1688) bezeichnete sich als *„Kurfürst von Brandenburg, Pommern, Herzog der Kaschuben und Wandalen"*, Gustav Adolf führte den Titel *„rex Suecorum, Gothorum et Vandalorum"*, und die schwedischen Könige bezeichnen sich noch heute als *„Könige der Schweden, Goten und Wenden"*.

Der Entdecker der Falschübersetzung ist Prof. Steller († 1972), der sich als Historiker und Volkstums-, Trachten- und Sprachforscher an der Universität Breslau besondere Kenntnisse in diesen Problemen vor Ort erwarb. Die Bedeutung der Entdeckung Stellers wird auch dadurch nicht gemindert, daß auch er sich irrte. Entscheidend ist, daß Steller die Identität *Sclavi = Slavi = Vandali = Vandalen = Wenden = Winden* nachwies, wobei ihm die von lateinisch schreibenden Chronisten des Mittelalters z.T. benutzte Identität *Sclavi = Slavi* offenbar nicht geläufig war. Inzwischen wurden Chronisten bekannt, die Steller noch nicht kannte, wie z.B. Albertus Krantzius oder Valvasor, welche Stellers Identitätsnachweis voll bestätigen.

Stellers Erkenntnis war (W. Steller, II, 1975, S. 25): *„Ohne Bedenken wird seitdem – und zwar bis heute – das Wort „Sclavi" unter unmotivierter Auslassung des c gebraucht und damit die Textüberlieferung verfälscht. Unkritisch wird dieses willkürlich modifizierte Textwort als „Slawen" im Sinne des Wortgebrauchs des 19. Jahrhunderts in den mittelalterlichen Dokumenten interpretiert, das Wort „Wenden" der mittelalterlich deutschsprachigen Texte demselben Begriff unterworfen"*.

Steller, der übrigens bei Hitler vortragen wollte, gelang es nicht, sich mit seinen Erkenntnissen durchzusetzen. 1959 veröffentlichte er sie in einem Buch, das niemand hatte drucken wollen, weil es der herrschenden Meinung so offensichtlich ins Gesicht schlug. Die Kritik der Besitzer der Lehrmeinung verstieg sich bis zu apodiktischen und äußerst unsachlichen, polemischen Rezensionen und Disqualifizierungen, die hier übergangen werden.

Steller war zur Unperson geworden. Jeder Historiker weiß davon, doch gelesen hat ihn wohl kaum einer, und in kaum einer Fachbibliothek stehen seine Werke. Steller baute in den folgenden Jahren seine Erkenntnisse noch weiter aus und veröffentlichte diese in zwei Bänden 1973 und 1975, von denen der zweite bei seinem Tode fertiggestellt war. Beide enthalten eine Fülle von Zitaten aus Quellen.

Seinen Gegnern antwortete W. Steller 1962 mit der Schrift: „*Gefahr im Verzuge, Kritiken und Rezensionen zu W. Steller, Name und Begriff der ‚Wenden' (Sclavi)*", erschienen in den *Mitteilungen der Landsmannschaft Schlesien*, Landesgruppe Schleswig-Holstein, 16, 1962. Es heißt dort: „*... Es sei vermerkt, daß der Ausdruck ‚Slawomanie' nicht von mir erfunden ist, sondern von den anerkannten deutschen Gelehrten der 1. Hälfte des 19. Jahrhunderts gebraucht wird, die sich gegen die durch Bandtke und Schafarik aufkommende neue Richtung der Wissenschaft wenden ... Es war dies vor allem eben die Verschmelzung der mittellateinischen Worte ‚Sclavi, Sclaveni'* [mit Slawen], *die – ich betone es noch einmal – nichts miteinander zu tun haben, sondern erst spät ‚volksethymologisch', eben durch die bewußte Arbeit jener ‚Slawomanen', zu dieser Begrifflichkeit umgebogen wurden. Von ihnen urteilte eines der angesehensten Akademie-Mitglieder seiner Zeit im Jahre 1844: ‚Die ungeschichtlichen und darum uns Deutsche verletzenden Hirngespinste der Slawomanen sollten nun in die gebührenden Schranken zurückgewiesen werden'...*".

Der Verfasser dieses Buches hat es unternommen, die Quellenzitate Stellers nachzuprüfen und dann die Quellen ganz zu lesen. Für dieses Buch ist nur Originalliteratur benutzt worden. Nur aus den Büchern von J. Herrmann – die zum Teil großartige Ausgrabungsergebnisse der letzten 40 Jahre zusammenfassen, die unter der Führung der damaligen *Akademie der Wissenschaften* der DDR entstanden sind – und von Kilian sind eine Reihe von Abbildungen übernommen.

Eine besondere Rolle spielt die bereits erwähnte Chronik des Helmold von Bosau († 1170) in der wissenschaftlich authentischen Ausgabe der *Monumenta Germaniae Historica* von 1937. Sie trägt den Titel: „*Helmoldi Presbyteri Bozoviensis cronika Slavorum*". Bei der Neuherausgabe 1910 schreibt nach Vergleichung aller Abschriften – die Urschrift ist verschollen – der Bearbeiter Schmeidler, er habe das c in *Sclavi* „*als zu störend*" weggelassen. So steht jetzt nicht nur im Titel sondern auch im gesamten Text stets statt *Sclavi* das Wort *Slavi*, obwohl in Abschriften aus dem Mittelalter *Sclavi* und *Slavi* synonym benutzt wurden und den Abschreibern obendrein die Identität *Sclavi* = *Vandali* geläufig war.

Im *Gelehrtenlexikon* von Jöcher 1750 steht unter Helmold von Bosau, er schrieb ein „*Chronikon Sclavorum et Venedorum*". Im Literaturverzeichnis einer Chronik des Hauses Brandenburg von W. Jobst von 1652 steht „*Helmoldus in der Wendischen Chronik*". Dies beides sind Belege dafür, daß das Original anders hieß als in der heutigen Ausgabe der *Monumenta Germaniae Historica.*

Die Tragik liegt darin, daß sich Helmold der Identität von *Sclavi* = *Slavi* (wenn er dieses Wort überhaupt benutzte, was beim Verlust der Urschrift kaum mehr erweislich ist) = *Vandali* sehr wohl bewußt war, Ende des 18. Jahrhunderts aber *Vandali* aus dem Bewußtsein schwand und zuletzt bei dem quellenunkundigen Herder aus *Sclavi* irgendeine große, den Germanen und Deutschen fremde Völkerfamilie wurde. Nur so konnte die Chronik von Helmold, wenn auch zu Unrecht, zu einer der wichtigsten Grundlagen des Panslawismus und der polnischen Gebietsforderungen werden.

Diese tragische Entwicklung wurde besonders von eben jener katholischen Kirche befördert, die selbst als treibende Kraft bei dem sich über 600 Jahre erstreckenden Holocaust der Christianisierung gewirkt hatte. Ihr unheilvoller Einfluß begann vor allem, nachdem das von der Reichskirche unabhängige Erzbistum Gnesen 1000 n.d.Ztr. gegründet worden war und setzt sich bis heute fort.

Die Chronistik ist einer der Wege, auf dem sich dieses Buch der historischen Wahrheit nähern will. Daneben bedarf es der archäologischen Zweigwissenschaften und der Anthropologie. Beispielsweise schreibt noch H. Wolfram (1990, S. 32), indem er römischen Schilderungen folgt: *„Immer wieder mußte neuer Boden gewonnen werden, weil die barbarische Wirtschaft eine Mangelwirtschaft war und den vorhandenen Siedlungsboden bei weitem nicht entsprechend nutzen konnte ... Überschüsse gab es aber entweder nicht, oder es war damit nichts anzufangen, weil keine Vorräte angelegt werden konnten ... So aß jeder dieselbe eintönige Mahlzeit."* (s. Kap. 7.3.9).

So wie die Germanen von den Römern und Byzantinern nur einseitig dargestellt wurden und unsere Geschichtsbücher heute noch Germanen durch römische Brillen sehen, so sind auch die heidnischen Ostgermanen ebenso einseitig durch die Brillen der Chronisten des christlichen *Heiligen Römischen Reiches* gesehen worden. Bezüglich der Goten mußte z.B. C. Engel (1942) feststellen: *„Wir lernen aus ihnen* [den spätantiken Geschichtsschreibern] *die Goten nur in ganz einseitiger Weise ... kennen. Es ist also nicht möglich, aus antiker Überlieferung ein treffendes Bild von der Wesensart, Ausdehnung und Bedeutung des ukrainischen Gotenreichs zu gewinnen"*. Tatsächlich ergibt sich aus den hier zusammengefaßten Einzelforschungsergebnissen ein ganz anderes Bild.

In den letzten Jahrzehnten wurden in Polen und Rußland durch Objektivierung der Vor- und Frühgeschichtsforschung hervorragende Ergebnisse erzielt. So wurde die Wanderung der Goten von der Weichselmündung und Pommern durch Untersuchung der zeitlichen und räumlichen Verschiebung und der Belegungsdauern von 83 Gräberfeldern bis in die Ukraine von 200 v.d.Ztr. bis 400 n.d.Ztr. minutiös verfolgt (A. Kokowski 1996, Kap. 4.2.2). In Rußland wurde die Ethnogenese der Urslawen aus Bastarnen und Vandalen aufgeklärt (M. Shchukin 1990, Kap. 4.2.7). Damit ist dem Panslawismus der Boden entzogen und eine Grundlage zur Völkerverständigung gelegt.

Als besonders schwierig erweist sich der Umgang mit dem unverzichtbaren Begriff „Volk". Wenn dieser Begriff heutzutage als *„romantische Vorstellung vom Ethnos"* (Wenskus 1961, ähnlich Bosl 1964, Wolfram 1990) einfach abgetan werden kann, wird etwas von dem ideologischen Druck sichtbar, der auf der Wissenschaft lastet. Dabei hatte die deutsche Romantik eine durchaus richtige Vorstellung von der Bedeutung des Begriffes *Volk*. In heutiger Zeit wird zwar häufiger der Begriff *Nation* gebraucht, der auf die französische Revolution und die Zeit der Aufklärung zurückgeht. Das Wort *Nation* leitet sich aber von *nasci*, geboren werden, ab und meint wiederum *Volk* als Abstammungs- und Vererbungsgemeinschaft. So ist auch die Verwendung des Begriffs *Nation*, wenn sie auf die Einwohner eines Staatsgebildes bezogen wird, von Grund auf falsch. Besorgt schreibt L. Kilian (1988, S. 30 f.): *„Man fragt sich auch, warum die Bezeichnung ‚Volk', welche die Sprachforschung mit Recht für eine Sprachgemeinschaft benutzt, aufgegeben werden soll."* Und weiter: *„Wir können bei Kulturprovinzen von der Existenz sprachlicher und damit völkischer Gruppen als Kulturträger ausgehen. Die sprachlich-völkische Bedeutung einer Kulturprovinz hat also mit Abstand Vorrang vor anderen."*

In der Forschung stehen heute die Hinterlassenschaften von Kulturen an erster Stelle des Interesses. Die Frage nach ihren Trägern und deren ethnische Zuordnung wird kaum noch gestellt, vielfach wird die Existenz von Völkern ganz geleugnet und damit auch der Zusammenhang, auf den Kossinna, einer der Begründer der Siedlungsarchäologie, 1895 in einem Vortrage vor der deutschen Anthropologischen Gesellschaft formulierte: *„S c h a r f u m g r e n z t e* [Sperrung v. V.] *Kulturprovinzen decken sich zu allen Zeiten mit bestimmten Völkern oder Volksstämmen."* Dafür, daß fremde Kulturen aufgepfropft werden können – was auch Kossinna bekannt war –, gibt es in der Geschichte eine Fülle von Beispielen, ebenso dafür, daß Kulturgut über ethnische Grenzen hinweg ausgetauscht wird. Bei unabhängiger Entwicklung werden eigenständige Kulturen jedoch vor allem gemäß dem genetischen Potential des betreffenden Volkes entwickelt. Wenn dies nicht so gewesen wäre, gäbe es heute und hätte es in der Vergangenheit keinerlei kulturelle Unterschiede gegeben.

Auch das Wort Germanen durfte, weil angeblich NS-belastet, nicht verwendet werden. In dem in seiner Art vorzüglichen Werk von E. Probst, *Deutschland in der Steinzeit*, erfährt man nichts über ethnische Zuordnungen der Kulturgruppen, ebenso nichts über linguistische und anthropologische Bezüge. Nur über dem Kapitel zur Schnurkeramik steht *„Vermeintliche Indogermanen"* und darin *„derartige Reiterkrieger der schnurkeramischen Kulturen wurden früher irrtümlich mit den Indogermanen gleichgesetzt"*.

Die Bedeutung von Völkern erklärt sich aus allgemeinen Entwicklungsgesetzen der Evolution des organischen Lebens. Auch beim *homo sapiens* ist die Entstehung von Völkern (Populationen) mit körperlichen wie nichtkörperlichen Eigenschaften, die von Volk zu Volk unterschiedlich genetisch programmiert sind und vererbt werden, ein Wesensmerkmal des Fortschritts der Evolution. Der Übergang vom typologischen Denken in Individuen zum Denken in Populationen ist ein grundlegender Fortschritt der Biologie (E. Mayr) und jeder historische Vorgang ist letztenendes ein Teil der Evolution.

Daß die vor allem von marxistischer Seite verwendete Milieutheorie ein weitgehend untaugliches Mittel zur Erklärung solcher Evolutionen ist, dürfte wohl feststehen. Ebenso, wie sich die starke Rolle der genetischen Grundlagen bei der Entwicklung der nichtkörperlichen, also der geistigen, seelischen, charakterlichen Eigenschaften durch die Forschungen an eineiigen Zwillingen in den letzten Jahrzehnten zweifelsfrei erweisen ließ, lassen sich auch entsprechende Aussagen über die Rolle der Vererbung nichtkörperlicher Eigenschaften bei der Entwicklung von Völkern treffen. In diesem Zusammenhang sind auch neuere Forschungen von Prof. Jensen u.a. in den USA zu sehen, die dort eindeutige Zuordnungen bestimmter IQ-Verteilungen zu bestimmten Großrassengruppen nachweisen konnten.

Unvermischte Völker sind genetische Sammelbehälter („gene pools"), also Abstammungs- und Vererbungsgemeinschaften mit jeweils eigener Sprache, Religion, Kultur, einem eigenen Volks- und Wertbewußtsein (*„ethnisches Bewußtsein"*, L. Kilian 1988, S. 30) sowie einem eigenen Selbsterhaltungswillen. Daß Völker u.a. als „Genpools" anzusehen sind, selbst in teilweise vermischter Form, das sieht man auch daran, daß jeder aus der Bevölkerung der vier germanischen Stämme, die unter Heinrich I. das *regnum theodiscum* bildeten, in der Stammtafel jedes heutigen Deutschen mehr als millionenmal vorkommt. Bedeutsam ist in diesem Zusammenhang aber auch, was sich aus neuesten populationsgenetischen Forschungen ergibt (Adam 1991, E. Mayr 1967), nämlich, daß nur solche Populationen über einen längeren Zeitraum (von 20 und mehr Generationen) überlebensfähig sind bzw. im Verlauf der Geschichte überlebt haben, deren Einzelmitglieder untereinander genetisch ausreichend ähnlich sind. Diese Erkenntnis ist wichtig für die Betrachtung solcher historischer Entwicklungen, wie sie gerade in diesem Buch im Vordergrund der Untersuchung stehen.

Die gemeinsame Sprache eines Volkes setzt eine Sprachentwicklung voraus, die von anderen Völkern weitgehend abgegrenzt und unabhängig war, also über einen langen Zeitraum mit Bestehen von bestimmten Schranken (z.B. Heiratsschranken oder räumliche Abschließung) die Evolution von eigenständigen Völkern ermöglicht worden ist. Ähnliches gilt für die Entwicklung in anderen Bereichen des Volkslebens, insbesondere in bezug auf die Wertordnung und die daraus folgende Gesittung, Rechtsordnung und Staatsordnung. Andererseits führt die Beseitigung der Unabhängigkeit eines Volkes im Regelfall zur Auflösung seiner eigenen Kultur, zur Übernahme fremder Kultur und Sprache und zuletzt zum völligen Verschwinden durch genetische Vermischung mit Angehörigen anderer Völker. So sind die mediterranen romanischen Völker mit romanischen Sprachen das Ergebnis solcher Entwicklungen im römischen Imperium, wie sie z.B. Kaiser Augustus betrieb, als er 500 000 römische Bauern von ihren Höfen vertreiben ließ, um dort ausgediente Legionäre anzusiedeln, die aus dem gesamten Weltreich kamen, aber kaum aus Italien.

Der Autor unternimmt es in diesem Buch, auf der Grundlage der Chronistik, einer Vielzahl archäologischer Befunde und unter Zuhilfenahme linguistischer und anthropologischer Untersuchungsmethoden die verdrängte Frage nach der ethnischen Zuordnung zu stellen und die Ergebnisse in Beziehung zu den chronistischen Befunden zu setzen. Untersucht wird die Vor- und Frühgeschichte des Ostraumes, soweit sie auf germanischen Stämmen beruht, bis etwa 1100 – 1200 n.d.Ztr. Die Zeit, in welcher die aus ehemals germanischer Wurzel entstandenen Völker, die heute zur großen slawischen Völkerfamilie gerechnet werden, sehr individuelle ethnische Veränderungen erfuhren, bleibt hier außer Betracht.

Der Verfasser, aus Mitteldeutschland stammend und von Jugend an bekannt mit Problemen der Slawenfrage, dankt allen, die ihn durch Zusendungen unterstützten, besonders aber Frau Dr. Heißig, München, für die Übersetzung tschechischer Literatur, Herrn Studiendirektor Egger und Herrn stud. phil. M. Egger (Geltendorf), für Übersetzungen, Herrn G. Dattenböck (St. Martin, Stmk.), für eine Kopie der Chronik des Valvasor und Herrn J. Wittmann (Braunschweig), für die Genealogie der Daglinger. Er dankt dem Anthropologischen Institut der Universität Mainz für die Benutzung der Anthropologischen Datenbank. Ebenso dankt er dem Verlag für die Veröffentlichung und die vorzügliche Gestaltung.

Helmut Schröcke, 1999

1 Bedeutung und Herkunft von Sclavi, Sclaveni, Sclabenoi, Slawen

Zu Beginn sollen diee Bezeichnungen der Chronisten für die Bevölkerungen im Osten behandelt werden.

Das griechische *sclabenoi*, erstmals nach 500 n.d.Ztr. überliefert, soll entstanden sein aus der Eigenbezeichnung *Slovene* durch frühneugriechische Lautentwicklung mit Einschub des *k*. Es bedeutet etymologisch: unterworfener, tributpflichtiger Gegner.

Die griechischen Wörter *sklaboi, sklabenoi* wurden bis 1100 nur im ethnischen Sinne gebraucht, vor allem für die Vandalenstämme, die bis in das Hinterland von Saloniki und auf den Peloponnes kamen und dort siedelten, aber auch für Awaren. Die erste Urkunde mit der Bedeutung von Sklave, Unfreier für diese Worte findet sich in Byzanz 1136 (F. Dölger 1952). In Süditalien gibt es 1126 aus Bari eine Urkunde als Beleg noch für die alte Bedeutung „*... unam ancillam ex genere Sclavorum...*", die von einem Unfreien aus dem Stamm der *Sclavi* handelt (H. Köpstein 1979).

Im Mittellateinischen wurde aus *sklabenoi, Sclavi, Sclaveni* (Plr.), die sich erstmals bei Jordanes und Prokop 550 finden und nur ethnische Bedeutung haben.

Bei den folgenden Chronisten, z.B. Fredegar, haben *Sclavi, Sclaveni* die Bedeutung von: jenseits der christlichen Reiche wohnende Heiden anderer Völker, welche eine eigene Sprache, die *Lingua Sclavinia* sprechen. Diese Sprache spielt in den päpstlichen Briefen an Method im Großmährischen Reich eine Rolle mit Verbot und Erlaubnis des Lesens der Messe in „*Lingua Sclavinia*". Bei den Einwohnern des Herzogtums Krain, das dem heutigen Slowenien z.T. entspricht, wird noch z.Zt. des Chronisten Valvasor 1689 die Messe bei den von ihm synonym verstandenen *Sclavi* = Slawen = Vandalen (s. Kap. 2, Valvasor) in ihrer Sprache abgehalten und dies auf Method zurückgeführt, wie Valvasor schreibt.

Es muß damit gerechnet werden, daß diese Bedeutung von *Sclavi* im gesamten Bereich der weströmischen Kirchenhierarchie so galt. Bei den mönchslateinischen Chronisten aus dem Bereich des Deutschen Reichs wird diese ethnische Zuordnung nur im Sinne von *Sclavi* = Ostgermanen benutzt und findet bei A. Krantzius († 1517) die eindeutige Zuordnung „*Sclavi sunt Vandali*" (nicht Vandali sunt Sclavi!). Im Register des Werkes von Krantzius „*Vandalia*" findet sich in der nächsten Zeile außerdem:, „*Sclauoni hodie, Wandali antiquitus fuerant*" (*Sclauoni* werden heute die genannt, die früher Vandalen hießen), eine Zeile weiter: „*Sclauorum nomine etymon Hebreum tribuitur*" (das Wort *Sclaui* soll aus dem Hebräischen stammen) und darunter: „*Sclauorum nomine mancipia unde soleant significari*" (warum man mit dem Wort *Sclaui* Eigentumsrechte (an ihnen) verbindet). Hier wird der interessante Hinweis der Herkunft des Wortes aus dem Hebräischen gegeben und anschließend noch der Bedeutungswandel zu Sklave = Unfreier angedeutet.

Doch schon 853 findet sich ein Beleg für den Bedeutungswandel in Sklave, Unfreier, im heutigen Sinne, und zwar in einer Regensburger Urkunde mit „*homines liberos vel sclavos*" (J. u. W. Grimm 1905, Stichwort Sklave).

Die germanischen Volksrechte, so die *Lex Baiuvariorum*, bezeichnen Unfreie als *servi*. Das Wort *Sclavi* kommt darin nicht vor. Ebenso bezeichnen die mittelalterlichen Chronisten Sklaven mit *servi*.

Die ethnische Bedeutung von *Sclavi* geht aus der Verwendung von *„gens Slavorum"* 962 in der Papstbulle zur Gründung des Erzbistums Magdeburg, 968 von *„gens Sclauorum"* durch den Erzbischof von Mainz hervor und daraus, daß 975 beim Einfall des christlichen Herzogs Boleslav II. von Böhmen in das Bistum Passau in den Quellen steht *„invasio Sclauorum"* (Chr. Lübke 1984).

„Die Fehlleistung der historischen Wissenschaft, von den ostelbischen Gebieten als von einem von 'Slawen' besiedelten Land zu sprechen, beruht auf der falschen Übersetzung der Worte 'Sclaveni', Kurzform 'Sclavi' der mittellateinischen Quellenworte als 'Slawen'. ... Sowohl das Russisch-etymologische Wörterbuch von Max Vasmer (Heidelberg, II, 1955, S. 656) *... als auch das Etymologische Wörterbuch der russischen Sprache, herausgegeben von der Universität Moskau* (Moskau, II, 1959, S. 319) *besagen, daß die mönchslateinischen Worte 'Sclaveni, Sclavi' der mittellateinischen Quellenberichte sowie die davon abgeleitete Raumbezeichnung 'Sclavania' ... im Ursprung nichts mit dem Wort 'slava' = Ruhm* (Zusatz: und im heutigen ethnischen Verständnis von „Slawen") *zu tun haben"* (W. Steller I, 1973 S. 21).

Vereinzelt wurde bereits im 10. Jahrhundert das c in *Sclavi* fortgelassen. 975 nennt Kaiser Otto IV. ein Land *Slauonia* und die Papstbulle von 962 zur Gründung des Erzbistums Magdeburg spricht von *„gens Slavorum"*, obwohl Kaiser und Papst sonst nur *Sclavi* verwenden (Chr. Lübke 1984).

Bereits in den lateinischen Abschriften von Helmold von Bosaus Chronik wird synonym mit *Sclavi Slavi* benutzt, ebenso in den Abschriften der Chronik des Widukind von Corvey aus dem 12. Jahrhundert. Diese Identität *Sclavi = Slavi* ist offenbar weit verbreitet, z.B. auch bei Valvasor (1689, siehe Kap. 2) und von Raumer (1836), wobei sich die Chronisten aber mindestens bis Valvasor, sogar noch nach Herder (v. Raumer) der Identität *Sclavi = Slavi* = Vandalen bewußt waren. Nach J. u. W. Grimm, *Deutsches Wörterbuch* Bd. 16, Stichwort *Sklave*, ist das Weglassen des c und k in scl und skl im Deutschen ein mittelalterlicher Sprachwandel und führte norddeutsch zu Slaaf (Sklave) und Slav (s. „lever dud as slav") mit gleichzeitigem Bedeutungswandel zu *Sklave*. Die Übertragung dieses Sprachwandels auf das Lateinische und das Weglassen des c in *Sclavi* ist nicht statthaft und ist eine, vielleicht vom umgangssprachlichen Brauch verursachte Sprachschlamperei der mittelalterlichen Abschreiber. Seitdem wird gelegentlich in deutsch geschriebenen Chroniken für Ostvandalen Slawen benutzt. Erst seit der Zeit Herders hatte dieses *Slavi* die Bedeutung von Slawen im heutigen Sinne als einer großen ethnischen Gruppe erhalten, die von den Germanen verschieden ist. Seriöse Slawisten – auch nichtdeutsche, slawische (siehe Filip in Kap. 2) – betonen immer wieder, daß sowohl die Herkunft der Völkergruppe der Slawen als auch die Deutung des Wortes Slawen unklar sei.

Das Wort *Wenden* erscheint, als die Chronisten begannen, Deutsch zu schreiben. Über die falsche Ableitung von *Wenden* von den *Venedern* schreibt Steller (W. Steller I, 1973 S. 43): *„Ein bedenklicher Irrtum hat sich in das wissenschaftliche Schrifttum durch die Gleichsetzung der Formen Veneter oder Veneder mit Wenden eingeschlichen ... Das anscheinend älteste Vorkommen eines in diesen Zusammenhang zu stellenden Volks- oder Stammesnamens findet sich bei Plinius (23–79 n.d.Ztr.): 'Quidum haec habitari ad Vistulam usque fluvium a Sarmatis Venedis Sciris Hirris tradunt ...'. Die Übersetzung, daß diese Gebiete bis zum Weichselfluß 'von Sarmaten, Wenden, Skiren und Hirren bewohnt würden', ist falsch ... Die mit doppeltem Fehler behaftete Übersetzung ... ist eine der Urheberschaften für den Begriff 'Wenden – Slawen'"* (W. Steller, I, 1973, S. 37, 38). *„... Aus demselben Jahrhundert ... bringt das 46. Kapitel* *der 'Germania' des Tacitus einen weiteren wichtigen Beleg. 'Hier endet Swebien. Ob ich die Stämme der Peukiner, der Veneder und Fennen zu den Germanen oder zu den Sarmaten rechnen soll, schwanke ich, wenn schon die Peukiner, welche manche auch Bastarnen nennen, in Sprache und Lebensweise, in Siedlung und Hausbau den Germanen gleichen ... Die Veneder haben viel von ihren Sitten angenommen, sie durchschweifen nämlich auf ihren Raubzügen die ganze Wald- und Berglandschaft zwischen Peukinern und Fennen, doch zählt man sie lieber zu den Germanen, weil sie Häuser bauen, Schilde tragen, gern und flott zu Fuß gehen, in all dem Gegensatz zu den Sarmaten, die auf Wagen und Rossen leben' (I, 39). Die Belege für das Wort 'Wenden' und 'wendisch' liegen um das Jahr 1000, d.h. fast ein Jahrtausend später als die antiken Quellen.*" (W. Steller I, 1973, S. 43).

Wenden ist stets identisch mit Vandalen. Der eindrucksvollste Beleg dafür ist der Titel der deutschen Übersetzung der lateinischen Chronik der Vandalen von A. Krantzius († 1517, gedruckt 1600): *„Vandalia oder Beschreibung Wendischer Geschicht"* (s. Abb. 2). Valvasor stellt 1689 diese Identität auch für die Alpen- und Südostslawen fest. Er leitet Vandalen und Wenden von Vand = Wasser ab.

Die schwedischen Könige tragen noch heute den Titel: König der Schweden, Goten und Wenden. König Waldemar II. von Dänemark, der 1205 die Rechte und Freiheiten Lübecks bestätigte, zeichnete mit: *Waldemarus dei gratia Danorum Sclauorumque rex dux Iutie dominus Nordalbingia*. König Friedrich V. war *rex Daniae, Norwegiae, Vandalorum, Gothorum*. Der Markgraf von Brandenburg trug u.a. auch den Titel Herzog der Vandalen.

Diese Titel belegen wohl eher alte ethnische Abstammungen und Verwandtschaften als Herrschaft über unterjochte und von Osten und Südosten zugewanderte fremdvölkische „Slawen".

Seit und nach Herder wird „Wenden" synonym mit „Slawen" und als Teil davon benutzt, heute noch für die Bewohner der „slawisch" sprechenden Sorben und Wenden der Lausitz und des Spreewaldes, die Reste der Vandalen sind und in alten Quellen als Sorben, *Sorabi* erscheinen. Daß diese volkskundlich keineswegs etwas dem Deutschen Fremdes sind, hat Steller überzeugend dargelegt (W. Steller, II, 1975, S. 164f). In ihrer Sprache findet sich für Mädchenkopfbedeckung das Wort Borta. Bei den Siebenbürgern bedeutet der (völlig gleich aussehende!) Borten das Gleiche. Sie brachten das Wort und das Kleidungsstück bei ihrer Einwanderung 1140 aus der alten Heimat Flandern und Westfranken mit, wohin nie *„von Osten zugewanderte Slawen"* kamen, oder es stammt von den Gepiden. Borta und Borten müssen also auf ältere, spätestens völkerwanderungszeitliche sprachliche und kulturelle Gemeinsamkeiten der Franken oder der Gepiden mit den Vandalen zurückgehen.

Besonders im Süden des Ostalpenraumes wird anstatt Wenden Winden gebraucht, das sich auch in Ortsnamen findet. Ob die Ableitung aus dem Keltischen kommt, wie Steller meint (W. Steller, I, 1971 S. 42), oder von den *Winidi* des Reiches von Samo komme, wie Valvasor meint (W. v. Valvasor 1789, XIV, S. 213), ist kaum belegbar. Die Ableitung von den Winidi des Großmährischen Reiches ist nach Pritsak (O. Pritsak 1983) falsch, denn Winidi bedeutet germanisch „Genosse im Ring". Die einfachste Erklärung scheint die einer mundartlichen Lautverschiebung des e zu i zu sein. Nach J. u. W. Grimm, *Deutsches Wörterbuch* (Stichw. *Wende*) ist Winden die ältere Form. Dort siehe auch Belege für die Identität *Sclavi* = Wenden = Winden = Vandalen.

Hier sollen noch einige Bemerkungen über die Bedeutung von *saqlab*, im Plural *saqaliba*, bei arabischen Autoren gemacht werden, weil mit diesen Worten das griechische *sclabenoi* in Verbindung gebracht wurde.

Am bekanntesten ist Ibn Fadlans Reisebericht (Z. Togan 1939) von 921, der unter *saqaliba* die Wolgabulgaren versteht, die zwischen dem Reich der Waräger und dem der Chasaren wohnten. Meist wird es fälschlich mit „Slawen" übersetzt. Die Araber lernten schon im 7. Jahrhundert in Kleinasien die „slawischen" Söldner der Byzantiner kennen. Bei den arabischen Autoren des 10. Jahrhunderts (Z. Togan 1939, Anhang über „Saqaliba") ist die Bedeutung viel weitergehend. *Saqaliba* wird benutzt anfangs für alle Völker, die nördlich der Chasaren wohnten, dann für hellhäutige Türken und Finnen des mittleren und unteren Wolgagebietes, später für baltische Völker und weiter im Norden für Germanen bis nach Skandinavien.

Als *Sakaliba* wurden ostvandalische Sklaven benannt, die im islamischen Spanien erstmals nach 796 angeführt werden und als Krieger, Eunuchen u.a. Verwendung fanden und bis zu Befehlshabern der Leibgarde und der Zivilverwaltung und Leitern der Textil-, Waffen- und Schmuckwerkstätten aufstiegen. Für die Mitte des 10. Jahrhunderts wurden dort 13 750 Sakaliba bezeugt (B. Brentjes 1973). Nach J. u. W. Grimm 1905 wurden bereits im 5. Jahrhundert von den Franken gefangene *Sclavi* von jüdischen Sklavenhändlern als Eunuchen nach Spanien verkauft, dort als *saklab, sakalibah* (Plur.) bezeichnet und von dort als Exportartikel nach südlichen Ländern weitergehandelt.

Im Frühmittelalter ist ein ausgedehnter Sklavenhandel bezeugt. Kriegszüge wurden mit dem Neben- oder sogar dem Hauptzweck der Gewinnung von Sklaven betrieben, da diese das kostbarste der damaligen Handelsgüter waren. Ein Sklave kostete 200 bis 300 g Silber. Der große Anteil arabischer Silbermünzen in den Hacksilberschätzen des 9. und 10. Jahrhunderts wird mindestens z.T. darauf zurückgeführt. Aus der Häufung der Verbreitung eiserner Fesseln in Ungarn, Byzanz, den Gebieten nördlich des Schwarzen Meeres, Ostholstein-Wagrien-Mecklenburg ist zu schließen, daß die Kriege zur Erweiterung der karolingischen und ostfränkischen Reiche und des regnum Theodiscum nach Osten nicht der Sklavengewinnung dienten, wohl aber die Kriege zwischen den Dänen und Obodriten (s. Kap. 4.2.9.2). Schon unter Karl dem Großen wurden Ostvandalen in der Oberpfalz als Bauern angesiedelt, dann in Thüringen westlich der Saale und weiter nördlich. Bei diesen Umsiedlungen wurde von den Chronisten zwischen familias servorum (Unfreie), familias litorum (Halbfreie) sowie familias sclavorum unterschieden (J. Henning 1992).

Während sich bei Filip (1969) keine Erklärung des Wortes „Slawen" findet, schreibt Trautmann (1947), die Etymologie des Völkernamens muß als unklar gelten. Die erste Eigenbenennung findet sich im altbulgarischen Schrifttum im 10. Jahrhundert als *Slovene*, woraus nach Trautmann das griechische *sclabenoi* und dann das lateinische *Sclavi* geworden sei, da das o in *Lingua Sclavinia* im Griechischen und Lateinischen als a wiedergegeben wurde. Deshalb sei auch die Ableitung Slawa = Ruhm falsch.

Als beste Erklärung des Namens ihres Stammes bietet sich mit der Entdeckung der nordischen Herkunft der Slowenen und ihrer Sprache durch Jeza (1967) (s. Kap. 4.1.4) die altnordische an mit *sol-vende*, die der Sonne Zugewandten.

Der bisherigen Stand in der Slawistik und der Vor- und Frühgeschichte, die sich mit dem Ostraum befaßt, kann durch J. Filip 1969 gekennzeichnet werden.

Stichwort Slawen: *„Ihr Aufkommen ist bisher nicht eindeutig geklärt ... Eine völlig befriedigende philologische Darlegung, wie das Urslawische aus der indoeuropäischen Ursprache hervorging, liegt bisher nicht vor. Auch das Gebiet, in dem sich die slawische Sprachgruppe geformt hat, ist nicht ganz eindeutig bestimmt ... Die Autoren des Altertums (Tacitus, Plinius d.Ä., Ptole-*

mäus) kennen die Slawen als ein sehr zahlreiches Volk, ... das sie Veneter (Veneten oder Venaden) nannten ... Den grundlegenden Umbruch in der Entwicklung der Slawen führte ihre mächtige Expansion herbei, die in der 1. Hälfte des 1. Jahrhunderts. ihren Anfang nahm ... Die westwärts gerichtete slawische Expansion (nach Mitteleuropa) hinterließ in den zeitgenössischen Schriftquellen keinen Widerhall ... Das Vordringen der Slawen wurde offensichtlich auch durch den Umstand ermöglicht, daß die germanischen Stämme vom 2. Jahrhundert u.Ztr. an, das Gebiet östlich der Elbe zu räumen begonnen hatten ... der seinerzeit vorausgesetzte Vormarsch in westlicher Richtung wird heute angezweifelt und zwar auf Grund neuer Erkenntnisse hinsichtlich der für die Expansionszeit typischen ältesten Slawenkultur (Keramik des Prager Typs, u.a.), die auf dem gesamten westslawischen Gebiet zahlenmäßig nicht gleich vertreten ist ... Die Annahme, die bisweilen von der z.B. in der sog. Fredegar-Chronik angeführten Bezeichnung der Slawen als „Belfuci Chunis" abgeleitet wird, wonach die W-Slawen als Untertanen der Awaren oder anderer Völker nach Mitteleuropa gekommen wären, wird von der slawischen Wissenschaft abgelehnt ... Zu den elbeländischen und pommerschen Slawen gehörten die an der unteren Elbe ansässigen Obodriten, östlich von ihnen die Veleten (Liutizen) und die Bewohner von Pommern, die zwischen Oder und Weichsel lebten. Südlich von diesen Stämmen bis zu den böhmischen Grenzhöhen waren die Sorben angesiedelt. Zu ihnen gehörte auch die slawische Einwohnerschaft im heutigen Bayern ... Die Ostgruppe der Westslawen – die polnischen Stämme – trat erst in der 2. Hälfte des 10. Jahrhunderts markant in die Geschichte ein (Fürst Miesko) ... (im Süden Polens entstand bereits im 9. Jahrhundert das Reich der Wislaner) ... im 7. Jahrhundert entstand im Abwehrkampf der Slawen gegen die Eindringlinge das erste größere westslawische Staatsgebilde (Samo) ... Ein gewaltiger ökonomischer und kultureller Aufstieg begann im 9. Jahrhundert, in dem das Großmährische Reich geschaffen wurde. Die früheren Vorstellungen vom Bestehen eines einheitlichen anthropologischen Typs haben sich als irrig erwiesen. Eine einheitliche materielle Kultur läßt sich bei den Slawen offenbar nicht einmal in ihrer urzeitlichen Periode annehmen".

2 Quellenzitate für Sclavi, Sclaveni und ihre Identität mit Ostgermanen

Das erste Auftreten des Wortes *„Sclaveni"* im Schrifttum findet sich in der Gotengeschichte des *Jordanes* (551) (A. Heine 1985):

„Nach der Besiegung der Heruler rückte der nämliche Hermanarich gegen die Veneter ... Diese, die, wie wir am Anfang unserer Darstellung auseinandergesetzt haben, von einem Stamm entsprossen, haben jetzt drei Namen: Veneter, Anten und Sklavenen (XXIII)." „Weiter nach innen zu liegt Dacien, das von steilen Gebirgen ... geschützt ist. Links von diesen, wo die Grenze nordwärts geht, von den Quellen der Vistula (Weichsel) *ab über ungeheure Strecken sitzt das zahlreiche Volk der Veneter. Mögen auch ihre Benennungen wechseln nach ihren verschiedenen Stämmen und Wohnsitzen, die hauptsächlichen Namen sind doch die der Sclavenen und Anten. Die Sclavenen haben das Land von der Stadt Novietunum und dem sog. Mursianischen See* (Neusiedler See) *bis zum Danaster* (Dnjestr), *im Norden bis zur Vistula inne. Statt in Städten wohnen diese in Sümpfen und Wäldern. Die Anten dagegen, die tapfersten unter ihnen, wohnen an der Krümmung des Pontus* (Schwarzes Meer) *vom Danaster zum Danaper* (Dnjepr) *(V)".*

Bereits bei Jordanes hat also das Wort *Sclavi* eine ethnische Bedeutung.

Das Werk von Jordanes ist heute in seinem lateinischen Text mit dem Anspruch der wissenschaftlichen Authentizität in der *Monumenta Germaniae Historica* veröffentlicht. Zeuss (K. Zeuss 1837) stellt aber bereits fest, daß in der ältesten erhaltenen Wiener Abschrift – das Original ist verschollen – anstatt *Veneti* wie in M. G. H., dort *Winidi* steht. Er bemerkt dazu: *„das ist wahrscheinlich die ursprüngliche Schreibung"* und *„daß Winidi, wie gezeigt, deutschen Ursprungs"* ist. Da die *Winidi* verwendende Abschrift – ähnlich wie im Falle der Chronik des Helmold von Bosau – nicht mehr zu wissenschaftlicher Bearbeitung herangezogen wird, konnte die Falschübersetzung *Sclavi, Sclaveni* = Slawen im heutigen Sinne ihren überragenden Einfluß gewinnen, obwohl sich die mittelalterlichen Abschreiber der Identität *Sclavi* = *Slavi* = *Vandali* bewußt waren.

Prokop (550) (Prokop 1985) ordnet in folgender Stelle die Sarmaten, die auch als Slawen gelten, eindeutig den Germanen zu (*Vandalenkrieg*, 1. Buch):

„Als Honorius Kaiser des Westens war (395–423), drangen die Barbaren in das Reich ein ... die größten und berühmtesten die Goten, die Vandalen, die Westgoten und die Gepiden. Früher nannte man sie Sarmaten und Melanchläen, bei einigen heißen diese Völker auch Geten. Sie alle unterscheiden sich voneinander, wie schon bemerkt, dem Namen nach, im übrigen aber gar nicht. Sie alle haben eine weiße Hautfarbe, blonde Haare, sind groß von Gestalt und schön von Gesicht. Sie gehorchen denselben Gesetzen und haben dieselbe Religion, nämlich die arianische. Auch haben sie eine Sprache, die gotische, und ich glaube wohl, daß sie ursprünglich einem Volk angehört haben und sich dann später nach den Namen ihrer Führer unterschieden haben. Von altersher saßen sie jenseits der Donau."

Dies hier sind aber nicht die Sarmaten asiatischer Herkunft, die bis zum Balkan kamen, sondern germanische Sarmaten (die offensichtliche Namensübertragung wird hier nicht untersucht). In der Karte des Mitgliedes der französischen Akademie der Wissenschaften von Mentelle 1795

„Carte ancienne d'Allemagne" für die Zeit um 100 n.d.Ztr. ist Sarmatien zwischen den Namen anderer ostgermanischer Stämme zwischen Ostpreußen und Lublin eingetragen (Abb. 1).

Fredegar (mehrere Chronisten bis 660), zitiert nach A. Heine 1986 *Chronik des Fredegar*:

48. *„Im 40. Jahre* (des Frankenkönigs Chlothar, 622) *verband sich ein gewisser Samo, ein geborener Franke ... mit mehreren Kaufleuten und zog in Handelsgeschäften zu den Sklaven* (lat. stets Sclavi), *die man Wineder* (Winedos) *nennt. Die Sklaven hatten damals bereits angefangen, gegen die Awaren, die den Beinamen Chunen führen, ... sich zu empören. Schon von alten Zeiten her wurden die Wenden* (Winidi) *von den Chunen als sog. Belfuci gebraucht ... Jedes Jahr kamen die Chunen zu den Sklaven, um bei ihnen zu überwintern, dann nahmen sie die Weiber und Töchter der Sklaven und schliefen bei ihnen ... Die Söhne der Chunen aber, die diese mit den Weibern und Töchtern der Wenden erzeugt hatten, ertrugen endlich den Druck nicht mehr ... Wie nun das wendische Heer gegen die Chunen auszog, so begleitete jener Handelsmann Samo dasselbe ... Da erprobte sich dessen Tapferkeit ... und eine ungeheure Menge Chunen fielen durch das Schwert der Wenden. Als diese nun die Tapferkeit des Samo erkannt hatten, wählten sie ihn zu ihrem König und er herrschte 35 Jahre lang glücklich.*

68. *In diesem Jahre (631) wurden die in Samos Reich handelnden Kaufleute von den Sklaven, die den Beinamen Wenden führen, umgebracht ... Das war die Veranlassung des Zerwürfnisses zwischen Dagobert und dem Sklavenkönig Samo ... Wie das Dagobert erfuhr, ließ er aus ganz Auster ein gewaltiges Heer gegen Samo und die Wenden ins Feld rücken ... Als sich die Austrasier aber an die Belagerung der Wogastisburg* (Burg des Wodan) *machten ..., kam es zu einer dreitägigen Schlacht ...*".

Da in lateinischen Fredegarausgaben sowohl *Winedi* und *Winidi* in gegenseitiger Vertretung verwendet werden und offenbar identisch sind, ist es nicht richtig, *Winidi* mit *Wenden* zu übersetzen und *Winedi* unübersetzt zu lassen, ganz abgesehen davon, daß „Wenden" erst in deutschen Chroniken und fast 1000 Jahre später auftaucht, synonym mit Wandalen (s. vor allem bei A. Krantzius).

O. Pritsak 1983, der *Sclavi* mit *Slawen* übersetzt, stellt fest, daß *Vinid* germanisch ist und „Genossen im Ring" bedeutet. Diese lebten dort, wo früher die *Venedi* des Jordanes wohnten, die mit *Vinidi* identisch sind. Das germanische *Vinid*, byzantinisch *Sclavin* und später islamisch *saglab*, hätten weder ethnische noch sprachliche Bedeutung sondern die einer militärischen Organisation, deren Angehörige unterschiedlicher ethnischer Herkunft gewesen wären aber eine gemeinsame Umgangssprache benutzt hätten. Aus *„Sclavi coinomente Winidi"* bei Fredegar folge, daß Samos Reich durch derartige Wehransiedler an der Militärgrenze gegen die Awaren gesichert worden sei, die sich in die Festung mit dem germanischen Namen Wogastisburg zurückzogen. Deshalb sollte das Konzept, daß Samos Aktivitäten den ersten slawischen Staat begründet hätten, aufgegeben werden, je eher, desto besser.

Nicht nur bei Helmold von Bosau findet sich die Identität *Vandali = Winidi = Winuli*. Daraus geht hervor, daß *Vinidi* in Aufreihung von Stammesnamen ethnische Bedeutung hat. Da *Sclavi* heidnische Ostgermanen bedeutet, die *Winidi* genannt werden, folgt daraus, daß Samos Reich ostgermanische Bewohner hatte.

Paulus Diakonus (720–799), *Geschichte der Langobarden*, (A. Heine 1986)

Die Geschichte der Langobarden beginnt mit ihrer sagenhaften Herkunft aus Skadan (Skandinavien) und dem Kampf der Winniler, die dann Langobarden hießen, mit den Vandalen. Das ist bemerkenswert, da den Chronisten bis nach dem Mittelalter die Identität von Vandalen, Winulern, Winilern oder Winnilern geläufig war. *„Und danach brachen die Langobarden auf und kamen nach Golaida und hierauf besaßen sie Aldonus, Anthaib und Bainaib und Burgundaib“.* Unter Golaida ist wohl Böhmen zu verstehen, unter Anthaib das Land eines Stammes der Ostvandalen, der Anten (siehe Jordanes), und unter Burgundaib das Land der Burgunden.

I. Buch, 1. *„... nicht mit Unrecht wird jener ganze Landstrich vom Tanais* (Don) *bis zum Sonnenuntergang mit dem allgemeinen Namen Germania bezeichnet, wenn auch einzelne Gegenden wieder ihre besonderen Benennungen haben“.* Dies ist die erste Nachricht eines Chronisten, daß Germanien nach Osten bis zum Don reichte, es folgen gleiche Nachrichten von Alfred dem Großen († 901), Cosmas von Prag († 1125), Albaertus Krantzius († 1517) und Seb. Münster (†1588). Mehr als 800 Jahre lang ist das Wissen lebendig, daß Germanien mit Einschluß der Ostvandalen bis dorthin reichte.

Einhard (770–840), *Annalen der Frankenkönige,* (G. Pertz und F. Kurze 1895, A. Heine 1986):

„Natio quaedam Sclavorum est in Germania sedens super litus oceani quae propria lingua Welatabi francia autem Wiltzi“. Es gibt in Germanien ein gewisses Volk der *Sclavi,* das am Strand des Ozeans wohnt und in der Sprache der Franken *Welataben* oder *Wiltzen* heißt.

Einhard, Kaiser Karls Leben, von Abel und Wattenbach, (A. Heine 1986): Aufzählung aller Völkerschaften, die Karl sich zinsbar gemacht hatte, die *„zwischen Rhein und Weichsel, dem Meer und der Donau Germania bewohnen, so ziemlich in einer Sprache reden ... Die bedeutendsten darunter sind die Welataben, Soraben, Abodriten, Boemanen...“.*

Conversio Bagoariorum et Carantanorum, (um 870) (H. Wolfram 1979):

11. *„Inzwischen gab ... der König (*König Ludwig der Deutsche*) ... an Priwina ein Gebiet Unterpannoniens zu Lehen, das am Fluß Sala liegt. Darauf ... errichtete er ... eine Kirche, die der Erzbischof Liupram ... 850 ... weihte. Anwesend waren dort: Chezil, Unzat, Chotemir, Liutemir, Zcurben, Siliz, Wlkina, Witemir, Trebiz, Bisnuz, Zuemin, Zeska, Chrimisin, Goimer, Zistilo, Amalrih, Altwart, Wellehelm, Frideprecht, Scrot, Gunther, noch ein Gunther, Arfrid, Nidrih, Isanpero, Rato, Deotrih, noch ein Deotrih, Madalperht, Engilhast, Walker, Deotpald, ... Dann schenkte Chezil der Kirche, ... was Engildo ... dort besaßen“.*

Unter diesen ostgermanischen Namen der Angehörigen des Priwina sind auch solche, die bei den Westgermanen gebraucht wurden und damit die Ähnlichkeit altslawischer Dialekte und des Althochdeutschen bezeugen.

Alfred der Große von England (871–901), (R. Kötschke 1939):

In die angelsächsische Bearbeitung der Weltgeschichte des Orosius von 417 ließ König Alfred ein Verzeichnis der germanischen Völker in seiner germanischen Sprache einschalten. Kötschke schreibt: *„Aber es bleibt bemerkenswert, daß, von England aus gesehen, im Raum Böhmens und Mährens wie auch Polens Slawen nicht mit Namen in ihrer Sprache genannt werden; und noch belangreicher ist es, daß im nordöstlichen Deutschland die germanisch lautenden Namensbildungen durchaus vorherrschen“.* Da nach der vorherrschenden Meinung (1939!) damals z.Zt. Alfreds Slawen in Ostgermanien saßen, müssen diese Namen *„auf Namen aus vorslawischer, germanischer Zeit zurückweisen“.*

OCEANUS
CODANUS SINUS
MARE HADRIATICUM
GERMANIA INFERIOR
GALLIA
BELGICA
ITALIA
VINDELICIA
HELVETIA
VENETIA
BOIOHEM
Colonia Agrippina
Augusta Vindelicum
Bergomum
Verona
Aquileia
Milles d'Allemagne de 15 au Degré
Milles Romain de 75 au Degré
Lieues communes de France de 25 au Degré
Lieues Marines de 20 au Degré

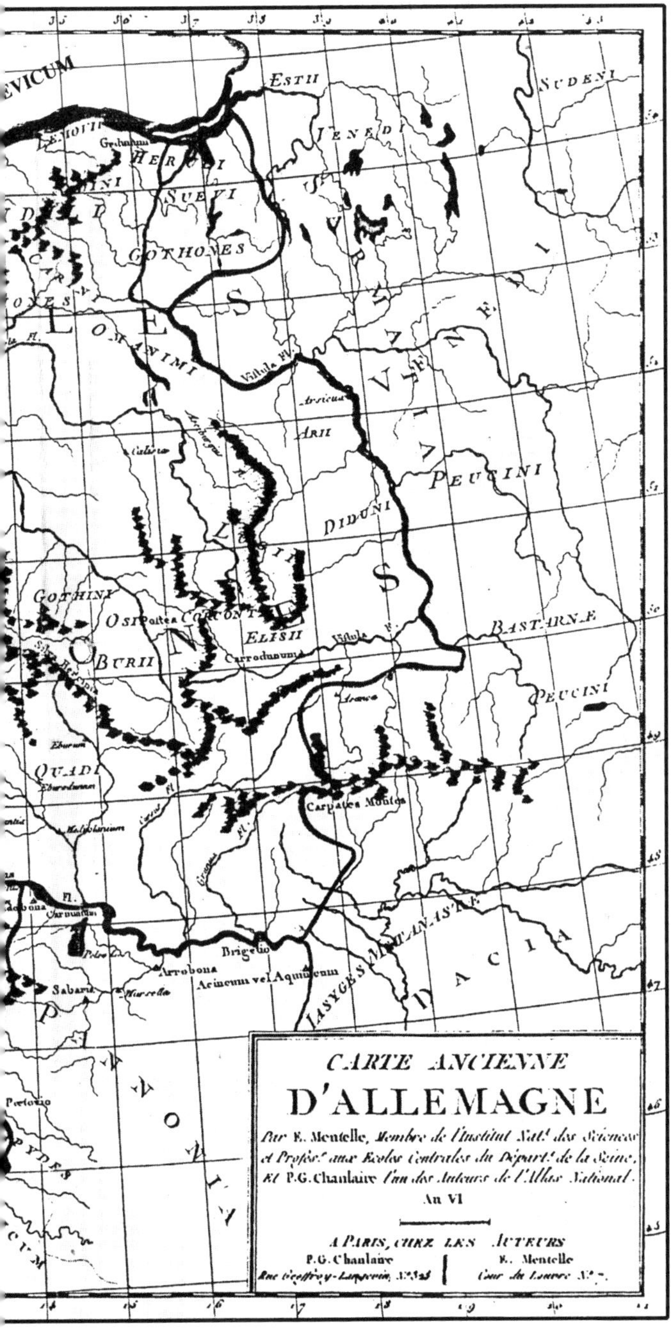

Abb. 1: Karte von Deutschland für 100 n.d.Ztr. von E. Mentelle, Mitglied des *Nationalinstituts der Wissenschaften* und Professor an den Zentralschulen des Seine-Departmentes und P. G. Chanlaire, einer der Verfasser des *National-Atlas*, Jahr VI, 1795, Paris.

König Alfred zählt die Völker mit geographischer Zuordnung auf, die im Gebiet zwischen den Alpen, Britannien, dem Nordmeer, Don, Pontus, nördlich Griechenland wohnen, von dem er sagt, *„daß dies alles Germania heißt"*, und zwar: Ostfranken, Schwaben, Baiern, Bewohner Böhmens, Thüringer, Altsachsen, Friesen, Bewohner Angelns, Abodriten, Wilzen, Bewohner von Wendenland[1], das man Sysyle (Vendsysel in Jütland = Vandalensitz) nennt, Mährer, das Land östlich der Weichsel wird Datia genannt mit dem Bemerken, daß dort einst die Goten wohnten, nordöstlich von Mähren die Daleminzier, östlich von ihnen die Hori(g)ti und Sorben. Um die Ostsee wohnen: Dänen, Abodriten, Wenden (Winedas), Burgunden, Heveller, Sorben, Schweden, ganz im Osten Sarmaten. Die Übereinstimmung mit dem Bayerischen Geographen ist beträchtlich. *„Sehr herausgehoben treten die Mährer hervor. Sicher prägt sich darin eine große Machtstellung aus, wie sie tatsächlich zur Zeit des Großmährischen Reiches bestanden hat."* (R. Kötschke 1939).

Adam von Bremen, Hamburgische Kirchengeschichte (ca. 1070). (B. Schmeidler 1925, A. Heine 1986):

2. Buch, 18. *„Sclavania igitur, amplissima Germaniae provintia, a Winulis incolitur, qui olim dicti sunt Wandali". „Slavanien (*stets Sclavania*) also, eine sehr ausgedehnte Landschaft Germaniens, wird von den Winulern bewohnt, welche einst Wandalen hießen. Es soll zehnmal so groß sein wie unser Sachsen, zumal wenn man Böhmen und die jenseits der Oddara wohnenden Polanen, da sie weder im Äußeren, noch in der Sprache von jenen sich unterscheiden, mit zu Slavanien rechnet. Dieses Land aber wird, während es an Waffen, Männern und Früchten sehr reich ist, auf allen Seiten von festen, durch Bergwälder und Flüsse gebildeten Grenzen eingeschlossen. Die Breite desselben erstreckt sich von Süden nach Norden, d.h. von der Elbe bis zum scythischen Meer. Die Länge aber scheint derart zu sein, daß sie von unserem Hammaburger Sprengel ihren Anfang nimmt und dann ... bis nach Beguarien (*Bayern*), Ungrien und Griechenland reicht. Die Völker der Slawen* (Sclavi) *sind viele. Unter ihnen finden wir ... Wagrier... Obodriten ... Polabingier ... Lingionen und die Warnaben ... Chizzinen und Circipanen, ... Tholosanten und Retherer... Noch andere Stämme gibt es, welche zwischen Elbe und Oddara wohnen, wie die Hevelder ... Doxaner ... Leubuzzer, Wilinen und Stoderanen.*

19. Über die Leuticiner hinaus, die mit einem anderen Namen Wilzen genannt werden, tritt uns der Oddara-Fluß entgegen, der reichste Strom des Landes Slavanien. An der Mündung desselben ... bietet die sehr angesehene Stadt Jumne ... einen vielbesuchten Standort dar.... Es ist wirklich die größte von allen Städten, die Europa besitzt".

Cosmas von Prag (bis 1125), *Chronik von Böhmen*, (G. Grandaur 1939):

Auch dieser von den Tschechen als maßgebend für Böhmen angesehene Chronist berichtet nichts von Slawen, sondern von den Einwohnern Böhmens, welche in Böhmen als einem Teil Germaniens *Lingua Sclavinia* sprechen. Gleich zu Beginn, also an wichtigster Stelle, schreibt er:

1. Buch, 1. *„daß sie* (die Böhmen) *nach vielen Jahrhunderten* (nach der Sintflut) *endlich auch in diese Theile Germaniens kamen. Obgleich nämlich in jenem ganzen nördlichen Landstrich, vom Thanays* (Don) *bis Sonnenuntergang, sich einzelne Gegenden mit besonderen Namen befin-*

---

[1] Anm.: Mir lag nur die Übersetzung von Kötschke (1939) vor.

den, so wird er doch mit dem Gesamtnamen Germanien bezeichnet ... In Europa liegt Germanien, welches gegen Norden ein ziemlich ausgebreitetes Land enthält (Böhmen), *allenthalben von fortlaufenden Bergen umschlossen ...“*

Dann zitiert er aus der Bulle des Papstes an Fürst Boleslaus:

22. *„ ... daß bei der Kirche des hl. Martirers Georgius soll ein Frauenkloster gegründet werden. Jedoch nicht nach dem Ritus des bulgarischen oder ruzischen Volkes, noch nach slavonischer Zunge (Sclavonice lingue), sondern ... in der lateinischen Sprache“.*

23. *„Nun war vor längerer Zeit ein Sachse Namens Dethmar ... nach Prag gekommen ... Weil dieser die slavonische Sprache (Linguam Sclavoniam) vollkommen gut verstand, rief ihn der Herzog ...“* und ließ ihn zum Bischof wählen. Nach der Weihe durch den Erzbischof von Mainz *„kehrte der ... neue Bischof fröhlich in sein neues, ganz Böhmen umfassendes Bisthum zurück und wird nach seiner Ankunft in Prag ... auf den Thron gesetzt, während der Klerus das Tedeum anstimmt; der Herzog aber mit den Großen antwortete: ‘Christe keinando, kyrie eleison und die Halliigen alle helfuent unse’* (althochdeutsch). *Die Geringeren und Ungebildeten aber riefen kyrie eleison...“* (972), denn sie sprachen nur die *Lingua Sclavinia.*

Helmold (bis 1170), *Chronik der Slawen*, (A. Heine 1986):

Daß Helmold von Bosau nach dem Gelehrtenlexikon von Jöcher (1750) ein *Chronikon Sclavorum et Venedorum* schrieb, wurde schon in der Einleitung erwähnt.

Erstes Buch Kap 1: *Von der Gliederung der Slavenvölker.*

Helmold beginnt mit der fast wörtlichen Wiederholung des Textes von Adam von Bremen. *„Um dieses Meer wohnen viele Völker ... Die südlichen Ufer aber bewohnen die Völker der Slawen“* (bei Adam von Bremen stets *Sclavi*), wozu auch die Preußen gehören. *„Die Preußen haben noch nicht das Licht des Glaubens erblickt ... Bis auf den heutigen Tag wird ... den Unseren, mit denen sie doch sonst alles teilen, von ihnen der Zutritt zu Hainen und Quellen verwehrt ... Das Fleisch der Pferde dient ihnen zur Nahrung ... Die Menschen haben blaue Augen, ihr Antlitz ist rot, das Haar lang ... Polen ist ein großes Land der Slaven, dessen Grenzen das Reich der Russen berühren sollen“.*

Kap. 2: Von der Stadt Jumneta

„Wo also Polen endet, kommt man zu einem sehr ausgedehnten slavischen Lande, nämlich zu denen, die vor alters Wandalen, jetzt aber Wenden oder Winuler genannt werden. Die ersten derselben sind die Pommern ..., die Heruler oder Hevelder, Leubuzzen, Wilinen und Stoderaner ... Winuler ... welche Tholenzer und Redarier genannt werden ... Circipanen und Kycinen ... Diese vier letztgenannten *Völker werden wegen ihrer Tapferkeit Wilzen oder Lutizen genannt ... Linguonen und Warnaven ... Obodriten ... Polaben ... Inseln, welche von den Slaven bewohnt werden, deren eine heißt Fehmarn ... die zweite ... wird von den Ranen bewohnt, welche auch Rugianer heißen ... Das also sind die Stämme der Winuler“.*

Die Chronik Helmolds wurde von Arnold von Lübeck († 1213/14) fortgesetzt. Nach B. Schmeidler 1937 ist der Titel *Helmoldi presbyteri Bozoviensis cronica Slavorum* nicht authentisch. Alle erhaltenen Abschriften – die Urschrift ist verschollen – gehen zurück auf eine Abschrift, in der Helmolds und Arnolds Werke um 1252 vereinigt wurden. Diese ist ebenfalls verschollen. Davon entstanden im 14. und 15. Jahrhundert Abschriften, in deren Titel „Slavorum“ steht. In diesen Abschriften werden *Sclavi* und *Slavi* ohne Unterschiede gleichzeitig benutzt.

In den ältesten deutschen Belegen für Sklave fehlt der k-Laut. Das beruht auf spontaner Vereinfachung der Lautgruppe scl, die sich auch in anderen germanischen Sprachen ebenso findet, niederdeutsch *slaaf*, englisch *slave*, dänisch und norwegisch *slave*, schwedisch *slaf* mit der Bedeutung Sklave im heutigen Sinne (J. u. W. Grimm, *Deutsches Wörterbuch*, Stichwort Sklave). Indem die lateinischen Abschreiber von Helmold aus Sprachschlamperei wahllos oft *Slavi* anstatt *Sclavi* schrieben, sie übertrugen die niederdeutsche Sprachumwandlung fälschlich in das Mittellateinische, wurde das Wort Slawen geboren, das erst mit Herder seine heutige ethnische Bedeutung erhielt. In der *Brandenburgischen Chronik* des W. Jobst von 1562 steht im Register „Helmold in der Wendischen Chronik" und im *Gelehrtenlexikon* von Jöcher 1750 steht, Helmold hatte ein *Chronicon Venedorum et Sclavorum* geschrieben. Diese Befunde wurden von F. Becker 1985 entdeckt. Sie zeigen, daß um 1750 der wahre Titel bekannt war und daß abweichend vom frühen Mittelalter, das nur *Sclavi* kannte, im hohen Mittelalter *sclavi* und *slavi* synonym benutzt wurden.

Der Wendische Münzverein wurde am 9.2.1379 von den Städten der Hanse Lübeck, Hamburg, Wismar, Rostock, Stralsund, Lüneburg und Hannover gegründet. Mit der Geschäftsführung der Hanse zwischen den Hansa-Tagen wurde 1418 das Wendische Drittel der Hanse beauftragt: Lübeck, Hamburg, Greifswald, Lüneburg, Rostock, Stralsund und Wismar. 1541 prägte der Wendische Münzverein den Wendentaler im Werte von 2 Lübecker Mark. Er trägt auf der Vorderseite die Inschrift: *„Monet Kivitat Wandal"*, das Geld der vandalischen Städte, mit den Wappen der Städte Rostock, Lüneburg und Lübeck. Der Wendentaler wurde nach 1950 von der Norddeutschen Länderbank Hannover nachgeprägt.

A. Krantzius († 1517), ein Zeitgenosse Luthers, ist, aus welchem Grunde auch immer, der Forschung bisher völlig entgangen. Er war Rektor der Universität Rostock, Gesandter der Lübischen Hanse und in ihrem Dienst nach heutigen Begriffen als Justiz- und Außenminister tätig. Er schrieb mehrere große geschichtliche Werke und Landesbeschreibungen aus dem Interessengebiet der Hanse. Die Hansestädte an der Ostsee sind die unmittelbaren Nachfolger der Handelsstädte der Wikingerzeit. Sein für uns wichtigstes Werk trägt in der damaligen deutschen Übersetzung, gedruckt 1600 (Abb. 2), den Titel *Vandalia oder Beschreibung wendischer Geschicht* mit der Gleichsetzung Vandalen = Wenden. Darin findet sich in der Vorrede: *„Daß unter allen Teutschen die Wenden für die eltesten Völcker zu halten ..., die vom Fluß Tanai* (Don) *bis an den Rhein wohnen, denn dieser Strich wird groß Teutschland geheissen ... Diß habe ich zur anzeig, daß die Böhmen, Polen, Dalmatier und Histrier ein Volck seyen, welche die unsrigen Sclauen, die alten aber Wandalos geheissen"*.

Im 1. Buch heißt es: *„ ... nechst diesen haben wir Polen, das seinen Nahmen vom ebenen Felde* (engl. Poland!), *die Böhmen damit zu unterscheiden ... Gegen Morgen wird es unter groß Teutschland gerechnet, ist überflüssig von allen Dingen und hat einen weiten begriff, der in viel und große Landschaften abgetheilet, auch ists von Volck, welche die Natur sonderlich an lenge, an starcken Leibskräfften und hübschen ansehen begabt"*.

Über Böhmen sagt A. Krantzius: *„Bis zu jetziger Zeit ist ein Gebrauch darinnen, daß man dem Volck in der Kirchen Teutsch und auf dem Gottsacker Böhemisch predigt, sonderlich wo Klöster Probsteyen und dergleichen Geistliche Stiffte seyn und stehet den Bettelmünchen allein frey, daß sie, in welcher Sprach sie wöllen, predigen mögen, woraus genug zu spüren ... daß diß Land den Teutschen vorzeiten zustendig gewesen sey und daß die Böhemen unuermerkt vund einzeln darein*

Des Fürtrefflichen Hoch-
gelahrten Herrn
Alberti Krantzy
VVANDALIA
Oder:
Beschreibung Wendischer Geschicht/
Dariñen der Wenden eigentlicher
Vrsprung/mancherley Völcker/ vnd vielfaltige Verwandelun-
gen/ sampt dero vollbrachten großmechtigen Thaten / vnd was sie
entweder vor Reiche angerichtet / oder auch
zerstöret.
Daraus/was so wol in diesen Nächst: als auch weitabgelegenen
Königreichen / Fürstenthumben vnd Herrschafften / Wendischer vnd anderer
Nationen in Dennemarcken/ Schweden/ Polen/ Vngarn/ Böhemen/ Osterreich/Mäh-
rern / Schlesien / Brandenburg / Preussen / Reussen / Liefland / Pommern /
Meckelnburg/ Holstein / rc. vber die tausend vnd mehr Jahr hero gedenck-
wirdiges sich zugetragen vnd verlauffen.
Was auch für Regenten / Keyser / Könige / Chur: vnd Fürsten/ jeder-
weil gelebet/vnd was jeglicher lobwirdiges gehandelt:
Welcher gestalt auch sonderlich / die dieser Orther belegene Ostertischen
vnd Wendischen Städte / Lübeck/ Hamburg / Rostock / Wißmar/Stralsund
vnd Lüneburg/ zu gedeyen vnd auffnemen gestiegen / vnd was sie dagegen für Vnge-
fälle vnd Anstöß erstanden/ vberflüssig zuersehen / gründlich vnd
vmbstendig gemeldet wird.
Allen der Historischen Warheit liebhabern/erstlich vom Authore
in Latein vorfertiget:
Nun aber denen / so derselben Sprach vnerfahren / in Hochteutsch
transferiret vnd vbersetzet /
Durch
M. STEPHANUM MACROPUM
vom Andreaßberge.
Mit Röm. Keys. Mayest. Privilegien begnadet.
Gedruckt in der Keyserlichen Freyen / vnd des Heyligen Reichs Stadt
Lübeck / bey vnd in vorlegung Laurentz Albrechts Buchhändelers.
Im Jahr Christi/ 1600.

Abb. 2: Die Titelseite der Vandalenchronik von A. Krantzius, in der Übersetzung von 1600

geschlichen". Im 1. Buch wird vor allem vom Schicksal der Vandalen berichtet, die über den Rhein, durch Gallien, Spanien nach Afrika zogen und dort untergingen. Mit ihrer Bezeichnung als Wenden ist ihm bekannt, daß diese Westvandalen mit den Ostvandalen (s. Kap. 4.2.5) eines Stammes waren. Eingangs des 2. Buches wundert sich Krantzius, daß über die Herkunft der Wenden nichts bekannt ist, daß *„Niemand von den Römischen Scribenten jhre geschicht ... angerühret"*. Im Register der lateinischen Ausgabe steht *„Sclavi sunt Wandali"* und weiter *„Sclauoni hodie, Wandali antiquitus fuerant"*, also *Sclavi* sind identisch mit *Vandalen*, bzw. *Sclavi* werden heute die genannt, die früher *Vandalen* hießen.

Die lateinische Erstausgabe wurde von der Kurie in Rom auf den Index gesetzt, und so konnte die deutsche Übersetzung erst 1600 erscheinen. Vielleicht ist es in diesem Zusammenhang interessant zu erfahren, daß aus einem Stück der lateinischen Erstausgabe im nichtpaginierten Register das Blatt mit den Registerbuchstaben s entfernt worden war, also das Blatt mit *„Sclavi sunt vandali"* und *„Sclauoni hodie, Vandali antiquitus fuerant"* (F. Becker 1985).

Bei *N. Marschalk* († 1525), übersetzt von E. Schedius († 1641), herausgegeben von E. J. von Westphalen 1739 als doppelsprachiger Text unter dem Titel: *Annalium Herulorum ac Vandalorum* (Annalen der Herulen und Wenden) heißt es (zit. nach W. Steller II, 1975 S. 55, 65 f.) (Abb. 3):

„Das bezeuget schier einhellig die verhandene alte Nachricht, daß die Herulen, oder Werlen, mit den ... Cimbern zugleich vor Alters aus Schonen hergekommen, gleichwie unterschiedliche viel Völcker mehr, die Gepiden, Rugier, Veneter, Antes, Vividarier ... Die Wenden sind benahmet ... von dem Vandalo ... Diese noch damals unruhigen Vandalen hat der Tiberius ... und der Drusus ... gezwungen, nach dem Tanais (Don) *aus Furcht sich zu wenden, da sie sich dann Sclaven von dem dem Bosphoro Cimmerio nechst gelegenen Volcke genennet ... Ueberdem haben sie Thessalonich erobert ... und von dannen sich gegen die äussersten Gräntzen Teutschlands gewendet, um anzugreiffen die Alanen ... Sie, die Alanen, waren der Vandalen Nachbahrn, und gemeiniglich ihre Kriegs-Gefährten. Wie nun die Sclaven dieselbige überwunden und verjaget, haben sie deren Länder eingenommen, und werden anietzo Pohlen und Böhmen genennet, die sich einer, von den anderen Teutschen unterschiedenen Sprache, mit welcher sich auch das nechst angränzende Vandalische Volck beschmitzet, bedienen.... Die Sclaven aber, welche Pohlen besitzen, werden insgemein Sarmaten genennet, weil von der Weichsel an die Sarmaten angehen."*

Dieser letzte Satz sollte nach W. Steller II, 1975 S. 69 besser übersetzt lauten: *„Jene Sclaven aber, die Polen, werden nun (heute) in der Regel als Sarmaten bezeichnet, da an der Weichsel die Sarmaten anfangen"*. In dem zweisprachigen lateinisch-deutschen Text wird die Identität Wenden = Vandalen festgestellt (Abb. 3). Sie kamen mit anderen Stämmen aus Schonen und wurden gezwungen, zum Don zu ziehen, um von da zurückzukommen und jetzt in Böhmen und Polen zu wohnen.

Zur Zeit des Schedius war offenbar eine Übertragung des Namens der Sarmaten auf die östlich der Weichsel wohnenden Vandalen erfolgt. Von Prokop erfahren wir, daß diese Sarmaten (siehe Karte Abb. 1) Germanen waren zum Unterschied der Sarmaten asiatischer Herkunft weiter im Südosten.

Von Wichtigkeit ist, daß sich die *Lingua Sclavinia* der Vandalen, Polen und Böhmen von der deutschen Sprache (z.Zt. des Marschalk) unterscheidet und daß diese Stämme die gleiche Sprache sprechen.

Christoph Enzelt von Saluelt, Pfarrherr in Osterburg verfaßte das *Chronicon oder kurze einfeltige vorzeichnus/darinne begriffen/Wer die Alte Marck/und nechste Lender darbey sind der Sindfluth*

De Viſilao, Herulorum ac Vandalorum rege ſexto. C. VI.

Viſilaus, (a) Huteri filius, patre vita functo regnum moderari cœpit, qui Tiburniam duxit uxorem, filiam regis Noricorum oceani, quæ peperit illi inter liberos cæteros Vitiſlaum, mortuus quum regnaſſet annos ſex ac quinquaginta.

De Vitiſlao, Herulorum ac Vandalorum rege ſeptimo. C. VII.

Vitiſlaus, (b) Viſilai filius, in regnum poſt vocatus eſt, qui Anamiam duxit uxorem filiam regis Gothorum, e quibus Alaricus, primus nominis ejus, prognatus eſt. At Vitiſlaus obiit, quum regnaſſet annos ſex ac triginta.

De Alarico, Herulorum ac Vandalorum rege octavo. C. VIII.

Alaricus (c) Vitiſlai filius ſucceſſit, qui ex Bella filia regis Ubiorum Titthericum ſuſtulit, mortuus quum annos quinque ac triginta regnaſſet.

De Titherico, Herulorum ac Vandalorum rege nono C. IX.

Titthericus (d) Alarici filius, Dianam duxit uxorem, e Belgica regia gente, quæ peperit Thenericum, regni ſucceſſorem. Obiit vero Titthericus anno regni nono ac trigeſimo.

De Thenerico, Herulorum ac Vandalorum rege decimo. C. X.

Thenericus, (e) Thiterici filius, ſucceſſit, regnoque præfuit annos ſex ac triginta, qui ex uxore Bigonnia, filia regis Thuriorum, Albericum primum nominis ejus reliquit.

De Alberico, Herulorum ac Vandalorum rege undecimo. C. XI.

Albericus, (f) Thenerici filius, uxorem duxit Diomedeam, filiam regis *Sarmatarum*. Rebus bellicis usque adeo excelluit, ut Suevorum etiam oceani, ac Gothorum regnum adeptus ſit. Regnavit vero annos quinque ſupra quinquaginta, relicto filio Viſimaro, regni ſucceſſore.

Das ſechſte Capitel.

Von Viſilao, der Herulen und Wenden 6ten König.

Viſilaus, des Huteri Sohn, nahm nach Abſterben des Hrn. Vaters die Regierung wieder an, und befreundete ſich mit der Tiburnia, des Königs aus Norwegen, Fräulein Tochter, welche ihme unter andern Kindern den Vitiſlaum gebahr, worauf er, nachdem er 56. Jahr regieret, die Schuld der Natur bezahlte.

Das ſiebende Capitel.

Von Vitiſlao, der Herulen und Wenden 7ten König.

Vitiſlaus, des Viſilai Sohn, ward hierauf zum Königreich beruffen, er heyrathete Anamiam, des Gothiſchen Königs Tochter, wovon der Alaricus, der erſte dieſes Nahmens, entſproſſen. Der Vitiſlaus beſchloß ſein Leben, da er 36. Jahr regieret.

Das achte Capitel.

Von Alarico, der Herulen und Wenden 8ten König.

Alaricus, des Vitiſlai Sohn, folgete hierauf, und zeugete auch mit Bella, des Königs der Ubier Tochter, den Tithericum, und ſtarb, nachdem er 35. Jahr regieret hatte.

Das neundte Capitel.

Von Diederich, der Herulen und Wenden 9ten König.

Diderich, des Alarici Sohn, verehelichte ſich mit der Diana, ſo aus Königl. Niederlandiſchen Stamme entſproſſen war, und ihm den Thenericum, ſeines Reichs Erben, gebahr. Er aber, der Diederich, verließ die Welt im 39. Jahr des Regiments.

Das zehende Capitel.

Von Thenerico, der Herulen und Wenden zehenden König.

Thenericus, des Dieterici Sohn, folgete hierauf, und ſtand dem Reiche 36. Jahr für, und verließ hinter ſich Albericum, den 1ſten dieſes Nahmens, welchen er gezeuget mit ſeiner Gemahlin, der Bigonna, die da war eine Tochter des Königs der Thurier.

Das eilffte Capitel.

Von Alberico, der Herulen und Wenden 11ten König.

Albericus, Thenerici Sohn, hatte zur Gemahlin Diomedeam, des Königes der Sarmater Tochter, und war ein ſolcher tapferer Kriegs-Held, daß er auch der Schweden und Gothen Königreich erlangete. Die Zeit ſeiner Regierung erſtreckte ſich auf 55. Jahr. Sein Sohn, welchen er zum Nachfolger des Reichs hinterließ, war Viſimarus.

Abb. 3: Aus Westphalen, *Monumenta inedita rerum Germanicarum praecipue Cimbricarum et megapolensium* Leipzig 1739

bewonet hat/Auch anfang und ursach der Marek zu Brandenburg/und jre veranderung/Auch ankunfft/stamme und herkommen/aller Marggrauen zu Brandenburg/so jemals gelebt/bis zu dieser unser Zeit, gedruckt Magdeburg 1579. Dort heißt es u.a.:
„Diese Senones aber über der Elbe ... /worden von den Veneten und Obetirten wenden uberfallen/ getödtet und verjagt/welche die Veneti Sclauen folgeten und alles erfülleten/von der Wolga und Weichsel an/bis ans Polnische und Bohemische gebirge/bis ans Meer/Elbe un Salah (Saale) ... *unter welchen Veneten die Obetirten/welche ihren namen gehabt von jren bunten kleidern/haben gebawet die Stadt Mechelburg uber Wismar/Cissin uber Rostock unter jhren ersten Könige Antezirto ... Unter jrem König aber Vottero/ist Christus unser Herr geboren/des Son Visislaus I die Schwaben uber Elb ganz tilget und ausrottet. Dieses Visislaus des ersten Son Visilanis der ander gewahn Brandenburgk/im 90. Jar Christi/von welchen Veneten kommen her die Hertzogen zu Mechelburgk und Pommern ...“*

Bei *Engel Strausberg, Chronik der Mark Brandenburg* 1598, steht:
„Im neun hundert ein und achtzigsten Jar nach Christi geburt sind die Slauen oder Wenden wider auffrürisch worden ... Im neun hundert drei und achtzigsten Jar hat Kayser Otto diß nahmens der ander/die Stadt Brandeburg den Wenden wider abgewonnen/und sind dazumal dreissig tausend siebenhundert/und vier und fuffzig Wenden erschlagen worden ...“
1020: *„Es war aber zu der zeit im Wendischen lande die Stadt Rethra ... Allda hielt Misteuoius mit seinem Bruder Mizodrag ... einen Landtag ... /führete Misteuoius selber wort ... Und brachte hiemit zugleich den kleglichen zustand des gantzen Wendischen Volcks. Denn nach dem dasselbige in vorigen jaren/von wegen seiner Manheit/in grossem ansehen gewesen were/als das sie* (die Wenden) *die Stadt Rom/ welche eine Hauptstad were der gantzen weiten Welt/deßgleichen Cartaginem, so ehemals mit Rom vmbs Reich gekempfft hette/mit gewaltiger hand erobert ... der gedechtnis vnd lobwirdigen nahmens König Genserichs/als vunter welchem die Wenden vorzeiten Africam/Sicilien und Welschland eingenommen ... Man hat aber damals vnter die wenden diese Völcker gerechnet: Obotriten/Wagiros/Rugianer/Cassuben vnd Laußnitzer ...“*
Nach der Eroberung von Brandenburg: *„Sie haben auch alle Kirchen eingerissen/vnd biß auff den grund geschleiffet/nur außgenommen Sanct Marien Kirch auffm Harlungerberge/die sie ihrem alten Abgott/Triglia genand/eingeweyhet.“*
Die Jahreszahl von 1020 bezieht sich offensichtlich auf den großen Wendenaufstand von 983.

Bei *Sebastian Münster, Cosmographey* 1588, heißt es:
„Vom Fürstenthumb Meckelburg
Die ersten Eynwohner desselbigen Fürstenthumbs sind Ursprünglichen die Werlen/und nach der Römer Sprach Herulen genannt/und mit den Wenden under eins Herren und Königs Regierung begriffen. Sind auch Obotrite ... Es ist auch zu mercken/daß die alten Völcker Heruli und Werlen/ sollen ... mit den Cimbern/sich weit auß ihre Lande biß in Scythien am end Europe dem Fluß Meoti begeben haben. Und dieweil sie gegen Scandia ... uber gewohnet ... daß sie mit den Wenden/ Gothen/Longobarden/Hunen/Rugen ec. auß Schonland herkommen sollen seyn.
Antyrius König der Werlen und Wenden
Antyrius .. an obberührtem Ort in Scythia bey den Tanai (Don) und Meotischen *Pfützen* (Asowsches Meer) *erzogen ... ist also an das Ort kommen/da die Wenden ursprüngliche Windeli ... darnach Vandali ... genannt ... die Herrschaft und Königlichen Titel der Wenden behalten/und auch*

jetzige Regierende Fürsten zu Meckelburg geerbt hat ... un das Königlich Schloß Stargard/das auff Wendisch so viel gesagt alß Altenburg.

Meckelburg

Es hat daselbst nicht allein Antyrius/sonder auch lang darnach Billungus der mechtig König der Werlen un Wenden sein Königliche Hof gehabt ... Desgleichen hat er Veneta oder Vineta nicht weit vom Meere auffgericht ... Wie große Krieg ... Genserich/der Carthago inn Africa erobert ... ist bey allen Hirstorien der Gothen und Wenden beschriben ... Billung/welcher underthänig gehabt inn Sarmaten alle Wenden von der Wichsel bey Dantzig fliessend an biß an die Weser/unnd alle Völcker von der Oder an biß in das Land Holstein/hat zu Meckelburg ... Königlichen Hof gehalten.

Von dem Fürstenthumb Pomern

... ist vorzeiten das gantz Seelandt so sich von Holsatz (Holstein) *zeucht biß in Lyffládt/ein Wandalen oder Sclauen Landt gewesen/wiewol es zu Meckelburg/Brandenburg/Ruger/Pomern/un Lyffland/andere un andere Herren hat gehabt/die doch des Unglaubens halb zusammen hielten ... Hertzog Bolißlaus zu Polande ... fieng also an das Evangelium bey den Wandalen so in Polandt wohneten. Desgleichen bey den Wandalen die Winuli heißen under König Bilung fieng auch an das Evangelium zu grünen ... Es herrschet gemelter Bilung ... am See weit un breit vo de Wasser Wixil biß an Judlandt/und hett viel Herlicher ... Stett ... Vinatam/Rethtram/Julinum/Stargard/Volgast/Demyn/Cisin/Melchow/Kissin ... Aber Hertzog Heinrich* (der Obodrite) ... *bezwang die Rugen/und macht sie sich auch zinßbar und bracht under seine gehorsame die Wagrien/Polaben/Obodrite/Kissinger/Cirsipaner/Pomeraner/unnd alle Wandalen biß an Polandt. Er ward aller dieser Völcker Konigt († 1122)*

Die Insel Rugia

Sie ist das lest Landt im gantzen Wandalischen Erdtreich gewesen in annemung Christliches Glaubens. Ihre furnemeste Statt Archon . .. stund ein Abgöttischer Tempel ... Ein mal im jar/nemlich nach der Ernde/hielt dz Volck ein große Wirtschafft vor diesem Tempel ... Es hieß der Abgott mit seinem Namen Zwantewytus/aber das gemein Volck bettet an zwen Götter/einer Belbuck und der ander Zernebuck ...

Von dem Königreich Böhem

Es wölle etlich dz vorzeiten zwen Brüder kommen sind vo Croatien/un hat sich einer gesetzt in dz Böhemer Landt/der ander in Poladt ... Vor alten zeiten haben die Quaden und Marcomannen in dieser Gegenheit gewohnet/und hat das Landt gehört zum Teutschen Landt/wie dann die Teutsche Sprach noch gerings umb geht um dz Böhemer Landt ... Sie gebrauchen sich der Teutschen und auch der Windischen oder Polandischen Spraachen/darauß man mercke mag/daß die Bohemen die Sclauonische Sprach mit jinen diß landt gebracht haben/un vorhin Teutsche Sprach darin gemein gewesen.

Von dem Königreich Polandt

Das erst Schloß und Wohnung so Lech in Polandt gehabt/ist Gnetzna/zu Teutsch Gnisen/gewesen ... und ligt auff einem ebnen Boden/darvon auch das Königreich Poln diesen Nammen soll oberkomen haben: dann Poln in jrer Sprach bedeut so viel alß ein eben Feld: dann Polandt ist weit und breit ... Ihr Sprach ist ein Sprach mit den Sclauen/Winden/Wenden/Bulgaren Sirsien/Dalmaten/Crabaten/Bossen/ Böhemen/Reussen/Littawer/Moscowytern ...

Sclauonia oder Windisch Landt

Vonzeiten sind zwischen dem Venediger Meere und dem Ungerlandt zwo namhafftiger Prouintzen oder Landtschafften gelegen/die man Illyricum und Dalmatiam hat geheißen. Aber zu unsern zei ten ist Illyria in viel Landtschafften zertheilt worde/nemlich in Carinthiam: das ist in Kerne/un in Coruatiam/zu Teutsch Croain unnd Crabaten: item inn Sclauoniam: das ist die Windische Marek.

Von dem Landt Kernten

Seyne Eynwohner gebrauchen sich der Sclauonischen Sprache: wie dann auch die von Dalmatien/Crabaten/Crain/Boßnen/Bulgaria/Seruia/Rascra/Böhem/Märhern/Polandt/Wenden/Massobiten/Cassuben/Sarben/Reusse und Moscowyte. Diese Länder alle haben die Sclauonische oder Windische Spraach."

Die Kosmographie Münsters faßt den damaligen Kenntnisstand zusammen. Für die Bewohner aller im heutigen Sinne slawischen Länder und von Mecklenburg, Pommern, Böhmen und Kärnten benützt er identisch die Bezeichnungen Vandalen, Wenden, Winden, Sclauen. Sie gebrauchen die sclauonische Sprache, die von der deutschen verschieden ist. König Geiserich ist Angehöriger der Vandalen. Unterschiede zwischen Westvandalen mit Geiserich und den Sclauen werden nicht gemacht. Das Königsgeschlecht der Ostvandalen und Heruler leitet er von dem sagenhaften König Anthyrius ab, der aus der Gegend zwischen dem Asowschen Meer und dem Don stammt. Damit ist die Wanderung sowohl der Heruler wie der Ostvandalen von dort her angedeutet.

Th. Kantzow äußerte in seiner im 16. Jahrhundert erschienenen Chronik von Pommern: *Pomeriania oder Vrsprunck, Allheit und Geschichte der Völcker vund Lande Pomern, Caßuben, Wenden, Stettin, Rhügen, in vierzehn Bänden beschrieben durch Thomas Kantzow, weiland Geheimschreiber in der Fürstlich-Pommerschen Kanzley zu Wolgast,* aus dessen Handschrift herausgegeben von G. L. Kosegarten, Greifswald 1816, (zit. nach W. Steller II, 1975, S. 237f):

1. Buch: *„Dieselben Folcker und Lande seint nach Besag aller (Teutzschen, Polnischen, Behmischen, Dehnischen und anderer) Historien (so irer gedenken), ires ersten Herkhomens bis an den Christenthumb und etliche Jar darnach uberal wendisch gewest ... Es mag auch kawn ein Folck sein, das so grosse Tatten aufgerichtet. Dan sie haben ein groß Teil Teutzschlands beweldigt, zu letzst (auch) das Drittenteil der Welt, Affrica genant, erobert und lange Jar besessen. Und itzund haben sie noch inne Polen, Bohemen, Reussen und die ganze Slafonie am Adriatischen Mehre ... Aber ire Urahne und erster Stiffter ist gewest Wandalus ... Es ist aber zu wissen, das die Pomern sonderlich von den Wenden seint, die da Slafi genennet werden ... So zeigen es auch der Fursten Briefe an, die vor III und IV C Jahren gegeben worden, das sie, wan sie lateinisch geschrieben, sich duces Slaforum oder duces Pomeranie schreiben; wan sie aber teutzsch geschrieben, haben sie sich Fursten der Wende genennet ... das keine Wende seint, die die Slafonier, so hinter Hungern sitzen, besser verstehen und mit inen reden khonnen, wan die pomerischen Wende, welchs noch hewtigs Tags glawbwirdige Leute bey uns Zewge seint ... Dan Sclaui und Wandali ist ein Dinck ... gleich wie die Teutzschen werden offt on Unterschied geheissen Germani, Teuthones, Alemanni ..., daraus dan khumpt, das uns die alten Historien der Teutzschen, Walen und Denen Wende oder Sclauen heissen und der Polen, Reussen und Boemen Historien Pomern nennen ... Do die Pomern* (1124) *also zugesagt Christen zu werden, feelte es an Predigern, und Wartislaw* (Fürst der Pommern) *khonte keine an dieser Art bekhomen, die wendisch khonten. Darum nahm der Hertzog Bolislaw* (des Daglinger Reiches) *die Sach an sich und wolte Prediger aus Polen hereinschicken ... Aber keiner turstes sichs unternehmen umb des Folcks Halsstarrickheit willen. So gedachte er die Lenge an Sanct Otten, den Bischoff zu Bamberg, der ehrmals zu Crakow studiret hette, auch im polnischen Hofe eine zeitlangk gewest was, das er die polnische*

Sprach wol khonte, welche dan wendisch ist und nhur etlichen kleinen Unterschied mit dem pommerschen Wendischen hat, wie Niderlendisch mit dem Sechsischen".

Chr. Hartknoch (1644–1687), *Alt- und Neu Preußen,* 1684, 1. Teil, I. Kapitel: *Von den Gräntzen und Inwohnern deß Landes:*

„Petrus de Dusburg, welcher 100 Jahr nach des Ordens Ankunfft in Preussen gelebet ... beschreibet nun die Gräntzen des Preussen-Landes also ...: von der Westseite die Weissel/welche das Preussen von den Pommern dazumahl geschieden; von der Nordseite ... die Ostsee/von der Nord- und Nordwesten Seite die Memel ... von der Südseite/Reussen/Masau und Dobrin ... Es kan wol seyn/daß so bald die Gothi sich in Pommern gesetzet/auch zugleich ein Theil von ihnen in Preussen sich niedergeleassen ... Zum 4./können wir unsere Meynung von dem Sitz der Gothen in unserem Preussen auß dem Polnischen Geschichtsschreiber/Vincento Kadlubkone (1167–1223), *welcher unsere Preussen fast allezeit Getas nennet/behaupten ... so ists ja offenbar, daß zu Kadlubkonis Zeiten bey den Pohlen unsere Preussen für Gothen gehalten wurden. Ja dieses ist auch fast daher erweißlich/weil in der Grabschrift Boleslai Chrobri, des 1. Königs in Pohlen/die Gothen und Pohlen zusammen gesetzt werden als nahe anliegende Völcker. Die Worte in gedachter Grabschrift sind folgende: Tu possedisti, velut Athleta Christi, Regnum Sclavorum Gothorum seu Polorum. Das ist: Du/Boleslaus hast als ein Streiter Christi besessen das Reich der Sclaven/ Gothen und Pohlen ... Das letzte und meines Erachtens nicht das geringste Argument nehmen wir von dem Gottesdienst der alten Preussen/welcher mit der Religion der im Lande Schweden vormals wohnenden Gothen so übereinkam/daß fast keine größere Gleichheit darinnen hatte konnen erdacht werden ..."*

1. Teil, X. Kapitel *Von den Alt Preussischen Festtagen:*
„... und sungen dem Pergubrius zu Ehren einen Lobgesang ... daß die alte Preussen ihren Göttern zu Ehren getruncken/wie wirs von ihren Priestern offt gedacht/so müssen wir uns hierbey erinnern/, daß dieses auch unter anderen eine Anzeigung Gothischer Urankunfft sey."

Im Warägerreich in Kiew wurde bis zur Christianisierung ein Hauptgott *Perun* verehrt. Er ist vermutlich identisch mit *Per(g)ubrius.*

Diese Übereinstimmung der religiösen Vorstellungen geht sicher auf die gemeinsame indogermanische Wurzel von Goten und Prußen zurück, die Namensähnlichkeit des Gottes *Perun/Pergubrius* auf die Überlagerung durch Goten und Wikinger bis etwa 1100. Die Prußen lassen sich in Ostpreußen lückenlos durch die Broncezeit bis zu den Schnurkeramikern zurückverfolgen. Sie dürften sich anthropologisch nicht von Germanen unterschieden haben. Von Adam von Bremen werden sie als blauäugig mit rötlichem Gesicht und langen blonden Haaren beschrieben. Sie gehören mit den Letten und Litauern zur baltischen Völkerfamilie und zur Satemgruppe der Indogermanen (L. Kilian 1980).

J. W. von Valvasor, Die Ehre des Herzogtums Krain 1689, V. Buch,
IX: *Von den Wandalern, als den sechsten Einwohnern des Landes Crain.*

171 sind die Vandalen in Oberpannonien eingefallen, in den Markomannenkriegen kämpften sie an der Seite der Markomannen. 282 wurde dieser Teil unter Kaiser Probus in Unterpannonien angesiedelt zusammen mit Bastarnen, Gepiden und Goten. Sie zogen 410 über den Rhein nach Gallien.
„... Es ist aber hiemit der Wandaler Geschlecht noch nicht, viel weniger ihr Nam weder in Nieder-Teutschland, noch in Pannonien Oesterreich und Crain völlig ausgelescht ..."

Oberpannonien wurde wieder mit Vandalen besetzt, als Theodo, der 1. Herzog der Bayern 508 *„ein grosses Heer von Hunnen, Avaren, Kärndten, Crainern* (sammelte), *zu denen ein großer Hauffe Francken stieß, überfiel damit den Nordgau Pannoniens ... Sein Sohn Theodo der 2. ... vertrieb die noch übrige Römer"*. Darnach *„haben die Völcker, welche unter ... Theodo gefochten, sich die erstrittenen Länder eingetheilt und die Wandalen (oder Wenden) wiederum ihre alten Wohnungen als Steyr, Kärndten und Crain samt Croatien, Dalmatien, Sclavonien und andere Windischen Landen wiewol unter Bayerischem Gehorsam ... eingenommen." „... Sonst müssen die Wandali noch ums Jahr Christi 737 ungefähr in Pannonien entweder gewohnt, oder aufs wenigste offt gestreifft haben ... "*

XII. *Von den Schwaben und Wenden oder Winden.*

Die Einwohner Krains sind die Wenden (oder Slaven), *„welche zwar am Namen aber nicht dem Wesen nach unterschieden sind; angemerckt diejenige, so man Wenden vorhin geheisen, lange Zeit hernach Slaven genannt, worden ... sintemal Wandaler und Wenden einerley Volck, aber zu zweyerley Zeiten in Crain angelangt seynd". „Unsere Meinung betreffend vermuten wir, die Wenden haben ihren Namen sowohl als die Wandaler von dem Wort Vand"* (Wasser). *„Man gesteht, daß die Wendisch- oder Windische Sprache mit der Teutschen nicht übereinstimme. Wanns aber auf die Frage ankommt, aus was für einem Lande oder Heimath die Wenden hervorgegangen, so müssen sie unzweifelhaft den Teutschen beygerechnet werden". „Daß die Wenden nach dem Ausgange der Wandaler sollten in derselben Stelle und verlassene Wohn-Plätze nemlich in das alte Wandalien eingesetzt haben, ist ein Vorwand, so auf bloßer Vermutung beruhet und aus keinem alten Scribenten versichert werden mag, als welche, wie gesagt, die Wandalen und Wenden für einerley Volck erkennt haben ... Nachdem die Wandaler weggezogen, ist dennoch gleichwol das Land mit anderen Wandalern oder Wenden noch zur Genuge besetzt verblieben und die große überflüssige Menge dess Volcks eine Mit-Ursach gewest, daß die Wandaler sich nach fernen Ländern umgesehen."*

„Es mögen dann nun endlich die Wenden zu der Sclavonischen Sprache gelang seyn, wie sie wollen ... oder auch vielleicht nicht aus Sarmatischem, sondern Teutschen Stamm anfänglich entsprossen, durch Gemeinschaft aber und Besuchung vieler, sonderlich Sarmatischer Völcker ... der Sarmatischen Sprache theilhafft worden, welche hernach von ihnen als ... die Sclavonische genannt worden. Und diese mittlere Meynung scheint die Vermutlichste zu seyn". „Denn weil sie nach der Zeit durch viel Länder sich ausgetheilet und zerstreuet, hat man sie etlicher Orten, als in Polen, Liburnien und Russland oder Moscovien, Sarmaten geheißen, anderswo aber ... nemlich in Croatien, Dalmatien und Slavonien, Illyrier und abermal anderer Enden, als in Steyer, Kärndten und Crain, Teutsche. Doch hat man sie endlich unter dem Namen der Slaven alle begriffen".

XIII. *Von den Slaven oder Slavoniern*

„Wann der Name Slavi am ersten den Wenden gegeben oder von ihnen selbsten angenommen, ist ungewiß ... Jornandes ... sey der Erste, so der Sclaven gedencke ... Denn in den ersten 4 seculis seynd sie anderst nicht bekandt ... als mit dem Namen der Vandalorum, Vindilorum oder Venedorum, und nicht Slavorum".

Helmold von Bosau wird ausführlich zitiert *„Es seyen der Sclavonischen Völcker sehr viel ...".* Valvasor ist also der Urtext des Helmold noch geläufig, da er hier stets Sc schreibt. *„Wie dann der Nam Wenden noch heutigen Tags bekandt, und von den Schwedischen Königen in ihrem Titel geführt wird, hingegen der Slawen nirgends." „Wie Welt-berühmt nun auch vor Alters der Name Sclav gewest, so verächtlich ist er nach der Zeit worden, nachdem diese Kriegerische Völcker ...*

sonderlich der Römisch-Teutschen Keyser zum Gehorsam verdemütigt seynd ... Wie gering und ungeachtet heutigen Tags der Nam Slav sey ... ein leibeigener Knecht".

„Die Strittigkeit, ob die Veneti, so man heut Friauler nennt, gleichen Ursprungs seyen mit den Venedis (oder Wenden und Winden), ... wollen wir ungeregt lassen".

XIV. *Von der Zeit, da Crain von den Sclaven erstlich bewohnet worden.*
Die Vandalen sind 336 unter Kaiser Arcadius nach Krain oder (nach anderer Quelle) unter Kaiser Konstantin dem Großen (306–337) nach Illyrien und bis zur Adria gekommen. Ihnen folgten die Goten und die Langobarden, nachdem sie nach Westen aufgebrochen waren. 548 kamen die Sclavenen von Osten über die Donau nach Krain. Nach Krantzius sind *„die Sclavi erst unterm Keyser Mauritio durch Croatien und Dalmatien gemarschirt"* (nach 551). 595 führen die Bayern Krieg gegen die benachbarten *„Sclaven"*. 622 kam der Franke Samo zu den *„Sclaven, die sonst auch Winidi (Wenden) genannt werden ..., den Wenden zu helfen"* gegen die Awaren.

XVI. *Von den Eylfften Einwohnern des Landes Crain, nemlich den Francken*
760 haben die Kärntner und Krainer sich auf den Rat der Herzöge von Bayern unter den Schutz der fränkischen Könige begeben, aber trotzdem ihre Herzöge behalten. 772 zwang sie Thassilo, ihm zu huldigen. 789 wurde von den Franken der Franke Ingo zum Herzog in Kärnten eingesetzt. Danach kamen adlige Franken, deren Familien noch z.Zt. von Valvasor in Krain leben, die in der Folge mit den Sclavoniern *„zu einem Körper zusammen gewachsen"*.

Ein weiterer Hinweis der früheren Zugehörigkeit der Bewohner des heutigen Sloweniens zu den Vandalen erhält man aus dem Namen des höchsten Berges der Julischen Alpen, dem Triglav. Ein Gott gleichen Namens mit drei Köpfen wurde auch bei den um Stettin wohnenden Vandalen verehrt (Valvasor, VII. Buch, S. 380) und auf dem Harlunger Berg bei Brandenburg.

Von Valvasor erhalten wir die Kenntnis, daß auch die Alpenslawen, Kärntner und Krainer sowie die heutigen Einwohner Sloweniens zum Stamm der Vandalen gehörten. Sie kamen zuerst z.Zt. Konstantins des Großen, zogen nur teilweise nach Westen ab, um dann als Sclavenen, Sclavi, Wenden, Winden mit dem 1. Herzog der Bayern wiederzukommen. Ausdrücklich wird darauf hingewiesen, daß die Vandalen und die Sclavi = Wenden das gleiche Volk waren. Besonders wichtig ist, daß nach dem Abzug eines Teils der Vandalen nach Gallien ihre Wohnsitze nicht leer geworden waren, eine W. Steller unbekannt gebliebene Bestätigung seiner Ergebnisse.

Nur mit der sich von der deutschen unterscheidenden Sprache der Sclavi = Wenden kommt er nicht zurecht und meint, sie müsse von den Sarmaten angenommen worden sein.

Der Chronist verwendet *„Slawen"* synonym mit *„Sclavi"*, wobei ihm aber die Identität mit Wenden und Vandalen bewußt ist und das Fortlassen des c eine Bequemlichkeit der Umgangssprache ist.

G. W. von Raumer, Regesta Historiae Brandenburgensis 1836:

Seine Auszüge aus Chroniken und Urkunden beginnen mit Einhard *„Natio quaedam Sclavorum est in Germania"* sowie Adam von Bremen und Helmold von Bosau *„Slavania a Winulis incolitur qui olim dicti sunt Wandali, Heveldi vel Heruli"*. Ihm ist also die Identität *Sclavi = Slavi = Vandalen* bewußt. Er verwendet in seinem eigenen lateinischen Text *Sclavi, Sclaveni, Sclavini* und *Slavi* anscheinend wahllos und *Slavi* auch dann, wenn in den Quellen *Sclavi* steht, und in seinem deutschen Text nur Slawen. Die Winuli, Winedi, Welatabi, Wilzi, Sorabi und weitere Stämme gehören den *Sclavi* an. Die Harlunger führt er auf Heruler zurück und nennt für sie den Harlunger Berg bei Brandenburg, den Harlungsberg bei Leisnig in Sachsen sowie Herilingisburch an der Donau.

E. Fidicin, Berlinische Chronik (1868):

Aus dieser Chronik erfahren wir etwas vom Schicksal der christianisierten Wenden. 1298 *„bekehrte man die Wenden nicht mehr wie einst Kaiser Karl mit dem Schwerte, sondern baute da, wo heidnische Götzentempel gestanden, christliche Kapellen und Kirchen und taufte mit den Wenden zugleich ihre Gottheiten, welchen man christliche Heiligennamen verlieh ... Aber so rücksichtsvoll man damals auch gegen die alten Bewohner verfahren mochte, so waltete doch ein Umstand ob, der es nicht zuließ, ihnen die volle Theilnahme an den Rechten freier deutscher Gemeinden zu gestatten, nämlich ihre wendische Abkunft. Nur der Deutsche von Geburt konnte freies Eigentum erwerben, im Gericht als Schöffe oder Fürsprecher auftreten und in den Gemeindesprachen Sitz und Stimme ... haben. Die mit geringeren Ländereien und eingeschränkten Besitzrechten begabten wendischen Ackerbauer und Fischer, welche man „sitzen ließ“, bildeten eine geringere Klasse der Ortsbewohner als Kathsassen (Kossäthen), Lassiten und sonderten sich auch häufig wie die Fischer in Kietzen von der vollberechtigten Einwohnerschaft ab ... Die ursprüngliche Feldmark Cölns führte den slawischen Namen Semlja und war, im Verhältnis zu den Feldmarken der umherliegenden Dörfer nur von geringem Umfang. Sie enthielt nach der bei der deutschen Erwerbung vorgenommenen Vermessung nur 44 kleine oder wendische Hufen (zu 12 Magdeburger Morgen) ... und trug vollkommen das Gepräge einer alten wendischen Feldmark an sich.“* (1 Preußischer Morgen = 2553 m^2, 1 wendische Hufe = 3,06 ha).

Zusammenfassend ist bemerkenswert, daß über 800 Jahre lang bei unseren erstrangigen Chronisten bekannt war, daß Germanien bis an den Don reichte, bei Paulus Diakonus, König Alfred der Große, Cosmas von Prag, Albertus Krantzius bis Sebastian Münster. Daß damit nicht das Reich der Ostgoten gemeint war, sondern die Ostvandalen, folgt aus der Einleitung von A. Krantzius *„Vandalia oder Wendischer Geschicht Beschreibung“*, siehe dort.

3 Die Entstehung der Indogermanen und Germanen

3.1 Zeitskala und Zeitmessung

Die bis nach dem 2. Weltkrieg gültige Zeitskala in Mittel- und Nordeuropa zeigt die untenstehende Tabelle (W. Matthes 1936).

Die erhoffte Verbesserung der Datierungsmöglichkeiten blieben zunächst aus, als sich herausstellte, daß die von Libby ausgearbeitete Methode der radioaktiven Altersbestimmung mit ^{14}C überraschende und zunächst unbekannte systematische Fehler besaß. Bei der eingehenden Beprobung z.B. von bandkeramischen Siedlungen ergaben diese Altersbestimmungen mit ihren sowieso schon recht großen systematischen experimentellen Fehlern keinen zeitlichen Gang, sondern ein fast rein statistisches Schwanken (P. Breuning 1985). Nachdem die Ursache im Schwanken der Erzeugung von radioaktivem ^{14}C durch die Höhenstrahlung erkannt war, wurden revidierte ^{14}C-Zeitskalen aufgestellt, nach denen der Beginn der jüngeren Steinzeit z.B. in Nordeuropa auf 5500 v.d.Ztr. zurückdatiert wurde.

Von der kürzlich gefundenen linearbandkeramischen Siedlung Hilzingen-Forsterbahn im Hegau (s. Kap. 7.4.2) liegen ^{14}C-Bestimmungen neuester Methodik vor, deren Alter von 6270 bis 5800, im Mittel 6104 Jahre v.d.Ztr. schwanken mit dem arithmetischen Mittel der Fehler ± 90 Jahren (B. Dieckmann u.a. 1990).

Eine absolute Methode wurde mit der Dendrochronologie gefunden, die den Gang im jährlichen Zuwachs der Dicke von Bäumen benutzt. Inzwischen sind hiermit sowohl für Nord- und Mitteleuropa wie für Nordamerika Zeitskalen bis etwa 8000 v.d.Ztr. erstellt worden. Damit wurden z.B. für Hessen die Anfänge folgender Kulturen festgelegt (Ch. Willms 1982) zu:

	alte Skala	neue Skala
Bandkeramik	3200 v.d.Ztr.	5800 v.d.Ztr.
Schnurkeramik	1900 v.d.Ztr.	2800 v.d.Ztr.
Broncezeit	1800 v.d.Ztr.	2300 v.d.Ztr.

Diese Methode gestattet das Fälldatum der Bäume zu ermitteln, wenn der Querschnitt bis an die Waldkante reicht. Die Kern-Splintgrenze liegt etwa 20 Jahresringe vorher. Die methodischen Schwierigkeiten und Ergebnisse im Bereich der Ostvandalen zwischen Elbe-Saale und Oder wurden von J. Herrmann und K. Heußner 1991 dargestellt. Die Einzelergebnisse werden bei den betreffenden Bauten und Siedlungen genannt.

Diese Rückdatierung mittel- und nordeuropäischer vorgeschichtlicher Daten hat übrigens zur Folge, daß die These „ex oriente lux", daß also alle vorgeschichtlichen kulturellen Fortschritte aus dem Orient stammen, hinfällig ist. Die Megalithgräber der Bretagne sind jetzt 6000 Jahre alt und damit 1000 Jahre älter als vergleichbare Großsteingräber im östlichen Mittelmeergebiet. Die Funde von Radspuren neben einem Großsteingrab der Trichterbecherkultur von Flintbek in Holstein belegen, daß es damals im 4. Jahrtausend v.d.Ztr. Wagen gab, 1300 Jahre vor den ersten Wagenfunden in Mesopotamien. Nicht nur Radspuren als Hinweise auf Wagen fand man, sondern

Die bis nach dem 2. Weltkrieg gültige Zeitskala in Mittel- und Nordeuropa zeigt die folgende Tabelle (W. Matthes 1936), wobei die Spalte Süddeutschland der Gliederung nach Reinerth und die Spalte Skandinavien der Gliederung nach Montelius entsprechen.

	Mähren-Böhmen		Süddeutschland	Nordwestdt.	Elbeg.	Skandinavien	Nordostdtschland		Schlesien
1100 - 1000			Zeit der Ottnen			Wikinger-Zeit			
1000 - 900									
900 - 800			Karolingische Zeit				Slawische-Zeit		Slawische-Zeit
800 - 700						Völkerwanderungszeit II			
700 - 600			Merowingische Zeit						
600 - 500			Völkerwanderungszeit			Völkerwanderungszeit I			
500 - 400									Völkerwanderungszeit?
400 - 300	Späte Kaiserzeit		Späte Kaiserzeit	Späte Kaiserzeit	Späte Kaiserzeit	Römische-Zeit II	Späte Kaiserzeit		Völkerwanderungszeit ?
300 - 200									
200 - 100	Frühe Kaiserzeit		Frühe Kaiserzeit	Mittlere Kaiserzeit	Frühe Kaiserzeit	Römische-Zeit I	Frühe Kaiserzeit		Frühe Kaiserzeit
100 - 0				frühe Kaiserzeit					
0 - 100	Spät-Laténe D (?)		Spät-Latène D	Spät latène	Mammoor-Seedorf-Stufe	Vorröm. Zeit III	Spät-Latène D		Spät-Latène D
100 - 200	Mittel-Latène C		Mittel-Latène C	Mittel-Latène C	Schwiffel-Ripdorf-Stufe	Vorröm. Zeit II	Mittel-Latène C		Mittel-Latènte C
200 - 300			Mittel-Latène C						
300 - 400	Früh-Latène B A		Früh-Latène B A	Früh-Latène B A	Tiesdal- C	Vorrömische Zeit I	Früh-Latène B A		Früh-Latène B A
400 - 500					Jastorf- B				
500 - 600	Hallstatt IV	Hallstatt IV	Hallstatt IV	Hallstatt IV	Stufe A				
600 - 700				Hallstatt III	Wessenstedt Stufe	Bronzezeit VI (Frühe Eisenzeit)	Frühe Eisenzeit		Später Lausitzer Typus C
700 - 800	Hallstatt III	Hallstatt III	Hallstatt III						
800 - 900				Hallstadt II	Bronzezt. Vb	Bronzezeit Vb	Bronzezt. Vb		Mittl. Lausitzer Typus B
900 - 1000	Hallstatt II	Hallstatt II	Hallstatt II		Bronzezt. Va	Bronzezeit Va	Bronzezt. Va		
1000 - 1100	Hallstatt I	Hallstatt I	Hallstatt I	Hallstadt I	Bronzezt. IV	Bronzezt. IV	Bronzezt. IV		2
1100 - 1200									Früher Lausitzer Typus A
1200 - 1300	Früher Lausizter Typus A 1	Bronzezt. D	Bronzezeit D (Jüngere Hügelgräber)	Bronezt. D	Bronzezt. III b	Bronzezt. III b	Bronzezt. IIIb		
1300 - 1400					Bronzezt. IIIa	Bronzezt. IIIa	Bronzezt. IIIa		1
1400 - 1500		Bronzezt. C	Bronzezeit C	Bronzezt. C ?	Bronzezt. IIc	Bronzezt. II c	Bronzezt. IIc		
1500 - 1600					Bronzezt. II b	Bronzezt. II b	Bronzezt. II b		
1600 - 1700		Bronzezt. B II I	Bronzezeit B II		Bronzezt. II a	Bronzezt. I a	Bronzezt. IIa (dünn)		
1700 - 1800			Bronzezeit B I		Bronzezt. I c (minimal)	Bronzezt. I c	Bronzezt. Ic (minimal)	Borzezt. Ic (minimal)	Bronzezeit Ic (dünn)
1800 - 1900		Bronzezt. AII	Bronzezeit A II I		Bronezt. Ib	Jüngere Steinzeit IV (Unterirdische Steinkisten)	Bronzezeit Ib		Bronzezeit Ib
1900 - 2000									
2000 - 2100		Bronzezt. AI			Bronzezt. Ia		Bronzezeit Ia		Bronzezeit I a
2100 - 2200									
2200 - 2300	Jüngere Steinzeit		Jg. Stzt. G. (Zonenbecherkultur)	Jg. Stzt.	Jg. Stzt. (Unterirdische Steinkisten)		Jüngere Steinzeit		Jüngere Steinzeit
2300 - 2400			Jg. Stzt F (Schnurkeramik)	Jg. Stzt.					
2400 - 2500			Jg. Stzt. E (Spiralmäanderkeramik)		Jg. Stzt. (Ganggräber)	Jüng. Steinzeit III (Ganggräber)			
2500 - 2600									

(hellgrau) = Kelten (dunkelgrau) = Illyrer

auch die zugehörigen Wege. Im Campermoor 20 km nördlich von Osnabrück fand man einen 4,50 m breiten Bohlenweg mit dem ^{14}C-Alter von 4680 Jahren v.d.Ztr. Auch die Anfänge der Kupferherstellung und -verarbeitung in Spanien und auf dem Balkan sind mit 4000 v.d.Ztr. älter als aus dem Nahen Osten (K. Goecke 1979).

Noch älter sind Kupfergegenstände aus der Trichterbecherkultur mit dem ältesten Hortfund von Bygholm (Jütland) und aus südwestlich vorgelagerten Kulturgruppen, deren Rohstoff aus der Lagerstätte von Helgoland stammen soll. Diese Lagerstätte (Red-Bed-Typ) bestand primär aus Lagen von Tiefkupferglanz, der in lokal reduzierender Umgebung aus den oxydierten Verwitterungslösungen im roten mittleren Buntsandstein ausgefällt war. Heute besteht (bzw. bestand) die Lagerstätte aus ged. Kupfer und Rotkupfererz. Aus diesem Erz konnte durch einfaches Schmelzen mit Holzkohle Kupfer gewonnen werden. Die Verhüttung sulfidischer Erze ist mehrstufig und schwieriger. Außer kleinen Oxydationszonen sulfidischer Lagerstätten war die Lagerstätte Helgoland die einzige größere über Europa hinaus, aus der Kupfer auf diese primitive Weise gewonnen werden konnte.

Helgoland war schon in der Broncezeit vom Festland getrennt, und die Hauptlagerstätte, die nördlich der Insel lag, war bereits der Abrasion zum Opfer gefallen (P. Schmidt-Thomé 1987).

3.2 Die Entstehung der Indogermanen

Die Vor- und Frühgeschichte kann heute im wesentlichen mit drei Gruppen von Methoden untersucht werden, den linguistischen, den archäologischen und den anthropologischen. Darüberhinaus bieten sich vielfältige Hilfen aus den Naturwissenschaften an.

3.2.1 Linguistik

Die Linguistik erforscht das Wesen der Sprachen. Sie ermittelt hierbei u.a. Verwandtschaftsbeziehungen von Sprachen und verfolgt Sprachentwicklungen rückwärts.

Lokalisierbare Hinweise auf Sprachen finden sich in geographischen Eigennamen, vor allem in den Namen der großen Flüsse.

Eine postulierte indogermanische Ursprache soll sich schon sehr frühzeitig, kenntlich am Gaumenlaut k in Centum- und Satemsprachen getrennt haben. Von den lebenden Sprachen werden zur ersten Gruppe die germanischen Sprachen, Keltisch, Italisch, Griechisch und zur zweiten Gruppe baltische Sprachen, slawische Sprachen, Albanisch, Armenisch, Iranisch und Indisch gerechnet. Von den Satemsprachen steht das Litauische dem Urindogermanischen besonders nahe und ist den slawischen Sprachen nahe verwandt. Wenn die Urheimat der Indogermanen in Mittel- und Osteuropa zu suchen ist, sind die Träger der baltischen Sprachen nur wenig gewandert. Die Urheimat der „Slawen" aber in der Nähe der Balten zu legen, entbehrt einer soliden Grundlage und wird auch von russischen Forschern abgelehnt (L. Kilian 1988). Ein weiterer Widerspruch zeigt sich in der nahen Verwandtschaft von Althochdeutsch und Altslawisch (L. Kilian 1988). Hier zwei Beispiele:

Konjugation des Verbs *tragen*:

	ich	du	er	wir	ihr	sie
ahd.	biru	biris	birit	beranes	beret	berant
asl.	bera	beresi	beretu	beremu	berate	berantu

Zahlwörter

	eins	zwei	drei	zehn	hundert
gotisch	ains	twai	threis	taihun	hund
asl.	in'	dva	trije	deseti	s'to

Aus dem Vorkommen von Worten für Planzen und Tiere, deren Verbreitung geographisch gebunden ist (Abb. 4), können ehemalige Wohnsitze von Völkern als den Trägern von Sprachen ermittelt werden und aus der Sprachgeschichte die dafür in Frage kommenden Zeiten. So folgt aus den Worten für Laubbäume einschließlich der Buche in allen indogermanischen Sprachen, daß ihre Heimat nach Westen über die Ostgrenze der Buche Königsberg-Odessa hinausgereicht haben muß. Aus dem Vorkommen und Fehlen bestimmter Wörter läßt sich ein Gebiet für die Urheimat

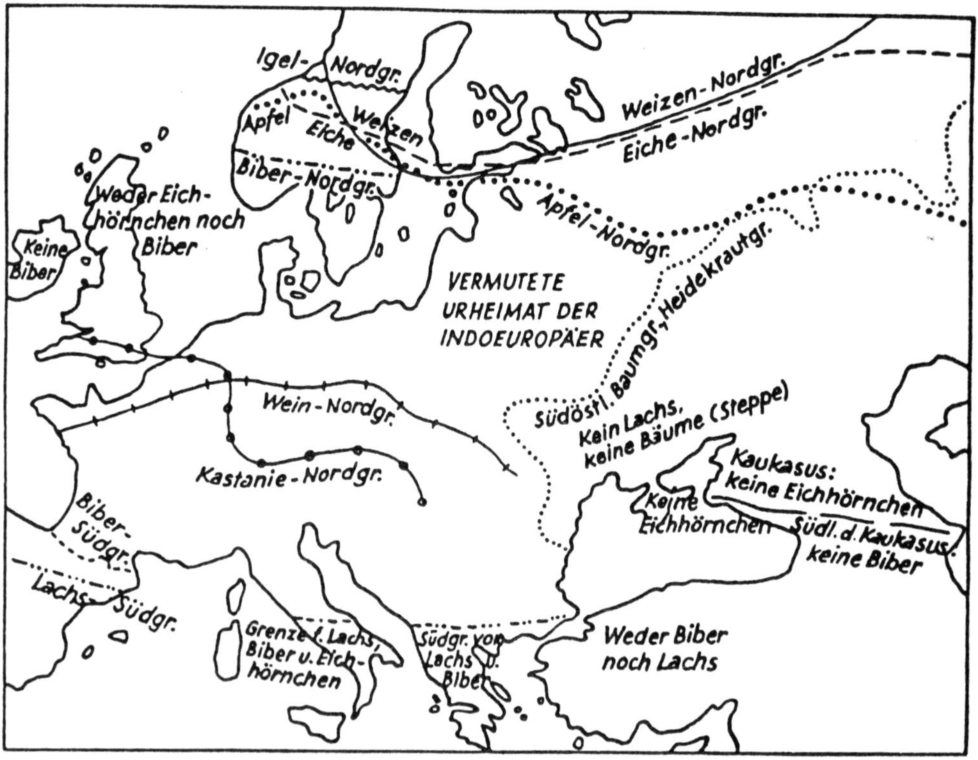

Abb. 4: Verbreitung bestimmter Pflanzen und Tiere als Hinweis zur indogermanischen (indoeuropäischen) „Urheimat". Nach L. Kilian, *Zum Ursprung der Indogermanen*, Bonn 1988.

der Indogermanen vor den Sprachteilungen und Abwanderungen beschreiben, das im gemäßigten Klima mit Winterschnee liegt, mit Wäldern und offenen waldfreien, steppenartigen Gebieten, das von der Nord- und Ostsee, dem Rhein, der Donau bis etwa zum Ural reichte. Da in den slawischen Sprachen das Wort für Buche ein germanisches Lehnwort sein soll, kann das dafür vorhanden gewesene Wort bei der langdauernden Wanderung durch Gebiete ohne Buchen verlorengegangen sein. Das kann für Ostvandalen zutreffen.

Da alle Namen der großen Flüsse dieser Urheimat indogermanischen Ursprungs sind und anderssprachige alte Namen dafür fehlen, folgt, daß diese Urheimat auch nach der Auswanderung noch heute von indogermanischen Völkern besetzt ist. Insbesondere trifft das für den altgermanischen Raum zu. *„Nichtindogermanisches nördlich der Alpen gibt es überhaupt nicht"* (L. Kilian 1988). Im Osten zumindest bis zum Don bestand ein durch Dialekte gegliederter aber verhältnismäßig einheitlicher Sprachraum, in dem keine älteren Reste nachweisbar sind und in dem außer der Abwanderung der Satemvölker weder im Neolithikum noch in der frühen Broncezeit, weder von Ost nach West noch in anderen Richtungen Invasionen, Wanderzüge oder Stammesverschiebungen sich erkennen lassen (A. Häusler 1988).

Aus der Linguistik folgt die Entwicklung des Urindogermanischen ab etwa 10000 v.d.Ztr., des Altindogermanischen ab etwa 5000–4000 v.d.Ztr. Nach den Abwanderungen zerfiel das Altindogermanische in die Sprachen der getrennten Völker. In ihren alten Kulturen entstanden um die Mitte des 2. Jahrtausends v.d.Ztr. Sprachdenkmale für das Indische, Hethitische sowie das Griechische (L. Kilian 1988). Die Trennung der Satem- von den Centumsprachlichen hat vor Beginn der Broncezeit stattgefunden, da ein gemeinsames indogermanisches Wort für Bronce fehlt.

Wenn die erste Ausbreitung die Trennung der Träger der Satem- von den in der Urheimat verbliebenen Trägern der Centumsprachen zeitlich vor den Bandkeramikern stattfand, läßt sich auf Grund der grundsprachlich vorhandenen Worte ein Kulturzustand vor der Entstehung des ortsbeständigen Ackerbauerntums erschließen, der schon behütetes Vieh und Hunde, Rinder, Schweine als Haus- und Zuchttiere kannte. Auch der Wagen war bereits entwickelt und das Rad war längst erfunden, wie Worte für Einzelteile wie Rad, Nabe, Achse und das Joch für Zugtiere zeigen. Worte für Siedlung und Haus sprechen gegen Nomadentum der Urindogermanen. Gemeinsame Worte aus dem Ackerbau sind jünger und gehören der jüngsten Schicht des Indogermanischen an. Manche Worte aus diesem Bereich fehlen dem Indo-Iranischen und zeigen dessen Abwanderung vor der Entwicklung des Ackerbaues. Aber Worte für Pflug, das Säen, und Mahlen und eine Getreidesorte, die Gerste, waren vorhanden. Das Erschließen sozialer Zustände ist hypothetischer, da mit mehr Änderungen der Bedeutungsinhalte zu rechnen ist, doch sind teuta, Volk, und regs, König, wohl indogermanischen Ursprungs (H. Jankuhn 1969).

Die zahlreichen sprachlichen Veränderungen, mit denen aus dem Indogermanischen das Urgermanische wurde, müssen sich über lange Zeit hingezogen haben und können auch nur nacheinander stattgefunden haben. Zuletzt stand die Verschiebung der indogermanischen Konsonanten b, d, g zu urgermanisch p, t, k. Diese Zeit kann die gesamte Broncezeit umfassen. In das Finnische wurden Wörter übernommen, die noch aus der Zeit vor dieser germanischen Lautverschiebung stammen. Aus den Veränderungen der finnischen Sprache ließ sich ermitteln, daß Lehnwörter bereits vor 1500 v.d.Ztr. in das Finnische übernommen wurden.

Da diese sprachlichen Veränderungen bei ethnischer Konstanz erfolgten, wird von L. Kilian 1988 vorgeschlagen, die Bevölkerung des Kultur- und Sprachgebietes des Nordkreises nach Ende der indogermanischen Auswanderungen bis 1600 v.d.Ztr. als Urgermanen, von da bis zur Zeit der

Jastorfkultur als Altgermanen und danach als Junggermanen zu bezeichnen. Für die germanische Lautverschiebung stehen während der altgermanischen Zeit etwa tausend Jahre zur Verfügung. Diese vollendeten Lautverschiebungen sind mit der Inschrift auf dem Helm von Negau bei Radkersburg, Südsteiermark mit „*Harixasti* [Wodan] *teiva*" dokumentiert, der aber auf 200 v.d.Ztr. datiert wird (F. Eichler u.a. 1938).

3.2.2 Archäologie

Von den zu Beginn der Jungsteinzeit 5800 v.d.Ztr. in Europa vorhandenen vier Kulturkreisen: dem *Westkreis*, dem *nordeurasischen kammkeramischen Kreis*, dem östlich des Rheins, in Südskandinavien und in der norddeutschen Tiefebene verbreiteten *Nordkreis* und dem in Mitteleuropa bis südlich der Donau sich anschließenden *bandkeramischen Kreis*, kann man nur die beiden letzten den Indogermanen zuordnen.

Die Angehörigen des Nordkreises und die des bandkeramischen Kreises bewohnten zwei- und dreischiffige Langhäuser. Die *Bandkeramiker* siedelten mit einer Bauernkultur auf Lößböden (Abb. 5). Die *Trichterbecher-* und die mit ihr verwandte *Michelsberger Kultur* waren über das Gebiet der Bandkeramik nach Norden hinaus bis nach Südskandinavien verbreitet. Die *Trichterbecherkultur* des Nordkreises baute z.T. die von Westen her übernommenen Megalithgräber. Gegen Ende der Jungsteinzeit herrschte in beiden Bereichen bis südlich der Donau und bis östlich der Weichsel (Abb. 6) die *Schnurkeramik-* bzw. die *Streitaxtkultur*, in Skandinavien und im nördlichen Baltikum die *Bootaxtkultur* und zwischen dieser und der Schnurkeramik die *Haffküstenkultur*, aus der die ortsansässigen baltischen Völker der Prußen, Litauer und Letten sich entwickelten. Die Kultur der Schnurkeramik entwickelte sich ortsbeständig aus der Trichterbecherkultur. Die Schnurkeramik kann nicht aus dem Osten stammen, da ihre Hinterlassenschaften um so jünger werden, je weiter man nach Osten kommt.

Im Osten schloß jenseits des Dnjestr die *Ockergrabkultur* an, die aufgrund des bei ihren Trägern vorherrschenden, anthropologischen Typs auch noch zu den Indogermanen gerechnet wird, deren Träger sich jedoch schon am Beginn der mittleren Steinzeit von den Urindogermanen getrennt haben müssen. Aus ihnen haben sich die *indoarischen* Völker entwickelt.

Im Bereich der *Schnurkeramik* ist nach dieser zweiten Teilung der Rest der Indogermanen zu suchen, die sich bodenständig weiterentwickelt haben.

Die Schnurkeramiker waren Ackerbauern und bauten an: Einkorn, Emmer, Saatweizen, Gerste, Rispenhirse, Linse, Erbse, Ackerbohne, Mohn und Lein (J. Schultze-Motel 1989).

In der jüngsten Jungsteinzeit wird die Schnurkeramik von Südosten her von der *Glockenbecherkultur* nach Norden zurückgedrängt, deren Träger aus anthropologischen Gründen nicht zu den Indogermanen gezählt werden.

Die Glockenbecherkultur gelangte in Norddeutschland von Westen her bis an die Saale. In dem vorher von der Schnurkeramik besetzten Gebiet in Niedersachsen kam es zur Kulturmischung und wahrscheinlich auch zur ethnischen Mischung. Diese Bevölkerung wurde in der jüngeren Broncezeit nach Westen und Süden zurückgedrängt. Die Schnurkeramiker haben sich bodenständig aus den vorhergehenden Trägern der Trichterbecherkultur entwickelt, die bereits den Hakenpflug und das Speichenrad besaßen und Bauern waren (A. Häusler 1988). So betont die heutige Forschung,

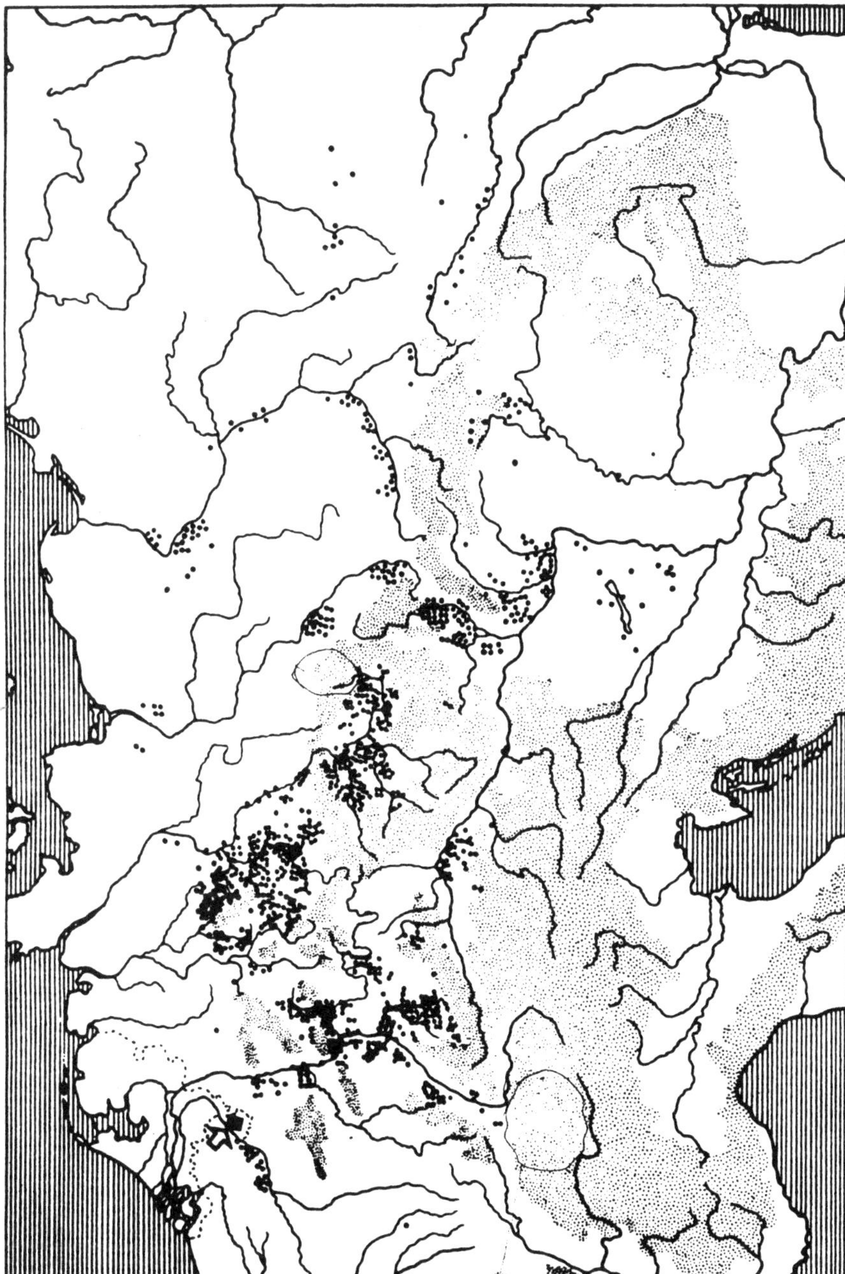

Abb. 5: Die Verbreitung der Bandkeramik. Nach L. Kilian, *Zum Ursprung der Indogermanen*, Bonn 1988.

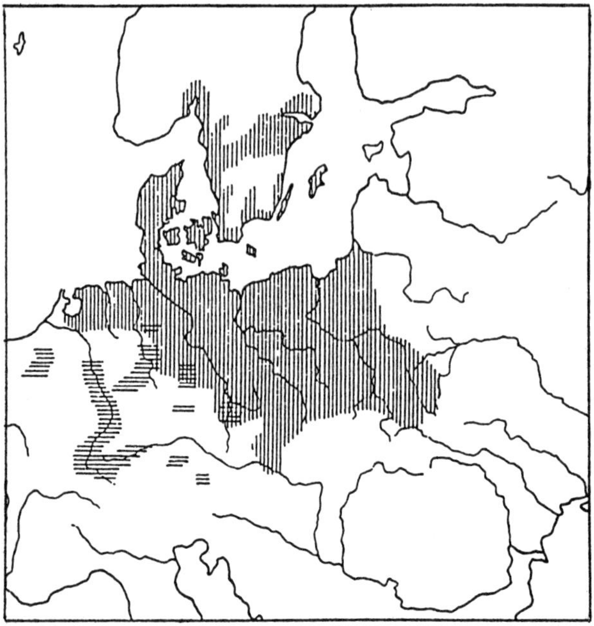

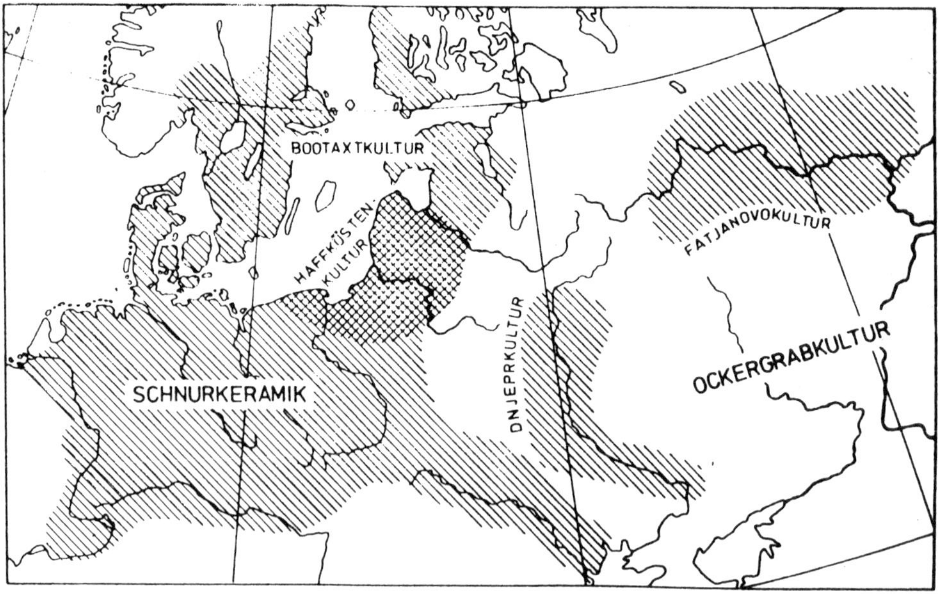

Abb. 6 a: Die Verbreitung der Trichterbecherkultur, senkrechte Striche. Michelsberger Kultur, waagrechte Striche.
b: Die Verbreitung der Kultur der Schnurkeramik. Nach L. Kilian, *Vom Ursprung der Indogermanen,*, Bonn 1988.

daß die Schnurkeramiker nicht von Osten in das Gebiet der Großsteingräber einwanderten (L. Kilian 1988, H. Behrens 1991).

Während die ackerbauenden Bandkeramiker nur die Lößböden besiedelten, hatten die Schnurkeramiker die Glazialböden bis zur Nord- und Ostseeküste, von Jütland und Südskandinavien besetzt und waren andererseits nach Süden bis in die Lößgebiete an der Donau vorgedrungen.

Nach Abwanderung der zum centumsprachlichen Teil der Indogermanen gehörenden Italiker, Griechen und der Absonderung der Illyrer und Kelten entwickelte sich im nördlichen Teil des schnurkeramischen Gebietes die *Einzelgrabkultur*, aus der sich dann ohne Bruch der Kulturentwicklung, mit Beibehaltung der Siedlungsgebiete und ohne Einwanderung von außen über den nordischen Kreis der Broncezeit hinweg die *Jastorfkultur* weiterentwickelte. Damit liegt in diesem Gebiet seit der Jungsteinzeit bis zum engeren Zeitbereich der Völkerwanderung eine ungestörte ethnische Entwicklung vor (s. Kap. 6.1.4).

Die Einzelgrabkultur ist durch bestimmte Streitaxtformen kenntlich. Sie ist in Jütland, Schleswig-Holstein, Niedersachsen bis zur Ems und im westlichen Mecklenburg verbreitet und erreicht zum Schluß Holland, die Oder und die dänischen Inseln.

3.2.3 Anthropologie

Anthropologische Untersuchungen gestatten, soweit sie sich auf genetisch fixierte Merkmale beziehen, die Unterscheidung zwischen Zufallsanhäufungen von Individuen von durch Heiratsschranken abgegrenzten Populationen, sofern die Anzahl der Individuen statistisch ausreicht. Wenn innerhalb einer Population völlige Panmixie herrscht, streuen die Meßwerte um ein Maximum nach der Gaußschen Fehlerverteilung (s. Kap. 6.1.2). Abweichungen von einer solchen sind in verschiedener Hinsicht diskutierbar.

Die Evolution des organischen Lebens führt zur Ausbildung immer größerer Mannigfaltigkeiten in der Richtung der biologischen Hierarchie, bei *homo sapiens:* Individuum, Familie, Stamm, Volk, Rasse, Art und höhere taxonomische Einheiten. Die Ausbildung von Völkern ist also die notwendige Vorbedingung zum Fortgang der Evolution (E. Mayr 1967). Die Erhaltung von Völkern ist aber heute von wissenschaftlich falschen Ideologien nicht erwünscht („Multikultur" als Synonym für multiethnische Vermischung gilt als Fortschritt). Es ist nun erstaunlich, wie dieses Wissen bei den Germanen – im Gegensatz zum römischen Weltreich, in dem multiethnische Vermischung häufig war – implizit bekannt war. In den germanischen Volksrechten gab es Vermischungsverbote. Bezüglich Vermischungen siehe Kap. 6.1.2.

Da der Begriff Ethnos in den Wissenschaften der Vor- und Frühgeschichte für Gruppen wie Stämme und Völker benutzt wird, muß klargestellt werden, *„daß für die Humanbiologie nur solche Ethnosdefinitionen in frage kommen, die mit dem Begriff der Population und damit der Fortpflanzungsgemeinschaft (Abstammungsgemeinschaft) verbunden sind. Soziale Gruppen können daher nicht als Ethnien bezeichnet werden." „Eine biologische ‚Population' ist eine durch die gesamte Variationsbreite ihrer Merkmale definierte lokale Gruppe (Fortpflanzungsgemeinschaft) innerhalb einer Art, die sich von anderen solchen Gruppen durch die Häufigkeit bestimmter Merkmale unterscheidet. Ihre Mitglieder sind meist durch gemeinsamen Lebensraum ... und durch den gemeinsamen Besitz genetischer Merkmale charakterisiert."* (E. Winkler 1983).

Der Begriff Rasse soll hier nur im Sinne eines Begriffs der biologischen Hierarchie benutzt werden: Individuum, Sippe, Population (Volk), Rasse, Art. Der Begriff Rasse ist zwar durch Benutzung mit unterschiedlichstem Begriffsinhalt und durch ideologischen Mißbrauch derart belastet, daß ihn die meisten meiden, was inzwischen dazu führte, daß heute sogar anthropologische Untersuchungen gemieden werden oder sich auf Untersuchung von Karies beschränken und die Frage nach der ethnischen Zuordnung der archäologischen Fakten – was eigentlich eine Hauptfrage darstellt – kaum mehr gestellt wird. Trotzdem ist die Benutzung dieses Begriffs aus wissenschaftssystematischen Gründen unentbehrlich.

Die vielfach fälschlich auch als Rassen bezeichneten anthropologischen Typen, die sich vor allem an Schädeln zeigen, sind nulldimensionale Grenz- und Übergangs-(mittel)typen aus der gesamten vieldimensionalen Variationsbreite, z.B. in der Reihe: Langschädel (nordisch) – dalischer Schädel (fälisch) – Rundschädel (ostisch) (s. Kap. 6.1.1). Da diese Merkmale genetisch fixiert sind, bestehen für sie Verteilungsfunktionen innerhalb von Populationen. Diese mathematischen Funktionen sind als Systemeigenschaften für Populationen kennzeichnend. Bereits in der Altsteinzeit treten diese Typen nebeneinander in der gleichen Population auf. So liegen aus dem Aurignac die Typuslokalitäten für den *Cro-Magnon-Typ*, der eine mittlere Stellung zwischen Lang- und Kurzschädeln einnimmt, und dem Typ von *Combe Capelle*, dem langschädligen, nordischen Typ, dicht nebeneinander in Südfrankreich. „Reinrassige" Populationen aus jeweils einem anthropologischen Typ gibt es in der Natur infolge der genetischen Vielfalt nicht. Nur in der Tierzucht lassen sich derartige reinrassige Typen erzeugen. Infolgedessen ist die Verwendung dieses Rassebegriffs (z.B. in Saller 1964) für menschliche Populationen falsch. Da sich die Verteilungskurven selbst für in ihren Merkmalen stark abweichenden Populationen überschneiden, wurde und wird das von den Vertretern der falschen Rassentheorie als Vermischung interpretiert. Wie sich Vermischungen in Verteilungskurven äußern, wird in Kapitel 6.1.3 erläutert.

Die Fragen der ethnischen Zuordnung kulturhistorischer Zustände und Vorgänge können beantwortet werden, wenn die Gleichzeitigkeit von kulturellen Hinterlassenschaften mit Skelettresten erwiesen ist und wenn sich kulturelle mit anthropologischen Unterschieden in Beziehung setzen lassen.

Biologische Bevölkerungsstrukturen und deren Dynamik sind an Populationen gebunden, die Fortpflanzungs- und Vererbungsgemeinschaften sehr verschiedener Größe sind und charakteristische „Genpools" darstellen (A. Bach 1978). Diese werden im Laufe der Zeit durch Mutationen, Selektionen, Migrationen, genetische Zufallsdriften und anderes verändert. Je kleiner die lokalen Populationen sind, die in der Urgeschichte oft nur wenige Familien umfassen und dann nur einen Ausschnitt des Genpools der sich über viele Siedlungsplätze verteilenden Gesamtpopulation verkörpern, umso rascher können sich diese Teilpopulationen durch Gendrift verändern. Selektive Auswanderung von Teilen einer Population führt zu Genverlusten und Verkleinerung der Merkmalsbreiten (Gründereffekt).

Als grobe Einteilung sind im Jungpaläolithikum zu unterscheiden extrem langschädlige, mittellangschädlige und kurzschädlige Typen.

Die ethnischen Vorläufer der Indogermanen von Trägern der Bandkeramikkultur, Trichterbecherkultur, Schnurkeramikkultur und Ockergrabkultur haben nicht vorwiegend zum nordischen Typ gehört. Die Verteilungsmaxima ihrer Längen-Breiten-Indizes liegen um I_1=73. Sie sind also etwas langschädliger als der Typ *Cro-Magnon* (s. Kap. 6.1). Jedoch sind in ihrer Variationsbreite in geringen Anteilen auch andere Typen vertreten. Besonders interessant ist, daß die zu den baltischen Völkern der Satemgruppe gerechneten Prußen sich anthropologisch und auch im gesamten Äußeren nicht von den Goten unterschieden haben, von denen sie zeitweise überschichtet wurden und vieles von ihrer Kultur annahmen (s. Kap. 2, Chr. Hartknoch). Der Typ *Combe Capelle* ist bis nach Nordafrika verbreitet und die Trennung des sehr verwandten mediterranen Typs vom nordischen Typ ist nicht leicht, sie läßt sich nicht am Individuum, sondern nur an Systemeigenschaften von Populationen einigermaßen sicher durchführen.

Außerhalb der Indogermanen ist der *ostbaltische*, der *alpine* oder *ostische*, und der *dinarische* Typ häufig. Südlich anschließend an das Gebiet der Indogermanen gab es einen Gürtel mit vorwiegend kurzschädligem Typ.

Wenn die Herausbildung der drei Großrassen, der negroiden, der mongoloiden und der europiden, nach der Trennung der letzten beiden aus der ostafrikanischen Urheimat in geographischen Großisolaten stattfand, dann entstanden zunächst die schwarzhaarigen und schwarzäugigen Brauneuropäer, aus denen erst mit der Selektion im periglazialen Isolat die heutigen Weißeuropäer als 4. Großrasse entstanden. Diese Selektion hätte genausogut den Neandertaler betreffen können, der vom Beginn der Würmeiszeit vor 130000 Jahren an in Mitteleuropa lebte und vom Aurignac-Menschen vor 35000 Jahren verdrängt wurde.

„Die große europide Hauptrasse ist die einzige auf der ganzen Erde, die depigmentiert wurde. Das muß irgendwie mit dem zerrissenen Erdteil Europa und seinem Klima zusammenhängen... Es gibt nach unserem heutigen Wissen also nur diese einzige Stelle auf der Erde, wo die Augen blau und die Haare blond wurden.“ (H. Weinert 1965, S. 226 f.).

Die Selektion der Hellhäutigen, Blauäugigen und Blonden war nur im periglazialen Klima der letzten Eiszeit möglich und hat auf der ganzen Erde nur ein Mal und nur in einem einzigen fast allseits abgeschlossenen Gebiet zwischen den vergletscherten Pyrrhenäen, Alpen, der Nordsee und dem Eisrand stattgefunden und mußte beim Zurückweichen des Eises vor 10000 Jahren vollendet gewesen sein. Bei dieser Selektion entstand nicht ein „reinrassig“ heller Typ, sondern eine Variationsbreite, aber Dunkelhäutige und Schwarzhaarige wurden durch diese Selektion eliminiert. Menschen dieses Typs wandern in größerer Zahl erst seit 1945 nach Mitteleuropa ein.

Die Wanderung in Gebiete mit periglazialem Klima und der Daueraufenthalt dort muß seuchenartige Krankheiten wie Tuberkulose und Rachitis zur Folge gehabt haben, die von UV-Strahlung hintangehalten werden oder geheilt werden konnten, wenn die Strahlung durch die Oberhaut gelangen kann. Deshalb sind durch Selektion die Hellhäutigen ausgelesen worden, was mit Depigmentierung beschrieben wird. Diese Selektion muß gemessen an Ausgangs- und Endpopulation sehr große Ausmaße gehabt haben. Da eine solche Selektion nicht in arktischen Gebieten der asiatischen Großrasse stattfand (Eskimos), muß es in dieser einen genetisch angelegten Schutz gegen diese Seuchen geben.

Im Schlick des Balkenholzbrunnens der Bandkeramiker bei Köln (s. Kap. 7.4.2) sowie in skandinavischen steinzeitlichen Baumsärgen fand man blonde Haare.

Die Frage, wie die erste Bauernkultur der Bandkeramiker in Mitteleuropa entstand, durch Einwanderung von Menschen mit ihrem Saatgut oder durch Einfuhr des Saatgutes zu einer bodenständigen bereits vorhandenen Bevölkerung, kann nur mit dem zweiten Fall beantwortet werden.

Für die ortskonstante Entstehung der bandkeramischen Kultur wurden neuerdings auch archäologische Gründe beigebracht (J. Lüning 1988). Daß neben der Selektion der körperlichen Eigenschaften auch eine der nichtkörperlichen stattfand, wird durch die sofortige Entwicklung der Landwirtschaft einschließlich der Mistdüngung, der dazu notwendigen Großtierhaltung und -züchtung und des Baues der gewaltigen Langhäuser zur Stallhaltung des Großviehes – wozu klimatisch keine Notwendigkeit bestand – zwecks Mistgewinnung bis an die Grenze der damaligen Möglichkeiten belegt, nachdem Saatgut zur Verfügung stand (s. Kap. 7.3.3). Im anderen Falle der Einwanderung einer Bevölkerung aus dem nahen Osten während des klimabegünstigten Neolithikums würde es keine Indogermanen gegeben haben bzw. sie wären bereits sehr früh wieder verschwunden und die heutige mitteleuropäische Bevölkerung unterschiede sich nicht von solcher aus Vorderasien.

Gegen die von einigen Forschern vertretene Behauptung, die Indogermanen seien von Osten eingewandert, spricht, daß das Auftreten der Schnurkeramiker umso jünger ist, je weiter nach Osten sie gefunden werden.

Die Blutgruppenforschung ergab, daß der Anteil der Blutgruppe B, die in West- und Mitteleuropa nur spärlich vorhanden ist, nach Osten zunimmt und die höchsten Werte im Bereich des mongoliden Rassenkreises hat. Auch deshalb ist die Herkunft der Indogermanen aus dem Osten unwahrscheinlich.

So kann zusammenfassend aus linguistischen, archäologischen und mit Vorwegnahme der anthropologischen Untersuchungen geschlossen werden, daß die Heimat der Indogermanen rückwärts zumindest bis in die Jungsteinzeit der Raum zwischen Rhein, Donau, Schwarzem Meer, dem großen Wolgaknie, Weichsel, Südskandinavien und Dänemark war (L. Kilian 1988). Neue anthropologische Ergebnisse der Verteilungen anthropologischer Daten in statistisch genügend großen Serien siehe Kap. 6.1.4 und 6.1.6.

Die Anthropologie gestattet, die Indogermanen weiter zurück bis in das Aurignac in der Altsteinzeit zu verfolgen auf Populationen, die in ihrer Variationsbreite die Typen *Combe Capelle* und *Cro-Magnon* enthielten. Das deutsche Volk ist das einzige größere, zudem in der alten Urheimat der Indogermanen verbliebene Volk der Indogermanen, das bis 1945 weitgehend unzerstört erhalten blieb. Die von durchsichtiger ideologischer Seite vorgebrachte Behauptung, das deutsche Volk sei eine bunte Mischung vor allem mit „Slawen", Kelten und Romanen, wird hier in diesem Buch für die „Slawen" widerlegt. Die Behauptung läßt sich für die Kelten anthropologisch widerlegen, da nach dem Abzug der Kelten nach Westen die dort zugezogenen Germanen anthropologisch unverändert von Kelten unterschieden werden können (s. Kap. 6.1.6). Für die Romanen ist diese Behauptung durch die Lebensbeschreibung eines Zeitzeugen, des Hl. Severin, vom Abzug der römischen Bevölkerung nach 478 im wesentlichen bis zum Alpennordrand und bis auf die Umgebung von Salzburg (Walchen) widerlegt (siehe Eugippius, *Das Leben des Hl. Severin*, Phaidonverlag).

Während mit der Zurechnung der slawischen Sprachen zur Satemgruppe und deren frühzeitiger Trennung bzw. Abspaltung von den Centumsprachen auf eine frühzeitige, zu Beginn der Jungsteinzeit vollzogene räumliche Abtrennung ihrer Träger geschlossen wird, ergibt sich dazu widersprüchlich, daß bis zum Ende der Jungsteinzeit und bis zum Ende der Broncezeit und darüberhinaus sich keine archäologischen und anthropologischen Hinweise für die Existenz von „Slawen" finden lassen.

Weder sprachlich noch archäologisch läßt sich eine balto-slawische Einheit stützen. Die „slawischen" Sprachen haben sich nach Häusler (1988) getrennt und unabhängig von den baltischen Sprachen entwickelt. Damit wird ihre Zugehörigkeit zur Satemgruppe fraglich.

Zur Ethnogenese der „Urslawen" und der Entstehung ihrer Sprache vor allem aus Bastarnen und Vandalen sind die neuen Erkenntnisse russischer Forscher von herausragender Bedeutung (s. Kap. 4.2.7).

3.3 Die Germanen der Broncezeit

Der Nordkreis der Broncezeit bedeckt zu Anfang das Gebiet der Einzelgrabkultur, um die sich in Nordhannover, Teilen von Brandenburg und Pommern eine Randzone legt. Der Nordkreis ist in der älteren Broncezeit durch bestimmte Schwerttypen, Fibeln, Rasiermesser, Armringe und Lanzenspitzen gekennzeichnet. Die bereits in der älteren Broncezeit sich abzeichnende Grenze einer Zone I nördlich der heutigen deutsch-dänischen Sprachgrenze entspricht etwa der Grenze der Nord- und Westgermanen, die sich am Ende der Broncezeit in der Zeit der Jastorfkultur auszuprägen beginnt.

In diesem Nordkreis herrschen nach Montelius bis in die Periode III der Broncezeit die Körpergräber in Baum- und Bohlensärgen vor, die mit Steinpackungen bedeckt wurden, sowie Steinkistengräber, beide von Hügeln überwölbt. Es gibt Nachbestattungen im gleichen Hügel und es finden sich Holzsärge und Steinkistengräber im gleichen Hügel. In der Periode IV setzte sich die Brandbestattung durch.

Die Verbreitung der Gräber bleibt vom Beginn bis zum Ende der Broncezeit gleich und zeigt die Beständigkeit der Siedlungsgebiete und zusammen mit der sonstigen Kultur die ethnische Konstanz an. Auch der Übergang zur Brandbestattung vollzog sich allmählich, anfangs wurden die Brandreste noch in für Skelette ausgelegte Steinkisten gestreut. Es gibt Brandnachbestattungen in älteren Hügeln mit Körperbestattung. Die Urnenfriedhöfe liegen in der Nähe der älteren Körpergräber. Schon in der älteren Broncezeit begann vereinzelt die Brandbestattung und die Beisetzung in Urnen, die dann in der jüngeren Broncezeit vorherrscht. Die Urnen wurden für sozial Herausragende teilsweise in Totenhäusern aufgestellt, das waren Pfostenhäuser mit Flechtwerkswänden. Auch bis 10 m hohe Hügel wurden über den Urnen errichtet wie beim Königsgrab von Seddin. Neben den Grabbeigaben kamen auf uns Hinterlassenschaften in Horten aus Metallbarren, Broncegeräten, Waffen und Schmuck, die als Weihegaben in Mooren versenkt wurden.

Nachdem die Herstellung von harten Kupferlegierungen anfangs von Arsenbroncen und später von Zinnbroncen bekannt war, entfaltete sich aus den Formen der Feuersteindolche eine große Mannigfaltigkeit von Bronceschwertern in großer künstlerischer Vollkommenheit. Auf die hohe künstlerische Gestaltung bei Schmuck, Gefäßen und weiteren Geräten wie Luren oder Sonnenwagen sei nur hingewiesen.

Kupfer konnte aus vielen kleineren und größeren sulfidischen Lagerstätten in der südlichen Mittelgebirgsumgebung des Nordkreises gewonnen werden. Die nächsten bekannten Lagerstätten für Kupfer und Arsen lagen in den Alpen bei Schwaz, Brixlegg und Kitzbühl, für Zinn in Cornwall und in dem Nordwesten der Iberischen Halbinsel. Kürzlich wurden Hinweise auf die Gewinnung von Zinn am Südrand des Erzgebirges bekannt.

Das gewonnene Metall mußte entweder mit Schiffen oder auf dem Landwege transportiert werden. Geruderte Schiffe ohne Segel sind auf skandinavischen Felszeichnungen dargestellt. Die für den Transport durch den Kontinent nötigen Fernhandelswege bedienten sich entweder der Flüsse oder Wegen. Reste fahrbarer Wege sind als Bohlenwege aus Mooren bekannt geworden, ein solcher z.B. in einer Länge von 2,1 km bei 3,20 bis 3,40 m Breite mit 6500 Belagbohlen bei Diepholz (B. Krüger 1983).

In der Mitte der Broncezeit erweiterte sich der Nordkreis in das Lüneburgische und die Altmark. Mit der jüngeren Broncezeit gehörten die Gebiete westlich der unteren Weser und östlich der Aller und Leine dazu, in der Periode V Westhannover, das südliche Oldenburg und das östliche Westfalen. Diese Gebiete westlich der Weser sind mit einer Sonderausbildung des Nordkreises, der *Harpstedt-Nienburger-Kultur* besetzt, die schließlich am Ausgang der Broncezeit bis über die Ems und fast bis zum Niederrhein reichte. Im Osten werden am Ende der Broncezeit die Gebiete bis zur unteren Weichsel zum Nordkreis gerechnet, die in Pommern als *Gesichtsurnenkultur* ausgebildet sind, deren Ostgrenze zugleich die Westgrenze von Flußnamen baltischer Herkunft ist. Deshalb wird dort mit baltischem Bevölkerungseinschlag gerechnet (L. Kilian 1988). Die dort wohnenden Bastarnen und Skiren waren die ersten ausgeformten germanischen Stämme und begannen bereits am Ende der Broncezeit sich über die untere Weichsel nach Süden auszubreiten (Abb. 9).

Die Besiedlung war noch locker. Die Niederungsgebiete der Urstromtäler mit ihren Überschwemmungsgebieten und Brüchen, mit nassen, tonigen und schweren Böden wurden gemieden, weil sie sich mit den leichten Hakenpflügen nicht bewirtschaften ließen, aber ebenso die Hochflächen mit Glazialsanden und die Endmoränenzüge. Besiedelt waren außer den Lößgebieten sandiglehmige Böden. Zwischen den Siedlungsgebieten bestanden bis zu 30 km breite ungenutzte Flächen, die Hinweise auf mögliche Stammesgrenzen geben können.

Im Halbkreis wurde der nordische Kulturkreis der Ur- und Altgermanen im Südosten umgeben von der *Lausitzer Kultur* und nördlich der Karpaten bis nach Frankreich und dem Niederrhein von der *Urnenfelderkultur.* Wenn die der *Aunjetitzer* folgende *Lausitzer Kultur* den Illyrern zugeordnet wird, werden die Träger der Urnenfelderkultur, die sich am Ende der Broncezeit in die Hallstattkultur fortsetzt, den späteren Kelten zugerechnet.

3.4 Die Germanen in der vorrömischen Eisenzeit

Die Zeit der Jastorfkultur schließt in Norddeutschland an das Ende der Broncezeit an. Ihr Beginn fällt in die Hallstattzeit Süddeutschlands, Stufe IV, und reicht bis an das Ende der Latènezeit, bis 0 d.Ztr. (vergl. Tabelle in 3.1).

Wenn sich der nordische Kreis der Broncezeit in drei Zonen gliedern läßt, und wenn die Grenzen der Zone I und II etwa der heutigen deutsch-dänischen Sprachgrenze entsprechen und Zone III Randgruppen der Zone II im südlichen Halbkreis um Zone II sind, ist die Jastorfkultur in Zone II entstanden bzw. hat sich dort aus der Kultur der Broncezeit bodenständig weiterentwickelt. In allen Kulturäußerungen ist dieser Übergang bruchlos und entspricht einer ethnischen und damit sprachlichen Kontinuität. Die Ausbildung von kulturellen Unterschieden zwischen Zone II und I entspricht der sich ausbildenden Unterschiede in West- und Nordgermanen. Als Ostgermanen werden jene nordgermanischen Stämme zusammengefaßt, die aus Skandinavien kamen und die östlich der Westgermanen Fuß gefaßt hatten. Die einzigen südlich der Ostsee beheimateten Ostgermanen sind die Bastarnen und Skiren. Andererseits werden um 0 d.Ztr. Stämme der kimbrischen Halbinsel mit denen aus der Zone II als Ingwäonen, die östlich von Zone II siedelnden als

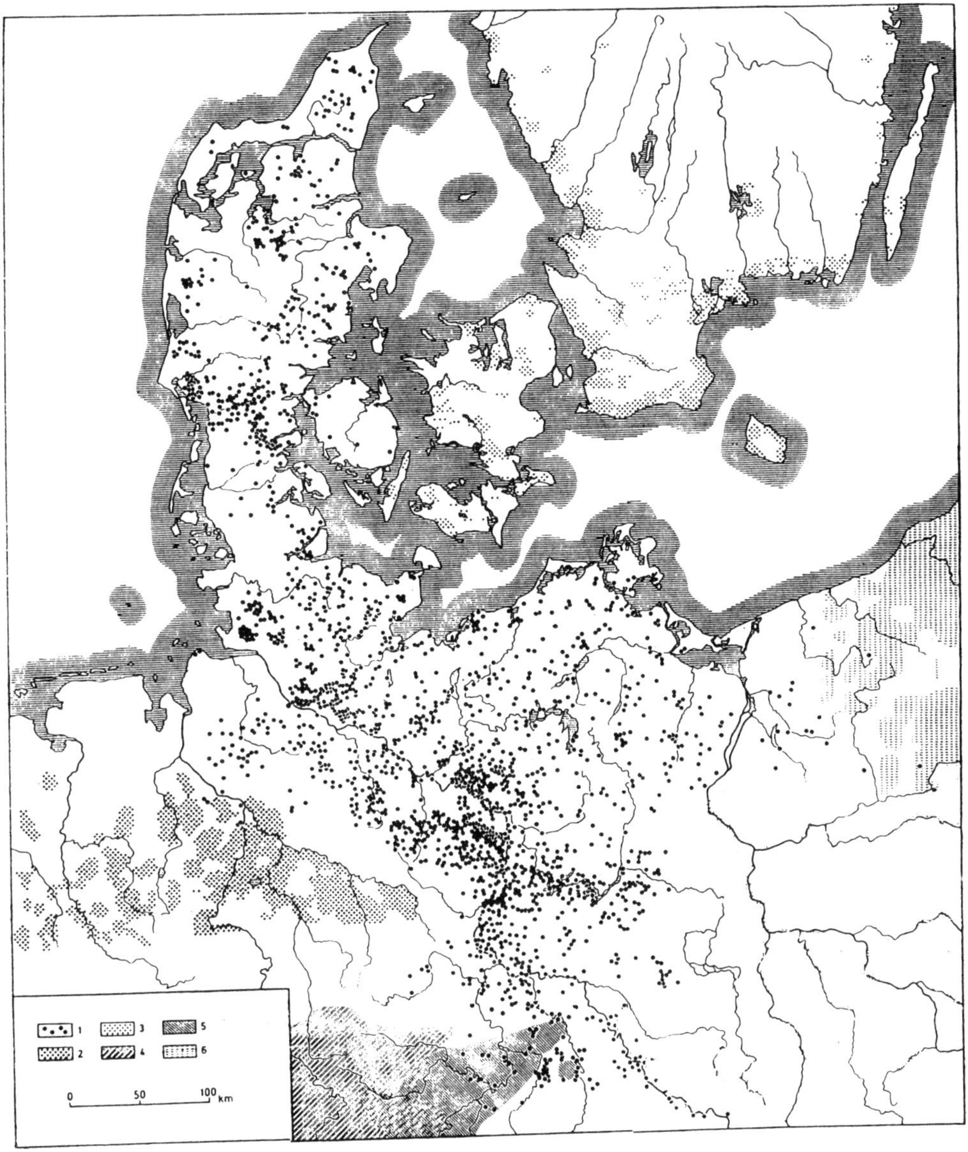

Abb. 7: Die Germanen in der älteren vorrömischen Eisenzeit (6./5.--4. Jh. v.d.Ztr.)

1 Fundpunkte der Jastorfkultur

2 Fundgebiet der Harpstedt-Nienburger Kultur

3 Fundgebiet auf den dänischen Inseln und in den Küstengebieten von Südschweden

4 und 5 Kelten der Hallstadt- bis Latène-Zeit

6 Fundgebiet der Gesichtsurnenkultur

Mit Veränderungen nach B. Krüger, *Die Germanen*, Berlin (Ost) 1988

Hermionen und die westlich von Zone II im Gebiet der Harpstedt-Nienburger Kultur als Istwäonen bezeichnet. Auch diese haben sich dort bodenständig entwickelt. Eine fremde Einwanderung in diese Gebiete läßt sich nicht belegen. Am Ende der Broncezeit reichte das gesamte germanische Siedlungsgebiet im Süden mit der Harpstedt-Nienburger Kultur bis westlich der Weser und südlich bis zu den Mittelgebirgen. Die Jastorf-Kultur reichte von dort bis zum Fläming und östlich bis etwa Prenzlau. Im Norden reichte es über Dänemark in die südlichen Küstengebiete Skandinaviens. Im Osten reichte die Hausurnenkultur mit Pommern bis zur Weichsel und südlich bis zur Netze.

Über die Kultur germanischer Stämme, besonders die Bereiche Wirtschaft, Hausbau und Siedlungen wird in Kap. 7 berichtet.

Gegen Ende der vorrömischen Eisenzeit werden germanische Stämme zunehmend in römischen Quellen genannt.

Bis 0 d.Ztr. reichen die Siedlungsgebiete der Westgermanen bis zum Niederrhein, im Elbe-Saale-Gebiet bis vor die Mittelgebirge und mit einer kleinen Zahl von Funden bei Tetschen-Bodenbach bis nach NW-Böhmen. Ein Zug gelangte Ende des 1. Jahrhunderts v.d.Ztr. wahrscheinlich außen um die Karpaten herum bis an die Moldau und in die angrenzenden Gebiete Bessarabiens (Funde von Poienesti). Im Osten reichten die Siedlungsgebiete bis nach Ostpommern. Im Mittelelbegebiet bildeten die Sueben in der Jastorfkultur einen Schwerpunkt, die Cherusker einen solchen im Gebiet der Harpstedt-Nienburger Kultur.

In den Begräbnissitten herrschte die Totenverbrennung und das Beisetzen des Leichenbrandes in Urnen oder ohne diese als Brandschüttung in Gruben sowie die Beisetzung einer Urne neben der Brandschüttung. Die Friedhöfe lagen nicht weit von den Siedlungen, oft auf Anhöhen. Beigegeben wurden nach oder auch vor der Verbrennung keramische Erzeugnisse, der Schmuck, Ohrringschmuck – ähnlichen Schmuck besaßen die Ostvandalen vor und nach ihrer Rückwanderung – und dann in der jüngeren vorrömischen Eisenzeit Waffen als Ausdruck des Standes. Sozial Herausragende erhielten größere Hügel über dem Grab, reichere Waffenbeigaben und sogar Wagen. Der keltische Einfluß zeigt sich in Prunkkesseln, darunter auch solchen etruskischer Herkunft, die bis nach Dänemark gelangten.

In der Broncezeit lassen sich im Bereich der Urgermanen nur geringe kulturelle Unterschiede finden. Eine stammesmäßige Gliederung hatte noch nicht stattgefunden. Am Ende der Broncezeit traten bereits die Bastarnen mit der Gesichtsurnenkultur in Pommern als Stamm in Erscheinung, ob aber bereits politisch geeint, ist unbekannt. Sie eröffneten mit ihrer Wanderung in das Weichselgebiet und dann die Weichsel aufwärts (s. Kap. 4.2.1) die Völkerwanderung. In der vorrömischen Eisenzeit begann die Ausbildung der stammesmäßigen Gliederung mit der Herausbildung der Verbände der Ingvaeonen, Istvaeonen und Hermionen südlich der Ostsee, aus denen sich bis um 0 d.Ztr. die Fülle der auch dann chronistisch genannten germanischen Stämme aussonderte. In der zweiten Hälfte der vorrömischen Eisenzeit setzten bereits vielfältige Wanderungen von Stämmen ein. Aus Skandinavien kamen die Vandalen, die Winiler (später Langobarden), aus Schweden die Goten nach Pommern und in das Weichselgebiet (s. Kap. 4.2.2). Die Vandalen zogen aus Jütland in das Gebiet zwischen Oder und Weichsel (s. Kap. 4.2.5). Diese Stammesbewegungen, auf die hier nur hingewiesen sei, sind in einer Reihe von vorzüglichen Werken dargestellt, genannt seien nur die Autoren R. Much, H. Reinerth und L. Schmidt.

4 Vor- und Frühgeschichte germanischer Stämme im Osten

4.1 Die Sprache der Ostvandalen

Nach der herrschenden Meinung (R. Trautmann 1947) gehört die slawische Ursprache zu den ostindogermanischen Satemsprachen, zu denen das Indische, Iranische, Armenische, Illyrische (Albanische) und die baltischen Sprachen der Jatvinger, Prußen, Litauer und Letten zählen. Zu den baltischen Sprachen sollen Verwandtschaften bestehen, die nach Herauslösen der slawischen Sprachen aus dem größeren Verband der ostindogermanischen Sprachen entstanden seien, etwa im 2. Jahrtausend v.d.Ztr. Die Periode der urslawischen Einheit wird in die Zeit von 1000 v.d.Ztr. bis in das 1. Jahrhundert n.d.Ztr. gelegt. Das Gebiet der slawischen Ursprache müsse anfangs außerhalb des Vorkommens der Rotbuche gelegen haben, denn es gebe in allen slawischen Sprachen kein eigenes Wort dafür, sondern nur ein germanisches Lehnwort, während es für die östlichere Hainbuche ein allen slawischen Sprachen gemeinsames eigenes Wort gebe. Um den Beginn der Zeitrechnung soll die Südgrenze des slawisch besiedelten Raumes in den Karpaten gelegen haben, die Westgrenze soll die Weichsel gewesen sein. Da aber die Germanen nach Ende der Broncezeit bis an die Weichsel kamen, entsteht die Frage, ob die Slawen zu dieser Zeit schon bis zur Oder gesessen haben oder ein drittes Volk (R. Trautmann 1947, S. 8). Von der Weichsel bis Smolensk seien die Balten die Nachbarn gewesen. Da die slawischen und die germanischen Sprachen nicht näher verwandt seien, seien Slawen und Germanen erst im 1. Jahrtausend v.d.Ztr. in Berührung gekommen. Seitdem seien viele Lehnwörter aus dem Germanischen aufgenommen worden. Aber schon mit den heute verbreiteten Anschauungen der Historiker stimmen Trautmanns Ergebnisse nicht überein, wonach die „Slawen" erst ab 500 n.d.Ztr. aus Osten kommend in ihre heutigen Wohngebiete eingewandert seien und demnach erst dann mit Germanen (abgesehen von Ostgoten) in Berührung gekommen sein konnten. Die vorher übernommenen germanischen Lehnworte konnten demnach keine solchen sein, sondern sind den slawischen Sprachen eigen und zeigen damit die nahe Verwandtschaft der slawischen mit den germanischen Sprachen. Wenn die Trennung in die indogermanische Völkergruppen der Satem- und Centum-Sprachen bezüglich der slawischen Völker nicht nach dem Zahlwort 100 gemacht würde, sondern nach anderen Zahlwörtern (s. B. Kap. 3.2.1), so wäre sofort die Ähnlichkeit des Altslawischen mit dem Altgermanischen aufgefallen.

4.1.1 Die Lingua Sclavinia der Quellen

Während es von den Goten Sprachdenkmäler wie die arianische Bibel des Wulfila gibt, sind von den Vandalen nur Personennamen und auch nur männliche bekannt (F. Wrede 1866). Diese Namen, die auch von den Goten und Westgermanen verwendet wurden, stammen von den Westvandalen, die 534 in Karthago untergingen.

Das in den Wohngebieten der Ostvandalen von diesen Gesprochene wird von den Chronisten als *Lingua Sclavinia* bezeichnet. Kaiser Otto der Große beherrschte drei Sprachen, die *Lingua Latina*, die *Lingua Theodisca* und die *Lingua Sclavinia*. Diese *Lingua Sclavinia* ist bei der Taufe und Unterwerfung von der *Lingua Theodisca* verdrängt worden, obwohl im Sachsenspiegel den Nachkommen der Sclavi im Deutschen Reich die Verwendung ihrer Sprache vor Gericht gestattet war: *„Jeglicher Mann, den man beschuldigt, mag sich wohl weigern zu antworten, man beschuldige ihn denn in der Sprache, die ihm angeboren ist, wenn er kein Deutsch kann und das beweist"*. Im Eherecht wurde jedoch nach der Abstammung entschieden. Auch dadurch blieben die Wenden noch lange Zeit in den Kietzen „sitzen". Andererseits wurden sie bereits mit der Mission der Sclavi unter Karl dem Großen im Obermaingebiet völlig gleichberechtigt am inneren Landesausbau bei Neuanlage von Dörfern beteiligt. In Anhalt-Bernburg wurde die sorbische Sprache vor Gericht 1293 verboten. Markgraf Friedrich II. verbot 1327 das Sorbische in Altenburg, Leipzig und Zwickau, 1329 wurde das Sorbische im Pleißner Land verboten und in Meißen 1424 (F. Becker 1984). Im Jahre 1308 wurde die *Lingua Sclavinia* der Prußen im Deutschordensland durch Hochmeister Siegfried von Feuchtwangen verboten. Nach Th. Kantzow starb das Wendische 1404 auf Rügen und in Pommern aus, aber erst im 18. Jahrhundert im Hannoverschen Wendland (J. Herrmann 1985).

Aus den Quellentexten erfahren wir über die Sprache der Ostgermanen von Einhard (*Annalen*, s. Kap. 2), daß *„die Welataben, Soraben, Abodriten, Boemanen ... so ziemlich in einerlei Sprache reden"*, eine Sprache, die sich offenbar deutlich vom Althochdeutschen unterscheidet; aber in *Kaiser Karls Leben* Kap. 15, heißt es, daß sie zwischen Rhein und Weichsel „so ziemlich in einer Sprache reden" und an anderer Stelle, daß die Sprache der Sclavi *„paene similes"*, sehr ähnlich seiner eigenen, ist, von Adam von Bremen (um 1070), daß die Vandalen, Böhmen und Polanen die gleiche Sprache sprachen. Bei A. Schönbach (Bartholomeus Angelicus 1240) heißt es: *„Nam Sclavi sunt Bohemi, Poloni, Matani et Vandali, Rutheni, Dalmata et Karinti, qui ... in multis sunt simile quod ad linguam et quod ad mores"*, (Sclavi, Bohemi, Poloni, Matani, Vandali, Rutheni, Dalmata und Karinti sind sich in vielem ähnlich, z.B. in der Sprache und in den Rechtsbräuchen), und von Marschalk († 1525) erfahren wir, daß sich die Sprache der Sclavi, Vandalen, Polen und Böhmen vom Deutschen unterscheidet. Für die Geistlichen der protestantischen Sorben wurden in Frankfurt/Oder 1556 Kurse in der sorbischen Sprache *„exercitiones linguae Vandalicae"* abgehalten (Quelle: Sorbisches Museum, Bautzen). Kantzow berichtet, daß die wendische (vandalische) Sprache 1124 der polnischen sehr ähnlich sei. Auch Valvasor (1689) berichtet, daß das Wendische = Windische nicht mit dem Deutschen übereinstimmt. Er vermutet, daß die Wenden die Sprache der Sarmaten angenommen hätten, da sie neben ihnen wohnten. Hier können nur die ostgermanischen Sarmaten gemeint gewesen sein (siehe Prokop und Karte Abb. 1). Bei Steller (W. Steller 1975, II, S. 59) findet sich die Vermutung, daß die slawischen Sprachen von den Sarmaten asiatischer Herkunft stammen könnten. Ihm ist aber offenbar die Stelle Prokops, welche die ostgermanische Zugehörigkeit dieser Sarmaten beweist, unbekannt geblieben. Die Feststellung Prokops (s. Kap. 2), daß Goten, Vandalen und Gepiden die gleiche Sprache, das Gotische, sprechen, kann sich nur auf die Westvandalen beziehen. Die Ostvandalen sind bei ihm *Sclavi*.

Besonders Interessantes wird aus Böhmen berichtet, das zweisprachig ist. Die geistliche und adlige Führungsschicht sprach althochdeutsch (Bischofseinsetzung 873, siehe Cosmas von Prag) und das Volk *Lingua Sclavinia*. Das Gleiche schreibt A. Krantzius († 1517). Diese Zweisprachigkeit entstand mit der Christianisierung des Herzogtums Böhmens und seiner Angliederung an das Deutsche Reich. Sie erlangte später z.Zt. der Hussiten und bis heute tragische geschichtliche Auswirkungen. Der deutsche König als Spitze der Rechtsinstitution des *Regnum Theodiscum* verlieh „*convices*" die juristische Reichsunmittelbarkeit und entzog sie als *Theutonici* der Rechtsprechung des böhmischen Herzogs.

Damit wurden Einwohner Böhmens erster und zweiter Klasse geschaffen, (s. Kap. 4.2.11.3.5). Bei der Christianisierung trugen die Adligen, die bis dahin *Lingua Sclavinia* sprachen, ostgermanische Namen, die z.T. mit westgermanischen übereinstimmten (siehe auch H. Wolfram 1979). Diese sprachliche Übereinstimmung von ostgermanischen mit westgermanischen Fürstennamen bei den *Sclavi* geht u.a. auch aus der Chronik des Helmold von Bosau hervor, ohne daß sich Historiker bisher darüber gewundert hätten. Der Vorgeschichtler K. W. Struve, Schleswig, soll in einem Vortrag geäußert haben, es sei eigenartig, daß alle dortigen „Slawen" germanische Namen getragen hätten (O. Meyer 1987).

Im Daglinger Reich in Polen hat die Gründungsmannschaft wikingischer Abstammung sicher nordgermanisch gesprochen. Sie traf in Polen auf ostvandalische Stämme. Infolge der dauernden deutschen Verheiratungen der adligen Führungsschicht wird diese auch bald althochdeutsch gesprochen haben. In den Städten, die alle – auf z.T. bereits vorhandenen ostgermanischen Siedlungen – deutsche Gründungen mit meist Magdeburger Recht waren, wurde noch um 1500 nur deutsch gesprochen, auch in Krakau und am Hofe dort. Die Polonisierung setzte ein, nachdem das Bistum Gnesen im Jahre 1000 in ein Erzbistum umgewandelt worden war und aus dem Deutschen Reich ausgeschieden war (siehe bei F. Wolff 1977).

Im Spreewald hat ein Splitter der Vandalen mit eigener Sprache überlebt, da dieser als Rückzugsgebiet militärisch nicht zu überwachen war. Die Spreewälder Sorben-Wenden, die sich anthropologisch nicht von den sie umgebenden Deutschen unterscheiden (W. Steller II, 1975, S. 222), konnten bis heute manches Alte bewahren. So gibt es bei ihnen für die Mädchenkopfbedeckung der Tracht die Bezeichnung Borta. Die Siebenbürger Sachsen kennen ein gleiches Kleidungsstück, den Borten, als Teil ihrer Tracht, der bei der Einwanderung 1140 aus der alten Heimat Westfranken bis Flandern oder von den Gepiden mitgebracht worden war. Die sorbische Tracht im Spreewald ist sonst die erhaltene deutsche Bürgertracht des 16. Jahrhunderts. Die weiße Trauertracht der Frauen – ein Beweis des „Slawischen" – geht auf das Vorrecht der französischen Königin zurück, im Trauerfall weiß zu tragen und wanderte dann nach Deutschland.[1] „*Was die volkskundlichen Gegebenheiten betrifft, ergibt eine jedes Sachgebiet berücksichtigende Untersuchung, daß sich in der 'Wendei' kein Zug findet, der als kennzeichnend slawisch in Anspruch genommen werden kann*" (W. Steller II, 1975, S. 167).

4.1.2 Lingua Sclavinia und die Hypothese der Zwangsübertragung der Glagolica

In der Annahme, daß die heutigen slawischen Sprachen nicht von ostgermanischen hätten abstammen können, folgern Wolff und Steller, den Ostgermanen seien die von den Slawenaposteln Method und Cyrill entwickelten (erfundenen) slawischen Kirchensprachen aufgenötigt worden. Aber schon Diels 1937 stellte fest, daß die frühesten Aufzeichnungen des Kirchenslawischen (Glagolica) erst 200 Jahre nach Method auftauchen.

[1] Anm.: Bei den heidnischen Germanen wurde auf Trauerfeiern ebenfalls weiße Tracht getragen.

Aus den Quellen geht hervor, daß Method und Cyrill in der Messe *Lingua Sclavinia* verwendeten. Diese *Lingua Sclavinia* der Papstbriefe an Method ist aber sicher das Ostvandalische gewesen. Die Bedeutung von *Lingua Sclavinia* wird im gesamten Bereich der römisch-katholischen Kirchenhierarchie überall gleich gewesen sein. Besonders von Kantzow erfahren wir, daß das Wendische mit den ausgestorbenen und verbotenen „slawischen" Sprachen identisch war und mit dem Polnischen weitgehend übereinstimmte. Es besteht also keine Notwendigkeit, die Zwangseinführung einer anderen Sprache, des Kirchenslawischen, zu fordern. Es berichtet auch keine Quelle davon mit einer Ausnahme, der Nestorchronik.

Obwohl die beweisenden Stellen aus Marschalk und Kantzow (s. Kap. 2) von Steller wörtlich zitiert werden (W. Steller II, 1975, 54f.; II, 237f.), kommt er nicht zu dem Schluß, daß die *Lingua Sclavinia*, das Ostvandalische, Wendische, mit den altslawischen Dialekten identisch ist.

Aus den Quellen folgt, daß Method und Cyrill Schriftzeichen und ein Alphabet für die *Lingua Sclavinia* verwendeten, die sie von Hause aus kannten, denn sie stammten aus der Umgebung von Saloniki, bis wohin ein Stamm der *Sclavi* gekommen war (F. Dölger 1952). Es geht jedoch nicht aus Quellen hervor, daß die beiden Slawenapostel eine neue Kunstsprache erfanden, die *Glagolica*. Die beiden Apostel wurden auf Bitte von Rastizlaw (846–870), dem Herzog des Großmährischen Reiches, an Kaiser Michael III. von Byzanz von diesem 863 dorthin gesandt, um zu christianisieren und die Messe in *Lingua Sclavinia* zu lesen und um in dieser Sprache zu lehren, da sich Rastizlaw dem Einfluß des Deutschen Reiches und seiner kirchlichen Mission entziehen wollte. Diese Mission geriet unter den Einfluß des Papstes, und Johann III. (872–882) schrieb an Method: *„Wir haben gehört, daß Du das Volk auf einen Irrweg führst, und wir haben auch gehört, daß Du die Messe in barbarischer, das heißt in slavischer Sprache (in barbara, hoc est, in Sclavinia lingua) zelebrierst; wir haben Dir aber ... verboten, den Meßgottesdienst in dieser Sprache abzuhalten und Dir geboten, es in lateinischer oder griechischer Sprache zu tun*" (W. Steller I, 1971, S. 84). Method wurde von den deutschen Bischöfen gefangen genommen. Gegen den Einspruch des Papstes dagegen richtete sich die *Conversio Bagoariorum*, ein Weißbuch zum Nachweis geleisteter Bekehrungsarbeit für den deutschen kirchlichen Anspruch auf die Gebiete des Großmährischen Reiches bis Pannonien.

Nach Valvasor hat sich jedoch in der Windischen Mark, in Kroatien, Dalmatien und in Krain die Verwendung der *„slavonischen"* (= vandalischen = wendischen) Sprache im Gottesdienst bis in seine Zeit (1689) erhalten.

Die Nestorchronik (R. Trautmann 1931) aus Kiew berichtet von der Geschichte des Warägerreiches. König Wladimir ließ sich 989 taufen und erhielt gleichzeitig die Tochter Anna des byzantinischen Kaisers zur Frau. Als Bedingung wurde offenbar die Einführung einer Kirchensprache gefordert. Welche das war, geht aus den Quellen nicht hervor. *„Und er begann in den Städten Kirchen zu bauen und Priester einzusetzen und das Volk in allen Städten und Dörfern zur Taufe zu führen. Dann sandte er hin und ließ die Kinder der angesehenen Männer nehmen, um sie in der Schrift zu unterweisen: die Mütter aber dieser Kinder weinten um sie, denn sie waren noch nicht im Glauben befestigt, und sie beweinten sie wie Tote"*. Da aus der damals eingeführten Sprache das heutige Russische entstand, wird es das Kirchenslawische gewesen sein, das sich vom Nordgermanischen der Waräger unterschieden haben muß.

Dieses Kirchenslawisch wurde ohne weiteres von der Bevölkerung des Großfürstentums Kiew verstanden. Das ist ein Hinweis auf die ethnische Zugehörigkeit der dort lebenden „Slawen" zu den Ostvandalen. Der Sohn Wladimirs, Jaroslaw, der eine warägische Mutter und eine schwedische Frau hatte, soll noch warägisch gesprochen haben, während der Hof, die Beamten und das Heer sich mehr und mehr des „*Slawischen*" bedienten (A. v. Gadolin 1971).

Soweit unsere Kenntnisse von den Sprachen der Ostgermanen aus schriftlichen Quellen.

4.1.3 Sprachverwandtschaften, Sprachentwicklung

Es ist möglich, durch Sprachvergleiche Sprachverwandtschaften zu finden und durch Analyse gemeinsamer und nicht gemeinsamer Wortstämme die historische Entwicklung von verwandten Sprachen zu rekonstruieren und auch frühere Entwicklungszustände von Sprachen zu erschließen, wie dies zum Beispiel von seiten der slawischen Philologie getan wurde. So wurde das Altpolabische bis um 900 zurückverfolgt (J. Herrmann 1985). Dieses soll in einem Gebiet gesprochen worden sein, in dem nach den Quellen bis nach 1100 Ostvandalen wohnten. Die *Lingua Sclavinia* dieser Vandalen der Quellen muß also mit dem Altpolabischen identisch sein.

Das Polabische wurde nicht nur in dem am weitesten nach Westen reichenden geschlossenen Siedlungsgebiet der Ostvandalen gesprochen, sondern auch im Hannoverschen Wendland, in den Ämtern Dannenberg, Lüchow und Wustrow, wo es erst nach 1700 ausgestorben ist. Diese Sprache wird auch als Wendisch bezeichnet und ist dem Kaschubischen und dem Polnischen sehr ähnlich. Die Rekonstruktion des Altpolabischen durch A. Schleicher 1871 beruht u.a. auf dem *Lüneburgisch-Wendischen Wörterbuch* von J. H. Jugler von 1809.

Von E. Schwarz 1951 wird für die sprachliche Einteilung der germanischen Sprachen vorgeschlagen, im 3. bis 2. Jahrhundert v.d.Ztr. die Trennung in Süd- und Nordgermanen anzunehmen und für das 3. Jahrhundert n.d.Ztr. eine Einteilung in Binnengermanen, aus denen dann Deutsche wurden, Nordseegermanen, aus denen die Angelsachsen und Friesen hervorgingen, und Nordgermanen, zu denen die skandinavischen und gotisch-vandalischen Völker gehören. Da aber offenbar zwischen der Sprache der nordgermanischen Waräger in Kiew und der Sprache der ostgermanischen Sclavi um 980 so große Unterschiede bestanden, daß eine Verständigung schlecht möglich war, ist es wohl erforderlich, als große Sprachgruppen vor und um 1000 n.d.Ztr. die nordgermanische, die westgermanische der Binnengermanen und Nordseegermanen und die ostgermanischen und „slawischen" Sprachen zu unterscheiden. Das Binnengermanische hatte sich schon vor 800 n.d.Ztr. zum Althochdeutschen weiterentwickelt.

Schon von Plinius wird als Sammelbegriff für Ostgermanen *Vandilli* verwendet. Als solche werden Goten, Burgunder, Warnen und Harier von ihm genannt. Sie stammten alle aus Skandinavien und sprachen bei ihrer Ankunft südlich der Ostsee nordgermanisch. Wie sich diese Sprachen weiterentwickelten, ist bei den Ostgoten faßbar. Diese Ostgermanen sind später sprachlich nicht einheitlich gewesen. Prokop erwähnt unter Ostgermanen Rugier, Skiren und Vandalen als gotische Völker. In einem Zwischenaufenthalt waren die Vandalen in Jütland ansässig. Man muß also ethnisch nach der Ankunft dieser Stämme südlich der Ostsee von Ostgermanen sprechen. Die Bastarnen waren als erste um etwa 700 v.d.Ztr. in den Mündungsgebieten von Oder und Weichsel, um 200 v.d.Zt. waren die Goten in Pommern und an der Weichsel, und bereits vorher die Vandalen, unmittelbar darauf die Rugier und Burgunder, im 2. Jahrhundert n. d.Ztr. die Gepiden und im 3. Jahrhundert n.d.Ztr. die Krimgoten.

In Vendsyssel sprachen die Vandalen noch nordgermanisch (E. Schwarz 1951). Nach ihrer Ankunft in der Oder- und Weichselmündung mußten sie mindestens z.T. vor den Goten weit nach Osten ausweichen (s. Kap. 4.2.7) und kamen als Träger der Kiewer und Prager Kultur erst nach 500 n.d.Ztr. wieder in Berührung mit anderen germanischen Stämmen außer mit den Goten. Sie hatten sich inzwischen in eine Fülle von Stämmen aufgegliedert und den Raum vom Don bis zu den Karpaten gefüllt (s. Abb. 24).

Ermanarich herrschte von der Weichselmündung und dem Baltikum bis zum Don über *„alle Völker Skythiens und Germaniens wie über seine eigenen"* (H. Wolfram 1979). Darin haben sich auch die nach Osten abgedrängten Teile der Vandalen befunden, was aus ostgotischen Fürstennamen folgt (s. Kap. 4.2.6). Besonders aus diesen sind dann die Zuzüge nach 600 n.d.Ztr. erfolgt, die uns in den Quellen als *Sclavi* bzw. „Slawen" des heutigen ethnischen Verständnisses begegnen, was als slawische Landnahme in den Geschichtsbüchern erscheint.

In diesen 1000 Jahren bis zu den altslawischen Dialekten um 900 n.d.Ztr. (vergl. Kap. 4.2.7) war genügend Zeit zu sprachlichen Umwandlungen. Auch die Sprache der Ostgoten veränderte sich auf ihrer Wanderung durch den Osten vom Nordgermanischen zur Sprache des Wulfila in ähnlicher sprachlicher Isolierung. Ebenso entwickelten die Angeln und Sachsen in ihrer sprachlichen Isolierung in England aus dem Binnengermanischen das Altenglische.

Die Westvandalen saßen um 300 bis 400 n.d.Ztr. in Schlesien, in der Niederlausitz, bis nach Galizien, nördlich der Karpaten und in der Ostslowakei bis in die Theißebene. Sie zogen um 400 teilweise nach Westen über Gallien und Spanien nach Nordafrika. Der in Schlesien verbliebene Rest ging nach 500 in den zugewanderten Ostvandalen auf, die das alte Heiligtum auf dem Zobten weiterführten. Die Sprache der Westvandalen war nach Prokop (s. Kap. 2) gotisch.

Von der Slawistik wird eine urslawische Spracheinheit gefordert, deren Ende die Auswanderungen aus einer Urheimat waren, die dann gesonderte sprachliche Entwicklungen ermöglichten. Dieses Ende der Ursprache ist historisch faßbar mit dem Erscheinen „slawischer" Stämme auf dem Balkan, in Österreich und im Gebiet zwischen Weichsel und Elbe. Die urslawische Zeit wird philologisch von 400 v.d.Ztr. bis 400 n.d.Ztr. und die germanisch-slawische Nachbarschaft ab 500 v.d.Ztr. angesetzt (M. Vasmer 1926). Ostgermanen waren die westlichen und Balten die nördlichen Nachbarn. Aus Sprachverwandtschaften wird vor dem Urslawischen eine baltisch-slawische sprachliche Einheit erschlossen.

Es wurde aber erwiesen, daß es vor den „slawischen" Gewässernamen eine ältere Schicht baltischer Namen gab. Ihr Gebiet kann etwa mit Warschau, Kiew, Moskau und Riga umgrenzt werden. Dieses Gebiet soll bis 500 v.d.Ztr. von Balten bewohnt gewesen sein. Alle Namen der großen Flüsse wie Eger, Oder, Weichsel, Dnjepr oder Don gehören in die indogermanisch-alteuropäische Sprache. Kein Name läßt sich mit „slawischen" Sprachen verbinden (W. Struve 1986). Das stimmt überein mit der Ethnogenese der Urslawen kaum vor dem 2. Jahrhundert v.d.Ztr. und der Entstehung des Urslawischen aus germanischer Wurzel (s. Kap. 4.2.7). Als slawische Urheimat wird aus sprachlichen Gründen (s. weiter unten) das Gebiet angesehen, das zwischen den Ostgrenzen der Verbreitungen von Weiß- und Rotbuche liegt (Abb. 8), das zugleich das Gebiet der Verbreitung der Zarubintsy-Kultur im 2. und im 1. Jahrhundert v.d.Ztr. ist (Abb. 22). Andererseits gibt es ein verhältnismäßig kleines Gebiet mit rein „slawischen" Gewässernamen am Nordosthang der Karpaten zwischen Zakopane in der Hohen Tatra bis zum Oberlauf des Dnjestr und der Bukowina, das sich jedoch nicht mit dem Gebiet der Zarubintsy-Kultur um den Pripjet deckt.

Da es in anderen slawischen Sprachen außer dem Russischen keine finnischen Lehnworte gibt, kann die Berührung mit den Finnen erst nach der Auswanderung aus der Urheimat und nicht vor dem 5. bis 6. Jahrhundert geschehen sein.

Abb. 8: Die Ostgrenzen der Verbreitung von Rotbuche, Weißbuche und Eibe und das Gebiet der „Urheimat der Slawen“. Nach M. Vasmer 1926.

Aus den Eigen- und Fremdworten für Pflanzen- und Ortsnamen lassen sich Herkunftsgebiete erschließen. In den *„slawischen“* Sprachen finden sich eigene Wörter für Weißbuche, Eibe, Efeu, aber ein Fremdwort für Rotbuche (M. Vasmer 1926). Die Ostgrenzen von Eibe, Efeu und Rotbuche sind ähnlich, die Ostgrenze der Weißbuche liegt östlich von der der Rotbuche, der Linie Königsberg-Odessa. Diese umschließt das Gebiet Pripjet-Dnjepr, das nach Ortsnamen (vor allem Flüssen) Hinweise auf die Urheimat der „Slawen“ gibt, da es in diesem Raum keine anderen Ortsnamen außer „slawischen“ gibt (Abb. 8). Unter Urheimat wird das Wohngebiet nach Ausgliederung der slawischen Sprachen aus dem Urindogermanischen verstanden. Es läßt sich jedoch genauso als das Gebiet beschreiben, in dem nach Trennung der Ost- von den Westvandalen ganz analog der Entwicklung der gotischen Sprache nach ihrer Trennung von der skandinavischen Heimat die Entwicklung der „slawischen" Ursprache der Zarubintsyleute stattfand.

Diese Urheimat lag außerhalb der sich im Weichselgebiet südlich bewegenden germanischen Völker der Bastarnen, Skiren, Goten, Gepiden und Burgunder. Vor Beginn d.Ztr. bestanden kaum kulturelle und andere Verbindungen zum germanischen Westen (A. Stender-Petersen 1927, S. 105), und zwar deshalb, weil die Ostvandalen sich nach Ankunft der Goten vom Weichselgebiet nach Osten wendeten.

Die Rotbuche hat auf ihrer Wanderung nach Norden mit der 1%-Pollengrenze um 1000 v.d.Ztr. Schleswig-Holstein erreicht, sie war aber Ende des Neolithikums bereits in Dänemark und in der Broncezeit auch aus Jütland bekannt, wenn auch ihre Hauptverbreitung erst in die Eisenzeit fällt. Bereits in der Broncezeit lag die Ostgrenze der Buchenverbreitung auf der Linie Königsberg-Odessa (F. Firbas 1949).

Wenn die Berührung von Urslawen mit Urgermanen nach Trautmann (1947) nach 1000 v.d.Ztr. erfolgt sein soll, um die Fremdworte aus dem Germanischen erklären zu können, müssen neben ur- auch altgermanische Fremdworte nachweisbar sein. Das Fremdwort für Buche kann erst nach der Bekanntschaft mit dieser bei Überschreiten der Ostgrenze der Buchenverbreitung nach Westen übernommen worden sein und damit nicht von den Ostgoten, da diese im Reich des Ermanarich östlich der Buchengrenze herrschten, sondern erst später von den Langobarden oder Gepiden. Zwischen der aus den Fremdworten von Trautmann gefolgerten ältesten Berührung von Germanen mit „Slawen" nach 1000 v.d.Ztr. und der tatsächlichen Berührung der Ostvandalen mit anderen Germanen klaffen also Widersprüche.

Die Vandalen kannten die Buche in Vendsyssel bereits, ehe sie um 200 v.d.Ztr. von dort abzogen und ehe die Ostvandalen um das Jahr 0 in buchenlose Gegenden kamen. Sie gelangten erst nach 500 wieder in Gebiete mit Buchen. In dieser Zeit könnte das Wort für Buche verlorengegangen sein und dann von den Langobarden und Gepiden übernommen worden sein oder es ist gar kein Fremdwort, sondern ein aus der Heimat Vendsyssel mitgebrachtes Eigenwort.

Um die Lehn- und Fremdwortbeziehungen der „slawischen" mit den germanischen Sprachen zeitlich ordnen zu können, ist zu klären, aus welchen Zeiten der germanischen Sprachentwicklung sie stammen.

Sowohl das gotische *boks*, Buche, wie *boka*, Buchstabe, sind in die „slawische" Ursprache eingedrungen (A. Stender-Petersen 1927), d.h. von den Ostvandalen vor ihrer Aufteilung in eine Fülle von Stämmen. Die Übernahme von den Gepiden ist genauso möglich, da diese in der skandinavischen Heimat, auf dem Balkan und weiter im Osten bis zum Eintritt der Ostgoten als Föderaten in das Römische Reich 488 deren Nachbarn waren, dieselbe Sprache sprachen und ihre Sprachumwandlungen mitmachten. Beide Worte für *boks* und *boka* gehören zu der spät übernommenen Gruppe, die nach Ausbildung der gotischen Sprache des Wulfila erst von den Ostvandalen übernommen wurde. Das ist zugleich ein Beweis, daß die Goten vorher noch keine Bezeichnung für Buchstabe und möglicherweise auch keine Runenschrift besaßen, sondern diese erst in Südrußland schufen. Die Ostvandalen übernahmen die Kenntnis der Runenschrift, und Runen sind bei ihnen später nach ihrer Ausbreitung verschiedentlich gefunden worden. Mit Übernahme von *boks* wird der Beginn der Ausbreitung der Ostvandalen post quem datiert.

Die Untersuchung der germanischen Lehnworte in den „slawischen" Sprachen unter Berücksichtigung der Lautverschiebungen in beiden Sprachgruppen (A. Stender-Petersen 1927) ergibt, daß eine ältere Gruppe von Fremdworten, die vor der Ausbildung des Gotischen des Wulfila († 383) übernommen wurden, Bedeutungen haben, die aus den Bereichen der kulturellen Grundentwicklung stammen wie Bezeichnungen für Waffen, staatliche Organisation, Herrschaft, Werkzeuge, Hausbau, Siedlung, Gefäße, Nahrungsmittel, Zoll, Steuern, Heilmittel, Vermögen. Eine jüngere Fremdwortgruppe umfaßt u.a. Bezeichnungen religiöser Art und kirchlicher Art, Tier- und Pflanzennamen aus den südlichen Gebieten. Diese Gruppe enthält Wörter, die vielfach aus dem Griechischen und Lateinischen durch gotische Sprachträger übermittelt wurden.

Falsch ist sicherlich jene Argumentation, die besonders für Lehnworte der ersten Gruppe gilt, nämlich, daß es sich nur um Fremdworte handle, da die germanische Kultur der *„slawischen"* in allen Bereichen dieser Wortbedeutungen überlegen gewesen wäre (A. Stender-Petersen 1927, M. Vasmer 1926), denn die Ostvandalen besaßen Kenntnisse aus diesen Bereichen bereits lange vor ihrer Auswanderung aus Vendsyssel. Und nachdem sie bei ihrer Rückwanderung die von anderen Germanenstämmen geräumten Gebiete besetzt hatten, ist ein reiches archäologisches Material greifbar, das eine hochentwickelte Landwirtschaft, Metallurgie, Töpferei u.a.m. bezeugt.

Diese Fremdwörter der ersten Gruppe können daher keine Fremdwörter sein, sie müssen aus der eigenen Sprachentwicklung der Ostvandalen stammen, sind also Zeugnisse für die Abstammung der „slawischen" Sprachen von den germanischen und für die späte Ausgliederung des Ostvandalischen, die ganz in zeitlich-räumlicher Übereinstimmung mit der Entwicklung des Gotischen erfolgte (s. Kap. 3.2). Die „slawischen" Sprachen können daher keine Glieder der indogermanischen Satemgruppe sein. Daß ein centumsprachlicher Einfluß besteht, hat schon Stender-Petersen (1927, S. 90) festgestellt. R. Schrodt 1976 bemerkt, daß es nicht sicher ist, ob es germanische Lehnworte in den baltischen und „slawischen" Sprachen vor der Lautverschiebung, die vor der sprachlichen Trennung in Nord- und Südgermanen liegt, gegeben hat.

Und selbst wenn die bisherige Annahme der Zugehörigkeit der „slawischen" Sprachen zur Satemgruppe der indogermanischen Sprachen, welche eine Trennung der Träger der Sprachen der Satem- von denen der Centumgruppe spätestens zu Beginn der Broncezeit voraussetzt, richtig wäre, müßten entsprechend der kulturellen Entwicklung der Indogermanen vor der Trennung spracheigene Worte für Begriffe aus der kulturellen Grundentwicklung vorhanden gewesen sein.

Fremdwörter, die z.T. vor, z.T. nach der Ausbildung des Althochdeutschen in dieses übernommen wurden, sind viele Namen von Flüssen, wie Elbe, Oder, Weichsel, Havel, Spree, Saale, Elster, Mulde, Zschopau, Flöha, Delve oder Delverau, Warnow sowie weitere in Schlesien. Mulde und Zschopau sind aus ostvandalischen Dialekten rückübernommen und beweisen eine Siedlungsunterbrechung für die deutsche Bevölkerung. Diese Namen sind germanischen Ursprungs (E. Schwarz 1929).

Ein Hinweis auf die Anwesenheit von Siedlern, die Vandalen genannt wurden, ist zum Beispiel der Ortsname Wallrabs in Thüringen. Der Name ist für 908 als Walahrameswinidi ausgewiesen (H. Rempel 1966).

Die von russischen Forschern (s. Kap. 4.2.7) erkannte Ethnogenese der Träger der Zarubintsy-Kultur, welche die „Urslawen" sind, aus Bastarnen und Vandalen, läßt nunmehr für die Entstehung des „Urslawischen" keine andere Erklärung mehr zu als die aus den vandalischen Dialekten.

Neben Worten germanischer Herkunft sind in den „slawischen" Sprachen zwei Schichten von finno-ugrischen Einflüssen festzustellen. Die erste Schicht findet sich bereits im „Urslawischen". Die zweite äußert sich in westfinnischen Orts- und Flußnamen. Diese Sprachbeeinflussung findet ihre Erklärung sowohl in anthropologischen Ergebnissen (s. Kap. 6) wie darin, daß die Ostvandalen aus dem Mündungsgebiet der Weichsel in einem großen Bogen nördlich und nordöstlich der Goten sich ausbreiteten.

4.1.4 Zur germanischen Abstammung der „slawischen" Sprachen

Den nordgermanischen Ursprung der Sprache der Slowenen, die erst im letzten Jahrhundert ihre Schriftsprache entwickelten, legt F. Jeza 1967 dar. Offenbar ist die Verwandtschaft des Slowenischen mit altem Nordgermanisch bei der Entwicklung der Schriftsprache systematisch unkenntlich gemacht worden. Die deutsche Zusammenfassung der Forschungsergebnisse von Jeza ist:

„In dem Buche Skandinavski izvor Slovencev (Der skandinavische Ursprung der Slowenen) versucht der Autor auf Grund der Ergebnisse der eigenen etymologischen und volkskundlichen Forschungen und durch kritische Überprüfung der geschichtlichen Quellen, die viel zu oft tendenziös gedeutet wurden, zu beweisen, daß das slowenische Volk einen Rest der Vandalen, deren Urheimat in Skandinavien – in Mittelschweden und in Südostnorwegen – lag, darstelle. Das beweisen unter anderem viele tausende altnordische Wörter in der slowenischen Sprache, deren Endsilben aber meistens verstümmelt sind oder sich den sprachlichen Eigentümlichkeiten des osteuropäischen Sprachraumes angepaßt haben, so z.B. die Wörter apa – opica (Affe), bunke – bunkati (verdreschen), butt – burniti (stoßen), drömme – dremati (träumen), gnata – gnati (treiben, nörgeln), grabba – grabiti (zusammenraffen), hira – hirati (dahinsiechen), köpa – kupiti (kaufen), skada – skoda (Schaden), torg – trg (Markt), tycka – tuhtati (brüten); udd – ud (Glied), vingaard – vinograd (Weingarten) usw.

Die Wurzeln vieler slowenischer Wörter nordischen Ursprungs sind auch durch Metathese verändert, z.B. soerr – res (wahrhaft), melk- mleko (Milch), berg – breg (Berg), valdari – vladar (Herrscher), mylnar- mlinar (Müller) usw. Viele Wörter sind auch interessante Neubildungen bzw. Zusammensetzungen aus einfacheren nordischen Wörtern, womit neue Begriffe erschaffen wurden, wie z.B. das slowenische Wort mesto (Stadt), das bestimmt nur eine Zusammensetzung der nordischen (schwedischen) Wörter mass (Messe, Markt) und taag (Tag) sei, oder auch das Wort leto (Jahr), das wahrscheinlich aus den schwedischen Ausdrücken lätt aar (leichtes Jahr) stammt. In der slowenischen Sprache heißt es heute noch „lahko noc!" (leichte Nacht!) anstatt gute Nacht!

Der Autor deutet den Volksnamen „Slovenci" (Slowenen) aus dem altnordischen Ausdruck solvende, Solvendsk, was „der Sonne zugewendet" bedeutet. Es bezieht sich wahrscheinlich auf die nordischen Handels- oder Plünderungsexpeditionen, die im Laufe der Jahrhunderte über die Ostsee fuhren, oder auf die Sonnenanbeter im Bronzezeitalter. Der Volksname Slowene gab den Sprachwissenschaftlern schon viel zu schaffen. Seine Deutung ist aber in Wirklichkeit sehr einfach: aus Solvend bekommt man nach der (in der slowenischen Sprache) üblichen Metathese und nach dem noch öfteren Schwund des letzten Lautes Slowen. Der Ausdruck Slav hat aber damit nichts zu tun, denn er ist aus dem altnordischen Wort sör-av (sör – Süd, av – aus) entstanden. So nannten die alten Skandinavier wahrscheinlich alle Bewohner südlich der Ostsee, auch die deutschen Stämme (sör-av, söl-av, söv-av, svav und daraus lateinisch suavi oder suevi und deutsch Schwabe), während die Entstehung des Namens Slav allem Anscheine nach so verlief: sör-av, söl-av, slav. Die Adjektive svensk (schwedisch) und slovenski (slowenisch) sind also gleichen Ursprunges und in den slowenischen Dialekten, die in Kärnten gesprochen werden, sagt man heute noch sovenji oder sovenski anstatt slovenski.

Ausführlich schreibt der Autor auch über die skandinavisch-slovenische Urreligion, von der sich in Slowenien überraschend viel erhalten hat, so z.B. viele Ausdrücke, die gehörnte Rindskopfmaske („korant" – aus Kor-aand) und zahlreiche Kirchen auf den Berggipfeln, früher einmal wahrscheinlich Kultstätten, die dem Gott Kor gewidmet waren. Aus dem Wort „koranti" stammt sehr wahrscheinlich auch der Name Karantanien. Koranti hießen ehemalige slowenische Kämpfer in der Zeit der Besetzung des heutigen slowenischen Gebietes und Kärntens. Die so umstrittenen Namen kosezi (Edlinger) und zupani (Dorfälteste) stammen aus den altnordischen Verben kostr (wählen) und sopa (sammeln, versammeln). Kosez (aus kosing) war der Wähler und knez (König, Fürst) war der Gewählte (aus koning der urtümlich kosning).

In Slowenien erhielten sich auch fast unverändert hunderte oder tausende Beinamen aus der frühnordischen Zeit, die auch in den skaldischen Gedichten vorkommen, z.B. Bumar (Hómarr), Auda, Šorli (Sorli), Škerlak (Skerlag), Kveder (Kvaeda, Kvaedr) usw. Viele Beinamen enden auf die Silbe šek (schek), was nichts anderes als das altnordische Wort skegg (der Bauer, der Mann, der Freie) ist, so z.B. Skrbinštek, Turnštek, Kolšek, Videnšek, Gubenšek, Ugovšek usw. Die Endsilbe šek (schek) kann mit Hilfe der slowenischen Grammatik nicht erklärt werden.

In dem Buche werden auch viele andere Beweise für die skandinavische bzw. vandalische Abstammung der Slowenen angeführt, z.B. aus der Mythologie, der Volkspoesie, dem Bauernleben, der Volkskunde, aus Kinderreimen usw.

Man rechnet jedoch damit, daß ungefähr 20.000 bis 30.000 Wörter, die nicht genug „slavisch" klangen, von den Sprachwissenschaftlern der vergangenen Generationen, die dem Panslavismus huldigten, nicht in die slowenische Schriftsprache aufgenommen oder später wieder ausgeschieden wurden. Man ersetzte sie mit den Lehnwörtern aus anderen slavischen Sprachen, meistens aus der kroatischen und der russischen. Es ist sehr wahrscheinlich, daß der größte Teil der weggelassenen Wörter aus dem altnordischen Wortschatz stammt."

Der nordgermanische Ursprung der „Slawen" = Ostvandalen deutet sich auch in ihren Sagen an (H. Jänichen 1938). Von den ersten Chronisten Polens und Böhmens wird eine gleichbenamte Sagengestalt, Krak, genannt, von der die Fürstengeschlechter der Piasten und der Přemysliden abgeleitet werden. Die Söhne Kraks haben Beziehungen zu den Haddingjar der norwegischen Landschaft südlich von Oslo. Bei dem westvandalischen Königsgeschlecht der Hasdingen, die sich aus Ringerike im Nordwesten bei Oslo ableiten, dort in Süd-Norwegen und in der Sage auftreten, sind als Söhne Kraks zwei Brüder als Doppelkönige bezeugt. Der Name Krak ist auch bei den Westvandalen bekannt, als Cruco bei den Fürsten der Obodriten (4.2.9.2) und in der Stammesgeschichte der Přemysliden als Crocco und Krok (4.2.11.3.2).

Daß man praktisch alle von Chronisten überlieferten *„slawischen"* Personennamen und viele Ortsnamen etymologisch – ohne zeitliche Rücksicht – althochdeutsch *„erklären"* kann, zeigt ebenfalls die nahe Verwandtschaft der *Lingua Sclavinia*, der *„slawischen"* Sprachen der Ostvandalen, mit den nord- und westgermanischen (H. Schlifkowitz 1988, 1989, 1990).

Die nahe Verwandtschaft z.B. des heutigen Tschechischen mit dem Deutschen, dem Althochdeutschen und dem Schwedischen zeigen eine außerordentliche Fülle gemeinsamer Wortstämme dieser Sprachen aus Worten des Grundwortschatzes von Verben und Substantiven, die also sehr alt sein müssen und keinesfalls erst bei der Einwanderung nach Böhmen übernommen worden sein können, z.B. von Tier- und Pflanzennamen, von Substantiven kulturellen Inhaltes bis zu solchen höherer kultureller Entfaltung (s. Kap. 3.2.1).

Auch in Personennamen von Ostvandalen äußert sich eine nahe Verwandtschaft zu Nord- und Westgermanen, die keineswegs mit einer frühen Trennung der Satem- von den Centum-sprechenden Indogermanen in Einklang zu bringen ist. Hinzuweisen ist hier auf die vielen von Chronisten überlieferten Fürstennamen, aus denen ihre Verwandtschaft zu germanischen Fürstengeschlechtern spricht, aber auch ohne eine solche Verwandtschaft sind viele Namen identisch mit solchen der Nord- und Westgermanen. Im Stiftsbrief von Tassilo III. von 777 für Kremsmünster heißt es: *„Ich übergebe auch die Dekanie* (ursprünglich in Zehnerschaften angesiedelte freie Wehrbauern), *über die Sclavis ... die Tulip und Sparunga heißen ...* “, im Placitum von Puchenau 827: *„So fragte nun Graf Wilhelm ... älteste Leute sowohl der Baiern als auch der Sclauaniis, wo sie die Grenze für richtig halten ... Folgende Sclauanii waren anwesend: Altmar, Otperht, Uuolchuni, Azzo, Otuni, Cozperht, Adaluuart, Uro, Aliuuih, Cozolt, Alprih, Cotafrid, Eraicho, Tutti, Fritilo, Oaio, Sigiuolc, Karaheri, Adalker, Salacrim, Toto, Hrodperht, Drudolt, Aaron“*. In der Stiftung König Arnulfs 888 für Kremsmünster: „ *... das sind die drei Königshuben, in der Grafschaft Arbos, die früher zwei Sclavi namens Wartman und Saxo innehatten“* (alle Stellen: O. Kronsteiner 1978 S. 214). In Urkunden wurden diejenigen namentlich erwähnt, die dem sozialen Stande nach mindestens Freie waren. Die Wartman und Saxo der letzten Urkunde sind der Größe ihres Besitzes nach sicher Adlige gewesen.

Hier sei auch auf die Ortsnamen hingewiesen, die in den Leubuser Urkunden von 1175 aus der Zeit vor Beginn der Ostsiedlung überliefert sind (vergl. Kap. 4.2.11.2), deren Zuordnung zu Burgundern, Westvandalen oder zu Ostvandalen noch offen ist (W. Steller I, 1973, S. 208 f).

Eine kritische Untersuchung mit der Gegenüberstellung der Sprachentwicklungen in den nordgermanischen, west- und südgermanischen und „slawischen“ Sprachen sollte ergeben können, wann sich die „slawischen“ Sprachen und das Tschechische im Besonderen von gemeinsamen Vorfahren abgespaltet haben (siehe auch Kap. 3.2.1 und 4.2.7).

4.1.5 Zusammenfassung

1. Die von Wolff, Steller u.a. vertretene Ansicht ist falsch, die heutigen Sprachen der „Slawen“ müßten, da die „Slawen“ nach den Quellen Ostgermanen waren, aus der Zwangsübertragung des Kirchenslawischen (Glagolica) herrühren, und Method habe das Kirchenslawische frei erfunden. In den Quellen findet sich mit Ausnahme für die Zwangsübertragung einer Kirchensprache im Warägerreich in Kiew 988 kein Beleg, wohl aber berichten die Quellen über das von Method geschaffene Alphabet als Grundlage der kyrillischen Schrift. In den Quellen ist nachweisbar, daß Method in *Lingua Sclavinia* predigte und Gottesdienst hielt. Außerdem ist durch die Quellen die Identität von *Lingua Sclavinia* = Ostvandalisch = Wendisch = Altpolnisch erwiesen.

2. Die Zugehörigkeit der „slawischen“ Sprachen zur indogermanischen Satemgruppe führt zu Widersprüchen. Die angebliche Fremdartigkeit der „slawischen“ und der germanischen Sprachen

bedingt nach Trautmann den spätesten Zeitpunkt der beginnenden Berührung von „Slawen" und Germanen nach 1000 v.d.Ztr. Alle Fremdworte sind nach Stender-Petersen viel jünger und sind erst nach Ausgliederung des Gotischen und dem Beginn seiner Eigenentwicklung übernommen worden, also nach der Landung der Goten in der Weichselmündung um 200 v.d.Ztr. Alle Fremdworte aus dieser ersten, älteren Gruppe Stender-Petersens umfassen Bedeutungen der Kulturentwicklung, die in allen Satemsprachen bereits viel früher, in der Zeit unmittelbar nach oder schon vor Ausgliederung der Satem- und Centumsprachen aus dem Urindogermanischen erreicht war.

3. Mit der Identität *Sclavi* = *Slavi* = *Vandali* = *Vandalen* = *Wenden* = *Slawen* und der Trennung der Ostvandalen von den Westvandalen nach der Landung der Goten in der Weichselmündung vollzog sich bei den Ostvandalen (mit den Trägern der Zarubintsy-Kultur) in der räumlichen Abtrennung in den Gebieten nordöstlich der Goten die Ausbildung der Sprache, mit der sie nach ihrer Rückwanderung durch die Quellen bezeugt sind, der *Lingua Sclavinia*. Eine ähnliche Entwicklung durchlief die Sprache der Ostgoten nach ihrer Trennung von Skandinavien und der Angeln in England. Die Ausbildung des *„Urslawischen"* ist kausal mit der Ethnogenese der *„Urslawen"*, den *Zarubintsy-Leuten* aus Restbastarnen und Ostvandalen im 2. Jahrhundert v.d.Ztr. verbunden (s. Kap. 4.2.7).

4. Daraus folgt, daß die germanischen Fremdwörter der älteren Gruppe Stender-Petersens in den „slawischen" Sprachen keine Fremdwörter sind, sondern die germanische Abstammung der ostvandalischen *Lingua Sclavinia* bezeugen.

4.2 Ostgermanische Stämme in der Vor- und Frühgeschichte

Unter Ostgermanen werden heute alle die Stämme zusammengefaßt, die südlich der Ostsee und östlich von Elbe und Oder und in Osteuropa bis zum Don und dem Schwarzen Meer in Erscheinung traten. Alle diese Stämme bis auf die Bastarnen kamen aus Skandinavien, waren also Nordgermanen, z.T. mit Zwischenaufenthalten in Jütland. Nach ihrer Ankunft in Gebieten südlich der Ostsee werden sie als Ostgermanen bezeichnet. Sie hatten dort die unmittelbare Berührung mit den skandinavischen Herkunftsgebieten verloren und mit binnen- und westgermanischen Stämmen fast keine Berührung erlangt. Sie machten dort dann Sprachumwandlungen aus dem Nordgermanischen durch.

Die Völkerwanderung wird gewöhnlich vom Eindringen der Hunnen nach Osteuropa von 375 bis zum Eindringen der Langobarden nach Oberitalien 568 gerechnet. Der erste germanische Stamm, die Bastarnen, begann jedoch bereits um 700 v.d.Ztr. weichselaufwärts zu wandern.

Im 2. Jahrhundert v.d.Ztr. begannen dann die Cimbern und Teutonen ihre Wanderung. Die Sueben zogen im 1. Jahrhundert v.d.Ztr. aus dem Elbegebiet in das Fulda-Werra-Gebiet. Von da aus unternahm Ariovist seinen Kriegszug. Schon früh gelangten Germanen aus Schweden nach Finnland und in das Baltikum. Wenn man von den aus Jütland gekommenen Cimbern und Teutonen absieht, waren die ersten Nordgermanen, die nach Süden zogen, die Vandalen. Man muß aber auch die Rückwanderung der Ostvandalen und die Wikingerzüge, die zur Errichtung der Reiche der Daglinger, Waräger, Přemysliden und Normannen führten, berücksichtigen, so daß der Geschichtsabschnitt der Völkerwanderung eigentlich fast 1700 Jahre dauerte.

Die Kenntnisse von der Ethnogenese der heutigen slawischen Völker waren im Gegensatz zu der anderer Völker der indogermanischen Völkerfamilie immer noch äußerst mangelhaft und befinden sich heute in vollem Fluß. Diese Ethnogenese mußte vor Beginn ihren großen Westwanderungen nach dem Zusammenbruch des Hunnenreiches 453 geschehen sein. Die wissenschaftliche Erforschung litt unter dem Diktat des Panslawismus, mit welchem z.B. die Prżeworsk- und die Černjachov-Kultur als slawisch vereinnahmt wurden, die in der deutschen Wissenschaft seit der Zeit Kosinnas längst als die der Vandalen und der Goten erkannt waren. Mit inzwischen eingetretenen Objektivierungen ist nun die germanische Zugehörigkeit dieser Kulturen anerkannt.

Den Stand bis 1975 (M. Scukin 1975) kennzeichnet die Entdeckung der Zarubincy-Kultur im 1. und 2. Jahrhundert unmittelbar östlich an die größte Ausdehnung der Vandalen (Lugii, Abb. 22) anschließend, die als Keimzelle der slawischen Völker in der von der Linguistik geforderten Urheimat angesehen wurde. *„Die Träger der Zarubincy-Kultur wurden gegen Ende des 1. und zu Beginn des 2. Jahrhunderts von Trägern der Černjachov-Kultur nach Norden und Nordosten entlang der Desna abgedrängt. Dann am Ende des 4. Jahrhunderts und zu Beginn des 5. Jahrhunderts, als die Černjachov-Kultur durch den Hunneneinfall vernichtet worden war, zog die Bevölkerung von der Desna nach den verwüsteten Gebieten zurück, aber nunmehr als Träger der slawischen Kultur des 6. und 7. Jahrhunderts“* (M. Scukin 1975). Inzwischen wurden weitere Erkenntnisse gewonnen (M. Shahukin 1990). Die Vorgänge sind komplexer als 15 Jahre vorher vom gleichen Autor dargestellt. Die Abhängigkeit und Zugehörigkeit der die Ethnogenese der „slawischen“ Kulturen prägenden Träger von denen der germanischen Jastorfkultur sind erkannt (s. Kap. 4.2.7), so daß heute alles das wiederum den „Slawen“ zugerechnet wird und die Ausdehnung der „Slawen“ als Träger der Jastorfkultur bis an den Rhein angesehen wird (Rybakov in Shchukin 1990) (!).

Die Bezeichnung dieser ostgermanischen Stämme als Ostvandalen wird beibehalten, obwohl die Vorgänge komplexer waren als damals angenommen, besonders auf Grund ihrer Bezeichnung in der Chronistik (Kap. 2) mit Vandalen.

4.2.1 Die Bastarnen und Skiren

Mit der Ausdehnung des germanischen Nordkreises am Ende der Broncezeit waren die Bastarnen unter Zurückdrängen der Illyrer der Lausitzer Kultur bis zur Weichsel und südlich bis zur Netze gekommen. Sie waren der am ersten kulturell und politisch ausgeformte germanische Stamm. Kennzeichnend für sie sind vor allem die Gesichtsurnen, dann Hausurnen und broncene Ringhalskragen, wie sie sich ähnlich in goldener Ausführung dann in der Vendelzeit wiederholten, ferner Steinkistengräber, aus Steinplatten gebildete Grabkammern für eine oder mehrere Urnen und die Beigaben, die am Anfang noch von Grabhügeln überwölbt waren.

Sie erreichten in der Ausdehnung weichselaufwärts Posen um 600 v.d.Ztr., Schlesien und Warschau um 500 v.d.Ztr. Noch in dieser Zeit saßen Reste von Illyrern an der Odermündung und im Kulmer Land. Nach ihrem Verschwinden begann ab 500 v.d.Ztr. die Ausbreitung weiter nach Süden und der Nachzug aus dem Norden. Während nun die Gesichtsurnen abnahmen, nahmen westgermanische Einflüsse in der Keramik zu. In den geräumten Gebieten blieben Reste zurück, aus denen mit Anteilen der Vandalen die „Urslawen“ entstanden (Abb. 9) (s. Kap. 4.2.7).

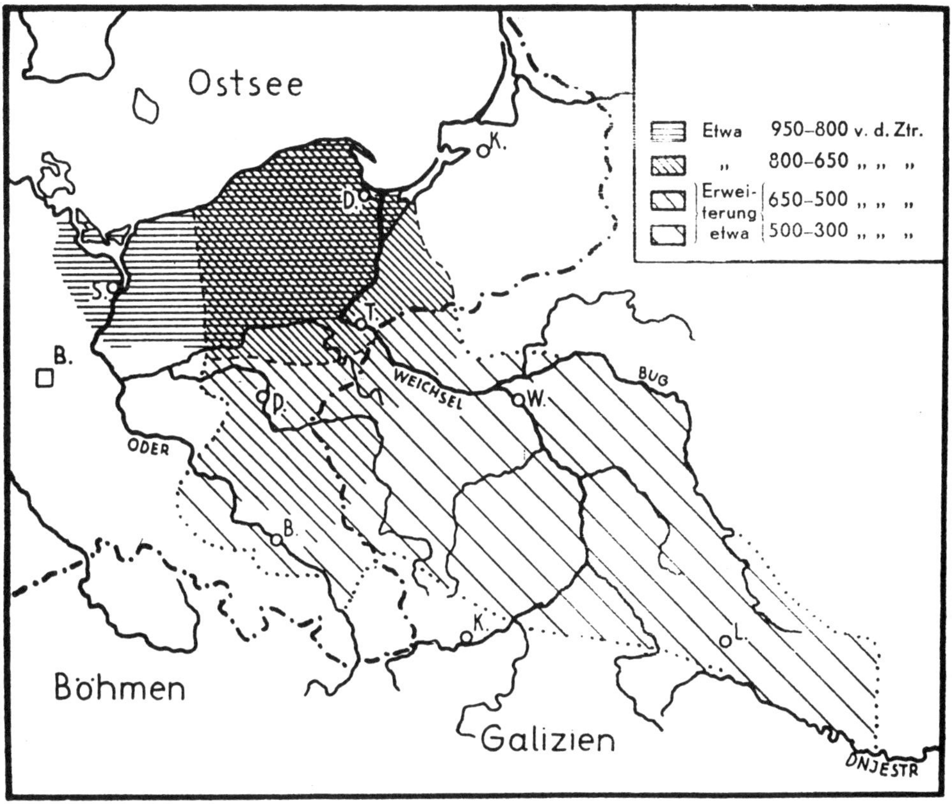

Abb. 9: Die Verbreitung der Bastarnen und Skiren bis etwa 300 v.d.Ztr. Nach H. Reinerth, *Die Vorgeschichte der deutschen Stämme*, 1940, 1987

Aus den Gebieten nördlich und östlich der Karpaten („*alpes Bastarnicae*") wanderten die Bastarnen zwischen den Karpaten und dem Dnjestr nach Süden und erreichten im Jahre 230 n.d.Ztr. das Schwarze Meer zwischen Donaumündung und Mündung des Dnjestr. Im Jahre 168 v.d.Ztr. stellten sie König Perseus von Macedonien Hilfstruppen gegen die Römer. Sie hatten damals schon ein Königsgeschlecht, aus dem eine Angehörige einem macedonischen Prinzen zur Frau angeboten wurde. Bis zum Dnjepr vorgedrungene Bastarnen wurden von den Goten zurückgeschlagen, fanden 280 n.d.Ztr. unter Kaiser Probus Aufnahme in Thrakien und verschwanden dann aus dem Gesichtsfeld der Chronisten (L. Schmidt 1969).

Für die ersten beiden Jahrhunderte n.d.Ztr. wird aus dem Waagtal oberhalb von Trentschin bis in die Zips die Puchauer Kultur (Abb. 10) genannt, die einem Stammesteil der Bastarnen, den Sidonen, zugerechnet wird mit einer westlichen Grenzfestung auf einem Berg nördlich der Waag von Puchau bei Trentschin. Dieser innerste Teil der Slowakei ist vom Norden der Karpaten durch den Duklapaß in die Zips erreichbar. Diesen Weg haben wahrscheinlich auch die Gepiden als Einfallstor durch die Zips in das obere Theissgebiet benutzt. Von anderer Seite wird die Puchauer

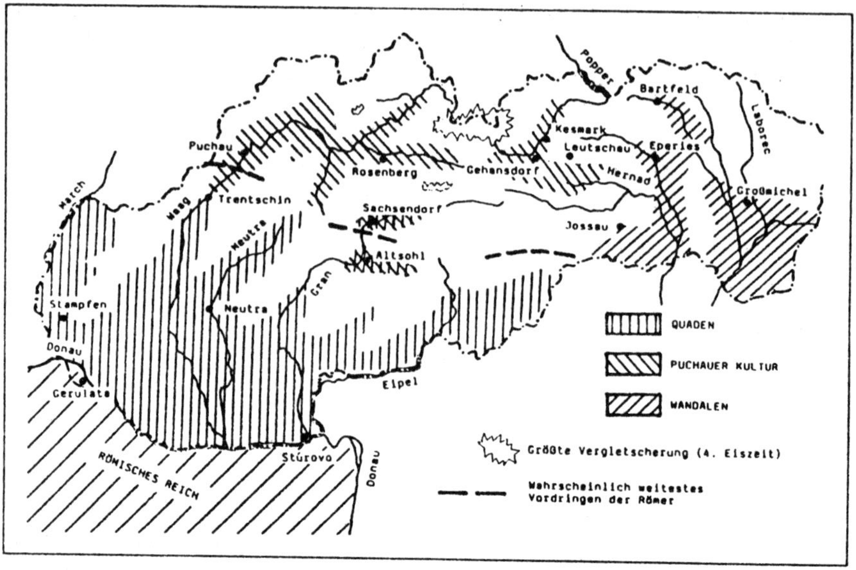

Abb. 10: Die Besiedlung der Slowakei in den ersten vier Jahrhunderten n.d.Ztr. Nach E. Hochberger, *Reisehandbuch und Kunstführer Slowakei*. Sinn 1990

Kultur auch den Quaden zugerechnet. Die römische Inschrift am Burgfelsen von Trentschin von einem römischen Sieg im Jahre 179 dürfte der Niederlage der Puchauer gegolten haben, die sich dann davon nicht mehr erholten. Da die Quaden von den Römern abhängig waren, kann dieser Vorstoß nicht diesen gegolten haben, sondern einem anderen germanischen Stamm wie den Sidonen oder den Skiren.

Die aus elbgermanischer Wurzel stammenden Skiren waren vom unteren Weichselgebiet an die Weggenossen der Bastarnen, kamen in der Ukraine unter die Botmäßigkeit der Hunnen, kämpften in der Schlacht auf den Katalaunischen Feldern 451 an der Seite der Hunnen und 454 an der Seite der Gepiden. Ein Teil von ihnen erhielt von den Römern Land an der unteren Donau. Der größte Teil hatte die Berglandschaft zwischen den Kleinen Karpaten und der Waag als Rückzugsgebiet. Sie wurden von den Goten, als diese in Pannonien siedelten, wiederholt geschlagen. Odoakar aus skirischem Fürstengeschlecht trat in die kaiserliche Leibwache ein und setzte 476 den letzten weströmischen Kaiser ab.

Die slowakischen Karpaten bis in die Zips waren wiederholt Rückzugsgebiet verschiedener Germanenstämme, der Träger der Puchauer Kultur, der Skiren, von Teilen der Gepiden und Resten von den Durchzügen der Vandalen und anderen. Alle diese gingen zuletzt in der Bevölkerung des Großmährischen Reiches auf. Noch heute ist in der Zips ein beträchtlicher Teil der Slowaken strohblond und verrät seine gesamtgermanische Herkunft.

Aus dem Gebiet zwischen Karpaten und dem Dnestr wird im 2. und 1. Jahrhundert v.d.Ztr. die Poienesti-Lubasevka-Kultur (M. Babes 1988) genannt, deren archäologische Hinterlassenschaften sich auf Herkunftsgebiete beziehen lassen, die von östlich der Oder, Pommern, Mitteldeutschland bis Dänemark reichen und der germanischen Jastorf-Kultur zuzurechnen sind. Bemerkenswert sind Kronenhalsringe, deren Funde von Jütland bis in das Oder-Weichsel-Gebiet streuen. Die Träger dieser Kultur bestatteten in Urnenbrandgräbern und wohnten in ebenerdigen und eingetieften Häusern aus Pfosten mit Flechtwerkwänden bis 20 m^2 Größe.

Ihre Kultur hat dort keine Vorläufer, sondern es muß sich um die Neubildung eines Stammes aus Zuzügen von vielen germanischen Stämmen gehandelt haben, der nach dem Durchzug der Bastarnen entstand und sich vielleicht in Resten nach 0 d.Ztr. mit den noch östlich der Karpaten siedelnden Bastarnen vereinigte. Von Horedt (Horedt 1986) werden sie Karpen genannt.

4.2.2 Die Goten

Vom Ende eines Klimatiefstandes zu Beginn der Eisenzeit setzte in Skandinavien mit einer Klimabesserung auch die Zunahme der Bevölkerung und die Binnenaufsiedelung ein, insbesondere in Süd- und Mittelschweden. Die gotische Volkssage, niedergeschrieben von Jordanes, leitet die Goten aus Skandza, Skandinavien, her. Das Land südlich der Ostsee, wo sie landeten, nannten sie Gothiskandza. Sie vertrieben dort die Ulmrugier und die Vandalen. In einigen Landschaften Südschwedens, die den Stammesnamen tragen, ging die Suche nach der Herkunft der Goten weiter. Aus Gotland sei keine Abwanderung festzustellen, deshalb wurden Västergötland und Östergötland näher in Betracht gezogen. Nur im ersteren läßt sich der Abbruch von Gräberfeldern um 0 d.Ztr. feststellen. Es muß jedoch in Betracht gezogen werden, daß die Auswanderung früher als bisher angenommen um 0 d.Ztr., nämlich bereits im 2. Jahrhundert v.d.Ztr., stattfand.

Aus einer Vielzahl von 83 untersuchten Gräberfeldern läßt sich von der Einwanderung der Goten in das Weichsel-Mündungsgebiet und Pommern bis zum Verlassen von Polen nach Südosten ein sehr genaues Bild des Zuges erhalten (A. Kokowsky 1995).

Die Einwanderung beginnt im 2. Jahrhundert v.d.Ztr. in das Gebiet des unteren Weichseltales (Abb. 11, A) und dauert an bis in die Mitte des 1. Jahrhunderts v.d.Ztr. Von da an wird das küstennahe Pommern besetzt (B_1). In dieser Zeit herrscht bis in die erste Hälfte des 1. Jahrhunderts n.d.Ztr. dort die Oxhöft-Kultur (Oksywie), die sich von derjenigen in der schwedischen Heimat unterscheidet. Ein zahlenmäßig geringer Nachzug aus Gotland ist archäologisch belegt. Die Zone A ist bis Ende der Zeitstufe C_2 bewohnt. Um die Mitte des 1. Jahrhunderts v.d.Ztr. wurde südlich des pommerischen Höhenrückens das weite Gebiet C besetzt, das mit Teilen von A und B um 200 n.d.Ztr. wieder geräumt wurde. Von dort wurden die Burgunder und Vandalen zurückgedrängt, diese nach Westen, jene nach Südosten. Von Zeitstufe B_1 bis B_2 veränderte sich die Oxhöft- in die Willenbergkultur (Wielbark, Luggewiese = Lubowidz + Cecele). In dieser wurden den Gräbern keine Waffen mehr beigegeben, die Männergräber wurden arm und die Frauengräber oft reich ausgestattet. Die Körperbestattung setzte mit birituellen Friedhöfen ein. Brandgräber mit Steinkreisen um Grabhügel weisen wahrscheinlich auf Zuzüge aus Schweden hin, wo diese Steinkreise vorher und nachher in Gebrauch sind (V. Bierbrauer 1992).

Mit der Räumung von Teilen der Gebiete A, B und C und dem Besetzen von E und F, Masowien, Pollachien und Wolhynien, brachen dort die Friedhöfe der Vandalen ab und wurden z.T. von den Goten weiterbelegt. Im Gebiet A und D blieben in den Stufen C_{1b} bis C_2 im unteren Weichselraum geschlossene Bevölkerungsanteile zurück, die sich damit von den Weitergezogenen trenn-

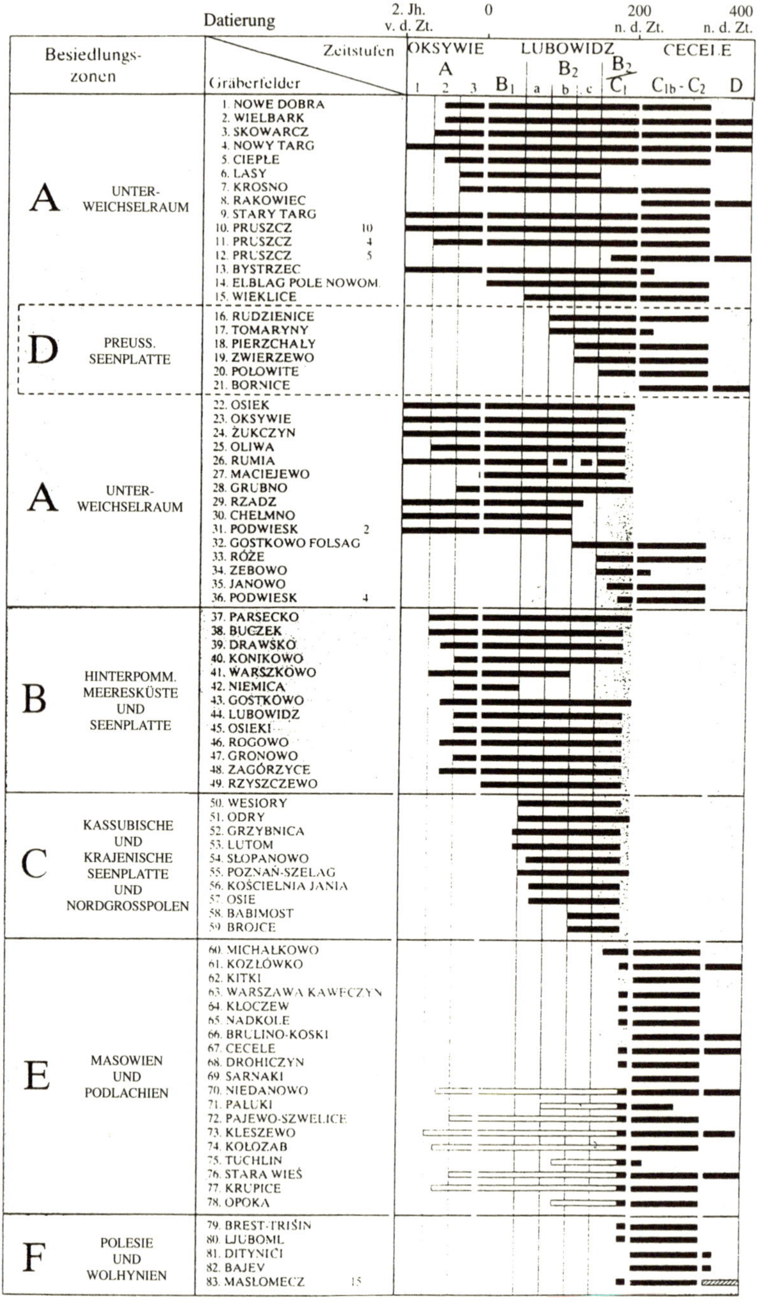

Willenberg-Kultur

Przeworsk-Kultur

Černjachov-Kultur

Belegungsdauer der Gräber von der jüngeren vorrömischen Eisenzeit (A1–A3) bis zur römischen Kaiserzeit (B1–D). Oksywie = Oxhöft-Kultur, Lubowidz + Cecele = Willenberg-Kultur. Nach A. Kokowksi 1995

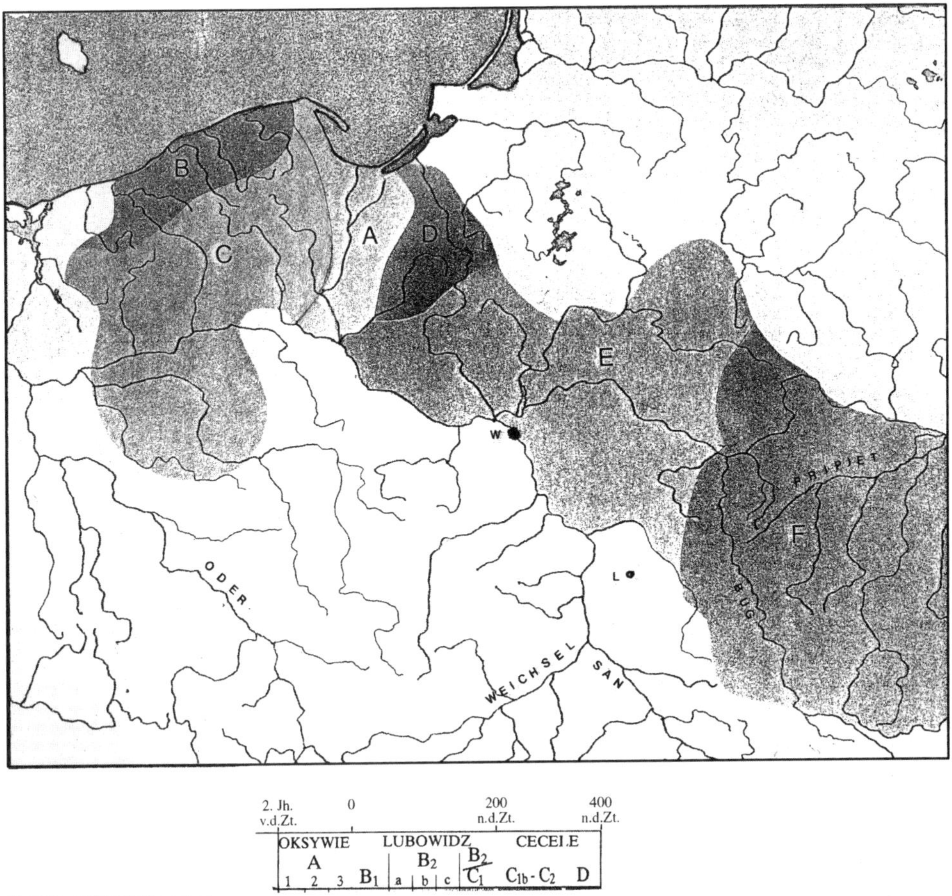

Abb. 11 (links und oben): Die Siedlungsgebiete der Goten und die Zeiten ihrer Besiedlung, Warschau = W, Lublin = L, Oksywie = Oxhöft, Lubowidz = Luggewiese, Lubowidz + Cecele = Willenberg-Kultur.
Nach A. Kokowski, *Schätze der Ostgoten*, Stuttgart 1995

ten. Das wird als Entstehung des gotischen Teilstammes der Gepiden gedeutet, die dann ihre eigenen Wege zogen und z.T. sich mit dem Hauptstamm schlugen (V. Bierbrauer 1992).

Jetzt wurden die Toten in Baumsärgen und die sozial Herausgehobenen in Holzkammergräbern mit Baumsärgen, die von Hügeln überwölbt wurden, bestattet. Südöstlich von Lublin am Bug im Gebiet F fand sich eine kleine Siedlungskammer mit besten Böden um Maslomecz und sehr guten Erhaltungsbedingungen. Man fand einschiffige zweigeteilte Pfostenhäuser von 10 x 20 m Größe mit Pfosten von 50 cm Durchmesser, in denen der Wohnteil eingetieft war, Bohlenwände aufwies und einen Tonofen enthielt neben ebenerdigen Langhäusern, wie sie in Skandinavien und Norddeutschland gebaut wurden (A. Kokowski 1995). Die Ostgermanen, Goten und Gepiden bauten stützenfreie Sparrendächer, wobei zum Unterschied von den West- und Binnengermanen die

Sparren auf die Rähmbalken eingezapft waren. In Rückzugsgebieten der Gepiden in Siebenbürgen sowie von Ostgermanen in den Ostalpen in Karantanien hat sich diese Art der Verzimmerung bis in jüngste Zeit erhalten. Auf den Gräberfeldern herrschte Körperbestattung mit Nord-Süd- bis Nordwest-Südostausrichtung neben Brandbestattung. Die Gräberfelder enthielten 3mal mehr Frauen- als Männergräber, und die Männer waren alt und krank (Rheuma, Gicht, TBC). In einem Großteil der Gräber waren nur Skeletteile bestattet oder diese mit dem eingeäscherten Restteil. Bei ähnlichen Teilbestattungen von Vandalen in Schlesien etwa zur gleichen Zeit wurde das als Seuchenfriedhöfe gedeutet. Auch in der Siedlungskammer von Maslomecz wurden sozial Höherstehende in Holzkammergräbern mit Baumsärgen bestattet mit Beigabe von Gefäßgarnituren. Die reichsten Beigaben erhielten die Gräber von Kindern. Auf die Gräber wurden Holzstelen gesetzt und mit Steinkreisen umgeben. Einmal fand man in der Mitte von kreisartig angeordneten Gräbern aus der Zeit nach 350 n.d.Ztr. einen 2 x 3 m großen Tempel in Pfostenbau. Um diesen war Leichenbrand ausgestreut.

Hier wurden bemerkenswerte Metalltechniken gefunden, Plattierungen von Kupfer mit Gold, Silber, Zinn und Nickel (!), auch Verlötungen mit Blei fand man. Man fand römische Goldmünzen, die offenbar als Zahlungsmittel benutzt wurden, aber auch gefälschte Münzen mit Kupfer- und Zinnkernen. Statt der handgeformten Keramik wurde wie in der folgenden Černjachov-Kultur scheibengedrehte gefertigt.

Am Ende der älteren Kaiserzeit wurden die Gebiete B und C geräumt, und die Besiedlung von Wolhynien und der Ukraine begann. Ende der Zeitstufe C_2 erfolgte die Räumung von A, D, E und F mit dem Nachzug dorthin. Dort herrschte die Černjachov-Kultur, deren Gräberfelder um 370/80 mit dem Einfall der Hunnen abbrachen. Außerhalb des Gebietes der Černjachov-Kultur fanden sich jüngere gotische Reste auf der Krim bis zum Nordkaukasus und dem oberen Kuban. Die gotische Sprache wurde auf der Krim noch im 17. Jahrhundert gesprochen. In Siebenbürgen reichen die Gräber der westgotischen Sintana-Mures-Kultur noch bis in die erste Hälfte des 5. Jahrhunderts. Beim Zusammenbruch des Hunnenreiches mit der Schlacht an der Nedao 454 standen die Goten auf der falschen, der hunnischen Seite. Sie siedelten nach Westen, nach Pannonien über, um schließlich mit Theoderich nach Italien zu gelangen (siehe H. Wolfram, *Die Goten*, München 1990, F. Dahn, *Die Goten 1899*, Essen, ca. 1990).

Seit dem Sieg der Hunnen über Ermanarich wanderten kleine Gruppen der Ostgoten nach Westen. Bei Untersiebenbrunn in Niederösterreich wurde aus dem 5. Jahrhundert das reich ausgestattete Grab einer ostgotischen Fürstin gefunden. Bereits vor dem Ende der römischen Besetzung der Grenzkastelle wurden in den Friedhöfen der Kastelle begrabene Ostgoten gefunden, in Neuburg ab 390. Diese Zuzüge hielten an bis zum Ende der Zugehörigkeit Rätiens zum Ostgotischen Reich und sicher noch danach. Diese Ostgoten nahmen teil an der Stammesbildung der Baiern.

4.2.3 Die Gepiden

Wiederholt wird behauptet, die Ostgermanen hätten keinen Anteil an der Ethnogenese des deutschen Volkes gehabt. Aber von den Ostvandalen ganz abgesehen hatten die Ostgoten an der Stammesbildung der Bayern einen offenbar nicht ganz kleinen Anteil, was bereits mit den germanischen Besatzungstruppen der römischen Kastelle an der Donau um Regensburg begann. Der gotische Teilstamm der Gepiden hat mit einem größeren Anteil an der Entstehung des Neustammes der Siebenbürger Sachsen noch im hier betrachteten Zeitraum teilgenommen, sie sind nach 1945 und besonders 1989 zum größten Teil nach Deutschland (BRD und BRÖ) zurückgekehrt und wurden damit Teil unseres Volkes.

Die Gepiden kamen aus Süd- bis Mittelschweden (s. Kap. 4.2.2) als ein Teil der Goten in das Weichselmündungsgebiet. Ihr Wohngebiet wurde nach der Trennung von den Goten Gepidojos genannt. Ob die Trennung von den Goten bei deren Abzug aus den Gebieten A und D (Abb. 11) an der unteren Weichsel bis Thorn und östlich davon in der 2. Hälfte des 2. Jahrhunderts n.d.Ztr. stattfand und die Gepiden nach der gotischen Volkssage die zuletzt „mit dem dritten Schiff" gekommenen waren oder ob sie erst nach Räumung der Gebiete A und D durch die Goten aus Schweden kamen, ist nicht sicher zu beantworten, aber das Erste ist wahrscheinlicher. Die Wielbark-Kultur war dann beiden gemeinsam. Ihr Wohngebiet nach Abzug der Goten wird verschieden groß angegeben, zwischen Ostsee-Passarge-Neidenburg-Graudenz und Weichsel aber auch bis nach Thorn, zur Warthe und einschließlich Pommerns. Der Gaufürst, dessen Grab man in Pilgramsdorf bei Neidenburg fand (s. Abb. 63), könnte Gote wie Gepide gewesen sein.

Die Gepiden brachen im Jahre 248 n.d.Ztr. aus ihren Wohngebieten südlich der Ostsee auf, durchzogen das von den Hasdingen der Vandalen bewohnte Gebiet, durchstießen die Karpaten wahrscheinlich im Duklapaß, durchzogen die Zips und drangen in die römische Provinz Dacien ein. Kaiser Philipp (244–249) kämpfte gegen sie, Kaiser Darius entriß ihnen Norddacien im Jahre 250 wieder, schloß mit ihnen Frieden und überließ ihnen die nordsiebenbürgischen Kastelle. Diese Daten sind durch römische Chronisten gesichert. Sie widersprechen den von Kokowski (s. Kap. 4.2.2) mitgeteilten Daten zur Räumung der gotischen Sitze in Gothiskandza. Den Gepiden gehörten jetzt die Gebiete nördlich der Theiß bis zum Theißknie nach Westen. Westlich von ihnen saßen die Vandalen und nordöstlich der Karpaten die Goten, die um 260 Siebenbürgen besetzten. Im Jahre 262 kämpften sie mit den Goten um Landbesitz in Siebenbürgen, unterlagen aber. Ebenso mißlang ein gleicher Versuch gegen die Goten im Jahre 290. Als die Vandalen im Jahre 336 Westdacien verließen, um sich in Pannonien niederzulassen, nahmen die Gepiden ihr Land in Besitz, das nach Süden bis zur Marosch und im Westen bis zur Donau reichte.

Zu dieser Zeit erreichten die letzten gepidischen Auswanderer aus dem nördlichen Weichselgebiet Dacien. Nachdem die Westgoten 376 nach Westen über die Donau abgezogen waren, nahmen sie den Rest Daciens in Besitz. Die Gebiete Daciens östlich der Karpaten bis zum Pruth gehörten jedoch wohl nicht zu ihren Siedlungsgebieten wie später zu ihrem Reich. Auch ein Volksteil der Gepiden, der sich nach 275 in der Umgegend von Kiew niedergelassen hatte, war vor den Hunnen nach Dacien gelangt.

Zusammen mit den Hunnen bekämpfte der Enkel Ermanarichs, Thorismund, die Gepiden. Nach der Niederlage genossen sie wie die Ostgoten weitgehende politische Autonomie im Hunnenreich. Ihr König Ardarik war angesehener Teilnehmer im Rate Attilas. Nach Einfällen der Hunnen in das byzantinische Reich wurden die römischen Jahrgelder (1 röm. Pfund = 412,7 g Gold) von 350 Pfund Gold auf das Doppelte erhöht und nach weiteren Einfällen 441 auf das Dreifache und zusätzlich einmalig 6000 Pfund (= 2,5 t Gold), die Attila seinen Hilfsvölkern freigiebig weitergab.

Nach Attilas Tod 453 ergriff König Ardarik die Führung im Befreiungskampf gegen die hunnische Oberherrschaft und siegte 454 in der Schlacht an der Nedao in Pannonien. In diesem Freiheitskampf kämpften auf seiten der Gepiden die Rugier, Heruler, Teile der Skiren, Sweben (Quaden, Markomannen), Sarmaten und Alanen, von denen dann nördlich des Donauknies die Rugier, Skiren, Sweben und Heruler eigene Reiche errichteten. Zwischen der Theiß und der Donau siedelten die Sarmaten und Teile der Skiren. Die Schlacht an der Nedao gilt als eine der großen europäischen Entscheidungsschlachten gegen asiatische Einfälle. Das gepidische Dacien wurde seitdem Gepidia genannt. Ihr Reich umfaßte dann zunächst Siebenbürgen, Oltenien, Banat, als Westgrenze die Theiß und nördlich die Zips (Abb. 12).

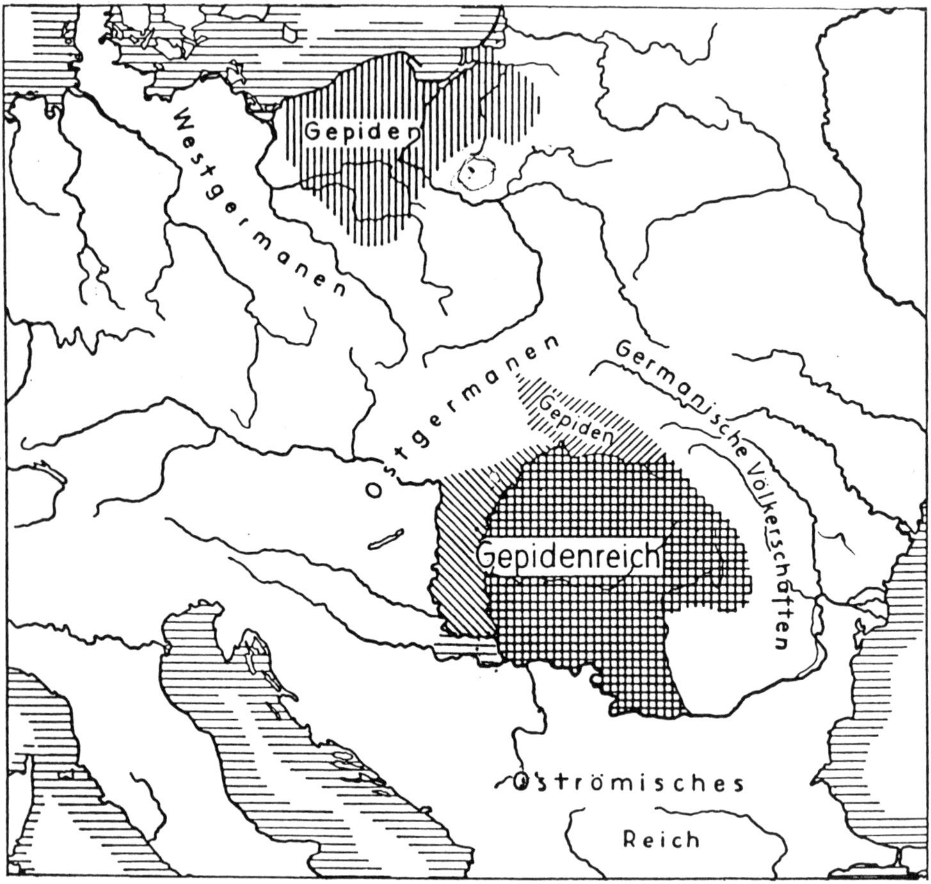

Abb. 12: Das Heimatgebiet der Gepiden im 3. Jh. und das Reich der Gepiden nach 453 n.d.Ztr.

Heimatgebiet im 3. Jh.

vorübergehende Wohngebiete vor Errichtung des Reiches

Ausdehnung des Gepidenreiches

zeitweise zum Gepidenreich gehörend

Nach H. Reinerth, *Vorgeschichte der deutschen Stämme*, Bd. 3 1940.

Die Goten, die auf der falschen Seite, der der Hunnen, gekämpft hatten, zogen nach Pannonien ab, das die Vandalen zu ihrem Zug nach Gallien verlassen hatten. Die Reste der Hunnen kehrten in die Gebiete östlich des Dnjepr und des Don zurück, nachdem sie von dem Gotenkönig Valamir in Pannonien nochmals geschlagen worden waren.

Die Römer schlossen mit den Gepiden einen Freundschaftsvertrag, der 100 Jahre eingehalten wurde. Nachdem die Goten im Jahre 473 aus Pannonien nach Oberitalien gezogen waren, kam Pannonien mit Sirmium unter gepidischen Einfluß, und dieses wurde Sitz von gepidischen Königen bis Theoderich 504 Sirmium wieder eroberte.

In diesem großen Reich (Abb. 13) besiedelten die Gepiden die Gebiete östlich der Theiß, nördlich der Marosch und westlich des Römerwalles. Am Ende des 5. Jahrhunderts gelangten auch gepidische Siedler nach Siebenbürgen. In der Nähe von Klausenburg wurden gepidische Reihengräber und goldreich ausgestattete Fürstengräber (Apahida) gefunden, deren kulturelle Ähnlichkeit mit dem Grab des Frankenkönigs Childerich († 481) auffällt, was die Bindungen zwischen den germanischen Volks- und Fürstengruppen erkennen läßt. Auch einige Spangenhelme (s. Abb. 32), Kennzeichen höchster militärischer Führung, wurden gefunden. Ebenso sind die Kulturhinterlassenschaften der gepidischen Reihengräber denen aus der fränkischen Merowingerzeit ähnlich.

Besonders kennzeichnend sind die prächtigen Gürtelschnallen mit Adlerkopf sowie die Maskenfibeln, Fibeln, deren Fußteil in eine männliche Maske ausläuft (Abb. 23). Der erste Tierstil erreichte die Langobarden wie die Gepiden um die Mitte des 6. Jahrhunderts besonders als Fibelschmuck. Die im Gegensatz zu den kriegerischen Goten friedliebenden Gepiden setzten sich schon unter den Hunnen ein einzigartiges Denkmal mit einem 405 vergrabenen Schatz mit einer Goldkette (Abb. 14), die als kleine Anhänger Werkzeuge für Ackerbau, Viehzucht, Holzarbeit, Schmiede-, Schuster- und Waffenhandwerk sowie Schifferei enthält.

Daß die Gepiden aus ihren Wohnsitzen östlich der Theiß Innersiebenbürgen besetzten und besiedelten, ist wahrscheinlich mit der Verfügung über die dort unmittelbar an der Erdoberfläche anstehenden Steinsalzvorkommen von Thorenburg (Turda) und Salzburg (Očna Sibiului) begründet. Ob das Gold der Gepiden aus den bereits von den Dakern und Römern ausgebeuteten Goldvorkommen im Siebenbürgischen Bergland (Bihargebirge) stammt, ist fraglich, dann müßten die Goldfunde der Gepiden wesentlich reicher gewesen sein (J. Bona 1976).

Die Gepiden wurden etwa gleichzeitig mit den Goten Arianer. Sie übten jedoch schon vorher die vereinzelte Körperbestattung und gingen nach 450 zur Reihengräberbestattung über. Sie hielten am Ritus der Grabbeigaben fest bis in die Zeit ihrer Unterwerfung durch die Awaren, als sie sicherlich die oberflächliche Christianisierung wieder abgestreift hatten.

Im Jahre 546 überließ Kaiser Justinian den Langobarden das ehemals gotische Pannonien mit Sirmium, das die Gepiden 539 wieder in ihren Besitz gebracht hatten. Das führte zu einem ersten langobardisch-gepidischen Krieg, dem 552 und 565 zwei weitere verlorene Kriege folgten. Nach einem Sieg der Gepiden entstand mit den inzwischen bis östlich zu den Karpaten vorgedrungenen Awaren ein langobardisch-awarisches Bündnis, das 568 mit Angriffen beider zum Untergang des Gepidenreichs, zur Räumung Pannoniens durch die Langobarden, deren Zug nach Oberitalien und zur Ausdehnung der Awarenherrschaft über ganz Dacien und Oberpannonien führte. Sirmien besetzten die Oströmer.

Ein Teil der Gepiden, vor allem der aus Unterpannonien, zog mit den Langobarden nach Oberitalien und wurde dort angesiedelt. Sie wurden noch von Paulus Diakonus erwähnt. Die Haupt-

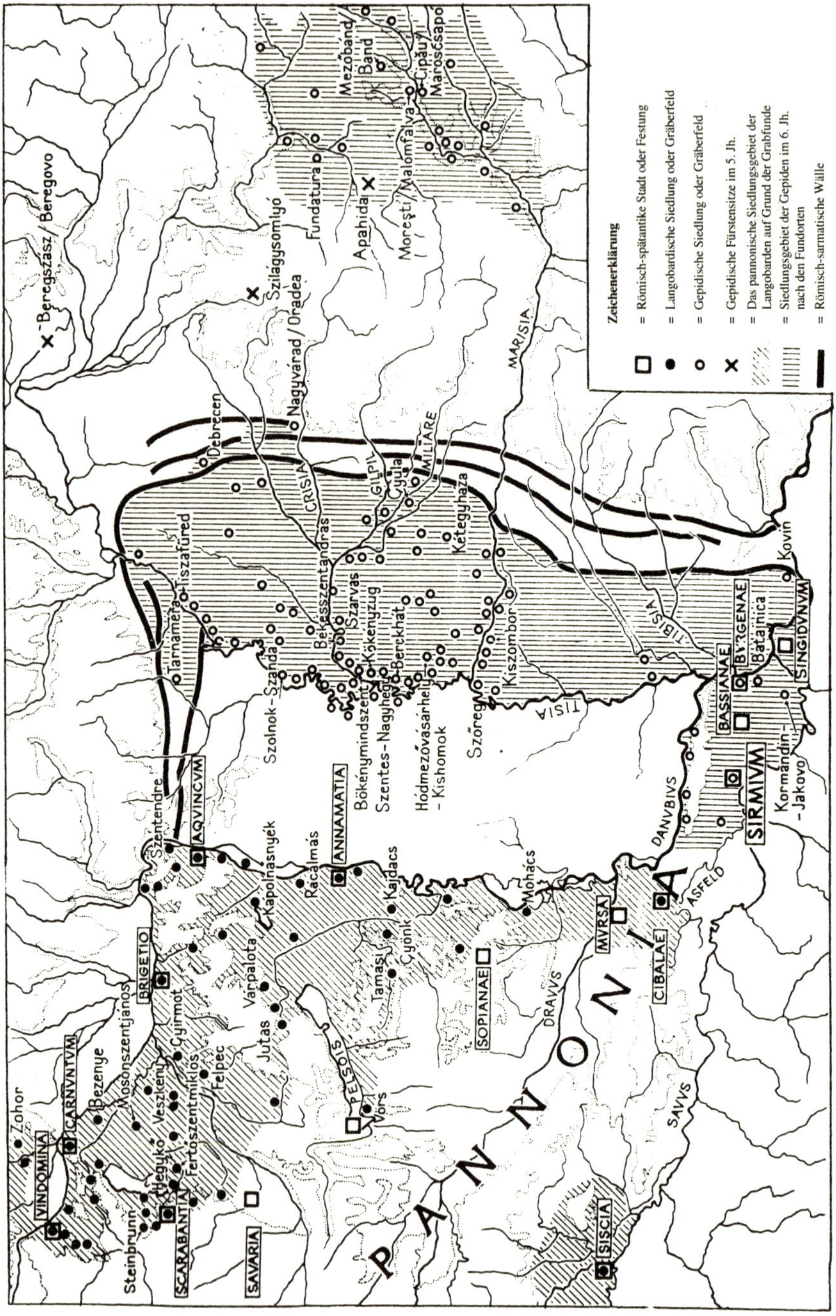

Abb. 13: Das Karpatenbecken im 6. Jahrhundert. Nach I. Bona, *Der Anbruch des Mittelalters.* Budapest 1976

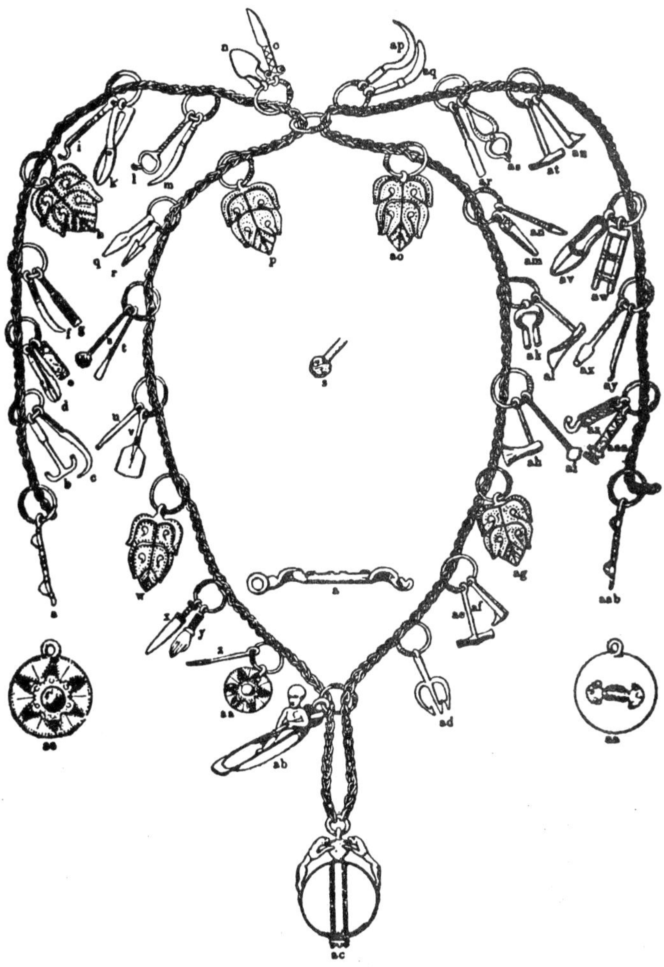

Abb. 14: Kette vom Goldschatz von Szilagy-Somlyo (Schomelmarkt), der nach der Schlußmünze 405 in die Erde kam. Die anhängenden Modelle von Werkzeugen
des Ackerbaues: n, o Pflug, v Spaten, c Sichel, ap Sägemesser, aq Winzermesser, d Winzerschere, ag, ao, b, p, w Weinblätter,
der Viehzucht: av Schafschere, ai Keulenstab, ak runder Striegel,
der Holzarbeit: f Säge, g Feile, ah Axt, aw Leiter, aaa Wagenwerkzeug,
des Schmiedehandwerks: ac, af Hammer und Amboß, a Hammer mit gemuldeter Klinge, am, as (?) Schleifeisen, an Gießlöffel, as Zange,
des Waffenhandwerks: x Kurzschwert, y Hand als Abzeichen einer Kampfabteilung, aa runder Schild, q Lanze, r Pfeilspitzen,
*des Schusterhandwerks:*ar, ay Schusterwerkzeuge,
des Fuhrwesens: a Joch, aab Wagenbremse (?),
der Schiffahrt: ab Kahn mit Mann, b Anker.
Nach C. Diculescu, *Die Gepiden,* Leipzig 1923

masse der Gepiden blieb in ihrem Wohnsitz östlich der Theiß und mußte den Awaren Kriegsdienste leisten. Aus Firtuseni in Siebenbürgen stammt ein vergrabener Münzschatz mit der Schlußmünze aus dem 7. Jahrhundert. Auch Reihengräberfriedhöfe der Gepiden sind aus Siebenbürgen noch aus der Mitte des 7. Jahrhunderts bekannt. Aus Ortsnamen konnte erschlossen werden, daß sich Teile der Gepiden in die Gebirge zurückzogen. In die leergewordenen Gebiete drangen die Ostvandalen ein (I. Bona 1976, C. Diculescu 1923, H. Horedt 1986, H. Sevin 1955).

Nachdem mit dem Abzug der Langobarden aus Böhmen und Mähren dort sich Ostvandalen niedergelassen hatten, begann in Mähren und speziell in Mikulčice wieder eine germanische Nachwanderung als Herrschaftsschicht in Erscheinung zu treten, welche dann bruchlos in das Großmährische Reich mündete. Dabei deuten Fundzusammenhänge auf die Gepiden hin (J. Kalica 1968, s. Kap. 4.2.11.3.4). Es besteht also die Wahrscheinlichkeit, daß Teile der Gepiden vor den Awaren nach Mähren ausgewichen sind. Um die Zeit des Beginns der vorgroßmährischen Entwicklung in Mähren um 650 brechen viele gepidische Gräberfelder in ihrem bisherigen Wohngebiet östlich der Theiß und nördlich der Marosch ab. Aus dem Bihargebirge kamen sie Arpad bei seiner Eroberung Ungarns entgegen, unterwarfen sich ihm und wurden bei Heereszügen als Vorhut verwendet.

Die erste Schwächung der awarischen Macht erfolgte mit der mit gepidischen Hilfstruppen fehlgeschlagenen Belagerung von Konstantinopel im Jahre 626. Eine weitere waren die Siege Samos über die Awaren. Um 650 konnten die Gepiden die Ostvandalen mit Billigung der Awaren vernichtend schlagen und nach Westen vertreiben. Der Kern der frühawarischen Siedlungen lag im Donau-Theiß-Zwischengebiet. Sie beherrschten den Donauraum bis Wien, jedoch nicht den nördlich der Donau und zogen nach den Niederlagen sich bis zur Raab zurück. Nach 670 dehnten sie jedoch ihr Herrschaftsgebiet nach Niederösterreich, Südmähren bis in die Südslowakei aus (I. Bona 1968). Dabei sind wahrscheinlich Teile der Gepiden mit nach Westen umgesiedelt worden, die dann nach weiteren Umsiedlungen in der Diaspora ihr Volkstum verloren. Nach den Siegen Karls des Großen über die Awaren vernichtete 802 der Bulgarenkhan die Awarenreste, und gepidische Teilfürsten aus dem Raume östlich der Theiß unterstellten sich diesem. Erst mit dem Einbruch der Ungarn kurz vor 900 wurde die bulgarische Oberherrschaft beseitigt. Der erste ungarische Chronist (Anonymus) erwähnt aus Dacien Gaufürsten mit germanischen Namen.

Noch 300 Jahre nach ihrer Unterwerfung durch die Awaren ist in der Chronik des Salzburger Erzbistums 871 bekannt, *„daß die Hunnen Römer, Goten und Gepiden vertrieben. Von den Gepiden wohnen noch welche dort.“* (J. Weidlein 1985).

Nach den Siegen Karls des Großen berichtete der Mönch Bernhard von Kremsmünster: *„Karl ... unterwarf den Teil Pannoniens von der Enns bis zur Raab mit seinen Ostrogoten* [= Gepiden], *die dort wohnten und schlug ihn zu Bayern.“* (F. Zimmermann 1982). Es wurde eine Präfektur des Ostlandes eingerichtet mit der Grafschaft Traungau, der Grafschaft zwischen Enns und dem Wiener Wald, dem von eigenen Fürsten weiterregierten Karantanien und einem awarischen Fürstentum in Oberpannonien. Im Jahre 803 wurde diese Präfektur von Bayern getrennt und selbständig.

Die Gepiden halfen mit, sich von den Awaren zu befreien. Nach ungarischen Ausgrabungen wohnten am Ende der Awarenzeit in der Plattenseegegend Germanen, Slawen (Ostvandalen) und Romanen.

Dieses Gebiet wurde mit Siedlern aus dem Frankenreich versehen. Dort sind germanische Ortsnamen wie Ödenburg (= Odinsburg) und Pressburg (Prezlasburg) germanisch weitergegeben worden, d.h., dort wohnten noch Reste von Germanen, etwa der Langobarden. Die germanische

Kontinuität im westlichen Dacien beleuchtet auch der Bericht des Passauer Bischofs Pilgrim von 974 nach Rom, daß es noch sieben Bistümer in Mähren und vier Bistümer gab, die zum vormaligen Erzbistum Lorch gehörten (W. Knopp 1990).

Damals neu angelegt wurden Orte wie Moosburg, Wieselburg, Güns, und andere. Die karolingische Herrschaft wurde noch über die Theis nach Osten ausgedehnt bis zu dem großen spätantiken Grenzwall (Abb. 13). In dieses Gebiet wurden die Gepiden aus Pannonien wieder rückgesiedelt. Aus diesem Transdanubien sind Dorfnamen wie Kundpoldsdorf, Reginiwardsdorf u.a., die 860 aufgezeichnet wurden, bekannt, die auch die ungarische Landnahme überstanden (J. Weidlein 1954).

Die fränkischen Reichsannalen für 822–825 berichten aus Dacien in dem Donaugebiet von Praedenecentern in der Nachbarschaft der Bulgaren, die 822 den Reichstag besuchten, d.h., ihre Stammesabgesandten erschienen dort. Das Wort wird als „Breitenbewohner" gedeutet. Das sind wahrscheinlich die dort ansässigen Gepiden gewesen. Auch Paulus Diakonus berichtet von Gepiden im alten Siedlungsgebiet.

Bei der ungarischen Landnahme kam dem ungarischen Stammesfürsten Ösbö 896 beim Überschreiten der Theiß bei Szentes 60 km nordöstlich von Szegedin ein Volk entgegen und schloß sich ihm an, das vom ersten ungarischen Chronisten Anonymus *Sikuli* genannt wurde. Das war im alten Siedlungsgebiet der Gepiden. Der Stammesname Szekler stammt von dem germanischen Sekel und entwickelte sich lautgesetzlich aus dem gotisch-gepidischen *Sakuleis* = Kämpfer. Der letzte bekannte Stammesführer der Gepiden war in ungarischen Chroniken Ajtony, verdeutscht Achtwin, aus dem Siedlungsgebiet südlich der Kreisch. Er widersetzte sich Stephan dem Heiligen (996–1038) und der ungarischen Landnahme und wurde von Stephan 1003 besiegt (J. Weidlein 1990). Die Szekler werden in einer Urkunde König Roberts von 1329 als *„hospites Hungarorum"* bezeichnet. Da hospites Angehörige anderer Rechtsordnungen sind, müssen sie damals noch als Stammesorganisation anerkannt gewesen sein (W. Knopp 1991). Auf ehemalige Wohnsitze der Szekler weisen ungarische Ortsnamen wie Szakul, Szokoly, Sokol, Sekul, Sekal hin.

Die Szekler wurden als Grenzwächter gegen Osten vor den Karpaten angesiedelt und waren im 12. Jahrhundert als solche in Westungarn und zwischen March und Waag bekannt. Dort gibt es den Ortsnamen Sekely (Sekelsdorf) und in der Zips Szekelyfalya. Sie wurden weitgehend madjarisiert. Jedoch unter König Geisa II. kamen bei der Ansiedlung der Siebenbürger noch beträchtliche Reste mit ihrer gepidisch-gotischen Sprache hinzu, nach Schätzungen 40%. Es müssen also damals noch Gebiete mit geschlossener Besiedlung bestanden haben, die das Weiterbestehen ihres Volkstums ermöglichten. Bei der Landzuteilung an den Deutschen Orden im Burzenland bei Kronstadt um 1210 wurden die Szekler von dort in die Ostkarpaten umgesiedelt. Im Großfürstentum Siebenbürgen (1541–1848) bildeten die Szekler neben Ungarn und den Siebenbürgener Sachsen eine eigene „Nation", d.h. einen Teilstaat unter eigener innerer Hoheit (J. Weidlein 1990).

Noch nach 1200 sind die Gepiden bei damaligen Chronisten bekannt. 1180 werden von Bischof Eustathios von Thessaloniki die Mitglieder der Delegation der Siebenbürgener Sachsen zum Begräbnis Kaiser Manuals als Gepiden bezeichnet, und der ungarische König Bela III. (1172–1196) wird vom byzantinischen Chronisten Niketas Choniates (1155–1215) als König der Gepiden benannt (W. Knopp 1991).

Auch Chronisten des 15. und 16. Jahrhunderts sind die Gepiden nicht unbekannt. E. G. Piccolomini, als Papst Pius II. († 1466) Begründer der humanistischen Kosmographie, schreibt, daß die Zipser Sachsen Nachfolger der Gepiden seien. Magister Johannes Carion schrieb in seiner damals weitverbreiteten Weltgeschichte, 1532 in Wittenberg erschienen (*Chronikon Carionis*), in einer der vielen deutschen Übersetzungen: *„Denn ich zweiffel/die Siebenbürger seien noch von den Dacern und alten Gotten her/des Orts vbrig blieben/vund lassen mich duenken/daß sich auch die Einwohner in Oberpannonia/so Deutschen gewesen sind/zu jhnen damals geschlagen haben/als sie von den Hunnis vnd Auris vertrieben/vnd newe Sitze zu suchen gedrungen wurden"* (K. Klein 1963). Von dort stammt die durch seine Vorlesungen an der Wittenberger Universität bekannt gewordene Ansicht Melanchtons († 1560): *„Ich halte die Daker, die Siebenbürger heißen und eine germanische Sprache sprechen, für alte Überreste des gotischen Volkes."* (W. Knopp 1989).

4.2.4 Die Rugier

Vor den Vandalen, welche zur Ethnogenese der Urslawen das meiste beisteuerten, sollen noch die Rugier kurz behandelt werden (L. Schmidt 1969). Die beiden Einfallstore der Nordgermanen in die Weiten Osteuropas südlich der Ostsee waren die Oder- und vor allem die Weichselmündung. Nach den Vandalen kamen aus Rogaland die Rugier in der La-Tene-Zeit zusammen mit den Burgunden, die Rugier in die Oder- und die Burgunden in die Weichselmündung. Archäologisch nicht unterscheidbar siedelten beide Stämme zusammen in Hinterpommern und in dem nördlichen Westpreußen. Von dort drängten sie die vor ihnen erschienenen Vandalen südlich ab.

Beim folgenden Erscheinen der Goten dort wurden beide verdrängt, und die Rugier besetzten das von den Burgunden bis dahin innegehabte Gebiet zwischen Persante und Oder und die Insel Rügen. Beide Stämme trennten sich.

Die Burgunden siedelten vom 3. Jahrhundert an südlicher beiderseits der Oder und im Gebiet der Spree, der Schwarzen Elster und Neiße. Die Rugier zogen dann nach den Goten weichselaufwärts, durch die Karpaten und in das obere Theißgebiet. Hier gerieten sie unter eigenen Königen unter die Oberherrschaft der Hunnen und konnten sich zusammen mit den Gepiden 454 von der Hunnenherrschaft befreien.

Nun erhielten sie ein eigenes Reichsgebiet nördlich der Donau in Niederösterreich. Anfangs waren sie römische Föderaten. Sie standen seit der Schlacht an der Nedao den Goten feindlich gegenüber und wurden von diesen, die inzwischen in Pannonien wohnten, in der Schlacht an der Bolia 463 mit Sweben, Gepiden und Herulern besiegt.

Nach dem Abzug der Goten aus Pannonien 471 nach Italien konnten sie ihre Herrschaft auch auf das Südufer der Donau ausdehnen von der Enns bis Klosterneudorf. Severin erreichte durch seine guten Beziehungen zum rugianischen König Erleichterungen für die Restromanen.

487 wurden sie von den Römern und 488 von Odoakar besiegt. 489 begannen die Langobarden Mähren und Niederösterreich zu besetzen, denen sich wohl Teile der Rugier anschlossen. Ein Teil wanderte, wie 512 die Heruler, zurück in die nordische Urheimat und wurden von Jordanes in Rogaland als Untergebene des norwegischen Königs Rodulf gemeldet. Der in Rügen verbliebene Teil vereinigte sich mit den mehr als 200 Jahre später aus dem Osten gekommenen Ranen.

4.2.5 Die Vandalen

In Jütland wohnten in der älteren Eisenzeit Stämme, die aus Südskandinavien gekommen waren. Das vandalische Königsgeschlecht der Hasdinge soll aus Hallingdal südlich Oslo stammen. Nördlich des Limfjords wohnten in Thyland die Teutonen, in Vendsyssel die Vandalen und südlich des Limfjords in Himmerland, früher Himbersysael, die Cimbern. Bevölkerungsdruck und Klimaverschlechterung zwangen einen Teil der Bevölkerung zur Abwanderung. Jütland war so dicht besiedelt, daß sogar sandige Geestböden, die heute Heide sind, bewirtschaftet wurden.

Die Cimbern und Teutonen sind etwa 150 v.d.Ztr. aufgebrochen und nach Süden gezogen. Unter nördlicher Umgehung der keltischen Burgenlinie im Weserbergland, Thüringen und Böhmen wanderten sie durch die Mährische Pforte und wurden um 114 v.d.Ztr. zwischen Drau, Save und Donau von Strabo gemeldet (A. Franke 1986). Nach einem Sieg im Jahre 113 v.d.Ztr. bei Noreia sollen sie 20 erbeutete Helme als Opfer bei Negau (Südsteiermark bei Radkersburg) vergraben haben, von denen einer nach mehreren keltischen Besitzern einen germanischen hatte, der in nordetruskischer Schrift das älteste germanische Sprachdenkmal einritzte *„Harigasti teiva“*, dem Gotte Harigast (Odin) (F. Eichler u.a. 1938).

Kurz darauf folgten die Vandalen den Cimbern und Teutonen wahrscheinlich zu Schiff (120 v.d.Ztr., E. Schwarz 1951). Sie zogen in zwei Gruppen die Oder und die Weichsel hinauf. Nach ihnen kamen aus Südschweden die Burgunden und dann die Holmrugier in das Gebiet der Weichselmündung. Nach den Ergebnissen von A. Kokowski 1995 und M. Shchukin 1990 muß das Erscheinen der Vandalen in Jütland auf vor 200 v.d.Ztr. und das Erscheinen im Oder-Weichsel-Gebiet auf um 200 v.d.Ztr. rückdatiert werden. 100 v.d.Ztr. erschienen die Westvandalen, die Silingen und Naharwalen in Schlesien. Die Ostvandalen saßen in Masuren bis südöstlich Wilna (C. Engel 1942) und die Hasdingen an der Weichsel bis nach Oberschlesien (Abb. 15). Wahrscheinlich sind auch Teile von Stäm-

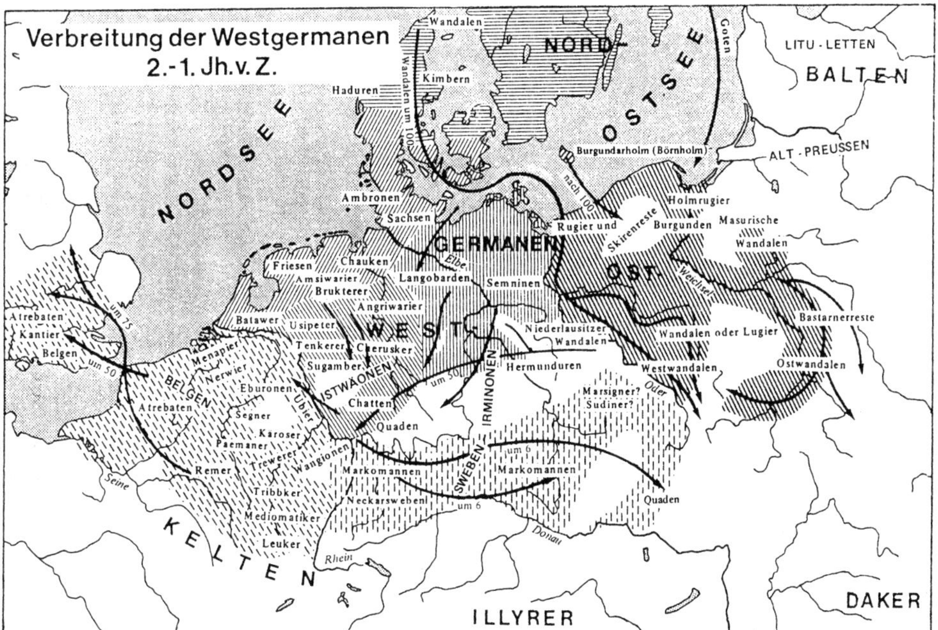

Abb. 15: Die Verbreitung der germanischen Stämme im 2. und 1. Jahrhundert v.d.Ztr. Nach H. Reinerth, *Vorgeschichte der deutschen Stämme*, 1940, Viöl 1987

men von den dänischen Inseln (Fünen) und Südnorwegen und aus dem Osten Jütlands, der Warnen und Ambronen, die in der Nähe der Teutonen saßen, mitgezogen. Teile der Ambronen waren schon mit den Cimbern und Teutonen gezogen. Die Westvandalen stießen bei Breslau auf die Kelten und drängten diese in Kämpfen während des ganzen 1. Jahrhunderts vermutlich bis nach Böhmen zurück (Abb. 15).

Im 1. Jahrhundert n.d.Ztr. sind vandalische Funde aus der Niederlausitz, Nieder- und Mittelschlesien und Südposen bekannt, aber auch weiter im Osten (s. Kap. 4.2.6).

Das Gebiet ihrer Prżeworsk-Kultur schließt im 1. Jahrhundert n.d.Ztr. südlich an das Gebiet der Goten in Pommern an, reicht über das Weichselknie bis zum Bug und von dort zur mährischen Pforte und über Schlesien nach Norden.

Die Ostvandalen in Masuren wurden zu Beginn des 2. Jahrhunderts abgedrängt, was die gotische Sage bewahrt hat.

Aber bereits am Ende der Stufe A_2 (s. Tab. in Kap. 4.2.2), nach 100 v.d.Zt. erfolgte in Schlesien, im Lebuser Land an der Oder, und in Großpolen eine Ausdünnung der Besiedlung und örtlich ganz eine Abwanderung. Diese Gebiete wurden erst in der Stufe B_2, um 100 n.d.Ztr. wieder besiedelt. Zur selben Zeit nach 100 v.d.Ztr. erfolgte auch eine Abnahme der Besiedlung in der Altmark und im Elbe-Havel-Gebiet. Die Abgezogenen können an der Zurückdrängung der Kelten mit dem Ende der keltischen Städte wie Manching beteiligt gewesen sein (K. Godlowski 1992).

Um 100 n.d.Ztr. (Stufe B_2–C_{1a}) bewohnten die Vandalen der Prżeworsk-Kultur das große Gebiet von Schlesien zur Weichsel bei Thorn, Narew, Bug bis zur oberen Weichsel (Abb. 16). Um 200 n.d.Ztr. (Stufe C_{1b}–C_2) hat sich dieses Gebiet bis an das Nordende des Flußgebietes des Dnjestrs und durch den Duklapaß bis in das obere Theißgebiet ausgedehnt. Um 300 n.d.Ztr. (Stufe C_3–D) reichte das Gebiet der Prżeworsk-Kultur nur noch von Schlesien bis zur Warthe südlich Posen, hatte bei Thorn noch eine Insel von Fundstellen, und westlich der Weichsel befand sich ein breiter Streifen ohne Funde (K. Godlowski 1992).

In diesem großen Gebiet nahm die Masowsche Gruppe, die nördlich und nordöstlich der Weichsel um Warschau bis nach Masuren wohnte, eine Sonderstellung ein. Sie war schon am Beginn der vorrömischen Eisenzeit nachweisbar. Während im ganzen Gebiet der Prżeworsk-Kultur den Männergräbern die Waffen beigegeben wurden, und bereits vor 0 d.Ztr. vereinzelt Körpergräber vorkamen, waren diese in der Masowschen Gruppe unbekannt. Dort wurden die Grabhügel mit Steinkreisen umgeben, im restlichen Gebiet der Prżeworsk-Kultur dagegen nicht, was eine Beeinflussung durch die gotische Oxhöft-Kultur sein kann. In der älteren Kaiserzeit erweiterte sich das Gebiet der Masowschen Gruppe bis zur Narew und bis nach Ortelsburg in Ostpreußen. Das Gebiet südlich des Bug wurde preisgegeben. In der ganzen jüngeren Kaiserzeit nahm die Zahl der Fundstellen ab. Das westliche und nordwestliche Gebiet wurde von den Goten in Besitz genommen (D. Hachmann 1970). Die Träger der Masowschen Gruppe wurden dann weiter nach Osten abgedrängt und vereinigten sich mit den Trägern der Zarubintsykultur (s. Kap. 4.2.7).

Das Reich des Ostgotenkönigs Ermanarich († 373), das bis an die Ostsee im Norden reichte und im Osten bis an den Don, hat die Ostvandalen eingeschlossen (s. Kap. 4.2.6).

Ein anderer Teil der Ostvandalen zog die Weichsel herauf, siedelte in Galizien bis Podolien, überschritt die Karpaten oder durchschritt die Mährische Pforte und drang 171 n.d.Ztr. in die römische Provinz Dakien ein. Dort wurden die Hasdingen 335 an der Marosch von den Goten besiegt, dabei fiel ihr König Wisumar. Sie zogen dann nach Pannonien.

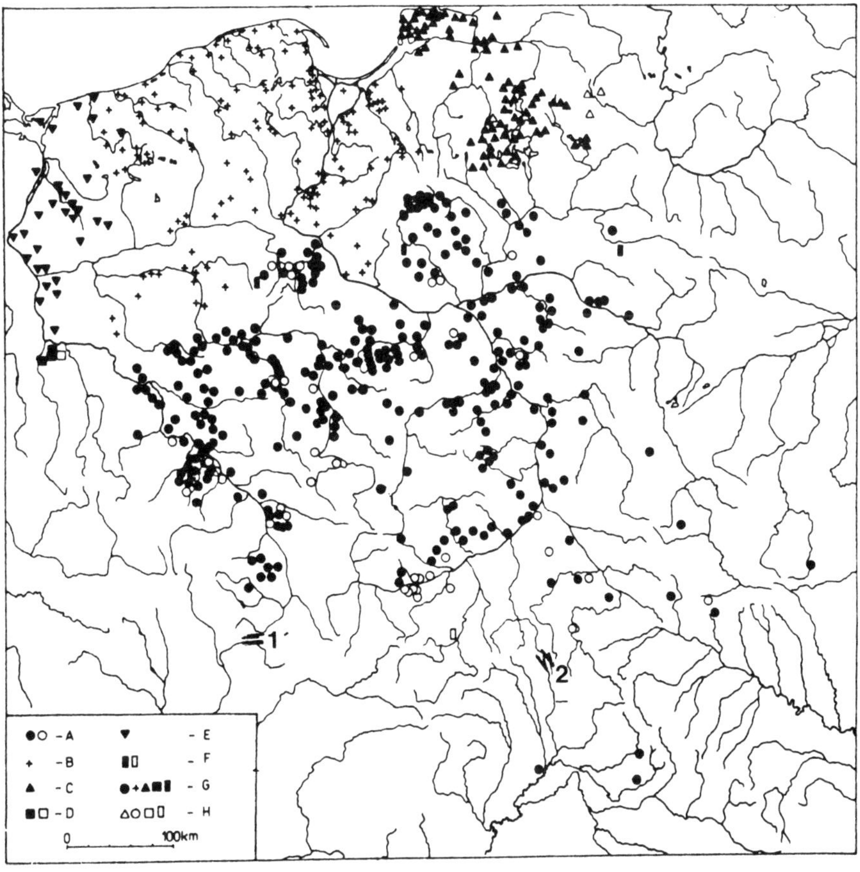

Abb. 16: Die Fundpunkte während der Stufe B_2 (s. Tab. in Kap. 4.2.2) im Raum östlich der Oder.
A = Przeworsk-Kultur, B = Willenberg-Kultur, C = Westbaltische Kultur, D = Luboszyce-Kultur, E = Gustow- und Lebuser Gruppe, F = Fundpunkte unsicherer Zugehörigkeit, G = Grab- und Einzelfunde, H = Siedlungsfunde, 1 = Mährische Pforte, 2 = Dukla-Paß.
Nach K. Godlowski 1992

Von den römischen Chronisten wird über die Vandalen berichtet, von Plinius dem Älteren, Ptolemäus und Tacitus. Plinius (24–79 n.d.Ztr.) nennt neben den Stammesgruppen der Ingväonen, Istväonen und Hermionen im Osten die Wandilier mit den Burgunden, Warinern (Warnen), Charinern und Gutonen (Goten). Nach Tacitus (50–116 n.d.Ztr.) gibt es jenseits der Sudeten die Stämme der Lugier, Harier, Helwekoner, Mariner, Elisier und Naharwalen und Ptolemäus (85–160 n.d.Ztr.) erwähnt für das 2. Jahrhundert im Gebiet zwischen den Burgunden und den Sudeten die Iomaner, Iduner, Buren und in der Lausitz die Silingen.

Die in der jüngeren vorrömischen Eisenzeit (bis 0 d.Ztr.) im Wohngebiet der Vandalen in Schlesien bis zum Bug und bis nach Masowien den Urnengräbern (Przeworsk-Kultur) beigegebenen Waffen wie Rundschildbuckel, zweischneidige Schwerter, breite Lanzenspitzen, sind vergleichbar denen, die in germanischen Gräbern der gleichen Zeit aus der Moldau (Rumänien östl. d. Karpaten), aus dem Mittelelbegebiet, Mecklenburg, Pommern, Jütland bis Vendsyssel, Fünen und Bornholm gefunden wurden (T. Dabrowska 1988). Sie belegen die Verwandtschaft der vandalischen Prżeworsk-Kultur mit der Jastorfkultur von Binnen- und Nordgermanen. Eine ähnliche Verbreitung wie die Waffen haben Keramik und Fibeln.

Bis etwa 150 n.d.Ztr. sind vandalische Funde (s. Abb. 16) zwischen Sudeten, Oder, Warthe, Masowien und Bug bekannt. Im 4. Jahrhundert entstanden die reich ausgestatteten Fürstengräber z.B. von Sacrau. Die Besiedlung wurde dichter und dehnte sich nach Nord-Oberschlesien, Südost-Polen bis in die Westukraine, Karpatoukraine und Ostslowakei aus. Dagegen waren infolge des Druckes der Goten die Vandalen aus Masowien und den Gebieten östlich der Weichsel abgewandert. Die Brandbestattung hörte auf, es entstanden nur noch Skelettfriedhöfe. Bis um 400 verdichtete sich die Besiedlung weiter und auch weniger gute Böden und Gebirgsböden wurden unter den Pflug genommen. In den Hinterlassenschaften äußert sich ein wirtschaftlicher Aufschwung. Im Heiligen-Kreuz-Gebirge wurde Eisenerzbergbau und Eisenverhüttung betrieben und zu Radpflügen mit Vorschneidemessem und eisernen Scharen verarbeitet. Dann brechen die Siedlungen und Friedhöfe ab und nach 450 n.d.Ztr. sind kaum noch Funde nachweisbar (K. Godlowski 1968).

Die Vandalen zogen um 400 n.d.Ztr. bis auf Teile des Stammes in Schlesien aus den Gebieten nördlich der Mittelgebirge zusammen mit dem Teilstamm der Hasdingen aus Pannonien die Donau aufwärts.

Daß nur ein Teil der Bevölkerung abgewandert war und der gesamte Staatsbau mit den Landrechten der Abgezogenen erhalten blieb und fortbestand, folgt aus Prokop *(Der Vandalenkrieg* 22): *„Als die Vandalen einst, von Hunger getrieben, ihr Heimatland verlassen wollten, blieb ein Teil von ihnen, der Godegisel nicht folgen wollte, in den alten Sitzen. Mit der Zeit hatten die Zurückgebliebenen reichliche Ernten ... Jene ... schickten daher Gesandte dorthin* (nach Karthago), *die bei Geiserich erklärten, sie freuten sich herzlich über die günstige Lage ihrer Brüder, seien aber nicht im Stande, das Land, das jene aufgegeben hätten, ihnen länger aufzuheben. Sie sprachen daher die Bitte aus, man möge ihnen diese Ländereien, wenn sie nun weiter keinen Wert darauf legten, umsonst überlassen, damit sie als unbestrittene Herren das Ganze als ihr Vaterland gegen jeden Angriff verteidigen könnten“*. Das wurde aber abgelehnt.

In Schlesien überdauerte der Name des westvandalischen Stammes der Silingen die Abwanderung eines Teiles seiner Bevölkerung und die folgende Dezimierung durch Seuchen, die mit Seuchenfriedhöfen (Groß-Sürding) belegt ist (L. Zotz 1935, C. Engel 1942). Die zugewanderten Ostvandalen übernahmen ihren Stammesnamen und führten das Hauptheiligtum der Vandalen auf dem Zobten weiter. Der Name Silinger wandelte sich in *Sleezane* in *Lingua Sclavinia*, aber in einem Teil Schlesiens war noch zu Anfang des 14. Jahrhunderts der Name in der alten Form der Westvandalen gebräuchlich. So ist 1305 südöstlich Waldenburg das später abgegangene Silingsdorf beurkundet. Zu seiner Gemarkung gehörte die uralte Kynsburg. Dort schützten auf engstem Raum sechs Burgen die Zugänge zum Tal der Weistritz, in dem Silingsdorf zu suchen ist, das nicht nach der ostvandalischen („slawischen“) Form der *Lingua Sclavinia*, sondern nach dem westvandalischen Lautstand *Silingi* benannt ist. Damit muß diese ostgermanische, der gotischen ähnliche Sprache dort mindestens bis zum Ende des 13. Jahrhunderts gesprochen worden sein (F. v. Heydebrand 1936).

In Nimptsch sind Reste einer Wehranlage der Westvandalen ergraben worden. In ihr fanden sich Verbindungsstücke zwischen westvandalischer und ostvandalischer („slawischer“) Keramik, was die Bedeutung des Ortes und seine kontinuierliche Weiterbewohnung bis in das Daglinger Reich zeigt. Der *Bairische Geograph* (844–862, nach W. Fritze 1952) nennt in Schlesien für das Gebiet des Stammes der Slezanen 15, der Dadosanen 20, der Opolanen 20 und der Golensizen 5 *civitates*, Gauburgen, welche von den Daglingern dann in ihr militärisches Gefolgschaftswesen übernommen wurden.

Nicht nur in Nimptsch, sondern auch in manchen anderen Orten Schlesiens fand sich Keramik, die anfangs als „slawisch" angesprochen wurde: handgemachte Töpfe mit Krausen (nach außen gebogenen Rändern) und Verzierungen durch Wellenlinien (Abb. 17), eine Keramik, die jünger als 400 n.d.Ztr. ist und den Vandalen zugerechnet wird (W. Boege 1937). Gleiche Formen mit gleichen Verzierungen werden als Prager und Sukower Typ beschrieben und gelten (J. Borkowsky 1940, J. Herrmann 1985) als bezeichnend für die frühslawische Zeit der Einwanderung. Gleiche Formen und Verzierungen finden sich jedoch u.a. auch in alamannischen Gräbern in Württemberg und in einem gepidischen Gräberfeld in Ungarn aus dem 6. und 7. Jahrhundert. Auch in der Ostslowakei gibt es in der als germanisch angesehenen Prešover Kultur aus dem 3. Jahrhundert n.d.Ztr. neben der Krausenkeramik mit Wellenbändern eine Keramik, die an die des Prager Typs erinnert (T. Kolnik 1971).

Gleichzeitig mit dieser Keramik, die jünger ist als 400 n.d.Ztr., die also von zurückgebliebenen Westvandalen stammt, erscheint eine feintonige gedrehte Keramik, die bis in das 6. Jahrhundert reicht. Daß diese Keramik keineswegs als typisch „slawisch" angesehen werden kann, zeigten Ausgrabungen an einer offenen Siedlung unter der ersten Burg von Burgkunstadt am oberen Main. Die dort gefundene dunkelgraue bis schwärzliche Keramik ohne und mit Strichen und Wellenbändern der Ostvandalen dieser Ansiedlung mit Beginn vor 700 ist ähnlich der von der vorslawischen Schicht unter der Hammaburg Hamburgs (vor 800), der sächsischen Siedlung Warendorf (8. Jahrhundert), der Wikingerstadt Birka bei Stockholm (8. bis 9. Jahrhundert), dem Niedermünster von Regensburg (7. Jahrhundert) und – um nur die bekanntesten der ostvandalischen Fundorte zu nennen – der von Dessau-Mosigkau, Tornow und Rüssen, der Ützer, Feldberger und Leipziger Gruppe, wie K. Schwarz (1984) schreibt. Verzierungen durch Wellenbänder gibt es gleichartig auch an Keramik aus Thüringen, von Westgermanen sowie allen ostvandalischen Fundorten Mitteldeutschlands und Ostdeutschlands seit dem 7. bis in das 8. Jahrhundert.

Diese Art von Keramik ist also nicht typisch „slawisch", sondern gemeingermanisch und wurde über einen längeren Zeitraum angefertigt.

Die Funde von Nimptsch zeigen, daß nicht wie anderwärts eine Fundlücke bis zur Rückwanderung der Ostvandalen besteht, und daß zwischen den Resten der Westvandalen und den Ostvandalen nicht nur intensive Kontakte bestanden, sondern daß die Kultur der Westvandalen mindestens zum Teil aufgegriffen und weitergeführt wurde. Dies ist zu erklären durch ein gemeinsames Volksbewußtsein, das bei den rückgewanderten Ostvandalen noch bestand.

Auch in der Ostslowakei gibt es in der als germanisch angesehenen Prešover Kultur aus dem 3. Jahrhundert n.d.Zt. neben der Krausenkeramik mit Wellenbändern eine Keramik, die an die des Prager Typs erinnert (T. Kolnik 1971).

Auch die polnische Forschung bemüht sich um den Beweis, daß die Kultur der Vandalen (dort Weneden genannt; Prżeworsk-Kultur, die als slawisch angesehen wurde) ohne Lücke und ohne Bruch in die frühslawische Zeit hinüberleiten, was die gleichbleibende Identität der Bewohner bezeugen soll (Z. Vana 1970).

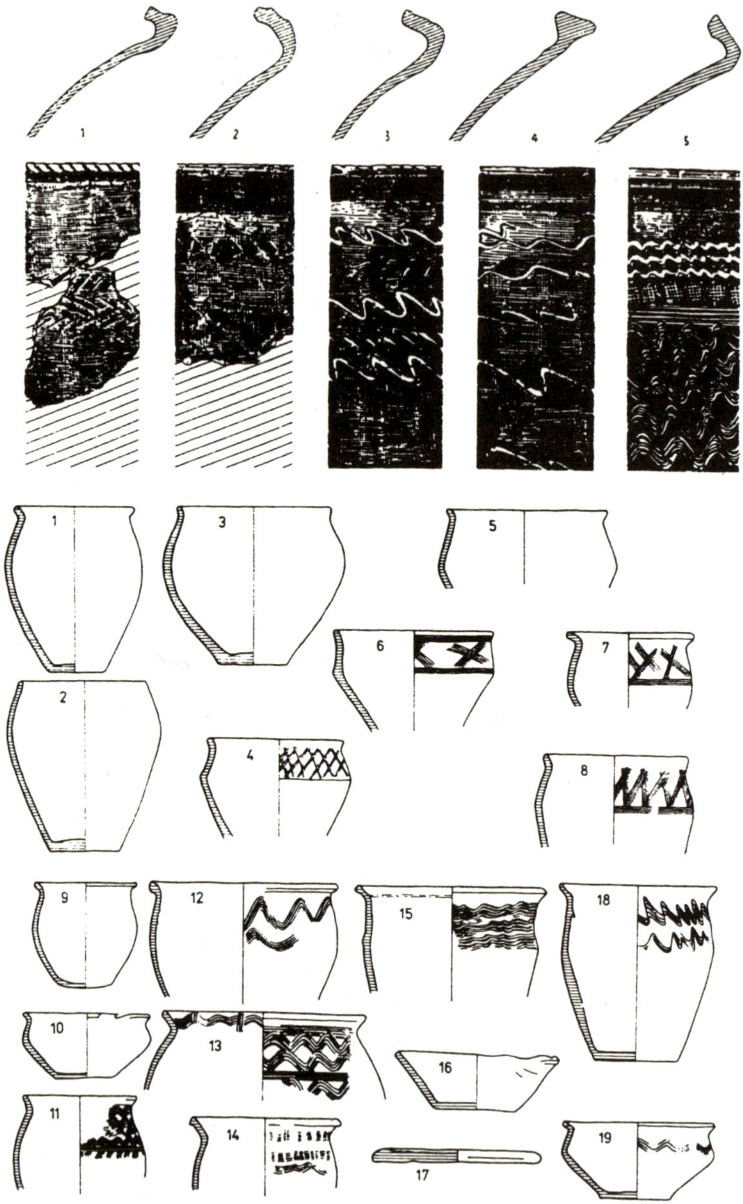

Abb. 17: Keramik des Prager Typs
Oben: Keramik der Westvandalen aus der Burg von Nimptsch nach 400 n.d.Ztr. 1–3 und Renkersdorf/Schlesien 4 und 5. Nach W. Boege, 1937, 44.
Mitte und unten: Keramik ostvandalischer Stämme des 6.–10. Jahrhunderts n.d.Ztr. aus dem Mittelhavel- und Spreegebiet 1–8 und der Sorben 9–19. Nach J. Herrmann, *Slawen in Deutschland*, Berlin (Ost) 1985.

401 nahm der römische Feldherr Stilicho, der selbst Vandale war, die Westvandalen in Noricum als Föderaten auf. 406 zogen sie weiter. Ihnen schlossen sich Teile der Gepiden, Warnen, Markomannen, Alanen und Sarmaten an, um dem Druck der Hunnen auszuweichen. Die Hunnen hatten bereits 373 das Ostgotenreich des Ermanarich zerstört.

Da 406 der Ostgote Radegais in Italien eingefallen, und da zugleich durch Abzug von Legionen die Rheingrenze ungeschützt war, konnten nach Kämpfen mit den Franken, bei denen der Vandalenkönig Godegisel fiel, am letzten Tag des Jahres 406 die Vandalen unter Guntharix (406–427) den Rhein bei Mainz überschreiten. 409 wurden die Pyrenäen überquert. In Spanien wurden die Hasdingen und Sweben in der Provinz Galizien, die Silingen in der Provinz Baetica, die Alanen in den Provinzen Lusitania und Carthaginiensis als Förderaten angesiedelt. 416 und 418 führte der Westgotenkönig Wallia gegen sie Krieg und besiegte sie. Der König der Silingen fiel dabei, danach wählten die Silingen keinen neuen König, sondern unterstellten sich den Hasdingen.

Nachdem die Hafenstädte in Südspanien besetzt worden waren, entschloß sich König Geisarix (427–477), eine Flotte zu bauen und 429 sein Volk von 80 000 Menschen nach Nordafrika zu führen. Karthago wurde erobert und 441 wurde das umliegende Land unter die Vandalen aufgeteilt. Damals beherrschte die vandalische Flotte das Mittelmeer. 455 eroberten die Vandalen sogar Rom; Rom wurde von ihnen aber nicht gebrandschatzt und verwüstet, auch die Bevölkerung wurde verschont. Das Schimpfwort Vandalismus rührt zwar von der Behauptung her, die Vandalen hätten damals Rom völlig verwüstet, doch das ist eine Verleumdung. Unter den folgenden Königen sank der Stern der Vandalen in Afrika. Nach Hunarix (477–484) wurde 491 unter Gunthamund (484–496) Sizilien an die Ostgoten unter Theoderich abgetreten und nach Thrasamund (496–523) und Hilderix (523–530) folgt unter Gelimar (530–534) das Ende. Gelimar wurde gefangen genommen und erhielt ein Gut in Kleinasien, die Reste der Vandalen wurden über Kleinasien verteilt. Damit war jener Teil der Vandalen, der sich nicht als Ostvandalen bis an den Don verbreitet hatte, erloschen (E. Schwarz 1956, F. Wrede 1886).

4.2.6 Germanen im Osten am Ende der Völkerwanderung

Im 4. Jahrhundert wohnten die *Rugier* in Pommern, die *Burgunder* im Gebiet der unteren und mittleren Oder, der Spree und in der Lausitz, südöstlich von ihnen die *Vandalen* und im unteren Weichselgebiet *Goten*. Ihre Stammesgebiete lassen sich archäologisch gut trennen. Während die Rugier waffenlose aber schmuckreiche Körpergräber, z.T. auch Urnengräber bevorzugten, hatten die Burgunder noch Brandschüttungsgräber, z.T. auch Urnengräber, und die Vandalen hatten die Körperbestattung neben der Brandbestattung aufgenommen (Abb. 18, 19).

Um oder kurz nach 400 n.d.Ztr. wanderten die Rugier z.T. nach Süden ab und bildeten nach Vertreibung der Hunnen ein Reich in Niederösterreich nördlich der Donau. Dort wurden sie 487 von Odoaker besiegt, die Reste schlossen sich den Ostgoten an. Von den West- und der westlichen Gruppe der Ostvandalen blieben nach ihrem Abzug noch bedeutende Reste in Schlesien wohnen.

Die Burgunder zogen teilweise am Ende des 3. Jahrhunderts nach Westen ab. Ein Teil von ihnen wurde zusammen mit Vandalen 279 am Lech von den Römern geschlagen. Im Winter 406/7 setzten sie über den Rhein nach Gallien und bildeten ein Reich beiderseits des Rheins.

Noch im 5. Jahrhundert sind aus Schlesien, Pommern und dem nördlichen Weichselraum germanische Funde abnehmender Dichte bekannt, die in Pommern Resten der Rugier und in Schlesien den Vandalen zugeordnet werden. Von den Burgundern findet sich fast nichts mehr. Im Weichselgebiet sind sogar Zuzüge von *Goten* und *Gepiden* festzustellen. Einzelne Schmuckstücke, die dort gefunden wurden, stammen von den *Krimgoten.* Am Ende des 5. Jahrhunderts und nach diesem erscheinen längs der Küste von Pommern bis zum Samland und im Landesinne-

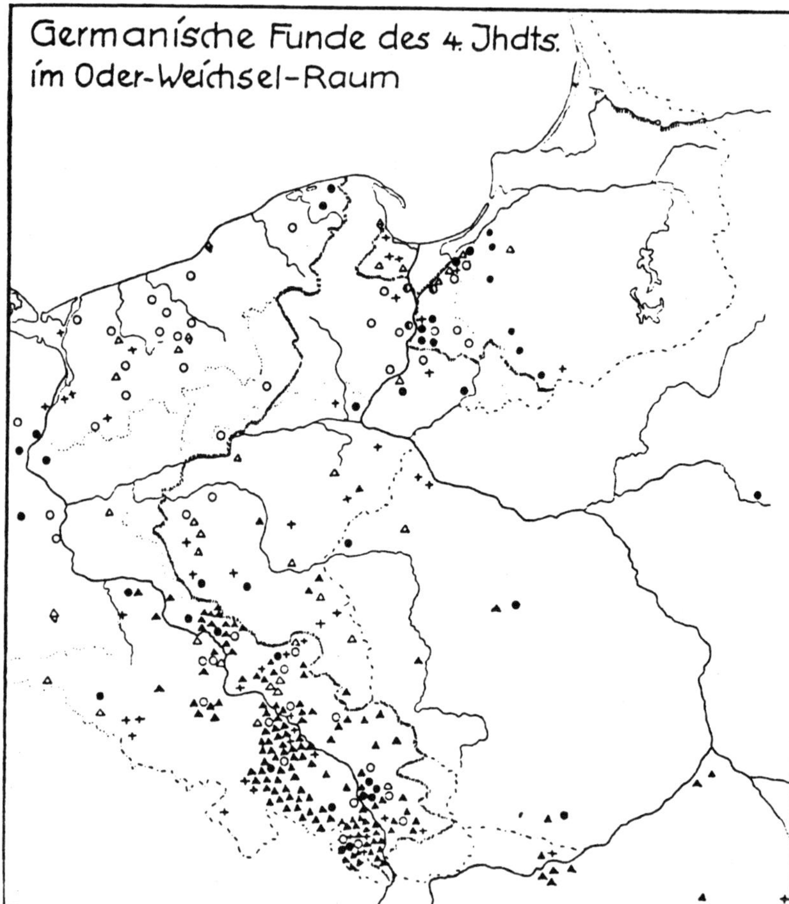

Abb. 18: Germanische Funde des 4. Jahrhunderts im Oder-Weichsel-Raum.

● Brandgrab
◐ Friedhof mit Brand- und Körpergräbern
○ Körpergrab
⌓ Hügelgrab
△ Einzelfund
⊖ Schatzfund
+ Münzfund
▲ Siedlungsfund

Nach E. Petersen 1936.

ren bis nach Posen und Ostbrandenburg Funde schwedischer Herkunft, so auch Goldhalsringe. In masurischen Friedhöfen finden sich Reste, die *Goten*, *Skandinaviern* und *Prußen* zugeordnet wurden. Die germanischen Funde im Weichselgebiet reichen bis in das 7. Jahrhundert und in Resten bis zum Beginn der Ausbreitung der Wikinger (E. Petersen 1936).

Im südwestlichen Mecklenburg und in der Westpriegnitz wanderten nach 250 die Langobarden nach und nach ab, die letzten Nachzügler erst nach 500. Aus Holstein und dem nordwestlichen Mecklenburg sind ab 450 keine Funde mehr bekannt. Dort wanderten die Angeln und andere nach England aus. Im südöstlichen Mecklenburg gab es Zuzüge um 200, in der Völkerwanderung Fortzüge, aber auch Zuzüge von Nordgermanen. Zwischen Elbe und Oder, in Mecklenburg und Ostholstein sind nach 525 bis nach 600 nur noch Einzelfunde bekannt (H. Schach-Dörges 1970).

Aus dem 6. Jahrhundert sind germanische Funde noch vom Elbe-Saale-Gebiet und besonders vom Raum Dresden-Riesa, vom Mittelelbe-Havel-Gebiet, aus dem Westbereich der Odermündung, aus Westmecklenburg und aus Schleswig-Holstein bekannt (B. Krüger 1972).

Bei der Auswanderung der Germanen brechen Siedlungen und Belegungen der Gräberfelder ab. Es folgt eine fundlose Zeit. Das wird das wüste Land gewesen sein, durch das die *Heruler* 512 nach Norden zogen, nachdem sie das Land der *Sklavenen* ohne Hindernisse, also offenbar mit Duldung und Unterstützung der Sklavenen durchwandert hatten, wie Prokop im *Gotenkrieg* II, 15 berichtet.

Da aber geographische Namen germanischer Herkunft wie Havel, Spree, Dosse, Nuthe, Notte, Dahme, Saar, Teltow, Brandenburg, Finow, San, Saan (B. Krüger 1979) von den eingewanderten Ostvandalen übernommen wurden, muß es Verbindungen friedlicher Art von längerer Dauer mit den abgezogenen Stämmen gegeben haben. Wie eng diese Verbindungen waren, zeigt sich daran, daß germanische Heiligtümer in St. Albrecht bei Danzig, auf dem Zobten in Schlesien und auf dem Georgsberg bei Raudnitz in Böhmen weitergeführt wurden (E. Petersen 1942). Von Petersen wird auf die immer zahlreicher werdenden Spätfunde der in ihrer Hauptmasse abgezogenen germanischen Stämme hingewiesen. Es muß an verschiedenen Stellen mit beträchtlichen Resten dieser Stämme gerechnet werden, die dann wie in Schlesien in den zugewanderten Ostvandalen aufgingen.

Wesentlich besser als durch Flußnamen sind durch Namen von Bergen oder Ansiedlungen die Stellen zu lokalisieren, an denen sich längere Berührungen und Siedlungskontinuitäten befanden, so z.B. mit den Namen von *Danzig, Gudanist* = Gotenort, oder *Graudenz* nach dem gotischen Stamm der *Greutungi* im Weichselgebiet. Da diese Namen wie auch der Flußname *Elbing* aus dem Gotischen stammen, ist das ein Hinweis für Goten im Weichselgebiet bis um 600.

Nur durch Beziehungen, die weit über die bloße Vermittlung geographischer Namen hinausgehen, ist die Übermittlung von Sagenstoffen wie die vom Königsgrab von Seddin in Brandenburg möglich. Sie sind ohne ethnische Gemeinsamkeiten kaum denkbar. In den umliegenden Dörfern hielt sich bis zur Ausgrabung 1897 die Sage, in dem Hügel liege ein König begraben in einem dreifachen Sarg, einem kupfernen, einem silbernen und einem goldenen. Die Ausgrabung bestätigte den Sagenkern. Sie fand eine Steinkammer, darin eine Keramikurne und in dieser eine Bronceurne mit den Brandresten eines Fürsten neben reichen Beigaben.

Die Kenntnis von diesem Fürstengrab wurde von den spätbroncezeitlichen Germanen weitergegeben bis zu den Burgundern. Aber ohne längere und engere Beziehungen zu zugewanderten Ostvandalen hätte dieses Wissen nicht bis in die heutige Zeit gelangen können. Daß es zurückgebliebene Burgunder gab, konnte an Familiennamen, die in Ostdeutschland vorkommen, gezeigt werden, die vom Namen des Stammes abgeleitet sind (M. Vasmer 1933).

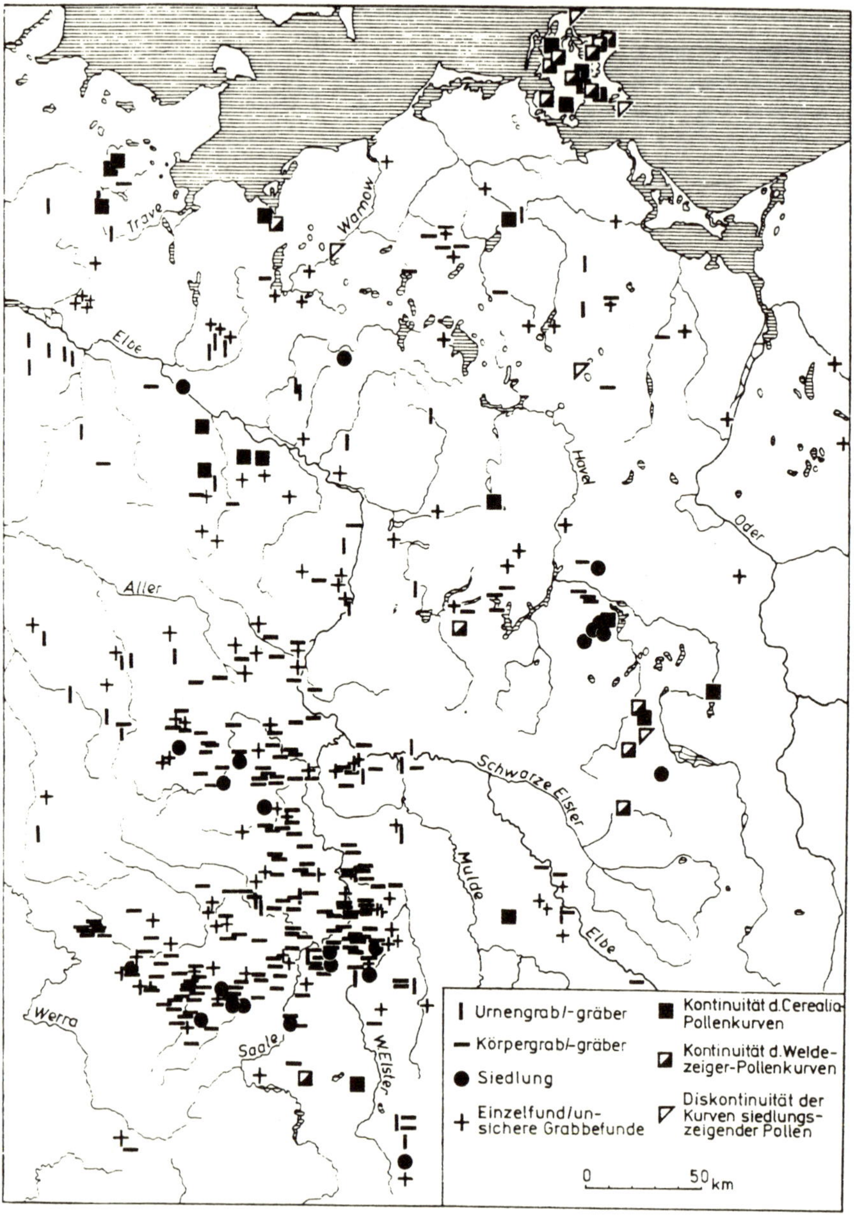

Abb. 19: Germanische Besiedlung am Ende der Völkerwanderungszeit und zu Beginn der ostvandalischen Rückwanderung nach archäologischen Funden und pollenanalytischen Untersuchungen. Nach J. Hermann, *Slawen in Deutschland*, Berlin (Ost) 1985.

Aus pollenanalytischen Untersuchungen konnte an einigen Stellen eine Kontinuität der Flurbewirtschaftung und von Siedlungen nachgewiesen werden (Abb. 19), sehr auffällig auf Rügen und im Spreewaldgebiet bis Berlin, ferner in Ostholstein und im Gebiet östlich von Ülzen, im Hannoverschen Wendland.

Zwar waren seit dem 4. Jahrhundert vielfach die Funde von Siedlungen und Gräberfeldern zurückgegangen, aber auf Rügen und im Havel-Spreegebiet gibt es keine Hinweise für Siedlungslücken. Im Gegenteil, es läßt sich für die 2. Hälfte des 5. Jahrhunderts und den Beginn des 6. Jahrhunderts eine deutliche Zunahme von germanischen Funden mit Reihengräbern besonders in Brandenburg und im östlichen Mecklenburg erkennen, *„daß dies mit dem geläufigen Begriff einer germanischen Restbevölkerung kaum zutreffend beschrieben werden kann ... Es muß mit der Möglichkeit gerechnet werden, daß im Gebiet zwischen Oder und Elbe eine größere Zahl von Siedlungen bis in das 5. Jahrhundert bzw. das frühe 6. Jahrhundert fortbestanden hat."*. (E. Lange 1983; vgl. Abb. 20). Daß Berührungen zwischen völkerwanderungszeitlichen Germanen und rückgewanderten Ostvandalen schon früher erfolgten, vermutet auch B. Krüger 1979: *„Was mir aber bereits sicher und damit historische Wahrheit zu sein scheint, das sind vorhanden gewesene Kontakte zwischen Germanen und Slawen in der späten Völkerwanderungszeit. Zu klären ist dagegen noch, ob diese auffällig gleichen Fundverbreitungen von spätgermanischen und frühslawischen Funden in mehreren Zuwanderungsgebieten reine Zufälligkeiten darstellen, oder ob hier Kontakte zum Ausdruck kommen, die bereits in den Ausgangsgebieten der frühslawischen Ausdehnung zwischen Germanen und Slawen bestanden haben."*

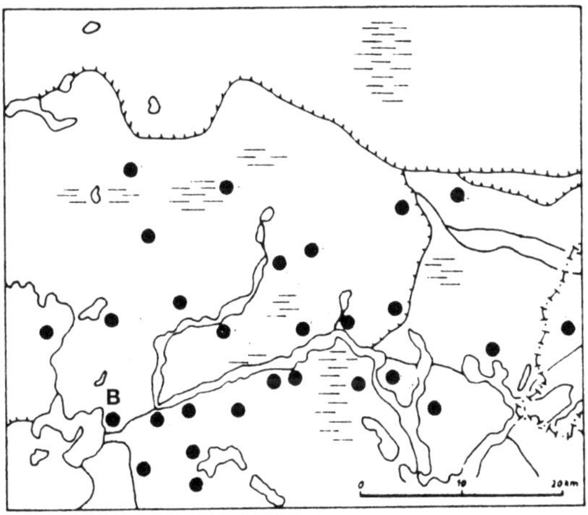

Abb. 20: Die bisherigen germanischen Funde des 5. und 6. Jahrhunderts n.d.Ztr. aus dem Havelland. Brandenburg = B. Nach G. Mangelsdorf 1975.

Neben der germanischen Siedlung des 5. Jahrhunderts von Waltersdorf 60 km westlich von Frankfurt/Oder konnte pollenanalytisch keine Lücke in der Besiedlung danach gefunden werden. Auch im Gebiet des Tollensesees bei Neubrandenburg (Abb. 21) wurden nicht nur Siedlungsgebiete weiter benutzt, sondern auch Siedlungsorte. In den untersten Schichten der Burg Oldenburg wurde völkerwanderungszeitlich-germanische Keramik zusammen mit ostvandalischer gefunden (E. Lange 1983). Gebiete mit Kontakten zwischen Westgermanen und Ostvandalen sind die Räume um Dresden-Riesa, der unteren Saale, der

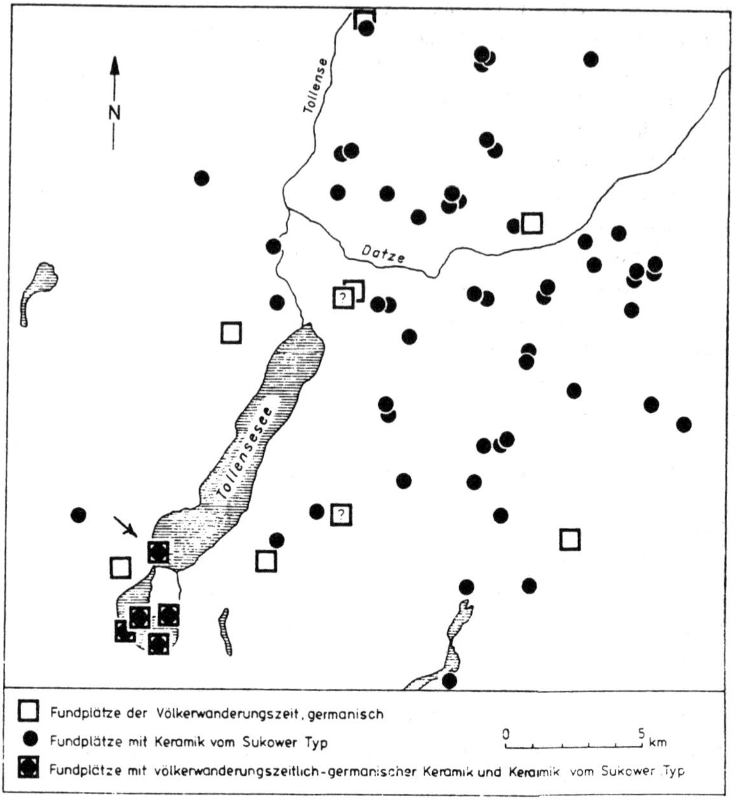

Abb. 21: Völkerwanderungszeitlich-germanische und ostvandalische Funde im Gebiet des Tollensesees bei Neubrandenburg. Fischerinsel Pfeil. Nach J. Herrmann, *Die Slawen in Deutschland*, Berlin (Ost) 1985.

unteren Elbe nördlich von Wittenberg-Boizenburg, von Havel-Spree und Teile der unteren Oder (B. Krüger 1987).

In Schlesien sind von einer Fülle von Ortsnamen in Urkunden des Klosters Leubus die 1175, im Jahr der Gründung des Klosters verfaßt wurden, viele Ortsnamen germanisch und nicht *„slawisch"* (zit. nach W. Steller I, 1973, S. 208). Der schlesische Ortsname Nimptsch wird von E. Schwarz 1967 vom Teilstamm der *Narhawalen* der Westvandalen abgeleitet. Die vielen Ortsnamen germanischer Herkunft bezeugen eine weit größere Bevölkerungskontinuität zwischen zurückgebliebenen Westvandalen und rückgekehrten Ostvandalen als bisher angenommen wurde, denn zwischen dem 5. und 12. Jahrhundert sind aus Weilern oder Einzelhöfen Dörfer geworden und die Namen haben die Sprachumwandlung in das Althochdeutsche mitgemacht, d.h. die dort wohnhaft gebliebenen Westvandalen können nicht in geographischer Isolierung gelebt haben, sondern müssen zum geschlossenen germanisch-deutschen Volksgebiet im Westen Verbindungen gehabt haben. Die Ostsiedlung als neue germanische Wanderbewegung in diese Gebiete setzte erst fast 500 Jahre später ein.

Bei der Rückwanderung der *Heruler* nach 512 werden an der Ostsee *Warnabi*, die *Warnen*, erwähnt. Diese sind aus Norwegen gekommen. Die Westwarnen siedelten auf der dänischen Halbinsel. Die Ostwarnen landeten in der Odermündung wahrscheinlich nach den Westvandalen. Die Ostwarnen siedelten erst in Hinterpommern, dann in Oberschlesien und zogen nach 400 z.T. mit den Westvandalen nach Gallien und Spanien (L. Schmidt 1934). Ende des 6. Jahrhunderts wohnten Warnen auch östlich der unteren Saale. Diese wurden 595 von den Franken besiegt, jedoch nicht in das Frankenreich eingegliedert. Da noch in der Zeit Karls des Großen das Gebiet zwischen unterer Saale und Mulde *Werinofelda* genannt wurde, müssen damals dort noch Warnen gewohnt und sich erst dann mit Ostvandalen zusammengeschlossen haben. Da an der Warnow der ostvandalische Stamm der *Warnower* erwähnt wird, dessen Namen mit den Warnen norwegischer Herkunft übereinstimmt, besteht wie bei den *Herulern* und *Wagriern – Obodriten, Rugiern – Ranen, Liotida – Liutizen, Ostgoten – Kroaten* die Möglichkeit, daß ohne oder mit Namensübertragungen während der Völkerwanderungszeit germanische Restbevölkerungen nicht nur Namensspender gewesen sind, sondern die Stammesbildungen der rückgewanderten Ostvandalen beeinflußt oder sogar bestimmt haben und mit bisher unbekannten Bevölkerungsanteilen teilgenommen haben. Die in Brandenburg bis in das 6. Jahrhundert zahlreich wohnenden Germanen (E. Lange 1983) gehörten zum Reich der Thüringer. Da nach der Zerstörung dieses Reichs durch die Franken 531 dessen östliche Gebiete nicht dem Frankenreich eingegliedert wurden, muß angenommen werden, daß auch diese Germanen mit den Ostvandalen Stammesverbindungen eingingen.

Diese Bevölkerungsanteile lassen sich bei den *Rugiern* mit zwei Methoden abschätzen. Der westliche, in Vorpommern sitzende Teil der Rugier wurde von den Burgundern nach Westen abgedrängt und gelangte um 200 n. d.Ztr. nach Rügen. Dort sind ab 200 Körpergräber nachweisbar. Sie blieben dort wohnen und damit gelangte ihr Name zu den im 6. Jahrhundert dorthingekommenen ostvandalischen *Ranen*, mit denen sie zu einem Stamm verschmolzen. Da im 6. Jahrhundert die Siedlungsdichte auf Rügen nach den archäologischen Funden mindestens um das Dreifache stieg, müssen die Ranen bereits bei ihrer Ankunft die Rugier um das Doppelte übertroffen haben. Die Siedlungsdichte war dann etwa der heutigen vergleichbar. Das folgt auch aus pollenanalytischen Untersuchungen. Die Anzahl der Getreidepollen und der Wegerichpollen (als Weideanzeiger) im Vergleich zu den Baumpollen (diese = 100%) stieg in der gleichen Zeit um das 4fache bei Pollenkontinuität über die Zuwanderung der Ranen hinweg (E. Lange u.a. 1973).

Über die Berührungen völkerwanderungszeitlicher Germanen mit Ostvandalen in Böhmen und Mähren siehe Kap. 4.2.11.3.2.

4.2.7 Ostvandalen vor der Rückwanderung, Ethnogenese der „Urslawen“

Das Gebiet der Pržeworsk-Kultur der Vandalen, die von den alten Chronisten Lugier genannt wurden, dehnte sich im 1. Jahrhundert n.d.Ztr. südlich an die Gebiete der Goten (A und B in Abb. 11) nach Westen aus bis nach Schlesien und den Waldkarpaten und nach Osten bis zum Bug. Im Gebiet südlich von Lublin wohnten die Vandalen bis 200 n.d.Ztr. Die östlich davon gefundene Zarubintsy-Kultur begann bereits im 2. Jahrhundert v.d.Ztr. Sie wird mit den Bastarnen in Verbindung gebracht. Ihren Namen mit Bastarnen = Bastarde zu erklären, wird sprachgeschichtlich abgelehnt (H. Reinerth 1940, S. 808). Bastarnenreste in diesem Gebiet waren schon H. Reinerth

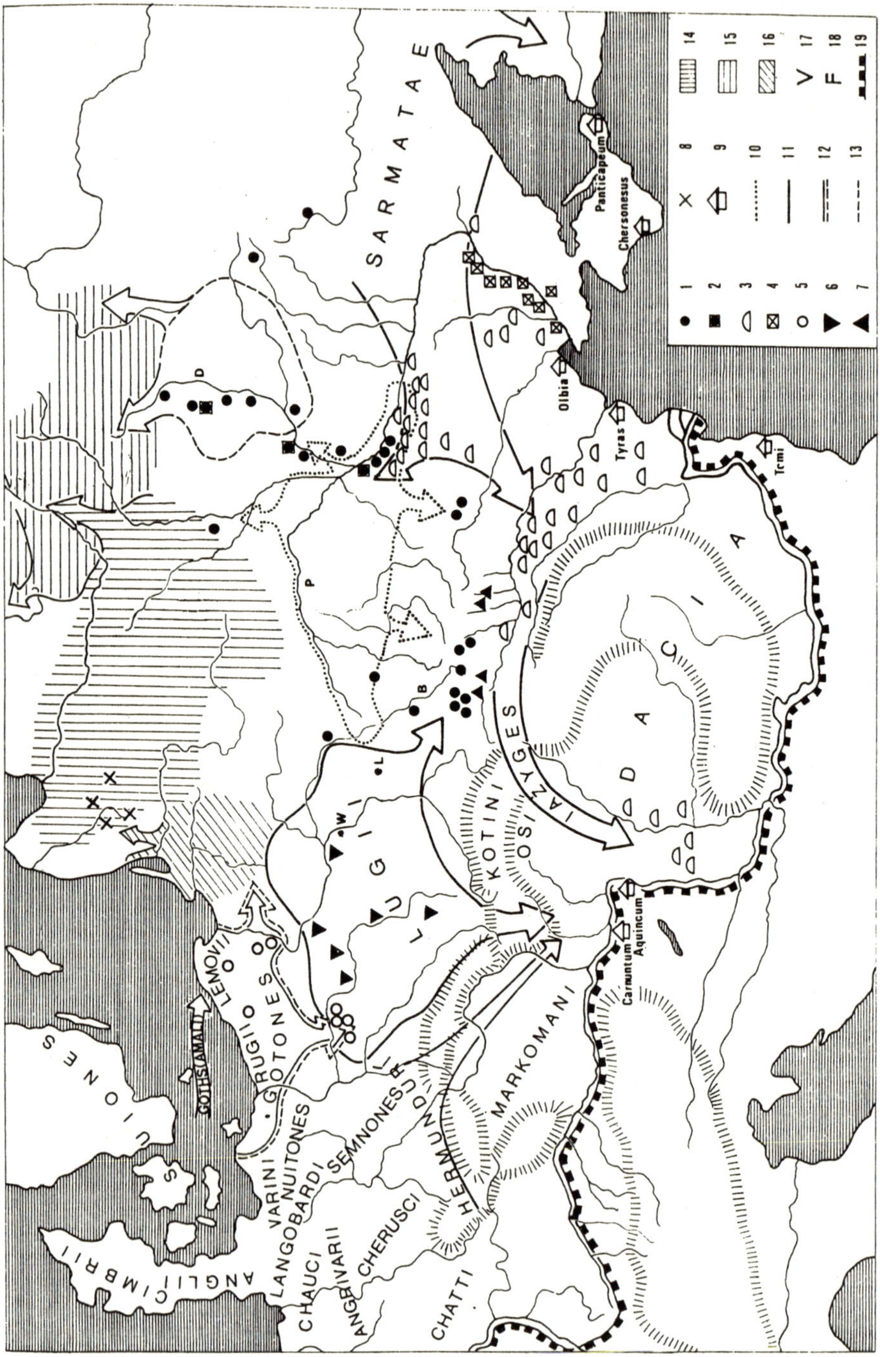
SARMATAE
DACIA
IAZYGES
KOTINI
OSI
LUGII
MARKOMANI
HERMUNDURI
SEMNONES
CHATTI
CHERUSCI
ANGRIVARII
CHAUCI
LANGOBARDI
NUITONES
VARINI
ANGLII
CIMBRII
SUIONES
RUGII
GOTONES
LEMOVII
Panticapaeum
Chersonesus
Olbia
Tyras
Tomi
Carnuntum
Aquincum

Abb. 22a: Osteuropa in der Mitte des 1. Jahrhunderts n.d.Ztr.
1. Fundplätze der Rakhny-Pochep-Kultur,
2. Diese zusammen mit strichverzierter Keramik 14.,
3. Sarmatische Gräber,
4. Spät-skytische Hügelfestungen,
5. Friedhöfe der Odry-Wesiory-Gruppe,
6. Gräber der Prżeworsk-Kultur mit Waffen,
7. Fundplätze der Zvenogorod-Gruppe,
8. Gräber vom Zemaitija-Typ,
9. Griechische Städte,
10. Grenzen der Zarubintsy-Kultur,
11. Grenzen der Prżeworsk-Kultur,
12. Grenzen der Willenberg-(Wielbark)-Kultur der Goten,
13. Grenzen der Lukhnovo-Kultur,
14. Strichverzierte Keramik,
15. Gebiet der Dnjepr-Dvina- und Tshemlia-Kultur,
16. Gebiet der Westbalten,
17. Königreich des Quaden Vannius,
18. Königreich des Farsoi,
19. Grenze des Römischen Weltreiches,

Pfeile: Richtungen folgender Vorstöße,
B = Bug, D = Desna, L = Lublin, P = Pripjet, W = Warschau.
Nach M. Shchukin 1990.

vor mehr als 60 Jahren bekannt (Abb. 15) und die Ähnlichkeit der archäologischen Hinterlassenschaften der Zarubintsy-Leute mit solchen mitteldeutscher Germanen schon P. Reinecke 1906. Nach dem Erscheinen der Goten in Pommern und im Gebiet der Weichselmündung und ihrem Druck nach Süden rückten die Vandalen ebenfalls nach Süden. Ein Teil von ihnen wanderte durch die Mährische Pforte nach Pannonien, nahm zusammen mit den Markomannen und Quaden an den Markomannenkriegen teil, wanderte um 400 zusammen mit den schlesischen Vandalen donauaufwärts zum Rhein und überschritt in der Neujahrsnacht 406 bei Mainz den Rhein. Ein weiterer Teil zog am Karpatenaußenrand nach Südosten und vereinigte sich in der Černjachov-Kultur mit den Goten.

Ein dritter Teil wurde von den Goten aus Masovien bis Wilna nach Osten abgedrängt – hier Ostvandalen genannt (Abb. 15) – und verbarg sich dann in der Zarubintsy-Kultur, welche der germanischen Prżeworsk-Kultur verwandt ist. Die Verwandtschaft der Keramik und der Fibeln mit solchen aus der Spät-La-Tene-Zeitstufe des unteren Weichselgebietes wurde bereits von P. Reinecke 1906 beschrieben nach einer russischen Veröffentlichung eines Brand- und Skelettgräberfeldes von Sarubintze, ca. 100 km südöstlich von Kiew nördlich des Dnjepr und mit dem Vordringen der Germanen nach Südrußland in Verbindung gebracht. Die von Shchukin 1990 als Urslawen Angesprochenen waren damit ein besonders weit nach dem Osten gewanderter Teil der durch das Vordringen der Goten aufgespaltenen großen Siedlungsgebietes der Vandalen. Bisher sind 150 Siedlungen mit je zehn Häusern, selten bis 30, bekannt. Diese waren ebenerdige Pfostenbauten, aber auch Grubenhäuser. Die Töpferscheibe war bekannt. In einer Siedlung fand man 15 Öfen zur Eisengewinnung, die bereits als Hochöfen mit Gebläse gebaut waren. Als Schmuckstücke wurden auch Schläfenringe hergestellt. Im 2. Jahrhundert n.d.Ztr. erscheinen *„Elemente der Černjachov-Kultur im Siedlungsraum der Zarubintsy-Kultur“*. (B. Widera 1972).

Nachdem die Sarmaten und Jazygen in der 2. Hälfte des 1. Jahrhunderts n.d.Ztr. aus dem Osten erschienen waren und bis nach Dacien gelangt waren, wurde die Zarubintsy-Kultur nach Norden abgedrängt und verschwand in der Prżeworsk-Kultur, d.h. es fand, wie so oft während der Völkerwanderung, eine Stammesvereinigung verschiedener germanischer Stämme statt. Sie entkamen in die großen Waldgebiete am Pripjet und an der Desna. Von Plinius und Tacitus wurden sie Venedi genannt, welche die Finnen von den Bastarnen trennten. Dorthin wird die Entstehung der baltoslawischen Dialekte gelegt, also die Entstehung der slawischen Ursprache. Das Urslawische entstand dort in einer Sprachumwandlung aus dem Nordgermanischen. Gleichzeitig entstand aus dem Nordgermanischen das Gotische von Wulfilas Bibel bei den südlich von ihnen wohnenden Goten.

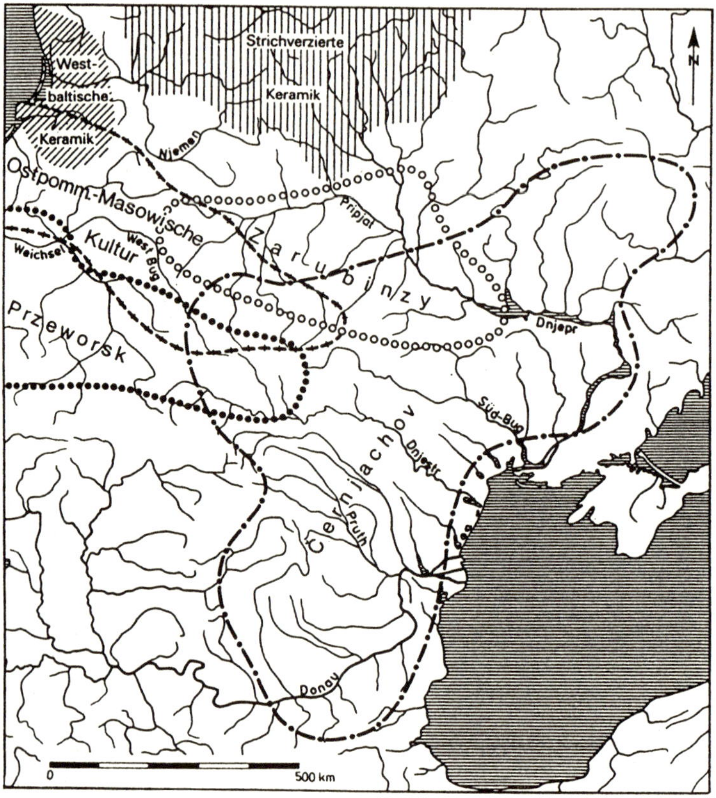

Abb. 22b: Die Kulturgruppen des 1. bis 4. Jahrhunderts n.d.Ztr. in SO-Europa. Nach Scukin 1975 aus M. Müller-Wille, Starigard/Oldenburg 1991

In der Abb. 22b wird zeitlich Verschiedenes dargestellt: das große Gebiet der Černjachov-Kultur nach dem Zuge der Goten bis zum Schwarzen Meer aus dem 4. Jahrhundert, das Gebiet der Zarubintsy-Kultur aus dem 1. Jahrhundert vor dem Südzuge der Goten, der in Abb. 11 eingehend dargestellt ist. Das Gebiet der ostpommersch-masowischen-Willenberg-Kultur ist das Gebiet des Südzuges der Goten und fällt im Südzipfel mit dem Gebiet der Černjachov-Kultur z.T. zusammen (Gebiete E und F der Tabelle in Kap. 4.2.2). Das Gebiet der Prževorsk-Kultur besetzten die Restvandalen nach Aufgehen eines östlichen Zweiges in der Zarubintsy-Kultur und nach Aufgehen eines mittleren Zweiges in der Willenberg-Černjachov-Kultur vor ihrem Abzug nach Pannonien.

Nach Verschwinden der Sarmaten und Jazygen zogen Teile der Zarubintsy-Leute nach Süden und siedelten sich im Gebiet der Goten an als Kiewer Kultur, die den Veneti des Jordanes zugerechnet wird. Die Goten siedelten auf den Lößebenen zwischen den Flüssen und die Träger der Kiewer Kultur siedelten an den Flußläufen. Von kriegerischen Auseinandersetzungen zwischen beiden ist nichts bekannt. Derjenige Teil der Träger der Zarubintsy-Kultur, der im Norden verblieben war, wurde von Ermanarich kriegerisch unterworfen. Der Name der unterworfenen Vandalen taucht in Angehörigen des gotischen Königsgeschlechts der Amaler wieder auf (s. unten).

Nach dem Einfall der Hunnen zogen die Träger der Kiewer Kultur, die dann Penkova-Kultur genannt wird, und in die Kultur von Prag-Korchak mündete, teilweise nach Norden zurück in die Waldgebiete und die Goten zogen nach Westen (M. Shchukin 1990). In der weiteren östlichen Umgebung von Lublin gab es Siedlungen, deren keramische Hinterlassenschaften zu 80% aus Drehscheibenware der Černjachov-Kultur, im Rest aus der handgemachten Keramik der Prže-worsk-Kultur mit einem Anteil von Töpfen der Kiewer Kultur besteht. Das belegt friedliches Zusammenleben ihrer Träger.

Die Kiewer Kultur setzte sich fort in die Prager Kultur mit der charakteristischen handgemachten Prager Keramik mit Wellenlinienmustern, die es aber auch im weiteren germanischen Bereich bis zu den Westgermanen gibt. Auch im oberen Dnjestr-Gebiet bestanden im 5. und 6. Jahrhundert Siedlungen mit der Černjachov-Kultur und der Prager Keramik. In Kujawien (Gebiet a.d. unteren Weichsel bis Masuren) fand man aus dem 6. Jahrhundert Keramik des Prager Typs zusammen mit grauer Drehscheibenkeramik der Prževorsk-Kultur (V. Baran 1991).

„Es folgt, daß vom Ende des 2.Jahrhunderts v.d.Ztr. bis zum Ende des 4.Jahrhunderts n.d.Ztr., für fast 600 Jahre, die Slawen im Gebiet der Prževorsk- und Černjachov-Kulturen lebten in besonders enger Nachbarschaft mit Germanen ... und waren kulturell ... praktisch von ihnen ununterscheidbar. Das sollte einen Einfluß auf die Sprachen gehabt haben“ (M. Shchukin 1990).

Die Gebiete der Zarubintsy-Kultur und der Kiewer Kultur decken sich etwa mit den Forderungen der Linguistik von der „Urheimat der Slawen“. Sie decken sich auch mit den Ergebnissen der Archäologie vom Ausgang der ersten Wanderung der „Slawen“ mit der Keramik des Prager Typs nach Zusammenbruch des Hunnenreichs nördlich am Reich der Gepiden vorbei nach Mähren und Böhmen bis Dessau. Erst mit dem Zusammenbruch des Reichs der Gepiden 568 wurden unter Oberherrschaft der Awaren die Wege frei in das ungarische Becken und weiter nach Südosten.

Im Dunkeln liegt aber noch die Entwicklung der Ostvandalen in den Herkunftsgebieten vor ihren Wanderungen nach Polen und Ost- und Mitteldeutschland bis an die Elbe und Saale. Nach dendrologischen Ergebnissen aus dem Gebiet der DDR fand diese Rückwanderung erst vom 8.Jahrundert an statt. Sie kamen nicht in kleinen Familienverbänden wie die Träger der Prager Kultur, sondern in Stammesformationen unter eigenen und wikingischen Fürsten. Die Gründung ihrer Staaten mit wikingischen Fürstengeschlechtern, des Reiches der Rurikiden, der Daglinger in Polen und der Přemysliden in Böhmen haben die Zeiten überdauert.

Auf der Karte des Ptolemäus (85–160) sind *Venedae* und in gleicher Lage in der Karte des Mentelle (s. Abb. 1) *Venedi* eingetragen. Tacitus rechnete sie *„lieber zu den Germanen“*. *„Die Form Venethi* (in Tacitus, Germania) *entspricht genau gotischem Winitha und althochdeutsch Winida ... Der Name lebt in dem der Wenden und Windischen fort“* (R. Much 1967).

Der tschechische Wissenschaftler L. Havril 1973 stellte die Frage: *„Welchem Ethnikum gehörten also diese Wenden* (des Tacitus) *an, die aus dem Gebiet östlich des unteren Flußlaufs der Weichsel in östlicher Richtung in das Flußgebiet des Pripjet und der Berezina vordrangen?“* Wo diese Veneter – der Name Veneter taucht an sehr verschiedenen Stellen in Europa auf und meint sicher ethnisch sehr Verschiedenes – um etwa 500 wohnen, beschreibt Jordanes (s. Kap. 2). Sie wohnen östlich der Karpaten, *„über ungeheuere Strecken“*.

Es liegt nun nahe, in diesen Venetern die nach Osten abgedrängten Ostvandalen zu sehen, die in dieser Isolierung von den übrigen germanischen Stämmen nach Vereinigung mit den Zarubintsy-Leuten, unter anderen klimatischen und ökologischen Bedingungen und einer andersartigen ethnischen Umwelt kulturelle und sprachliche Umwandlungen erfuhren.

Bei der Ostwanderung haben sich möglicherweise die Novgoroder Slowenen zeitig abgesondert, sind dorthin gezogen und dort wohnen geblieben. Ihr Dialekt unterscheidet sich von allen anderen slawischen Sprachen durch das Fehlen der zweiten Palatalisierung (Ausbildung der Gaumenlaute), was auf eine frühzeitige Trennung und Beibehaltung der Isolierung hinweist (V. Janin 1988).

Nach Sebastian Münster (1588) (s. Kap. 2) und Wolfgang Jobst (1562) hieß der sagenhafte Stammvater der Fürsten der *Obodriten* Antyrius (Münster) bzw. Anthirto (Jobst). Münster nennt als seine Heimat das Gebiet von Don und Asowschem Meer, das Volk nennt er *„Windeli ... darnach Vandali"*. Das sind die Ostvandalen vor ihrer Rückwanderung. Auch Westphalen (1739) schreibt mit Marschalk (1525), daß die Vandalen gezwungen wurden, zum Don auszuweichen, von wo sie dann später bis nach Saloniki und nach Deutschland kamen.

In der ältesten Handschrift des Jordanes in Wien steht in der in Kap. 2 zitierten Stelle von Jordanes nicht *Veneti*, sondern *Winidi*, das ist aber *„deutschen Ursprungs"*, wie Zeuss bemerkt (K. Zeuss 1837). Auch Valvasor (1689) stellt fest, daß Jordanes sowohl *Veneti* als auch *Winidi* für das Gleiche schreibt. Östlich der Karpaten und der Weichsel sitze das Volk der *Winidi, „Winedarum natio populosa consedit"*, mit seinen Stämmen der *Sklavenen* und *Anten. Winidi, Winedi, Winuli* sind nach den Chronsiten identisch mit *Vandalen.*

Damit sind für 550 die Wohnsitze der Ostvandalen im Gebiet nordöstlich der Karpaten zwischen Mursianischem See (bei Zeuss das Donaudelta), Donau, Weichsel und Schwarzem Meer. Ermanarich unterwarf nach Jordanis (Jordanis, Gotengeschichte XXIII) u.a. die Veneter, Anten und Sklavenen. Während aber die ostgotischen kulturellen und politischen Beziehungen zu den ostbaltischen Ländern wohl schon im 5. Jahrhundert erlöschen, empfangen Ostpreußen und Mittelrußland noch bis ins 6. und 7. Jahrhundert hinein immer wieder starke Anregungen von den Restgoten im Süden Osteuropas (C. Engel 1942, nach N. Aberg, *Ostpreußen in der Völkerwanderungszeit*, Uppsala 1919).

Der Nachfolger und Großneffe Ermanarichs hieß bei Jordanes *Vinitharius*, bei Casiodor *Winidarius*, gotisch *Winipaharjis „ein Wendenheer besitzend"* (Mommsen). *Vidimir*, ein Sohn Ermanarichs, hieß gotisch *Wandalaharjis* (J. Marquart 1903). Diese Namen bezeugen sehr enge Beziehungen zwischen Vandalen und Goten. Nach Westphalen, 1739 (s. Abb. 3), heiratete der Vandalenkönig *Vltislaus Arnarnia* die Tochter eines Gotenkönigs. Es kann sich aber nur um Ostvandalen gehandelt haben und keinesfalls um die Westvandalen in Schlesien, mit denen sie damals keine räumliche Berührung hatten.

Um 400 brachen die *ostgotischen* Siedlungen und Gräberfelder der *Černjachov-* und *Sintana-Mures-Kultur* vom mittleren Dnjepr bis zum Olt in Siebenbürgen als Folge des Einbruchs der Hunnen plötzlich ab. Diese Siedlungen hatten mit großen Pfostenhäusern auf den Lößebenen mit guten Ackerböden bestanden. Ihnen folgen die Siedlungen der *Ostvandalen* als unbefestigte Niederlassungen mit kleinen quadratischen Grubenhäusern, einem heizbaren Ofen in einer Ecke und der Feuerstelle vor dem Hause. Die Anten und Sklavenen stellten im Gebiet der ehemaligen Wohnsitze der Goten Bügelfibeln aus Bronceguß her, die den glatten Silberblechfibeln der Goten gleichen. Diese Fibeln wurden nicht paarweise wie bei anderen germanischen Stämmen getragen, sondern

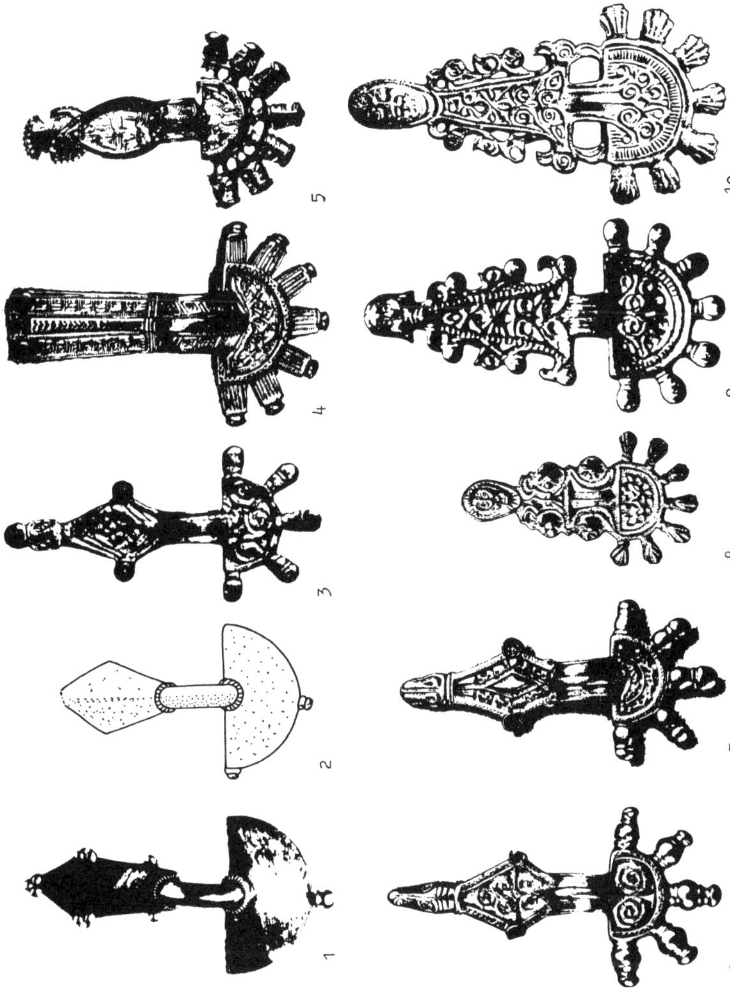

Abb. 23: Ostgermanische Bügelfibeln des 4. bis 7. Jahrhunderts n.d.Ztr.

1. ostgermanisch, um 400, Fundort unbekannt
2. ostgermanisch, Schatzfund Teкeröpatak, Ungarn, nach 367
3. ostgotisch, HI Krim, 1. Hälfte 6. Jahrhundert
4. langobardisch, Reihengräberfeld Nikitsch bei Oberpfullendorf, Burgenland, Grab 1
5. langobardisch, Kajdacs, Komitat Tolna, Ungarn, Grab 2
6. gepidisch, Ostrunica bei Belgrad
7. gepidisch, Szentes-Kökmyzug, Komitat Csongrad, Ungarn, Grab 81
8. ostvandalisch, Kleinasien, 6. bis 7. Jahrhundert
9. ostvandalisch, Linkuhnen, Ostpreußen, 6. bis 7. Jahrhundert
10. ostvandalisch, ohne Fundort, 6. bis 7. Jahrhundert

Herkunft der Abbildungen: 1, 3 bis 7 aus *Germanen, Hunnen und Awaren*, Schätze der Völkerwanderungszeit, Nürnberg 1988, Seiten 101, 102, 208, 212, 553, 558; 2 aus V. Bierbrauer, in: Wolfram u. Daim, Österr. Akad. d. Wiss. Phil. Hist. Kl., Denkschr. 145, 1980, 131; 8, 9 aus J. Werner, 1960, Taf. 30; 10 aus J. Werner, in: *Reinecke Festschr.*, 1950.

hatten als Einzelstücke an der Frauentracht eine andere Funktion. Gleichzeitig erschienen Keramiken vom Prager oder ähnlichem Typ und Brandgräberfelder fast ohne Beigaben (J. Werner 1971).

In der Folgezeit wurden bei den germanischen Stämmen im Osten, den Ostgoten, Langobarden und Gepiden die Bügelfibeln zu sehr künstlerischen Formen entwickelt, die zum Teil stammtypisch ausgeprägt sind. An diesen gesamtgermanischen Gemeinsamkeiten nahmen auch die Ostvandalen teil, nicht nur die Anten (J. Herrmann 1986). Ihre Bügelfibeln besitzen die Besonderheit, daß das spitze Ende in einer Gesichtsabbildung (Maskenabschluß) ausläuft. Bügelfibeln mit Maskenabschluß sind in dem gesamten Verbreitungsgebiet der Ostvandalen gefunden worden, so in Masuren, den Balkanländern wie Jugoslawien und Rumänien, der Krim, Griechenland (Sparta, Olympia), Ukraine. Im Wohngebiet der Anten nördlich des Schwarzen Meeres und in der Ukraine, außerdem bei Sarata Monteoru in Rumänien fanden sie sich in Brandgräberfeldern zusammen mit Keramik des Prager Typs (J. Werner 1960). Sie werden in das 6. bis 7. Jahrhundert gestellt und sind den ostgotischen Fibeln, den langobardischen und besonders den gepidischen ähnlich, die im Fuß in einen Tierkopf auslaufen. An Stelle des Tierkopfes erscheinen bei den ostvandalischen Fibeln männliche Köpfe (Abb. 23). Der Schmuck dieser Fibeln ist jedoch nicht vergleichbar mit den Tierstilen und der Flechtbandornamentik. Werner vermutet, daß diese Maskenfibeln in einer Werkstatt im Gebiet des heutigen Rumäniens angefertigt wurden. Die Ostvandalen kamen mit den Langobarden und Gepiden längere Zeit hindurch in Berührung bzw. sie wurden von ihnen beherrscht. Im gepidischen Gräberfeld von Marosveresmart/Ungarn fanden sich in Frauengräbern Ohrringe, die den Schläfenringen der Ostvandalen ähnlich sind (H. Reinerth III, 1940, S. 1264).

Die Nachwanderung der Anten und Sklavenen in die von den Goten verlassenen Steppengebiete erfolgte aus den Waldgebieten, die nördlich an diese anschließen, aus Weißrußland bis zum Oberlauf des Dnjepr. Aus diesen Gebieten fielen die Stämme bald in das byzantinische Reich ein. Bis zur Mitte des 6. Jahrhunderts wurde die Grenze Ostroms an der Donau nur gelegentlich, vielleicht zu Beutezügen, überschritten. 525 wurden die Anten von Germanos, dem Vetter Kaiser Justinians (527–565), vernichtend geschlagen. Justinian ließ die Befestigungen an der Donau ausbessern und verstärken. Nach Zwistigkeiten zwischen Anten und Sklavenen und einer Niederlage der Anten wurden diese teilweise in der am Nordufer der Donau gelegenen Stadt Tursis angesiedelt. Sie hatten dort den Grenzschutz gegen die Bulgaren zu übernehmen, welche 540 bis 542 einfielen und bis zum Hellespont gelangten. 560 wurde das Reich der Anten von den Chasaren zerstört.

Der Rest der Anten in Südostrußland wurde gegen Ende des 6. Jahrhunderts *Uglici* und *Tiwerici* genannt. Gegen diese unternahmen die Chasaren 602 einen Kriegszug. Nach weiteren Kriegszügen der Chasaren riefen die Anten die *Waräger* zu Hilfe, die sich aus Staraja Ladoga und Nowgorod kommend 864 in Kiew festsetzten. Vor Einfällen der *Pečenegen* 895 zogen sich die Anten an den Oberlauf des Dnjepr zurück (J. Marquart 1903). Zu Zeiten des Kaisers Herakleios (610–641) sind die Anten bezeugt, sie wurden dann *Duleben* genannt und der Name Anten verschwand. Von den Duleben sind Hortfunde und Brandgräberfelder mit Schläfenringen und Keramik des Prager Typs bekannt.

Die Angriffe gegen das oströmische Reich führten die Sklavenen bald mit ganzen Armeen weiter und belagerten Kastelle. 545 wurden sie von Narses mit Hilfe von *Herulern* zurückgeschlagen, 548 gelangten sie durch Illyrien bis an die albanische Küste, 549 nahmen sie das Kastell Tzurolon im Nordwesten von Byzanz ein, 550 kamen sie bis Naissus (Nisch) und

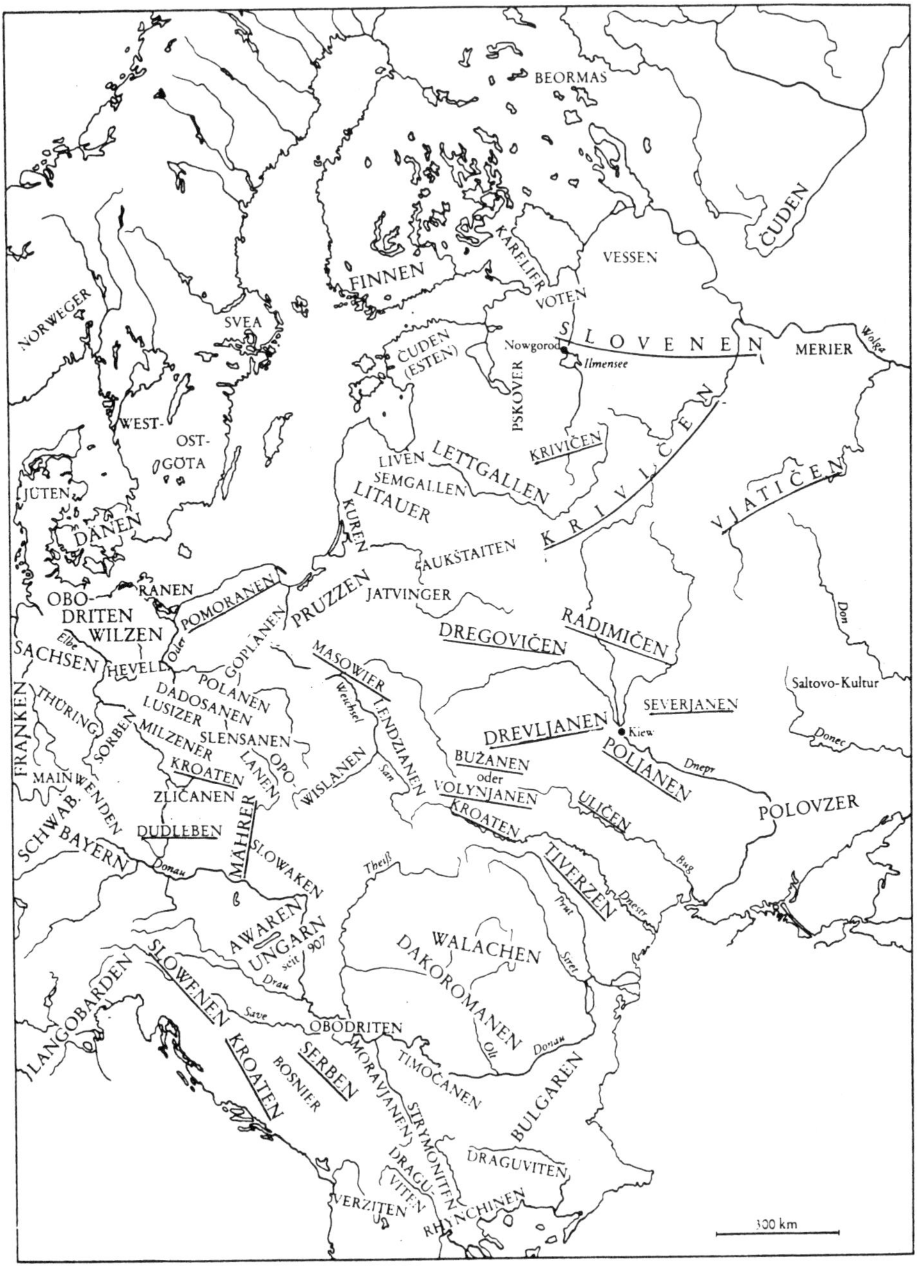

Abb. 24: Die ostvandalischen Stämme nach ihrer Ausbreitung nach der Zerstörung des Reiches der Hunnen 454. Namen, die in der *Nestorchronik* genannt sind, sind unterstrichen. Nach J. Hermann, *Welt der Slawen*, Berlin (Ost) 1985.

überwinterten im Reichsgebiet. 551 kamen sie dann bis vor die Mauern von Byzanz. Bei der Rückkehr leisteten ihnen die Gepiden beim Übersetzen über die Donau Hilfsdienst. Beim Einfall der *Kutringuren* 559 waren auch Sklavenen beteiligt.

Über das Schicksal ostvandalischer Stämme im weiten Ostraum erfahren wir auch etwas aus der von Paulus Diakonus (A. Heine 1986, I, 13) verfaßten Geschichte der Langobarden. Nachdem die Langobarden ihre Sitze an der Niederelbe verlassen hatten, mit der Masse ihres Stammes elbaufwärts bis Böhmen gezogen waren, nahmen sie *„Anthaib, Banthaib und Burgundhaib"* in Besitz, die Länder der Anten, Vandalen und Burgunden in den von den Goten verlassenen Gebieten, d.h. sie errichteten über diese eine lose Oberherrschaft. Dort waren sie einem Überfall der Bulgaren ausgesetzt (A. Heine 1986, I, 17), die damals östlich der am Pripjet und Bug sitzenden Anten wohnten. Der im Einflußbereich der Langobarden sitzende Stamm der ostvandalischen *Wilzen* wählte nach Verlust seines Fürstengeschlechts den burgundischen Königssohn *Adilvoch* zum König und nach dessen Untergang den langobardischen Herzog *Alpker* (F. v. Heydebrand 1936).

Eine neue Lage entstand bei Erscheinen der Awaren, die Byzanz durch erhebliche Goldzahlungen gegen Reichsfeinde verpflichtete. Die Awaren unterwarfen die Sklavenen und benutzten die Ostvandalen als Fußkämpfer. In Ungarn wurde in Dunaujvaros eine von Ostvandalen und Awaren gemeinsam bewohnte Siedlung ergraben (I. Bona 1968).

In den letzten Jahrzehnten des 6. Jahrhunderts setzten die Ostvandalen ihre Einfälle in das oströmische Reich fort, die dann bis zu Siedlungen bei Saloniki und Sparta und zur ethnischen Umgestaltung des gesamten Südostens führten (J. Irmscher 1980).

„Starke Massen desselben Volkes setzen sich am Südabhang der Alpen bis zum Adriameer und an den Nordgehängen der thrakischen Gebirge herab zur Donau bis zu ihrer Mündung. Nun treten die einzelnen Völker unter ihren Einzelnamen auf ... Einen vollständigen Überblick der neuen Slawenwelt ... geben zwei gleichzeitige Zusammenstellungen der slawischen Völkernamen von entgegengesetzten Seiten her, die eine vom Dnjepr, die andere von der Donau ..., die erste in der einheimischen Sprache von Nestor im Höhlenkloster zu Kiew im Anfang des 12. Jahrhunderts ..." (K. Zeuss 1837). Die zweite ist die Völkertafel des bairischen Geographen.

In beiden Darstellungen erscheinen für die gleichen Gebiete meist verschiedene Namen.

In den Einleitungskapiteln der *Nestorchronik* (Nestor † 1114) (R. Trautmann 1931) werden folgende ostvandalischen Stämme genannt (in der Reihenfolge der Nennung), vor ihrer Verbreitung hießen sie nur Slowenen: *Mährer, Čechen, weiße Chorwaten, Serben, Karantanier, Ljechen, Poljanen, Ljutičen, Masovier, Pomorjanen, Poljanen, Dever, Derevljanen, Dregovičen, Počanen*. Besonders genannt werden die Slowenen vom Ilmensee und aus Rußland: *Poljanen, Derevljanen, Novgoroder, Počanen, Dragovičen, Severjanen, Buzanen, Volynier* (R. Trautmann 1931) (Abb. 24).

4.2.8 Vorgänge bei und nach Erscheinen der Awaren

Nach Attilas Tod 453 zerfiel sein Reich. Unter den Teilnehmern der entscheidenden Schlacht 454 gegen seine Söhne an der Nedao, in der die *Gepiden* diese besiegten, werden noch keine Ostvandalen genannt (W. Pohl 1980). Hier kämpften die *Ostgoten* auf Seiten der Hunnen, auf der falschen Seite. Das hatte ihren Abzug nach Italien 473 zur Folge. Die *Ostvandalen* folgten den *Goten* und *Herulern* von Norden in zeitlichem Abstand in die Gebiete westlich von Don und Weichsel.

Dort wurden diese Teile der Ostvandalen von den *Awaren* überrollt, die infolge Vorstößen von Turkvölkern nach Westen auswichen. 558 schloß Kaiser Justinian mit den Awaren einen Vertrag, der ihnen Wohngebiete in Pannonien, die den Gepiden gehörten, zusicherte, und der sie als Föderaten verpflichtete, die Reste der *Hunnen* sowie die *Anten* zu bekämpfen, wofür sie Jahrgelder von 80 000 Goldsolidi und mehr erhielten. Ihre Kriegszüge in den Jahren 562, 565 und 566, die nördlich der Karpaten und entlang der Sudeten bis nach Thüringen erfolgten, fallen in den Zeitraum der Westwanderung ostvandalischer Stämme.

565 wurde der Frankenkönig Sigibert besiegt. Er schloß mit dem Kagan Bajan der Awaren einen Vertrag, der ihn vor weiteren Angriffen der Awaren bewahrte, aber die Zustimmung zur Ansiedlung der *Langobarden* in Oberitalien enthielt. Damit konnte der awarisch-langobardische Vertrag 566, der zur Vernichtung des Reiches der *Gepiden* 567 führte, geschlossen werden. Die Langobarden räumten 568 Böhmen, Mähren und Pannonien. In der Folgezeit wurden die thüringischen Gebiete bis zur Saale geräumt. Die *Semnonen* wurden auf Veranlassung der Franken aus dem Havelland in das Gebiet nördlich der Unstrut umgesiedelt. 594 zog König Childebert II. gegen die im Werinafeld zwischen Saale und Mulde wohnenden *Warnen*, weil sie sich weigerten, auf das Westufer der Saale umzusiedeln. Die Awaren veranlaßten die Ostvandalen, aus dem südlichen Rußland in das Gebiet zwischen Elbe und Oder einzuwandern (L. Dralle 1981), die andererseits selbst der Botmäßigkeit der Awaren zu entgehen suchten und so auf den Peleponnes, nach Kroatien, Dalmatien, Slowenien und Istrien gelangten.

Die von L. Dralle gegebene Deutung, welche die Einwanderung als Kettenreaktion der fränkischen Niederlage 565/566 erscheinen läßt, fordert Kritik heraus, denn die erste Siedlerwelle der Ostvandalen kam nicht in Stämmen organisiert mit entsprechender Menschenzahl, sondern sehr tastend und nur in kleinen Familienverbänden. Die Rückwanderung aus den Waldgebieten nördlich der Schwarzerdesteppen nach Westen bis nach Pommern und Mecklenburg konnte wohl kaum unter dem Druck der Awaren vor sich gegangen sein.

Die von den Awaren unterworfenen ostvandalischen Stämme dienten ihnen als Ackerbauern und Fuß-Hilfstruppen. Mit diesen griffen die Awaren mehrmals das oströmische Reich an und belagerten 626 vergeblich Konstantinopel. Im großen Donaubecken gibt es gemeinsame awarisch-ostvandalische Körpergräber, in denen das Verschwinden der mongolischen Merkmale anthropologisch erfaßt wurde. Die Niederlage vor Konstantinopel hatte eine Schwächung der awarischen Macht zur Folge, die Aufstände und Staatenbildungen von Ostvandalen rings um das Karpatenbecken ermöglichte, so der Kroaten in Dalmatien und des Samoreiches in Böhmen.

An dieser Stelle soll noch kurz auf das Schicksal der Bevölkerungen der römischen Provinzen nördlich und östlich der Alpen eingegangen werden. Infolge der Germaneneinfälle im 3. und 4. Jahrhundert wurde das flache Land von Bewohnern entblößt. In der Lebensbeschreibung Severins wurde die Zerstörung der römischen Zivilisation und die Rückführung der römischen Bevölkerung geschildert noch vor dem Räumungsbefehl der Provinzen Rhätien und Noricum durch Odoakar 488. Die erste Beeinträchtigung römischen Lebens in diesen Provinzen erfolgte durch Hunneneinfälle. Während noch unter ostgotischer und langobardischer Herrschaft das römische Leben zwar mit Verarmungen weiterging, brachen Siedlungen und Friedhöfe um 600 ab. Die Hauptstadt der Provinz Dalmatia, Salona, wurde um 614 von den Awaren und Ostvandalen erobert und zerstört (V. Bierbrauer 1984). Auch in Kärnten ist mit Brandschichten und dem Ende der Belegung von Begräbnisstätten das Ende der Romanen mit der Landnahme der Ostvandalen im Gefolge der Awaren kenntlich.

4.2.9 Ostvandalen zwischen Elbe, Oder, Böhmen und Schlesien

4.2.9.1 Chronistische Nachrichten, Wohngebiete, Reichspolitik

Über die Rückwanderung der Ostvandalen aus dem weiten Osten bis an die Elbe und Saale ist nur sehr wenig bekannt. Prokop (*Gotenkrieg* II, S. 15) erwähnt die Rückwanderung der Heruler aus Pannonien nach ihrer Niederlage durch die Langobarden im Jahre 512. „*Unter Führung der königlichen Familie zogen sie zuerst durch alle Lande der Sklavenen, dann durch eine Wüste, bis sie zu den Warnen kamen. Dann wanderten sie noch durch das Land der Dänen. Und alle diese wilden Völker taten ihnen nichts. Am Ozean angelangt, gingen sie zu Schiff und fuhren nach Thule*“. Da anzunehmen ist, daß sie durch die Mährische Pforte zogen und dann nordöstlich an den Sudeten entlang, werden hier mit *Sklavenen* die um 500 in Schlesien bereits anwesenden Ostvandalen gemeint sein. Weiter im Norden waren offenbar noch keine Rückwanderer da.

In den deutschen Quellen werden zuerst von Fredegar die Bewohner des Reiches des Samo ab 620 als *Sclavi* und *Winidi* in Böhmen bezeichnet. Dann werden erwähnt für 623 bis 640 Kriege der Thüringer und Franken im Saalegebiet gegen *Sclavi*, Kämpfe Pippins 758 und Karls des Großen ab 789 gegen diese. Die *Sorabi* werden 630 erstmals erwähnt.

Byzantinische Quellen berichten, daß 595 nach 15monatiger Reise Gesandte von Stämmen in Byzanz anlangten, die an der Ostsee wohnten. Im 6. Jahrhundert übernahmen Truppen der *Sklavenen* und *Anten* den Grenzschutz im Byzantinischen Reich an der unteren Donau. Aus der Verbreitung der Keramik wurden Wanderwege erschlossen. Eine ältere Keramik vom Prager Typ (s. Abb. 17) ist verbreitet in Richtung der Einwanderung in den Gebieten am Dnjestr, der unteren Donau, östlich der Karpaten, in der Slowakei, in Böhmen und Mähren, östlich von Oder und Neiße und in dem Elbe-Saale-Gebiet bis in das Havelland. Die Keramik vom Sukov-Szeligi-Typ, die sich vom Prager Typ nur unwesentlich unterscheidet, findet sich in der Richtung der Rückwanderung ihrer Träger von der Weichsel über Pommern, das Havelgebiet, Mecklenburg bis Ostholstein. Sie wird den *Obodriten* zugeordnet. Im 7. Jahrhundert folgten weitere Rückwanderer mit Keramik vom Typ Tornow-Feldberg, die den *Lausitzer Stämmen* und den *Wilzen* zugehören soll (J. Herrmann 1985). Ein Wanderweg war aus Böhmen elbabwärts gerichtet und gelangte bis in das Havelgebiet. Daß hier nur sehr kleine Gruppen teilnahmen, wurde bei den Ausgrabungen von Dessau-Mosigkau festgestellt. In dieser Siedlung bestanden im ersten Abschnitt von mehr als 100 Jahren vom Ende des 6. Jahrhunderts ab jeweils nur 8 Häuser mit einer konstanten Bewohnerzahl von etwa 35. Neben Keramik vom Prager Typ fanden sich noch randlose Kümpfe germanischen Typs, die dort ohne Drehscheibe hergestellt wurden sowie ein Schalenstück aus anderem Rohmaterial, das drehscheibengearbeitet ist und der germanischen Keramik aus Thüringen zugeordnet wurde (B. Krüger 1967). Ob hier direkter Kontakt zu Westgermanen bestanden hat, muß bezweifelt werden, da das als germanisch angesprochene Haus Nr. 10 aus der ältesten Siedlungsschicht sich nicht wesentlich von den benachbarten, annähernd quadratischen Grubenhäusern unterscheidet (s. Abb. 141).

Für die Zeit um 1000 werden von Nordwesten ausgehend als Stämme der Ostvandalen genannt: *Wagrier, Polaben, Obodriten, Ranen, Wilzen* mit den *Kessinern, Zirzipanen, Redariern* und *Tollensern, Linonen, Dreveranen, Heveller* oder *Stoderanen, Spreewanen, Sorben, Lusizer* und *Milzener* (Abb. 25). Diese Stammesnamen enthalten z.T. deutsche Ortsbezeichnungen wie Heveller die Havel, Tollenser die Tollense, Spreewanen die Spree, wobei die Geschichte dieser Stammesnamen noch zu klären ist. Die Namen Polaben und Polanen gehen auf die nordgerma-

Abb. 25: Namen und zentrale Orte ostvandalischer Stämme zwischen Elbe, Saale und Oder. Nach J. Herrmann, *Die Slawen in Deutschland*. Berlin (Ost) 1985

nische Vorsilbe *Po* (= an) und altgermanisch *labe* = Elbe sowie *lan* = Land zurück. Der Name der Ranen wird auch in den Quellen als *Runi* und *Rugiani* geschrieben, sodaß der Verdacht naheliegt, diese sind Reste und Nachkommen von Teilen der weitergewanderten Rugier. Bei Einhard und Marschalk werden im Zusammenhang mit Obodriten *Heruler* genannt. Offenbar sind diese die Teile jener Heruler, die auf ihrem Weg nach Norden dort sitzenblieben und in den Obodriten aufgingen.

Von Adam von Bremen werden unter den zum Hamburger Bistum gehörenden Stämmen der *Sclavi* auch *Warnaben* (*Warnen*) aufgezählt. Es besteht hier mit der Übernahme des Namens der Warnen die Möglichkeit, daß Reste dieses Stammes in dem ostvandalischen Stamm der Warnaben aufgegangen sind. Die Warnen siedelten, aus Norwegen gekommen, z.T. auf den dänischen Inseln, dann aber auch im Werinofelda an der unteren Saale. Sie haben Teil an der Gründung des Stammes der Sachsen. Ein Teil landete wahrscheinlich nach den Westvandalen in der Odermündung, siedelte in Hinterpommern, dann in Oberschlesien und zog nach 400 mit den Westvandalen nach Gallien und Spanien (L. Schmidt 1934). Das Gleiche gilt für die *Ranen* und *Liutizen*, die als *Rani* und *Liotida* aus Skandinavien im Völkerverzeichnis des Norwegerkönigs Rodulf erwähnt sind. Nach Ordericus Vitalis haben die Liutizen Wodan, Thor und Freya verehrt. Sie haben nach 1150 einmal an einer dänischen Heerfahrt nach England teilgenommen (O. Kunkel 1940), so daß auch bei ihnen mit wikingischen Fürsten zu rechnen ist.

Die *Sorben* zwischen Elbe und Mulde kamen als erste der ostvandalischen Stämme unter fränkischen Einfluß und zwar bereits anfangs des 7. Jahrhunderts, nur unterbrochen durch die Zeit der Angehörigkeit zum Reiche Samos von 620 bis 655.

Die Politik Karls des Großen war darauf gerichtet, sein Reich durch Angliederung germanischer Stämme zu erweitern. Er setzte hier die Politik der Merowinger fort, die nach dem Sieg von Zülpich 496, 530 die Alamannen und 531 die Thüringer dem Frankenreich angliederten. Während der 33jährigen Unterwerfung der Sachsen waren zeitweise die Obodriten als Heiden seine Bundesgenossen. 788 war mit der Entmachtung Tassilos III. die Eingliederung Baierns vollendet, nachdem die eng mit Baiern verbundenen Langobarden bereits 774 besiegt und Karl König der Langobarden geworden war.

Noch 788 kam es an der Enns, der Grenze gegen das Awarenreich, zu Kämpfen. Die Gemahlin Tassilos III. hatte als Tochter des letzten langobardischen Königs gehofft, mit Hilfe der Awaren ihren Vater rächen zu können. Nachdem ein erster Feldzug gegen die Awaren 791 bis an die Raab gekommen war, wurde der entscheidende Krieg 795 von der Adria, längs der Donau und aus Böhmen vorgetragen und war von den böhmischen Herzögen toleriert worden. Nach dem Sieg entstand ein awarisches Tributärfürstentum, das 822 zum letzten Male genannt wurde.

Nach dem Siege über die Awaren weilte Karl 803 in Salzburg, um die kirchlichen und staatlichen Angelegenheiten zu regeln. Es wurde eine pannonische Mark errichtet. Schon damals kamen deutsche Siedler dorthin.

Im Jahre 798 wurde als Missionszentrum nach Osten und Südosten das Erzbistum Salzburg gegründet. Nach dem Sieg über die Awaren 795 stand die Mission unter den *sclavi* und deren Eingliederung in das Reich im Vordergrund. *Sclavi* hatte aber sowohl die Bedeutung von Heiden wie von Ostgermanen. Nach Italien ist Karl nach 800 nicht wieder gezogen. Diese Aufgabe der Ostmission und Osterweiterung des Reiches war mit der Gründung des Erzbistums Magdeburg noch für Otto I. und weit über ihn hinaus bestimmend.

Im Jahre 805 folgte in diesem Programm Karls der Feldzug nach Böhmen, mit dem seitdem ein tributäres Verhältnis bestand. 806 wurden die Sorben besiegt und 812 die Wilzen unterworfen (A. Brackmann 1931).

Mit der Unterwerfung der aus Böhmen und von Nordosten gekommenen Ostvandalen und der Gründung der 14 Slawenkirchen im Gebiet zwischen Main, Böhmerwald und der Donau wurde der innere Landesausbau und die Besiedlung aus dem Westen begonnen, also die sog. Ostsiedlung.

Durch die Siege über die Awaren wurde die Staatenbildung der Ostvandalen begünstigt bzw. erst ermöglicht. Auch in das entstehende Fürstentum Mähren griff Karl nicht ein. Aus diesen Staaten kamen zu den Reichstagen in Aachen 811 und in Paderborn 815 Abgesandte. 822 kamen auch Gesandte aus Böhmen.

Bis zum Tode Ludwigs des Frommen 840 wurde Nordalbingien christianisiert. 832 erhob Ludwig das Bistum Hamburg zum Erzbistum mit der Aufgabe der Heidenbekehrung im Norden und Osten. Bis zum Tode Ludwigs des Deutschen 876 waren, unterbrochen von Aufständen, die Obodriten, Wilzen und Sorben unter eigenen Herrschern dem Reich unterstellt.

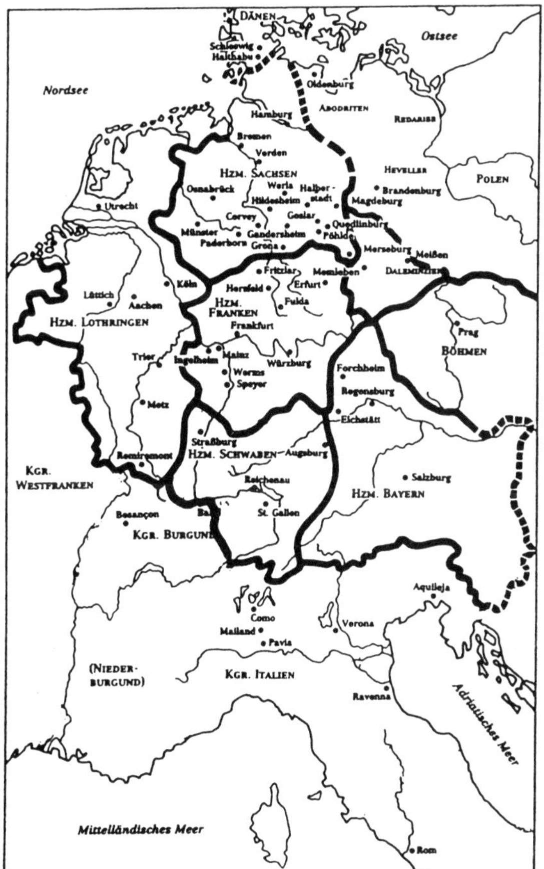

Abb. 26: Das Reich Heinrich I., die Stammesherzogtümer und die Mark Meißen. Mit Veränderungen nach H. Diwald, *Heinrich I.*, 1987

Nach Errichtung des Reiches der Daglinger waren die ostvandalischen Stämme zwischen Elbe und Oder gleichzeitig vom Osten wie vom Westen in ihrer Unabhängigkeit bedroht. Erst Heinrich I. gelang es, die Politik der Reichserweiterung im Osten fortzusetzen. Er führte insgesamt 7 Jahre Krieg gegen die Ostvandalen. Im Winter 928/29 nahm er Brandenburg ein, ehe er 929 Böhmen unterwarf, das seitdem zum Reich gehörte. 932 errichtete er die Mark Meißen (Abb. 26). Diese Politik der Unterwerfung setzte Otto I. fort. Um 950 wurde die Mark Brandenburg gegründet und 955 die Billunger Mark nördlich davon. Alle diese Kämpfe waren sehr wechselvoll und wurden als Religionskriege äußerst grausam geführt. Die Ostvandalen nutzten jede Gelegenheit zu Aufständen und zum Abschütteln des Christentums aus, das auch durch den Zwang zum Kirchenzehnten verhaßt war.

Die Bischofssitze Havelberg und Brandenburg wurden 983 eingenommen und erst in der Nähe von Magdeburg kam der Vorstoß zum Stehen. Auf dem Harlunger Berg bei Brandenburg wurde in der Marienkapelle ein Standbild des Triglav aufgestellt. Auch Hamburg mit dem Sitz des Erzbischofs wurde verwüstet. Die bisherigen Erfolge der Missionierung wurden zunichtegemacht. Danach war für fast 150 Jahre die Selbständigkeit der Ostvandalen wieder hergestellt. In der Folgezeit kam es zwar immer wieder zu kriegerischen Vorstößen in das Land der Obodriten, jedoch ohne großen Erfolg. Bis die Liutizen 1156 endgültig unterworfen wurden, wechselte Brandenburg noch achtmal den Besitzer.

Nach dem Tode Kaiser Otto III. 1002 änderte Heinrich II. die Politik seines Vaters. Er sah im Reiche der Daglinger die größere Gefahr und verbündete sich mit den bis dahin bekämpften Liutizen. Abgesandte der Liutizen und der Redarier erschienen 1003 in Quedlinburg vor dem Kaiser. Doch die Kämpfe gegen den Daglinger Boleslav wurden von den Sachsen nur widerwillig geführt infolge der verwandtschaftlichen Bindungen zu den Daglingern. So waren Miseko I. mit Oda, der Tochter des Markgrafen Dietrich von Haldensleben, Boleslavs Sohn, Miseko II., mit der Tochter des Markgrafen Ekkehard von Meißen und Markgraf Hermann mit der Tochter Boleslavs, Reglindis, verheiratet. Die beiden letzten stehen unter den Stifterfiguren im Chor des Doms von Naumburg. Im Frieden von 1013 wurde Boleslav sogar mit der Lausitz und dem Milzener Land belehnt. Nach Kriegen von Kaiser Konrad II. (1024–1039) gegen die Daglinger wurden diese Gebiete jedoch zurückgewonnen und die Liutizen unterworfen. Doch im Inneren behielten sie die Unabhängigkeit.

Während der Liutizenbund zerfallen war, gelang es den Fürsten der *Obodriten*, die in den Quellen ab Mitte des 11. Jahrhunderts als rex, König, bezeichnet werden, ein kraftvolles Stammesreich zu entfalten und Teile der Liutizen, die Kessiner und Zirzipanen, zu unterwerfen. 1093 konnte ihr König Heinrich alle ostvandalischen Gebiete zwischen Elbe und Oder nördlich der Havel in sein Reich einfügen. 1167 ließ sich Pribislav taufen und wurde abhängig von Heinrich dem Löwen. 1348 schließlich wurden sie reichsunmittelbare Herzöge. Die heute noch lebende großherzogliche Familie von Mecklenburg ist damit das letzte Adelsgeschlecht, das noch aus altgermanischer Zeit stammt.

Die *Pommern* wurden 1124 getauft, die Herrscher wurden 1181 reichsunmittelbare Herzöge, sie starben 1637 aus. Südlich von Mecklenburg und Pommern trugen die Askanier die Eroberungen ostwärts. Sie nahmen 1136 Brandenburg ein und erhielten 1144 den Titel Markgrafen von Brandenburg. Der letzte ostvandalische Herrscher dort starb 1150 kinderlos und vermachte sein Land Albrecht dem Bär.

Die großen Heiligtümer, das Zentralheiligtum Rethra und Arkona auf Rügen wurden von den inzwischen christianisierten Dänen 1058, 1130 und 1168 zerstört.

Damit war die selbstständige staatliche Existenz der Ostvandalen außerhalb der Reiche der Daglinger und der Waräger erloschen. Mit der Zwangschristianisierung wurde in der folgenden Zeit die deutsche Sprache angenommen. Das letzte Wendische starb 1404 im Pommern und um 1700 im Hannoverschen Wendland aus, es überlebte aber bis heute im Spreewald. Freilich wurde das Sorbische dort nach 1800 vielfältig „slawischer" gemacht. Die Wenden konnten ihr unabhängiges Freibauerntum in Einzelfällen noch lange behalten. So wird im Bereich des Bistums Fulda noch um 1100 von Bauern berichtet, die frei vom Kirchenzehnten lebten, d.h. noch nach altem Recht und altem Glauben.

4.2.9.2 Die Obodriten, ihre Fürsten und ihr Staat

Die *Obodriten*, die Bewohner von Gebieten „ob der Oder", waren mit ihrer Staatsbildung, die im Land Mecklenburg 1400 Jahre überdauerte, ein Großstamm aus den Teilstämmen der *Wagrier* in Ostholstein nördlich der Trave, den *Polaben* südlich der Trave bis zur Elbe, den *Obodriten* östlich davon, den *Linonen* zwischen Elbe, Havel und Karthane und den *Warnaben* zwischen Warne, Elde und Mildenitz. Östlich an die Warnen und die Obodriten schlossen die Kessiner und Zirzipanen an.

Daß an der Stammesbildung der Obodriten ein Teil der nach 512 nach Norden rückgewanderten *Heruler* beteiligt war, geht aus Marschalk-Westphalen (s. Kap. 2) hervor. Dort steht in der historischen Darstellung der Fürsten der Obodriten *„Herulorum ac Vandalorum rex"* (der Heruler und Vandalen König). Für Marschalk waren offenbar die Heruler wichtiger als die Ostvandalen, sonst hätte er sie nicht zuerst aufgeführt. Sie waren auch 200 Jahre eher im Lande.

Die Teilstämme der Wagrier, Polaben und Obodriten sind zuerst Siedlungsverbände der Ansiedlungszeit gewesen, die durch Waldzonen und siedlungsfreie Streifen getrennt waren. Ihre Stammesnamen sind nicht „slawischer" Herkunft und bei den Wagriern (von altnordisch Meeresbucht), Polaben und Warnen geographischen sowie nord- und westgermanischen Ursprungs. Für die Landnahme der Wagrier wurde das Dendrodatum des Baues der Siedlung Bischofswerder bei Bosau am Plöner See von 726 ermittelt (W. Gebers 1986) und für Burgwälle: Bosau 735, Oldenburg 710, Scharstorf 835, Alt-Lübeck 819 (M. Dulinicz 1991).

In fränkischen Chroniken wurde für 789 Witzan als Fürst der Obodriten genannt, der von Sachsen 795 ermordet wurde. Sein Sohn Thrasko, auch Drazko und Drago genannt, trägt einen Namen, der dem des gleichzeitigen Fürsten der Wilzen, Dragowit, ähnlich ist und die Verwandtschaft beider Herrscherhäuser ebenso vermuten läßt, wie die nordische Herkunft der beiden Namen. Thrasko führte 798 den Verband der Obodriten als Verbündeter Karls des Großen gegen die Sachsen. 808 wurde Thrasko von den Dänen in Reric ermordet.

Reric war eine wikingische Handelsniederlassung und wird im Gebiet zwischen der Mecklenburg, der Hauptburg der Obodriten, und der Ostsee gesucht. Die Mecklenburg war der Fürstensitz von 600 bis 1256. Die Beziehungen Rerics zu den Obodriten müssen jedoch über die Bedeutung einer Handelsniederlassung hinausgegangen sein, denn Adam von Bremen spricht einmal von den *„Obodrite, qui nunc vocantur Reregi"*. 808 wurde Reric vom dänischen König zerstört und die Kaufmannschaft in Haithabu angesiedelt.

808 wird ein gleichberechtigter Teilfürst der Obodriten mit dem germanischen Namen Godelaib bzw. nordisch Gudleifr genannt, der vom Dänenkönig Göttrik gefangen genommen und gehängt wurde. Er war möglicherweise der Fürst des wagrischen Teilstammes der Obodriten.

Ein Verwandter von Thrasko, Sclavomir, wurde von Karl eingesetzt, der sich aber gegen die Franken erhob und 818 besiegt, gefangen genommen und abgesetzt wurde. Von Ludwig dem Frommen wurde Ceadrag oder Sedrag als Fürst der Obodriten eingesetzt. Er fiel wahrscheinlich 826 im Kampf gegen Ludwig den Frommen.

838 wird ein Goztomuizl oder Gostomysl, offenbar aus einem anderen Geschlecht mit anscheinend nicht nordischen Namen und 862 dessen Sohn Tabomuizl genannt. Um 844 erfolgte durch Ludwig den Deutschen eine staatliche Umorganisation. Die Kleinverbände der Siedlungszeit wurden durch *duces* zusammengefaßt und ein Gesamtfürstentum errichtet, was aber nur für kurze Zeit wirksam war. In der Zeit bis zu König Heinrich I. hat das Obodritenland zeitweise zu Schweden gehört. König Olav von Schweden eroberte ein Gebiet um Schleswig mit Haithabu und sein Sohn Gnupa war König der Wikinger und Obodriten. Über die Namen und verwandtschaftlichen Beziehungen siehe auch Kap. 4.2.9.8. Bereits Thrasko sowie Naccon herrschten auch über die Wagrier und Polaben. Der dänische König Harald Blauzahn war Schwiegersohn Mistiwois. Neben dem Herrscher Uto werden von Adam von Bremen zwei andere *principes Winulorum* mit nordischen Namen genannt, Gneus und Anatrog. Wenn, wie J. Marquart (1903) annimmt, Naccon mit seinem schwedischen Namen ein Sohn von Gyrd oder Gurd ist, ist die auf Naccon folgende Dynastie der Obroditenherrscher schwedischer Herkunft. Sie heirateten über mehrere Generationen dänische Frauen.

Im Feldzug von König Heinrich I. 931 gegen Dänen und Obodriten wurden die Schweden aus Haithabu vertrieben und der dänische und obodritische Fürst getauft. Die Ausdehnung des Staates der Obodriten nach Osten und Südosten mit immer wiederholten Kämpfen gegen die Wilzen führte zeitweise zur Angliederung der Linonen. 955 erlitten die Obodriten im Kampf gegen die Sachsen in der Schlacht an der Raxa eine empfindliche Niederlage. Sie kämpften gegen die intensive sächsische Durchdringung ihres Landes, sie waren ihnen bereits tributpflichtig. In Oldenburg (Holstein) wurde ein Bistum errichtet, und die Missionierung der Adligen machte Fortschritte.

Aus Anlaß einer verweigerten Eheverbindung zwischen einer Nichte des Markgrafen Hermann Billung und dem Sohn des Obodritenkönigs, Mistiwoi, der 981 mit tausend Reitern mit dem Kaiser nach Italien gezogen war, brach 983 der große „Slawenaufstand“ aus, nachdem der Kaiser 982 in Süditalien eine Niederlage erlitten hatte und starb. Die Obodriten wurden vom Liutizenbund unterstützt.

Vor Beginn des Aufstandes hielt Mistiwoi, mit seinem Bruder Mizzidrag Fürsten der Obodriten, auf einem Thing im Zentralheiligtum Rethra eine Ansprache (s. Kap. 2, Engel Strausberg) und erinnerte gegenüber dem kläglichen damaligen Zustand *„des gantzen Wendischen Volcks“* an ihre Heldentaten in Nordafrika unter König Geiserich. Rund 600 Jahre nach der Trennung von den Westvandalen waren sich die Ostvandalen noch bewußt, mit diesen ein Volk gewesen zu sein. Damals erhielten sie die Nachricht über Geiserich in ihrer geographischen Isolierung weit im Osten und 600 Jahre später war die Kenntnis davon noch so lebendig, um bei dieser Gelegenheit des Aufrufs zum Kampf verwendet werden zu können.

Infolge innerer Zwistigkeiten wurde der Zusammenhalt des Staates gefährdet. Erworbene Gebiete im Osten fielen ab, aber auch die Wagrier zeigten Bestrebungen zur Selbständigkeit.

Dieser Zerfall konnte erst durch Gottschalk (1029–1067) abgewendet werden, der mit Unterstützung von Sachsen und Dänen gegen den Liutizenbund kämpfte und die Kessiner und Zirzipanen, Stämme der Wilzen, seinem Reich wieder eingliederte. Nach 1066, im zweiten großen Wendenaufstand, fiel er einem Adelsaufstand zum Opfer.

Im Staatsaufbau der Obodriten spielte die Volksversammlung des Stammes eine wichtige Rolle, die bei der Herrschaftsnachfolge den Einsetzungsakt zu vollziehen hatte, ähnlich wie bei den Slowenen (siehe Kap. 4.2.10.1) und den Wilzen. Der älteste Sohn hatte das Nachfolgerecht. Das Geschlecht als Ganzes war im Besitz der fürstlichen Würde. Mehrfach übten Brüder gemeinsam die Herrschaft aus, so Naccon und Stoignew, Mistiwoi und Mizzidrag, Swantepolk und Knut. Der Fürst führte das Verbandsaufgebot im Kriege. Diese Verfassung ist germanisch (W. Fritze 1968). Der Fürst hielt sich eine ständige Gefolgschaft von Panzerreitern wikingischer Art, von denen 981 rund 1000 mit nach Italien zogen. Das setzt die dazu erforderlichen wirtschaftlichen und staatlichen Einrichtungen voraus.

Neben den Freien gab es *primores*, Kleinstammfürsten und *meliores*, Herren von Burggauen, die wohl mit den 53 *civitates* des Bairischen Geographen für die Obodriten gemeint sind. Gottschalk machte den Versuch, diesen Aufbau aus Kleinsiedelverbänden durch eine Burggebietsverfassung zu ersetzen und die vielen Kleinburgen wurden durch wenigere und größere des Landesherren ersetzt, was natürlich den Widerstand der davon betroffenen Adligen erregen mußte. Dazu gehörte auch, daß sein Sohn Heinrich in Alt-Lübeck seinen neuen Sitz errichtete. Lübeck liegt an der Berührungsstelle der drei Stämme der Wagrier, Polaben und Obodriten. Die Herrschaftskonzentration Gottschalks führte 1066 zum Aufstand. Dieser wurde ausgelöst durch die heidnisch gebliebenen Adligen in Zusammenwirken mit den Hütern des Zentralheiligtums der Liutizen in Rethra. Dort wurde angeblich bei der Siegesfeier der Bischof Johannes von Mecklenburg geopfert.

Gottschalks Sohn Heinrich führte den Königstitel. Er unternahm zwei Feldzüge gegen die *Ranen*, was die Herrschaft über die *Zirzipanen* und *Kessiner* voraussetzt. Die jeweiligen Stam-

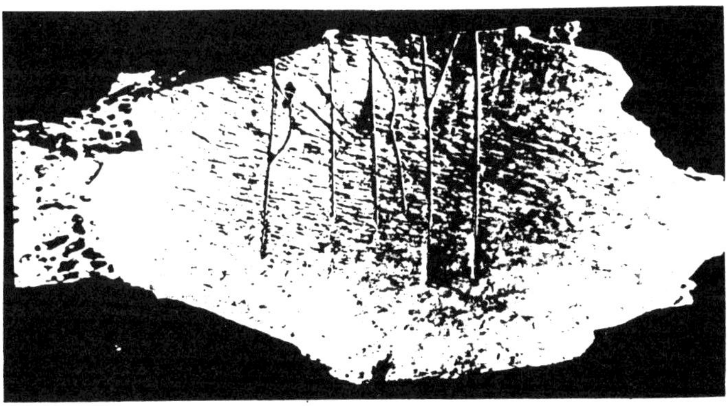

Abb. 27: Nordgermanische Runen aus dem Obodritenstaat.
Oben: aus der Burg Oldenburg in Ostholstein. Nach: K. Struve, Röm.-Germ. Zentralmuseum Mainz, Monogr. 13, 1975, 98. Unten: aus der Burg Alt-Lübeck. Nach: J. Herrmann, *Die Slawen in Deutschland*, Berlin (Ost) 1985.

Die Genealogie der Fürsten der Obodriten
nach H. Jänichen, 1938 und B. Friedmann, 1986.

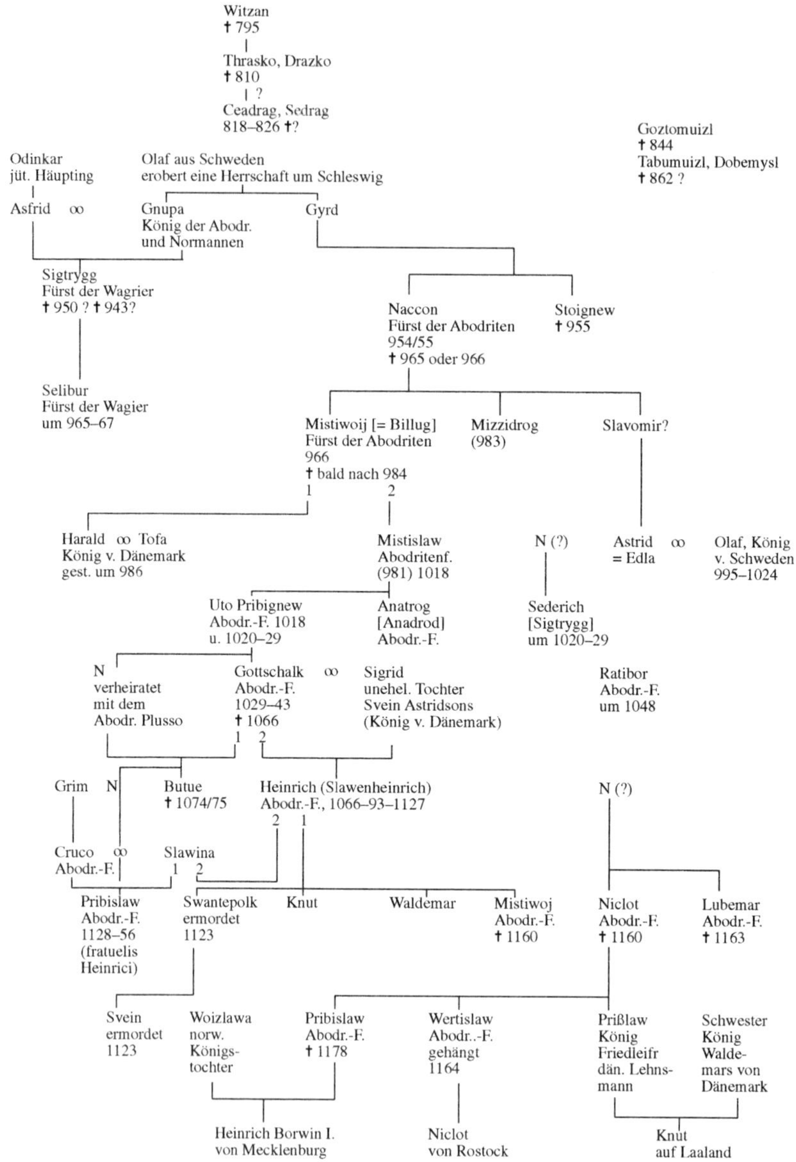

Die hier nach Jänichen mitgeteilten Zahlen werden von W. Fritze, 1968, z.T. etwas anders genannt.

Genealogie des pommerschen Fürstenhauses
bis ins 12. Jh. n. W. Jobst (1573)

Barnim	Zeitgenosse König Heinrichs I.		
Wartislaw I.	Sohn von Barnim oder sein Vetter Fürst in Pommern zu Stettin (um 940)		
	Kinder:	1. Geila oder Geisela	∞ Benno, Herzog von Sachsen und Lüneburg (Herzog 973 – 1010)
		2. Schwantibor	
Schwantibor I.	Herzog der Sclaven, Wenden, Kaschuben und Pommern (um 1100)		
	Kinder:	1. Schlauina	∞ 1. Grimmi, Sohn des Fürsten Crito von Rügen ∞ 2. Heinrich, Sohn von Fürst Gottschalk von Mecklenburg
		2. Wartislaw 3. Ratibar 4. Buglaw oder Bugislaw 5. Schwantipolck	
Wartislaw	Sohn von Schwantibor I. Herzog von Pommern gemeinsam mit Bruder Ratibar, Mark Brandenburg und Uckermark † 1136 ∞ Heila oder Helena, Tochter Heinrichs des Löwen († 1128) ∞ Ida, Tochter von König Knut IV. von Dänemark		
	Kinder:	1. Bugislaw 2. Casimir	
Ratibar	(oder Ratibaw) Bruder von Wartislaw Herzog von Pommern, Stettin, Wolgast und Usdaw (Usedom?) nach dem Tod von Wartislaw † 1151 ∞ Pribislawa, Tochter von Herzog Boleslaw II. von Polen		
	Kinder:	1. Wartislaw 2. Schwantipolck	
Bugislaw	Sohn von Wartislaw Herzog von Pommern, im Deutschen Reich von Herzog von Pommern ab 1182 († 1188) ∞ Walpurgis, Tochter von König Waldemar von Dänemark ∞ Anastasia, Tochter von Herzog Wietzlaw von Polen		

mesburgen enthielten zugleich die Stammesheiligtümer. Helmold von Bosau berichtet von einem heiligen Hain aus uralten Eichen, der dem Stammesgott Prove geweiht war. Er wurde von einem Umgang umschlossen und dieser von einem Zaun. Am zweiten Tag jeder Woche wurde dort Gericht gehalten. Zu den Nordgermanen bestanden nicht nur verwandtschaftliche Beziehungen des Fürstenhauses, sondern auch ethnische durch den herulischen Bevölkerungsanteil und kulturelle, die sich z.B. in den Funden von Runen äußern. Sowohl in der Burg von Oldenburg in Ostholstein wie in der Burg Alt-Lübeck wurden Inschriften aus nordgermanischen Runen gefunden. Der Knochen (Abb. 27 oben) stammt aus dem Umkreis einer Herdplatte eines Wohnhauses der Oldenburg aus der Mitte des 11. Jahrhunderts und bedeutet den Eigennamen Tharki in jüngeren nordischen Runen (P. Buchholz u. I. Gabriel 1976). In der Oldenburg wurden große Pfostenhäuser nach germanischer Art errichtet. Von dort ist neben Lejre, Dänemark, das bisher einzige Beispiel germanischer Fürstenhallen bekannt geworden (s. Kap. 7.4.7). Die Zugehörigkeit des Herrscherhauses zum germanischen Kulturkreis wird auch durch die Bestattung fürstlicher Frauen in wikingischen Wagenkästen ausgewiesen oder dadurch, daß jugendliche Söhne zur Erziehung an andere (nordgermanische) Fürstenhöfe gesandt wurden oder von dort kamen.

Diese gegenseitigen Beziehungen zwischen den nordgermanischen Königreichen und den ostvandalischen Fürstentümern südlich der Ostsee waren offenbar noch intensiver, wie jetzt bekannt wird. Der dänische Chronist Saxo Grammaticus erwähnt, daß Wenden auf dänischen Inseln Lehen innehatten. Daß um 1100 die Keramik der Ostvandalen auch nördlich der Ostsee bekannt war und von einheimischen Kräften nachgeformt wurde, ist bekannt. Kürzlich wurden von Fünen und von Falster Hinweise auf dort wohnende Wenden bekannt. Bei Svendborg auf Fünen fand man ein Svantevitfigürchen, das dem von Jumneta (s. Abb. 79) in Größe und Gestalt sehr ähnelt (H. Jansen 1989). Von Falster ist zwischen zwei 250 m auseinanderliegenden Flurnamen mit -Snekke, einem Namen von Kriegsschiffen der Wikinger, eine ausgedehnte Werft gefunden worden, in der alte Schiffe abgewrackt und neue gebaut wurden. Die gefundenen Schiffsteile waren wendischer Bauart wie diejenigen der Schiffe von Ralswiek auf Rügen (s. Kap 7.4.7) (J. Madsen 1987).

Nach Fritze (1968) wurden Heinrichs Nachkommen ermordet und Knut, der Vetter Heinrichs und Sohn der dänischen Königstochter Sigrid, erlangte die Herrschaft und nach seinem Scheitern Pribislaw. Seit den Aufständen konnten die Herrscher es nicht mehr wagen, am Christentum festzuhalten.

Die Steuern wurden wahrscheinlich seit Mitte des 11. Jahrhunderts, seit Gottschalk, pro Hof erhoben und betrugen 1 Pfennig im Jahr. Es gab also eine Geldwirtschaft (s. Kap. 7.3.9).

Erst in der Zeit Heinrichs des Löwen wurden die Steuern nach der Flächengröße erhoben. Die Dorfmark war bis dahin unverletzt und anfangs wurden nur die Steuern ganzer Dörfer vergeben. Daraus läßt sich vermuten, daß wahrscheinlich der gesamte Grundbesitz eines Dorfes Dorfeigentum war und jeder Bauer nur das Nutzungsrecht besaß. In Altsiedelgebieten gab es überall neben Dörfern auch Streusiedlungen mit Einzelbesitz.

Der gesamte Staatsaufbau und die gesamte Rechtsstruktur erweisen sich als germanisch. Das Herrschergeschlecht trat früh mit nordgermanischen Fürstenhäusern in verwandtschaftliche Beziehungen, was wohl durch den herulischen Bevölkerungsanteil erleichtert worden war, wenn dieses Geschlecht nicht überhaupt nordgermanische Herkunft war, worauf die ältesten Namen des Geschlechts, wie z.B. Thrasko hinweisen. Bei den jüngsten Ausgrabungen in der Stammesburg Oldenburg der Wagrier, eines Teilstammes der Obodriten, fand sich eine Fülle von Hinweisen auf die nordgermanische Abstammung der Fürsten wie z.B. Anlage von Körpergräbern nach der Reihengräbersitte nach 900 n.d.Ztr., Frauenbestattung in einem Wagenkasten entsprechend dem Oseberggrab, Spielstreitäxte in Kindergräbern, Reitersporen in Männergräbern, Doppelgräber von Fürsten in Holzbohlenkammern.

Aus der weiteren Geschichte des Obodritenreiches sei nur folgendes erwähnt: Pribislaw († 1178) wurde Christ und 1170 auf dem Reichstag zu Frankfurt von Barbarossa in den erblichen Reichsfürstenstand erhoben. Zugleich erließ dieser das Wendengleichstellungsgesetz, das den Adel der Obodriten dem deutschen Adel gleichstellte. Pribislaws Nachkommen erwarben 1292 Stargard und 1358 Schwerin. Das Geschlecht lebt noch heute im mecklenburgischen Fürstenhaus fort.

4.2.9.3 Die Fürsten der Pommern, von Pommerellen und der Kaschuben

Der erste in den Chroniken genannte Pommernfürst Barnim nahm 933 als Bundesgenosse von König Heinrich I. an der Ungarnschlacht teil, und zwar zusammen mit Herzog Boleslaw I. von Böhmen, Herzog Wartislaw aus Schlesien, Markgraf Otto von Stade, Graf Otto von Askanien und vielen anderen Fürsten (W. Jobst 1573). Dann wird von Jobst erst wieder Fürst Schwantibor genannt, den Boleslaw II. von Polen im Jahre 1104 besiegte und zu seinem Lehnsträger machte. Dessen Sohn Wartislaw ließ sich 1124 von Bischof Otto von Bamberg mit seiner Familie und

Die Genealogie der Fürsten von Pommerellen, der Kaschuben und Wenden
bis zum 13. Jh., Seitenzweig des pommerschen Fürstengeschlechtes, n. W. Jobst (1573)

Burgislaw	Sohn von Schwantipolck I. († 1150), Herzog von Pommerellen gemeinsam mit Bruder Schwantipolck († 1119)	
	Kinder:	1. Zubislaw
Zubislaw	Herzog der Kaschuben in Pommerellen ∞ Anna, Tochter v. Herzog Witzlaw von Polen	
	Kinder:	1. Sambor 2. Westwin oder Mestingu
Sambor	Herzog von Pommerellen († 1207)	
	Kinder:	1. Zubislaw, kinderlos gestorben
Westwin	Fürst der Kaschuben und Wenden in Pommerellen († 1220) ∞ Maria, Tochter von Herzog Witzlaw von Polen	
	Kinder:	1. Ratibor 2. Sambor († 1227) 3. Schwantipolck 4. Wartislaw 5. Tochter N.N., ∞ Wlasialaw Otto, Herzog von Polen

seinem Bruder taufen. Er führte Krieg gegen Boleslaw III. von Polen (1102–1138), gegen Dänemark, die Rugier und die Sachsen. Sein Sohn Bugislaw wurde Lehnsträger des Deutschen Reiches und 1182 im Feldlager vor Lübeck von Kaiser Friedrich I. zum Herzog von Pommern ernannt.

Ein anderer Bugislaw, Sohn von Schwantibor I., Begründer der Linie von Pommerellen, ließ sich 1108 zusammen mit seinem Bruder Schwantipolck taufen und wurde polnischer Lehnsträger. Sein Sohn Zubislaw gründete die Stadt Danzig. Zwei seiner Söhne traten in den Deutschen Orden ein.

Die Genealogien von Jobst (1573) und Jänichen (1938) sind lückenhaft. Sie ergänzen sich jedoch, indem bei Jänichen zusätzlich zu Jobst noch Ziemomysl aufgeführt wird.

Auch bei dem pommerschen, noch heidnischen Fürstengeschlecht mit ostvandalischer Herkunft sehen wir mit Verheiratungen von Töchtern an den Sachsenherzog Benno und Heiraten mit Töchtern nordischer Könige die gleichberechtigte Anerkennung unter germanisch-deutschen Fürstengeschlechtern, was besonders in der Genealogie von Jänichen deutlich wird.

Ein in der Odermündung zwischen 950 und 1000 lebender Pommernfürst Burzileif hatte aus erster Ehe zwei Töchter mit den germanischen Namen Geira und Astrid. Geira war die erste Frau des Norwegerkönigs Olaf Trygvason († 1000). Astrid heiratete den Jarl der Jomswikinger Sigvaldi. In zweiter Ehe hatte Burzileif oder Burislaw die Tochter König Haralds von Dänemark zur Frau. Die verwandtschaftlichen Verflechtungen der nordischen Königshäuser unter sich, mit den Daglingern und mit Burzileif zeigt die umstehende Tafel (H. Jänichen 1938).

Der Name *Pomeranen* (Pomerani der lateinischen Quellen, Po = an, merani = die am Meer Wohnenden) bedeutet im Kaschubischen heute (!) – die Kaschuben sind die östlichen Nachbarn der Pommern und ethnisch verwandt mit den Prußen – nicht: die am Meer Wohnenden, sondern: die hinter dem Meer Wohnenden. Der namensgebende Stamm muß also nördlich der Ostsee gewohnt haben und die heutigen Kaschuben waren ein Teil davon.

4.2.9.4 Die Sorben

Das ursprüngliche sorbische Sprachgebiet läßt sich mit Hilfe von Ortsnamen ermitteln. Es reicht im Osten bis an die Bober, im Norden bis an die Linie Frankfurt-Fürstenwalde-Köpenick, von da nach Süden bis zur Dahme, von dort nach Westen bis zur Saale, diese entlang und im Süden bis zu den Grenzgebirgen Böhmens, nach Westen über diese hinaus bis in das Obermaingebiet. Dieses Gebiet wurde von den 968 gegründeten Bistümern Meißen, Merseburg, Zeitz-Naumburg und Magdeburg abgedeckt. Der große „Slawenaufstand" 983 hatte hier keine so weitreichenden Folgen wie bei den Obodriten und Liutitzen. Kaiser Heinrich III. hielt auf der Burg Meißen 1047 einen großen Fürstentag ab.

In diesem Gebiet muß es noch im 7. Jahrhundert mancherorts elbgermanische Restbevölkerungen aus der Völkerwanderungszeit gegeben haben, wie Ortsnamen zeigen, die vor und zur Zeit Karls des Großen chronistisch genannt sind, wie z.B. Weidahaburg, Werinofelda (Feld der Warnen), Fergunna und der Name des Erzgebirges, Miriquidu (W. Schlesinger 1960).

Die historischen Nachrichten über die Sorben sind spärlich. In der Chronik des Fredegar wird berichtet, 631, nach dem Siege Samos über Dagobert, seien die Sorben *„ex genere Sclavorum"*, aus dem Volk der Sclavi, mit ihrem Dux Dervanus von den Franken abgefallen und sie hätten sich Samo, dem Herrscher der *„Sclavi cognomento Winidi"*, der Sclavi mit dem Beinamen Winidi,

Die Verwandschaft der pommerschen Fürsten mit nordgermanischen Königshäusern
nach H. Jänichen (1938)

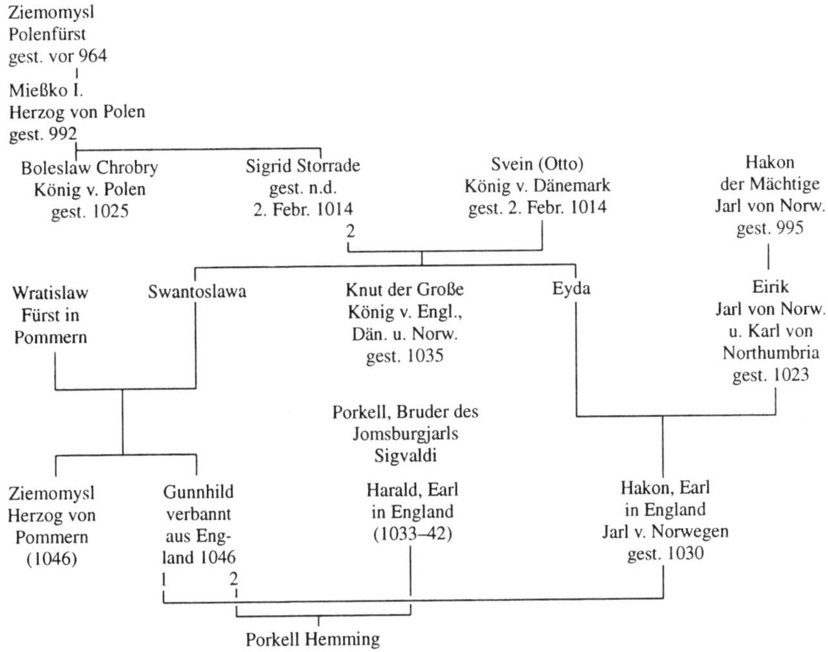

angeschlossen. Nach Fredegar hatte der Herzog der Thüringer einen freundschaftlichen Vertrag mit den benachbarten Winidi und anderen Stämmen abgeschlossen, wobei offenbar die Sorben mit Winidi gemeint sind. Der Nachfolger Fredegars berichtet, daß 748 die *„reges* (dieser) *Winidorum seu Frigionum"* Pippin gegen die Sachsen unterstützten. Karl der Große unterwarf 805/806 die Sorben und ihr König (rex) Milito wurde getötet. 858 ermordeten sie ihren Dux Zistiboro, der Ludwig dem Deutschen treu gesinnt war, um vom Deutschen Reich abzufallen.

Das Ziel der Herrscher des ostfränkischen Reiches war die Sicherung der Grenze an Elbe und Saale. Von da aus wurden in den Jahren 806, 816, 839, 851, 869 und 880 Feldzüge gegen die Sorben unternommen. Während des Winterfeldzuges 928/29 gründete Heinrich I. nach der Eroberung von Brandenburg die Burg Meißen, ehe er weiter nach Böhmen zog.

Die Sorben sicherten ihr Gebiet durch Burgen. So wurde bei Kretschau-Groitzschen (Kr. Zeitz) eine Burg ergraben, die einen dreifachen Ring von Gräben und im Inneren ein 30 m langes Pfostenhaus besaß. Schon im 7. Jahrhundert, also schon vor Beginn der Christianisierung der Westgermanen westlich von Elbe und Saale, begannen die Sorben von West nach Ost fortschreitend von der Brandbestattung zur Körperbestattung in Reihengräbern überzugehen (H. Brachmann 1991). Sie übernahmen diese Sitte also noch von den heidnischen Westgermanen nach ihrer Landnahme und Kontakten zu diesen. In der 2. Hälfte des 8. Jahrhunderts waren die Sorben dem Großmährischen Reich tributpflichtig. Erst unter Heinrich I. griff das Reich nach Osten über die Elbe-Saale-Grenze hinaus.

Die *Sorben* gliederten sich in Teilstämme, die *Daleminzer*, *Siusler*, *Kolditzer*, *Milzener* und *Lausitzer* unter Kleinkönigen. Diese Stammesnamen erscheinen auch als Landschaftsnamen und stammen daher noch aus der Ansiedlungszeit.

Neben den Stammes- und Teilstammesherrschern, die sich auf gefolgschaftsähnliche Verbände stützten und in den Quellen *rex* und *dux* genannt werden, gab es Adlige, *primores*, die wohl auf den Burgen saßen. Der Bairische Geograph (um 850) zählt die befestigten Plätze, *civitates*, auf; die Sorben hatten 50, die Daleminzer 14, die Lausitzer 30, die Milzener 30 und die Besunzanen 2. Die Stämme gliederten sich also in Burgbezirke und die Burgen werden auch Fluchtburgen gewesen sein. Thietmar von Merseburg berichtet, daß die Burg Liubusua bewohnt war, 12 Tore hatte und 10000 Menschen fassen konnte.

Unter deutscher Herrschaft wurde der gesellschaftliche Oberbau: Wehrwesen, Gerichtsbarkeit und Kirche nach deutschem Vorbild aufgebaut. Die Adligen, *primores*, verschwanden. Doch 1071, bei einem Rechtsgeschäft unter Heinrich IV., tauchten als Zeugen unter den 22 Gefolgsleuten des Markgrafen Ekbert 14 mit „slawischen" Namen auf. Bereits damals war für die Ostvandalen ein sozialer Aufstieg im Wehrwesen möglich. In den Dörfern wurde die Dorfmarkverfassung durch das Bodeneigentum der Bauern in Hufen abgelöst. Die Dorfvorstände, zu deutsch Aldermänner, waren die Supanen, die auch Gerichtsschöffen waren.

„Überblickt man das Gesagte, so zeigt sich, daß die Verfassung der Sorben von der eines germanischen Stammes nicht so grundlegend verschieden gewesen sein kann, wie man wohl zeitweise angenommen hat" (W. Schlesinger 1960).

Nach Eingliederung des sorbischen Stammes in das Reich wurden Sorben weit westlich der alten Stammesgrenze an der Saale am inneren Landesausbau beteiligt. Sie konnten noch nach der Christianisierung bei Espenfeld 25 km südwestlich von Erfurt von 1000 bis 1150 einen Reihengräberfriedhof belegen. Unter den reichen Beigaben waren drei sporenführende Gräber, die ihre Träger als Reiterkrieger eines Grundherren ausweisen (H. Bach u.a. 1971).

Sowohl im sorbischen Gebiet zwischen Saale und Elbe, das von Heinrich I. dem Reich eingefügt worden war, als auch in den später dem Reich eingefügten Gebieten bis zur Oder setzte schon vor Beginn der deutschen Ostkolonisation eine Frühkolonisation ein, die von Sorben getragen war. Das sorbische Stammesgebiet des Altsiedellandes in der Oberlausitz zwischen Kamenz, Weißenburg und Löbau erweiterte sich dadurch beträchtlich nach Westen, Norden und Osten. Der Ansatz der Siedler erfolgte nicht nach deutschem Recht mit Hufen als Einzelsiedler, sondern nach der sorbischen Dorfverfassung (H. Schulze 1982).

4.2.9.5 Die Wilzen und der Liutizenbund

Die Stammesgebiete der Wilzen (*Welatabi* der Chronisten) bestanden nach dem Bairischen Geographen (zwischen 844 und 862, W. Fritze 1952) aus 4 *regiones*, den Teilstämmen der *Kessiner*, *Zirzipanen*, *Tollenser* und *Redarier* mit 95 *civitates*. Der Name der Liutizen taucht als *liotida* in einem Völkerverzeichnis des Norwegerkönigs Rodulf als aus Skandinavien stammend auf (O. Kunkel 1940). Damit können die skandinavischen Liutizen stammesbildend in rückgewanderten Ostvandalen gewirkt haben.

Diese aus Skandinavien stammenden Liotida können vielleicht die Erzeuger der Fresendorfer Keramik gewesen sein, die der in Haithabu und Birka gebräuchlichen sehr ähnlich ist (L. Dralle

1981, Anm. 11, 232). Dann wären Nordgermanen stammesbildend nicht nur bei den *Wilzen* gewesen, sondern auch, wie aus der weiten Verbreitung der Fresendorfer Keramik bis Ostmecklenburg folgt, auch bei den *Ranen*.

Aus dem Gebiet der Wilzen sind Bartäxte bekannt geworden. Weitere Hinweise auf Wikinger als Bewohner der Hafensiedlung Menzlin an der Peene bei Anklam sind Streitäxte, ein Wikingerschwert, ovale Schalenspangen und die Amulette der Miniaturaxt und des Thorshammerrings, die Gläubige nordgermanischer Religion bezeugen, sowie schiffsförmige Steinsetzungen um Brandgräber (U. Schoknecht 1969). In der Thidrekssage wird das Land der Wilzen als ein Teil Schwedens bezeichnet (Ritter-Schaumburg 1989).

Im Gebiet der Ranen wären diese dann zu unterscheiden von rückgewanderten *Rugiern*. Im Hause des vergrabenen großen Schatzes in Ralswiek fand man Fresendorfer Scherben. Auf Rügen herrscht die Fresendorfer Keramik vor (Abb. 28).

So wie die Namen der Fürsten der Obodriten, Drazko und Ceadrag, sind auch die Namen der wilzischen Fürsten Dragovit und Cealadrag nordischer Herkunft und ein Hinweis auf nordische Verwandtschaft oder Herkunft des Geschlechts sowie auf Verwandtschaft mit dem Fürstenhaus der Obodriten. Dragovit wurde 738 von Karl Martell eingesetzt. Er herrschte bis 789, sein Sohn Liub bis 808, dessen Sohn Milegast bis 823 und von da an nach einem Schiedsspruch Kaiser Ludwigs sein Bruder Cealadrag.

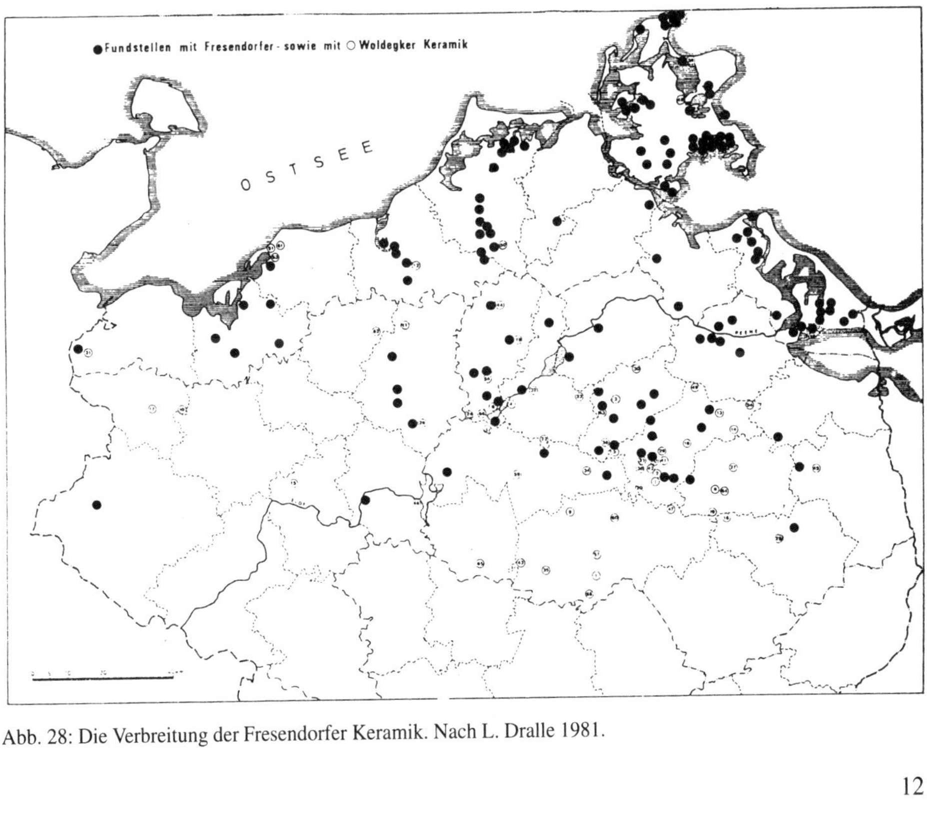

Abb. 28: Die Verbreitung der Fresendorfer Keramik. Nach L. Dralle 1981.

789 unternahm Karl der Große einen Feldzug gegen die Wilzen, die mit den Sachsen verbündet waren, er hatte die Obodriten als Bundesgenossen. Der *rex Sclavorum* Dragovit legte einen Treueeid ab. Über seine Taufe oder eine Missionierung ist jedoch nichts bekannt. 812 kam es zu Grenzkämpfen mit Franken. 823 schlichtete Ludwig der Fromme auf dem Frankfurter Reichstag einen Streit zwischen den beiden Wilzenkönigen und Brüdern. 928/29 unternahm König Heinrich I. einen Winterfeldzug und nahm Brandenburg ein. Der Chronist Widukind von Corvey berichtet von den Abodriten, Redariern, Hevellern, Daleminziern und Böhmen, daß Heinrich sie sich tributpflichtig gemacht hatte. Nach dem Sieg auf dem Lechfeld 955 mußten die Wilzen 955 und 957 erneut unterworfen werden.

Die Verfassung der Wilzen war ähnlich wie die der *Slowenen*, *Böhmen* und der des *Daglinger Reichs*. Die Herrschaftsnachfolge gebührte dem ältesten Sohn, während das Fürstenrecht der Familie gehörte. Die Herrschaftsübertragung war an die Zustimmung der Volksversammlung, die ein Wahlrecht und auch Überwachungs- und Absetzungsrechte hatte, gebunden. Nach 983 berichten die Chronisten nicht mehr von Fürsten (M. Hellmann 1960).

Aus dem Zerfall des hevellisch-wilzischen Fürstentums nach der ersten Eroberung Brandenburgs 928 entstand der Liutizenbund, der durch die Redarier maßgeblich beeinflußt wurde. In den Quellen werden die Liutizen erstmalig 991 genannt. Im Heiligtum der Redarier, das zum Zentralheiligtum im ganzen Gebiet des ehemaligen wilzisch-hevellischen Gebietes aufrückte, wurde der große Wendenaufstand 983 vorbereitet und unter Mitwirkung der beiden Herrscher der Obodriten Mistiwoi und Mizzidrag ausgerufen.

Dem Liutizenbund gehörten alle unabhängigen ostvandalischen Stämme zwischen Elbe und Oder außer den Obodriten und Sorben an. Sein oberstes Entscheidungsgremium bestand nach Thietmar von Merseburg aus den Priores (Adligen, Bevollmächtigten der Stammesfürsten) und den Kriegern. Die Entscheidungen, die vorher dem Orakelspruch des Heiligtums von Rethra unterworfen wurden, mußten einstimmig gefaßt werden. Die Mitwirkung der Priester Rethras an den politischen Entscheidungen ist wahrscheinlich, Der große Wendenaufstand 983 hatte einen Rückschlag der gesamten Reichspolitik im Osten zur Folge. 1002 kämpfte Kaiser Otto III. mit den Liutizen zusammen gegen die Daglinger. 1056/57 kam es zu inneren Kämpfen im Liutizenbund und die Kessiner und Zirzipanen gerieten in der Folge unter die Herrschaft des Obodritenkönigs Gottschalk. 1066 erhoben sich die Redarier. 1068 gelang es dem Bischof Burchard von Halberstadt, das Heiligtum Rethra zu zerstören. Die Macht des Liutizenbundes bestand danach nur in kleinerem Rahmen weiter. Sein Schwergewicht verlagerte sich zu den Ranen mit deren Heiligtum Arkona auf Rügen. Die Ranen gehörten anfangs nicht zum Liutizenbund. Der Obodritenkönig Heinrich unterwarf 1093 die Wilzen und Pommern bis zur Oder und Havel und schloß sie seinem Reich an, was aber nur von kurzer Dauer war. Herzog Lothar von Sachsen unternahm 1114 und 1121 Feldzüge gegen die Kessiner, eroberte ihre Hauptburg Kessin und unterwarf sie. Erst 1157 konnten die Liutizen endgültig unterworfen werden.

Im Stammesgebiet der Wilzen bestanden bis nach 1200 im Gebiet des Tollensesees (Abb. 21) zwei Adelssitze. Der eine auf der Fischerinsel im Tollensesee, zu der von Süden eine Brücke führte, barg das doppelköpfige Götterbild (Abb. 80, Kap. 5.2). Dort bestand eine Siedlung mit mehreren Häusern, einer Werkstatt, die Schläfenringe, Schlösser und Schlüssel, Messer, Sicheln und Nägel herstellte sowie einer mit Verarbeitung von Pelztieren wie Dachs, Fischotter, Biber, Fuchs und Eichhörnchen. Im Adelssitz auf der Insel Hanfwerder im Lieps-See südlich des Tollensesees standen ein Haus von mindestens 7 x 6,4 m Größe sowie weitere mit Bohlen ausgelegte Häuser von Größen bis 5 x 4 m, wahrscheinlich zumeist Blockbauten, hinter einer doppelwandigen Uferbefestigung in Blockbau in einer Reihe. Jenseits davon stand ein Haus in Pfostenbauweise, das offenbar kultischen

Zwecken diente. Es barg keinen Herd, aber vor der Außenseite eines Tores, das zum Gräberfeld wies, waren Schädel von einem Pferd und von Rindern vergraben. Unter den Funden sind Bartäxte, eine kleine Prunkaxt, Steigbügel, Sporen, Hufeisen, sowie von der Fischerinsel eine damaszierte Lanzenspitze. Gegenüber der Insel Hanfwerder wurden die Angehörigen des Adelssitzes in Körpergräbern bestattet. Man fand ein Holzkammergrab sowie drei Totenhäuser. Das Gräberfeld war von einer Steinmauer umgeben (V. Schmidt 1984).

4.2.9.6 Die Heveller

Die Heveller hatten in der Brandenburg (1. Siedlung 7. Jh.) ihren Stammessitz. Die weitere Umgebung war noch im 6. Jahrhundert relativ dicht germanisch besiedelt (s. Kap. 4.2.7) Der böhmische Herzog Wratislaw (905–921) war mit Drahomira, einer Tochter aus dem Fürstengeschlecht der Heveller verheiratet. 928/29 wurde Brandenburg im Winter das erste Mal durch Heinrich I. erobert. Der Hevellerfürst mußte seinen Sohn Tugumir und seine Tochter als Geiseln stellen. Diese Tochter war die erste Frau von Kaiser Otto I. Ihr Sohn Wilhelm wurde von Otto als Erzbischof von Mainz eingesetzt. Der erbfolgeberechtigte Tugumir öffnete nach seiner Rückkehr nach der Brandenburg 940 diese dem Zugriff Ottos I. Daraufhin unterwarfen sich alle Stämme bis zur Oder.

Da unter den obodritischen wie unter den hevellischen Fürsten Namen mit *-drag*, die nicht polabischen und pomoranischen Ursprungs sind, wiederholt vorkommen, wird eine gemeinsame Abstammung vermutet (B. Friedmann 1986).

946 und 948 wurden die Bistümer Havelberg und Brandenburg gegründet. Ihre Grenzen von Oder, Peene, Elde, Elbe bis zur Lausitz lassen die ungefähre Ausdehnung des hevellischen Fürstentums vor 929 erkennen. Der Anspruch auf diese Grenzen konnte jedoch nicht durchgesetzt werden, vor allem, da die Ermordung von 30 ostvandalischen Fürsten durch Markgraf Gero Widerstände weckte. Es entstand der Liutizenbund und im großen Wendenaufstand 983 wurde die deutsche Herrschaft abgeschüttelt. Zu Beginn des 12. Jahrhunderts wurde das Gebiet der Heveller dem Reich der Obodriten angegliedert. Beim Tode des Obodritenkönigs Heinrich 1127 wurden die Heveller wieder selbständig. Die Herrschaft übernahm Pribislaw aus altem hevellischem Fürstengeschlecht. Seine Gemahlin war Mathilde, Tochter von Dietrich von Haldensleben. Er führte den Titel *rex* und prägte Münzen. Gegen den Willen der Priester des Triglavheiligtums und der Adligen setzte er, der 1150 kinderlos starb, den Askanier Albrecht den Bär als Erben ein, der 1157 sein Erbe eroberte und einen Verwandten der Frau des Pribislaw, Jaxa von Köpenick, der ein Schwiegersohn des Peter von Wlast aus Breslau war, vertrieb. Mit diesem, der eine warägische Mutter hatte, werden auch bei den Hevellern verwandtschaftliche Beziehungen zu nordgermanischen Fürstengeschlechtern sichtbar. Andererseits werden mit Pribislaus, oder wie er in lateinischen Chroniken hieß, Pržemyslaus, verwandtschaftliche Beziehungen zu den böhmischen Pržemysliden sichtbar und mit dem verwandten Namen der Stadt Prenzlau zu dem Fürstengeschlecht der Wilzen.

4.2.9.7 Die Ranen

Von dem etwa 200 n.d.Ztr. nach Rügen gelangten Teil der Rugier, die am Ausgang der Völkerwanderung ein Reich nördlich der Donau besaßen, welches 487/88 von Odoaker zerstört wurde,

Die Genealogie der Fürsten von Rügen
nach U. Scheil, 1962

I.

1. Tezlaw 1163? (o. N.), 1164 - 1170? (1173? 1176?)

2. Jaromar I. 1163? (o. N.), 1168 Fürst, 1170 1180 - 1209, † 1217/18, † 4. Aug. 1218; *avunculus* Bogislaws I. von Pommern 1182. ∞ vor 1180? Gem. N.N., Mutter Wizlaws I., 1225 (tot?)

II.

Dubizlaw von Wittow 1224, 1232

3. Barnuta 1193 - 5. Febr. 1236, † vor 8. Jan. (1237?); ∞ (Slaumera?) T. Slavomars, Demminer Edlen 8. Jan. (1237?)

4. Wizlaw I. * um 1180?, 1193 (Vinzislaus) – April 1249, princeps 1221, resigniert um 1245/46, † 7. Juni, am wahrscheinlichsten wohl 1255/56
∞ Magarete (dänischer Herkunft?) 1225 – 5. März 1232, † vor 16. Sept. 1237; pueri 1225

5. Pybygnew tot 5. März 1232

III.

Haus Gristow

8. Jarozlaw, Probst von Tribsees u. Rügen, 8. Nov. 1231 – 1242, † 1242, vor 25. Sept.?, wohl sicher vor März (1243?)

9. Petrus 8. Nov. 1231 – 16. Sept. 1237, † nach 16. Sept. 1237 u. wohl sicher vor 25. Febr. 1240

10. Jaromar II. * vielleicht 1218; 8. Nov. 1231–20. Aug. 1260, Mitregent (*junior princeps*) spätestens 28. Sept. 1246 † (erstochen) 1260, nach 20. Aug.
∞ (vor 17. März 1248. etwa um 1240?) Eufemia, T. Hz. Swantopolks v. Pomerellen, *vielleicht um 1220?, † (oder bestattet) 29.April 1270

IV.

14. Wizlaw II. * etwa um 1240, † 29. Dez. 1302. ∞ um 1263 (nicht früher) Agnes, T. Hz. Ottos d. Kindes v. Braunschweig-Lüneburg. † als Witwe (nach 29. Dez. 1302) (vielleicht vor 15. Mai. 1311?)

15. Margarete t 1272 nach 27. Mai ∞ vor 1260 (1257?) Erich I. Hz. v. Südjütland (Schleswig), † 27. Mai 1272

V.

17. Wizlaw III. * 1263/70 (etwa um 1265), *junior princeps* zuerst 1286, † 8. Nov. 1325
∞ I. vor 9. April 1305 (Leibgedigne) Margarete, lebt 14. April 1310 (Wittum) keine. Kinder, 9. April 1305.
II. frühestens 1310/11, sicher vor 8. Nov. 1325, Agnes, T. Gf. Gunthers v. Lindow-Ruppin
2. Gemahl 1328, sicher vor 13. Jan. 1329 Heinrichs d. Löwen v. Mecklenburg, † 21./22. Jan. 1329.
wohl 3. Gemahl nach 9. April 1331 oder 1333 Rudolfs I., Hz. v. Sachsen-Wittenberg, † März 1356, Agnes dann † 9. Mai 1343

18. Jaromar, erw. Bischof v. Cammin, prov. 7. Okt. 1289, * frühestens 1267 nicht vor 23. Sept, † zwischen 23. Sept. 1293 und 13. Juli 1294

19. Sambor 18. März 1285 – 6. Mai 1304, *junior princeps* 24. Jan. 1295 u.ö.; † 4. Juni 1304

VI:

25. Eufemia * frühestens 1311, spätestens Anfang 1313; verlobt April/Mai 1313 mit Magnus, Sohn Kg. Birgers v. Schweden, * 1300 um Michaelis, † (enthauptet) 1., Juni oder 27. Okt. 1320

26. Agnes * wohl etwa 1312, lebt 9. Aug., 1324, 18. Dez. 1325. † spätestens um 1336/37? (längere Zeit vor 22. Juni 1344). ∞ kurz vor 2. Sept. (nach 9. Aug.) 1324 Albrecht II. Gf. v. Anhalt-Köthen, Sohn Albrechts I., * 1305 (nach 2. März), † 1362, nicht lange vor 17. Juli (2. Gemahlin Beatrix, Tochter Rudolfs I. v. Sachsen-Wittenberg)

Die Genealogie der Fürsten von Rügen
nach U. Scheil, 1962

?Stoislaw I. 1193, wahrscheinlicher Stammvater des Hauses Putbus (erloschen 1858), dessen Vorfahren im männlicher Linie sich von dem Geschlecht Joramars I. noch in der heidnischen Zeit abgezweigt hatten.

6. (Lucia) * spätestens Anfang 1190?; 25. Dez. 1208, † 19. Febr. frühestens 1209
∞ spätestens Anfang 1202 Wladyslaw III. Laskonogi, Hz. v. Großpolen (u. Krakau),
* spätestens um 1174, † 18. Aug. oder 3. Nov. 1231

? 7. Z(w)entepolk
18. Februar 1207

11. Wizlaw 8. Nov. 1231 – 25 Sept. 1242, †
24. Juni 124(5?) (Wohl schon 2. April 1245?), † 10. Juli 1243 oder 1244?

12. Burizlaw 8. Nov. 1231, 5. März 1232, 8. Jan. (1237?), † zwischen 8. Jan. u. 16. Sept. 1237?

13. Nikolaus 8. Nov. 1231, 5. März 1232, 8. Jan. (1237?), † zwischen 8. Jan. u. 16. Sept. 1237?

16. Jaromar III. *princips*, bzw. *junior princips*
1268 u.ö., 13. Jan. 1264 - 6. Juli 1282,
† vor 10. Okt. 1285

20. Margarete * wohl um 1270/71, † zwischen 4. Dez. 1315 u. 3. Febr. 1320 († 1318?).
∞ spätestens wohl 1287 (um 1283/85?- Bogislaw IV. Hz. v. Pommern; * vielleicht um 1255/58, † 19. Febr. 1309

21. Helena * spätestens um 1270, eher 1271; 27 Dez. 1302, † 9 Aug. 1315
∞ I. 3. Nov. spätestens 1288 Johann III. v. Mecklenburg, Sohn Heinrichs I. * wahrscheinlich 1270 (1270/71), † (ertrunken) 27. Mai 1289
II. vor 27. Dez. 1302 (vor 1300?) Bernhard II. v. Anhalt-Bernburg, 1. April 1284 – 78. Juni 1320?
† wohl frühestens nach 7. Juni 1320

22. Swantepolk
18. März 1285

23. Eufemia
* um 1280,
† 1. Mai 1312
∞ 1. Hälfte 1299 Hakon V., Hz., dann Kg. v. Norwegen;
* 1270, † 8. Mai 1319

24. Sophie
27. Dezember 1302

27. Jaromar * frühestens 1312/13, vielleicht erst kurz vor 15. März 1325 (*domicellus*)?, † 24./25. Mai 1325
Verlobt 15. März 1325 mit Beatrix (Beata), T. Heinrichs d. Löwen v. Mecklenburg, * 1324, vor 16. Apr., 20. Jan. 1329 Nonne, Äbtissin des Clarissenkloster zu Ribnitz 28. Mai 1348 – 1398, vor 5. Mai
† 8. April oder 5. Aug. 1399

erhielt die Insel ihren Namen. Die Rugier verschmolzen mit den nach 600 angekommenen ostvandalischen Ranen zu einem Stamm. Auch die Ranen werden im Völkerverzeichnis des norwegischen Königs Rodulf als aus Skandinavien stammend genannt (O. Kunkel 1940). Die gegenseitigen Bevölkerungszahlen können aus den Funden geschätzt werden. Die Ranen waren vielleicht doppelt so zahlreich wie die Rugier. In den Pollendiagrammen läßt sich nur in 3 von 17 Profilen eine Unterbrechung zwischen der Besiedlung vor und nach Ankunft der Ranen finden. In 14 Profilen ist keine Siedlungslücke nachweisbar. Die siedlungsanzeigenden Pollen nehmen zu und der Anbau von Roggen setzt ein, nur in der Umgebung von Arkona wird mehr Hafer als Roggen angebaut (E. Lange u.a. 1986). Nach ihrer Ansiedlung war Rügen im landwirtschaftlichen Siedlungsbereich fast so dicht bevölkert wie heute. Die Führung besaß ein Geschlecht mit nordgermanischen Namen, die Fürsten wurden von Helmold von Bosau *rex* genannt.

In der Staatsorganisation besaß die Volksversammlung, die der König einberief, bedeutende Rechte. Es entstanden Fluchtburgen, die Burg des Heiligtums Arkona (s. Kap. 5.2) und der Hafen mit der stadtähnlichen Siedlung Ralswiek. 1136 wurde Arkona erstmals von den Dänen zerstört und 1168 bei der Unterwerfung der Insel nochmals. Die Fürsten wurden dänische Lehnsträger. Ihre Burg Garz wurde nicht zerstört.

Vom 8. Jahrhundert ab nahmen die Ranen lebhaft am Seeverkehr auf der Ostsee teil und trieben selbst Handel. Die Schiffe, von denen 4 bei Ralswiek gefunden wurden, waren bis 14 m lang, 3,40 m breit, trugen 10 Ruderer und mehrere Tonnen Ladung. Sie hatten wie die Schiffe der Wikinger einen Kiel und konnten Mast und Segel tragen.

Die Bevölkerung, ein am Ende der Völkerwanderung neu gebildeter Stamm aus Rugiern und Ranen, nahm nach Beginn der Seefahrten der Wikinger auch noch Nordgermanen auf. Von diesen zeugen der Goldschatz von Hiddensee, um 1000 in Jütland hergestellt (P. Paulsen 1935) sowie die Hügelgräber neben der Siedlung von Ralswiek (s. Kap. 7.4.7). Das Stammesheiligtum Arkona war bis ins 12. Jahrhundert zugleich Hauptheiligtum der zwischen dem Deutschen Reich und dem Daglinger Reich, zwischen Elbe und Oder noch freien Ostvandalen. Die Bauweise des Tempels auf Arkona entsprach der nordgermanischen Tempelbauweise, wie wir sie im Prinzip bei den Stabkirchen vorfinden. Dies wiederum deutet auf gesamtgermanische religiöse und ethnische Gemeinsamkeiten.

Der älteste namhaft gewordene Fürst der Ranen wird Race, Raze oder Ratze genannt, stammend aus dem Geschlecht der Cruto oder Crito. Beides sind nordgermanische Namen. Seine Söhne waren Tezlaw, geb. etwa um 1144, Jaromar oder Germar und Stoislaw. Mit dem pommerschen Herzogshaus besteht Verwandtschaft. Jaromar ist der Großoheim des pommerschen Herzogs Bogislaw († 1188) und wurde 1193 als getauft erwähnt (U. Scheil 1962). Die überlieferten Namen rügenscher Adliger Dalemar, Dabromar, Gotan, Gotamar und Tessimar weisen auf nordgermanische Verwandtschaft oder Sprachverwandtschaft.

4.2.9.8 Namen und Herkunft ostvandalischer Geschlechter aus dem Raum zwischen Elbe, Oder, Böhmen und Schlesien

Es ist schon wiederholt festgestellt worden, daß die Namen ostvandalischer Fürsten nur zum Teil „slawisch" sind. Es finden sich nord-, ost- und westgermanische Namen und solche, die, wie Heinrich, noch heute gebräuchlich sind. Ein Obodritenfürst trug um 808 den nordischen Namen

Drazko. Mit Uto-Pribignev wird um 1020–1029 ein Sederich genannt, ein Name, der dem altnordischen Sigtrygg entspricht, ähnlich Anatrog dem schwedischen Anadrod. Damit sind verwandtschaftliche Bindungen zur schwedischen Dynastie von Haidaby wahrscheinlich. In den Reichenauer Annalen steht unter dem Jahr 931: *„Heinricus rex regnum Abodritorum ac Nordmannorum“*. Der König Olaf von Schweden hatte eine Fürstentochter der Obodriten namens Astrid zur Frau. Mistiwojs Tochter Tofa heiratete den dänischen König Harald. Gottschalk hatte eine dänische Prinzessin zur Frau. König Olafs Sohn weilte zur Erziehung im Wendenland (in zwei Chroniken in Uppsala *„Vindland“*)[1]. Am Obodritenhof waren also germanische Sitten üblich. Alles das spricht für die skandinavische Abkunft des Fürstenhauses (H. Jänichen 1938). Da im Stamme der Obodriten Teile der Heruler aufgegangen sind, und da die Heruler sich bereits vor ihrer Nordwanderung um 512 zweimal Könige aus ihrer alten Heimat in Skandinavien geholt hatten, gewinnt diese Annahme Jänichens hohe Wahrscheinlichkeit.

Auf dem Grabstein für Pribislaw († 1178) steht: *„1179 Pribislaus Dei Gratia Herulorum, Vagniorum, Circipaenorum, Polamborum, Obitrarum, Kissinorum, Vandalorum rex“* (G. Horstmann 1980).

Von den Fürsten der Ranen auf Rügen sind folgende Namen bekannt: Dalemar, Dobromar, Dagomar, Gotan, Gotamar, Tessimar, Jasomar, deren nordgermanische und gotische Verwandtschaft auffällt. In dem einen steckt der Name Dago, der als Vorname des ersten Daglingers wiederkehrt.

Von den Fürsten der Pommern ist aus einer englischen Chronik für 1044 *„Wyrtgeorn rex Winidorum“* genannt, ein nordgermanischer Name, dessen Hauptsilbe bei dem pommerschen Geschlecht wiederholt in dem Namen Wrytesleof vorkommt. Die Kinder jenes Fürsten heißen Ulf, Herleif, Ennhild, Gunnhild. Auch für das pommersche Fürstengeschlecht ist skandinavische Herkunft anzunehmen (H. Jänichen 1938).

Der erste historisch sicher bezeugte Pommernfürst ist Herzog Zemuzil oder Ziemomysl von 1046. Den gleichen Namen trug der Vater des ersten Daglingers Mesiko I. Der Vater von Ziemomysl hatte Swantoslawa zur Frau, die Tochter von Svein, König von Dänemark und Sigrid Storrade, Tochter von Miseko I. Die pommerschen Fürsten stammen somit vom dänischen und polnischen Königsgeschlecht ab (H. Jänichen 1938) (s. Kap. 4.2.11.1.2).

Da auch bei den *Liutizen* (s. Kap. 4.2.9.5) die nordgermanische Abkunft von Fürstengeschlechtern zu vermuten ist, so wie sie bei den *Obodriten* und den *Pommeranen* wahrscheinlich ist, und da mit *Herulern, Liotida, Warnen, Rugiern* beträchtliche, bisher völlig übersehene und außer acht gelassene germanische Bevölkerungsanteile – ganz wie in der Völkerwanderung üblich – mit den rückgewanderten Ostvandalen neue Stammesverbindungen eingingen, kann auch bei den „Slawen“ zwischen Elbe, Saale und Oder, in Schlesien und Pommern nicht von ethnischer, nichtgermanischer Besonderheit gesprochen werden. Daher konnten sie dann auch nach Jahrhunderten der Dezimierung durch Religionskriege im Namen des Christentums problemlos in das deutsche Volk aufgenommen werden.

Diese germanisch-deutsche Volkszugehörigkeit der Stämme im Osten, die durch anthropologische Untersuchungen gesichert ist, wurde bis zur Vertreibung in diesem Jahrhundert bewahrt. Es gelang der begnadeten Porträtistin E. Lendvai-Dircksen in ihren großen Bildwerken noch, das deutsche Volksgesicht im Osten festzuhalten und dieses Bild der Nachwelt zu überliefern

[1] *Heimskringla eda Sogur Noregs konunga Snorra Sturlusonar*, Uppsala 1870, II S. 85, Fornmanna Sögur eptir gömlun handitum utgefna ad tilhlutum hins norraena fonrnfraeda felags, IV S. 179, zit. nach H. Jänichen 1938.

Geschlechtsnamen	Kennnamen	erstes Auftreten	Heimat	Rune	Handzeichen
Pobog	Woyslaw, Zyra, Sasin, Trojan, Olt, Miszcziwoy	Seczech 1081 Woyslaw 1111–24	Seczechow a. d. Weichsel um 1100	kaun u.	
Bienia-Kolmasz				„ verdoppelt	
?				„ mit	
?				„ mit	
Rogala	Michael, Wilk, Dalibor, Gnewomir, Alard (Alzik), Sambor	Michael † vor 1203	Tinz a. d. Lohe vor 1177	„ mit u.	
Strzegonia-Koszczielesza-Powala	Ilikus, Gnewomir, Ingram, Wilk, Zyra, Sasin, Troyan, Olt	Ilicus † vor 1175	Striegau	„ mit	
Lis-Msura-Szeliga-Jastrzembiec-Starza-Starykon-Kornic	Sulislaw, Bienek (Bernhard) Andreas, Stephan, Blizbor, Ratibor, Boguslaw, Przybislaw, Woyczech, Nawoy, Zegotha	[Sulislaw 1087] Andreas 1143 Blizbor 1166 Slavnik vor 990	Libic i. Böhmen 990 Tyniec a. d. Weichsel Würben b. Schweidnitz	tyr	
Paluka	Slawnik, Zbylud, Strasz				
Bogorya, Mandrostka	Nikolaus, Dirsicraj, Paul			tyr verdoppelt	
Ossorya, Leliwa	Spicimir			tyr mit	
Swinka-Odyniec				tyr mit	
Swierzek-Znin-Byliny Druzina-Szreniawa	Wislaw, Wisimir, Budiwoy, Czanstobor, Egidius, Streso, Dobroslaw, Zbygniew	[Wislaw 1087] Wyszo um 1150	Kruschwitz in Kujawien 960 Znin in Kujawien um 1150	sul	
Niemirza-Sulima-Orla		.		sul verdoppelt	
Drogoslaw-Rola	Zbroslaw, Naceslaw			sul dreifach	
Strehlen-Prawda-Zaremba	Wislaw, Radslaw, Zbroslaw, Paul	Radslaw 1143 Wislaw 1166		sul mit u.	
Penkawka				sul mit u.	
Odrowons	Wislaw, Dobieslaw, Paul, Prandota	Paul de Konskie 1142		sul doppelt mit	

Abb. 29: Geschlechter, ihre Heimat und Handzeichen aus dem Raum zwischen Elbe, Ostsee, Weichsel und Böhmen. Nach F. v. Heydebrand und der Lasa, 1936

Swieboda-Gryfa-Ostrzew-Czyrmenszczy Godziemba Momot	Clemens, Markus, Wierzbenta, Johann, Theodor	Clemens 1154	Brzesnica 1154	yr yr verdoppelt yr mit 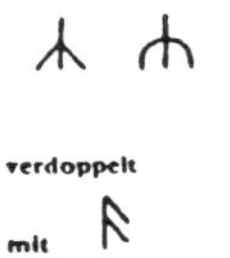	
Labendz-Grzymala-Ganska Radwan	Wlodimir, Swantoslaw, Sandiwoy, Leonhard, Domaslaw (Thomas) Mroczek, Jaroslaw, Predslaw, Grzymislaw, Vincenz	„He . . ." vor 1025 Petrus Wlastides † 1153	Breslau vor 1100	Hahalrune für 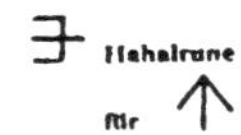	
Kopaszyn-Moszczyc-Ostoja-Czewoy-Wieniawa	Jaxa, Mikora, Bogumil, Bronislaw, Jarant (Jarost), Falo	Jaxa 1141	Köpenik bei Berlin 1141 später Miechow	hagal (frühe Form) 	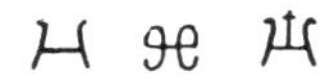
Nalencz-Jelen-Nalco-Opole	Dobrogost, Thomislaw, Miroslaw	Dobrogost 1161	Nalko 1155	odal 	
Jelita-Nagoda-Dirsicraj-Nabra Poppszicz Unwürde (niegoda)	Dziwisz, Zemian, Moycho, Dirsicraj, Konrad, Stoygnew Prodwa, Brzetislaw, Czernin Poto	Dziwisz 1155	Glecz vor 1038	hagal (späte Form) hagal mit hagal mit 	
Wrschowec-Rawicz-Lubowla-Jasienczyk Chorombala-Gozdawa Lukomski-Kelcz	Mutina, Bozej, Grot, Warsz, Wzebor, Cristinus, Otto, Gowora, Dirsicraj, Przibyslaw	Wzebor vor 1025 Nemoy 1101	Saaz, Leitmeritz in Böhmen 1106 Strelno in Kujawien	madr (späte Form) madr mit madr mit 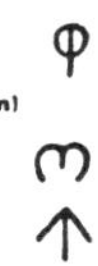	
Awdaniec-Syrokomla Ulina	Michael, Jaszczolt, Florian Theodor (Szczedric), Pakoslaw Lasota	Zimun vor 1025 Michael 1070	Gora-Kriewen-Lubin a. d. Obra 1070	eh 	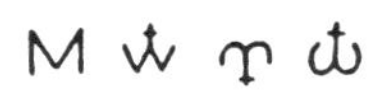

(E. Lendvai-Dircksen ca. 1939, 1961). Über die Namen im Daglinger Reich und ihre z. T. nordische Herleitung siehe Kap. 4.2.11.1.1.

Die Geschlechterwappen führen rückwärts in eine vorheraldische Zeit, in der Handzeichen, Hauszeichen und Heroldszeichen auf Schilden geeignet sind, die genealogische Forschung in die Zeit vor der Existenz von schriftlichen Urkunden zurückzuverfolgen. So zeigte es sich, daß die Handzeichen der ältesten polnisch-schlesischen Geschlechter germanische Runen enthalten, die auf Siegeln, Münzen, Prunkäxten, Schwertern und Stempeln auf Keramik kenntlich sind und es gestatten, für zehn polnisch-schlesische Geschlechter Stammesreihen zu ermitteln. Aus der geschichtlichen und ethnisch verschiedenen Entwicklung der Runen lassen sich Erkenntnisse über die Herkunft der Handzeichenträger gewinnen (Abb. 29).

Die Rune ᛘ (Manu), die erst im 9. Jahrhundert in Skandinavien erscheint, findet sich beim Geschlecht der Wrschowec, das in Nordböhmen größere Besitzungen mit den Städten Saaz und Leitmeritz hatte und das Häuptlingsgeschlecht der Trebowane an der Katzbach war.

Die Rune ᚼ (Hagal) besaßen die Häuptlinge des Landes Giecz, das von den Wilzen schon von Dago I. an das seine angegliedert wurde.

Die alte H(Hagal)-Rune, die in Skandinavien von der neuen obigen im 9. Jahrhundert verdrängt wurde, muß vor den ersten beiden obigen Runen von dort gekommen sein. Der Heveller Jaxa von Köpenik führte sie. Diese Rune kommt auch schon im 3. Jahrhundert in den vandalischen Runeninschriften von Sedschütz und Niesdrowitz aus Schlesien vor.

Die Rune И kommt nur in Skandinavien, aber auch auf einer im Turm des Domes von Kruschwitz eingemauerten Bildsäule vor. Die Runen ᛘ , ᚼ , И bezeichnen wikingische Einflüsse um Gnesen bei Gründung des Daglinger Reiches.

Die Rune *„Kaun"* in der Form Λ und ⌒ wird vom Geschlecht der Seczech geführt, das von der unteren Weichsel stammt und auf ein vordaglingisches Fürstengeschlecht bezogen werden kann.

Die Runen ᛟ (Odal) und M (Eh) verschwanden in Skandinavien im 6. Jahrhundert, sie finden sich östlich der Oder vor den Daglingern bei den Häuptlingen der ostvandalischen Opolini.

Das Zeichen des Geschlechts der Wlast vom Grabmahl von Peter von Wlast († 1153) enthält ϶ aus einem Geheimrunensystem und bezeichnet die Rune Tyr ↑ . Diese Rune in der Form T findet sich auf dem Wege des Zuges der Goten in Polen und wurde vom vordaglingischen Fürstengeschlecht der Weißen Chrowaten (Chorwaten, Kroaten) mit dem Sitz in Tyniec bei Krakau geführt, dessen Seitenzweig die Sklavikniden in Böhmen waren (F. v. Heydebrand u. d. Lasa 1936).

4.2.10 Ostvandalen in den Ostalpen und Südosteuropa

4.2.10.1 Die Slowenen

Die Nachfolger der West- und Ostgoten in ihren Reichen in Südosteuropa waren die Ostvandalen, die in den ersten erhaltenen Abschriften des Jordanes (K. Zeuss 1837) Winidi genannt werden mit ihren 2 Stämmen, den Anten und Sklavenen. Nestor nennt alle Stämme der Ostvandalen, die im Warägerreich wohnten, Slowenen, die erst nach ihren West- und Südwestwanderungen die Namen erhielten, unter denen heute die Slawen erscheinen. Der Name Slowene ist offenbar eine Eigenbezeichnung. Er wird mit Sol-vende, die nach Süden Gewanderten, erklärt (F. Jeza 1967, s. Kap. 4.1.4).

Während der Völkerwanderung gelangten mehrfach versprengte Teile germanischer Stämme nach Kärnten und Krain. Bei der Westwanderung der Westgoten besetzte Alarich 408 Binnennorikum mit Virunum (Karnburg). 474 zogen auch die Ostgoten nach Westen und siedelten vorübergehend in Westungarn und bis Ostkärnten. In den Alpentälern sitzengebliebene Reste gingen mit den Slowenen Stammesverbindung ein und konnten Teile ihrer Stammesverfassungen auf diese übertragen. Das wird durch die Ähnlichkeit germanischer und der slowenischen Stammesverfassung nahegelegt (G. Graber 1942).

508 überfiel der erste Herzog von Bayern, Theodo, mit einem Heer aus Bayern, Franken, Kärntnern, Krainern, Vandalen, Hunnen und Awaren die römischen Provinzen Pannoniens. Sein Sohn Theodo II. vertrieb die restlichen Römer. Dabei wurde Vindobona zerstört. Die eroberten Gebiete wurden geteilt: Hunnen und Awaren erhielten das Land östlich der Enns und Pannonien, und die Vandalen erhielten Steiermark, Kärnten, Krain, Kroatien, Dalmatien, Sclavonien und andere später Winden genannte bewohnte Gebiete unter bayrischer Oberhoheit (J. Valvasor 1689). Von diesen Vandalen wurde noch 737 berichtet. Möglicherweise waren damals Vandalen beteiligt, die um 400 nicht mit nach Westen gezogen waren. 336 waren Vandalen zum ersten Male nach Krain gelangt.

Nach Prokop verwüsteten Anten und Sklavenen 546 und 547 den Balkan bis nach Thessaloniki. 552 setzten sie mit Hilfe der Gepiden über die Donau (K. Zeuss 1837), gelangten nach Krain und Kärnten und wurden dort seßhaft. Damit in Verbindung stand auch die Einwanderung der sog. Alpenslawen. Ihr Weg führte durch die Provinz Pannonia II bis nach Noricum.

Die Einwanderung der Ostvandalen in den Alpen- und Donauraum muß jedoch erst nach der althochdeutschen Lautverschiebung erfolgt sein, da kein geographischer Name vorher übernommen wurde (E. Schwarz 1929). Die Einwanderung der Slowenen nach Norden wurde von der größten nördlichen Ausdehnung des Herzogtums Kärnten im 9. Jahrhundert bis fast Kremsmünster nachgezeichnet (Abb. 30).

551 werden die Awaren zum ersten Mal genannt, als ihnen Byzanz die Ansiedlung in Moesien gestattete. 556 eroberten sie Sirmium an der Grenze der römischen Provinzen Moesia I und Pannonia II. Sie waren die Verbündeten der Langobarden bei der Vernichtung des Königreichs der Gepiden im Jahre 568. 595 führte der bayrische Herzog Tassilo einen Feldzug gegen sie, er wurde in einem zweiten 596 besiegt. Hier traten die Karantanen als Verbündete der Awaren auf, unter deren Oberherrschaft sie dann gerieten. Gegen Ende des Römischen Reiches entstand in Kärnten ein Limes aus Kastellen zur Verteidigung gegen Norden. Dahinter lag die Provinzhauptstadt Noricums, Virunum (Karnburg). Die Langobarden besetzten mit ihrem Einfall nach Italien 568 auch Kärnten und diese Kastelle und räumten es bei Einbruch der Slowenen um 590 wieder. Im Jahre 596 stießen die Bayern bis dorthin vor, wurden aber von den Slowenen und Awaren zurückgeschlagen. Virunum war dann Herzogssitz der Slowenen und vor den Toren Virunums fand am Fürstenstein der Thing mit der Herzogswahl statt. In die Gebirge nördlich der Heerstraße aus Pannonien über Laibach nach Aquileia hatten sich versprengte germanische Reste der Völkerwanderung geflüchtet (G. Graber 1942), die von den Slowenen aufgesogen wurden. Dort war noch um 1900 zum Unterschied vom bayrischen und ostvandalischen Rofendach mit Firstbaum das Sparrendach üblich. 611 wurde der bayrische Herzog Garibald II. bei Linz von den Karantanen besiegt. Die Awaren ließen sich im großen Becken zwischen Alpen, Dinariden und Karpaten nieder. Dort trafen sie wohl schon Ostvandalen an, die wie die Slowenen schon aus den Gebieten östlich der Karpaten gekommen waren. 602 überfielen Langobarden zusammen mit den Awaren und

den von diesen unterworfenen Ostvandalen das byzantinische Istrien (J. Mal 1939). Die große Heerstraße von Sirmium nach Italien führte im Norden um Istrien herum und an Aquileia vorbei. Nachdem die Ostvandalen des Samoreiches (620–660), von Fredegar Winidi genannt, erfolgreich gegen die Awaren gekämpft hatten, konnten sich auch die Karantanen von der awarischen Oberherrschaft befreien (Valvasor 1689). Der Karantanenfürst Valuk trat dem Samoreich als Konföderierter bei. Er wird bei Fredegar (IV. 72) *„dux Winedorum"*, Herzog der Vandalen, aus der *„marca Winedorum"* genannt.

Die von den Karantanen besetzten Gebiete lagen abseits der großen Straßen und waren wohl deshalb sowohl für Awaren wie für Langobarden strategisch weniger von Interesse. 664 flüchtete sich ein aufständischer Sohn des langobardischen Herzogs von Friaul, Arnefrit, zu den Slowenen: *„fugit ad Sclavorum gentem in Carnuntum quod corrupte vocitant Carantanum"*(Paulus Diaconus, *Geschichte der Langobarden* V, 22, Alteine 1986), also zu den *Sclavi* in Carnuntum, die fälschlich Karantanen genannt werden.

743 wurden die Awaren vom Karantanenherzog Boruth (738–749) und den zu Hilfe gerufenen Bayern besiegt. Dafür wurden die Karantanen von den Bayern abhängig und beteiligten sich 796 an den Vernichtungskämpfen gegen die Awaren. (*„Sclavi, qui dicuntur Quarantani"*, H. Wolfram 1979). Zu dieser Zeit umfaßte Karantanien die Täler des Pustertales östlich ab Innichen, von Drau, Mur, Mürz bis zum Salzachtal. Erst nach der Ausbildung des Althochdeutschen etwa im 8. Jahrhundert sind sprachliche Beziehungen der Bayern mit den in die Alpen eingewanderten Ostvandalen nachweisbar (E. Schwarz 1924).

Die Herzöge nach Boruth waren sein Sohn Cacacius (Gorazd), Priwizlauga, Cemicas, Ztoimar (750–752), Cheitmar (752–769). Da Cheitmar zum Christentum übertrat, brachen mehrere heidnische Aufstände zwischen 765 und 769 aus. Nach Cheitmar folgt 772–784 Waltunc, der nach einem Siege Tassilos III. im Jahre 772 über die Karantanen eingesetzt wurde. Nach dem Sturz Tassilos gelangte Karantanien unmittelbar unter fränkische Hohheit, behielt aber eigene Herzöge. Gemäß der Grenze zwischen den Erzbistümern Salzburg und Aquileia wurde 811 das Gebiet südlich der Drau zum Herzogtum Friaul geschlagen. Doch vom Gebirgseintritt der Drau nach Westen waren die Kämme der Karawanken und Karnischen Alpen die Grenze gegen Süden, eine Grenze, die noch heute besteht. Die im Norden davon wohnenden Karantanen wurden als Angehörige des Regnum Theodiscum und des Deutschen Reiches Deutsche. Der Herzogsstuhl bei Maria Saal gehörte zu ihrem Herzogtum Karantanien und nicht zu den südlich dieser Grenze wohnenden Slowenen, die damals zeitlich verschiedene politische Zugehörigkeiten zu den Marken Friaul und Krain hatten. Das Gebiet nördlich davon war im folgenden Markgrafschaft. 817 erhielt der minderjährige Sohn Ludwigs I., Ludwig II., Bayern und Karantanien. Die östlichen Marken mit Karantanien übertrug Ludwig II. 856 seinem Sohn Karlmann, der sie schon vor 876, dem Todesjahr von Ludwig II., an seinen unehelichen Sohn Arnulf weitergab. Im 9. Jahrhundert umfaßte Karantanien Kärnten und Steiermark und die ostvandalisch, alpenslawisch besiedelten Gebiete und reichte im Norden bis an die Donau.

876 wurde Kärnten Herzogtum im karolingischen Ostreich, dem Vorläufer des *Regnum Theodiscum*, das zum Unterschied vom *Imperium Romanum* mit Einschluß der ostvandalischen Slowenen und Böhmen nur Germanen umfaßte. Die Böhmen und Slowenen wurden in diesem *Regnum Theodiscum*, auch als *Regnum Teutonicum* bezeichnet, das 887 als solches chronistisch zum ersten Male erwähnt wurde, nicht als Fremde, Eroberte und Unterdrückte angesehen. Auch die Wahl des Sohnes von Karlmann, Arnulf von Kärnten, 887 zum Deutschen König unterstreicht

dies. Die im Zuge der Christianisierung unterworfenen und integrierten Ostgermanen wurden, nachdem sie ihre *Lingua Sclavinia* zugunsten der *Lingua Theodisca* abgelegt hatten, später ebenso als Deutsche bezeichnet. Im Falle der Slowenen behielt jedoch ein Stamm der Ostgermanen im Reich seine Sprache und sein Recht. Das wurde als bemerkenswert gefunden. Nur der Adel nahm bald die deutsche Sprache und das deutsche Recht an.

Abgesehen von den Volksrechten der Slowenen, die innerhalb des Herzogtumes Kärnten weitergalten, waren die im ostfränkischen Reich lebenden Sclavi rechtlich den Bayern seit dem Capitulare missorum Karls des Großen von 789 gleichgestellt, wie es die Raffelstedter Zollordnung von 903 festlegt mit „Bavari vel Sclavi istius patriae". Auch beim inneren Landesausbau wurden sie gleichberechtigt seit Karl dem Großen z.B. in der Oberpfalz (s. Kap. 4.2.12) beteiligt. Jedoch müssen nach den Ranshofener Konstitutionen Herzog Heinrich II. von Bayern von 989 und 995 straffällige Sclavi zum Unterschied von Bayern des Landes verwiesen werden (A. Riedler 1934).

Der Einschub im Schwabenspiegel, der auf eine ältere Vorlage des 11. Jahrhunderts zurückgeht und dieses alte Recht und die Herzogseinsetzung durch das Thing der Freien, die Veca beschreibt, wurde schriftlich niedergelegt, weil nach 1000 mehrere Kärntner Herzöge aus Schwaben stammten (B. Grafenauer 1993) und weil 1360, als Rudolf II. Herzog von Kärnten wurde, er dabei die Einsetzungsbräuche änderte, nachdem schon 1335 die Herzogseinsetzung zum Fürstenstein bei Karnburg verlegt worden war (U. Steinmann 1967).

Das Herzogtum Kärnten hatte um 1000 (Abb. 30) seine größte Ausdehnung. Es reichte von Istrien bis Steyr und vom Semmering bis Lienz und zur Mark Friaul. Ein Herzog von Kärnten, Arnulf, wurde 887 König des Ostreiches und 896 in Rom zum Kaiser gekrönt († 899). 887 erschien Arnulf auf dem Reichstag in Tribur mit slowenischen Kriegern (cum manu valide Noricarum et Sclavorum). *„Nirgend hört man von einer aprioristischen, rechtlichen und sozialen Zurücksetzung der Slowenen"*. Für die Freiheiten der Alpenslawen und Karantanen sprechen Rechtsbräuche, die sie als „urslawisches" Erbe mitgebracht hatten (J. Mal 1939). Die nach den Ostvandalen in das große Karpatenbecken eingewanderten Ungarn übernahmen von diesen viele Lehnwörter aus dem täglichen Leben und aus Recht und Verwaltung (z.B. Ispan-Zupan, Gespan, Komitatsvorstand).

Diese altüberkommenen Rechtsbräuche waren die einzigen aus vorfeudaler urgermanischer Zeit, die bis ins hohe Mittelalter erhalten blieben. Sie blieben in Kraft, bis Kärnten an die Habsburger kam, erst dann wurden sie verdrängt. Es waren dies Rechtsbräuche, die sie in Vendsyssel vor Beginn der großen Wanderung schon ausübten, insbesondere das Recht der freien Herzogswahl mit gegenseitiger Verpflichtung beider Teile durch das Thing der Freien. Dieses Zeremoniell fand bis in das hohe Mittelalter vor der Verlegung zum Fürstenstein bei Karnburg auf dem Zollfeld bei Maria Saal in Kärnten statt und wurde vielfacher Beschreibung für Wert befunden. Die vandalische Abstammung der Slowenen soll heute noch unter ihnen bekannt sein. Allein im Telefonbuch von Villach lassen sich auf Anhieb 10 Personen mit Namen Vandaller finden. Auch den Hofnamen Wandaler gibt es noch heute in Kärnten, z. B. bei Grades im Metnitztal.

Eine ähnliche vorfeudale Verfassung wird auch von Ibrahim ibn Jaqub, der zur Zeit Kaiser Ottos I. Ostgermanien bereiste, für die Einwohner der ostvandalischen Stadt Jumneta auf Wollin bezeugt (L. Schulte 1918): *„Und sie führen Krieg mit Misiko und ihre Tapferkeit ist groß. Und sie haben keinen König und gehorchen nicht einer einzelnen Person, sondern ihre Machthaber sind die Ältesten"*.

Abb. 30: Karantanien in seiner größten Ausdehnung im 9. Jahrhundert.

Wie bei den Nordgermanen vor der Auswanderung gliederte sich das Land militärisch in Tausend-, Hundert- und Zehnerschaften. Aus den Tausendschaften wurden im Warägerreich Provinzen Rußlands. Die Führer dieser Einheiten wurden gewählt. Der Tausendschaftsführer vertrat den Herzog auf dem Thing (Veča). Bei denen, die in Berührung mit den Awaren kamen, trat das awarische Fremdwort Zupan für militärische Führer auf, das sonst unbekannt war. Die alten Einteilungen waren noch in bayrischer Zeit in den Gebieten der Alpenslawen vorhanden. Bei der Gründung des Klosters Kremsmünster 777 schenkte Herzog Tassilo dem Kloster eine *„decaniam Sclavorum“*, den Kirchenzehnten von 10 Freien. Dabei wurde die Grenze der Dekanie umritten. Diese Dekanien wurden in Kärnten, Krain und Teilen Tirols als Gerichtsverwaltungsbezirke der Grafschaften übernommen.

Bei der Gründung des Klosters St. Georgen am Längsee in Kärnten 1002 werden in der Urkunde neben bayrischen Zeugen auch solche aufgeführt, die nach slowenischem Recht leben: *„Isti autem sunt Sclauenice institutionis testes: Hartuuich, Chazili, Penno, Johannes, Egozi, Sizo, Reginprecht, Arn, Wolfram, Jenizi, Gappo, Ezcho, Uitislau, Wolfhart, Sigishart“*, wobei zu beachten ist, daß diese Sclavi Freie waren und möglicherweise aus sozial gehobenen Positionen stammten, denn sonst wären sie nicht in einer so wichtigen Urkunde aufgeführt worden. Neben typisch ostgermanischen Namen finden sich auch bei West- und Nordgermanen gebräuchliche Namen, ganz wie bei allen anderen „Slawen" auch, ein Hinweis auf den späten Beginn der Entwicklung der „slawischen" aus den ostgermanischen Sprachen.

Neben den Bräuchen für göttliche Verehrung von Quellen und Bäumen und für Gerichtsversammlungen im Freien unter Bäumen, besonders unter Linden, waren es besonders die Bräuche bei der Wahl und Einsetzung des Herzogs, die an vorfeudale demokratische Verfassungen in Germanien erinnern.

Derartige alte Verfassungen sind nur noch in der demokratischen Selbstregierung der Siebenbürger Sachsen (H. Schröcke, 1987), niedergelegt 1224 im Goldenen Freibrief des ungarischen Königs Andreas, erhalten und dort in Teilen bis zum österreichisch-ungarischen Ausgleich 1867 in Kraft geblieben.

Da der karantanische Adel mit Übernahme der *Lingua Theodisca* wie auch die Vertreter der Kirche nach deutschem Recht lebten, standen sie nicht mehr unter slowenischem Recht und nahmen nicht mehr an der Veča teil.

Bei der Verleihung des Herzogtums Kärnten 1286 an Graf Meinhard übertrug er das Richteramt auf dem Zollfeld erblich an das Edlingerbauerngeschlecht des Herzogsbauern in Blasendorf (E. Klebel 1940). Daß das Thing auf dem Zollfeld sehr alt war, geht aus dem Namen des Ortes Rotheis, verdeutscht aus Rotisce = Schwurplatz, Malstatt, Gerichtsstätte hervor (J. Mal 1939).

Die Edlinger waren freie Wehrbauern. Die karantanischen Edlingerhöfe sind in einem Streifen nördlich der Drau von Villach bis Bleiburg siedlungsgeschichtlich nachgewiesen, einzelne gab es u.a. bis nach Cilli und in die Wochein (südöstlich der Julischen Alpen). Die gleiche Rechtsstellung wie die Edlinger hatten in Friaul die langobardischen Arimannen, die 1280 vom Kaiser für den Bischof von Aquileia mit der Gleichsetzung *„arimani seu edlingi"* bezeugt wurden. Diese Arimannen hatten Eigenbesitz und waren Wehrbauern, die in Dekanien (Zehnerschaften) angesiedelt waren. Da nach dem Einzug der Langobarden 568 nach Oberitalien Kärnten 590 von den Edlingern geräumt wurde, und die nachfolgenden Slowenen (Karantanen) mit den Langobarden kämpften, übernahmen die Slowenen wahrscheinlich diese Rechtsinstitution der Edlinger samt Namen. Die Edlinger waren dann die staatstragende Schicht des Herzogtums Karantanien und saßen auf späterem Königsboden. Die Rechtsinstitution samt ihren Bewohnern wurde von der späteren bayrischen Oberhoheit übernommen und beibehalten (E. Klebel 1942). Da auch im alpenslawischen Bereich nördlich der Alpen in Dekanien siedelnde *Sclavi* bezeugt sind, war den Karantanen diese von den Langobarden übernommene Einrichtung nicht fremd.

Das Thing der Herzogseinsetzung wurde geleitet von einem von den Freien gewählten Richter eines Edlingergerichtes, dessen Vorsitzender dann erblich der Herzogsbauer in Blasendorf war. Vor der Einsetzung wird der neue Herzog in die karantanische Bauerntracht eingekleidet. Er kommt in Begleitung von vier Schwurhelfern mit den beiden Tieren an der Hand, einer Stute und einem Ochsen, zum alten Herzogstein (Abb. 31) auf der Westseite des damals noch nicht vorhandenen, erst 1268 für die Einsetzung von Herzog Rudolf IV. angebauten Fürstensteins, der heute stets abgebildet wird. Der Bauer auf dem Stein stellt fünf Fragen. Die Begleiter antworten und schwören. Der Bauer nimmt die Tiere und räumt den Stein. Der Herzog setzt sich auf diesen und schwört. Dann erfolgt die Huldigung und die Lehensvergabe (U. Steinmann 1967).

Die Herzogseinsetzung ähnelt Vorgängen bei einer germanischen Gerichtsstätte oder den Ritualen der Königskrönung im *Regnum Theodiscum*. *„Das Betreten oder das Besteigen eines Steines ist nur in Geltung und Reichweite germanischen Kultureinflusses zu finden und beson–*

Abb. 31: Der Herzogstuhl auf dem Zollfeld bei Maria Saal, Kärnten. Nach Photo von Prof. W. Koch.

ders im germanischen Norden bei der Königswahl und bei Gerichtssitzungen allgemein in Übung gewesen. Der Schwur auf dem Stein ... ist als älteste Form des germanischen Eides bezeugt". Das Umreiten des Steines ist eine uralte Form der Besitzergreifung. Die graue windische Tracht der Bauern war im germanischen Teil seines Reiches z.Zt. Karls des Großen die übliche (G. Graber 1949).

Der Herzog konnte nur nach slowenischem Recht und nur vor dem Thing belangt werden und mußte sich dort auch verantworten. Er hatte das Recht, den windischen Hut auch vor dem Kaiser zu tragen und dort die slowenische Sprache zu gebrauchen, die *Lingua Sclavinia*, als Zeichen der Freiheit und Unabhängigkeit seines Herzogtums und seiner selbst (J. Mal 1939).

Ostvandalische Stämme wählten sich wiederholt Fürsten aus anderen germanischen, besonders wikingischen Stämmen, so die Polanen die Daglinger, böhmische Stämme die Pržemysliden, ukrainische Ostvandalen die Rus bzw. Waräger (s. Kap. 4.2.11.4). Mit der Herzogswahl bei Maria Saal hat sich möglicherweise mit mancherlei zeitbedingten Abwandlungen eine solche Aufnahme von stammesfremden Herzögen in den Volksverband der Kärntner Slowenen erhalten. „... *die Tatsache, daß das Strukturgefüge des Reiches das Eigenleben einer artverwandten Volksgruppe ermöglichte, ist für das Verständnis des mittelalterlichen Reiches von wesentlicher Bedeutung*". (K. Hugelmann 1941).

Die Erinnerung an die vandalische Herkunft der Slowenen wird noch heute bezeugt durch den Namen des höchsten Berges der Julischen Alpen, den Triglav, der den Namen des dreiköpfigen vandalischen Gottes trägt, der nach dem Wendenaufstand 983 im wiedereroberten Brandenburg auf dem alten vandalischen Heiligtum des Harlunger Berges wieder aufgestellt wurde und der auf dem Goldhorn von Gallehus in Dänemark aus dem 5. Jahrhundert dargestellt ist.

Auch dadurch, daß die Herzogtümer Böhmen und Kärnten dem *Regnum Theodiscum* oder mit anderer Bezeichnung dem *Regnum Germanicum* angehörten, wird ihre Zugehörigkeit zu den germanischen Stämmen belegt. Das deutsche Königtum als eine eigene Rechtsinstitution – die Wahl zum *deutschen König* war die Voraussetzung für die Wahl zum *Kaiser* – umfaßte zum Unterschied vom *Imperium Romanum* des *Kaisers* in seinen Grenzen nur Völker germanischer Herkunft.

In den Ostalpen gibt es besonders im Bereich der ehemaligen Alpenslawen bäuerliche Hofformen und in der Obersteiermark bis Kärnten das Sparrendach, die auf versprengte Reste der Ostgermanen aus der Völkerwanderung zurückgehen. Bei den Slowenen findet sich nur das Rofendach (K. Rhamm 1968). Damit hat man auch hier mit ostgermanischen Anteilen neben langobardischen zu rechnen.

Aus volkskundlichen Untersuchungen (B. Schier 1966) wurde für Skandinavien, Osteuropa und die Alpenländer ein einheitlicher Kulturkreis nachgewiesen, dessen Träger Nordgermanen, Ostgermanen und Ostvandalen waren. Dazu gehören nordeuropäische Baugewohnheiten in den Alpenländern wie der Zwiehof, der das Wohnspeicherhaus vom Stall trennt, der Ständerbohlenbau im Lavanttal, der zum Backen und Kochen verwendbare Steinofen, die Badstube, die Rauchstube, die Verwendung ausgehöhlter und liegender Baumstämme als Bienenstöcke, der Ringhof mit dem Umlaufstall, weiter Ähnlichkeiten im Brauchtum (G. Graber 1949) wie die Herzogseinsetzung, das Schwören auf dem Stein, die Rolle des Hammers (des Thorshammers) in Hochzeitsbräuchen, das Fortleben von Namen aus der germanischen Sage in Urkunden bis etwa 1300. Sie umfassen die Zeit vom Beginn der Völkerwanderung bis zur Besetzung des Gailtales durch die Langobarden. Das bedingt, daß diese Namen von völkerwanderungszeitlichen Germanen über die Langobarden zu den Slowenen und von diesen bis zu den mittelalterlichen Deutschen weitergegeben wurden. Die Ähnlichkeit von kärtnerischem Brauchtum, *„was samt und sonders nicht aus dem Inneren Bayerns hergeleitet werden kann“ (G. Graber 1949),* wird am einfachsten aus der skandinavischen Herkunft der Slowenen erklärbar (F. Jeza 1976). Dem entspricht, daß zwischen der altbayrischen Bevölkerung *„und den österreichischen Alpenstämmen, insbesondere dem kärtnerischen, so bedeutende anthropologische Unterschiede* (bestehen), *daß an einen gemeinsamen einheitlichen Ursprung beider kaum zu denken ist“*. Der nordische Typ ist in Kärnten verbreiteter als in dem bayrisch besiedelten Österreich und ist bei den kärntner Slowenen ähnlich nur etwas geringer aber größer als bei den Slowenen in der Krain (G. Graber 1949).

Dieses Karantanien war im 9. und 10. Jahrhundert mit der Köttlacher Kultur der Alpen„slawen“ wie aus dem Verbreitungsgebiet von Emailscheibenfibeln folgt, im Kulturkreis des ottonischen Reiches angesiedelt, obwohl hier noch nach heidnischer Art in Körpergräbern mit Beigaben bestattet wurde (J. Gieseler 1978).

4.2.10.2 Die Kroaten

Aus Illyrien schufen die Römer nach der Eroberung des Landes die Provinzen Pannonien und Dalmatien. Dalmatien wurde an die italische Präfektur angeschlossen. 454 proklamierte der letzte Tribun Marcellinus die Unabhängigkeit Dalmatiens, bis Odoaker im Jahre 480 dieser ein Ende machte und einen Statthalter einsetzte. 489 brach Theoderich von Sirmium auf, marschierte durch Bosnien, besetzte Salona (Split) und kämpfte den Weg nach Italien gegen Odoaker frei. Er nahm den Titel *Princeps Dalmatiarum* an. Nach dem Tode seiner ihm auf dem Thron folgenden Tochter Amalaswintha im Jahre 534 machte Kaiser Justinian Dalmatien zur Aufmarschbasis für die Rückeroberung Italiens, die 555 mit der Schlacht am Vesuv endete. Von da an wurde Dalmatien durch einen in Salona residierenden Prokonsul verwaltet. Die Provinz erhielt aber keine militärische Hilfe, die Macht von Byzanz beschränkte sich praktisch auf die Küstenstädte, während sich abseits davon kroatische Fürstentümer entwickelten.

Ch. Segevic (1935) zeigte anhand alter Chroniken, deren zuverlässigste die *Historia Salonitana* von Thomas Archidiaconus (1200–1268) war, daß das kroatische Volk gotische Wurzeln hatte. Sieben oder acht gotische Stämme ließen sich, geführt von Totila, auf dem Weg von Pannonien nach Italien in Dalmatien nieder. Thomas: *„Sie kamen aus Teilen Polens, die Linguones genannt wurden ... Die Völker vermischten sich* (mit den illyrischen Ureinwohnern, den Cureten) *und wurden ein Stamm – Sie wurden von den meisten Goten genannt und mit der zweiten Eigentümlichkeit ihres Namens Sclavi, die aus Polen oder Böhmen kamen“.*

Die Goten errichteten in erhöhter Lage Gards, Wohnburgen, deren Reste in ganz Kroatien verstreut sind. Daran erinnern die Namen mancher Orte und Städte wie Starigrad, Novigrad, Gradec, Gradisa, Gradiska usw. Der kroatische Adel leitete seine Rechte aus der Landnahme dieser gotischen Stämme ab. Nach 555, dem Ende der Zugehörigkeit zum Reich der Ostgoten, wählten sie eigene Fürsten, den *dux magnus* kroatischer Inschriften.

Der Name des kroatischen Volkes wird von Ch. Segevic aus dem Gotischen abgeleitet, nämlich aus dem gotischen Wortstamm *Hroth* (mit der Bedeutung von Sieg, Ruhm), wie er in den Namen Horoatos und Hotovatos in zwei griechischen Inschriften des 2. oder 3. Jahrhunderts aus der griechischen Stadt Tanais, dem heutigen Asow am Don, erhalten sind. In der alten kroatischen Fassung der Chronik des Presbyters Diocleatis, welche die gotisch-kroatischen Könige von 454 bis 614 enthält, wird der Ausdruck *Hruat* für den Stammesnamen verwendet. Andererseits wohnten in Böhmen und jenseits der Sudeten Chrowaten (Krakau), die infolge dieses Namens auch als Kroaten angesehen werden. Bei Ausgrabungen in Brezno bei Sarajewo wurden gotische Runen entdeckt. Noch im Mittelalter wurden die Kroaten vielfach, zum Beispiel in päpstlichen Briefen, als Goten bezeichnet. Anthropologische Untersuchungen ergaben die Zugehörigkeit von kroatischen Bogumilen aus der Herzegowina zum nordischen Typ. Im Kroatischen lassen sich neben vielen geographischen Namen gotischen Ursprungs viele gotische Wortstämme finden.

Noch heute gibt es im Holzbau Gemeinsamkeiten mit den Goten, zum Beispiel im Ständerbohlenbau auf Grundschwellen von Speichern, eine Bauweise, welche die Goten schon im 3. Jahrhundert übten, wie am Totenhaus eines gotischen Gaufürsten (s. Abb. 63), dort mit vertikal gestellten Bohlen, am erwähnten Beispiel in Kroatien heute mit horizontalen Bohlen (H. Phleps 1934).

Die Fürstengräber ähneln denen west- und nordgermanischer Art. Ein solches Grab von Biskuija-Crkvina bei Knin in Kroatien aus der Zeit um 800 enthielt Steigbügel, Gürtelschnallen, ein Kurz- und ein Langschwert, das letzte aus der fränkischen Werkstatt des Ulfberth sowie einen Holzeimer mit Metallbeschlag (J. Herrmann 1986). Auch Holzsärge wurden verwendet.

614 machte ein ostvandalischer Vorstoß bis Split diesen gotischen Selbständigkeiten ein Ende, leitete die ostvandalische Besiedlung ein und die gotische Sprache verschwand, aber die Stam-

mesgliederung und der Adel bestanden weiter. Kaiser Konstantin VII., Porphyrogenitus (912–959), schrieb in seinem Werk *De administrando imperio*, die Kroaten wohnten jenseits der Karpaten und kamen im Auftrag von Kaiser Heraklion (610–641) nach Dalmatien. Sie wurden als Föderaten angesiedelt und entkamen so der awarischen Vorherrschaft.

Die Goten waren Arianer. Die Ostvandalen kamen als Heiden und wurden zunächst Arianer. Sie gingen zur Körperbestattung in Reihengräberfriedhöfen über mit Beigaben von Waffen, Schmuck und Haushaltsgerät und behielten diese Sitte bis in das 9. Jahrhundert. Als weiblicher Schmuck waren Ohrgehänge weit verbreitet, wie sie auch anderwärts in ostvandalischen Stämmen, im Kiewer Reich und in Mähren vorkommen. In der Baukultur entstanden als besonders kennzeichnend gewölbte Rundkirchen und quadratische Kirchen, deren Innenstützen mit den Masten von norwegischen Stabkirchen verglichen wurden (J. Strzygowski 1929).

670 gelang es dem Erzbischof Johann von Ravenna, die kroatischen Fürsten und das Volk zum römisch-katholischen Bekenntnis zu bekehren. Sie waren also Christen schon lange vor der Tätigkeit von Method und Cyrill im Großmährischen Reich im 10. Jahrhundert. In den adligen Wohnsitzen und den weiterbewohnten antiken Orten entstanden nach 800 Kapellen und kleine Kirchen, die an spätantike Vorbilder der Küstenstädte anklingen und mit germanischen Flechtbandmotiven geschmückt sind (s. Abb. 92), die anfänglich von langobardischen und später von einheimischen Steinmetzen stammten. Diese wußten noch wie die langobardischen Steinmetzen aus den Schulen der magistri comacini, den Vorläufern der mittelalterlichen Bauhütten, von dem heidnischen Sinninhalt der Bandornamentik. Im archäologischen Museum in Split befindet sich ein Stein mit der Darstellung, wie der Fenriswolf ein Band aus einem Flechtbandornament verschlingt. Dies ist ihm jedoch unbekömmlich und kommt hinten wieder heraus (Abb. 88). Bandverschlingende Fenriswölfe wurden von langobardischen Steinmetzschulen in Italien wiederholt als Reliefs dargestellt.

Eine weitere gesamtgermanische Gemeinsamkeit sind die Spangenhelme bei fürstlichen Trägern, die im 6. Jahrhundert aufkamen. Sie sind gleichartig von allen germanischen Stämmen südlich von Nordsee und Ostsee, aber auch aus Skandinavien, bekannt von Franken, Alemannen, Thüringern, Gepiden und Kroaten (Abb. 32). Die verschiedenen Werkstätten unterscheiden sich in der Gestaltung der Schmuckbänder. Der kroatische Helm in der Abbildung soll langobardischer Herkunft sein (E. Schaffran 1941). Spangenhelme des Baldenheimer Typs wurden von den Königen der Goten und Franken an militärische Führungsgrade verliehen. Helme dieser Art wurden auch im byzantinischen Reich hergestellt und getragen (J. Werner 1988).

Um 800 kamen aus Aquileia Missionare an die kroatischen Fürstenhöfe. Damit begann eine Kulturöffnung zum Frankenreich. Trotz dieser weiteren Christianisierung wurde in Reihengräbern mit Beigaben bestattet. In Medvedička an der Drau in Nordkroatien fand man das Grab eines einheimischen Adligen, dem eine fränkische Riemenzunge mit Flechtbandornamentik und ein fränkisches Schwert mit vergoldetem Knauf beigegeben waren. In den Gräbern fand man zahlreiche Sporen (etwa 100 Funde) karolingischer Typen aus einheimischen Werkstätten des 9. Jahrhunderts und 21 karolingische Schwerter (Z. Vinski 1977), die wohl in der Zeit der losen Zugehörigkeit der kroatischen Fürstentümer zum Reich Karls des Großen nach den Siegen über die Awaren aus Franken kamen.

In der *Pacta conventa* von 1102, welche die inneren Freiheiten der Stämme nicht antastete, wurde der ungarische König das Oberhaupt. Ein Teil des Adels stimmte dem nicht zu und gründete in Bosnien und Herzegowina unabhängige Staaten. In der Nachfolge dieser Stämme gab es

Abb. 32: Spangenhelme, oben: aus dem Thüringer Reich mit Ohrenschutz, von Stössen, Kreis Weißenfels, unten: kroatischer Spangenhelm von Sv. Vid bei Metkovic, Nin, Altkroatisches Museum.
Abbildung oben nach H. Reinerth, *Die Vorgeschichte der deutschen Stämme*, Bd. I, 1941, Taf. 169.
Abbildung unten nach J. Strzygowski, *Die altslawische Kunst*, Augsburg 1929.

bis zum zweiten Weltkrieg Gemeinden, deren sämtliche Einwohner adlig waren. Die Stämme untergliederten sich in mehrere Zupa, denen ein Zupan vorstand. Die Zupa entsprach der gotischen Sippe. Später wurden Verwaltungseinheiten daraus.

Die heutige ethnische Erscheinung der Kroaten hat historisch drei Wurzeln, die Cureten der illyrischen Urbevölkerung, die Ostgoten und zuletzt die Ostvandalen, von weiteren Veränderungen durch einwandernde Awaren und später Türken abgesehen.

4.2.11 Die Wikinger in Osteuropa

Wikinger nennt man seefahrende Nordgermanen aus Dänemark, Norwegen und Schweden, die von etwa 800 bis 1000 durch ganz Europa und darüber hinaus kamen. Die Wikingerzüge begannen 793, als Schiffe an der Ostküste Englands auftauchten und mit dem Kloster Lindisfarne in Northumberland begonnen wurde, die Küstenländer zu plündern. Ab 799 erschienen sie auch vor der französischen Küste und überwinterten einmal auf einer Seineinsel. 845 segelten 600 Schiffe elbeaufwärts und zerstörten Hamburg. 844 wurde Spanien umsegelt und Nordafrika durch die Straße von Gibraltar erreicht, 860 wurde Rom mit Hilfe einer List eingenommen und geplündert, ab 874 wurde Island, ab 986 Grönland und ab 999 wurden einige Stellen in Nordamerika besiedelt.

Weite Seefahrten wurden den Wikingern möglich durch die Entwicklung hochseefester Boote. Diese besaßen einen Kiel, der in hochgezogene Vorder- und Hintersteven auslief und einen Mast und Segel tragen konnte. Außerdem konnten diese Schiffe durch Rudern bewegt werden. Das Gokstadschiff vom Bygdöy-Museum in Oslo hatte 16 Paar Ruderplätze, war 23,30 m lang, 5,25 m breit, besaß eine Tragfähigkeit von 32 Registertonnen und trug eine Besatzung von 70 bis 80 Mann.

Die Ursache der Wikingerzüge war vor allem Übervölkerung, teilweise auch Feindschaft gegen die gewaltsame Christianisierung. Die Raubfahrten nach England ab 793 können auch als Racheunternehmungen gesehen werden, nachdem die dem Blutbad von Verden entronnenen Sachsen nach Norden geflüchtet waren. Um die Zeit nach 500 wurden die Innentäler Südnorwegens, die mit Einsetzen der Klimaverschlechterung zu Beginn der älteren Eisenzeit verlassen worden waren, wieder besiedelt und in Schweden wurden vorher gemiedene Moränenböden gerodet.

Von den Wikingerzügen und den Handelsunternehmungen durch Osteuropa bis zum Schwarzen Meer kündet mancher Runenstein in Schweden und Osteuropa. Diese Unternehmungen wurden zunächst nicht von den Beherrschern Dänemarks, Norwegens und Schwedens durchgeführt, sondern in einer Zeit reicher Kulturentwicklung von begüterten Einzelnen, die als Führer und Träger Gefolgschaft fanden. Vor allem in der Ostsee traten die Wikinger weniger kriegerisch auf, trieben Handel mit dem Inland und befuhren die Flüsse. Sie müssen dabei nicht nur auf Ostvandalen gestoßen sein, die durch das Abwandern der Rugier, Burgunder, Goten und z.T. auch der Vandalen in die freigewordenen Räume rückgewandert waren, sondern auch mit Resten zurückgebliebener germanischer Volksteile, die besonders noch im unteren Weichselgebiet wohnten. Dies gilt vor allem für die ersten, bereits im 7. Jahrhundert nachgewiesenen Wikinger (Abb. 33).

Kurz nach 800 wurden als Handelsniederlassungen an der Südküste der Ostsee Haithabu bei Schleswig angelegt als Gegenstück zur schwedischen Handelsniederlassung Birka bei Stock-

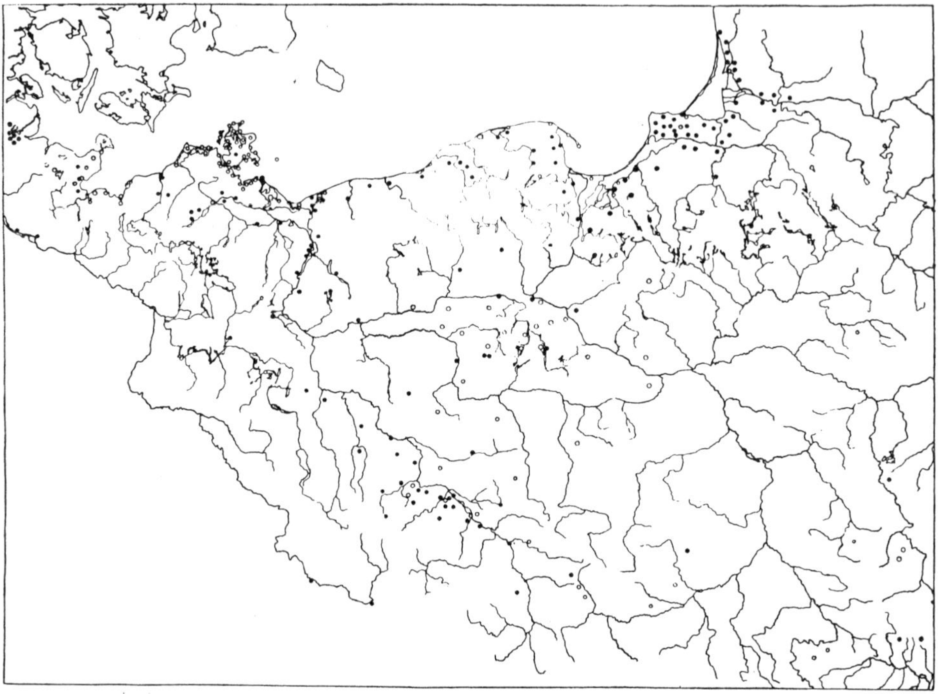

Abb. 33: Verbreitung von Funden von Wikingern und wikingischen Ortsnamen im Elbe-Weichselgebiet.
• = Bodenfund o = Ortsname
Nach H. Jänichen, *Die Wikinger im Weichsel- und Odergebiet*, Leipzig 1938

holm, 850 Jomsburg (Jumneta) auf Wollin und in dieser Zeit auch Truso bei Elbing. Diese Gründungen wurden von Fürsten der nordischen Reiche durchgeführt und wuchsen bald zu stadtartigen großen Siedlungen heran.

Haithabu (Abb. 34) – der Name ist auf einem Runenstein überliefert – wurde nach Zerstörung von Reric durch die Dänen 808 angelegt, indem die dort schon bestehenden kleinen offenen Siedlungen zusammengefaßt wurden. Eine Siedlung aus Grubenhäusern im Süden des späteren Walles wurde aufgegeben. Die offene Siedlung war durch die Hochburg auf einem Hügel nördlich von dieser geschützt. Mit dem Bau des Walles im 9. Jahrhundert wurde die Burg nur noch als Friedhof genutzt.

Haithabu lag an der Kreuzung eines alten Nord-Süd-Weges und des Ost-West-Weges, der von dem aus der Nordsee über die Treene erreichbaren Hafen Hollingstedt her kam. Dieser Weg wurde durch das Danewerk, eine Wallanlage, die am westlichsten Punkt des Walles um Haithabu beginnt, nach Süden hin geschützt und war zugleich der „Limes" Dänemarks.

Der Ort liegt etwa an der Naht zwischen dem Siedlungsgebiet der Dänen und der Sachsen, die nach Abzug der Angeln bis dorthin vorgerückt waren. Ende des 9. Jahrhunderts bemächtigten sich die Schweden für einige Jahrzehnte des Ortes. 934 besiegte König Heinrich I. Gnupa, den

Sohn König Olavs von Schweden, und Haithabu wurde dem Deutschen Reich eingegliedert. Gnupas Sohn Sigtrygg wurde von den Dänen vertrieben und fiel 943 in der Normandie ein. Dieser Sigtrygg wird auch als Fürst von Wagrien genannt (s. Kap. 4.2.9.2). Um 1000 wurde Haithabu nach einer Belagerung durch König Gabelbart wieder dänisch. Nach Zerstörungen 1050 und im zweiten Wendenaufstand 1066 wurde der Ort aufgelassen und stattdessen Schleswig ausgebaut.

Der jetzt z.T. noch 12 m hohe Wall um Haithabu entstand in 8 bis 9 Bauabschnitten. Beim 7. Abschnitt wurde der 2. Wehrgang angelegt und zwischen der vorderen Bohlenwand dieses 2. Wehrganges und dem Graben eine 2,5 m breite Berme. Dieses Befestigungssystem war dem um die Burg Behren-Lübschin vergleichbar. Das Danewerk (Beginn vor 750) bestand streckenweise aus einer Feldsteinmauer, und vor dieser wurde an einem Abschnitt eine Ziegelmauer von Waldemar dem Großen (1157–1182) errichtet (H. Reinerth Bd. 3, 1940).

Der Wall umschließt den Ort halbkreisförmig in einer Länge von 1,3 km. Im 10. Jahrhundert war die Innenfläche über ein Reihengräberfeld hinweg vollständig besiedelt. Bisher sind etwa 5% der Fläche ausgegraben worden, vor 1939 im Westen und Norden des Baches und nach 1945 im Süden von diesem, der den Ort in der Mitte durchfließt. Während im ältesten besiedelten Bereich, in der Nähe der Mündung des Baches und des Hafens, bis 7 x 17 m große Häuser vom 9. Jahrhundert an standen, waren die im Westen in Wallnähe im 10. Jahrhundert errichteten Gebäude Grubenhäuser und kaum größer als 4 x 5 m. Die Häuser wurden immer wieder auf den unverändert

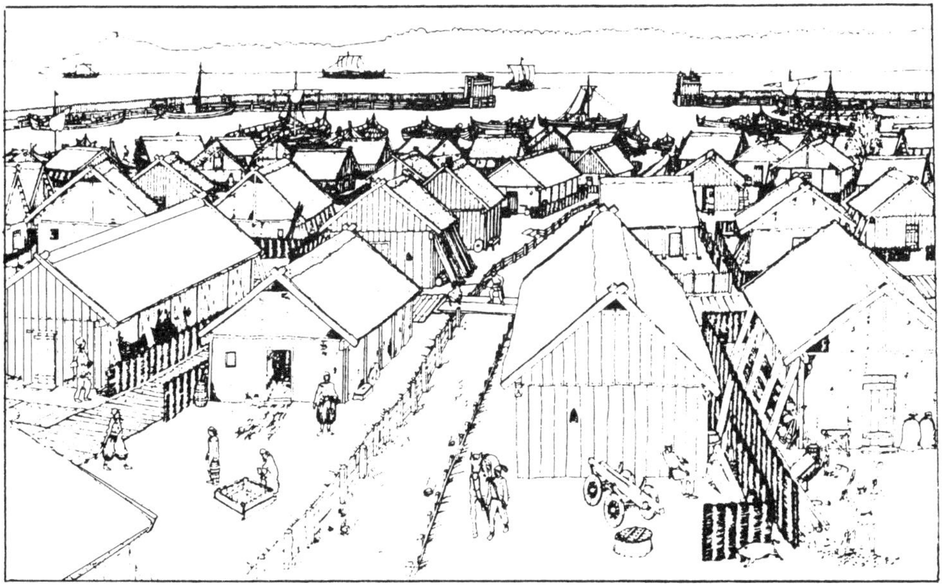

Abb. 34: Nach den Grabungsergebnissen maßstäblich rekonstruierte Ansicht von Haithabu. Nach K. Schietzel 1992.

gebliebenen Grundstücken neu errichtet. Das zeigt, daß an diesen Eigentumsrechte bestanden. Es gelang bisher nicht, bestimmte Gewerbe bestimmten Häusern zuzuordnen. Großvieh wurde in Haithabu nicht gehalten, Schweine dagegen häufig. Hinter den Häusern gab es kleine Schuppen und Ställe von einer Größe bis zu 2,5 bis x 3 m. Die Häuser besaßen pfostenlose Flechtwerkswände, die durch Spaltbohlen gestützt wurden, und pfostenlose Wände aus nicht vernuteten und vernuteten Spaltbohlen (Stabbau), die z.T. auf Schwellenkränzen standen. Zum Wärmeschutz waren in den größeren Häusern von deren wohlhabenderen Besitzern öfters diesen Außenwänden innen Bohlenwände vorgesetzt. Die am höchsten entwickelte Bauart waren Ständerstabbauten auf Schwellenkränzen, eine Bauart, die beim Bau der Stabkirchen im 12. Jahrhundert höchst vollkommen angewandt wurde (s. Kap. 5.2). Blockbauten wurden bisher nur selten angetroffen. Die Dachsparren ruhten auf Rähmen und besaßen recht geringe Neigungen. Da keine Spannbalken verwendet wurden, mußte der Seitendruck durch schräge Stützen abgefangen werden (Abb. 35), wie bei den Häusern vom Typ Warendorf. Innenwände wurden im Ständerbohlenbau oder Stabbau hergestellt. Im Inneren befanden sich Feuerstellen verschiedener Art, auch Backöfen. Die meisten größeren Häuser waren zweiräumige Wohnstallhäuser oder hatten noch einen dritten Raum zu Gewerbezwecken. Dendrochronologisch ließ sich das absolute Alter des zum Bau der Häuser und Zäune verwendeten Eichenholzes ermitteln. Brunnen wurden im Ständerbohlenbau errichtet oder durch das Vergraben von bis zu 2 m langen Transportfässern aus Tannenholz, die importiert waren.

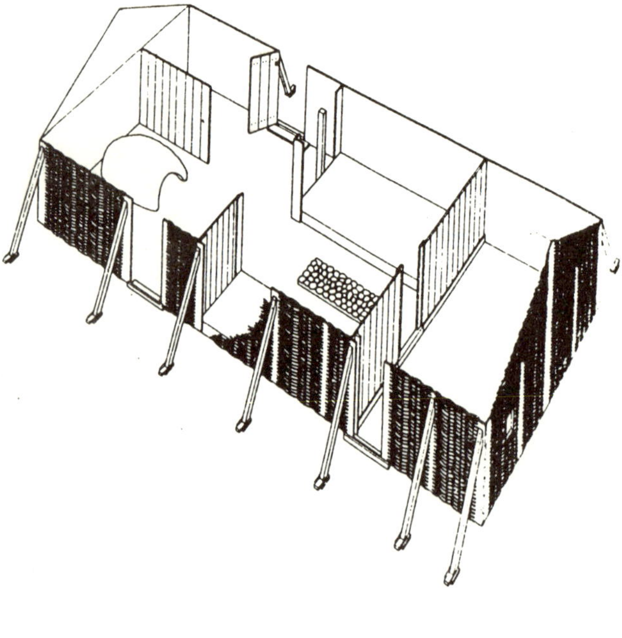

Abb. 35: Dreiräumiges Wohn- und Gewerbehaus in Haithabu mit einer Feuerstelle und einem Backofen.
Nach K. Schietzel 1981

Als Gemeinschaftsarbeiten wurden bohlengedeckte Wege angelegt und der Bach begradigt und gefaßt. Am Bachrand befanden sich Waschstege.

Im Gewerbe spielten die Kammacher und Schmiede eine Rolle, auch Verarbeitung von Buntmetallen und die Feuervergoldung mit Quecksilber wurde geübt, es wurde Glas geschmolzen und zu Perlen verarbeitet. Wetzschiefer, Speckstein und Rengeweihe wurden aus dem Norden eingeführt. Handelsgut des Fernhandels waren Sklaven aus den Raubzügen der Wikinger, die nach Spanien und Nordafrika durch Franken weitergehandelt wurden, daneben Pelze, Wollstoffe, Seide und Luxusartikel. Die Geldprägung in Haithabu, Magdeburg und Regensburg und die Verbreitung dieser Münzen bei den Ostvandalen sind Zeugnisse des Handels. Soziale Unterschiede lassen sich an der Größe der Häuser erkennen. Die neben dem Reihengräberfriedhof abgesonderten Kammergräber mit reichen Beigaben innerhalb des Walles werden dem Adel gehört haben. Am Rande des Gräberfeldes vor dem Südtor wurde ein fürstliches Bootskammergrab mit 3 Bestattungen gefunden, wobei das Boot aufrecht unter einem Hügel über der Grabkammer stand. Dem Gemeinwesen stand ein vom dänischen König eingesetzter Wikgraf vor. Auch mit dem genossenschaftlichen Zusammenschluß der Fernkaufleute wird gerechnet (H. Jankuhn 1976, K. Schietzel 1981).

Die Bewohner Haithabus vor 800 waren Sachsen. Nach Gründung der Kaufmannssiedlung 808 durch die Dänen siedelten sich diese an, aber auch Ostvandalen. Von da an bis zur schwedischen Besetzung wurden auf getrennten Friedhöfen jeweils etwa 1000 Sachsen und Dänen und 500 Ostvandalen bestattet, in der schwedischen Zeit etwa 1000 Sachsen und Dänen und etwa 500 Schweden und Ostvandalen, und in der Zeit nach der Besetzung durch Heinrich I. im Jahre 934 etwa 500 neu zugezogene Sachsen und Ostvandalen. Um 950 lebten etwa 350 Sachsen und Dänen und jeweils etwa 150 Schweden und Ostvandalen in Haithabu (H. Steuer 1984). Ende des 10. Jahrhunderts war eine einheitliche Bevölkerung entstanden, deren Herkunft nicht mehr erkennbar ist. In dem Gräberfeld innerhalb des Walles wurden insgesamt bis zu 5000 Personen bestattet. Dazu kommen noch mindestens 1000 bis 2000 Bestattungen auf den beiden Friedhöfen vor dem Südtor.

Etwa gleichzeitig mit der Blüte von Haithabu festigte sich das Königreich Dänemark und etwa gleichzeitig mit der Residenz des ersten dänischen Königsgeschlechtes der Skjöldinge in Lejre entstanden die Wikinger-Kasernen von Trelleborg, Aggersberg, Nonneberg, Fyrkat und auf Sylt, die sich durch präzise Konstruktion der Anlagen und der Bauten auszeichnen. Das Haus des Königs in Lejre und die Kasernen sind bautechnisch ähnlich und sind aus dem Typ der bäuerlichen Langhäuser entwickelt. Das große Haus von Lejre (Abb. 155) mit der Königshalle ähnelt dem Bau mit der Fürstenhalle der Wagringer von Oldenburg (Abb. 154). Sie sind, abgesehen von dem Steinbau der Königshalle der Westgoten in Nordspanien, die einzigen bekannten Bauten mit germanischen Königs- und Fürstenhallen.

Die älteste chronistische Nachricht von *Jumneta* (Jomsburg) an der Dievenow im Oderdelta stammt aus dem Reisebericht des jüdischen Sklavenhändlers Ibrahim ibn Jaqub von 973. Er kennt den Ort schon als große Stadt mit 12 Toren und einem Hafen. Die Geschichte Jumnetas – so wird der Ort von Helmold von Bosau genannt – beginnt um 900. Damals legten die Dänen auf dem Silberberg nördlich des Ortes und gleichzeitig mit dem Ort eine Wikingerburg an, deren Wall ähnlich wie bei Burgen der Ostvandalen eine Holz-Erde-Konstruktion war. Die Burg wurde mehrmals zerstört und wieder errichtet. Jumneta war bereits im 9. Jahrhundert das Zentrum eines Stammes der Ostvandalen, der Usedom und das benachbarte Festland bewohnte mit einer dichten Besiedlung von 600 Wohnplätzen.

Dieses versunkene Vineta der Sage war alten Chronisten noch bekannt und ein pommerscher Chronist besuchte es im 16. Jahrhundert (G. Gaebel 1908). Er fand im flachen Wasser Grundsteine von Häusern, berichtet von gepflasterten Straßen und bildet aus einer älteren Chronik den Grundriß eines Teils einer regelmäßigen Siedlungsanlage ab.

Der Ort zog sich zwischen dem Galgenberg im Süden, auf dem ein Leuchtfeuer stand, und dem Silberberg 3 km an der Dievenow entlang und hatte Anlegeplätze für rund 300 Schiffe (Abb. 36).

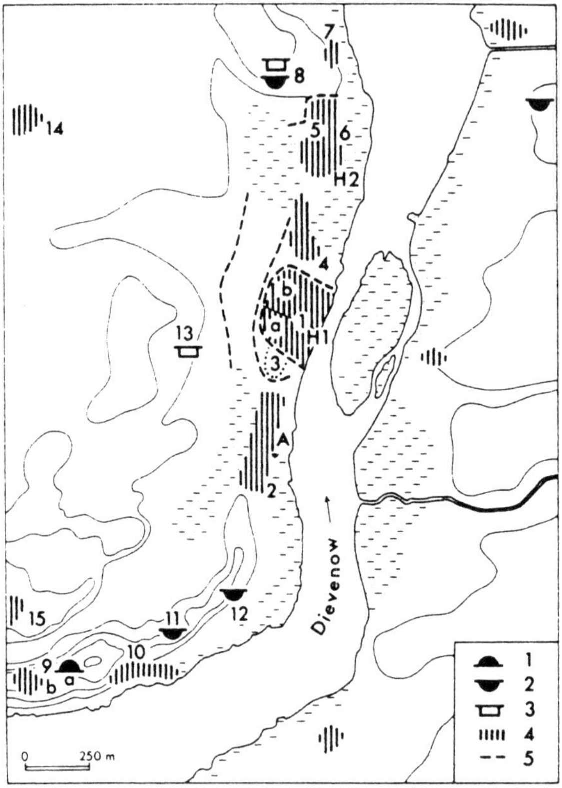

Abb. 36: Das Gebiet der Stadt Jumneta auf Wollin an der Dievenow in der Odermündung.
Zeichen:
1. Grabhügel
2. Brandgräber
3. Körpergräber
4. Siedlungen
5. Befestigungen.
Zahlen und Buchstaben auf der Karte:
H1 Hafen der Stadt
H2 Hafen am Silberberg
A Anlegestelle im südlichen Stadtteil
1. Stadtzentrum mit der ältesten Siedlung, Befestigung und Hafen
2. Fischervorstadt
3. heidnischer Tempel
4. Gartenvorstadt
5. Markt des 12. Jahrhunderts
6. Handwerkersiedlung Silberberg
7. Siedlung
8. Gräberfeld Mühlenberg
9a. Siedlung
9b. Grabhügelfeld und Leuchtturm am Galgenberg
10. Siedlung
11. und 12. Brandgräberfelder
13. Körpergrabfeld des 12. Jahrhunderts
14. und 15. Siedlungen.
Nach W. Filipowiak 1988.

Im ersten Bauabschnitt wurden Bauten aus hochkant gestellten Bohlen (bei Wilde Rahmenbau genannt) sowie Stabbauten, im zweiten Bauabschnitt bis 6,5 x 15 m große Pfostenbauten mit Flechtwerkswänden errichtet. Wie in Haithabu stehen Häuser, die erneuert wurden, in unveränderten Grundstücken. Zum Teil waren die Häuser an bohlenbelegten Gassen dicht aufgereiht. Auch Vergrößerung von Häusern durch Zusammenlegung von Grundstücken kam vor. Damit werden auch hier veräußerbare Eigentumsrechte an den Grundstücken sichtbar.

Den Teilbereichen des großen Ortes konnten bestimmte wirtschaftliche Schwerpunkte zugeordnet werden. Im 9. Jahrhundert entstand auf dem Silberberg eine Handwerkersiedlung. Im 10. Jahrhundert wurde auch die südliche Vorstadt, in der Handwerker und Kaufleute wohnten, befestigt. Schließlich betrug die Fläche Jumnetas 20 ha, und die Zahl der Einwohner wird auf mehrere tausend geschätzt. Über die Dievenow gab es eine Brücke, über die eine Straße führte. Um den Marktplatz auf dem Silberberg bestand vom 9. Jahrhundert an eine dichte Bebauung mit vielen Werkstätten und einer Schenke. Die Produktion des Handwerks war ähnlich der von Haithabu. Der Schiffsbau muß bedeutend gewesen sein. Für den angesammelten Reichtum zeugen zahlreiche Silber- und Münzhorte in der nächsten Umgebung, einer von 11,5 kg Gewicht. Dieser wurde nach 950 an einem Weg vergraben (W. Filipowiak 1988).

In Jumneta fand man zwei Tempel. Derjenige im Stadtzentrum wurde 965 errichtet (s. Kap. 5.2). In der Südvorstadt stand ein Heiligtum, das einen Pfosten mit eingeschlagener Lanze barg, wie Otto von Bamberg berichtete. Im Jahre 924 wurde das Ortszentrum und die südliche Vorstadt von 903 bis 924 mit einem palisadenbestückten Wall umgeben. Im 10. Jahrhundert war auch die nördliche Vorstadt befestigt. Die Hafenanlage mit den Landestegen wurden bis Ende des 9. Jahrhunderts (dendrologische Daten) erbaut.

Die ausgedehnten Handelsverbindungen weit über die Ostsee hinaus werden durch Funde von Seidenstoffen aus Asien, Kaurimuscheln aus dem Roten Meer, arabischen Münzen u.a.m. belegt (W. Filipowiak u. H. Gundlach 1992).

Die Keramik zeigt keine durchgehende Entwicklung, sondern einen Wechsel nach Schicht 7, der auch mit dem Wechsel zum Pfostenbau und dem Wechsel der Körperbestattung zur Brandbestattung verbunden war. Neben der „mittelslawischen“ Keramik der Ostvandalen bis Schicht 7 und der „spätslawischen“ Keramik danach ist eine Keramik verbreitet, die bis Schicht 7 aus jener abzuleiten ist, die im schwedischen Birka und auf den dänischen Inseln heimisch ist, die aber offenbar in Jumneta hergestellt wurde. Ein weiterer Teil der Keramik ist wahrscheinlich prußischer Herkunft. Nach Schicht 7 findet sich noch „mittelslawische“ und Fresendorfer (s. Abb. 27) Keramik neben einer stark nordgermanisch beeinflußten Formengruppe (Abb. 37).

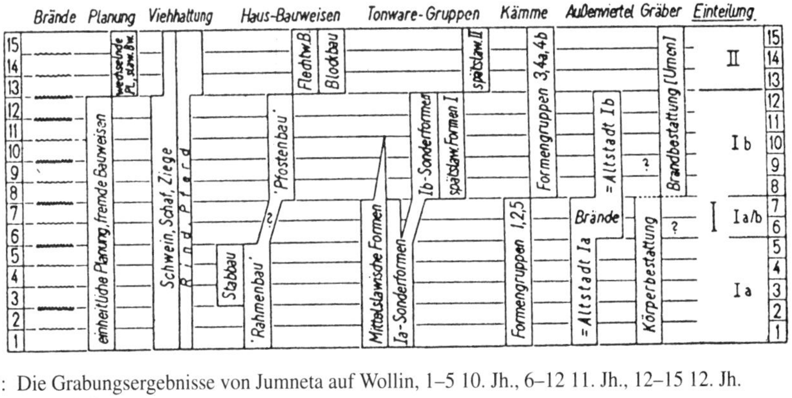

Abb. 37: Die Grabungsergebnisse von Jumneta auf Wollin, 1–5 10. Jh., 6–12 11. Jh., 12–15 12. Jh. Nach K. Wilde 1940

An Kleinfunden sind ein Thorshammer aus Bernstein und ein Runenstab bemerkenswert.

In Jumneta lebten nebeneinander Wikinger und Ostvandalen unter germanischem Recht und Hausbau. Nach der Teilzerstörung 1043 änderte sich die Zusammensetzung der nordgermanischen Bevölkerung und Brandbestattung in Urnen wurden herrschend. Deutsche Chronisten berichten, daß auch Christen aus dem Deutschen Reich und aus Byzanz geduldet wurden, sofern sie keine Öffentlichkeitsarbeit für das Christentum trieben.

Die zeitliche Zuordnung der archäologischen Befunde ist, abgesehen von dem nicht faßbaren Datum der Gründung von Burg und Ort um 900, die Zerstörung der Burg auf dem Silberberg nach Schicht 7 und die Teilzerstörung der Stadt durch die Dänen 1043, da die Jomswikinger sich selbständig gemacht hatten. Dann gehörten Wollin und Jumneta zu Pommern. Nach der Christianisierung von Pommern im Jahre 1124 wurde der Ort der erste Bischofssitz in Pommern.

1173, 1177 und 1184 nach Schicht 12 wurde der Ort durch die Dänen, zuletzt vollständig, zerstört und nicht wieder aufgebaut. Danach erfolgte eine lockere dorfähnliche Besiedelung mit Ostvandalen, die Blockbauten errichteten. Nachdem 1181 Pommern reichsunmittelbares Herzogtum geworden war, wurde im 13. Jahrhundert die deutsche Stadt Wollin gegründet (K. Wilde 1940).

In seiner Weltgeschichte des Orosius ließ der englische König Alfred der Große (871–901) den Bericht des Wulfstan über seine Fahrt nach der Wikingerstadt Truso einfügen, die mindestens seit 850 bestanden haben muß. „*Wulfstan sagte, daß er von Haithabu abfuhr und daß er in Truso nach 7 Tagen und Nächten war ... Und Wendenland war den ganzen Weg über bis zur Weichselmündung an unserer Steuerbordseite. Die Weichsel ist ein großer Strom und trennt Witland (das Land der Prußen) und Wendenland* (Pommern). *Und jenes Witland gehört den Esten; und diese Weichsel fließt heraus aus dem Wendenland*“. Die Stadt Truso bei Elbing wurde noch nicht gefunden. Aber ein großer Wikingerfriedhof, der vom Beginn des 8. Jahrhunderts bis Mitte des 10. Jahrhunderts benutzt wurde, ist dort bekannt.

In Ostpreußen und besonders im Samland (Abb. 38) häufen sich Wikingerfunde. Zwei km südlich von Cranz (Wisikauten) wurde ein großer Wikingerfriedhof gefunden, das Zeugnis für eine noch nicht bekannte Siedlung. Die Funddichte im Samland erklärt sich aus der großen Bedeutung des Bernsteinhandels, der von hier nach Süden und Südosten ging und in der Hand der Wikinger lag. Der Bernstein wurde hier im Fundgebiet eingehandelt und in Byzanz mit Gold aufgewogen. In Breslau fand man in einer Siedlung aus dem 1. Jahrhundert v.d.Ztr., also kurz nachdem die Vandalen nach Schlesien kamen, in drei unterirdischen Speichern 1,36 t Bernstein, ein Zeugnis für den Weg des Bernsteinhandels und dessen Intensität.

In den Stammesgebieten mit Fürsten wikingischer Abstammung und Verwandtschaft sind wiederholt archäologische Zeugnisse für die Herkunft dieser Fürsten z.B. in Gestalt von Prunkäxten und verzierten Sporen und Steigbügeln gefunden worden. Diese Fürsten gründeten ihre Macht auf Kriegergefolgschaften, vor allem von Reitern (druzina), für die Burgen errichtet wurden. Hier sei nur an die Schilderung durch Ibrahim ibn Jaqub erinnert, die sich auf das Daglinger Reich bezog (s. Kap. 4.2.11.1.1), und an die 1000 Panzerreiter eines Obodritenfürsten, die an dem Kriegszug Kaiser Ottos II. 981 nach Italien teilnahmen.

Wikingische Schwerter sind in Ost- und Südosteuropa weit verbreitet (Abb. 39). Wie die Streuung fränkischer Schwerter mit der Herkunftsbezeichnung Ulvberth über ganz Europa einschließlich Skandinavien und Osteuropa zeigt, können diese durch den Handel verbreitet worden sein. Als Grabbeigaben belegen sie zusammen mit weiteren Beigaben die ethnische Zugehörigkeit des Besitzers. Bei massenhaftem Vorkommen von wikingischen Altsachen, besonders Schwertern und Äxten, muß auf ortsansässige Wohnbevölkerung, nicht nur auf Fürsten mit Gefolgschaften, geschlossen werden. Das gilt besonders für das Gebiet der Weichselmündung und von Ostpreußen und für das Gebiet um das Zentrum des Großmährischen Reiches. Vor

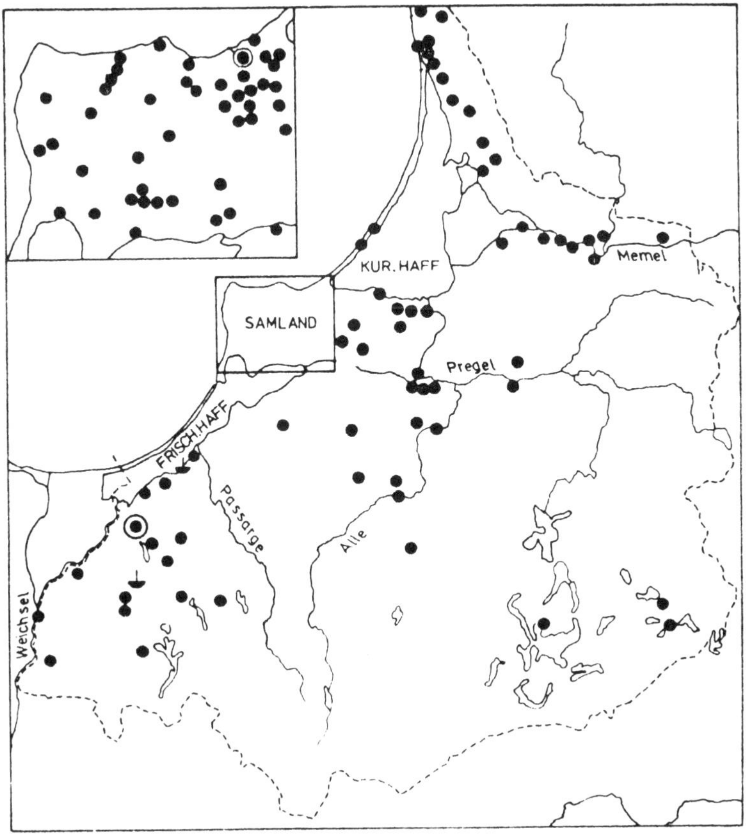

Abb. 38: Verbreitung wikingischer Gräberfelder und Funde in Ostpreußen. Nach L. Kilian, *Zu Herkunft und Sprache der Prußen*, Verlag R. Habelt, Bonn 1980.

allen weitergehenden Gliederungen unterscheidet man die Äxte nach dem Verhältnis der Länge des Axtblattes zur Länge der Schneide und nach der Form der Schneide in Schmal-, Breit- und Bartäxte. Die wikingischen Äxte (Abb. 40) gehören allen drei Gruppen an. Dazu muß eine besondere Ausbildung von Schmaläxten gerechnet werden (nicht in Abb. 40), die im Großmährischen Reich im 9. und 10. Jahrhundert und im Warägerreich im 11. und 12. Jahrhundert verbreitet war. Alle drei Axtformen sind Arbeitsgeräte aber auch Streitäxte und sind dann Beigaben in Waffengräbern. Die Bartäxte sind neben Arbeitsgeräten militärische Rangabzeichen wie im Friedhof neben der Wikingerkaserne von Trelleborg und sind Abzeichen für die Rechtsprechung. Sie sind dann besonders verziert. Prunkäxte dienen nur zur Repräsentation und stammen aus Adels- und Fürstenbesitz. Bartäxte aus ostvandalischen Fürstentümern bis zur Oder stammen zum Beispiel aus den Burgwällen von Behren-Lübschin (Abb. 41), Oldenburg, Alt-Lübeck, Tornow, Teterow, Poggenwerder bei Altruppin, Putgarden und weiteren Fundorten. Verzierte Äxte und Prunkäxte stammen aus den Reichen der Waräger,

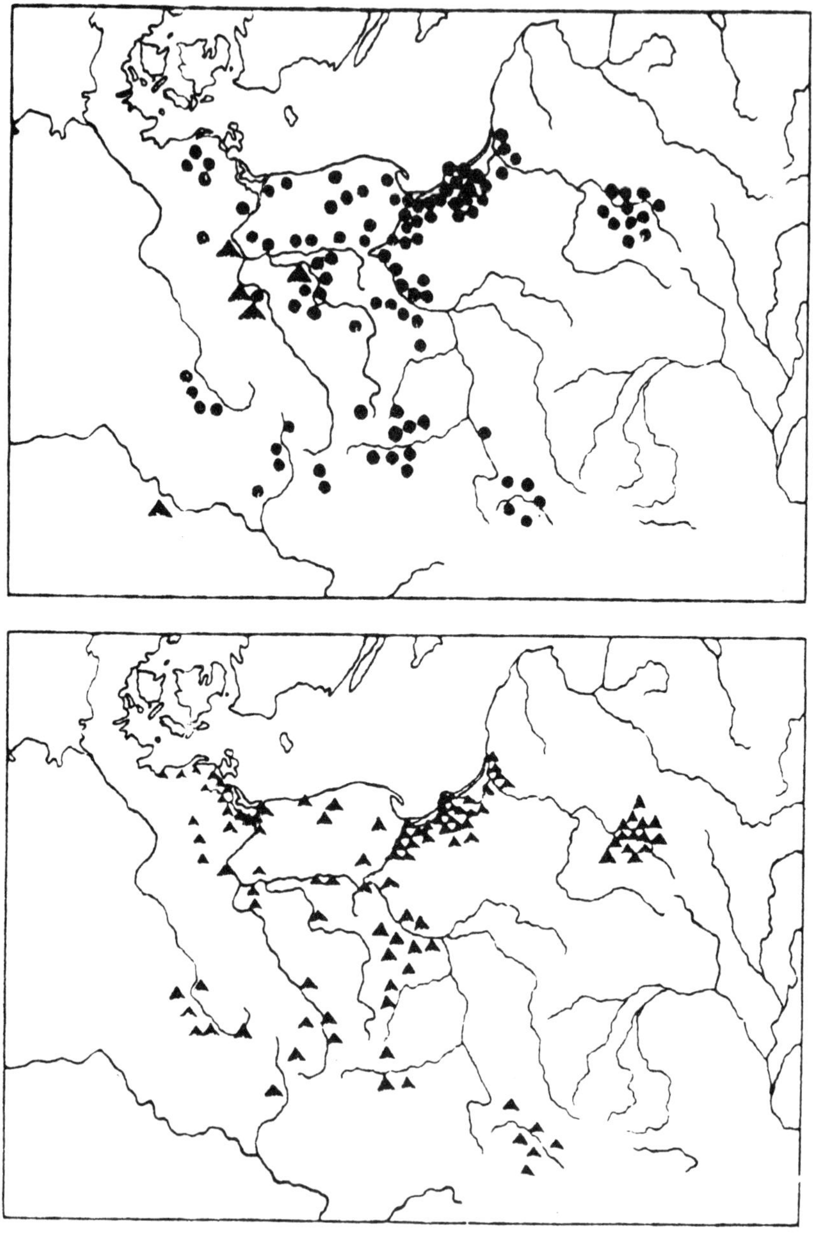

Abb. 39: Verbreitung wikingischer Äxte und Schwerter.
oben: ● eiserne Äxte, ▲ Prunkäxte
unten: ▲ Schwerter
Nach P. Paulsen, *Axt und Kreuz in Nord- und Osteuropa*, Bonn 1956.

Daglinger und Pržemysliden. Die Prunkaxt von Lunow/Oder, die große Ähnlichkeit mit Stücken von Wisikauten/Ostpreußen, Luban bei Posen und Lund/Südschweden besitzt, belegt die wikingische Herkunft des Adels im Daglinger Reich. Die Prunkäxte von Guben in der Niederlausitz und von Sagan in Niederschlesien sind mit dem Bilde des Urstieres geschmückt, dem Wappentier der Lausitz und Mecklenburgs und belegen Verwandtschaften der Träger zum Mecklenburger Fürstengeschlecht.

Auch im Gebiet des Daglinger Reiches, einer der wikingischen Staatsgründungen, wurden wikingische Funde gemacht. Einige Fundpunkte liegen im Gebiet der unteren Oder, einer im Bereich der Burg Zantoch bei Landsberg. Das Reitergrab von Libau und mehrere Gräber der Ostvandalen zeigen bereits die militärische Führerschaft der Wikinger. Auch aus Schlesien stammen

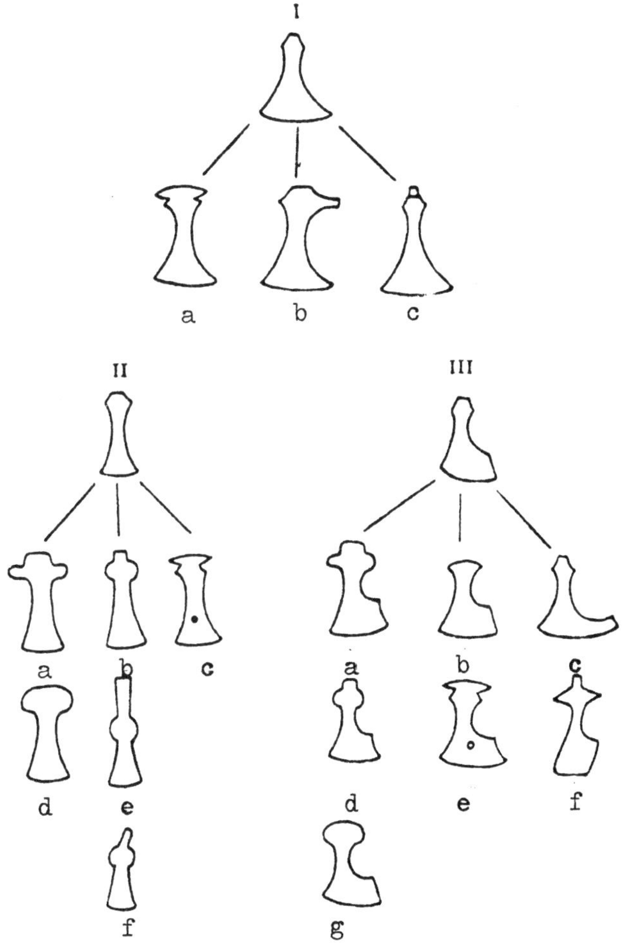

Abb. 40: Formen wikingischer Äxte
Skandinavien: I, II, III;
Baltikum: I a, c, III b, e;
Finnland: I b, II a, d, III a, d;
Wolgabulgarien: II b, e, f, III d;
Mittelrußland: II c, III d;
Ost- und Westpreußen: I a, III b, c:
Schlesien, Böhmen, Mähren: III f.
Nach P. Paulsen, *Axt und Kreuz in Nord- und Osteuropa*, Bonn 1956.

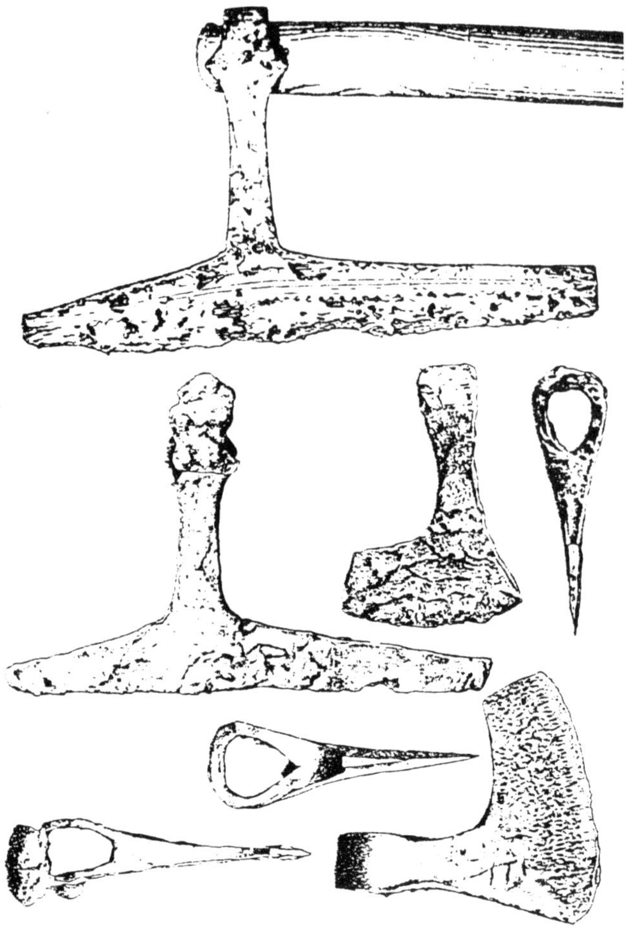

Abb. 41: Bartäxte aus der Burg Behren-Lübschin, Kreis Teterow, Mecklenburg. Gebiet der Zirzipanen.Nach E. Schuldt 1965.

Funde, hier Reste mehrerer Handwaagen, die zum Abwiegen des Hacksilbers als Zahlungsmittel benutzt wurden und für die Kaufmannsfahrten der Wikinger bezeichnend sind. In einer Reihe von Ortsnamen aus dem Daglinger Reich wurden nordische Personennamen erkannt (H. Jänichen 1938). Unter den Gründerfamilien sind drei Adelsgeschlechter, in denen diese Namen gebräuchlich waren, und zwar die Geschlechter der Habdank, Labedzie-Dunin und Powala, deren skandinavische Herkunft aus diesen Namen folgt.

In Böhmen wurde die Entstehung eines Staates eingeleitet, indem sich ein Wikinger auf dem Hradschin – wahrscheinlich der Vater des ersten nachweisbaren Pržemysliden Borivoi – niederließ. Doch auch anderenorts in Böhmen gibt es Hinweise auf Wikinger. So war dem Fürstengrab von Kolin eine Bartaxt beigegeben.

Bei Saaz fand man das Grab eines wikingischen Kriegers unterhalb des Burgwalles. Von der Vysehrader Burg in Prag stammen zwei Prunkäxte. Die meisten Streitäxte hatten die Form von Bartäxten. Auch die Schwerter stammen meist aus dem nordischen Kulturbereich (J. Schranil 1928). Ähnlich ausgestattet wie das Wikingergrab auf dem Hradschin waren die Gräber in Stara Kourim, Mähren, in Saaz und einige Gräber der älteren Bestattungsperiode in Libice, der Stammburg der Sklavikniden (R. Turek 1974).

In der Zeit um 1000 bestanden Beziehungen zwischen Skandinavien und Ungarn. In Ungarn sind einige Wikingerschwerter gefunden worden, aus der Donau in Budapest kam eine Zeremonienlanze. Der Helm und das Schwert des Hl. Wenzel (Bruder von Boleslav I., † 929), die zum Prager Domschatz gehören und vermutlich ein Teil der Krönungsinsignien des ungarischen Königs Stephan des Heiligen darstellen, stammen wie die übrigen Schwerter und die Lanze aus den gleichen Werkstätten Jütlands und Gotlands und wurden um 1000 angefertigt. Als Handelsweg mit der ersten Station Jomsburg bietet sich der Oderweg an (P. Paulsen 1933).

4.2.11.1 Das Reich der Daglinger

4.2.11.1.1 Die Anfänge des Reiches der Daglinger

Der Chronist Widukind von Corvey (925–973) berichtete (III, 66) für das Jahr 963 über einen Angriff des sächsischen Grafen Wichmann auf Miseko. Miseko wird hierbei das erste Mal erwähnt, und zwar als ein König *„cuius potestas erant Sclavi, qui diciuntur Licicaviki"*, d.h. als ein König, dessen Macht auf den *Sclavi* beruht, die *Licicaviki* genannt werden. Der Stammesname Licicaviki ist nicht lokalisierbar. In den Hildesheimer Annalen wird Miseko „dux Sclavorum" und in den Quedlinburger Annalen „dux Sclavonicus" genannt. Vorher in den Quellen nicht genannt, tritt hier ein Staatsgebilde in die Geschichte, das keineswegs aus dem Nichts entstanden sein konnte.

Miseko († 992), wie er in deutschen Quellen genannt wird, hatte noch den anderen Namen Dago. Der erste Chronist Polens, Gallus anonymus (1107–1138, zit. H. Jänichen 1938 S. 135) stellt fest *„hic autem Semimizl magnum et memorandum Meschonem (*Miseko*) progenuit, qui primus nomine evocatus est alio"*, das heißt, daß Miseko noch einen anderen und ersten Namen hatte. In Regesten des Papstes Johannes XV. wird in den Grenzen des Reiches von Miseko ein *„Dagone iudex"* genannt, dem einzigen zeitgenössischen Dokument über Miseko neben der Schenkungsurkunde von 990. Der englische Chronist Roger von Howden (Chronik 732–1201) berichtet von der Flucht des englischen Prinzen Eadward zu Olaf von Schweden, von dort in das regnum Dogorum, *„quem rex terrae Malescoldus"* (Boleslaw) und weiter nach Ungarn. Der Name Dogo läßt sich nur dem skandinavischen Namen Dago, Dagr zuordnen. Damit wird die skandinavische Herkunft Dagos sicher (H. Jänichen 1938). *„Jedenfalls kann an der Tatsache, daß der erste Piast in dem einzigen offiziellen Aktenstück das aus der Zeit seiner Regierung überliefert ist, einen Namen normannischer Provenienz trägt, nicht gezweifelt werden ... Ich darf auch darauf verweisen, daß ich erst kürzlich zu zeigen versuchte, wie stark diese von ihnen* (den Wikingern) *ausgehende Wirkung noch im 12. Jahrhundert gewesen ist und wie die große geistige und politische Wandlung, die Europa damals erlebte, zu einem nicht geringen Teil auf die normannische Tatkraft zurückzuführen ist, Darlegungen, die niedergeschrieben wurden, ehe der ‚nordische Mensch' in die politische Diskussion gezogen wurde"* (A. Brackmann 1934, Mitglied d. Preuß. Akad. d. Wiss.).

Die Verwandschaft der Daglinger mit den nordgermanischen Königshäusern
nach H. Jänichen (1938)

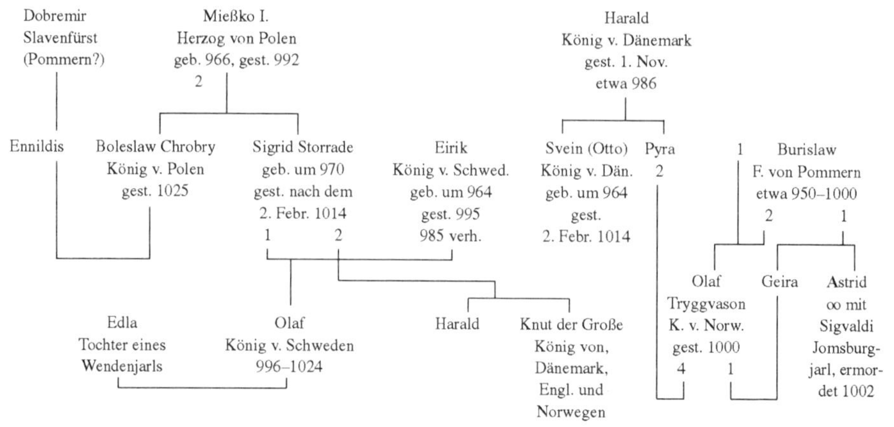

Auch aus der polnischen Stammessage sind gleiche Schlüsse zu ziehen. Gallus anonymus (bis nach 1100) bezeichnet den ersten Herrscher Polens als *„dux Popel, dictus Chosisco"* als Herzog Popiel, der Chosisco (Fremdling) genannt wurde. In Parallelsagen führt Popiel den germanischen Namen Oserich, in der Thidrekssage (H. Ritter-Schaumburg 1982) Osantrix von Wilzenland. Die Thidrekssage entstand in Skandinavien während der Zeit der Rückwanderung der „Slawen". Sie berichtet jedoch aus den Gebieten südlich der Ostsee nur von Germanen. Da es in dem den Daglingern verwandten Adelsgeschlecht der Labedzie-Dunin (= Däne) den Namen Hringja gibt, ist das ein Hinweis auf ihre Abstammung aus Hringeriki bei Oslo. Dieses Geschlecht hatte auch Verwandtschaftsbeziehungen zu den Warägern. Die fürstliche Herkunft des Geschlechts aus Skandinavien wird im übrigen durch die Verheiratung von Dagos Töchtern an Söhne aus ersten skandinavischen Geschlechtern deutlich.

Die Daglinger stammen von Doglingar in Vestmarr. Da die Ruriks einige Namen mit dem Geschlecht der Ynglingen gemeinsam haben, stammen die Ruriks aus der norwegischen Bucht wie die Fürsten der irischen, englischen und französischen Normannen. So waren die führenden Geschlechter der wikingischen Staatsgründungen ursprünglich nahe beisammen beheimatet.

Im polnischen Adelsgeschlecht der Habdank kommen, wie bereits erwähnt, auch nordisch abzuleitende Namen vor, Jaszczolt von Askilld und Jascotel von Asketill, Henricus von Haeringr. Der Geschlechtername Habdank geht auf Audunn zurück, sodaß auch die Habdank skandinavischer Herkunft sind. Ähnliche Beziehungen sind noch für weitere polnische Adelsgeschlechter gefunden worden, was auch von polnischen Wissenschaftlern bestätigt wurde (H. Jänichen 1938). Die Vorfahren dieser Geschlechter werden mit einem Vorfahren Dagos zusammen gekommen sein und sich gemeinsam im Stammesgebiet der Polanen niedergelassen haben.

Aber nicht nur im Daglinger Reich sind Wikinger nachzuweisen. Aus dem 12. Jahrhundert ist in der Lausitz eine Familie wikingischer Herkunft, die Kietlicz-Wezenborg bekannt, auf die Ortsnamen wie Koetlitz, Kietlin, Kettelwitz, Kottelwitz, Kottlow zurückgehen, die vom nordischen Personennamen Ketill abzuleiten sind. Da es auch unter den Fürsten der Obodriten nordische Namen wie Tofa, Astrid, Uxo, Anadrod, Sederich gibt, und Heiraten nach Skandinavien vorkamen, wird auch für diese skandinavische Herkunft angenommen.

In Schleswig-Holstein, Mecklenburg, Pommern, Ost- und Westpreußen, Posen, Schlesien, Kleinpolen und Ostgalizien wurden zahlreiche Ortsnamen auf wikingische Wortstämme zurückgeführt (H. Jänichen 1938 (vergl. Abb. 33)).

Im Gebiet östlich der Elbe, in Böhmen und Mähren (Abb. 39) bis in das Gebiet der Weichsel und bis Ostpreußen sind wikingische Äxte und Prunkäxte häufig gefunden worden. Auf den Prunkäxten von Sagan und Guben ist als Besitzerzeichen der Urstier angebracht. Dieser befand sich im Wappen der Niederlausitz, ehe diese 1031 an die Wettiner kam. Er befand sich auch im Wappen ostvandalischer Stammesfürsten und im Wappen der Adelsgeschlechter von Kittlitz, von Baruth und von Wiesenburg. Außerdem war der Urstier auch das Wappentier der Fürsten der Obodriten; er ist heute noch im Landeswappen von Mecklenburg zu sehen. Und da bei Geschlechtern mit diesem Wappen oft gemeinsame Vornamen auftauchen, dürften diese Geschlechter als vorwikingische Geschlechter und Seitenzweige vom Ur-Fürstenhaus der Obodriten abstammen.

Nach Tyniec bei Krakau wird vom polnischen Chronisten Bogufal († 1253) auch die Sage von Walter und Hildegunde lokalisiert, wo noch 1253 das Grab der Hildegunde gezeigt worden sei. Walter sei Angehöriger desjenigen Fürstengeschlechts gewesen, das die Ostvandalen aus Pannonien in die Wohnsitze der heutigen slawischen Nachfahren geführt habe. Dem Geschlecht mit dem Zeichen „Tyr“ gehörte nach Cosmas von Prag auch das ganze Gebiet zwischen Elbe, Sudeten und Grafschaft Glatz mit zwei Stämmen der Chrowaten. Aus einem ostböhmischen Zweig dieses Geschlechts, den Sklavikniden, stammt der Hl. Adalbert („Sclavus eram“), der zweite Bischof von Prag. In Schlesien führten die meisten großen Landesgeschlechter die Rune „Tyr“ (siehe auch Kap. 4.2.9.8) (F. v. Heydebrand 1936). Auch das Geschlecht der Labedzie, das in Schlesien große Besitzungen hatte, stammt aus Skandinavien. Sein bedeutendster Angehöriger war Peter Wlast 1122–1193. Er wurde am dänischen Königshof erzogen und heiratete, wie Vorfahren von ihm, eine warägische Fürstentochter. In diesem Geschlecht kommt wiederholt der Name Wladimir vor, z.B. bei seinem Vater. Andererseits spricht für nordische Abstammung der Beiname des Geschlechts: Dunin = Däne. Da die Namen Olaf und Magnus zusammen nur bei den Labedzie und den Norwegerfürsten des 11. Jahrhunderts auftreten, muß es eine genealogische Verbindung dieser zwei Familien gegeben haben (H. Jänichen 1938). Hier werden nicht nur wikingische, sondern vorwikingisch-ostvandalische Abstammungen alter Geschlechter Polens und Schlesiens sichtbar. Die Ostvandalen, die Lingua Sclavinia sprachen, benutzten schon vor den Wikingern germanische Runen, kannten Sagenstoffe, die ähnlich auch bei den Westgermanen zuhause waren, und wählten sich Fürsten aus anderen germanischen Stämmen. Dies sind zusammen mit den vielen wechselseitigen Verwandtschaftsbeziehungen zu Nordgermanen und Warägern Beweise dafür, daß die Ostvandalen nach ihrer weiten Wanderung durch Osteutopa und nach ihrer Sprachumwandlung noch ein ausgeprägtes gesamtgermanisches Volksbewußtsein besaßen.

Die Genealogie von Peter Wlast aus Breslau
nach H. Jänichen, Die Wikinger im Weichsel- und Odergebiet, Leipzig 1938

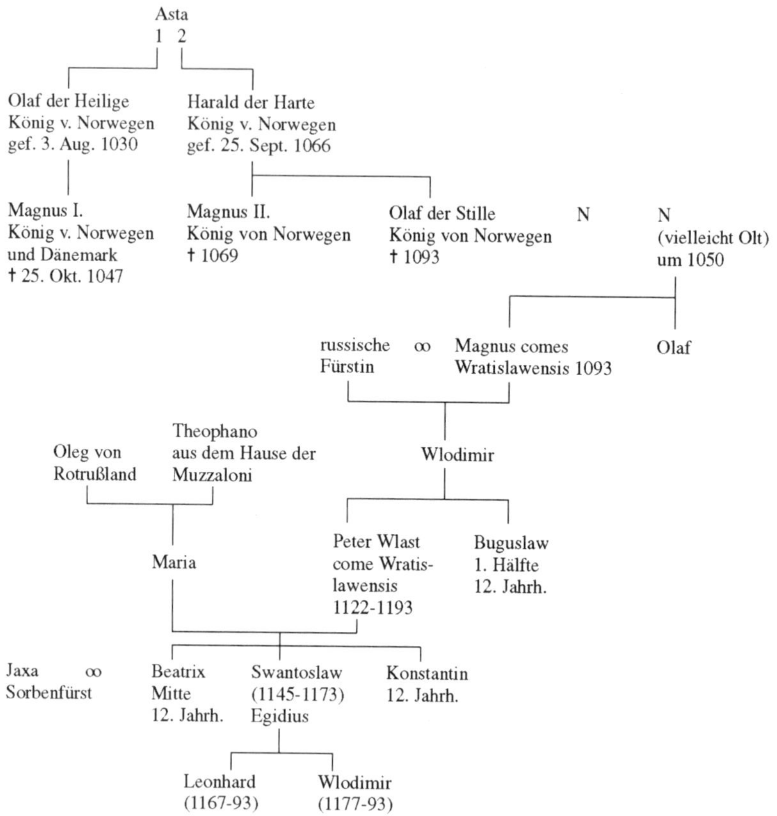

Ein Name für den Staat des Dago ist nicht bekannt. Der Name Polen taucht erstmals bei Thietmar von Merseburg auf (975–1018) (IV, 55): „*Miseconis Poleniorum incliti ducis*". Er geht zurück auf den ostvandalischen Stamm der Polanen, die im Land Wohnenden, aus *Po* = nordgermanisch an, in; *lan* = Land. Diese Bedeutung ist im Englischen mit *Poland* besser bewahrt. Der Name Piasten für das Geschlecht der Daglinger ist spätere polnische Zutat.

Über die innere Organisation dieses Staates erfahren wir etwas von dem jüdischen Sklavenhändler Ibrahim ibn Jaqub, der im Auftrag arabischer Staaten das Deutsche Reich und die angrenzenden germanischen Länder bereiste (P. Hirsch 1931, 973): „*Was nun das Land des Mescheqqo* (Mesiko) *anlangt, so ist es das ausgedehnteste ihrer Länder, und es ist reich an Getreide, Fleisch, Honig und Fischen. Er zieht die Abgaben in gemünztem Gelde ein, und dieses bildet den Unterhalt seiner*

Mannen; in jedem Monat bekommt jeder eine bestimmte Summe davon. Er hat 3000 Gepanzerte, und das sind Krieger, von denen das Hundert 10 000 andere aufwiegt. Er gibt den Mannen Kleidung, Rosse, Waffen und alles, was sie brauchen. Wird einem von ihnen ein Kind geboren, so befiehlt er sofort die Anweisung des Unterhaltes, ob es nun männlich oder weiblich sei ...“

Diese straffe Staatsorganisation mit ständiger militärischer Gefolgschaft (poln. Druzina) ist allen Staaten, die von Wikingern gegründet wurden, eigen und die Grundlage ihrer Macht. Auf einem Gräberfeld bei Lutomiersk in Mittelpolen fand man kürzlich reich ausgestattete Gräber dieser wikingisch-warägischen Gefolgschaft (J. Herrmann 1986). Auf dem Wavel in Krakau soll nach 1918 ein germanisches Fürstengrab gefunden worden sein, das angeblich ohne Bearbeitung wieder zugeschüttet worden sei. Man wird annehmen müssen, daß bereits eine Generation vor Dago Wikinger über die Odermündung hereinkamen. Da östlich die Pommern (Pomeranen, die am Meer Wohnenden) und westlich die Obodriten (die Übergetretenen oder die ob der Oder Wohnenden) und die Wilzen (die Wilden) saßen, war die Offenhaltung des Weges über die Odermündung in die alte Heimat ein wichtiges Anliegen (W. Koppe 1942).

In dieser Zeit muß auch die Gründung von Jomsburg, Jumneta oder Vineta durch die Wikinger auf der Insel Wollin erfolgt sein, das dann Adam von Bremen († 1070) bereits als sehr große Stadt beschreibt. Die Wolliner führten 965 Krieg mit Miseko. Als Miseko an der unteren Warthe gegen die vom sächsischen Grafen Wichmann geführten Truppen unterlag, zu denen u.a. Wolliner gehörten, unterstellte er sich dem Kaiser. Thietmar von Merseburg berichtet: *„Miseconum quoque cum sibi subjectis imperiali subdidit dicioni“*. Doch im gleichen Jahr kämpfte er schon wieder gegen die Wolliner und Redarier und besiegte sie. Die Kämpfe, um die Nordgrenze seines Reiches ans Meer zu verlegen, waren sehr wechselhaft. 1119 wurde die polnische Lehnshoheit durch die Fürsten von Hinterpommem anerkannt und 1121 durch die von Vorpommern. Das führte 1124 zur Christianisierung durch Bischof Otto von Bamberg (s. Kap. 2, Kantzow). Aber bald nach Boleslav änderte sich das wieder. Seit 1181 gehört Pommern zum Deutschen Reich.

Miseko ließ Burgen bauen, u.a. in Gnesen und Posen, die sich in der Bauweise kaum von den damaligen Burgen der Ostvandalen und denen König Heinrichs unterschieden.

Die von den Daglingern als Sitze von Kastellanen mit Reitermannschaften erbauten Burgen sind vielfach Neugründungen und nicht Weiterentwicklungen bis dahin bestandener Burgen der Polanen. Eine dieser Burgen wurde in Oppeln durch Ausgrabungen gut bekannt. Man fand Zubehör von Reiterausrüstungen. Nach 950 entstand aus einer offenen Siedlung eine dichte Bebauung und um 1050 ist ein Holz-Erd-Wall nachweisbar, der einen ovalen Innenraum von 90 × 75 m umschloß, an den sich etwas versetzt auch noch die steinerne Fürstenburg von nach 1250 hielt. Die regelmäßige Bebauung beiderseits 3 m breiter und bohlenbelegter Wege bestand in 5 x 7 m großen Blockbauten (B. Gediga 1975) (Abb. 42).

Auch nach Westen versuchte Miseko schon frühzeitig seine Grenzen vorzuschieben. Doch 963 wurde er, als Kaiser Otto in Italien weilte, von Markgraf Gero zurückgeschlagen. Seitdem sind die polnischen Herzöge und Könige dem Deutschen Reich für das Gebiet südlich und westlich der Warthe tributpflichtig und ab 986 lehenspflichtig (H. Ludat 1942). Miseko erschien 973 auf dem Reichstag zu Quedlinburg. In einer Handschrift des Klosters Reichenau ist dargestellt, wie *Germania, Gallia, Romania* und *Sclavinia* (das Misekoreich und die ostvandalischen Fürstentümer östlich der Elbe) Kaiser Otto III. huldigen.

Auch nach Süden erweiterte er sein Reich, nachdem das Reich der Wislanen an der oberen Weichsel mit einer illyrisch-keltisch-sarmatisch-ostvandalischen Mischbevölkerung mit der

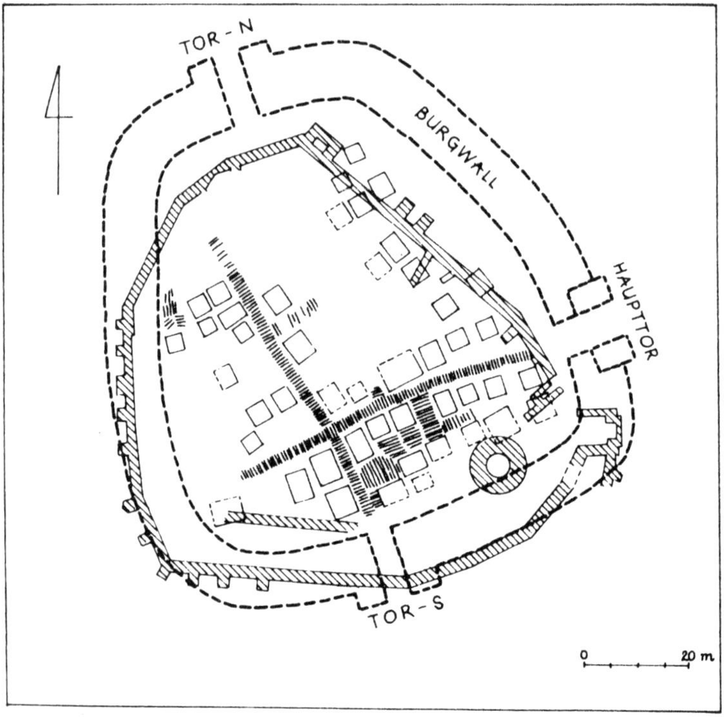

Abb. 42: Die Burg von Oppeln, Befestigung (schraffiert) und Bebauung um 1100 n.d.Ztr., Burgwall um 1250. Nach B. Gediga 1975.

Hauptstadt Chorwat (= Krakau) durch das Großmährische Reich 875 zerstört worden war. Um 990 eroberte er Schlesien und Kleinpolen. Am Ende seines Lebens verliefen die Grenzen schon weit außerhalb des Stammesgebietes der ostvandalischen Polanen: die Weichsel entlang bis nördlich Bromberg, entlang der Netze bis zur Oder, diese entlang, über die Kämme der Sudeten und Beskiden, zwischen Weichsel und Bug nach Norden bis zur Südgrenze der Prußen und von da zur Weichsel. Im Osten grenzte sein Reich an das der Waräger, im Norden an die Stammesgebiete der Prußen und Pommern, im Westen an das Deutsche Reich und im Südwesten an Böhmen (Abb. 43).

Bis zum Jahre 1000 war Schlesien bis zum Sudetenkamm erobert. Im Jahre 1000 wurde das Bistum Breslau gegründet. Zu dieser Zeit erhielten auch die schlesischen Gaue der Ostvandalen eine wikingische Oberschicht. Wikingische Funde wurden an verschiedenen Stellen Schlesiens gemacht, in den Burgen von Nimptsch, Breslau, Oppeln, Militsch, Striegau und Glogau. Das System der ostvandalischen Gauburgen, die z.T. schon vor den Daglingern Vorburgsiedlungen (Suburbien) besaßen, wurde von den Kastellaneiburgen der Daglinger abgelöst. Diese Burgen, die alten Gauburgen und neu angelegte, waren Sitz und Siedlung der Kriegerkaste mit ihren Familien. In den Burgen von Oppeln und Striegau fand man regelmäßig angelegte Siedlungen aus quadratischen Blockbauten mit 4 bis 8 m Seitenlänge mit Resten wikingischer Art neben ostvandalischen Schläfenringen. Diese Kriegersiedlungen bestanden bis in das 13. Jahrhundert. Der Kastellan war Burgkommandant, Richter und Verwaltungsbeamter des Burgbezirks. Breslau besaß eine herausragende Bedeutung als Sitz eines *ducatus*, eines Herzogs (H. Uhtenwoldt 1938).

Abb. 43: Staatsgrenzen im Ostraum um 1000 n.d.Ztr. Mit Veränderungen aus J. Herrmann, *Welt der Slawen*, Berlin (Ost) 1985. Den dort eingezeichneten tschechischen Staat hat es bis 1918 nicht gegeben. Ab 929 war Böhmen ein Herzogtum des Deutschen Reiches, des Regnum Theodiscum. Pommern, dort zu Polen gehörend dargestellt, wurde wiederholt nur für kurze Zeit von den Daglingern unterworfen und gehörte von 962 bis 1181, als Pommern ein Teil des Deutschen Reiches wurde, nur die geringste Zeit zum Daglinger Reich, das erst später Polen genannt wurde.

968 wurde von Otto I. das Bistum Posen gegründet, das zum soeben errichteten Erzbistum Magdeburg gehörte. 992 unterstellte Miseko sein Reich dem Papst. Aber erst nach Errichtung des Erzbistums Gnesen im Jahre 1000 schied das Reich Misekos aus dem Kirchenverband des Deutschen Reiches aus.

965 heiratete Miseko die Tochter des Böhmenherzogs Dubrovka und nach deren Tod 978 die Tochter Oda des Markgrafen Dietrich von der Nordmark. Damit begann die fast ununterbrochene Kette deutscher Frauen als Gemahlinnen der Herzöge und Könige aus Misekos Geschlecht, eine

Kette, die sich in den Frauen der schlesischen Herzöge fortsetzte. Schon mit Dubrovka wird das Althochdeutsche an die Residenz Misekos eingezogen sein, denn am Hofe des böhmischen Herzogs wurde althochdeutsch gesprochen (s. Kap. 2, Cosmas von Prag). Von dieser Zeit ab war in den üblichen Doppelnamen, von denen einer aus der *Lingua Sclavinia* stammte, der andere deutschen Ursprungs. Die Söhne Boleslaws I. hießen Lambert-Miseko und Otto-Bezprim.

Deutsch war die Sprache an der polnischen Residenz bis zum Einsetzen der Deutschenverfolgungen sowie die Sprache der aus den Teilungen des polnischen Staates hervorgegangenen schlesischen Herzogtümer, zumal auch deren Fürsten fast nur deutsche Frauen hatten. 992 schenkte Miseko, wie bereits erwähnt, sein Reich dem Papst. In der Schenkungsurkunde, in der nochmals der Name *Dagone iudex* genannt wird (J. Herrmann 1986), wird als Nordgrenze die Ostsee angegeben. Dies ist falsch, da Pommern nur für jeweils kurze Zeiten unterworfen werden konnte. Miseko starb noch im gleichen Jahr.

Misekos Sohn Boleslaw, der von 992 bis 1025 regierte, unterstützte den Kaiser verschiedentlich und gewann das Gebiet der Weichselmündung. Von der Burg Danzig aus brach Adalbert, damaliger Bischof von Prag, 997 auf zu einer Mission zu den Prußen, wo er bald von ihnen erschlagen wurde. Boleslaw kaufte seinen Leichnam den Prußen ab und überführte ihn in den Dom zu Gnesen. Im Jahr 1000 zog Kaiser Otto III. dorthin an sein Grab. Zugleich wurde das Erzbistum Gnesen gegründet mit den Bistümern Kolberg, Breslau und Krakau. Der erste Erzbischof war der Bruder des Hl. Adalbert. Das Bistum Posen blieb bis zum Tode seines deutschen Bischofs Unger 1012 noch im Verband des Erzbistums Magdeburg. Der Kaiser enthob Boleslaw der Tributpflicht und gab ihm die Titel *„Frater et Cooperator Imperii“* und *„Populi Romani Amicus et Socius“*, „Bruder und Mitregent“ und „Freund des Volkes des Imperium Romanum“ (des Deutschen Kaiser-Reiches) „und Bundesgenosse“, sowie *patricius*, was die Bedeutung eines kaiserlichen Statthalters hatte. Boleslaw war damit ein herausragender Vasall des Kaisers geworden. Die Gründung des Erzbistums Gnesen hatte den Sinn, Boleslaw innerhalb des Römischen Imperiums besondere Verpflichtungen für das Reich und die Kirche zu übertragen (A. Brackmann 1934).

Boleslaw wurde im Dom zu Posen beigesetzt. Auf dem im 12. Jahrhundert errichteten Grabmal stand (später beseitigt): *„Regnum Sclavorum, Gothorum sive Polonorum“* (F. Wolff 1977), womit noch damals als ethnische Bestandteile seines Reiches nur Ostgermanen genannt wurden.

Auf den Anfang des 12. Jahrhunderts wird die in Magdeburg in Bronce gegossene zweiflügelige Tür des Domportals von Gnesen datiert. Darauf ist in 18 Reliefbildern die Mission des Märtyrers Adalbert dargestellt. Boleslaw stellte ihm ein wikingisches Schiff mit zwei Drachenköpfen und 30 Kriegern zur Verfügung. Er segelte an der Küste entlang nach Samland, muß bei der Missionierung verbotenerweise ein Heiligtum betreten haben und wurde mit einer Bartaxt enthauptet, wie sie nur aus dem Samland und von Gotland bekannt ist. Auf einem dieser Reliefs ist dargestellt, wie Herzog Boleslaw den Leichnam Bischof Adalberts zurückkauft. Dabei bedienen sich die Prußen einer aus Wikingerfunden vielfach bekannten Waage zum Abwiegen des Gegenwerts in Silber. Der Herzog ist an der Krone kenntlich. Hinter ihm steht mit einem Stirnband und einem an die Schulter gelegten Schwert ein Höfling. Er hält das Schwert in der Art, wie das Reichsschwert dem Kaiser vorausgetragen wurde (P. Paulus 1941). In dieser Darstellung des 12. Jahrhunderts ist die wikingische Abstammung Boleslaws mit dem Schiff, die wikingische Kultur der Prußen mit der Axt und die Zugehörigkeit Boleslaws zum kaiserlichen Imperium mit dem Schwert des Herolds dokumentiert.

Infolge des großen Wendenaufstandes 983 brauchte Kaiser Otto III. Boleslaw als Bundesgenosse zur Bekämpfung des Liutizenbundes. Miseko und sein Sohn Boleslaw waren 986 nach

Quedlinburg gekommen. 990 hatte sich der böhmische Herzog Boleslaw mit den heidnischen Liutizen verbündet und Meißen besetzt, obwohl 972 in Prag ein Bistum gegründet worden war. Sofort fiel dort die Bevölkerung wieder vom Christentum ab. 995 zog Otto gegen die Obodriten und 997 wieder gegen die Liutizen. 999 brannten diese das Kloster Hillersleben kurz vor Magdeburg nieder.

Nach dem Tode Ottos III. im Jahre 1002 besetzte Boleslaw die Lausitz, die zu Böhmen gehörte, und Teile der Mark Meißen bis zur Weißen Elster und Böhmen. Kaiser Heinrich II. verlangte, daß er Böhmen mit dem dort geltenden alten Recht von ihm als Lehen entgegennähme. Als Boleslaw dieses ablehnte, vertrieb ihn Heinrich aus Böhmen. 1005 zog Heinrich, unterstützt von Verbänden der heidnischen Heruler, Rugier und Obodriten bis nach Posen. Diese Kämpfe zogen sich hin und wurden unterbrochen von den Friedensschlüssen von Posen und Merseburg 1013. Im Frieden von Bautzen 1018 behielt Boleslaw die Lausitz und das Gebiet der Milzener. Dort konnte er noch im gleichen Jahr seinen aus dem Kiewer Reich vertriebenen Schwiegersohn Swatopolk wieder einsetzen. Er herrschte von den Beskiden bis zur Odermündung und von der Mark Meißen bis in das Kiewer Reich und erlangte noch im Jahre seines Todes 1025 mit päpstlicher Zustimmung die Königskrone.

Sein Sohn Miseko II. (1025–1034) fiel nach der Königskrönung in Sachsen und dann mit den Wilzen in die Mark Meißen ein. Daraufhin verbündeten sich gegen ihn das Kiewer Reich, Ungarn und der Kaiser. Vor ihren Truppen flüchtete er nach Böhmen. 1032 vermochte er seine Herrschaft wiederzuerlangen. Dann brachen Aufstände aus. Er verlor Pommern, das König Knut von Dänemark besetzte, die Lausitz und Gebiete zwischen Weichsel und Bug. Er starb 1034.

Eine Adelsopposition vertrieb seine Witwe, Richenza von Lothringen, eine Enkelin von Kaiser Otto III., und dann auch seinen Sohn Kasimir (1034–1058). Der Böhmenherzog fiel ein, verwüstete das Land und entführte die Gebeine des Märtyrers Adalbert nach Prag, wo sie heute noch im Dom liegen. Mit einer großen Zahl von Gefangenen kam auch der Vater des böhmischen Chronisten Cosmas von Prag nach Böhmen.

Kaiser Heinrich III. zwang den Böhmenherzog Bretislaw 1041, die polnischen Eroberungen zu räumen, und 1054, auf dem Reichstag zu Quedlinburg, die Rückgabe Schlesiens anzuerkennen. Das vom Kaiser wiederhergestellte Misekoreich umfaßte Masowien, Groß- und Kleinpolen und Schlesien. Kasimir I. verlegte seine Residenz nach Krakau.

Sein Nachfolger, Boleslaw II., wurde 1079 von einer Adelsrevolte vertrieben und starb 1081 in Ungarn.

Nach dessen Bruder Wladislaw Hermann folgte Boleslaw III. (1102–1139). Er unterwarf Pommern und leitete dort 1124 die Christianisierung ein. Auf dem Reichstag zu Merseburg schwor er 1135 den Lehnseid. Er teilte sein Reich unter seine vier Söhne auf. In der Folgezeit hingen diese vier Herzogtümer nur noch lose durch den jeweils Ältesten als Großherzog zusammen. Nachdem Wladislaw, der älteste, vertrieben worden war, folgte ihm im Seniorat Boleslaw IV. (1146–1173). Sowohl dieser wie Kasimir der Gerechte (1177–1194) schworen dem Kaiser den Lehnseid.

Im ersten geschriebenen Recht von 1147 wurde ähnlich wie in Böhmen zwischen freien, dem deutschen Recht unterstellten Deutschen und abhängigen Bauern unterschieden. Kaiser Barbarossa zwang Boleslav IV. 1163, den Söhnen des Wladislaw, Boleslaw, Miseko und Konrad die schlesischen Herzogtümer Breslau, Ratibor und Glogau mit einem Tribut von Schlesien an den Kaiser zu übertragen. Dort in Schlesien starb dieses Wikingergeschlecht der Daglinger erst im 17. Jahrhundert aus. Boleslaw, Herzog von Schlesien 1163–1201, war in zweiter Ehe mit Adelheid, Tochter des Pfalzgrafen von Sulzbach, verheiratet. Sein Sohn Herzog Heinrich I., Herzog von Schlesien 1201–1238, heiratete Hedwig von Andechs-Meran, die 1267 heilig gesprochen wurde. Heinrich II. fiel 1241 bei Liegnitz. Heinrich IV. ist als Minnesänger in der Manessischen Liederhandschrift abgebildet.

Nach Boleslav IV. herrschte sein Bruder Miseko III. (1173–1177), nach dessen Vertreibung sein jüngerer Bruder Kasimir II. (1177–1199) und nach einem Thronfolgestreit nochmals Miseko III. (1194–1202). Konrad I., der Sohn Kasimirs II., begründete die kujawisch-masowische Linie der Daglinger und rief 1225 den Deutschen Orden gegen die Einfälle der Prußen zu Hilfe.

In verschiedenen Linien der Daglinger kommt der Name Pržemysl vor (J. Wittmann 1990), der mit dem Namen des böhmischen Herrschergeschlechts übereinstimmt, so zum Beispiel in der großpolnischen Linie Pržemysl I. (* 1220 † 1257), Herzog von Posen, Kalisch und Gnesen. Mit seinem Sohn Przemysl II. (*1257 †1296), König von Polen (1295–1296) starb diese Linie aus, setzte sich aber in der Ehe seiner Tochter Richenza mit König Wenzel II. fort, deren Sohn Wenzel III. 1306 ermordet wurde. Auch der Name Boleslaw kommt in beiden Geschlechtern vor. Wenn die böhmischen Pržemysliden wikingischer Herkunft sind, erinnern dieselben Namen bei den Daglingern vermutlich an die gleiche Herkunft und vielleicht sogar an eine Verwandtschaft. Nach Seb. Münster waren es Brüder.

Der letzte Daglinger auf dem polnischen Thron war Kasimir III. Nach teilweisem Anschluß Schlesiens an Böhmen 1327 verzichtete König Kasimir III. (1333–1370) im Vertrag von Trentschin 1335 mit König Johann von Böhmen auf Schlesien. Die Enkelin Kasimirs heiratete 1364 den Luxemburger Karl IV., der von 1346–1378 Deutscher Kaiser war. So kommen in den Luxemburgern die zwei wikingischen Geschlechter, die der Daglinger und der Pržemysliden nach dem Aussterben ihrer männlichen Linien zusammen.

4.2.11.1.2 Die Genealogie der Daglinger

Der Wikinger Dago norwegischer Abstammung herrschte wahrscheinlich zusammen mit seinem Bruder Sigibur (gefallen 24.6.972). Seine Schwester hieß Athleit – Adelheid. Sie heiratete den ungarischen Großfürsten Geisa aus dem Geschlecht der Arpaden. Bei dem von Dago bewiesenen germanischen Fürstenbewußtsein ist kaum anzunehmen, daß seine Schwester einen Nomaden aus dem Osten ehelichte. Das läßt vermuten, daß die ungarischen Arpaden, deren erster, Arpad, 997 starb, ebenso germanischer Herkunft waren (s. Kap. 4.4). Von seiner zweiten Frau, die eine Deutsche war, hatte er drei Töchter, die mit skandinavischen Fürsten verheiratet waren – ein Hinweis auf seine Herkunft und fürstliche Abstammung. Sein Sohn heiratete wieder eine Deutsche. Erst in der 4. und 5. Generation hatten die Daglinger Herrscher, Kasimir I. und Boleslaw II., keine deutschen Frauen, sondern Frauen aus warägischen Geschlechtern. Der Bruder und Nachfolger Boleslaw II., Wladislaus I., hatte die Tochter Kaiser Heinrichs II. zur Frau. Sein Sohn Boleslaw III. war damit direkter Nachfolger deutscher Kaiser. Die Kette deutscher Frauen der Daglinger geht fast ununterbrochen weiter bis zum Aussterben der direkten Linie in Krakau mit Kasimir III. im Jahre 1370.

Vorher, 1138, wurde Wladislaw-Waldemar I., der Sohn Boleslaw III., Herzog in Breslau und damit zum Stammvater der Daglinger in den schlesischen Herzogtümern, die dort in direkter Linie bis in das 17. Jahrhundert reichten. Schon der erste schlesische Herzog Wladislaw war mit einer Deutschen, der Tochter des Askaniers Albrecht des Bären von Brandenburg verheiratet.

Ebenso wie bei den polnischen Daglingern ab 960 wurde hier seit Beginn dieser Linien deutsch gesprochen. Von 10 Daglingern der Breslauer Linie waren 9 mit Töchtern von Reichsfürsten verheiratet, von 14 Herzögen der Linie Schlesien-Glogau waren es insgesamt 11 zwischen 1210 und 1515 (H. Grotefend 1889). Die Daglinger als „polnische Piasten“ zu bezeichnen, ist also falsch.

4.2.11.1.3 Aus den Anfängen der katholischen Kirche im Daglinger Reich

Der erste Erzbischof von Gnesen wurde der Bruder des Märtyrers Adalbert, Radim Graudentius. Der Erzbischof von Gnesen war nicht deutscher Reichsfürst. Er war im Daglinger Reich die Spitze der Kirchenhierarchie und wurde damit nach Verselbständigung Polens die Spitze der polnischen Staatskirche. Damit war 1000 n.d.Ztr. der Grundstein gelegt zu dem bis heute unheilvollen Einfluß der katholischen Kirche.

Boleslaw I. wurde 1025 von seinem Erzbischof zum König gekrönt, aber schon Boleslaw II. durch den Papst.

So wie die Stadtgründungen in Polen deutschen Ursprungs waren und unter deutschem Recht standen, wurden auch die Klöster vom Deutschen Reich aus gegründet, wobei sich besonders der 1098 in Burgund entstandene Zisterzienserorden auszeichnete. Seine Klostergründungen gehen in kurzen Zeitabständen Schritt für Schritt nach Osten etwa dem Wege nach, den 800 Jahre vorher die Burgunder bei ihrer Westwanderung gezogen waren, was durch Aufnahme ethnisch Verwandter aus der jeweiligen Umgebung verständlich wird. Gründungen der Zisterzienser sind z.B. Lond 1145, Lekno 1153, Obra 1231, Blesen 1232. Durch Peter Wlast wurden in der ersten Hälfte des 12. Jahrhunderts eine Anzahl von Klöstern in Schlesien gegründet, u.a. auf dem alten heiligen Berge der Vandalen, dem Zobten. 1112 gründete er in Breslau das St. Albrechtskloster. Das Kloster Leubus in Schlesien entstand 1175.

Noch der Bischof Bogufal II. von Posen (1242–1253) schrieb: *„...daß kein Volk so viel Gemeinsames habe und so vertraut wäre wie die Sclavi mit den Deutschen“*. Aber bereits mit dem Erzbischof Jakob II. von Gnesen (1282–1314) offenbarte sich in einem Schreiben Jakobs an die Kardinäle der römischen Kirche 1285 die erste deutschfeindliche Aktion: *„Auch sonst ist durch die Einwanderung jenes Volkes (*des deutschen*) vielfaches Unheil über das Land gekommen; denn das polnische Volk wird durch sie unterdrückt, verachtet, in Kriegswirren gestürzt, der löblichen angestammten Rechte und Gewohnheiten beraubt ... Schwerer Schaden droht der Kirche und unserem (*dem polnischen*) Volk! Aber Ihr könnt das Unheil abwenden“* (F. Wolff 1977). Im gleichen Jahr beschloß die Landessynode von Lenschütz, daß die Pfarrer keine Deutschen als Lehrer in den Schulen anstellen sollten, wenn sie nicht der polnischen Sprache mächtig wären. Unterricht in deutscher Sprache wurde verboten.

Nachdem der Versuch des Krakauer und späteren Breslauer Bischofs Johann Muskata 1311, zusammen mit den Krakauer deutschen Bürgern Krakau unter böhmischen Einfluß zu bringen, gescheitert war, kam es 1312 zu Progromen gegen Deutsche. Dem Bischof war 1306–1308 vom Gnesener Erzbischof der Prozeß gemacht worden, weil es hieß, er habe Land, Volk und Sprache der Polen versucht zu vernichten. Ab 1312 wurden die Krakauer Stadtbücher nicht mehr in deutscher, sondern in lateinischer Sprache geführt. Ein päpstlicher Legat bat den Papst, den altersschwachen Nachfolger von Muskata auf dem Breslauer Stuhl rechtzeitig durch einen Polen zu ersetzen, damit das Bistum nicht in die Hände eines Deutschen fiele, obwohl Schlesien seit 1163 zum Deutschen Reich gehörte.

Genealogie der Daglinger Stammlinie bis um 1200, der Großpolnischen Linie bis 1926 und der Schlesischen Daglinger bis 1270

nach J. Wittmann, 1991

Genealogische Übersicht der DAGLINGER bis um 1200

I. *DAGO/DAGR, gen. Miseko (poln. Mieszko I.)* * um 922 † 25.5.992 gef.
Herzog 960 – 992 („miseco – rici")
∞ a) 965 mit Domberta / Dubrovka † um 977
Tochter des Böhmerherzoge Boleslav I. (935 –972)
b) 979/80 mit Oda † 1023
Tochter des Markgrafen Dietrich von der Nordmark

Kinder:	1) Gunzelin	* 7?	† nach 23.3.973
	2) *Boleslaw I.*	* 967	† 17.6.1025
	3) Sigrid/Gunhild	* um 967	† nach 2.11.1014
	∞ a) 980/90 mit Erik Segersell, König v. Schweden-Dänemark, Sohn v. Harald Blauzahn		† 995
	b) 998 mit Sven Gabelbart König von Dänemark (986–1014)		† 2.2.1014
	4) Geira	* ?	† ?
	∞ mit Olaf Trygvason von Norwegen		
	5) Astrid/Athleit	* ?	† ?
	∞ mit Jarl Sigvald		
	6) Miseko	* ?	† ?
	∞ mit N.N. (?)	: = Sohn Dietrich,	† nach 7.7.1032
	7) Swentibold	* nach 980	† nach 25.5.992
	8) Lambert	* nach 981	† nach 25.5.992

II. *BOLESLAW I. „Chrobry" (d. Beutereiche)* * 967 † 17.6.1025
Herzog 992 – 1024, König 1024 – 1025 - Grabmal im Dom zu Posen
∞ a) 984 mit Thyre, † 985/86; To. König Haralds Blauzahn/Dänemark.
b) 986 mit Judith, † 986/87; To. Herzogs Geiss/Ungarn
c) 987 mit Eminild, † 1017; To. des Fürsten Dobrimir (Rurikiden)
d) 1018 mit Oda, To. des Ekkehard von Meissen

Kinder:	1) Tochter (?)	* 984/85	† ?
	∞ 996/97 mit Pommernfürst		
	2) Sohn (?)	* 985/86	† ?
	3) *Bezprim*	*986/87	† 1032 ermordet
	Herzog 1031–1032 – gibt Königskrone 1031 an Kaiser Konrad II. zurück –		
	4) Tochter (?)	* 988	† ?
	5) Reglindias	* 989	* 21.3.1014
	∞ 1002/03 mit Hermann, Markgraf von Meissen, – beide als Stifterfiguren im Naumburger Dom –		† 1031/32
	6) *Miseko II. Lambert*	* 990	† 10.5.1034
	7) Tochter (?)	* nach 991	† nach 14.8.1018
	∞ vor 1013 mit Rurikidenfürst Swatopolk I. von Turow/Kiew		
	8) Otto	* um 1000	† 1033
	9) Mathilde	* nach 1017	† nach 1035
	∞ 1035 mit Otto von Schweinfurt		

III.	*MISEKO II. Lambert*	* 990	† 10.5.1034
	Herzog 1025–1031, 1032–1034 - läßt sich 1025 widerrechtlich krönen –		
	∞ 1013 mit Richenza, Tochter des Herenfried Ezo von Lothringen (Nichte von Kaiser Otto III.) - Richenza wird 1034 vertrieben		
	Kinder: 1) Boleslaw der Vergessene	* 1014/15	† vor 1038
	2) *Kasimir I. Karl*	* 25.7.1016	† 28.11.1058
	3) Tochter (?)	* ?	† nach 1052
	∞ 1039/42 mit Bela I. von Ungarn,		† 1063
	4) Gertrud	* ?	† 4.1.1108
	∞ vor 1050 mit Izieslav von Känugard/Kiew,		† 3.10.1078

IV.	*KASIMIR I. Karl der Erneuerer*	*25.7.1016	† 28.11.1058
	Herzog 1034-1058 - vertrieben von 1037-1039		
	∞ 1038/39 mit Dobronega Maria, † 1087; To. Wladimirs I. des Heiligen von Känugard/Kiew		
	Kinder: 1) Boleslaw II. der Kühne	* 1039	† 1081
	2) *Wladislaw I. Herman*	* 1040	† 4.6.1102
	3) Swatana	* 1041/48	† 1.9.1126
	∞ mit Wratislaw II., Herzog + König von Böhmen,		† 1092
	4) Mesiko	* 16.4.1045	† 6.12.1065
	5) Otto	* um 1046	† um 1048

V.a.	*BOLESLAW II. der Kühne*	* 1039	† 1081
	Herzog 1058-1076, König 1076-1079		
	∞ 1065 mit Viseslava, Tochter des Rurikidenfürsten Swistoslaw		
	Sohn: Mesiko	* 1069	† 1088 vergiftet
	∞ 1088 mit Tochter eines Rurikidenfürsten		
	(Boleslaw II. wird 1079 von Bruder Wladislaw vertrieben)		

V.b.	*WLADISLAW I. Hermann*	* 1040	† 4.6.1102
	Herzog 1080-1102		
	∞ a) mit Judith, † 25.12.1085, Tochter des Wratislaw II. v. Böhmen		
	b) 1088 mit Judith, Tochter des Kaisers Heinrich III. (Schwester von Heinrich IV.)		
	Kinder: 1) Zbigniew	* ?	† 1113 nach Blendung
	Herzog 1093, 1102-1107, Teilhzg. 1097 in Großpolen m. Kujaw. (von Bruder Boleslaw III. vertrieben)		
	2) *Boleslaw III. Schiefmund*	* 20.8.1086	† 28.10.1138
	3) Tochter (?)	* nach 1088	† vor 12.5.1112
	∞ vor 1108 mit Joroslaw I. von Kiew		† 1123
	4) Agnes	* um 1090	† um 1126/27
	5) Adeleide	* um 1090/91	† 25.3.1118
	∞ vor 1118 mit Mkgr. Diepold III. der Nordmark		† 1146

VI. *BOLESLAW III. Schiefmund* * 20.8.1086 † 28.10.1138

Herzog von Kleinpolen 1102-1107, von Großpolen 1102-1138

∞ a) 1103 mit Zbislawa, † um 1108; To. Swatopolks I. von Turow/Kiew

b) 1113 mit Saloma, † 1144; To. von Graf Heinrich von Berg (Schwager ist Bischof Otto von Bamberg)

Kinder: 1) *Wladislaw II. der Vertriebene* * 1105 † 30.5.1159

Herzog 1138-1146

Stammvater der schlesischen Daglinger/„Pisaten"

∞ a) 1125/27 mit Agnes von Babenberg, † 1157; T. von Leopold III. von Österreich

b) ? mit Christine, T. Albrechts des Bähren

- verzweigte schles. Linien sterben zwischen 1335 und 1675 aus -

(Forts. vgl. gesonderte Übersicht A)

2) Sohn (?) * 1107/08 † nach 1109

3) Tochter (?) * 1111 † ?

∞ 1124 mit Hzg. Vsevolod von Murom (Kiewer Reich)

4) Luitgard * 1115/16 † nach 1138

5) Richenza * 1116 † nach 1155

∞ a) 1129/30 mit König Magnus von Schweden-Dänemark

b) 1135/36 mit Vsevolod von Naugard/Nowgorod

c) nach 1139 mit Herzog Swerker I. in Schweden, † 1155

6) Tochter (?) * nach 1119 † ?

∞ 1132 mit Markgraf Konrad der Nordmark, † 1133

7) Sophia * ? † 10.10.1136

8) Kasimir * 16.8.1122 † 19.10.1131

9) Gertrud * 1123/24 † 7.5.1160

10) *Boleslaw IV. Kraushaar* * 1125 † 3.4.1173

Herzog 1146-1173, bis 1163 mit Schlesien

∞ a) 1137 mit Verchuslawa von Naugard/Nowgorod

b) um 1160 mit Maria, † nach 1167

Kinder: 1) Boleslaw * um 1156 † 1172

2) Tochter (?) * vor 1160 † nach 1178

∞ um 1173 mit Hzg. Wasylko von Bialystok

3) *LESZEK* * 1160/65 † 1186

Herzog von Masowien und Kujewden

- altmasowische Linie stirbt mit Leszek 1186 aus -

11) *Miseko III, der Alte* * 1126/27 † 13.3.1202

Herzog 1173 - 1177 und 1194 - 1202

- großpolnische Linie stirbt mit Przemysl II. 1296 aus -

12) Heinrich von Sandomir * 1227/31 † 18.10.1166 gef.

13) Dobronega * vor 1129 † nach Okt. 1147

∞ um 1142 mit Mkgr. Dietrich von Meißen, † 9.2.1185

14) Judith * nach 1130 † zw. 1170/76

∞ 1148 mit Otto I. von Brandenburg, Sohn Albr. d. Bären

15) Agnes * 1137/38 † nach 1182

∞ 1151/52 mit Rurikidenfürst Micislaw II.

16) *Kasimir II. der Gerechte* * 1138 † 5.5.1194

Herzog 1177-1194

- kleinpolnische Linie stirbt mit König Kasimir III. 1370 aus -

PRZEMYSL I. * 1220 † 4.6.1257
Herzog von Posen, Kalisch, Gnesen
∞ 1244 mit Elisabeth, † 16.1.1265; To. Hzg. Heinrichs II. v. Schlesien
(vorher Nonne in Trebnitz)

Kinder: 1) Konstanze * 1245/46 † 8.10.1281
∞ 1260 mit Mrkgr. Konrad I. von Brandenburg
2) Euphrozine * um 1247/48 † 17.2.1298
Äbtissin in Trebnitz
3) Anna * 1253 † nach 26.6.1295
Äbtissin in Owinsk
4) Euphemia * 1253 † 5.9.1298
Nonne in Breslau
5) *Prezemysl II.* * 14.10.1257 † 8.2.1296 ermordet
Herzog von Großpolen, Krakau, Posen, Pommerellen
König von Polen 1295-1296
∞ a) um 1273 mit Ludgarda, To. Hzgs. Heinrich I. v. Mecklenburg
b) 1285 mit Richenza, To. König Waldemar von Schweden
c) 1293 m. Margarete, To. Mrkgr. Albrecht III. Brandenburg
Tochter: Richenze/Elisabeth * 1.9.1288 † 19.10.1335
∞ a) 1303 mit König Wenzel II. v. Böhmen + Polen, † 21.6.1305
b) nach 1306 mit Hzg. Rudolf III. v. Österreich
und König von Böhmen † 4.7.1307

Die großpolnische Linie der Daglinger stirbt mit Przemysl II. aus

Genealogische Übersicht der schlesischen DAGLINGER

A Linie Schlesien, Breslau, Liegnitz, Brieg

I *Wladislaus II. der Vertriebene* * 1105 † 30.5.1159 i. Exil
Herzog von Krakau und Schlesien 1138-1146
∞ a) 1125/27 mit Agnes von Babenberg, † nach 1157
Tochter von Leopold III. von Österreich
b) ? mit Kristine, To. Albrechts der Bären v. Brandenburg

Kinder: 1) *Boleslaus I. der Lange* * nach 1129 † 7.12.1201
2) *Mesko I. der Gehbehinderte* * um 1238 † 16.5.1211
3) Konrad von Glogau * um 1139 † 19.2.1203
4) Reinhild/Richza * 1128/38 † 1185
∞ a) 1152 mit König Alfons VIII. von Kastilien
b) 1161 mit Graf Raimund II. v. Berengar/Prov.
5) Albert * ? † 10.7.1168

IIa *BOLESLAUS I. der Lange* * nach 1129 † 8.12.1201
Herzog von Schlesien 1163-1201
∞ a) 1141 mit Wenzeslawa, To. Großfürsts Vserolod von Kiew
b) vor 1163 mit Adelheid von Sulzbach

Kinder: 1) *Jaroslaw* * ? † 22.3.1201
Herzog v. Oppeln ab 1197, Bischof v. Breslau ab 1.6.1198
2) Alga * ? † ?
3) Boleslaus * ? † 18.7. n. 1201
4) Konrad * ? † ?
5) Johann * ? † nach 1163
6) *Heinrich I. der Bärtige* * 1165/70 † 19.3.1238
7) Adelheid * ? † ?
∞ ? mit Mkgr. Diepold III. von Mähren
8) Berta * ? † ?
9) Wladislaus * ? † ?

IIb *MESKO I. der Gehbehinderte* * um 1138 † 16.5.1211
Herzog von Ratibor-Teschen 1163-1211, von Oppeln 1202-1211
∞ ? mit Ludmilla, † 20.10.1211

Kinder: 1) *Kasimir I.* * 1178/79 † 13.5.1229/30
Herzog von Oppeln/Ratibor 1211-1229/30
∞ ? mit Viola von Bulgarien † 7.9.1251
4 Kinder: Mesko II., Wladislaw, Wenzislawa, Euphrozine
Fortsetzung Linie Ratibor, Oppeln, Cosel-Beuthen
2) Ludmilla * ? † ?
3) Agnes * ? † ?
4) Euphrozine * ? † ?
5) Boleslaus * ? † ?

III *HEINRICH I. der Bärtige* * 1165/70 † 19.3.1238
Herzog von Schlesien 1201-1238, zeitw. von Krakau u. Großpolen
∞ um 1186 mit Hedwig, von Andechs u. Meran * 1174 † 15.10.1243 - hl. gespr. 26.3.1267

Kinder: 1) Boleslaus * ? † 10./11.9. um 1208
2) Sophia * ? † ?
3) Agnes * ? † ?
4) Konrad * nach 1191 † 1235/37
5) *Heinrich II. d. Fromme* * um 1191 † 9.4.1241 gef.
6) Gertrud * ? † nach 1267
verlobt mit Pfalzgraf Otto von Wittelsbach († 1209)
Nonne (1212) und ab 1232 Äbtissin im Kloster Tebnitz
7) Sohn (?) * 25.12.1208 † ?

IV *HEINRICH II. der Fromme* * um1191 † 9.4.1241 gef.
Herzog von Schlesien 1238-1241, von Krakau und Großpolen
∞ 1216 mit Anna, † 23.6.1265, To. Ottokars I. von Böhmen
b) vor 1163 mit Adelheid von Sulzbach

Kinder: 1) *Boleslaus II.* * um 1224/30 † 1278
2) Mesko * ? † 1241/42
3) Hedwig * ? † 3.4.1318
4) Agnes * 1220/22 † nach 1278
5) Gertrud * nach 1220 † 1244/47
∞ 1244 mit Hzg. Boleslaw I. von Sandomir u. Masowien
6) Elisabeth * ? † 16.1.1265
Nonne im Kloster Trebnitz bis 1244
∞ 1244 mit Przemyl I. v. Posen, Kalisch, † 4.6.1257
7) Konstanze * ? † 21.2.1257
∞ 1239 mit Kasimir I. v. Kujawien, † 14.11.1267
8) *Heinrich III. v. Breslau* * um 1229 † 13.12.1266
9) *Konrad I.* * ? † 6.8.1273
Herzog von Glogau 1249-1273
Fortsetzung Linie Glogau, Sagan, Oels
10) Wladislaw * um 1273 † 24.4.1270
Erzbischof von Salzburg

Die Abstammung der schlesischen Daglinger von Karl dem Großen und dem Sachsenherzog Widukind

nach W. Steller I, 1973, 132

Widukind,
Herzog von Sachsen

Wikbert,
Gf. in Westfalen, † 843/51
∞ Ordrud

Karl der Große,
* 2.4.742, † 28.1.814
∞ 771 Hildegard von Schwaben † 782

Ludwig I.,
König und Kaiser,
* 778, † 20.6.840
∞ 2.819 Judith, Tochter Welfs I., † 19.4.843

Karl der Kahle,
König von Frankreich,
* 823, † 6.10.877
∞ Irmentrude, Tochter Odos von Orléans, † 869

Waltbert,
Gf. in Westfalen, † 890
∞ Altberg, † nach 872

Liudolf I.,
Herzog von Sachsen,
* um 806, † vor 29.11.874
∞ um 836 Oda, Tochter des G. Billung I.,
* 806, † 5.913

Gisela,
* um 820, † nach 1.7.874

∞ 836/40 Eberhard,
Mgf. von Friaul,
† um 865

Ludwig II. der Stammler
König von Frankreich,
* 846, † 10.4.879
∞ Adelheid

Theoderich (Dietrich)
Gf. in Westfalen,
* um 872, † 916/17
∞ Reginhild, Tochter Gottfrieds, Grafen in Friesland († 885), * um 860

Otto,
Herzog von Sachsen,
* um 836, † 30.11.912

∞ um 869 Hedwig,
† 24.12.903

Berengar I.,
Mgf. von Friaul, König von Italien, röm Kaiser,
* wohl zw. 850/60,
† 7.4.924, ∞ N.N.

Karl der Einfältige,
König von Frankreich
* 17.9.879, † 7.10.929.
∞ 2.919 Edgiva, Tochter Eduards I. von England
† nach 951

Mathilde, ∞ II
* um 890, †968

Heinrich I.,
deutscher König
s. 14.4.919
* um 876, † 2.7.936 in Memleben, † 14.3.968.

Gisela,
∞ Adalbert, Mgf. von Ivrea, † vor 925.

Ludwig IV.
der Überseeische,
König von Frankreich,
* wohl 921, † 10.9.954

∞ 929 Gerberga
von Deutschland
* 913/14, † 5.1.969

Otto I. der Große,
deutscher König und römischer Kaiser,
* 23.10.912, † 7.5.973

∞ I. Edigitha, Tochter König Eduards I. von England, † 946

∞ II. 10.951, Adelheid von Burgund,
* 931/32, † 16.12.999

Berengar II.,
König von Italien, † 966
∞ Willa

Mathilde von Frankreich

Luitgard,
† 953. ∞ Konrad der Weisen, der Rote, Herzog von Franken und Lothringen, † 10.8.955

Otto II.,
deutscher König und römischer Kaiser,
937 - 983. ∞ Theophano v. Byzanz

Adalbert,
König von Italien, † 968

Otto,
Herzog von Kärnten
† 1004. ∞ Judith

Mathilde von Sachsen,
† 13.9.1025 (= 259)
∞ 991 Ezo, Rheinpalzgraf,
† 1034

Richenza von Lothringen,
† 1065 in Saalfeld
∞ 1013 mit Misika II. Lambert, Herzog v. Polen seit 1025, † 1034

Kasimir I.,
Herzog von Polen
1034 bis 1058

N. (Tochter), † 1107
∞ Isaslaw I., Gft. von Kiew, * 1025, † 3.10.1078

1320 wird Krakau als die Stadt mit den meisten deutschen Einwohnern zur Residenz des polnischen Königs. Noch 1485 schuf dort Veit Stoß für die Marienkirche der Deutschen seinen großen Altar. Und infolge sich abzeichnender nationalistischer Strömungen nach dem Tode des Königs Kasimir IV. im Jahre 1492 kehrte Veit Stoß nach 19 Jahren 1496 wieder nach Nürnberg zurück. 1535 wurde vom König die Teilnahme der Deutschen an den Vormittagsgottesdiensten in der Marienkirche verboten.

4.2.11.2 Die Geschichte Schlesiens bis zur Eingliederung in das Deutsche Reich

Zu beiden Seiten der oberen Weichsel bis zu den Karpathen und Sudeten bestand seit Ende der Völkerwanderung das Reich der Wislanen (germanisch nach Weichsel). Es umfaßte Restbevölkerungen der Illyrer, Kelten, Sarmaten, Germanen sowie Ostvandalen. Die Hauptburg hieß nach den Chorwaten Chorwat (= Krakau). 875 hatte Swatopulk das Krakauer Gebiet für das Großmährische Reich erobert. Nach dessen Ende 907 kamen Mähren und Schlesien zu Böhmen. Herzog Wratislaw I. von Böhmen gründete Wratislawa (= Breslau), sein Sohn Boleslaw I. gründete Boleslawa (= Bunzlau) im Bobergau. Boleslaw II. eroberte bis 1000 ganz Schlesien. Da Böhmen seit 929 in Lehensabhängigkeit ein Teil des Deutschen Königreiches, des regnum Theodiscum, war, gehörte Schlesien bereits vor der Entstehung des Reiches der Daglinger zu diesem.

Nach dem Eheschluß des ersten Herrschers im Daglinger Reich mit Dubrowka, der Tochter des Přemyslidenherzogs Boleslaw I., nahm er 966 mit seinen Großen das Christentum von Böhmen aus an. Nach dem Tod von Dubrowka und Kämpfen mit Böhmen erweiterte Miseko ab 990 sein Reich auch nach Süden. Der Sudetenkamm wurde um 1000 erreicht und Oberschlesien jedoch ohne den Glatzer Kessel 999 erobert. Nach Gründung des Erzbistums Gnesen im Jahre 1000 wurde auch das Bistum Breslau von dort aus errichtet. Misekos Sohn Boleslaw I. führte mit Kaiser Heinrich Krieg, eroberte Ober- und Niederlausitz, mußte 1005 die Lehenshoheit des Deutschen Reiches anerkennen und erhielt Ober- und Niederlausitz als Reichslehen. Nach dem Tode von Boleslaw mußte sein Sohn, Miseko II., 1031 auf Pommern, Mähren und die beiden Lausitzen verzichten und Konrad II. auf dem Reichstag zu Merseburg huldigen. Nach Boleslaws Tod 1025 eroberte der Böhmenherzog Bretislaw I. (1034–1055) Schlesien. Die Witwe Misekos, Richenza, Nichte Kaiser Ottos III., wurde mit ihrem unmündigen Sohn Kasimir vertrieben. Zugleich brach ein heidnischer Aufstand im Daglinger Reich aus, der das Christentum weitgehend vernichtete. Nachdem Kasimir sein Reich 1039 wieder erlangt hatte und Schlesien 1050 zurückerobert hatte, mußte er im Vertrag von Quedlinburg 1054 an Böhmen einen jährlichen Tribut zahlen. Das bedeutete die Anerkennung der Oberhoheit von Böhmen und auch die des Deutschen Reiches, da Böhmen ein Teil des Deutschen Reiches war. Doch schon Boleslaw II. (1058–1079) weigerte sich, diesen Tribut zu leisten, der bis 1278 wiederholt Anlaß zu Kriegen war. Wegen der Nichtbezahlung fiel der Böhmenherzog Bretislaw II. (1092–1100) in Schlesien ein und eroberte es. Er wurde vom polnischen Statthalter in Schlesien und dem Kastellan von Breslau, dem Wikinger Graf Magnus, dem Vater von Peter Wlast, unterstützt, weil Boleslaw II. landfremde Amtsträger in Schlesien eingesetzt hatte. Der Daglinger Boleslaw III. (1102–1138) gewann Schlesien zurück. Nach neuen Kämpfen zwischen Böhmen und den Daglingern erschien Boleslaw III. 1135 auf dem Reichstag zu Merseburg, leistete den Tribut an

Böhmen und erkannte die Lehenshoheit des Kaisers über Pommern und Rügen an. Seitdem gehört Pommern zum Deutschen Reich.

Bei der Teilung des Daglinger Reiches nach dem Tode von Boleslaw III. erhielt der älteste Sohn Wladislaw (1138, vertrieben 1146, † 1159) das Seniorat, Krakau und Schlesien. Er wurde mit dem ihn unterstützenden Peter Wlast 1146 vertrieben. Der nachfolgende Herzog von Schlesien wurde von Kaiser Barbarossa besiegt. 1163 wurden von ihm die Söhne des Wladislaw, die auf der Burg Altenburg in Thüringen erzogen worden waren, gemeinsam in das Herzogtum Schlesiens eingesetzt. Sie zahlten einen Tribut an den Kaiser, was die Anerkennung seiner Oberhoheit bedeutete.

Nach dem Tode eines von ihnen, von Boleslaw, wurde Schlesien unter die zwei anderen geteilt. Miseko (1163–1211) erhielt mit Oberschlesien, Ratibor und Teschen den kleineren Teil. 1202 wurde Schlesien auch erbrechtlich geteilt. Heinrich I. von Schlesien (1201–1238) gewann Teile der Lausitz und schließlich das Seniorat in Krakau. Er war mit Hedwig aus dem Hause Andechs-Meran verheiratet. Heinrich II. (1238–1241) war Herzog von Schlesien, Krakau und Großpolen. Er fiel am 9.4.1241 in der Schlacht von Liegnitz gegen die Mongolen. Unter seinem Nachfolger Boleslaw II. (1242–1248, dann Herzog von Liegnitz 1248–1278) ging der außerschlesische Besitz verloren. Das Land Lebus an der Oder kam an das Erzbistum Magdeburg und an Brandenburg. Aus Erbstreitigkeiten der schlesischen Herzöge entstand 1253 das Herzogtum Glogau.

Vom Nachfolger Heinrich III. (1248–1266) erhielt Breslau 1261 das Magdeburger Stadtrecht und wurde Oberhof des Magdeburger Rechts für ganz Schlesien. Sein Bruder Ladislaw war Kanzler beim böhmischen Herzog und König Ottokar. Die schlesischen Herzöge nahmen an dessen Königskrönung 1261 teil. Für Heinrich IV. (1270–1290), der am Prager Hof erzogen worden war, übte bis zu dessen Regierungsübernahme 1270 sein Oheim Ladislaw als Erzbischof von Salzburg die Vormundschaft aus. 1268 wurde Ladislaw zum Bischof von Breslau gewählt. Nachdem nicht Ottokar, sondern Rudolf von Habsburg zum deutschen König gewählt worden war, begann der Kampf zwischen beiden, der mit Ottokars Tod 1278 auf dem Schlachtfeld endete. Im gleichen Jahr wurde Heinrich IV. mit der Huldigung vor Rudolf Reichsfürst (L. Petry u.a. 1961). König Johann von Böhmen brachte zwischen 1326 und 1336 schließlich alle schlesischen Herzöge zur Lehenshuldigung für Böhmen und zog 1335 das Herzogtum Breslau ganz ein. Mit dem Verzicht Kasimirs II. von Polen auf ganz Schlesien 1335 im Vertrag zu Trentschin zwischen ihm und König Johann war der ab 1054 stückweise vollzogene Gebietsübergang an das Deutsche Reich vollendet. Bis dahin hatte Schlesien mit Unterbrechungen nur von 1000 bis 1163 zum Daglinger Reich gehört, was zudem in dieser Zeit lehensabhängig vom Deutschen Reich war. Die heutige polnische Behauptung, „Schlesien ist urpolnisches Land", ist eine Geschichtsfälschung.

Die Besiedelung Schlesiens mit Deutschen ist erstmalig in der Gründungsurkunde des Zisterzienserklosters Leubus von 1175 mit der Absicht, Deutsche auf dem Klosterbesitz anzusiedeln, enthalten und sie vom polnischen Recht zu befreien. Da der Herzog Boleslaw I. von Schlesien sich erst um 1240 eine Kanzlei, die beurkunden konnte, zulegte, sind alle vorhergehenden Urkunden von ihm Empfängerurkunden, d.h. von den Empfängern geschrieben. Es ist deshalb erklärlich, daß besonders in den ersten Leubuser Urkunden die ostvandalischen Ortsnamen z.T. verdeutscht wiedergegeben wurden.

Da die bäuerliche Besiedlung erst in der ersten Hälfte des 12. Jahrhunderts in Gang kam, läßt sich aus den 190 Ortsnamen dieser Urkunden (alphabetisch aufgeführt ohne Zitat in Literaturbeilage d. Schlesischen Provinzblätter 1822) mit Vergleich dieser Namen in den ersten urkundlichen Erwähnungen (Schlesisches Urkundenbuch von 1963) mit den Daten der Verleihung deutschen Rechts, welches gewöhnlich zu Beginn der Besiedlung verliehen wurde, erschließen, welche Ortschaft damals nicht von Ostvandalen bewohnt war.

Die Besiedelung durch Rodung außerhalb des weitgehend waldfreien Altsiedellandes begann etwa um 1215, nachdem das Kloster Leubus bis 1227 500 Hufen Wald bei Goldberg erworben hatte, wo bereits nach 1163 deutsche Bergleute im Goldbergbau tätig geworden waren. Neben den Klöstern erfolgte die Besiedelung durch Grundherren, welche Boleslaw aus dem deutschen Exil als Gefolgsleute mitgebracht hatte (F. Schilling 1938). Im Rodungsgebiet erfolgte die Besiedelung in Form von Waldhufendörfern mit fränkischen Hufen zu 24,2 ha. Um 1330 hatte Schlesien 120 deutschrechtliche Städte und eine Bevölkerung von 430 000 bei 10,7 Einwohnern/km^2, örtlich wie im Archidiakonat Neisse 17,3 Einwohnern/km^2 (W. Kuhn 1984).

4.2.11.3 Böhmen und Mähren

4.2.11.3.1 Germanen in Böhmen und Mähren bis zum Ausgang der Völkerwanderung

Böhmen und Mähren wurde nach Vertreibung der Kelten bewohnt von den Markomannen, den Quaden, den Langobarden und dem namenlosen Stamm der Vorfahren der Bayern von Přeštovice-Friedenhain (s. Kap. 4.3). Aber bereits im 2. Jahrhundert v.d.Ztr. sind in Nordböhmen mit der Bodenbacher und der ihr folgenden Kobiler Gruppe Germanen bekannt.

Die Markomannen hatten um 60 v.d.Ztr. den Keltenstamm der Bojer besiegt und vertrieben. Laut Tacitus lag Böhmen seitdem wüst. Das erklärt die geringe Zahl übernommener keltischer Namen. Dieser Brauch, menschenleere Grenzbereiche anzulegen, war verbreitet. Nach der Niederlage Ariovists im Jahre 58 v.d.Ztr. durch Caesar begannen Teile der Sueben nach einer römischen Bedrohung im Jahre 9 v.d.Ztr. unter Führung Marbods zusammen mit den Quaden und Marsingen nach Böhmen abzuwandern. Die Quaden siedelten in Mähren. Die gut organisierte Streitmacht Marbods – nach römischen Quellen mit 70 000 Fußkämpfem und 4000 Reitern – wurde von den Römern bald als Bedrohung empfunden. Aber ein Feldzug des Tiberius im Jahre 6 n.d.Ztr. konnte infolge eines großen Aufstandes in Pannonien nicht durchgeführt werden. Die Haltung Marbods gegen Arminius führte im Jahre 17 n.d.Ztr. zum Kampf mit diesem bei unentschiedenem Ausgang. Aber der von Marbod vertriebene Katwalda brach zwei Jahre später ein und besiegte ihn. Doch Katwalda und sein von den Römern unterstützter Nachfolger Vannius aus dem Fürstengeschlecht der Quaden konnten sich nicht halten, sie traten auf römisches Gebiet über. Unter Vannius wurden beide Stämme vereinigt. Zwischen 89 und 97 fielen Markomannen und Quaden unterstützt von den Sarmaten mehrfach in römisches Gebiet ein und erweiterten ihre Gebiete bis an die Donau. In den Markomannenkriegen 166 bis 180, in denen auf germanischer Seite auch andere Stämme teilnahmen, kamen sie in größere römische Abhängigkeit. Der gänzlichen Unterwerfung und Errichtung einer römischen Provinz Markomannia entgingen sie 180 nur durch den Tod Kaiser Marc Aurels. Sie wurden zur Stellung von Truppen verpflichtet. Nach Einfällen in Pannonien wurden sie zwischen 282 und 295 mehrfach besiegt. Ebenso konnten die Römer 310, 323 und 357 Einfälle abwehren, wurden aber 374 besiegt. Um 390 schloß Stilicho mit den Markomannen einen Vertrag und siedelte größere Volksteile in Oberpannonien und Noricum an. Dadurch wurde Böhmen teilweise entleert. Die pannonischen Markomannen kamen 433 unter die Herrschaft der Hunnen, kämpften mit ihnen 451 auf den katalaunischen Feldern und kehrten nicht zurück. 453 befreiten sich die pannonischen Quaden zusammen mit den Gepiden in der Schlacht an der Nedao von der hunnischen Herrschaft. Die nördlich der Donau verbliebenen Volksteile sind z.T. in den Langobarden aufgegangen, z.T. kamen sie unter die Herrschaft der Heruler und z.T. zogen sie mit den Vandalen nach 400 nach Gallien und Spanien. Nach Vernichtung des Herulerreiches 506 durch die Langobarden wurde ein weiterer Teil in den Stamm der Langobarden eingegliedert. Die Reste wurden als Sweben bezeichnet und blieben z.T. in Mähren und in der Slowakei (Abb. 44).

Die Langobarden, die beiderseits der unteren Elbe siedelten (Bardengau, Bardowiek), kämpften 17 n.d.Ztr. auf der Seite des Arminius. 167 erschienen 6000 langobardische Krieger an der Donau, fielen nach Pannonien ein, wurden zurückgeschlagen und kehrten an die Elbe zurück. Von dort zog der Stamm Ende des 3. oder Anfang des 4. Jahrhunderts aus und wurde 490 n.d.Ztr. im Gebiet der Rugier in Niederösterreich nördlich der Donau gemeldet. Dort traten sie zum arianischen Christentum über. Ob diese Wanderung nördlich der Sudeten entlang ging und dann durch die mährische Pforte und das Marchtal, oder ob sie elbeaufwärts, durch das vormals markomannische Böhmen erfolgte, ist nicht sicher. Da jedoch in Böhmen ab 400 und besonders nach 450 Reihengräberfriedhöfe neu angelegt wurden und die bisherigen Brandgräber- und Körpergräberfriedhöfe mit Nord-Südausrichtung der Toten nicht mehr belegt wurden, wird das dem Zuzug der Langobarden zugerechnet (J. Zeman 1988) (s. Kap. 4.3).

487/88 zerstörte Odoaker das Rugierreich, das darauf von den Langobarden besetzt wurde. Zunächst wurden die Langobarden den östlich benachbarten Herulern botmäßig, vernichteten jedoch das Herulerreich im Jahre 505. 512 zogen die Heruler wahrscheinlich durch die mährische Pforte nach Norden.

Der Langobardenkönig Wacho († 540), von dessen Residenz noch Reste beim Feldzug Karls des Großen nach Böhmen im Jahre 805 sichtbar waren, herrschte über Böhmen, Mähren, Niederösterreich und die Sweben in Nordungarn sowie in Böhmen über die nach den Markomannen ins Land gekommenen Thüringer. Aus dieser Zeit stammt ein großes Hügelgrab auf dem Žuran östlich von Brünn inmitten eines von den Langobarden dicht besiedelten Gebietes, das mit schwedischen Königsgräbern aus der gleichen Zeit vergleichbar ist. Die Reste der Quaden gingen in den Langobarden auf und werden danach nicht mehr genannt. Aber noch um 870 war in Salzburg bekannt, daß es im Nordwesten der Slowakei Reste der Quaden gab. Aus dieser Zeit stammt der Ortsname Ödenburg (= Odinsburg) ebenso wie Preßburg (= Prezlasburg). Die Langobarden verehrten Odin besonders. 526/527 besetzten die Langobarden Pannonien und 547/548 die Teilprovinz Savia zwischen Save und Drau. Wegen Sirmium kam es bald zum Kampf mit den Gepiden, die 551 besiegt wurden. Nach einer Niederlage durch diese im Jahre 565 wurde 567 mit Hilfe der Awaren das Gepidenreich vernichtet. 568 zogen die Langobarden nach Italien. Ab Mitte des 5. Jahrhunderts wurden langobardische Bodenfunde in Mähren spärlicher. Die Herrschaft über Böhmen und Mähren wurde aber wohl erst mit dem Abzug nach Italien aufgegeben. Nach den Langobarden kam es nochmals zu germanischen Zuzügen nach Böhmen. Das große Reihengräberfeld von Podbaba bei Prag bestand vom 6. bis zum Anfang des 7. Jahrhunderts und wurde von Thüringern angelegt. Um 600 trugen die Funde Tierkopfornamentik (E. Schwarz 1929).

4.2.11.3.2 Elbgermanisch-ostvandalische Kontinuität in Böhmen und Mähren

Böhmen wird von gewichtigen Chronisten wie Einhard, Paulus Diakonus, Cosmas von Prag u.a. bis in das hohe Mittelalter als Teil Germaniens angesehen (s. Kap. 4.2.11.3.5).

Die Ostvandalen haben nach ihrer Einwanderung nach Böhmen und Mähren eine Fülle von geographischen Namen übernommen. Die meisten stammten bereits aus dem Altgermanischen vor Ausbildung des Althochdeutschen um 700 bis 800. So wurde der Name des Berges Rip bei Raudnitz an der Elbe, auf dem sich ein germanisches Heiligtum befand, das von den Ostvandalen weitergeführt wurde (E. Petersen 1942), von ihnen als Rip übernommen. Er machte dann in *Lingua Sclavinia* die althochdeutsche Lautverschiebung in Rif und die mittelhochdeutsche in Reif nicht mit. Der Name Reiff ist aber im 14. Jahrhundert in einer Chronik bekannt. Es muß also dort eine elbgermanisch-deutsche Bevölkerung durchgehend bis ins 14. Jahrhundert bestanden haben (E. Schwarz 1924). In ganz Böhmen und Mähren sind aus dem Altgermanischen die Flußnamen mit -aha (Wasser) übernommen worden. Die Schwarzach als Nebenfluß der March heißt tschechisch Svratka. Aus dem voralthochdeutschen Swatahwa leitet sich die tschechische Grundform Svratava ab. Auch dort müssen germanische Volksreste durchgehend bestanden haben. Dagegen fehlt bei der Zwittawa nördlich der Schwarzach die deutsche Form der jüngsten Lautverschiebung. Dort wurde der heutige Name Zwittawa infolge Fehlens einer durchgehenden germanisch-deutschen Bevölkerung rückwärts aus dem Tschechischen ins Deutsche übernommen. Einige Flußnamen lassen sowohl eine germanische wie ostvandalische Ableitung zu, da im 6. Jahrhundert manche Worte in beiden Sprachen gleichlautend oder doch sehr ähnlich waren. Aus dem Studium von Lokalnamen folgt eine durchgehende germanisch-deutsche Bevölkerung im Gebiet der Mies und Beraun bis zum Reif an der Elbe, in Südwest- und Mittelmähren und in Teilen der Slowakei. Übernommene Namen gibt es in allen Teilen Böhmens und Mährens. Es muß also in ganz Böhmen und Mähren Berührungen germanischer mit ostvandalischer Bevölkerung gegeben haben (E. Schwarz 1924). Solche Namen von Flüssen sind z.B. (mit Herkunft in Klammern): Elbe (germ.), Iser (germ.), Moldau (germ.), Eger (vorgerm.), Angel und Uslawa (germ.) (Quellflüsse der Beraun), Wottawa (germ.), Mettau (illyr.), Chamb, Cham (kelt.), March (illyr.), Mohra (illyr.) im Gesenke, Thaya (illyr.), Igel (germ.) mit Iglau, Oskawa (germ.), Waag (germ.), Gran (germ.). Es gibt auch Namen, die bei ihrer Übernahme übersetzt wurden, wie Gesenke in Jeseniky. Übersetzungen zeigen, daß Bevölkerungskontinuität und Zweisprachigkeit bestand (E. Schwarz 1929) (Abb. 44).

Nach A. Berndt 1970 gibt es in Böhmen im 6. und 7. Jahrhundert germanische Gräber in großer Zahl, die nicht nur thüringischer und fränkischer Herkunft sein können. Über die Abwanderung der Markomannen aus Böhmen weiß man fast nichts. Sie können sich nach ihrer Christianisierung in beigabenlosen Gräbern verbergen. In Nordwestböhmen gibt es noch im 10. Jahrhundert nur ganz geringe Spuren ostvandalischer Siedlungen und die Fundgrenze ostvandalischer Altertümer liegt knapp westlich von Kaaden, sie fällt also mit der mittelalterlichen Grenze zwischen dem Egerland und Böhmen zusammen und ist zugleich eine Grenze deutscher Dialekte. An der Ostgrenze des westgermanischen Siedlungsgebietes liegt die Wogastisburg (Wodansburg) Samos.

Der einzige germanische Ortsname Böhmens ist Olmütz nach dem quadischen Personennamen Alamundis. Auch der Name der Burg Wachos, Wisigarda, nach seiner Tochter ist mit dem heutigen Vysehrad übernommen.

Als 796 Karl der Große Heere durch Böhmen gegen die Awaren sandte, schreibt dazu Einhard, sie zogen *per Behaimos*, durch das Gebiet der Behaimi, der germanischen Einwohner Böhmens.

Für 805 berichtet Einhard von einem Feldzug in das Land der *Sclavi*, welche *Behaimi* genannt werden. Das *Chronikon Moissiacense* berichtet vom gleichen Feldzug gegen die *Beowinidi*, die böhmischen Vandalen. Dabei wurde die Königshalle des langobardischen Königs Wacho noch

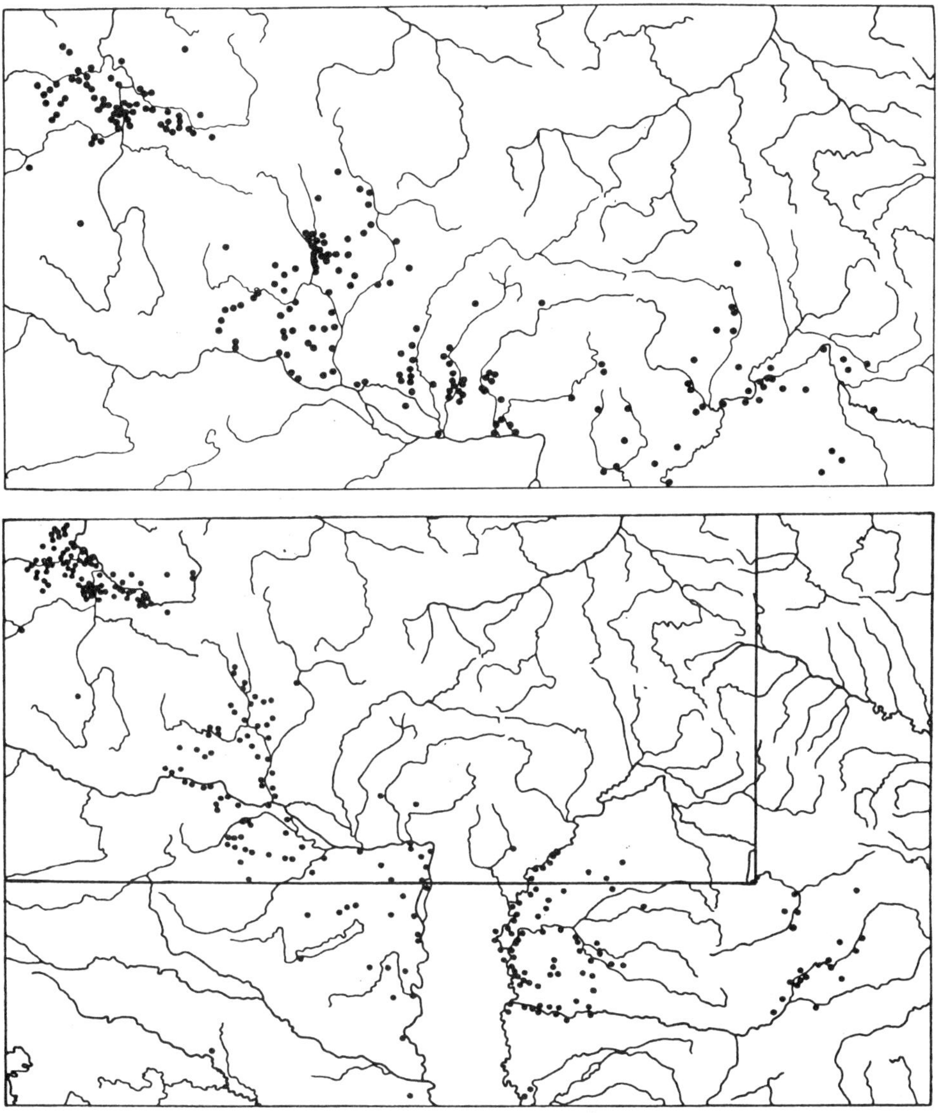

Abb. 44: Germanische Besiedlung
a) in Böhmen, Mähren und der Slowakei im 5. Jahrhundert
b) in Böhmen, Mähren, der Slowakei und im Mitteldonaugebiet im 6. Jahrhundert, obere Karte im Ausschnitt.
Nach K. Godlowski, 1980.

angetroffen. Die *Annalen Guelferbytani* schreiben, die Grenze des feindlichen Gebietes lag bei Kaaden und die Kämpfe begannen erst dort (A. Berndt 1970).

Ein anderes Zeugnis der germanischen Siedlungskontinuität findet sich in der Gründungssage von Iglau: *„Als Karl der Große gegen die Awaren zog, traf er an dem Flüßchen Iglawa einige tausend Deutsche, Abkömmlinge der alten Bewohner Mährens, die da ein Städtchen zu bauen begannen. Der Kaiser unterstützte dieses Werk"* (A. Berndt 1970).

In der Raffelstettener Zollurkunde (903 bis 905) steht: *„Sclavi vero, qui de Rugiis vel de Boemannis mercandi causa exeunt ubicumque iuxta ripam Danubi"*. Es ist hier also die Rede von *Sclavi*, die von den Rugiern und Boemannen an die Donau kommen, um Handel zu treiben. Die Boemanni der Chronisten sind aber stets Germanen. Es ist bemerkenswert, daß im Gebiet des 487 von Odoaker zerstörten Rugierreiches noch um 900 Rugier dort gewohnt haben müssen.

Über die Besiedlung Böhmens und Mährens durch rückwandernde Ostvandalen berichtet kein Chronist. Das ist deshalb erstaunlich, weil die römisch-byzantinischen Chronisten und die folgenden christlich-kirchlichen meist gut auch über entfernte ethnische Veränderungen informiert waren. Diese erste Besiedlung war, wie aus dem Vergleich der Funde mit denen der vorhergehenden germanischen Besiedlung hervorgeht, zahlenmäßig sehr gering und beschränkte sich auf Gebiete zwischen der Elbe, Prag und der unteren Eger.

Aus der Fülle der Stammesnamen, die in der Kiewer Nestorchronik genannt werden, erscheinen vier sowohl im Raum des Kiewer Reiches wie auch in Böhmen. Die *Wolynjanen* sind in Wolhynien bezeugt, im Oderdelta (Wollin) und in Böhmen. Die *Chrowaten* (Krakau) zogen an die Save und die Adria, waren auch in Schlesien (Glatzer Kessel) und im nordöstlichen Böhmen. Die *Duleber*, auch *Dudleber* nach dem germanischen Personennamen Deudo und laifs (Dietleip), wohnten am Bug und in der weiteren Umgebung von Prag. Aus ihrem Siedlungsgebiet verbreiteten sich die Přemysliden. Die *Lutschanen* werden z.T. als identisch mit den Dulebern angesehen (H. Preidel 1957).

Aus archäologischen Resten einer Siedlung in Priesen (Brezno) bei Laun an der Eger wird geschlossen, daß dort ab 500 n.d.Ztr. eine elbgermanisch-boemanische Kontinuität bestand (I. Pleinerova 1965). Man fand quadratische, fast 1 m eingetiefte Grubenhäuser mit Pfostenkonstruktion von ca. 4,6 x 4,2 m mit einem steinernen Herd, die als „slawisch" angesprochen werden. Außerdem fand man kleine rechteckige Pfostenhäuser von 2,1 x 3,5 m lichtem Pfostenabstand ohne Herd und Feuerstelle, die als „germanisch" angesehen werden, aber wohl infolge ihrer geringen lichten Weite nur als Vorratshäuser dienen konnten. In den ältesten Siedlungsschichten fand man in beiden Haustypen Bruchstücke germanischer Keramik und Keramik des Prager Typs. Ähnlich gemischte Funde sind auch von Dessaú-Mosigkau, aus Mähren, Polen und der Slowakei bekannt, auch aus dem Egerland und aus der unmittelbaren Umgebung von Prag. In Prag-Podbaba gab es noch um 600 neben einer ostvandalischen Siedlung eine solche der Thüringer mit einem Reihengräberfriedhof mit reichen Grabbeigaben (R. Turek 1974).

Im allgemeinen wird die Einwanderung der „Slawen" mit dem Erscheinen der Keramik des Prager Typs gleichgesetzt, einer primitiven, handgemachten Keramik aus ungeschlämmtem Ton (s. Abb. 17). Diese hat anfangs kaum Verzierungen, bald aber solche durch flüchtige gerade und unregelmäßig wellenförmige Kammstriche. Diese Keramik wurde in der Umgebung von Prag, Doxan bei Raudnitz, also in der Umgebung des Reiff oder Rip, sowie an anderen Orten Böhmens und Mährens zusammen mit germanischer Keramik der „Krausen" (s. Kap. 4.2.5) gefunden (H.

Preidel 1954). Bei Prag wurden auch Übergangsformen gefunden. Keramik des Prager Typs kommt in der vandalischen Prževorsk-Kultur vor und kann daraus abgeleitet werden (J. Szydlowski 1980), tritt aber in verwechselbar ähnlicher Form in weiter Verbreitung auch bei den Westgermanen des 1. bis 3. Jahrhunderts auf (R. von Uslar 1938), sowie in einzelnen Stücken in langobardischen Gräbern in Böhmen. Die Keramik des ganz ähnlichen Sukower Typs findet sich neben dem Prager Typ im ganzen Siedlungsbereich der Ostvandalen östlich von Elbe und Saale und reicht weit nach Rußland hinein (Abb. 45).

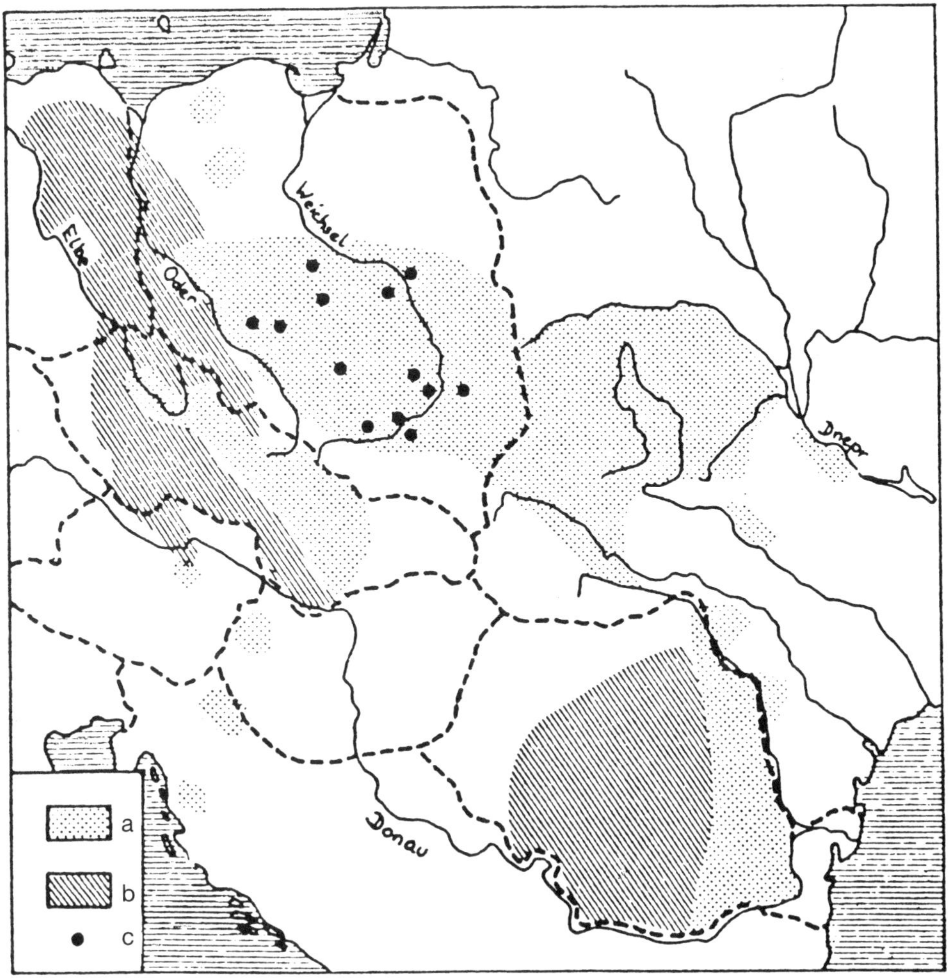

Abb. 45: Die Verbreitung der Keramik des Prager Typs, (a) im 6. Jahrhundert, (b) im 7. Jahrhundert, (c) früheste Funde. Nach J. Szydlowski 1980.

Diese Keramik war offenbar bei allen Germanen südlich der Nord- und Ostsee mit primitiven Grundformen weit verbreitet, besonders aber bei den aus der östlichen Isolierung weit hergewanderten Ostvandalen. In Mähren gibt es markomannische Siedlungen aus der römischen Kaiserzeit, die Keramik des Prager Typs enthalten und dann nach Abzug der Markomannen weiterbestanden. Dort haben offenbar erste ostvandalische Rückwanderer zusammen mit Markomannen gewohnt.

In den Hügelgräbern von Žuran östlich von Brünn, die mit Grabschächten von den Holzkammergräbern abweichen, fanden sich in getrennten Gräbern Keramik vom Prager Typ und ein Holzbalken mit Flechtbandornamentik. Die Prager Keramik kommt zwar in der Slowakei in größeren Gräberfeldern vor, in Böhmen jedoch nur vereinzelt und in kleineren Gräbergruppen. Die Zuwanderung erfolgte vom Südosten. Der Typ der Presover Keramik aus der Ostslowakei, der dem Prager Typ ähnelt, ist älter als die Einwanderung der Ostvandalen nach Böhmen nach der Räumung Böhmens durch die Langobarden und wird in die späte römische Kaiserzeit und die frühe Völkerwanderungszeit gelegt. Im 7. Jahrhundert folgen in der Slowakei Mischhorizonte mit Keramik vom Prager Typ und vom Donautyp. Dieser Donautyp kommt in den stadtähnlichen Siedlungen Mährens zu Beginn des Großmährischen Reiches vor, aber auch in awarisch-ostvandalischen Gräberfeldern (J. Zeman 1967).

Die Siedlungen mit Keramik des Prager Typs, in denen zum Unterschied von den germanischen Skelett-Reihengräbern in Brand- und Urnengräbern bestattet wurde, hängen nicht mit den folgenden Burgwällen zusammen. Mit den Awaren kam eine zweite Siedlungswelle nach Mähren, in die Slowakei und nach Niederösterreich. Es gibt nur wenige Burgwälle, in denen diese Keramik gefunden wurde. Zum Beginn der Burgwallzeit um etwa 800 wurden die Siedlungen verlegt. Daß die Burgengründungen durch Herrschergeschlechter, die vielfach wikingischer Abstammung waren, sich nicht an diese ersten Siedlungen anlehnen, weist darauf hin, daß die Burgengründer nicht lange vor dem Bau der Burgen eintrafen, wie auch die Wikingergräber zeigen (s. Abb. 46), die als Fluchtburgen und Sitz von Handwerkern und Händlern dienten.

4.2.11.3.3 Böhmen bis Boriwoi

Die erste historische Darstellung von Vorgängen in Böhmen findet sich bei Fredegar (s. Kap. 2) für das Reich Samos (623–660) mit der Bezeichnung der Einwohner Böhmens als *Sclavi* und *Winidi*, also als Vandalen. Die Ausdehung von Samos Reich ist nicht sicher, genannt werden über Böhmen hinaus das Obermaingebiet, Mähren, Kärnten und Westslowakei. Nach allgemeiner Ansicht hat Mähren dazugehört. In dieser Zeit bestand in Mikulčice, dem späteren Fürstensitz des Großmährischen Reiches, ein Herrschaftssitz mit Reitergefolgschaft, der zu Samos Reich gehört haben soll, dessen Grenze gegen die Awaren die Donau und die Eipel bildeten. Dort entstanden im ersten Drittel des 7. Jahrhunderts Skelettgräberfelder von der Eipel bis zur Mündung der March in die Donau mit Beigaben von Keramik des Prager Typs (Z. Čilinska 1979). Nach dem Sieg über die Franken bei Wogastisburg (Wodansburg) schloß sich der bis dahin den Franken tributpflichtige Sorbenfürst Derwan Samo an.

Es ist bemerkenswert, daß das Reich des Samo nicht in der Sagenwelt der böhmischen Ostvandalen aufscheint, die erst von dem etwa 200 Jahre später von außen geholten Primizl berichtet (s. Kap. 4.3.11.3.7).

Daß im Egerland noch nach Abzug der Markomannen und Langobarden Germanen wohnten, folgt aus der Übernahme der vorgermanischen Namen von Eger und Wondreb und ihrer Weitergabe im Deutschen bis heute, außerdem aus Funden von Altsachen und aus einigen Dorfnamen im Altsiedelland mit Blockfluren, die durch die Bewirtschaftung mit Haken entstanden und keine ethnische (slawische) Zuordnung erlauben (s. Kap. 7.3). Auf Besiedlung des Altsiedellandes durch Ostvandalen weisen Dorfnamen hin. Die Reichsburg Eger steht auf einem ostvandalischen Burgwall. Nach der Eroberung durch Karl den Großen hat das Egerland zum Ostfränkischen und dann zum Deutschen Reich, nicht aber zu Böhmen gehört. In der Zeit Samos war das Egerland offenbar sowohl von völkerwanderungszeitlichen Restgermanen wie von zugewanderten Ostvandalen besiedelt (J. Hemmerle 1962), sodaß sich Samo nicht nur an seinem Herrschaftsitz, der Wogastisburg, auf Westgermanen stützen konnte, sondern z. B. auch auf die Thüringer, die in Prag-Podbaba ab etwa 600 begraben sind.

Die Wogastisburg liegt auf dem Burberg bei Kaaden, einem Basalt-Tafelberg am Ausgang der Eger aus dem Duppauer Gebirge. Am Fuße des Berges liegt das Dorf Atschau, das in einer Urkunde von 1222 Ugoscas (nach Wodan) genannt wurde. Jedenfalls entstanden im Reich Samos aus diesen Germanen und den zugewanderten „Winidi“ bzw. „Boemanni“ der Neustamm der Böhmen mit *Lingua Sclavinia.* Die damals bereits vorhandene ostvandalisch-awarische Mischung (*belvuci*, siehe Fredegar in Kap. 2) wird nur ein Teil der ethnischen Veränderungen gewesen sein, die schließlich zur Bildung der heutigen Tschechen führte.

Diese ethnischen Veränderungen müssen spätestens mit der awarischen Oberherrschaft über Böhmen stattgefunden haben, denn nach dem um 800 n.d.Ztr. anzusetzenden historischen Verschwinden der Awaren, deren Reste in Ungarn sicher in den folgenden Ungarn aufgegangen sind, können solche auch anthropologisch nachgewiesenen Veränderungen (s. Kap. 6) den Awaren nicht mehr zugewiesen werden. Den Ungarn wiederum können diese Veränderungen auch nicht zugeschrieben werden, da diese zwar 906 das Großmährische Reich zerstört, aber nicht über Gebiete Böhmens und Mährens geherrscht haben. Diese Veränderungen wurden bereits 973 von Ibrahim ibn Jaqub bei seiner Reise durch Böhmen bemerkt und beschrieben (s. Kap. 6.1.5). Die awarische Beeinflussung ist auch archäologisch mit Altsachen in Gräbern sowie an vereinzelten Schacht-Nischengräbern awarischer Art aus dem 7./8. Jahrhundert erkennbar. Der Übergang von der Brand- zur Sklelettbestattung bei den Ostvandalen ist jedoch nicht, wie Preidel (1953) schreibt, awarisch bedingt. Auch die von ihm behauptete, aus der Bandkeramik bis heute in Böhmen durchgehende ethnische Konstanz, liegt nicht vor.

Das nächste historische Datum stammt erst wieder aus der Zeit Karls des Großen. Dieser machte 805 mit einem Feldzug Böhmen tributpflichtig, nachdem er 791, 795 und 803 die Awaren geschlagen hatte. Er zog *„in regionem Vandalorum*“. Sein Sohn zog *„ad Beo-Winidos“*, zu den Vandalen in Böhmen. 817 gibt Kaiser Ludwig der Fromme seinem Sohn Ludwig als Königreich: *„Baioaria et Carantani et Beheimi et Avari atque Sclavi qui ab orientale parte Baioariae sunt“* (Bayern und die Kärntner, Böhmen, Awaren und die Sclavi, die östlich von Bayern sind) (H. Wolfram 1985). Auch die *Annales Xantenses* (B. de Simon, Leipzig 1909) berichten für 845 von böhmischen Vandalen: Ludwig zog gegen die Boemanen *„quos nos Beuwinithi vocamus“*, die wir böhmische Winidi nennen, und die *Annales Bertiani* (G. Waitz, Hannover 1883) melden für 873: nach Regensburg kamen Gesandte der *„Winidi ... qui Behim dicuntur“*, die Böhmen genannt wurden.

Zur Zeit Karls des Großen wurden die innerhalb seines Reiches lebenden und dann getauften Ostvandalen auch als *Sclavi* bezeichnet. Die Benennung *Sclavi* gibt also eine ethnische und nicht eine religiöse Zuordnung. In der Raffelstedter Zollordnung von 804 wurde die Ausfuhr von Waffen verboten. Sie unterscheidet *„Bawarii vel Sclavi istius partrie“*, Bayern und Sclavi des Vaterlandes von Sclavi aus Böhmen und Mähren.

822 erschienen auf dem Reichstag in Frankfurt von allen östlichen Sclavi *„omnium orientalium Sclavorum, id est Abodritorum, Soraborum, Wilzorum, Bohemorum, Marvanorum* (Mährer*), Praedenecentorum et in Pannonia residentium Abarum* (Awaren) *legationes“* (F. Kurze, *Annales regni Francorum*, Hannover 1895). 845 ließen sich in Regensburg vor Ludwig dem Deutschen 14 böhmische Herzöge mit ihrem Anhang taufen. 872 wurden 5 böhmische Herzöge an der Moldau in die Flucht geschlagen: Zuentislan, Witislan, Heriman, Spoitimar und Moyslan. Sie alle besaßen Namen, die auch aus dem Althochdeutschen bezeugt sind. Für 895 berichten die *Annales Fuldensis* (F. Kurze, Hannover 1891) über den Reichstag zu Regensburg: *„Dorthin kamen aus Sclavania alle Herzöge der Böhmen ... Die vornehmsten von ihnen waren Spytihniew und Witizla. Die Herzöge wurden vom König* (Arnulf von Kärnten) *ehrenvoll empfangen und unterwarfen sich, wie es Sitte ist, durch Handschlag wiederum der königlichen Gewalt“*. Spytihniew (ca. 895–905 oder 915) war ein Sohn Boriwois (ca. 850–894).

Nach übereinstimmender Meinung, auch der von tschechischen Historikern, lassen sich die Stämme der Boemanen nach ihrer Einwanderung kaum bis vor das 9. Jahrhundert zurückverfolgen. In dieser Zeit entstanden Herrschaftszentren mit einer Fülle von Burgen, die zunächst als Fluchtburgen der Bevölkerung angelegt waren und dann Kernburgen als Herrschaftssitze erhielten. Der Bairische Geograph (in der Zeit 844–862, W. Fritze 1952, K. Zeuss 1837) zählt in Böhmen bei den Beheimare 15, den Fraganeo 40 und den Marharii (Mährer) 11 civitates auf, unter denen befestigte Herrschaftssitze zu verstehen sind. Es ist bemerkenswert, daß der Unterschied zwischen Böhmen und Pragern (Fraganeo) gemacht wird. Auch Ibrahim ibn Jaqub (973) unterscheidet Böhmen und Prag (Fraga). Die Sitze der Přemysliden, erst in Levy Hradec, vom 9. Jahrhundert an in Prag, und der Sklavikniden in Libice wurden besonders stark ausgebaut, bereits mit steinernen Mauern, Wehrgängen, steinernen Gebäuden und ersten Kirchen.

Zwischen den wenigen ersten Ansiedlungen mit der Keramik vom Prager Typ und den unter Adelsherrschaft angelegten Burgen lassen sich fast keine Beziehungen mit übereinstimmender Lage finden (Abb. 46).

Als ein Beispiel für böhmische Burgen seien die Ergebnisse der Erforschung der *Burg Stara Kourim* geschildert. Die Burg war Fürstensitz der Čilincanen. In einer benachbarten Siedlung, die das gleiche Alter wie die Burg aufweist, wurden germanische Funde aus dem 4. bis 5. Jahrhundert gemacht, was auf die Möglichkeit einer Siedlungskontinuität hinweist. Der ältere Burgwall entstand um 830. Er schloß die innere Burg von etwa 200 m Durchmesser teilweise ein. Zusammen mit der Vorburg war die Burg mit 40 ha eine der größten in Böhmen.

Die Berechnung der beim Bau benötigten Arbeiter (pro Person 10 Arbeitsstunden und 2 m^3 Aushub am Tag) ergibt 170 000 Arbeitsstunden. Bei Fertigstellung in 30 Wochen waren insgesamt 500 bis 600 Personen tätig, die aus der Umgebung zu versorgen waren (M. Šolle 1963).

Im zweiten Bauabschnitt, der zwischen 850 und 900 erfolgte, wurde der mittlere Wall erbaut und hinter ihm ein 89 m langes und 4 bis 6 m breites Gebäude. Für die Konstruktion des Gebäudes aus jeweils 4 Reihen schräggestellter Bohlen für jede mit Lehm gefüllte Wand gibt es sonst kein Beispiel. Zwischenwände und Feuerstellen wurden darin nicht gefunden. In dieser Halle *„pflegte sich nach nordischer Sitte das Gefolge um den Fürsten zu versammeln“*. (M. Šolle 1966).

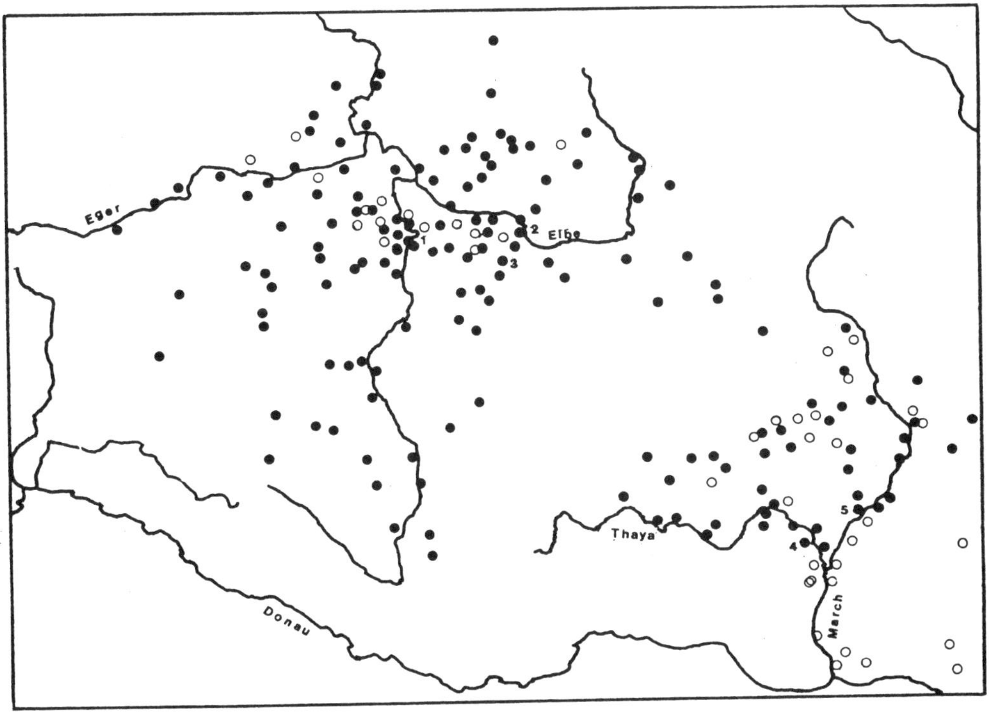

Abb. 46: Fundpunkte der Prager Keramik (Leerkreise) und Burgen der Ostvandalen und Wikinger aus dem 8. bis 11. Jahrhundert in Böhmen und Mähren (Vollkreise), Prag = 1, Libice = 2, Stara Kourim = 3, Breclac Pohansko = 4, Mikulčice = 5.
Nach verschiedenen Autoren.

Um 900 wurde die Burg bei einem Einfall der Přemysliden zerstört. Danach wurde der mittlere Wall anstatt mit Palisadenwänden mit einer Steinmauer und Holz-Erde-Rosten dahinter wieder errichtet und anstatt der Halle entstand der Fürstensitz mit Blockbauten und Wirtschaftsgebäuden. Hinter dem Tor des mittleren Walles siedelten sich Handwerker an. 936 wurde die Burg beim Versuch, sich von der přemyslidischen Vorherrschaft zu befreien, endgültig zerstört.

In der Begräbnisstätte der Fürsten am Libusasee im Südosten der Burg wurde nach Reihengräberritus bestattet. Die ältesten Gräber in Grabkammern mit Holzwänden waren zunächst wie in Pohansko in Mähren südwestlich-nordöstlich und erst später westöstlich ausgerichtet. Die Fürsten wurden mit Schwertern, Streitäxten und Sporen als Reiterkrieger bestattet. Frauengräber enthielten als Trachtzubehör flechtbandgeschmückte Kugelknöpfe, Ohrgehänge, Schmuck und in den jüngsten Gräbern Schläfenringe. Männer- wie Frauengräbern waren Gefäße, Eimer und Messer beigegeben, christliche Symbole fehlten. Die Keramik der Burg zeigt Verwandtschaft zu der aus großmährischen Kulturzentren mit Skelettgräberfeldern. Die Gesamtzahl der Bewohner wird auf 200 bis 300 geschätzt (M. Šolle 1966).

973 wurde das Bistum Prag errichtet. Der erste Bischof, Thietmar, war ein Sachse, der aus seiner Heimat die *Lingua Sclavinia* beherrschte, der zweite war Adalbert (982–997), ein Sklavik-nide. In diese Zeit fällt der Endkampf zwischen den Pržemysliden und den Sklavikniden um die Vorherrschaft in Böhmen.

Die im 8. Jahrhundert angelegte *Burg Libice* der Sklavikniden befand sich auf einer Umlaufinsel an der Mündung der Cidlina in die Elbe. Die Vorburg war mit einer Palisade und die Burg mit einem Außengraben, einem Wall in Kammerkonstruktion und einem Innengraben befestigt. In der ersten Zeit war die Burg dicht mit Hütten in Pfostenbauweise mit Flechtwerkswänden bebaut. In der Vorburg standen Öfen zur Eisengewinnung. Im 9. Jahrhundert nahm die Bevölkerung zu. Die Toten wurden in einer Reihe von Begräbnisfeldern in Körpergräbern bestattet mit z.T. reichen Beigaben von Waffen und Schmuck.

Nachdem die Fürsten der Sklavikniden ab etwa 850 über die Stämme der *Čilincanen*, der böhmischen *Kroaten* und der *Dudleber* herrschten, wurde die Burg in einen Herrschaftssitz umgebaut, und ein Fürstensitz in Blockbau und eine steinerne Kirche errichtet. Diese besaß einen Grundriß in Form eines Kreuzes, Emporen im Querschiff für die fürstliche Familie, hatte einen äußeren überdachten Umgang an drei Seiten und war von einem Gräberfeld umgeben. Daneben bestand in der Burg eine Werkstatt zur Verarbeitung von Kupfer und Silber.

Als im Jahre 995 Kaiser Otto III. mit Hilfe von Truppen der Daglinger und der Sklavikniden einen Feldzug gegen die Obodriten unternahm, ergriffen die Pržemysliden die Gelegenheit, Libice anzugreifen und restlos zu vernichten. Die vier Brüder des Prager Bischofs Adalbert und seine Familien fielen oder wurden ermordet. Adalbert, der als Bischof abgelehnt wurde, unternahm nach dem Ende seiner gesamten Familie eine Missionsreise zu den Prußen, suchte und erlitt dabei den Märtyrertod (R. Turek 1963).

Die stammesmäßige Einigung der Bohemi unter den Pržemysliden ist mit Großmähren verbunden. Die Vorherrschaft der Pržemysliden war aber erst 995 mit der Ermordnung der Sklavikniden vollendet. Der erste chronistisch bekannte Pržemyslide war Boriwoi (850–895). Dieser wurde von Swatopluk ausgesucht, um 890 durch die Taufe anläßlich einer Besuchseinladung seine politische Vormacht über Böhmen zu erlangen. Mit der Taufe wurden damals nach kirchlicher Ansicht engere Beziehungen zwischen Täufling und Taufpaten begründet als verwandtschaftliche. Boriwoi andererseits benutzte diese Gelegenheit, um die *veča,* die Volksversammlung zu überspielen und als Alleinherrscher anerkannt zu werden. Es kam zu einem Aufstand, der 893 von Swatopluk niedergeschlagen wurde (D. Trestik 1986).

4.2.11.3.4 Das Großmährische Reich und seine Vorgeschichte

Daß es in Böhmen, Mähren und der Slowakei Keramikfunde gibt, deren handgemachte Formen zwischen denen der germanischen und denen des Prager Typs stehen, wurde schon oben erwähnt. Die bei Zlechow in Mähren gefundene Keramik von um 400 n.d.Ztr. wird sogar der Zarubintsy-Kultur zugerechnet. Ihre Fundpunkte haben keine Beziehungen zu den folgenden vorgroßmährischen Siedlungen. Sie fielen nach 400 wüst.

Vor den Awaren, die sich im Theißgebiet und in Pannonien erst um 600 niederließen, und noch während der Zeit der Räumung Böhmens und Mährens durch die Langobarden gelangte die erste Welle der Ostvandalen in diese Gebiete. Erst nach Abzug der Langobarden kamen die Awaren mit den Ostvandalen, die nördlich der Donau gerade gesiedelt hatten, in Berührung und nahmen das Gebiet südlich der Donau bis zur Raab und die Südslowakei in Besitz, kenntlich an Skelettgräbern mit awarischen Relikten.

Die Ostvandalen, die bereits vor Ankunft der Awaren nördlich der Donau gesiedelt hatten, bestatteten anfangs birituell und gingen dann zur Körperbestattung über, in deren Beigaben auch eine mit Flechtbandornamentik vergoldete Riemenzunge vorkommt. Während in den vorhergehenden Brandgräberfeldern die Bestattung nach Sippen erkennbar ist, wird mit Beginn der Körperbestattung nach 650 mit großen Unterschieden der Beigaben das Auftreten einer höheren sozialen Führungsschicht sichtbar. An den Gräbern mit Beigaben von Waffen und der Mitbestattung von Pferden wird eine Kriegerschicht als Reitergefolgschaft erkennbar (B. Chropowsky 1986, J. Poulik 1986). Von Haliare, Südwest-Slowakei, wird ein Schwert skandinavischer Herkunft abgebildet.

Die Grenze dieser Besiedlung geht mit der Grenze der Körpergräber gegen Brandgräber südlich davon von Devanska Nova Ves 10 km nordwestlich von Preßburg über Trnava nach Nitra. Diese Körperbestattung wurde erst nach der Inbesitznahme von Mähren offenbar aus dem weiteren germanischen Bereich, der damals noch heidnisch war, übernommen.

Die erste Phase von Siedlungshinterlassenschaften von Mikulčice stammt aus der Zeit nach dem Abzug der Langobarden von 550 bis 650. Nur vereinzelt kam Keramik vom Prager Typ vor, massenhaft dagegen dünnwandige schwarze, scheibengedrehte Keramik, wie sie aus gleichzeitigen Gräbern der Gepiden und aus völkerwanderungszeitlichen germanischen Gräbern bekannt ist. Sie gleicht der Keramik aus der Burgwallzeit Böhmens nach 800. *„Das Vorkommen so vollkommen entwickelter burgwallzeitlicher Keramik in einem Fundkomplex dieses Alters ist zumindest ungewohnt und führt erneut zur Herkunftsfrage"*, sowohl für die Hersteller der Keramik der vorgroßmährischen wie der Burgwallzeit. Derartige Keramik fand man auch in der Vorburg von Mikulčice, die damals bereits bestand. Ein Knochenkamm hat Entsprechungen im Kamm der langobardischen Königin Theodolinde und in gepidischen Gräbern. Die Häuser von Mikulčice waren keine Grubenhäuser, sondern ebenerdig von 4 x 4 bis 4 x 8 m Größe. Die Häuser standen an Gassen aufgereiht. Die Bewohner waren keine Bauern.

In der zweiten vorgroßmährischen Phase von 650 bis 800 fand man neben dieser Keramik eine vergoldete silberne Riemenzunge mit der Darstellung des Lebensbaumes, 30 Stück Hakensporen, die z.T. silbertauschiert waren, die Zeugnis ablegen für eine fürstliche Reitergefolgschaft. Man fand gegossene Bronceanhänger, wie sie aus gleichalten Körpergräbern aus dem Donaugebiet bekannt sind, eine Menge von Werkzeugen wie eiserne Bohrer, Sägen, Schnitzmesser, aber auch Waffen, Äxte und nichtawarische Bogen (Z. Klanica 1968).

Aus diesen Befunden muß geschlossen werden, daß das vorgroßmährische Mikulčice eine germanische Gründung war. In Frage kommen bei ihrem Abzug zurückgebliebene Langobarden und Gepiden, die nach ihrer Niederlage durch die Awaren nach Norden auswichen.

Die Kulturentfaltung überragt diejenige der weiteren Ostvandalen und wird nur noch von der Weiterentwicklung im Großmährischen Reich übertroffen. Eine ähnliche Entwicklung, eine ähnliche Kulturentfaltung als Äußerung einer Machtentfaltung ist im gesamten Karpatenbecken bei Ostvandalen nicht zu finden, wurde doch (M. Eggers 1995) das Machtzentrum des Großmährischen Reiches in der Donau-Theiß-Ebene gesucht. Es kann also kein Zweifel an dessen Zentrum im Marchtal bestehen (J. Poulik 1986).

Auch die Bewohner des Großmährischen Reiches werden neben *Sclavi* verschiedentlich als *Winidi* bezeichnet, so z.B. 861 in den *Annales Bertiani*: *„Carolomannus, Hlodowici regis Germaniae filius cum Resticio Winidorum regulo foederatur“*, (Karl, der Sohn des deutschen Königs Ludwig, verbündete sich mit Rastizlaw, dem Führer der Vandalen) (E. Hermann 1965).

Das nach 846 in Erscheinung getretene Großmährische Reich hatte kulturelle Vorläufer, die mindestens bis in die Zeit von Samos Reich zurückreichen, zum Beispiel in der Anlage von Höhenburgen. Diese werden als Verteidigungsvorkehrungen gegen die Awaren angesehen. Den Hinweis auf Reiterkrieger geben Hakensporen als Beigaben in den Gräbern. Die vorgroßmährische Burg Mikulčice brannte um 700 ab. Diese vorgroßmährische Besiedlung reicht nicht bis zu den ersten ostvandalischen Siedlern mit Keramik des Prager Typs zurück, denn diese fehlt zu Beginn der Ansiedlungen des späteren Großmährischen Reiches.

Die militärische Macht des Großmährischen Reiches beruhte auf ständigen Gefolgschaften der Fürsten bestehend aus Reiterkriegern, die auf den Burgen, vor allem am Sitz des Herrschers in Mikulčice (Mikultschitz) stationiert waren. Sie wurden dort in Skelettgräbern, die ostwestlich orientiert waren, bestattet, im Unterschied zu der Bevölkerung, die anfangs in Urnengräbern mit Urnen des Prager Typs beigesetzt wurde (F. Kalousek 1968). Hier bestehen zweifellos Ähnlichkeiten zu den Gefolgschaften im Wikingerstaat der Daglinger.

Die aristokratische Oberschicht wurde mit Waffen und Sporen als Reiterkrieger bestattet. Ihr Anteil läßt sich in den Gräberfeldern der Siedlungen feststellen. Hinweise auf ihre Gefolgschaften erhält man, wenn in Gräberfeldern mehr Männer als Frauen bestattet sind wie z.B.:

	Männer	Frauen
Mikulčice I/II	92	41
Mikulčice III	195	144

Von der Gesamtzahl der Gräber aus Gräberfeldern bei Burgwällen, bei Eigenkirchen und im ländlichen Raum sind Krieger (H. Preidel 1968):

Großmährisches Reich	Zahl der Gräber	(%) ohne Beigaben	(%) Messer	(%) Sporen	(%) Waffen
(1) Altenstadt, Kirche I	1591	52	10	3	3
Pohansko	408	54	2	8	3
Mikulčice I/II	196	63	2	9	2
Mikulčice III	571	?	?	8	4
(2) Altenstadt Kirche II	56	34	9	12	4
Mikulčice IV	189	60	7	12	2
Modra	37	68	14	8	–
(3) Polehraditz	59	31	7	–	7
Skalitz	80	24	10	6	14
Velky Grob	137	47	12	2	8
Neutra-Lupka	92	22	9	–	1

Die Bewaffnung der Krieger bestand bei Fußkämpfern meist nur aus einer Streitaxt oder einer Lanze. Reiterkrieger besaßen Streitäxte und nur die wenigsten ein Schwert. Bemerkenswert ist, daß in den ländlichen Gräberfeldern viel häufiger Waffen als Beigaben und auch hier vorwiegend Streitäxte erscheinen. Das spricht nicht für den Zustand der Bevölkerung außerhalb der Burgwälle als rechtlose Unterworfene, sondern vielmehr für eine bereits wenige Jahrzehnte nach Einwandern der wikingischen Oberschicht erreichte kulturelle und ethnische Homogenität. Auf Wikinger weisen die erhöhte Fundkonzentration von Bartäxten (Abb. 47) und Teile eines Schmuckgürtels hin, der in einem Fürstengrab neben dem Fürstenbau in Mikulčice gefunden wurde. Sein vergoldetes Riemenende aus Bronce zeigt einen Mann, der in seinen erhobenen Händen ein Trinkhorn und einen Thorshammer hält, also Thor (Abb. 49). Aus einem Fürstengrab stammt ein Riemenende mit der Abbildung eines heidnischen Adoranten mit erhobenen Händen, wie solche von langobardischen Bauhütten gestaltet wurden, z.B. in St. Servatius in Quedlinburg nach 1100 (Abb. 90).

Diese Fürsten und ihre Gefolgschaft von Reiterkriegern unterschieden sich von der Bevölkerung anthropologisch durch größere Körperlänge und schmälere Gesichtsschädel (J. Herrmann 1985) und legen damit nahe, daß sie nordgermanischer Herkunft waren. Das wird auch dadurch belegt, daß man nirgends in Mähren in diesen Körpergräbern vorgroßmährische Beigaben fand (Z. Klanica 1973). Wie beim Grab des Wikingers auf dem Hradschin in Prag (s. Abb. 54), fand man Holzkammergräber, z.B. in den Friedhöfen von Hosteradky bei Austerlitz und Velky Grob in der Slowakei, mit Kriegern, denen ihre Streitäxte beigegeben sind (J. Poulik 1963). Nach der Verbreitung von Bartäxten (Abb. 47) muß im Großmährischen Reich mit größeren Anteilen dieser germanischen Bevölkerung gerechnet werden.

Im Gegensatz zu den Awaren benutzten die Germanen Sporen. In großmährischen Gräbern fanden sich Sporen und auf Metallsachen Verzierungen mit Masken wie sie auf germanischen Fibeln im Tierstil, auf Beschlägen von Holzeimern und merowingischen und nordgermanischen Schwertscheiden vorkommen. Ähnlich sind Fundsachen aus ostvandalischen Fürstengräbern in der Slowakei und in der Steiermark. Für den Frauenschmuck sind vor allem Ohrgehänge byzantinischer Art kennzeichnend (K. Benda 1966). Zusammen mit den Waffen sind das gesamtgermanische Gemeinsamkeiten, welche die Herrscher- und Reiterkriegerschicht des Großmährischen Reiches einschließen.

In den Städten lebte eine Bevölkerung, die nach den vorliegenden anthropologischen Funden nicht polyethnischer Herkunft war. Infolge der von einigen Wissenschaftlern behaupteten anthropologischen Unterschiede zwischen den Bewohnern der Städte und der weiteren ländlichen Umgebung *„ist aber die Möglichkeit zu erwägen, ob es sich nicht um Populationen verschiedenen Ursprungs handelt“*. Zusätzlich zu diesen ethnischen bestanden soziale Unterschiede, die sich in größerem Anteil tierischer Nahrung in den Städten und pflanzlicher Nahrung auf dem Lande ausdrückten (M. Stloukal 1979 b), wodurch die anthropologischen Unterschiede möglicherweise bedingt sein können (s. Kap. 6.1.3). Wenn berücksichtigt wird, daß die Oberschicht die eingewanderten Wikinger waren, die Unterschicht aber die vorher bereits in Mähren ansässigen Ostvandalen, so belegt die anthropologisch nachgewiesene Einheitlichkeit der Bevölkerung von Mikulčice die Zugehörigkeit dieser Ostvandalen zu den Germanen.

Es entstanden größere stadtartige Siedlungen, z.B. Mikulčice und Stare Mesto bei Uhereske Hradište (Ungarisch Hradisch) an der March. Befestigungen mit Palisaden und Gräben umschlossen dort 2,5 km² Siedlungsfläche.

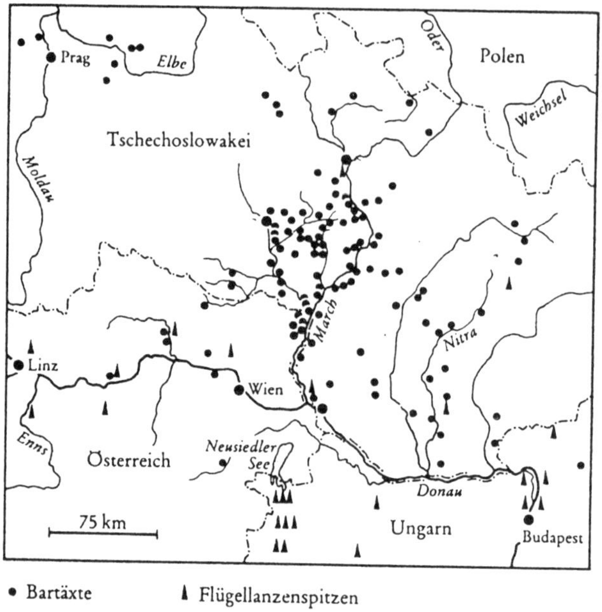

Abb. 47a: Die Verbreitung von wikingischen Bartäxten und awarischen Flügellanzenspitzen im Raum zwischen Elbe, Weichsel und Donau. Nach J. Herrmann, *Welt der Slawen*, Berlin (Ost) 1986

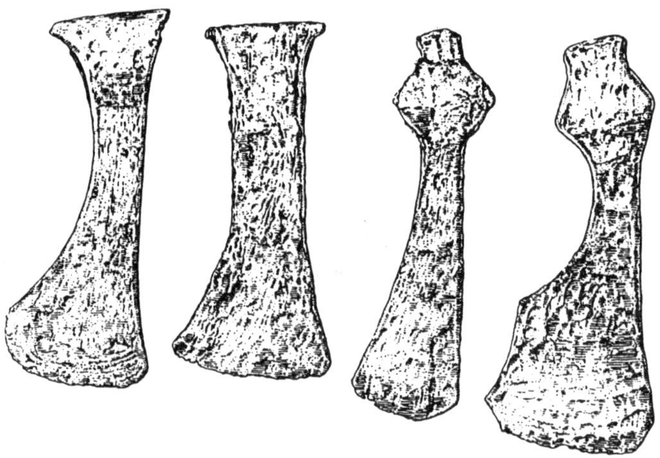

b: Bartäxte, Miculčice aus dem Fluß bei der 3. Brücke. Nach J. Poulik 1986

Mikulčice war schon im Samoreich eine große Stadt. Sie wurde auf einer Insel in der March angelegt, wo der Handelsweg den Fluß überquert, der aus Böhmen in das Donaubecken führt. Im Reich des Samo war die Stadt durch einen Wall mit Palisadenzaun geschützt. Mit Beginn des 9. Jahrhunderts wurde stattdessen ein Steinwall angelegt und gegen Ende des 9. Jahrhunderts eine Erweiterung nach Westen in die Umwallung einbezogen. Die gesamte Siedlung einschließlich des Fürstensitzes war 150 ha groß mit vielleicht 2000 Einwohnern. Die Burg darin mit 236 x 400 m war gesondert umwallt und hatte etwa 300 Bewohner. In der Nordostvorstadt mit etwa 250 Wohngebäuden lebte die Reitergefolgschaft von etwa 1000 Mann. In der stadtartigen Siedlung innerhalb des Burgwalles standen neben kleineren quadratischen Grubenhäusern auch 6 bis 14 m lange Pfostenhäuser, mehrere besaßen Estrichboden. Die nordöstlich der Burg gelegene 2,5 ha große Vorburg, die nur durch einen Palisadenzaun geschützt war, war wie die nordwestliche Vorburgsiedlung mit Gruben- und Wirtschaftshäusern bebaut. Daneben enthielt diese Vorburg die Ansiedlung der Reitergefolgschaft, in deren Gräberfeld man Schwerter, Äxte und Lanzenspitzen fand. In den Vorburgen standen die in Blockbau errichteten Häuser längs Gassen aufgereiht (Abb. 48).

In der Stadt, die erst zum kleinsten Teil ausgegraben ist, lebten keine Bauern. In der Burg wurde im zweiten Viertel des 9. Jahrhunderts in einer ersten Kirche ein Fürst mit Schwert beigesetzt. An der Südseite der auf dieser ersten Kirche errichteten zweiten Kirche fanden sich ein weiteres Fürstengrab mit vergoldeten Sporen und 138 westöstlich ausgerichtete Gräber. In der Nähe der dreischiffigen Kirche mit den Innenabmessungen 9 x 35 m lag ein größerer Friedhof mit 6 Fürstenbestattungen, jeweils mit Schwert und Sporen, und mit Reiterkriegern, denen Lanzenspitzen, Äxte und Sporen beilagen sowie das schon erwähnte vergoldete Riemenende (Grab 240, bei Kirche 3) (Abb. 49). Dieser Bau wurde ebenfalls noch vor der Mission Methods nach 863 errichtet. An der höchsten Stelle der Burg lag der Fürstenpalast mit steinernen Grundmauern, der von innen 8,5 x 25 m maß. Im Inneren des Burgwalles fand man bisher 5 Kirchen und in den Vorburgen weitere 5 mit Friedhöfen und auch Fürstengräbern. Die Vorburgen hatten die Fläche von etwa 1 km^2. Die bisher gefundenen 50 Häuser sind nahe beieinanderliegende Blockbauten von nichtbäuerlichen Bewohnern, die mit den Bewohnern der Burg von außen versorgt werden mußten. Einen Hinweis für den Stand der dazu notwendigen Landwirtschaft gab ein Depotfund landwirtschaftlicher Geräte im Burgwall Pohansko bei Mikulov an der Thaya, der asymmetrische eiserne Pflugscharen und eiserne Vorschneidemesser für Pflüge enthielt.

Eine weitere aus mehreren Siedlungskernen zusammengewachsene befestigte Stadt von 2,5 km^2 Fläche war *Stare Mesto* bei Uhereske Hradište. Auf dem Gräberfeld Na Valach wurde durchgehend vom Heruler-Rückmarsch 512 an bestattet. Die ersten Skelettgräber sollen aus der Zeit Vojonomirs stammen. Sie reichen mit wachsender Zahl über das Ende des Großmährischen Reiches hinaus bis etwa um 960. Die den Gräbern beigegebenen Waffen waren Schwerter wikingischer Herkunft und Bartäxte (V. Hruby 1955).

In der Umgebung der Kirche eines großmährischen Fürstenhofes von *Derfle-Sady* (Dörfl) bei Uhereske Hradište (Ungarisch Hradisch) und in ihr fand man mit Blick nach Osten Bestattete mit ihren Waffen, Saxschwertern, Äxten, Messern, Sporen und Eimern, wie in germanischen Fürstengräbern, zum Beispiel auf dem Hradschin von Prag, üblich. Sechs Gräber hatten gemauerte und mit Holz verschalte Grabkammern. Im Tempelbezirk von Sady (s. Abb. 50) stand ein 8 m breites und 35 m langes zweischiffiges Pfostenhaus. In dem mit Palisaden umwehrten Hof standen am Mittelweg aufgereihte Pfostenbauten. Außerhalb des Hofes reihten sich dicht an einem Wege Pfostenhäuser auf, die z.T. zweiräumig waren und von denen acht 24 bis 60 m^2 groß waren (H. Preidel 1968).

Im Inneren des großmährischen *Burgwalles Pohansko*, Bezirk Lundenburg, wurde zwischen 820 und 840 ein Herrenhof errichtet und dieser zwischen 850 und 866 mit einem Palisadenzaun umgeben. Ähnlich wie die karolingischen Hofgüter (curtes) hatte er fast quadratische Form mit der Seitenlänge 65 bis 70 m und war nach Südwest-Nordwest ausgerichtet. Längs der Nordwest-

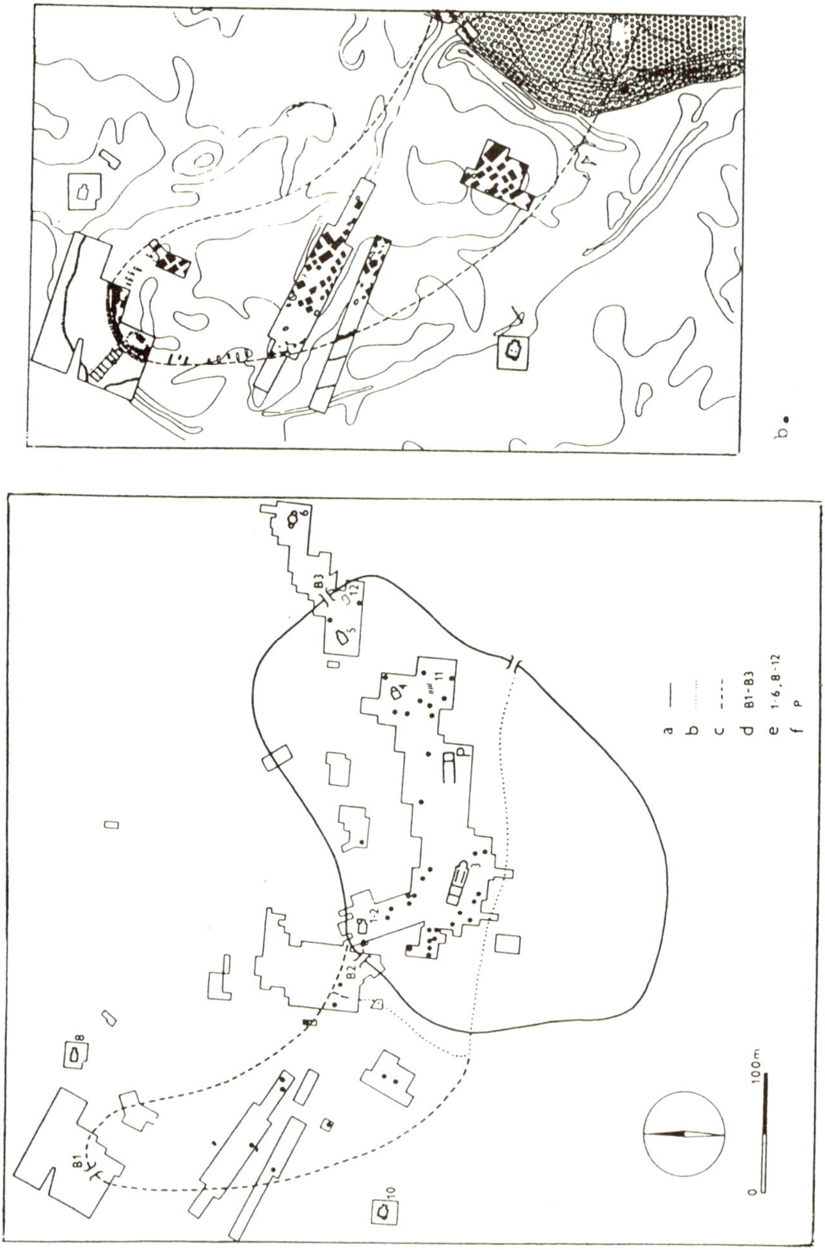

b

a

Abb. 48: Miculčice. a) Funde von eisernen und broncenen Hakensporen, a großmährische Fürstenburg, b südliche Grenze der vorgroßmährischen Burg, c Vorburg mit Sitz der Kriegergefolgschaft, d Tore und Brücken, e Kirchen, f Palast; b) Siedlung der Kriegergefolgschaft mit Hausgrundrissen. Nach J. Poulik 1986.

a

b

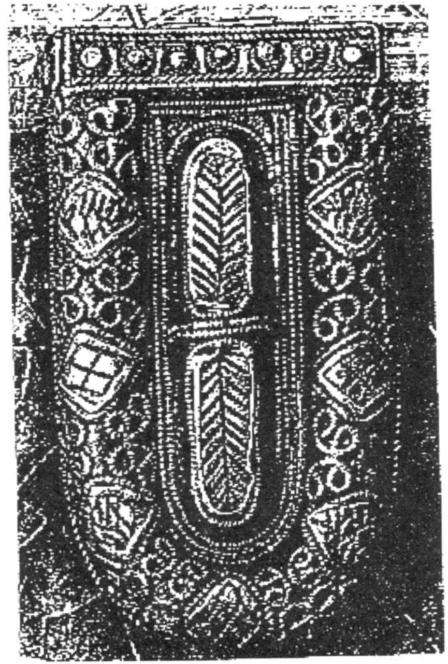

c

Abb. 49: Riemenzungen aus Fürstengräbern von Miculčice
a. vergoldete Riemenzunge aus Grab 240 neben der Basilika im Fürstenkomplex, Burgwall Valy,
b. Riemenende mit der Abbildung eines Adoranten, Fürstengrab neben der Basilika,
c. vergoldete Riemenzunge, Gräberfeld an der 3. Kirche, Burgwall Valy.
Nach: a. Ausstellung Großmähren, Prag 1964; b. J. Poulik, *Velkomoranske Mikulčice*, Brno 1970; c. K. Benda, *Mittelalterlicher Schmuck*, Prag 1966.

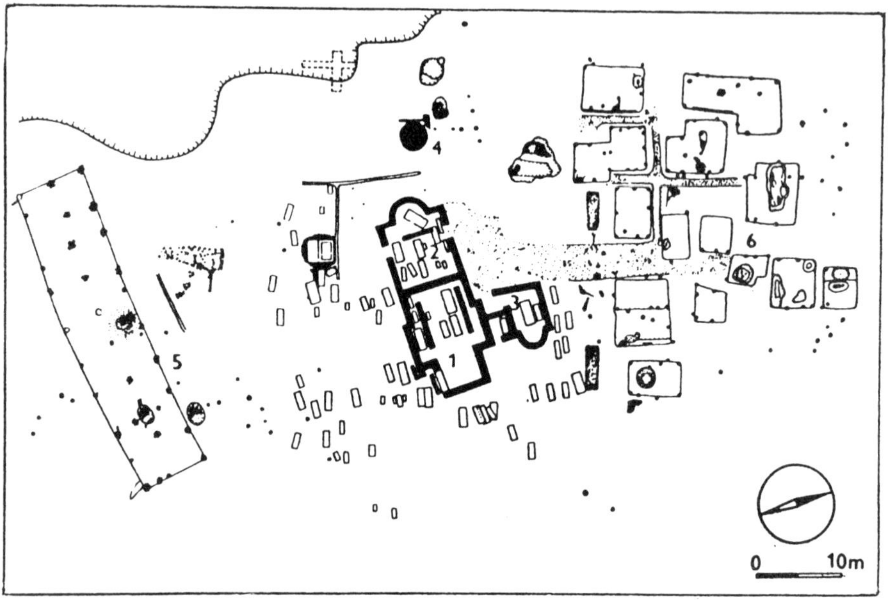

Abb. 50: Der Tempelkomplex von Sady bei Uhereske Hradiste, mit Körpergräbern, 1) 1. Bauphase, 2) 2. Bauphase, 3) 3. Bauphase, 4) Baptisterium, 5) Pfosten-Langhaus, 6) Siedlung.
Nach J. Poulik 1986

seite waren nochmals 16 m eingezäunt. Diese Fläche umgab den eigentlichen Herrensitz (Abb. 51). Im zweiten Bauabschnitt wurde der Hof erweitert, sodaß er die dann im Gräberfeld errichtete Kirche mit einschloß. Das Tor mit einem Torturm befand sich an der Nordostseite.

Die Kirche sowie die älteren vorchristlichen wie die jüngsten, wieder heidnischen Gräber waren ebenfalls südwestlich-nordöstlich ausgerichtet. In allen Gräbern herrschte der Ritus der Reihengräberbestattung mit Beigaben von Waffen, Schmuck, Gefäßen und Gebrauchsgegenständen. Vor allem viele Sporenfunde sowie die doppelte Zahl bestatteter Männer (38%) wie Frauen (19%, der Rest sind Kinder) weisen darauf hin, daß der Hof neben der Familie des Adligen eine Reitergefolgschaft und insgesamt 100 bis 130 Menschen beherbergte. Zwischen 925 und 950 wurde am Rande des Gräberfeldes ein heidnischer Kultbau aus 8 Pfosten rund um einen Mittelpfosten mit 3 m im Durchmesser errichtet, der mit ähnlichen Bauten aus dem Warägerreich verglichen wird.

Die Bebauung bestand aus Grubenhäusern mit Öfen und Feuerstellen. Sie waren Wohnbauten sowie Werkstätten und besaßen eine Fläche bis zu 15 m². Die Wohnbauten des Herrensitzes, im zweiten Bauabschnitt errichtet, waren z.T. zweiräumige, bis 45 m² große Blockbauten, von denen einige auf Steinfundamenten ruhten. Bis 9 x 14 m große Pfostenbauten mit lehmbeworfenen und weiß getünchten Flechtwerkswänden, die *„an germanische Hallenbauten erinnern"*, waren Wirtschaftsbauten, Pferdeställe oder Vorratsgebäude. In zweien dieser Gebäude befanden sich Feuerstellen, in und außerhalb des Palisadenzaunes Werkstätten von Schmieden, Töpfern, Schmuckherstellern und Webern. Landwirtschaft wurde von den Bewohnern des Adelshofes nicht betrieben, die Versorgung mit Getreide und Vieh erfolgte von auswärts (B. Dostal 1973, 1975).

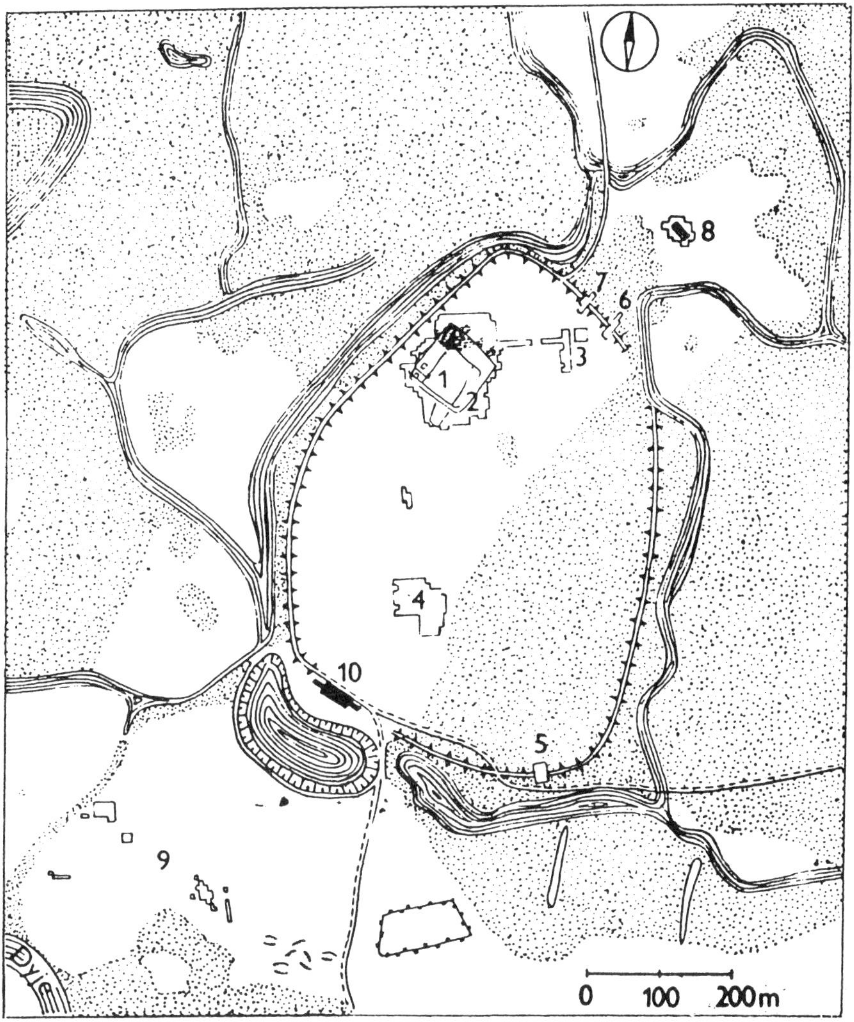

Abb. 51: Breclav-Pohansko, 1) Herrenhof, 2) Gräberfeld mit Körpergräbern, 3) Siedlung, 4) Siedlung und Brandgräberfeld, 5) – 7) Wallschnitte, 8) Siedlung und Gräber, 9) Siedlung und Gräberfeld in der südwestlichen Vorburg, 10) rezenter Bau.
Nach J. Poulik 1986

Insgesamt fand man 31 befestigte Siedlungen und Burgwälle (Abb. 52). Hinweise auf Reitergefolgschaften fand man in Mikulčice, Stare Mesto, Stare Zemky bei Lisen, Pobedin, Nitra, aber auch im Herrenhof Breclav-Pohansko.

Im Zentralgebiet Mährens fand man Reste von Kirchen, in Mikulčice allein 12, davon war diejenige in der Fürstenburg mit 35 x 9 m die größte neben der im Burgwall von Preßburg. Bemer-

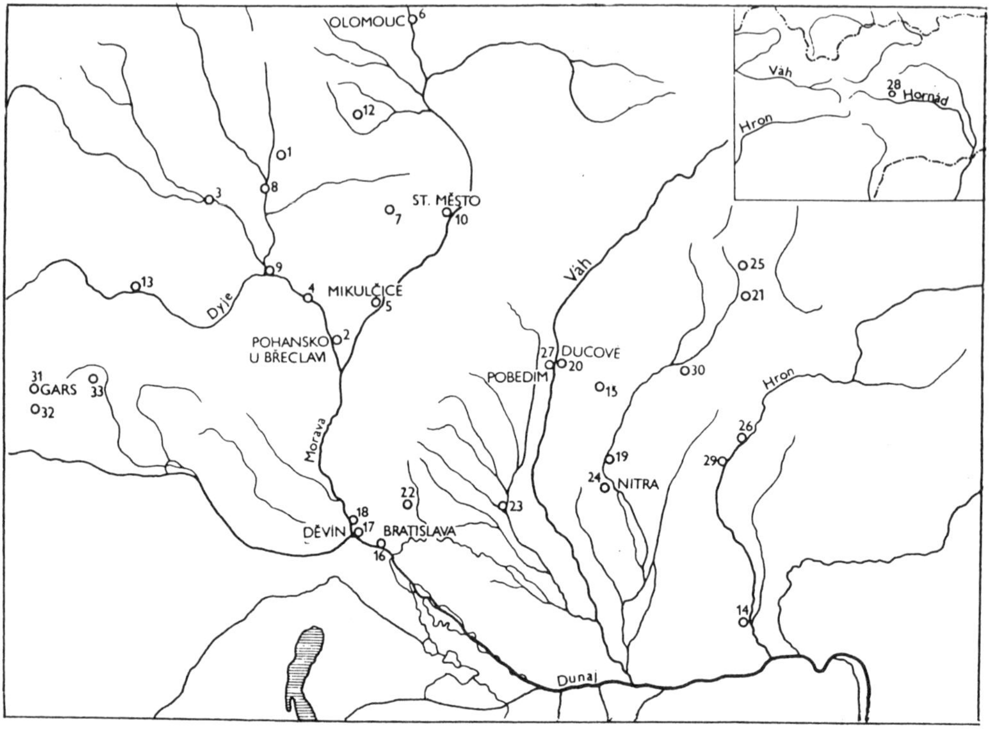

Abb. 52: Befestigte Siedlungen und Burgwälle in Mähren. 1 Brünn-Lisen, Stare Zemky, 2 Breclav Pohansko, 4 Neudek-Pohansko, 5 Mikulčice, 6 Olmütz, 10 Stare Mesto bei Uherske Hradiste, 13 Znaim-Hradisko, 16 Preßburg-Burg, 17 Preßburg-Devin, 18 Devinska Nova Ves, 20 Dučove-Kostolce, 21 Hradec, 24 Nitra.
Nach J. Poulik 1986

kenswert sind zwei Rotunden, eine zweiapsidige in Mikulčice und eine einapsidige in Stare Mesto. Solche Rotunden sind auch aus Dalmatien aus etwa der gleichen Zeit bekannt. In Sady bei Uherske Hradiste befanden sich zwei Kirchen und ein rundes Baptisterium. Hier wird der Sitz des Erzbischofs Method vermutet, und sein Grab in der Grabkammer unter der größeren Kirche.

In den Gräbern fand man auf Metallsachen Verzierungen mit Masken, wie sie im nord- und westgermanischen Tierstil auf Fibeln, Beschlägen von Holzeimern und Schwertscheiden vorkommen. Mit der Ornamentik der Tierstile waren Riemenenden von Stare Mesto und Cataj verziert.

Für Frauenschmuck sind vergoldete Ohrgehänge byzantinischer Herkunft und eigener Herstellung wie im Grab der gotischen Fürstin von Untersiebenbrunn bezeichnend sowie Finger- und Ohrringe, vergoldete Kugelknöpfe, auch Ketten aus Korallen und Perlen fand man.

Es gab eine eigene hochentwickelte Eisenerzeugung aus Magnetit- und Hämatiterzen. In Zelechovice bei Unicov in Nordmähren fand man 24 Hochöfen mit Gicht, Schacht, Abstichloch und Loch für Gebläse (J. Poulik 1966). Es gab Schwerter karolingischer Importe und eigener Herstellung. Das Schmiedehandwerk beherrschte das Verschweißen von hartem Stahl und weicherem Eisen, das Anschweißen von Werkzeugschneiden, das Härten und Anlassen und die Herstellung von Werkzeugen für die Landwirtschaft, für Waffen, Bergbau, Holz- und Steinbearbeitung wie Bohrer, Sägen, Äxte. Die Äxte, von denen man an einer Brücke in Mikulčice allein 23 Stück fand, hatten die Form von skandinavischen Bartäxten (s. Abb. 47). Die Holzbearbeitung fertigte Eimer, Fässer, Drechseleien, Möbel, Fenster, Türen. Eiserne Schlüssel fand man in der Fürstenburg von Mikulčice in großer Menge. Bei Nitra fand man einen Glasschmelzofen. Bei Sady wurden Dachziegel gebrannt.

Die Landwirtschaft verwendete Pflüge mit z.T. asymmetrischen Scharen. Auch Obstbau u.a. mit Pfirsich, Walnuß und Wein wurde getrieben. Aus der Umgebung wurden in die Siedlungen angeliefert und verzehrt 48% Schweine, davon 63% im Alter bis 1,75 Jahren, der Rest waren Ziegen, Schafe, Rinder und nur 3% Wild mit Rotwild, Wildschwein, Auerochse, Biber, Fuchs (J. Poulik 1986).

Als erster des Geschlechts der großmährischen Fürsten wird 796 Vojnomir als fränkischer Bundesgenosse gegen die Awaren genannt. In dem Geschlecht herrschen Namen mit der Zweitsilbe - *mir* vor, die auch germanisch (Valamir, gotischer König; Dagmar) zum Unterschied von „slawisch“ gedeutet werden können. Es ist ein bairisches Adelsgeschlecht bekannt mit Namen wie Zuentibold entsprechend Svatopluk.

Im geeinten Herzogtum Mähren herrschte Moimir I. 830–846. Er vertrieb Pribina, einen Fürsten der *Sclavi*, aus seiner Residenz Neutra in der Slowakei. Da Moimir Mähren aus dem Einfluß des ostfränkischen Reiches lösen wollte, setzte Ludwig der Deutsche nach einem Feldzug 846 dessen Neffen Rastizlaw (846–870) als Herzog ein. Pribina flüchtete zu Ludwig, wurde getauft und erhielt Unterpannonien als Fürstentum mit Sitz in Mosaburg am Plattensee. Davon berichtet die *Conversio Bagoariorum* (H. Wolfram 1979), das Weißbuch der Salzburger Bischöfe zum Nachweis der geleisteten Bekehrungsarbeit und des Salzburger (und bayrischen) Anspruchs auf diese Gebiete dem Papst gegenüber. Auch Rastizlaw wollte sein Herzogtum aus der Tributpflicht gegen das ostfränkische Reich lösen und bat den Kaiser Michael III. von Byzanz im Jahre 863 um Missionare, der darauf Method und Cyrill sandte. Nachdem Papst Hadrian II. Method zum Erzbischof von Pannonien erhoben hatte, wurden Rastizlaw und Method gefangen genommen und Rastizlaw durch dessen Neffen Swatopluk (Zuentibald, 871–894) ersetzt. Auch dieser verfolgte Pläne zur größeren Selbständigkeit, die nach seinem Sieg über das Heer Ludwig des Deutschen 874 im Vertrag von Forchheim weitgehend verwirklicht wurden. Der Papst forderte die Freilassung von Method, und dieser kehrte nach Mähren zurück, wo ihm Swatopluk „alle Kirchen auf den Burgen Mährens“ übertrug, ein Hinweis auf Christianisierung nur an Herrschaftszentren. Nach dem Tode Methods 885 setzte Swatopluk in Mähren den deutschen Bischof Wiching ein. Damit kam die Missionierung wieder unter salzburgischen Einfluß. Während seiner Regierungszeit stand das Herzogtum Böhmen in gewisser Abhängigkeit vom Großmährischen Reich.

Nach seinem Sieg über die Normannen von 891 konnte König Arnulf gegen den abtrünnigen Swatopluk vorgehen. Im Frieden von 894 mußte Großmähren die erst vor kurzem erlangte Vorherrschaft über Böhmen wieder aufgeben und Pannonien an Arnulf zurückgeben. Nach dem Tode Swatopluks herrschten zunächst seine beiden Söhne Moimir und Swatopluk gemeinsam und nach einem Bruderkrieg von 898 ab 901 nur noch Moimir II. (894–906?). Im Jahre 901 wechselte das von König Arnulf († 899) mit den Ungarn gegen Swatopluk geschlossene Bündnis gegen ein solches von Ludwig dem Kind mit Mähren gegen Ungarn. Im Jahre 901 erschienen auf dem Reichstag zu Regensburg Abgesandte von Moimir II. Nach einem ungarisch-mährischen Krieg von 902 verschwand Großmähren aus der Chronistik.

Infolge der Landnahme der Ungarn ab etwa 900 im Karpatenbecken und dem Hinausrücken der Grenzen des Königreichs Ungarn bis zum Karpatenhauptkamm, der um 1200 erreicht wurde, geriet Mähren nördlich der March und den Beskiden nach der Besetzung durch die Daglinger von 1000 bis 1018 unter den Einfluß der Pržemysliden.

4.2.11.3.5 Die Rechtsstellung von Böhmen und Mähren im Deutschen Reich

Das 1806 untergegangene erste Deutsche Reich wurde in der Nachfolge des ostfränkischen Reiches von Heinrich I. als *Regnum Theodiscum* gegründet (s. Kap. 9) und später *Regnum Teutonicum* genannt. Mit der Kaiserkrönung König Ottos I. im Jahre 962 entstand eine Personalunion des *Rex Theodiscum* mit dem Kaiser, dem *Imperator Romanum*. Das *Regnum Theodiscum* und das *Imperium Romanum* waren zwei unterschiedliche Rechtsinstitutionen. Der Gebietsstand des letzteren wechselte und griff z.T. weit über den des *Regnum Theodiscum* hinaus, das anfangs nur das Gebiet der germanischen Stämme zwischen Maas, Mosel, Elbe und Saale und bis in das hohe Mittelalter nur germanisch-deutschen Volksboden umfaßte. Aber bereits ab 929 gehörte auch Böhmen und mindestens seit König und Kaiser Arnulf auch das Herzogtum Karantanien dazu. Da die Boemanen und die Karantanen als Germanen angesehen wurden, umfaßte das *Regnum Theodiscum* nur germanische Stämme. Die sprachlichen Unterschiede zwischen der *Lingua Sclavinia* der Böhmen und Karantanen und der *Lingua Theodisca*, dem Althochdeutschen, kamen auch in der gegenseitigen Benennung mit dem Empfinden von ethnischen Unterschieden zum Ausdruck (vgl. Kap. 4.2.11.3.6). Aber Einhard schrieb, die *Lingua Sclavinia* sei „paene similes“, sei der seinen sehr ähnlich.

Böhmen war seit Karl dem Großen ab 805 dem fränkischen Reich tributpflichtig mit jährlich 500 Silbermark und 120 Rindern. Zu den Reichstagen 812, 815, 822 und 845 sandten sie Gesandte. Diese Tributpflicht wurde wiederholt erneuert, ging zuerst auf das ostfränkische Reich, und dann auf das *Regnum Theodiscum* über. Der Tribut wurde vom König erhoben, so zum Beispiel 929, 991, 1004 und 1041, und nicht vom Kaiser.

Während des Winterfeldzuges im Jahre 929 unterwarf Heinrich I. Böhmen, nachdem er Brandenburg erobert hatte. Herzog Wenzel der Heilige (Herzog von 921–929) wurde wieder tributpflichtig und empfing gleichzeitig die Taufe. Deshalb wurde er noch im gleichen Jahre im Auftrag seines Bruders ermordet, der jedoch im Jahre 950 auch tributpflichtig wurde. In der Zeit nach 1000 entstanden vielfache verwandtschaftliche Bindungen in das Reich bis zu den Geschlechtern der Kaiserhäuser.

Von 950 an entwickelten sich die Bindungen Böhmens an das Regnum Theodiscum folgendermaßen: Ab 955 bestand die Heerfolgepflicht. Vom Vasalleneid mit persönlicher Kommendation auf dem Reichstag zu Quedlinburg 973 an bestand dazu die Hoftagspflicht, die beide nach Abfall Boleslaws und zweimaligem Siege Ottos II. über ihn von Boleslaw II. 978 in Quedlinburg durch seinen Treueid erneuert wurden. Im Jahre 1002 erfolgte die erste Belehnung eines böhmischen Herzogs mit Wladiwoi. Von da an wurden alle böhmischen Herzöge von deutschen Königen, von Otto I. bis Rudolf von Habsburg, ehe sie noch nicht Kaiser waren und von Kaisern als Könige belehnt. Damit hatte sich von 929 bis 1002 Böhmen zu einem gleichberechtigten Glied des Regnum Theodiscum entwickelt. Spätestens ab 1099, wahrscheinlich schon 1081, waren die böhmischen Herzöge Reichsfürsten des Königreichs, principes regni, und nach Bildung des Reichsfürstenstandes des Kaiserreichs waren sie auch dessen Reichsfürsten, principes imperii (W. Wegener 1955). Den Reichsfürsten gegenüber hatte der böhmische Herzog zudem eine rechtlich unterschiedliche Stellung. Der deutsche König war in seinem Belehnungsrecht nicht frei, sondern blieb an das pržemyslidische Erbrecht und an die Herzogswahl der *primores Boemiae* gebunden (W. Wegener 1959). Er gebot nach Reichsrecht nicht nur über den böhmischen Herzog sondern auch über die böhmischen Großen. Bis 1142 fanden in Böhmen 3 Hoftage statt, auf denen der König über die Erbfolge des böhmischen Herzogs entschied.

Der deutsche König besaß im Unterschied zum restlichen Reich in Böhmen weder Reichsgut noch Reichsministerialen. Es gab dort weder reichsunmittelbare Fürsten außer dem Herzog und den späteren Königen noch gab es Reichsstädte. Der böhmische Herzog wurde jeweils im Lande gewählt und daraufhin vom deutschen König belehnt. Die böhmischen Herzöge übten eine eigene Gerichtsbarkeit aus und es herrschte ein eigenes Recht, zudem besaßen sie ein eigenes Münzrecht. Die *Teutonici* waren in Böhmen *hospes*, d.h. solche, die einem anderen Rechtsbereich angehörten (siehe Privileg von Sobieslav II. in Kap. 4.2.11.3.6).

Mit der Wahl von Konrad II. im Jahre 1024 nahm der böhmische Herzog zum ersten Mal an einer Königswahl, zumindest an den Vorverhandlungen, teil, damals zusammen mit den Erzbischöfen von Mainz, Köln und Trier, den Herzögen von Sachsen, Schwaben, Bayern, Niederlothringen, Oberlothringen und Kärnten und dem Titularherzog von Franken. Herzog Wladislaw I. wurde im Jahre 1114 als Erzschenk des Königreichs genannt.

Von den Erhebungen der böhmischen Herzöge in das persönliche Königtum in den Jahren 1085, 1158 und 1198 wurde die letzte vom König Philipp von Schwaben vollzogen. Mit der Ernennung zum erblichen Königtum von 1204 an wurde Böhmen auch als Teil des *Imperium Romanum* genannt und erst dann wurden sie Kurfürsten. König Wenzel I. führte als Mitglied des Regentschaftsrates für Konrad IV. den Titel *„Procurator per Sacri Germaniam Imperii"*, Prokurator des heiligen germanischen Reichs. Von da an besaß der böhmische König das Recht zur Einsetzung der Bischöfe seines Landes. Mit der goldenen Bulle Kaiser Karls IV. von 1356 war der böhmische König einer der sieben Kurfürsten neben den Erzbischöfen von Mainz, Köln und Trier, dem Herzog von Sachsen, dem Markgraf von Brandenburg und dem Pfalzgraf bei Rhein.

Die Kurfürsten waren nach den Stammesrechten, dem Sachsenspiegel u.a., Deutsche. In der folgenden Zeit wurden die böhmischen Herrscher als Deutsche angesehen (K. Hugelmann 1955). Tatsächlich war die letzte Nichtdeutsche in der pržemylidischen Herrscherlinie die Frau des Herzogs Udalrich (1012–1033).

Nachdem das Großmährische Reich 906 von den Ungarn zerstört worden war, war Mähren bis zur March von den Ungarn besetzt. 976 wird ein Bischof von Mähren urkundlich und als zum Erzbistum Mainz gehörend erwähnt. Mähren wurde von dem Daglinger Boleslav I. erobert, nachdem dieser schon um 1000 ganz Schlesien in seinen Besitz gebracht hatte und dieses bis etwa 1020 für Böhmen zurückgewonnen worden war. Den Polenfeldzug Kaiser Konrad II. 1030 benutzte der Sohn des Herzogs Udalrich, um Mähren den Daglingern zu entreißen. Seit 1055 behaupteten sich mehrere zu Böhmen gehörende Teilfürstentümer in Mähren. Im Jahre 1177 erhielt eines von ihnen ganz Mähren als von Böhmen unabhängiges Herzogtum und unterstand ab 1182 einem Reichsfürsten als reichsunmittelbarem Markgrafen. Auch nach der Eroberung Mährens durch den böhmischen Herzog blieb diese reichsunmittelbare Markgrafschaft erhalten, wurde aber 1197 mit přemyslidischen Nebenlinien besetzt. König Wenzel I. empfing 1239 Mähren als Lehen des deutschen Königs.

Nachdem mit dem Untergang des Großmährischen Reiches Böhmen unabhängig geworden war, festigte sich wieder der Einfluß der Mission des Bistums Regensburg. Bischof Michael von Regensburg weihte zu Ehren des Königs aus sächsischem Stamme den späteren Dom zu Prag dem sächsischen Stammesheiligen St. Vitus. Das 973 errichtete Bistum Prag, zu dem auch Mähren gehörte, wurde dem Erzbistum Mainz unterstellt und damit der Reichskirche eingegliedert, d.h. Wahl und Investitur der Bischöfe erfolgten durch den deutschen König. Der erste Bischof, Thietmar, war ein Sachse, der aus seiner Heimat die *Lingua Sclavinia* beherrschte. Der zweite war Adalbert, ein Sklaviknide. Nach Cosmas von Prag setzte dieser im Jahre 992 bei einem Aachener Fest Kaiser Otto III. die Krone aufs Haupt. In diese Zeit fällt der Endkampf zwischen Přemysliden und den Sklavikniden um die Vorherrschaft in Böhmen. Adalbert erlebte die Ermordung seiner fünf Brüder im Jahre 995 und suchte daraufhin den Märtyrertod bei der Heidenmission unter den Prußen. In der zeitgenössischen Heiligenlegende des Johannes Canaparius steht: *„Est locus in partibus Germaniae, quem incolae Sclavoniam cognonine dicunt“* (es gibt ein Gebiet in Germanien, dessen Einwohner mit Beinamen Sclavi heißen). Diese kirchlich bezogene Stelle kennzeichnet die Mission unter den heidnischen Germanen.

Adalberts Halbbruder Radim Graudentius wurde Erzbischof in Gnesen und ein Schüler Adalberts wurde Erzbischof in Gran. Auch der Nachfolger Adalberts war ein der *Lingua Sclavinia* mächtiger Sachse namens Thiddag.

Bei der Besetzung des Prager Bischofsstuhles im Jahre 1068 kamen die Unterschiede zwischen Deutschen und Böhmen zum Durchbruch. Der Herzog Wartislav II. wollte seinen Hofkaplan, einen sächsischen Adligen, zum Bischof machen, aber die böhmischen Adligen befürworteten Jaromir, einen Bruder des Herzogs. Cosmas von Prag schreibt dazu sehr anschaulich über die Wahlversammlung: *„Was stehst Du da wie der Esel mit der Laute? Warum nimmst Du Dich nicht Deines Bruders an? Siehst Du nicht, daß er, der Sohn des Herzogs zurückgesetzt, und ein hergelaufener Fremdling, der ohne Hosen in unser Land gekommen ist, auf den Bischofsstuhl erhoben wird? ... Noch lebt der römische Kaiser Heinrich, und er soll leben; was machst Du aus Dir selbst, da Du Dir seine Rechte anmaßest und diesem hungrigen Hund Ring und Stab verleihest ...“* Jaromir erhielt die Investitur von König Heinrich IV. und diente ihm von 1077 bis 1084 als Kanzler.

Mit der Erhebung in das erbliche Königtum im Jahre 1198 erhielt der böhmische König auch das Recht der Investitur der Prager Bischöfe, die ab 1212 nicht mehr Reichsfürsten waren, aber weiterhin dem Erzbistum Mainz angehörten.

Damit blieb weiterhin die seit dem Tode Methods, der Unterwerfung der böhmischen Herzöge unter das ostfränkische Reich im Jahre 895 und der Eingliederung Böhmens in die Reichskirche als Kirchensprache in Böhmen erloschene *Lingua Sclavinia* ausgeschlossen. Nur die Bettelmönche predigten böhmisch. Vom heiligen Prokop († 1053) wurde in Sazawa bei Prag ein Kloster gegründet, von dem das Kirchenslawische in Schrift und Ritus gepflegt wurde, das aber bereits 1056 wieder aufgehoben wurde. Wartislaw II. rief die vertriebenen Mönche im Jahre 1064 wieder zurück. Ein Versuch von ihm, vom Papst die Erlaubnis der kirchenslawischen Liturgie für Böhmen zu erhalten, scheiterte (W. Wegener 1959).

Im Jahre 1344 wurde das Bistum Prag zum Erzbistum erhoben. Auch danach gehörte es weiterhin zur Reichskirche. Die Prälaten des neuen Erzbistums gehörten auf den Konzilen zur *Natio*

Germanica, zu der auch die Konzilteilnehmer von Polen, Dänemark, Norwegen und Schweden gehörten.

Bis zum Ende des *Heiligen Römischen Reiches Deutscher Nation* gab es einen Erzkanzler für Germanien, wozu auch Böhmen gehörte: den Erzbischof von Mainz und einen Erzkanzler für Italien: den Erzbischof von Köln, der seit dem 12. Jahrhundert eine burgundische Kanzlei hatte. Seit dem 14. Jahrhundert war der Erzbischof von Trier Erzkanzler für Gallien (W. Wostry 1943).

4.2.11.3.6 Germani, Teutonici, Bohemi der Chronisten, Sozialstruktur, Rechtsstellung der Deutschen

Die Kelten haben in Böhmen auffallend wenig geographische Namen hinterlassen, was sich vielleicht dadurch erklärt, daß sie 60 v.d.Ztr. besiegt und vertrieben wurden und die Markomannen erst 9 v.d.Ztr. nach Böhmen zogen. In der Zwischenzeit lag Böhmen nach Tacitus wüst. Deshalb ist es erstaunlich, daß der Name des vertriebenen Stammes der Bojer nicht auf die eingewanderten Markomannen überging, sondern erst auf die mehr als 500 Jahre später eingewanderten Ostvandalen, die von den Chronisten *Sclavi*, *Boemi*, *Boemani*, *Boemanni*, aber auch *Beowinidi*, die böhmischen *Winidi* = Vandalen, benannt wurden. Ob nach 600 Jahren die Namen Boemi, *Boemanni* und dann *Bajiwarii* von den Bojern abzuleiten ist, bleibt zweifelhaft, doch Tacitus war 98 n.d.Ztr. der Name Böhmens als *Bohemum* bekannt, auf der Karte des Ptolemäus erscheint er zweimal.

Der Name des Stammes der eingewanderten Ostvandalen taucht zum ersten Mal bei Einhard als *Boemani* auf: *„quae Germaniam incolunt"*, die Germanien bewohnen. Als Name des Landes finden sich *Bohemum* bei Tacitus, *Baias* im 7. Jahrhundert, *Boiohemum*, althochdeutsch *Behaim* und andere.

Von Vandalen berichten folgende zwei böhmischen Chronisten: Martin Kuthen aus Kuttenberg († 1564) *„Er wollte einerseits zeigen, daß das Land früher deutsch war, andererseits wollte er mit zeitgenössischen Gelehrten polemisieren, die das Wort 'Tschechen' speziell von den Vandalen, nämlich den Sorben"* ableiten, Vaclav Hajek († 1533) schreibt: *„672 gründete Lech Gnesen und Kroks Burg und Stadt, auf einem Hügel, den die Vandalen einmal Vavel genannt hatten'"* (beide Zitate aus R. Turek 1974).

Die Belege dafür, daß Böhmen als ein Teil Germaniens angesehen wurde, reichen von Tacitus bis jenseits des 30jährigen Krieges. Nach Wostry (1943) wurden sie zusammengestellt mit den Quellenstudien von Wegener (1959). Dieser wunderte sich darüber und schreibt: *„Dabei kann man nicht ohne weiteres sagen, daß es sich hier um einfaches Abschreiben handelt. Die abweichende Formulierung und Wertung dieser Stellen zeigt, daß den Verfassern durchaus bewußt gewesen ist, was sie damit zum Ausdruck brachten, wenn sie Bohemia als eine 'pars Germaniae' bezeichneten" und „Allein die Tatsache, daß diese Stelle* (Cosmas, Böhmen ist ein Teil Germaniens) *in verschiedenen Varianten bei einer großen Zahl von Autoren des Hoch- und Spätmittelalters wiederkehrt, beweist, daß in der Anschauung dieser Zeit Böhmen als Teil Germaniens angesehen wurde"* (Wegener 1959 S. 28, 29).

Soweit die von ihm zitierten Quellen nicht schon in Kap. 2 im Wortlaut stehen, sollen die wichtigsten hier aufgeführt werden. Paulus Diaconus (720-799): *„ut non immeritio universa ille regio Tanai tenus uscque ad occiduum ... generali tamen vocabulo Germania vocitatur"* (daß nicht unverdientermaßen jenes sehr große Gebiet vom Tanai (Don) nach Westen mit dem Gesamtnamen Germanien bezeichnet wird). In der Wenzelslegende des Laurentius kurz vor dem Jahr 1000 wird Böhmen als in der provincia Germania gelegen bezeichnet. Für *Cosmas* sind *Teutonia* und *Bohemia* Teile Germaniens. Von *Vincenz von Prag* (2. Hälfte 12. Jahrhundert) werden die *principes Alemannia* und der böhmische König unter *principes totius Teutonia* zusammengefaßt. Böhmen ist also ein Teil Germaniens im geographischen Sinne, aber von den *Alemanni* werden die *Boemani* unterschieden. Staatsrechtlich wird innerhalb des Regnum Teutonicum zwischen Alemannia und Boemia unterschieden.

In der Anzeige der deutschen Fürsten an den Papst zur Wahl Philipps von Schwaben zum Deutschen König vom Jahre 1199 wird Ottokar I. von Böhmen als einer der *principes Germaniarum* der totius *Alemannia nobiles* (aller deutschen Adligen) bezeichnet, d.h. hier ist Böhmen staatsrechtlich ein Teil des *Regnum Teutonicum*, des Deutschen Königreiches (W. Wegener 1959, S. 32).

Während von den *Bohemi-Sclavi* die *lingua sclavinia* verwendet wurde, die erst nach Ende des Mittelalters tschechisch genannt wurde, sprach die adlige Führungsschicht bereits Ende des 10. Jahrhunderts (s. Kap. 2, Cosmas von Prag für 973) althochdeutsch, also noch ehe die Pržemysliden deutsche Reichsfürstentöchter zu heiraten begannen. Die Einführung des Kirchenslawischen (Kap. 4.2.11.3.5) zur Verwendung in der Liturgie und damit in der kirchlichen Schriftsprache scheiterte 1064, als Wratislaw II. auf seine diesbezügliche Anfrage eine päpstliche Absage erhielt.

Die als älteste „tschechisch" geschriebenen Sprachzeugnisse angesehenen Kiewer Blätter und Prager Fragmente aus dem 11. Jahrhundert sind altkirchenslawisch, aber nicht böhmischer, sondern südslawischer bzw. russischer Herkunft. Auch die beiden Wenzelslegenden und die Legende des Christian können nicht als älsteste „tschechische" Schriftdokumente vor der Zeit Kaiser Karl IV. angesehen werden.

Erst Karl IV. begann, sich für die Sprache der Böhmen zu interessieren (s.u.). Er gründete in Prag das Kloster Emaus mit 80 Benediktinern aus dem Kloster Thon in Dalmatien, die der dort verwendeten kroatischen Glagolika mächtig waren und diese Glagolika nur da verwenden durften. Vorher gab es keine kirchliche Verehrung von Cyrill und Method in Böhmen (M. Eggers 1996).

Der Name *Tschechen* ist noch nicht einmal bei Cosmas von Prag und den Fortsetzern der Chronik des Cosmas bis 1283 zu finden (*Geschr. schr. d. deutschen Vorzeit* 66/1940). Sie verwenden nur *Bohemi*. Der Erlaß Kaiser Ferdinands II. von 1627 unterscheidet Deutsche und Böhmen in seiner „*Verneuten Landesordnung für Böhmen ... Und da wir in unserem Erbkönigreich die deutsche und böhmische Sprache in gleicher Weise bewahren und fortpflanzen wollen ...*". Selbst 1848 bezeichnen sich die Tschechen noch als Böhmen, z.B. in der Petition an Kaiser Ferdinand vom 25.3.1848: „*2. ... Völlige Gleichstellung der böhmischen und deutschen Nationalität ... in allen Lehr- und Verwaltungsfragen ...*" (F. Habel 1984).

Die Chronisten des Mittelalters aus dem Raum Böhmens werden von Wostry 1943 aufgeführt. Sie schreiben, daß Böhmen ein Teil Germaniens ist. In einer Reimchronik des Deutschordenskaplans *Nikolaus von Jeroschin* um 1328 ist zu lesen:

Ein lant lit in Germania,
daz is genant Sclavonia.
Germania ist Dutschinland,
Sclavonia Bemen genant.

Doch bereits zur gleichen Zeit gibt es Äußerungen ethnischer Feindschaft zwischen Deutschen und den inzwischen ethnisch veränderten Nachkommen der Ostvandalen in Böhmen. So spricht die tschechisch geschriebene Reimchronik des Dalamil 1311 vom Abschneiden deutscher Nasen. Die deutsch sprechenden böhmischen Könige und Adligen werden als Verräter der Sprache bezeichnet.

Die *Königsaaler Chronik* des deutschen Abtes des Zisterzienserklosters aus dem 14. Jahrhundert sagt: *„fast in allen Städten des Reiches* (Böhmen) *und vor dem Könige ist der Gebrauch der deutschen Sprache üblicher als der der böhmischen"*. Es findet sich nicht ein gehässiges Wort darin. Die Böhmen wurden als *nostra gens*, unser Volk, bezeichnet und es wird der Gnesener Erzbischof kritisiert, der alle Deutschen als Hundsköpfe bezeichnete. Auch König Wenzel habe diese Rede mißfallen (E. Maschke 1933).

Kaiser Karl IV. bestimmte in seinem Majestätsbrief, niemand soll in Böhmen ein Amt bekleiden, der nicht die böhmische Sprache, die man „slavonische" nennt, verstünde, *„idioma seu linguam Boemicam generalem, quam scilicet Sclavonicam dicimus"*. In der Goldenen Bulle wird nicht von Tschechisch, sondern von *Lingua Sclavia* geschrieben.

1488 erläutert Siegmund Meisterlin in seiner Chronik der Reichsstadt Nürnberg (zit. nach W. Wostry 1943): *„Behaim ist ein lant, daz gehört zu Germania das ist zu teutscher nation"*. Und *Ulrich von Richental*, der Chronist des Konstanzer Konzils 1414–1418 schreibt zur ethnischen Zuordnung *„nacion Germania das ist Tütschland"*. *Aeneas Sylvius Piccolomini*, der spätere Papst Pius II., schrieb um 1450: *„Bohemi Germani sunt"*. *Johannes von Rabenstein*, Probst von Wischehrad, erklärte: *„totum genus Bohemorum, magnaque pars aliorum Germanorum"*, der ganze Stamm der Böhmen ist ein großer Teil der sonstigen Germanen.

Böhmische Chronisten bezeichnen die Deutschen bis in das 12. Jahrhundert als *Teutonici*. *Papst Urban IV.* spricht in seinem Brief an den Bischof Albert von Regensburg vom 12.2.1263 vom Gebiet der deutschen Altstämme als von Alemannien: *„Alemannia, Boemia et alius locis, ad que lingua Teutonica extendit"*, Alemannien, Böhmen und andere Länder, über welche sich die deutsche Sprache ausdehnt. Von böhmischen Chronisten wird *Teutonici* am häufigsten gebraucht, um in Böhmen Deutsche von *Bohemis* zu unterscheiden. Die Deutschen außerhalb Böhmens werden als *Alemanni* bezeichnet. Auch A. Krantzius (s. Kap. 2) berichtet von Unterschieden der böhmischen und deutschen Sprache, er rechnet aber Böhmen zu *„gross Teutschland"*, das vom Rhein bis an den Don reicht.

Kaiser Karl IV. verwendet in seiner Selbstbiographie für Deutschland noch das alte Wort *Germania*, aber auch *Alemannia*.

Zum ersten Male wurden in großem Maßstab in Böhmen Gräben zwischen den Nachkommen der Ostvandalen und den Deutschen mit dem Kuttenberger Edikt von König Wenzel IV. 1409 aufgerissen. Die Studentenschaft der Prager Universität gliederte sich ähnlich wie die der Universitäten von Paris und Bologna zur gleichen Zeit nach der Herkunft der Studenten in vier Nationen, die mit je einer Stimme in den Universitätsgremien vertreten waren, in die böhmische Nation, zu der auch die deutschen Einwohner Böhmens gehörten, die polnische, bayrische und sächsische, wobei die drei nichtböhmischen z.T. kurz als Natio Theotonicorum zusammengefaßt wurden. Nach Beschwerden der böhmischen nichtdeutschen Magister – das Wort Tschechen wird im gesamten Streit, auch im Kuttenberger Edikt, nicht verwendet –, wurde in diesem Edikt König Wenzel IV. das Stimmenverhältnis umgekehrt, drei Stimmen für die böhmische Nation und eine Stimme für die anderen drei. Das hatte den Rücktritt des deutschen Rektors, den Auszug der deutschen Professoren und Studenten nach Leipzig zur Folge sowie anschließend die Wahl von Huss zum Rektor. Nach den Hussitenkriegen gibt es dort 1497 eine Germanische Nation. Zu dieser gehören die Studenten *„ex Teutonicorum natione, id est, qui nativam Alemannicam habent linguam ... Sed quia Bohemi, Moravi, Lituani, Dani a priscis in nostram nationem recepi sunt, ideoque eos ... corpori nostro adiungimus“* (W. Wostry 1943, Anm. 164). Zu dieser gehören die Studenten aus der Nation der Teutonen, die mit der Alemannischen Sprache geboren sind. Aber weil Böhmen, Mährer, Litauer, Dänen seit altersher in unsere Nation aufgenommen sind, zählen wir sie deshalb zu uns.

Nachdem es Karl IV. gelungen war, die Reichsheiltümer, die Krönungsinsignien und Reliquien, 1350 nach Prag zu holen und dann auf der dafür errichteten Burg Karlstein aufzubewahren, wurde zur Verehrung der Reichsheiltümer und zur besonderen Ehre des Reiches ein jährlicher Feiertag bestimmt, zu begehen in *„Alemannia et Bohemia partibus“*. Das Prager Heiltumsfest hat dann Abertausende von Pilgern angezogen. Sogar in der Hussitenzeit wurde am Heiltumsfest festgehalten, solange die Heiltümer auf der Burg Karlstein waren. Noch nach der Verbrennung von Huss während des Konzils zu Konstanz 1415, hielten die Böhmen – das Wort Tchechen wird immer noch nicht verwendet – weiter an der Reichseinheit fest. So geleitete ein Freund von Huss, der Magister Christian von Prachatitz 1418 die Reichsheiltümer in einer feierlichen Prozession bei ihrer Ankunft von der Burg Karlstein in Prag von der Karlsbrücke bis zum Turm auf dem heutigen Karlsplatz. Der hussitische Tschaslauer Landtag im Jahre 1421 verlangte von Kaiser Sigismund die Rückführung der von diesem 1420 weggeführten und dann 1422 nach Nürnberg überführten Reichsheiltümer. Nach dem Friedensschluß und der Rückführung 1437 nach Prag fand dort in Gegenwart des Kaisers Sigismund ein besonders feierliches Heiltumsfest statt (W. Wostry 1943).

Das zeigt, daß nicht nur die Chronisten schrieben, Böhmen ist ein Teil Germaniens, sondern daß sogar noch im Zeitalier der Hussitenkriege die Nachkommen der *Sclavi* bzw. *Boemi* trotz der von 900 ab vor sich gegangenen ethnischen Veränderungen der Überzeugung waren, dem *Regnum Theodiscum* und dem *Heiligen Römischen Reich* anzugehören. Diese Auffassung war zweifellos in dem alten germanischen Volksbewußtsein begründet, das die Ostvandalen noch nach ihrer Sprachumwandlung und nach ihrer Rückkehr aus dem Osten besaßen (s. Kap. 2, Engel Strausberg). Als entscheidend für dieses ethnische Bewußtsein wird die gemeinsame Abstammung angesehen (R. Wenskus 1961).

Die Sozialstruktur der Ostvandalen war noch bei ihrer Rückwanderung im wesentlichen gekennzeichnet durch freie Bauern und ein Wahlherzogtum, so wie es vor der Völkerwanderung weithin bei den Germanen und bei den Slowenen noch bis in das Mittelalter hinein üblich war. Während der Völkerwanderung hielten die Heruler am längsten an diesem Brauch fest.

Nach der Rückwanderung begann die soziale Differenzierung, und es entstand erbliche Herrschaft. Noch im 11. Jahrhundert gab es in Böhmen in weiter Verbreitung das freie, heerfolgepflichtige Bauerntum (*rustici*). Die Freien, die das Wahlrecht in der Volksversammlung hatten, waren die *l'udi* (Leute), zu denen neben den Bauern auch Angehörige anderer sozialer Stellungen gehörten. Neben den Bauern bestanden die Adligen, *nobiles*, und die landbesitzlose militärische Gefolgschaft der Fürsten (*druzina*) wie im Daglinger- und Warägerreich. Die Adligen werden als *milites primi ordinis* bezeichnet. Die *milites secundi ordinis* waren anfangs unfreie Ministerialen, die *withasi* bei den Sorben, die später Inhaber bevorrechteter Bauerngüter wurden. Vor Gericht waren *nobiles* und *rustici* gleichgestellt. Das Dorf war anfangs nur eine lockere Ansammlung von Bauernwirtschaften. Bis zum 13. Jahrhundert ging die Zahl der freien Bauern

spricht althochdeutsch Primislaw oder germanisch Pramysil. Nach der Chronik des Dalamil gründete Libusa Libice, den Stammsitz der Sklavikniden (R. Turek 1974).

Daß sich ostvandalische Stämme ihre Fürsten von anderen germanischen Stämmen holten, kam wiederholt vor, von der Machtübernahme der Daglinger über die Polaben und der Waräger ganz abgesehen. Auch die Stammessage des Gallus Anonymus (s. Kap. 4.2.11.1.1) berichtet Ähnliches.

Bis zum ersten historisch faßbaren Herzog aus dem Geschlecht der Přemysliden, Boriwoi (ca. 850–894), wird vom sagenhaften Stammvater Premizl der Stammbaum von Cosmas durch Sagengestalten überbrückt. Über die Herkunft von Boriwoi gibt es keine Daten. Der Name Premizl kommt in Böhmen nicht vor und kommt im Geschlecht der Přemysliden auch erst dann vor, nachdem Cosmas seine Chronik geschrieben hatte, nach 1200. Diese Chronik ruht auf zwei älteren Vorgängern. In der ältesten Chronik stammt Premizl zwar von außen, aber daß er vom Acker weg geholt wurde, fehlt dort. Der Name des Geschlechts taucht in den Ortsnamen von Přemysl an der Ostgrenze Polens und in Prenzlau wieder auf. Das sind Hinweise, daß verwandtschaftliche Beziehungen zu den Daglingern und zu den Fürsten der Wilzen bestanden. Sebastian Münster berichtet, daß die Stammväter der Daglinger und der Přemysliden Brüder waren. Wladimir von Kiew (980–1015) hatte eine Tochter namens Priwislawa, die mit einem Sohn von Stefan dem Heiligen von Ungarn verheiratet war. Es bestanden also auch zu den Kiewer Warägern verwandtschaftliche Beziehungen.

Nach dem üblichen biblischen Beginn, den auch die Chronik Böhmens von Hajek (1541) bringt, kommen nach ihm 644 unter Kaiser Konstantin III. die *„Charvantanischen* (Chorwaten, Kroaten) *Fürsten Cech und Lech"* mit Leuten nach Böhmen. Unterhalb des Berges Rip errichtet Cech 649 das erste Dorf. In seinem Volk findet sich dann ein Mann namens Krok, der für sie Recht sprechen soll. Während sich Krok für Boriwoi entscheidet, gründet Lech im Jahre 671 Gnesen *„auf einem Hügel, den die Vandalen einmal Vavel genannt hatten"*. Auch Hajek weiß etwas von der Bedeutung des Berges Rip, er weiß, daß die Boemannen von auswärts kamen und daß einer von diesen den (wikingischen) Namen Krok trug, daß Verbindungen nach Polen bestanden und daß irgendwie die Vandalen mit im Spiele waren (R. Turek 1974). Angehörige des wikingischen Hufeisenadels, der ursprünglich zum alten Stamm der Falken und Habichte zählte und zur Gefolgschaft der Daglinger gehörte, gab es auch in Böhmen (P. Paulsen 1938).

Für die wikingische Abstammung Boriwois besteht seit dem Fund des Grabes eines wikingischen Fürsten auf dem Hradschin erhöhte Wahrscheinlichkeit. In Böhmen sind wikingische Äxte gefunden worden (s. Abb. 47) und bei Saaz wurde das Grab eines wikingischen Kriegers entdeckt, dem ein wikingisches Schwert mit dem Alter um 1000 n.d.Ztr., 2 Bartäxte, Sporen, 1 Messer und 1 Holzeimer beigegeben waren. Aus benachbarten Körpergräbern kamen Urnen Prager Typs mit Wellenbändern. Der Schädel eines Mitbestatteten hat den Längen-Breiten-Index I_1 = 76,0. In dieser Zeit war der Lučanengau mit dem Mittelpunkt in der Saazer Burg bereits von den Přemysliden unterworfen. An Schädeln aus Körpergräbern von Saaz wurden Längen-Breiten-Indices von I_1 = 86,5 (männl.) und I_1 = 85,6 (weibl.) gemessen (H. Preidel 1938). Es sind dies Beispiele für die ethnische Veränderung der böhmischen Bevölkerung. Auch ein Silberschatz, vergraben vor der Mauer der Saazer Burg mit den Schlußmünzen in Denaren zur Kaiserkrönung Heinrichs II. 1014 enthielt Hacksilber mit z.T. wikingischer Herkunft oder Verwandtschaft und Schläfenringe. Zwei goldene Fingerringe haben Vergleichsstücke nur in Skandinavien und Mittelrußland (H. Preidel 1939). Der Schatz (2,7 kg) gehörte wahrscheinlich den damals unter přemyslidischer Oberherrschaft Regierenden des Lučanengaues, die wikingische Bezüge hatten. In den Gräbern von Saaz könnten Angehörige des Geschlechts der Wrschowec begraben worden sein, denen schon im 10. Jahrhundert Saaz und Leitmeritz gehörte. Die Wrschowec führten die wikingische Rune ᛘ als Geschlechterzeichen und belegen damit ihre wikingische Herkunft (v. Heydebrand u.d. Lasa 1936).

Die Anfänge der Přemysliden als Herrscher über Teile Böhmens waren vor der Gründung der Prager Burg auf dem Hradschin am Ende des 9. Jahrhunderts weiter im Norden. Von etwa 800 bis 900 war die Burg Levy Hradec 14 km nördlich von Prag Fürstensitz (I. Borkowsky 1964). Ein Gefolgsmann hat auf der Burg Libusin noch weiter im Norden gesessen. Aber auch hier wurden ein skandinavischer Steigbügel und ein Stein mit eingeritzter Sonnenscheibe gefunden (Z. Vana u.a. 1971).

Auch die Fürstengräber von Kolin, von Stara Kourim und die ältesten Gräber von Libice, der Stammburg der Sklavikniden, waren gebaut nach Art des Wikingergrabs vom Hradschin mit ausgezimmerten Grabkammern. Die Toten lagen in Ost-West-Richtung mit Blick nach Osten. In Kolin war neben dem Schwert eine Bartaxt beigegeben. Für die wikingische Abkunft der in den Fürstengräbern von Kolin, Stara Kourim, Mikulčice und Prusanky Bestatteten sind Kleeblattfibeln kennzeichnend (Abb. 53).

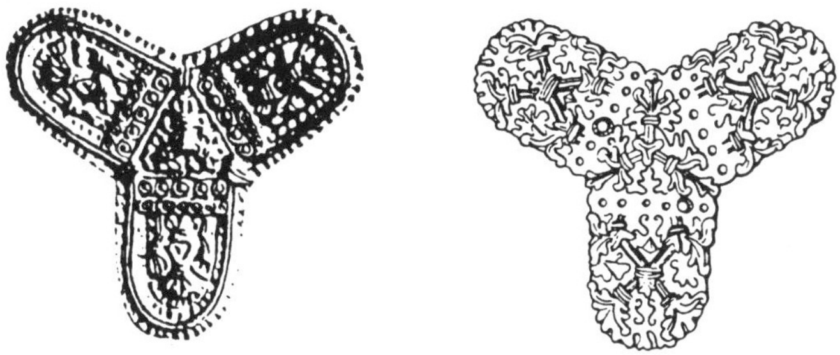

Abb. 53: Kleeblattfibeln
a. Hojby, Seeland, b. Koliner Doppelgrab, vor 850 n.d.Ztr.
Nach: a) H. Jankuhn 1986, b) M. Šolle 1966

In vorgeschichtlicher Zeit war der Bergvorsprung des Hradschin unbesiedelt. Bewohnt war vor Boriwoi das Gelände westlich des heutigen Westflügels der Burg. Die ältesten Bestattungen fand man in der Nähe des Monoliths in südlicher Verlängerung der Westfront des St.-Veitsdomes. Hier sind in einem heidnischen Friedhof und in bis zu 6 Schichten übereinander Körpergräber in West-Ost-Lage gefunden worden, die Messer und Dolche als Beigaben enthielten. Darunter befand sich ein Fürstengrab, dessen Grabkammer im gewachsenen Boden ausgehoben, mit Holz ausgekleidet und bedeckt war. Über dem Grab war wahrscheinlich ein Hügel errichtet (K. Guth 1931). Boden und Seiten der Grabkammer (vergl. Abb. 54) von 1,25 x 3 m Ausmaßen waren aus Eichenholz. Der Tote, ein etwa 45jähriger Mann, ruhte in West-Ost-Richtung mit Kopf im Westen. Der Schädel (Abb. 54) ist anthropologisch ein rein nordischer Typ. Mit dem Längen-Breiten-Index $I_1 = 69{,}6$ entspricht er dem des Menschen von Combe Capelle. Auf seinem Becken fand man einen Keramikscherben mit Wellenlinienmuster wie auf Gefäßen des späten Prager Typs. An seiner rechten Seite lag sein Schwert, nach Petersen vom wikingischen Typ X, nach K. Guth aus der Zeit um 900. Am rechten Fuß lagen auf einem Stück Schiefer eine Bartaxt, an seiner linken Seite ein Dolch und ein Messer. In einer Ecke der Grabkammer stand ein Holzeimer, wie er auch für die fürstlichen

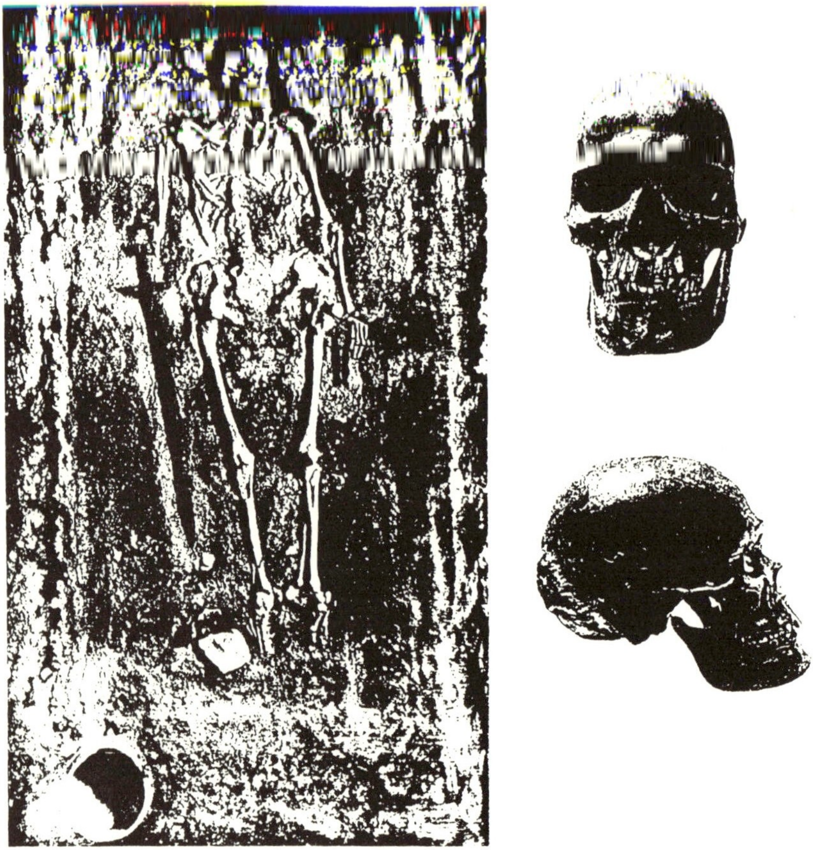

Abb. 54: Das Wikingergrab auf dem Hradschin in Prag. Rechts der Kopf des Wikingers. Nach I. Borkovsky 1941.

Kammergräber in Haithabu typisch ist. In der Nachbarschaft befanden sich weitere westöstlich gerichtete Tote auf Brettern sowie in der untersten Schicht das Skelett eines langschädeligen Mannes mit einem Dolch (I. Borkovsky 1941).

Der Wikinger wurde nach heidnisch-germanischer Sitte in fürstlich-standesgemäßer Weise an einer Stelle bestattet, die von herausragender Bedeutung war, und zwar sowohl im Hinblick auf die Lage auf dem Hradschin als auch auf den Hradschin als Herrschaftszentrum Böhmens. Über die Anthropologie der weiteren Toten dieses frühgeschichtlichen Friedhofes und ihre Beigaben ist nichts bekannt.

Infolge ihrer Lage in der Burg und der Datierung des wikingischen Schwertes sind diese reihengräberartigen Bestattungen in die Zeit unmittelbar vor Boriwoi zu stellen, also etwa um 800. Vielleicht handelt es sich um Verwandte oder den Vater Boriwois, den ersten Wikinger in diesem Gebiet. Es besteht sogar die Möglichkeit, daß es sich bei diesem fürstlichen Toten um Borivoi selbst handelt (W. Wostry 1953), eine Vermutung, die durch die Datierung des Schwertes auf 900 an Wahrscheinlichkeit gewinnt. Daß der Bestattungsritus rein germanisch-heidnisch war, braucht nicht zu verwundern, denn selbst getaufte Nachfolger wie Boleslav II. († 999) sind mit Teilen heidnischen Brauches bestattet worden. Auch die Herzogsinthronisation auf einem Stein inmitten der Prager Burg, der bis in das 12. Jahrhundert so benutzt wurde, *„war nicht nur slawischer, sondern auch germanischer Brauch“* (W. Wostry 1944). Im weiteren westlichen Vorfeld fand man ein ausgedehntes Gräberfeld mit z.T. reichen Grabbeigaben von großmährischem Schmuck aus dem letzten Viertel des 9. Jahrhunderts. Dort wurde die Gefolgschaft Boriwois und die Gefolgschaft bis nach 900 begraben (T. Trestin 1986).

Zur Zeit Boriwois war der befestigte Hradschin (Abb. 55) durch zwei Wälle mit Palisaden in drei Teile geteilt. Im mittleren Teil befand sich der Fürstensitz, aber auch das Grab des heidnischen Wikingers. Noch bis in das 11. Jahrhundert war der Fürstensitz ein Holzbau in Blockbauweise auf Steinfundamenten. Bretislav I. ließ 1042 im mittleren Teil der Burg an der Südseite eine Mauer hochziehen mit einem Turm sowie den ersten Pallas in Stein errichten. Boriwoi wurde angeblich bei einem Besuch des Großmährischen Reiches getauft. Im Westteil des Hradschin unter dem heutigen Westflügel baute er anstelle einer heidnischen Kultstätte im Westen vor seiner Burg die erste Marienkirche, die bald zerstört wurde. Sein Sohn Spitihnew erneuerte sie und wurde mit seiner Frau dort in der Gruft beigesetzt. Sein Schädel wies einige verheilte Hiebverletzungen auf. Über ihm lag das Skelett seiner Frau, der nach heidnischem, ostvandalischem Brauch silberne Ohrgehänge beigegeben waren. Wratislav (Herzog 929–972) baute die St. Georgskirche. Er und Boleslav II. (Herzog 973–999) sind darin nach heidnischem Ritus in Baumsärgen bestattet. Selbst die Gründerin des St. Georgsklosters, die Tochter von Boleslav I., Mlada-Maria, war in der Marienkapelle der St. Georgskirche nach altem Ritus beigesetzt worden (I. Borkovsky 1969).

Das Gebiet des dritten Burghofes, auf dem der Monolith und der Veitsdom stehen, war bis vor den alten Wall im Westen der Burg Boriwois mit Blockhäusern bebaut mit Abmessungen von 4 bis 5 x 5 m, die meist im Westen einen Vorbau von 2 x 2,5 m hatten, der mit in den Boden eingelassenem Futtertrog und einem Pfahl wohl als Stall diente (I. Borkovsky 1961).

Boriwoi heiratete eine Fürstentochter von Psov (= Melnik). Sein Sohn hatte eine Frau aus dem Stamm der Heveller oder *Stodoraner* aus dem Liutizenbund. Der erste Přemyslide, der eine deutsche Frau hatte, Hemma aus Bayern, war Boleslaw II. In seine Regierungszeit fällt die Amtseinsetzung des ersten Bischofs von Prag im Jahre 973, wo laut Cosmas bei den Einsetzungsfeierlichkeiten der Herzog und die Adligen Althochdeutsch sangen. Dann folgte zwei Generationen später Bretislaw mit seiner Gemahlin Judith von Schweinfurt. Seine Mutter war die letzte Böhmin im Stammbaum der Přemysliden. Bretislaws Kinder heirateten Deutsche, Töchter der Daglinger und des ungarischen Königshauses. Wratislaw II. hatte die Tochter des Daglingers Kasimir I. zur Frau. Dessen Mutter war Richenza, die wiederum die Enkelin Kaiser Ottos II. war. Nach Wratislaw II. herrschen Heiraten mit deutschen Frauen vor. Die letzte Přemyslidin heiratete 1310 den Grafen Johann von Luxemburg, der 1310–1346 König von Böhmen war und der Stammvater des luxemburgischen Kaiserhauses wurde. Sie war keine „Tschechin“, wie fälschlich meist behauptet wird, denn die letzte Ostvandalin als Frau eines Přemysliden kommt neun Generationen vorher (in dieser Generation 512 Vorfahren mit 510 Teutonices!) als Frau des Udalrich vor.

König Wenzel († 929) besaß den Titel eines Markgrafen der Lausitz und Brandenburgs. Beim Leichenzug für Kaiser Karl IV. wurde 1378 die Fahne der Lausitz mitgetragen, die einen roten Stierkopf im weißen Feld zeigte (P. Paulsen 1956). Das ist ein Hinweis für dynastische Verbindungen zum Fürstenhaus der Obodriten.

Die guten Beziehungen der Přemysliden nicht nur zu den Obodriten nach Norden, sondern auch zu den Sachsen äußerten sich u.a. darin, daß der erste und dritte Bischof von Prag, Thietmar

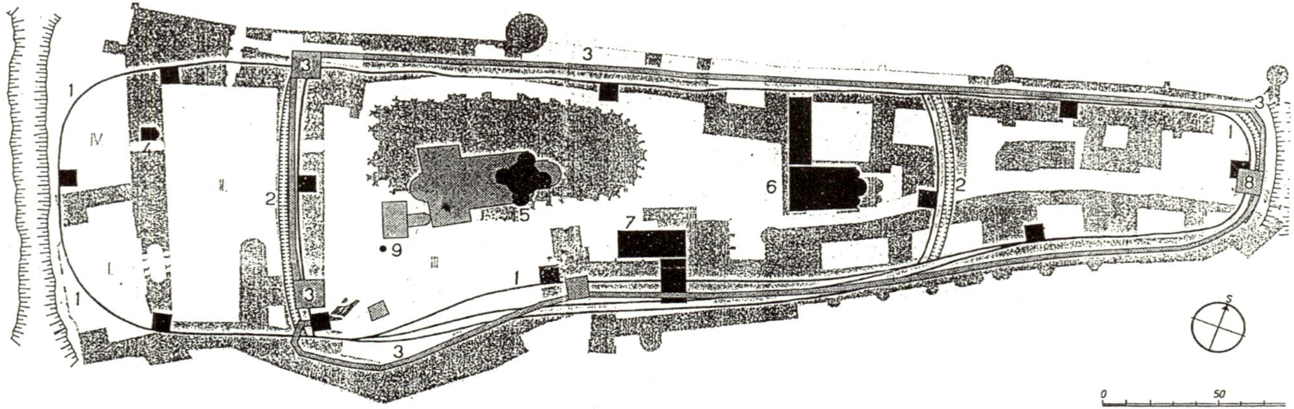

Abb. 55: Die älteste Bebauung auf dem Hradschin
1. Befestigung aus dem 9. und 10. Jahrhundert, die auf der Westseite an eine Schlucht grenzte
2. Graben mit Wall und Palisade
3. Mauerschanze, errichtet von Bretislav I., Befestigung nach 1042
4. Marienkirche, erbaut von Boriwoi I.
5. St.-Veits-Rotunde, errichtet von Herzog Wenzel, 1060 in die von Herzog Spitihnew erbaute Basilika einbezogen
6. St. Georgskirche mit Kloster
7. Herzogspalast aus dem 9. bis zur ersten Hälfte des 11. Jahrhundert
8. Schwarzer Turm
9. Monolith.
Heutige Bebauung dunkel getönt. Nach I. Borkovsky 1969.

Die Genealogie der Pržemysliden bis in das 11. Jh.

Nach W. Wegener, 1952

Bořiwoi I.
zw. ca 850 und 895 Herzog:
∞ Ludmila von Psaow. († 16.9.921)

Spitihněw I.
ca. 895-ca. 905, Herzog

Wratislaw I.
ca. 905-921 Herzog,
† 13.2.921
∞ Drahomiřa von Stodor

Wenzel I., d. Heilige
* nach 905 † 28.9.929 (od. 935?)
924-929 (935?) Herzog

Boleslaw I.
929-972 Herzog,
† 15. 7. 972 (Cosmas: 967):
∞ Biagota (?)

Spitihnew
† jung

4 Töchter
N.N.

Dobrawa
† 977; ∞ (965) Herzog
Miseko I. von Polen, † 972

Boleslaw II.
* vor 929 † 7.2.999
(967) 973-999 Herzog:
∞ Hemma (?) aus bayr. Adel
† 1005 od. 1006

Strahkwas-Christian
* 28.9.929 † 996
Mönch in Regensburg
995 Bischofsanwärter für Prag

Mlada-Maria
Äbtissin von
St. Georg in
Prag

Wenzel
† jung

Boleslaw III.
990-1002
1033 Herzog,
† 1037

Jaromir
1003, 1004-1012.
1033-1034 Herzog
† (4.11.) 1035

Udalrich
1012 - 1033 Herzog,
† 9.11.1034;
∞ 1.: N.N.;
verb. illeg. Božena,
† 1052

Tochter
N.N.;
∞
N. Wršowic
† 1003

Brětislaw I.
* um 1005, 1034-1055 Herzog,
† 1.10.1055; ∞ Judith von
Schweinfurt, † 2.8.1058 (T. d.
Markgrafen Heinrich im Nordgau)

Spitihněw II
1055-1061 Herzog,
† 28.1.1061;
∞ Hidda (Ida) von
Wettin-Meißen (T. d
Markgrafen Ditrich II
von Meißen)

Wratislaw II.
1061-1085 Herzog,
1085 -1092 König,
† 14.1.1092;
∞ 1.: Maria (?) N.
∞ 2.; 1056 Adelheid
von Ungarn (T. d.
Königs Andreas I.
v. Ungarn),
† 27.1.1062;
∞ 3.: 1062 Swatawa
von Polen (T. d
Herzogs Kasimir I.
v. Polen), † 1.9.1126

Konrad I.
Fürst von Mähren-
Brünn (1054),
† 6.9.1092 (Herzog
von Böhmén);
∞ Wirpirk [aus der
Familie der Aribonen,
Grafen von Tengling?]

Jaromir (Gebhard)
Bischof von Prag
1064-1089,
1077-1084 Kanz-
ler Heinrichs I.
† 26.6.1089

Otto I.
Fürst von Mähren-
Olmütz 1061-1087,
† 9.7.1087;
∞ Eufemia von
Ungarn (T. König
Bélas I. von Ungarn)
† 2.4.1111

(973–982) und Thiddag, aus dem Stammkloster Corvey kamen und Sachsen waren und der Dom auf dem Hradschin dem Sachsenheiligen St. Veit geweiht ist.

Nach H. Matiegka (1912) gehören die Schädel der im 10. Jahrhundert herrschenden Pržemysliden, insbesondere von Wenzel I. († 929) und seiner Großmutter Ludmila, welche die Frau des Boriwoi I. war und aus einem ostvandalischen Geschlecht von Melnik stammte, nach dem Längen-Breiten-Index zum dolichomesokephalen, also noch nordischen Typ.

Im Prager Domschatz werden, dem Herzog Wenzel zugeschrieben, ein Helm und ein Schwert gezeigt. Der Helm ist aus einem Stück geschmiedet und trägt am aufgenieteten Nasenschutz eine Kreuzigungsdarstellung, die ohne Kreuz den Einfluß der Odinsmythe erkennen läßt, wie das ähnlich erstmals 983 auf dem Runenstein von Jellinge/Dänemark auftaucht. Der Helm dürfte um oder kurz nach 1000 n.d.Ztr. in Gotland angefertigt worden sein. Das Schwert ähnelt ganz dem bei Budapest aus der Donau gebaggerten sowie zwei weiteren Wikingerschwertern aus Ungarn. Es trägt die gleiche Ornamentik wie der Helm und weist damit auf gleichen Ort und gleiche Zeit der Herstellung wie dieser. Mit Aufkommen des Wenzelkultes sind beide Stücke dem Domschatz einverleibt worden und wurden 1334 erstmals urkundlich erwähnt (P. Paulsen 1933). Sie werden, wenn nicht von Wenzel, dann wohl aus dem böhmischen Adel stammen und werfen ein Licht auf dessen Verbindungen zu Skandinavien noch nach 1000 n.d.Ztr.

Zu den germanischen Herrschaftsinsignien gehörte eine Lanze, die als Träger des Königheils auf die Lanze Odins zurückgeht (für die Lanze Heinrichs I. s. Kap. 9). Wenzel der Heilige († 929) hat nach chronistischer Ansicht eine Fahnenlanze als Herrschaftszeichen besessen, die den Adler trug. Er führte den Adler der deutschen Könige im Wappen. In der Schlacht von Flachheim 1080 wurde von Heinrich IV. mit Hilfe von Herzog Wratislav II. der Gegenkönig Rudolf besiegt. Wratislav erbeutete eine Kopie der echten Reichslanze, und Heinrich IV. beließ sie ihm als Auszeichnung. Seit 1099 ist die Belehnung der böhmischen Herzöge durch den deutschen König, wie bei Herzogsbelehnungen üblich, mit einer Fahnenlanze bezeugt (W. Wegener 1955).

Dem mit den Pržemysliden um die Vorherrschaft in Böhmen rivalisierenden Geschlecht der Sklavikniden, dem der Bischof Adalbert (982–997) entstammte, gehörte das Land in Ostböhmen zwischen Elbe und Sudeten sowie das Gebiet in der Grafschaft Glatz. In diesem Gebiet saßen zwei Stämme der Weißen Chrowaten. Die Sklavikniden gehörten zu den Trägern der Rune Tyr im Handzeichen, die im Daglinger Reich verbreitet waren. Sie sind vor-daglingischer, also ostvandalischer Herkunft (F. v. Heydebrand 1936).

4.2.11.4 Die Waräger in Osteuropa

Nach der Völkerwanderung war der Wanderweg nach Süden weichselaufwärts durch rückwandernde Ostvandalenstämme gesperrt, so daß neue Wege zum Schwarzen Meer gefunden werden mußten. Diese führten ostwärts im Bogen um diese Stämme herum, einmal durch die finnische Bucht, den Ladogasee, den Wolchow zum Ilmensee, dann über kürzere Landstrecken zur Wolga und zum anderen durch die Bucht von Riga, die Düna aufwärts und über Land zum Dnjepr. Auf dem ersten Wege wurden um 850 an der Mündung des Wolchows in den Ladogasee Aldeijuborg (Staraja Ladoga) und durch Rurik 862 Holmgard (Gorodischtsche) und 1044 Nowgorod gegründet.

Nachdem zwei Waräger, Askold und Dyr, 864 Kiew erobert hatten, sie waren angeblich von den Ostvandalen gegen die Chasaren zu Hilfe gerufen worden, wurden diese 862 von Rurik besiegt. Rurik machte Kiew zur Hauptstadt seines Reiches, das sie Gardarike nannten. Sie selbst nannten sich Rus. Nach Oleg herrschte dort Ruriks Sohn Ingvar (Igor) von 912 bis 945, der bereits mit einer großen Flotte Dnjepr-abwärts fuhr und Miklagard (Byzanz) zweimal angriff. Nach ihm herrschte seine Witwe Helga (Olga), die anläßlich eines Besuches von Byzanz getauft wurde. Ihr Sohn Swjatoslaw wurde wieder Heide. Dessen Sohn Waldemar (Wladimir, 980–1015) ließ sich 988 in Byzanz taufen und erhielt die byzantinische Kaiserstochter Anna zur Frau. Ihre Schwester Theophanu war die Frau Kaiser Otto II. Das griechisch-byzantinische Christentum wurde Staatsreligion mit der Einführung einer Kirchensprache, die im Reich Waldemars überall verstanden werden konnte. Aus ostvandalischen Dialekten wurde diese Kirchensprache, die Glagolika (s. auch Kap. 4.1.2) von Method und Cyrill entwickelt. In der Nestorchronik ist beschrieben, wie die nordgermanisch sprechenden Kinder der Waräger darin zwangsweise unterrichtet wurden. Zur 1000-Jahr-Feier dieses Ereignisses 1988 wurden Method und Cyrill zu Europaheiligen erhoben.

Bei Kriegsfahrten größerer Flotten mit angeblich bis zu mehreren hundert Schiffen mit je 40 Mann Besatzung die Wolga abwärts wurde auch die Hauptstadt Itil des Chasarenreiches im Wolgadelta zerstört. Mit der Heirat Annas wurde anstatt des byzantinisch-chasarischen Bündnisses das byzantinisch-warägische abgeschlossen, und 1016 wurden die Chasaren von Byzantinern und Warägern besiegt.

Der Sohn Waldemars, Jaroslaw, verheiratete zwei seiner Söhne mit deutschen Fürstentöchtern, und drei seiner Töchter waren mit den Königen von Norwegen, Frankreich und Ungarn verheiratet. Auf unterer Ebene gingen die Verwandtschaften weiter, so war Peter Wlast (922–1193), der bei der Wiederangliederung Schlesiens an das Deutsche Reich eine Rolle spielte (s. Kap. 4.2.11.2), sowohl selbst z.T. warägischer Abstammung wie mit einer Warägerin verheiratet. Nach dem Tode Jaroslaws im Jahre 1054 zerfiel das Großfürstentum Kiew. Eines seiner Nachfolgefürstentümer, Nowgorod, bestand bis 1478. Im Jahre 1240 kam der östliche Teil des Kiewer Reiches unter mongolische Herrschaft, doch schon 1223 fielen die Mongolen zum ersten Male ein.

Schon vor Waldemar hatten die byzantinischen Kaiser eine warägische Leibwache. Mit aus byzantinischen Diensten Ausgedienten gelangten griechische und andere orientalische Münzen nach Schweden. Aus ihrem Gold wurden in der Vendelzeit (600–800 n.d.Ztr.) die hochkünstlerischen Goldhalskragen angefertigt, die nach Abnützungsspuren zu urteilen, nicht nur an Festtagen getragen wurden.

Soweit in den gemeinsam bewohnten Orten nicht schon Vermischungen mit Finnen eingetreten waren, entstanden unter mongolischer Herrschaft ethnische Beimischungen asiatischer Art. Vermischungen von Ostvandalen mit Nordgermanen und deren Assimilation sind anthropologisch infolge anthropologischer Identität nicht nachweisbar (s. Kap. 6), da die ostvandalischen Stämme ihre germanische Identität bis nach 1100 behielten.

4.2.12 Nordostbayern

Nach der Zerstörung des Thüringerreiches im Jahre 531 waren und wurden die Gebiete zwischen Thüringer Wald, Frankenwald, Oberpfälzer Wald, Steigerwald und Regnitz so gut wie menschenleer. Die Wiederbesiedlung begann um 700 mit Reihengräberfriedhöfen der Ostvandalen. Brandgräber fehlen in Nordostbayern (Abb. 65). In der Weisung Karls des Großen von 793/94 zur Errichtung von 14 Kirchen *„in terra Sclavorum, qui sedent inter Moinam et Radantiam fluvios, qui vocantur Moinwinidi et Ratanzwinidi"* werden sie *Winidi* = Vandalen, Mainvandalen und Rednitzvandalen, genannt.

Als Beigaben erscheinen in den Gräbern Keramikreste des Prager Typs ohne und mit Wellenbändern und Formen der dem Prager Typ folgenden *„slawischen"* Keramik. Gleiche Keramik kam auch aus Siedlungen zum Vorschein. Diese Keramik mit Gefäßen vom Prager Typ ist nicht typisch „slawisch". Sie ist außer bei den Ostvandalen auch bei Westgermanen verbreitet (P. Reinecke 1934, J. Reitinger 1980). Die Beigaben umfassen die als *„typisch slawisch"* angesehenen Schläfenringe, die sich jedoch vielfach auch bei den Franken und Alemannen, sogar bei Gepiden (P. Reinecke 1934) finden, ferner Messer, Kämme, Fibeln. Dazu kommen in Reihengräbern der Oberpfalz Glasperlenketten, selten Schwerter, Sicheln, Bommeln und Halbmondohrringe (A. Stroh 1954).

Die Bestattungen auf diesen Reihengräberfriedhöfen unterscheiden sich nicht von denen, die sich neben einer von vierzehn durch Karl den Großen gestifteten *„Slawenkirchen"* befinden, der von Amlingstadt bei Weismain (K. Schwarz 1984). Dort begann die Rodung und der innere Landesausbau seit dem Regierungsantritt von Karl Martell 719. Da nach Bestattung und Beigaben der dort gemeinsam angesiedelten und bestatteten freien fränkischen Wehrbauern und Ostvandalen keine Unterschiede bestehen, *„sind wir deshalb zu der Annahme gezwungen, die von Südwesten/ Westen kommenden alemannisch/ostfränkischen Siedler hätten ihre Verstorbenen gemeinsam und unterschiedslos* (mit den „Slawen") *auf Ortsfriedhöfen uns bekannter Art bestattet"* (K. Schwarz 1984). Das bedeutet, beim fränkischen Landesausbau wurde keinerlei Unterschied zwischen Franken, Alemannen und Ostvandalen gemacht. Es bestanden auch keinerlei kulturelle Unterschiede etwa in Grabbeigaben. Auch ethnische Unterschiede, die anthropologisch nachweisbar wären, fehlen.

Außer im Westen und Süden um das Gebiet gehäufter Ortsnamen ostvandalischer Herkunft gibt es einen Streifen mit Ortsnamen, die Wind, Winden, Windisch in Verbindung mit einem zweiten Namensteil deutscher Herkunft enthalten. Sie fehlen aber auch im Kern des ostvandalischen Gebietes in Oberfranken und der Oberpfalz nicht. Dieser Streifen geht von Ebern bei Coburg über Höchstadt bis Ansbach und von dort bis Roding (E. Schwarz 1960). Hier wurden Ostvandalen beim inneren Landesausbau angesiedelt und ihre Dörfer gegen die der westgermanischen Nachbarn gekennzeichnet. Unter diesen wiederum gibt es in besonders alten Urkunden auch Namen mit *vinid* und *vined* als Hinweis auf *Winidi* und *Winedi*, z.B. Gerolswind, im 9./10. Jahrhundert *Gerharteswinidin*; Egloffswinden, im Jahre 1168 *Egelolueswineden*; Nabin (Kreis Deggendorf), im Jahre 863 *Villa Nabawinida*; Windischhausen bei Gunzenhausen, im Jahre 1057 *Slauuanishusen* (Ableitung von Sclavi = Slavi) (E. Schwarz 1960).

Diese Ortsnamen haben wahrscheinlich verschiedene Bedeutungen. Bei E. Förstemann (1916) werden aufgeführt, Seiten:

1370: *Winid* (althochdeutsch), urdeutsch wohl *Vinithos*, *Winid* ist sicher vorgermanisch, verwandt mit *Veneti*. Beispiele: Windsheim Mittelfr., Winidhoresdorf Kr. Trier, Winederoda Kr. Goslar,

1373: *Windisk*, wendisch; Beispiel: *Windisch Gräz*, *Wimpassing* b. Miesbach Obb., Ortsnamen aus Personennamen † *winedas*, † *wineden*, † *winden*, † *wenden*, Beispiele in Oberbayern, Oberpfalz, Österreich.

1375: *Winethi* aus *Winja* (althochdeutsch) † *ithi* (sächs.-thüring.); Bedeutung Weide, Ortsnamen aus Personenname † *wineda*, † *wineden*, † *winden* (Geiselwind, Franken).

Zur letzten Bedeutung werden auch die bei Unterregenbach beiderseits der bayrisch-württembergischen Grenze liegenden „slawischen" Ortsnamen wie Herrenwinden, Reinswinden, Morlitzwinden u.a. gehören (U. Gross 1989).

Daneben ist zu berücksichtigen, daß das gleiche *vinid*, *winid* die Bedeutung des Stammes der *Winidi* bzw. *Winedi* (s. Kap. 3) besitzt und es weiter einen althochdeutschen Wortstamm *vinid* mit der Bedeutung „Genosse im Ring" gibt.

Nach E. Schwarz (1960) kamen die Ostvandalen nach Oberfranken nicht aus Böhmen sondern von Norden und waren dann Sorben. Die Oberpfalz wurde hingegen von Böhmen aus von Ostvandalen besiedelt. Burgen und Stammesorganisationen sind nicht bekannt. Ihre Niederlassung fand um 800 und im Einvernehmen mit dem fränkischen König statt. Sie nahmen am inneren Landesausbau als vollkommen gleichberechtigte „Reichswenden" teil.

4.3 Die Entstehung des bairischen Stammes

Die Baiern sind neben den Franken der einzige deutsche Stamm, dessen Entstehung sich auf ehemals römischem Reichsboden vollzogen hat. Über die Herkunft des Stammesnamens und die Herkunft der an der Stammesbildung Teilnehmenden besteht bereits ein ganzes Gebirge von Literatur.

Die heute herrschenden wissenschaftlichen Ansichten sollen nur mit zwei Namen zitiert werden. Sie räumen den Galloromanen hohe Anteile ein. B. Hubensteiner (1977) schreibt: *„Zwar hatte noch Odoaker 488 den Befehl gegeben, die unhaltbar gewordenen Donauprovinzen zu räumen, aber abgezogen waren daraufhin höchstens die verstreuten Truppenverbände, die Vornehmen und die Reichen, das keltisch-romanische Bauernvolk blieb sitzen."* Und K. Bosl (1971): *„...daß die Bayern im wesentlichen das keltoromanisch-römisch-germanische Mischvolk sind, das sich ... seit dem Abzug der Römer (um 480) noch mit germanischen Elementen angereichert haben mag, ein ‚Stamm' aber erst durch die Franken wurde, die ... um 530 den mittleren Donauabschnitt sowie den mittleren und östlichen Alpenraum ihrem Reich einverleibten".*

Aber bereits hier setzt die Kritik ein. Nach dem Verschwinden der Kelten aus den Gebieten zwischen der Donau und den Alpen im 1. Jahrhundert v.d.Ztr., der Räumung und dem Verfall der keltischen Städte ist bis vor die römische Eroberung um 15. v.d.Ztr. nur in Südostbayern eine kurzzeitige germanische Besiedelung nachgewiesen. Bei der römischen Eroberung war das Gebiet menschenleer (S. Rieckhoff 1993). Aber mancher Flußname wurde ohne römische Vermittlung an die Baiern weitergegeben. Dann setzten aus anderen Teilen des römischen Weltreiches Zuzüge ein. Die Römer nördlich der Alpen waren kein Bauernvolk. Die Latifundien wurden bei den germanischen Einfällen verbrannt, die Germanen siedelten im weitgehend menschenleeren Niemandsland und die römischen Namen wurden zur Kennzeichnung der großen Trümmerhaufen weiterbenutzt. Severin leitete bis zu seinem Tode 482 den Abtransport der letzten römischen Bevölkerungsreste noch vor dem Räumungsbefehl Odoakers 488. Daß abseits der guten Böden der offenen Landschaften noch Reste der römischen Bevölkerung sich in den Walchenorten halten konnten, ist unbestritten, aber Walchennamen können auch auf althochdeutsch *Walho* zurückgehen.

Der Name der Baiern wird mit Bosl vor allem von den von den Markomannen um 60 v.d.Ztr. vertriebenen keltischen Bojern abgeleitet. Es ist aber erstaunlich, daß nicht die den Kelten um 9 v.d.Ztr. folgenden Markomannen damit belegt wurden, als sie Böhmen geräumt hatten, sondern erst die 400 Jahre später aus Böhmen Abgezogenen (s. Kap. 4.2.11.3.6).

Die erste Nennung durch Jordanes lautet: *„In regio illa Suavorum ab oriente Baibaros habet"*, im Osten der Sweben wohnen die Baiern. In der *„Origo gentis Langobardorum"* von 670 steht für das Land *Baiuaria,* beide mit dem Wort *Baia.* Sie werden vielfach als *Baiovarii,* als Männer aus dem Lande Baia, bezeichnet. K. Zeuß (1837) schreibt: *„Leute aus Baiaheim, aus Beheim, aus Böhmen".* Die *Bohemi, Beheimi* waren aber die germanischen Bewohner Böhmens. Nach dem Geographen von Ravenna (vor 700) stammen die Baiern aus einem Lande Albis, in dem Baia liegt. Sie seien in ihrem Stammlande Nachbarn der Langobarden gewesen. Bei Bergen in Norwegen wurde ein Runenstein, vermutlich aus der Zeit vor 400 n.d.Ztr. gefunden mit der Inschrift: *„aljamarkiR baijaR"* (I. Stridinger 1937). Schließlich gibt es südlich von Bodö die Landschaft Baiardalen, die Gemeinde Baiarn, den Baiarelv, der in den Fjord Baiarn mündet (G. Meier 1997, Anm. 34), Namen für die Urheimat.

Von den Langobarden stammen mit Paulus Diakonus die ältesten Nachrichten aus Schonen. Von dort wanderten sie um 200 v.d.Ztr. ab. Sie zogen durch Jütland, wo sie mit den Vandalen kämpften (E. Klebel 1957), durch Hilfe Odins zum Siege sein auserwähltes Volk wurden und den Namen Winiler (von Wanen) gegen Langobarden eintauschten. Sie siedelten im 1. bis zum 4. Jahrhundert an der Niederelbe, bis sie 489 bis 548 in Mähren und Niederösterreich und von 526 bis 568 in Pannonien siedelten, ehe sie 568 nach Oberitalien zogen.

Wenn die Leute aus Baia zusammen mit den Langobarden zogen oder sogar ein Teilstamm mit eigenem Namen waren, erklärt das die engen Beziehungen zwischen den beiden Stämmen bis um 800 n.d.Ztr., die seit der Übersiedlung nach Jütland mindestens ein Jahrtausend anhielten. Ob die Trennung von den Langobarden schon vor oder erst nach König Wacho erfolgte, ist offen. Die Ortsnamen in Bayern wie Mehring, Möhring, Moringen weisen auf das Land *Mauringa* der Langobarden im südlichen Westfalen. Der alte Gauname *Germaramarka* (802, heute in Garmisch) weist auf den Ort Görmer im Kreis Mühlhausen in Thüringen, wo die Langobarden von der Niederelbe aus durchgezogen sein können. Der Name eines der fünf bairischen Uradelsgeschlechter der *Huosi* weist auf Hessen hin. Einzelne Namensähnlichkeiten sind auch für zwei weitere Uradelsgeschlechter, die *Hahilinga* und die *Aniona* vorhanden (E. Klebel 1957). Diese fünf Geschlechter sollen nicht urbairisch sein (K. Bosl 1976), sie sollen zu mitgewanderten anderen germanischen Stammessplittern gehören (E. Klebel 1957).

Da nach dem Zerfall des Reiches von Wacho (511–539) langobardische Zuzüge nach Baiern in eigens gegründeten Reihengräberfriedhöfen erkannt sind (z.B. Künzing), wird die Trennung wohl noch vor Wacho anzunehmen sein.

Mit den Einfällen der Jutungen, einem Teilstamm der Alamannen, von 357 endete die Besiedlung des offenen Landes in Rätien. Die Bevölkerungsreste sammelten sich in den Kastellen. Im Jahre 400 räumte die letzte Tausendschaft der 3. italienischen Legion das Legionslager Regensburg. Als Föderaten zog dort und in die Kastelle der Stamm von Friedenhain-Přeštovice ein, was deren stammesmäßige Verfassung voraussetzt, und begannen, in der Umgebung Ackerbau zu treiben. Ihre Keramik ist in den Kastellen von Neuburg, Eining-Kelheim, Regensburg, Straubing, Künzing und Passau belegt (Th. Fischer 1993). Als die Kastellbesatzungen ab 476 keinen Sold mehr erhielten, zogen sie aus den Kastellen in die Umgebung und begannen, bäuerliche Siedlungen anzulegen. Doch bereits um 450 waren sie auf das Südufer der Donau übergetreten und hatten größere Siedlungen angelegt wie bei Straubing.

Alle germanischen Zuzüge nach Baiern huldigten der heidnischen Reihengräbersitte und sie waren außer den Alamannen Angehörige des östlich-merowingischen Reihengräberkreises (J. Werner 1962), zu dem die Gräberfelder aus Thüringen, Böhmen (Vinariče), Mähren und Pannonien gehören, nicht aber die der Gepiden östlich der Theiß. Dieser Kulturkreis löste sich auf durch Zerschlagung des Reiches der Thüringer, der Auflösung des Reiches der Goten nach dem Tode von Theoderich 526, der Räumung Böhmens 546 und Pannoniens 568 durch die Langobarden. Aber die Einwanderung nach Baiern beginnt längst vorher mit dem Stamm von Friedenhain-Přeštovice als Föderaten.

Doch bereits ehe sie als Föderaten Aufnahme fanden, wurden Germanen zur Auffüllung der Kastellbesatzungen übernommen. Im großen Gräberfeld von Regensburg mit 9000 Bestatteten nimmt bereits von 200 bis 250 n.d.Ztr. der germanische Anteil zu.

In der Umgebung von Strakonitz am Nordostrand des Böhmerwaldes ist abseits des Altsiedellandes mit dem großen Urnengräberfriedhof von Přeštovice ein bisher unbekannter germanischer Stamm bezeugt (Abb. 56), der dort nach den Markomannen, mit der folgenden germanischen Besiedlung der böhmischen Altsiedellandschaften und vor den Langobarden vom 3. bis in das 5. Jahrhundert nachweisbar ist. Die Keramik weist auf Abstammung von den Elbgermanen hin

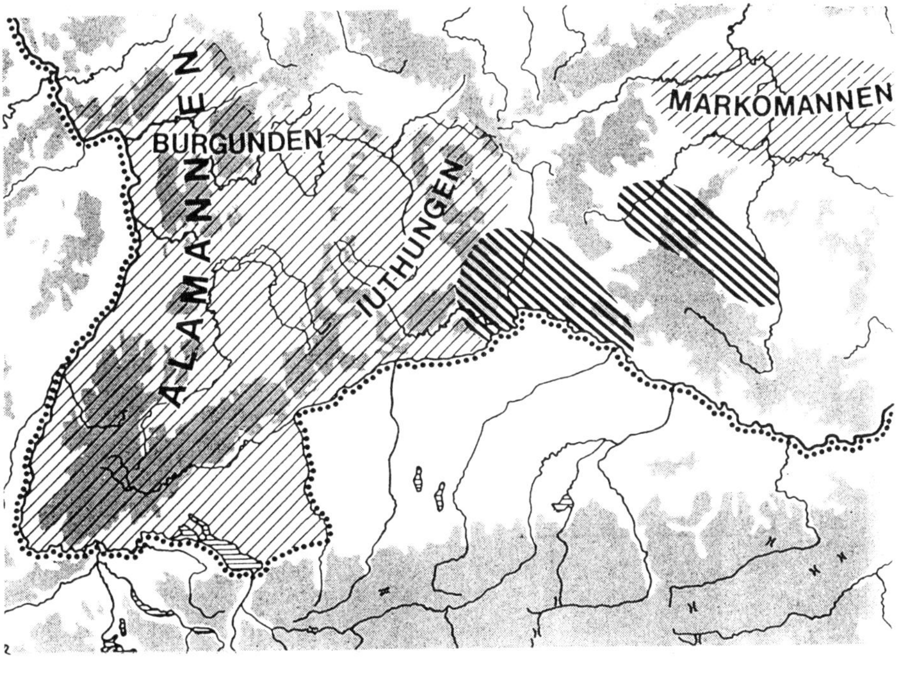

Abb. 56: Die Wohnsitze germanischer Stämme östlich und nördlich der römischen Reichsgrenze um und nach 400 n.d.Ztr., Gebiet des Stammes von Friedenhain-Přeštovice fett schraffiert. Nach H. Böhme, 1988

(H. Böhme 1988, B. Swoboda 1962). Dieser Stamm lebte sehr abgeschlossen und nach den Beigaben zu urteilen sehr ärmlich. Er übte Brandbestattung noch, als in Mittelböhmen bereits in Reihengräbern bestattet wurde. Er setzte die Brandreste in sonst kaum bekannten, außerordentlich künstlerisch gestalteten handgemachten flachen Keramikschalen bei, die mit schräger und senkrecht zur Gefäßachse angebrachter Kannelierung versehen waren.

Dieser Stamm ist bisher anthropologisch ein Unikat, da er einen Schädeltyp besitzt, der im Vergleich zum Cro-Magnon-Typ kürzer und breiter ist, aber diesem ähnelt und einen breiten Unterkiefer aufweist (G. Ziegelmayer 1988). Er kann damit die unter den Baiern von sonstigen germanischen Typen abweichenden Merkmale erklären. Die Selektion eines solchen Typs muß im abweichenden germanischen Umfeld längere Zeit erfordert haben. Es stellt sich also die Frage nach seiner bisher unbekannten Vorgeschichte, die freilich durch die Brandbestattung stark verdunkelt wird.

Aber die Verbreitung (Th. Springer 1985) der diesem Stamm eigentümlichen Keramik gibt Hinweise auf seine Herkunft. Neben der Hauptverbreitung bei Přeštovice (B. Swoboda 1962) (fehlt in Abb. 57!) findet sie sich im Gebiet der Übersiedlung nach Bayern bis zur Donau bis etwa um 500, dann vor allem neben den Kastellfriedhöfen in den ersten Belegungen der Reihengräber südlich der Donau. Aber die Fundpunkte im Gebiet Main-abwärts weisen auch auf den Weg, den ein Teil des Stammes gezogen sein kann. Dann weist das gehäufte Vorkommen im böhmischen Kessel auf dort Wohnende. Das Vorkommen Elbe-abwärts bis in das Gebiet der Elbemündung zeichnet einen Wanderweg wie den der Langobarden nach, den sie zeitlich mit der Hauptmasse der Langobarden gezogen sein können, so daß der Stamm von Friedenhain-Přeštovice wohl identisch mit den Leuten von Baia war.

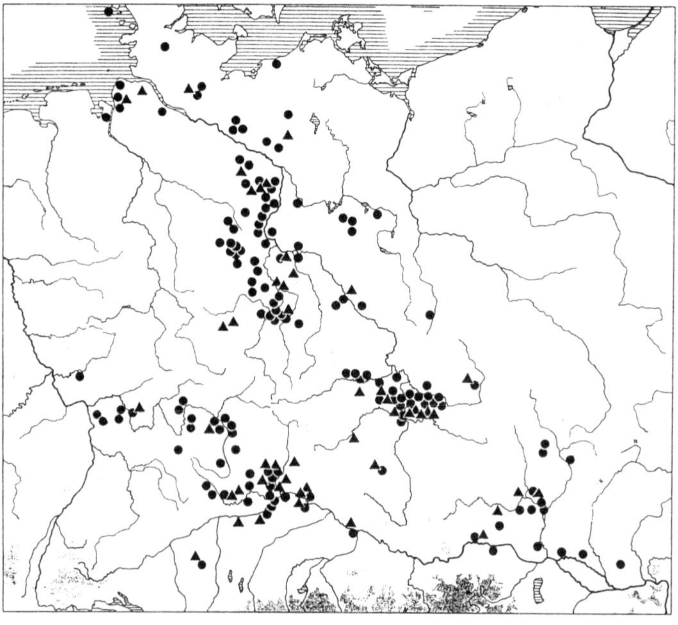

Abb. 57: Die schräge (Punkte) und die senkrecht zur Gefäßachse (Dreiecke) angebrachte Kannelierung der Keramik vom Typ Friedenhain-Přeštovice. Die Fundpunkte für den Brandgräberfriedhof Přeštovice fehlen. Nach W. Menghin, *Frühgeschichte Bayerns,* Stuttgart 1990

Nach 350 siedelte dieser Stamm nach Baiern über und ließ sich nördlich der Donau zum Teil in Sichtweite der römischen Kastelle nieder. Seine Westgrenze fällt etwa mit der späteren Lechgrenze gegen die Alamannen zusammen. Bereits ab 330 n.d.Ztr. sind in den Gräberfeldern römischer Kastelle in diesem Gebiet von Neuburg bis Straubing Angehörige dieses Stammes bestattet, die zum Militärdienst angeworben worden waren. Sie bilden in der Zone 1 des Gräberfeldes von Neuburg zwischen 330 und 360 neben Provinzialrömern die Mehrzahl der Bestattungen.

In Zone 2 wurden von 360 bis 390 mehrheitlich, nach ihren Beigaben zu urteilen, Elbgermanen bestattet und in Zone 3 von 390 bis nach 400 mehrheitlich Ostgoten (E. Keller 1979, H. Böhme 1988).

Seit Mitte des 5. Jahrhunderts wurde der große Friedhof von Straubing 3 km westlich der Kastellfriedhöfe, aber auch bereits der von Altenerding belegt, in der ersten Belegungsphase mit Funden thüringisch-böhmischer, langobardischer und ostgotischer Art, noch vor 500 in Straubing mit reichen Frauengräbern. Während gleichzeitig nördlich der Donau noch Brandbestattung geübt wurde, begannen die Friedhöfe südlich der Donau sofort mit Körperbestattung. Im Friedhof von Straubing fanden sich unter den ältesten Bestattungen neben den Schalen von Friedenhain-Přeštovice auch Beigaben elbgermanischen Charakters, welche Zuzügen von Langobarden entsprechen können (Th. Fischer 1988). Vor 500 folgen dort Beigaben elbgermanischer, alamannischer, thüringischer, ostgotischer und fränkischer Art (H. Böhme 1988). Die Beigaben, wie Edelmetallschmuck, lassen bald auf breite Wohlhabenheit durch landwirtschaftliche Erzeugung schließen. Der große Reihengräberfriedhof von Altenerding bei München beginnt um 450 mit Alemannen, denen etwa gleichzeitig mit ihrer Landnahme nördlich der Donau im Land der Rugier starke Zuzüge von Langobarden bis etwa 550 folgen (V. Bierbrauer 1985).

Der Name des Geschlechts der Agilolfinger enthält den Namen des langobardischen Herzogs Agilolf und ist langobardischer Herkunft (W. Goez 1975). Er soll vom Langobarden Ago kommen, der seinen Stamm aus Norwegen führte. Das bairische Stammesrecht, die *lex Baiuvarorum,* zusammen mit dem Stammesrecht der Franken und der Alemannen vom fränkischen König Theuderich (511–594) an aufgezeichnet, mehrfach verbessert, zuletzt vom bairischen Herzog Odilo (736–748), sagt zum Herzogsgeschlecht: *„Der Herzog aber, der dem Volk vorsteht, war immer aus dem Geschlecht der Agilolfinger und muß es immer sein, weil es die Könige, unsere Vorfahren, ihnen so zugestanden haben.“* Herzogsnamen wie Theodo, Garibald, Agiluf waren so und in Abwandlungen bei den Langobarden gebräuchlich. Der erste chronistisch bekanntere bairische Herzog war Garibald I. († 590). Nach herrschender Ansicht wurde er aus dem Kreis der Merowinger stammend den Baiern aufgenötigt, als Altbaiern bereits bis zum Alpenrand besiedelt war.

Von 488 an, dem Ende des weströmischen Reiches und seiner Gebiete nördlich der Alpen, gehörte das Gebiet von Rätien und Norikum zum Reiche Theoderichs. Es ist mit gotischen Besatzungen zu rechnen, auf die Orte mit Namensendung *by* zurückgehen können (Biburg, Vilsbiburg u.a.m.). Nordgermanische Ortsnamen mit *by* gibt es z.B. in Mittelschweden, Jütland, Nord- und Südschleswig. Es gibt eine Anzahl von gotischen Wortstämmen im Bairischen, nicht nur die von P. Wiesinger (1985) genannten. Nach den Siegen Chlodwigs von 496 bei Zülpich und 506 über die Alamannen floh die alamannische Oberschicht, wurde z.T. von Theoderich aufgenommen und in Rätien angesiedelt und nahm an der Stammesbildung der Baiern teil, die offensichtlich von Theoderich gefördert wurde.

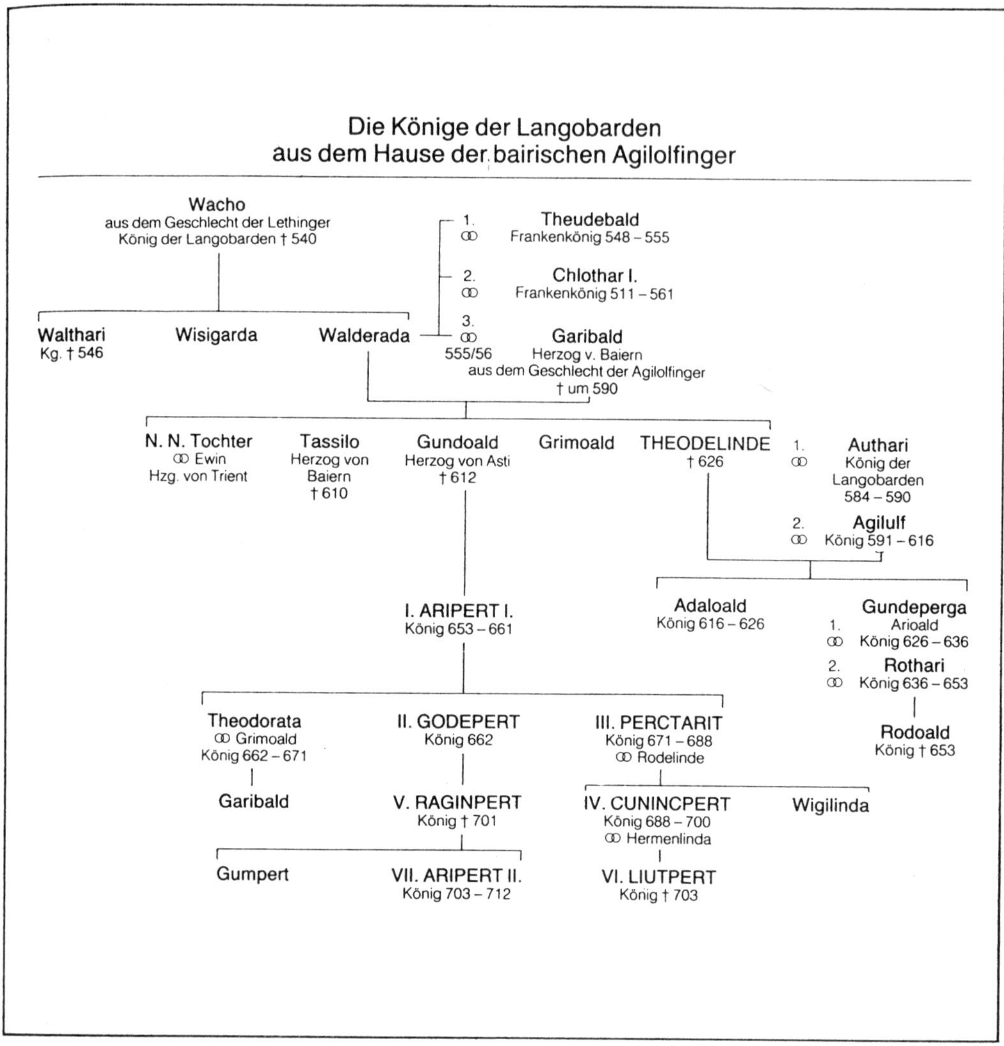

Nach W. Menghin, *Die Langobarden,* Stuttgart o.J., ca. 1990

Noch in der Zeit, als Rätien zum römischen Reich und zum Reich Theoderichs gehörte, begann mit der Belegung der Reihengräberfriedhöfe von Altenerding um 450 und von Aubing um 500 die Besiedlung Baierns bereits weit südlich der Donau.

Nach ihrem Siege über die Thüringer von 531 traten die Ostgoten Rätien an die Franken ab, und diese dehnten ihre Herrschaft weiter nach Osten aus. Aber die angebliche fränkische Oberherrschaft über die Baiern war weder mit Kämpfen noch mit Tributen verbunden.

Im Jahre 555 erhielt Garibald, lange bevor er Herzog wurde, vom fränkischen König Chlothar in dritter Ehe die Tochter Walderada des Königs Wacho zur Frau. Chlothar war sicher die Herkunft der Baiuvarii bekannt. Garibald und Walderada waren getauft, aber die heidnische Beigabensitte hielt sich selbst noch in der Umgebung des Herzogssitzes Regensburg bis um 700. Daß Garibald fränkischer Herkunft war, steht im Widerspruch zu den in den Annalen von St. Peter in Salzburg 1189 genannten drei bairischen Herzögen Theodo 508–537, Udo 537–566 und Theodobald 566–567, von denen zwei Namen besitzen, die nach Garibald sich unter den Agilolfingern wiederholen. Auch von Valvasor (Kap. 9, Bd. II) wird 508 als erster bairischer Herzog Theodo genannt.

Wenn aber Herzog Theodo 508 einen Heereszug, an dem auch Franken teilnahmen, nach Pannonien führte (J. v. Valvasor 1689), ehe die Langobarden dieses in Besitz nahmen, muß es bereits damals ein anerkanntes Herzogtum Baiern mit nicht kleinem Heeresaufgebot gegeben haben, das sich räumlich zwischen die Reiche der Thüringer, Langobarden und Ostgoten einordnete.

Auf Walderada gehen die folgenden engen Beziehungen zwischen bairischen und langobardischen Fürstenhäusern zurück, die nun eine längere Vorgeschichte haben. Drei Kinder Walderadas heirateten Langobarden. Je ein Enkel, Urenkel und Ururenkel wurden langobardische Könige. Auch der Name Tassilo ist langobardischer Herkunft. Er leitet sich mit Lautverschiebungen und der Verkleinerung *ilo* von Tato (491–510) ab, der vor Wacho König war. Tassilo I. war ein Sohn von Walderada.

Daß Langobarden auch noch später an der Besiedlung Baierns teilnahmen, zeigten die erst kürzlich bekannt gewordenen Grabbeigaben in den Reihengräberfeldern von Waging und von Künzing bei Deggendorf, die zwischen 550 und 650 von Langobarden belegt wurden, die bis 568 aus Pannonien und dann aus Italien kamen (A. Hannibal 1996).

Im Kernbereich der ersten Siedlungen südlich der Donau entstand in den Mauern des Legionslagers Regensburg der bairische Herzogssitz. Von diesem Kernbereich aus schritt die Besiedlung nach Süden, Osten und Südosten fort und erreichte um 550 den Alpenrand. Sie reichte mit Reihengräbern im 7. bis zum Beginn des 8. Jahrhunderts zur Traun und erreichte bis zum 10. Jahrhundert die Enns. Dort traf sie auf die von Nordosten gekommenen Ostvandalen und von Süden gekommenen Slowenen/Karantanen, deren nordwestlichsten Gräberfelder im Kremstal südlich der Traun bei Michelsdorf liegen. Während die Beigabensitte in den bairischen Gräbern infolge der Christianisierung im 8. Jahrhundert endet, bestatteten diese noch bis in das 10. Jahrhundert mit Beigaben (M. Pertlwieser 1980).

Das anfängliche Einsickern von Germanen nach Rätien läßt sich archäologisch mit den Grabbeigaben und anthropologisch an den Körperbestattungen verfolgen. Die Auswertung der beiden großen Regensburger Friedhöfe mit etwa 9000 Bestattungen ergab in der Gruppe 1 von 150 bis 250 n.d.Ztr. bei vorwiegender Brandbestattung, daß die provinzialrömische Bevölkerung einen hohen Anteil an Brachykranen besaß. In der zweiten Gruppe von 270 bis 350 ging der kurzköpfige Anteil stark zurück und der germanische langköpfige Anteil nahm zu, besonders in der Zeit nach 300.

I_1 in %/ Zeit/♂	65,0–69,9	70,0–74,9	75,0–79,9	80,0–84,9	Mittel der Einzelwerte von I_1	n
150–250 n.d.Ztr.	5	23	54	18	77,0	22
270–350 n.d.Ztr.	17	33	42	8	73,7	12

Die ersten germanischen Einwanderer lebten verstreut unter der römischen Zivilbevölkerung. Die Regensburger Region wurde schon etwa ab 300 mit Germanen ergänzt (P. Schröter 1987). Der germanische Anteil stieg nach dem Fall des Limes. Während in der ersten Serie noch die provinzialrömische Bevölkerung vorherrschte, unterscheidet sich das Mittel des Längen-Breiten-Index I_1 der zweiten Serie bereits nicht mehr vom Maximum der Gesamtverteilungskurve (Abb. 104, Kurve 4) oder von Kurve 10 (Abb. 103) der Baiern der Reihengräberzeit oder von anderen germanischen Serien bis 1000–1100. Die an Serie 2 beteiligte provinzialrömische Bevölkerung dürfte bereits weniger als 15% betragen haben. Die um 400 als Föderaten auf das Südufer der Donau übergetretenen Leute von Friedenhain-Přeštovice haben also bereits eine kräftige germanische Bevölkerung vorgefunden.

Die germanische Inbesitznahme der römischen Provinz Rätien und z.T. von Noricum begann mit der Auffüllung der römischen Grenztruppen, die bereits um 300 zu germanischer Bevölkerungsmehrheit in Regensburg führte. Mit dem Auszug der Legion aus Regensburg um 400 wurde dort der Stamm von Friedenhain-Přeštovice als Föderat eingesetzt, was eine Stammesverfassung voraussetzt. Damit begann die germanische Besiedlung der Umgebung von Regensburg. Regensburg war seitdem und blieb Herzogssitz 150 Jahre lang, ehe angeblich von den Franken ein Herzog eingesetzt wurde. Noch vor Ende der römischen Herrschaft schlossen sich dieser Besiedlung südlich der Donau Zuzüge aus allen germanischen Stämmen des späteren ostfränkischen Reiches sowie Langobarden und Ostgoten an und stellten schon bald die zahlenmäßige Mehrheit.

Die Altenerdinger Serie* (Abb. 104 Nr. 1), an der 13% nichtgermanische Teilnehmer vermutet wurden (W. Sage 1973), ist die von allen germanischen Serien (Abb. 103) nach der schwedischen Serie Nr. 4 mit $\sigma = 2{,}8$ bestens selektierte mit $\sigma = 3{,}0$, zusammen mit der langobardischen Serie Nr. 8. Sie ist völlig symmetrisch und enthält keine Überschüsse von Lang- wie von Kurzköpfigen bei dem in den germanischen Serien sehr kleinen Maximum des Längen-Breiten-Index von 71,6; d.h., diese Population ist insgesamt langköpfiger als die Germanen sonst. Der Reihengräberfriedhof wurde ab 450 belegt. Die Verteilungskurve läßt auf gute Panmixie der Population bereits kurz nach Ansiedlungsbeginn schließen, obwohl das Fundgut alemannischer, thüringischer, langobardischer und ostgotischer Herkunft ist (W. Sage 1973, 1975).

Die anderen beiden Serien von Aubing (I. Hertrich 1982, Abb. 104, Kurve 2) und von Künzing (A. Hannibal 1996, Kurve 3) weisen einen kleinen Überschuß von Langköpfigen (Fläche zwischen ausgezogener und gestrichelter Kurve) auf. Sie sind mit $\sigma_2 = 3{,}3$ und $\sigma_3 = 3{,}6$ weniger gut selektiert als die Altenerdinger Serie. Die Aubinger Serie besitzt zudem ein relativ kurzköpfiges Maximum von $I_1 = 75{,}1$. Über die anthropologische Charakteristik der Serien von Altenerding, Aubing, Künzing und Lauterhofen siehe Tabelle zu Abb. 104, S. 318.

Der Überschuß an Langköpfigen auch in der Summenkurve 4 bedeutet, daß im Belegungszeitraum, also bis zum Ende der Reihengräberzeit, d.h. solange sie Heiden waren, eine Vermischung mit den verbliebenen Resten der galloromanischen Provinzialbevölkerung nicht wesentlich war. In den germanischen Volksrechten waren Vermischungsverbote enthalten, solange sie Heiden oder Arianer waren. Diese fielen erst nach den Übertritten zum Katholizismus und leiteten den Volkstod der germanischen Stämme in der Diaspora ein. Das bairische

* Anm.: Die individuellen Meßdaten von Altenerding verdanke ich Herrn Kollegen Ziegelmayer, München.

Volksrecht, die *lex Bajuvarorum,* wurde vom katholischen fränkischen König Theuderich (511–533) an aufgezeichnet und enthält die Vermischungsverbote nicht mehr. Die Vermischung mit Resten der Vorbevölkerung wird erst nach Ende der Reihengräberzeit eingesetzt haben.

Die Summenkurve 10 (Abb. 103) beruht auf den in die Mainzer anthropologische Datenbank aufgenommenen Serien. Der Überschuß von Kurzköpfigen von 13,8% entsteht vor allem durch die Linzer Serie (mit $I_1 > 80$ von 15%, n = 79), die einen größeren Anteil von Kurzköpfigen enthält. Die Baiern besetzten nach 450 Ufernoricum und fanden dort offenbar noch größere Reste nicht vertriebener oder rückgeführter Provinzialrömer vor, die in diese Serie eingingen.

Mit dem Beginn der durch Angehörige anderer germanischer Stämme erweiterten Stammesbildung der Baiern südlich der Donau ab 400, den Agilolfingern vor Garibaldi und ihren langobardischen Beziehungen bis zur Herkunft aus dem Lande Baia in Norwegen liegen bedeutende Unterschiede vor zur fränkischen Chronistik. Es besteht daher der begründete Verdacht von fränkischen Geschichtsfälschungen, denen alle Historiker bis heute gefolgt sind.

4.4 Die Ungarn und die Siebenbürger Sachsen

Die Sprache der Ungarn gehört zur finnisch-ugrischen Sprachfamilie und ist der Sprache der Lappen verwandt. Sie wohnten in der Nachbarschaft des Urals und um 0 d.Ztr. gerieten sie unter den Einfluß der indogermanischen Alanen, die aus dem Raum zwischen der Mongolei und dem Kaukasus kamen. Nach dem Abzug der Alanen unter dem Druck der Hunnen nach Westen – sie zogen gemeinsam mit den Vandalen erst durch Südfrankreich und dann nach Spanien – gerieten die Ungarn, die nun zwischen dem Don und dem Kuban wohnten, von 700 bis 900 unter die Oberherrschaft der Chasaren. Von etwa 830 ab siedelte der Hauptteil der Ungarn zwischen Dnjepr und Don. Dort hatten sie die Aufgabe, die Chasaren vor dem Einfluß der Waräger zu schützen. In dieser Zeit schloß sich ihnen der chasarische Stamm der nomadischen Kabaren an und drückte den friedlich ackerbauenden Ungarn ihren asiatischen Stempel vor allem in der Kriegführung auf, der dann die Raubzüge der Ungarn bis nach Westeuropa bestimmte.

Im Jahre 862 eroberten die Waräger Kiew und gründeten dort das Großfürstentum Kiew mit der Oberherrschaft über die ostvandalischen Stämme, die bis dahin den Chasaren tributpflichtig waren und die Waräger zu ihrer Führung und Befreiung gerufen hatten.

Als um 900 die Petschenegen aus dem Raum zwischen Wolga und Ural nach Westen getrieben wurden, wurden die Ungarn wiederum weiter nach Westen getrieben und durchbrachen die Karpaten. Sie eroberten das Donau-Theiss-Becken, das nach Vernichtung der Awaren von der Donau an nach Osten herrschaftsfrei geworden war. Das karolingische Reich hatte seine Marken nach Osten über die ehemaligen römischen Provinzen Pannonia I, Valeria und Pannonia II bis an die Donau ausgedehnt.

Auf diesem Wege nach Westen mußten sie die Hauptzugsrichtung der Waräger nach Süden kreuzen und wurden von „Kölpeny“ (ungarisch)-Leuten geführt, warägisch Kylfingaren. Diese Waräger waren landeskundige Reiseführer im heutigen Sinne, die den Ungarn auch noch rieten,

Pannonien zu besetzen. Ungarische Adelsgeschlechter sollen von Kölpeny-Abstammung sein. Die landnehmenden Ungarn waren mit winkingischen Waffen ausgerüstet. Auch das Schwert Stephans des Heiligen (1000–1038), das im Prager Domschatz aufbewahrt wird, ist wikingischer Herkunft. Dieser warägisch-wikingische Einfluß hat auch dazu geführt, den Namen des ungarischen Herrschaftsgeschlechts der Arpaden nach dem Herrscher der Landnahmezeit, Arpad († 907), etymologisch germanisch zu deuten (J. Wekerle 1993, A. Koester 1991).

Die Waräger hielten sogar hinter den westwärts ziehenden Ungarn die Petschenegen auf. Offensichtlich war die landnehmende Führungsschicht nordgermanisch durchsetzt. Arpad ließ nach Besetzung des Karpatenbeckens die damals strategisch äußersten Punkte im Nordwesten und Nordosten durch Wikinger sichern. Der erste ungarische Chronist (Anonymus) (G. Silagi 1991) beschreibt, daß Arpads Sohn Solm weiße Haut und blonde Haare hatte.

Da Swatopluk von Mähren sich weigerte, mit König Arnulf das alte Vasallenverhältnis zum ostfränkischen Reich zu erneuern, ging Arnulf mit den Ungarn ein Bündnis ein. Zusammen mit einem ungarischen Reiterheer besiegte Arnulf 894 das Großmährische Reich. Östlich der Karpaten waren die Ungarn auch noch von den Bulgaren angegriffen worden. Diese wurden von Arpad nach Besetzung des innerkarpatischen Beckens besiegt. Nach seiner Kaiserkrönung 896 und der Rückkehr aus Italien schloß Arnulf ein weiteres Bündnis mit den Ungarn. Von Arnulf erhielt Arpad kampflos die pannonische Mark, die seit Karl dem Großen fränkisch-bairisch besiedelt worden war.

Vom Nachfolger Arnulfs, Ludwig dem Kind, wurde dieses Bündnis mit den Ungarn nicht erneuert. Das führte zum Bündnis der Ungarn mit den Mährern und zur Verheiratung eines Sohnes von Arpad mit einer mährischen Fürstentochter. Im Jahre 907 wurde das bairische Heer bei Pressburg vernichtend von den Ungarn geschlagen. Damit war über den Verlust von Pannonien hinaus der Verlust von Gebieten bis zur Enns verbunden. Die bairische Bevölkerung verblieb jedoch zum größten Teil in diesen Gebieten und wurde z.T. unter den eigenen Gaugrafen den Ungarn tributpflichtig. Vor den von nun an einsetzenden ungarischen Raubzügen durch das Deutsche Reich, durch Oberitalien und sogar bis in das westfränkische Reich schützte sich der bairische Herzog Arnulf 908 mit einem Stillhalteabkommen, das den Durchzug der Ungarn bei Vermeidung von Raub und Plünderung gestattete. Zum Zeichen dieser Koexistenz blieb Arnulf 911 der Königswahl in Forchheim fern (Vajay 1968).

Aus ungarischen Quellen wird nichts darüber berichtet, daß bei der ungarischen Landnahme im Karpatenbecken dort etwa zu suchende Herrschaftszentren des Großmährischen Reiches (M. Eggers 1985), die dabei vernichtet worden wären, angetroffen wurden. Dort wurden bisher keine Hinterlassenschaften von Herrschaftszentren, wie z.B. an der March, die dem Großmährischen Reich oder wie bei Klausenburg (Apahida), die den Gepiden zugeschrieben werden, gefunden.

Die mit und nach den Awaren in das Karpatenbecken gekommenen Ostvandalen legten Brandgräber in Urnen vom Prager Typ mit Wellenbandverzierungen an. Die Beigaben sind ärmlich und weisen nicht auf besonderen Wohlstand und größere Machtentfaltung hin.

Das ungarisch-mährische Bündnis wurde bald gebrochen, die Mährer wurden 902 besiegt und die Kulturzentren des Großmährischen Reiches wurden zerstört. Der Teil Mährens südlich des Kammes der Beskiden und der March wurde schrittweise in die Vorverlagerung der ungarischen Grenzen bis zum Karpatenhauptkamm einbezogen. (Abb. 58). Nach der Eroberung Schlesiens griffen die Daglinger nach Westen aus und besetzten 1000 bis 1018 das Gebiet des ehemaligen Großmährischen Reiches bis zur Donau. Um 1200 wurde von den Ungarn der Beskiden-Karpatenhauptkamm erreicht, ebenso wie Siebenbürgen in den Ostkarpaten. Diese Grenze bestand bis 1918, von 1939 bis 1945 und besteht wieder ab 1990.

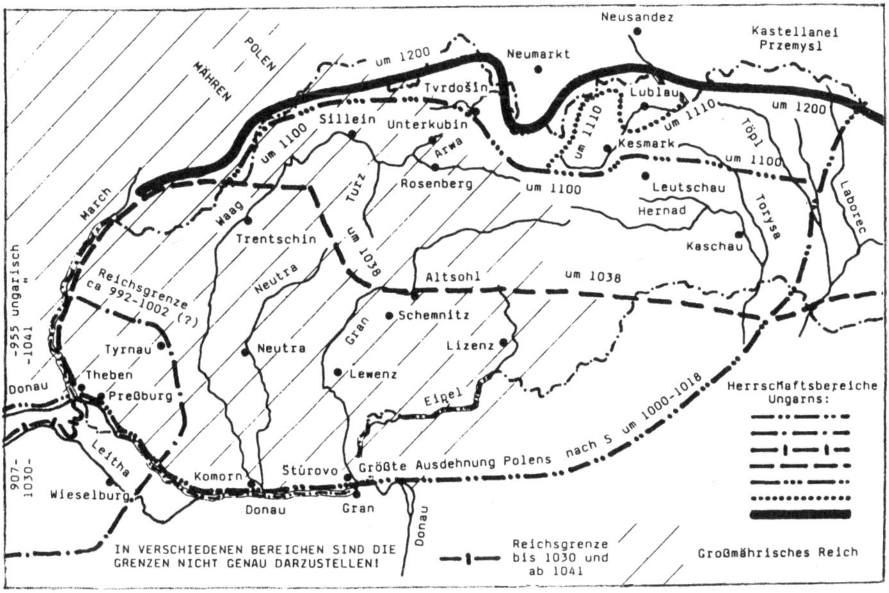

Abb. 58: Die Landnahme der Ungarn im Nordwesten Ungarns. Nach E. Hochberger, *Reisehandbuch und Kunstführer Slowakei*. Sinn, 1990

Der Urenkel Arpads, Geisa († 997), führte die Christianisierung der Ungarn mit deutschen Klerikern durch. Er hielt sich eine Leibwache aus Kiewer Wikingern. Seine erste Frau Saroldu war blond und Tochter eines ungarischen Statthalters aus Siebenbürgen, der über Sikuli = Szekler, wahrscheinlich ehemalige Gepiden, herrschte. Seine zweite Frau war Adelheid, die Schwester von Dago I. In der Theissebene, dem ehemaligen Siedlungsgebiet der Gepiden, waren Arpad bei der Landnahme die Sikuli entgegengekommen (J. Wekerle 1993). Der letzte Gepidenfürst aus dem gepidischen Siedlungsgebiet südlich der Kreisch widersetzte sich Stefan (997–1038) und wurde von ihm besiegt. Er hieß ungarisch Ajtony (Achtwin). Auf die Szekler weisen ungarische Ortsnamen hin wie Szakul, Szokoly, Sokol, Sekal, aber auch Szekelyfalva in der Zips, die von Gepiden abzuleiten sind. Sie finden sich gehäuft im alten Siedlungsgebiet der Gepiden östlich der Theiss und nördlich der Marosch im Gebiet der Kreisch im Banat, im Komitat Mörisch-Thorenburg, in den Komitaten Komorn und Eisenburg, in der Slowakei an der March, an der Gran und bei Kaschau (J. Weidlein 1985).

Als der Polenkönig Boleslaw I. 1018 zurückgedrängt wurde, wurden Szekler als Grenzwächter zwischen March und Waag angesiedelt. Die Reste der Szekler wurden aus Siebenbürgen nach der

Gründung des Bistums Weissenburg 1103 an die Pässe durch die Ostkarpaten umgesiedelt, wo sie sich seit Geisa II. mit den ab 1140 angesiedelten Sachsen zu „Sachsen entwickelten". Nachdem der Deutsche Ritterorden Land im Burzenland erhalten hatte, wurden nach 1213 Szekler von dort in die Ostkarpaten umgesiedelt. Nach der Gründung des Großfürstentums Siebenbürgen 1541 nach dem Zerfall Ungarns nach der Schlacht von Mohacs 1526 bestand dieses aus den Teilstaaten der Ungarn, Sachsen und Szeklern (J. Weidlein 1985). Bei den mehrfachen Umsiedlungen wurden die Szekler madjarisiert, aber sie behielten ihre ostgermanische Holzbauweise (H. Phleps 1934).

In der Arpadendynastie, die im Mannesstamm 1301 ausstarb, wurden Könige von der ungarischen Geschichtsschreibung besonders ausgezeichnet, die germanische bzw. deutsche Mütter hatten. Stephan der Heilige (1000–1038) hatte die Schwester Adelheid des Wikingers Dago zur Mutter und Gisela, die Schwester Kaiser Heinrichs II., zur Frau. Mit ihr kam nach den bereits vor den Ungarn im Lande wohnenden Gepiden und den von Karl dem Großen Angesiedelten nun die dritte Welle germanischer Ansiedler nach Ungarn, unter ihnen Adlige, die Stammväter ungarischer Adelsgeschlechter wurden. Die mit Gisela Gekommenen wurden z.T. dort angesiedelt, wo vorher und möglicherweise damals noch Reste der Gepiden wohnten wie in Sathmar (Satu Mare). Ihnen wurde 1230 von König Andreas II. ein ähnlicher Freibrief verliehen wie 1224 schon den Siebenbürger Sachsen.

Gisela brachte als Mitgift Pannonien westlich der Donau mit. Darin bestanden schon seit Karl dem Großen Städte wie Ödenburg, das als Odinsburg noch aus der Langobardenzeit stammte, Moosburg (Zalavar), Wieselburg, Güns, Fünfkirchen (Pečs) und Pressburg (J. Weidlein 1954).

Der nächstfolgende König mit Verdiensten um Ungarn war Ladislaus (1077–1095). Er hatte Richenza von Lothringen zur Mutter. Kolomans (1095–1116) Mutter war die Tochter Herzog Arnulfs von Baiern. Bela III. (1172–1196), der 2 m groß war, hatte Eufrozina aus der Rurikdynastie zur Mutter. Andreas II. (1205–1235) Mutter war Anna Chatillon aus französischem Hochadel. Seine Frau war Gertrud von Andechs-Meran. Unter ihm wurde der Goldene Freibrief für die Siebenbürger Sachsen 1224 ausgestellt. Bela IV. baute Ungarn nach den Verwüstungen durch die Mongolenzüge 1241/42 wieder auf. Auch er hatte eine deutsche Mutter (J. Wekerle 1993).

Die ethnische Zusammensetzung des ungarischen Volkes vor allem aus zwei Teilen, aus einem von finnisch-ugrischer und aus einem von chasarischer Herkunft, konnte durch anthropologische Untersuchungen bestätigt werden. Die Hauptmasse der Ungarn aus den Ackerbauern finnisch-ugrischer Herkunft waren kleinwüchsig (im Mittel 1,57 m) und entsprach dem meso- bis brachycephalen ostbaltischen Typ. Die Führungsschicht der Landnahmezeit war im Mittel 10 cm größer und war ultrabrachycephal, z.T. mit mongoloidem Einschlag. Sie stammte aus dem nomadisch-chasarischen Bereich (L. Bartucz 1926, B. Barlogh u. L. Bartucz 1940). Der erste Teil wird beherrscht vom ostbaltischen Typ und der zweite vom turanischen Typ, der den Hauptanteil der aus Innerasien stammenden Nomadenvölker der Hunnen, Awaren, Bulgaren, Petschenegen, Kumanen und der Turkvölker bis Tataren ausmacht. Er war bei der Landnahme vornehmlich in der Führungsschicht verbreitet. Der kleine Anteil nordischen Typs war schon vor der ungarischen Landnahme in den Gepiden und den fränkischen Siedlern, aber auch in den Arpadenfamilien vorhanden und bis 1945 beim Hochadel, in Soldatenfamilien und im höheren Beamtentum verbreitet und stammte zum Teil aus madjarisierten Deutschen (B. Balogh u. L. Bartucz 1940).

Nach Besetzung des innerkarpatischen Raumes wurden schrittweise die Grenzverhaue nach außen verlegt, bis um 1200 überall der Karpatenkamm erreicht war. Die Grenzsicherung wurde Szeklern, unterworfenen Petschenegen und den Siebenbürger Sachsen anvertraut (Abb. 59).

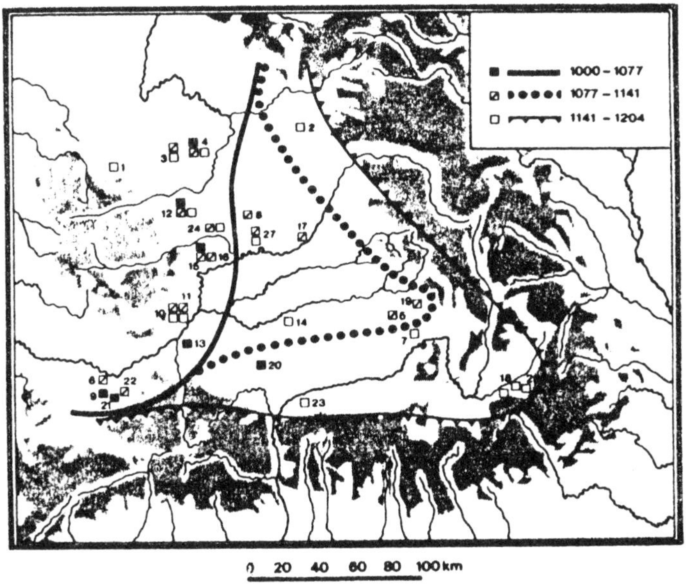

Abb. 59: Die Ausbreitung des ungarischen Herrschaftsgebietes bis 1200 n.d.Ztr. nach den Funden von ungarischen Münzen. Nach K. Horedt, *Siebenbürgen im Frühmittelalter.* Bonn 1986

Die deutsche Besiedlung des großen Karpatenbeckens, die nach den Awaren bereits unter Karl dem Großen von Westen her eingesetzt hatte, wurde unter Stephan dem Heiligen fortgesetzt. Bereits als um 1000 der Weißenburger Dom in Siebenbürgen gegründet wurde, kam dorthin eine deutsche Siedlergruppe, an der auch Gepiden beteiligt gewesen sein können. In Siebenbürgen sind etwa 40 Kirchen romanischen Stilursprungs. Da auch dort wie im Deutschen Reich die Romanik um 1240 endete, der Steinbau aber nur von Deutschen beherrscht wurde, muß es bereits mancherorts in Siebenbürgen vor 1140 deutsche Ansiedlungen gegeben haben. Zur Zeit der Verleihung von Königsboden an die Siebenbürger Sachsen kann Siebenbürgen also kein völliges *desertum* gewesen sein. Die ersten deutschen Siedler können aus den karolingischen Ostmarken stammen und innerungarisch nach dorthin umgesiedelt worden sein (K. Klein 1963, W. Knopp 1990). Verschiedene Ortsnamen sind aus dem Germanischen in das Ungarische sowie von den Siebenbürgern direkt aus dem Germanischen übernommen worden (G. Kisch 1929). Daraus folgt, daß bei Landnahme der Ungarn noch Germanen wie auch noch bei Ankunft der Siebenbürgischen Siedler in Ungarn lebten. Auf bereits um 1200 nicht mehr vorhandene germanisch-deutsche Ansiedlungen weisen ungarische Ortsnamen mit Szasz (Sachsen) hin. Im Kreischgebiet gibt es den Ortsnamen Szekelyszasz, der auf die Identität von Szeklern und Sachsen hinweist (W. Knopp 1991).

Die Übernahme von germanischen Ortsnamen durch die Siebenbürger wie der Name des Flusses Alt und des Ortes Galt am Altdurchbruch, kann nur durch damals noch anwesende Germanen vermittelt worden sein, da die Namen rumänisch und ungarisch Olt bzw. Ugra lauten. Auch der Name des ehemaligen Bischofssitzes der Siebenbürgischen evangelischen Kirche Birthälm, 1283 Birtholm, muß direkt von Germanen übernommen worden sein. Daneben gibt es weitere aus dem Germanischen in das Ungarische und Rumänische übernommene Ortsnamen wie: ungar. Gajnar, germ. Gainar, am Alt; ungar. Földvar, rum. Feldiora, germ. Feldwar, bei Kronstadt; ungar. Szeplek, germ. Dedrat, Deutsch-Zeplitz bei Sächsisch-Regen; rum. Dridif, germ. Didrich, Kom. Fagarasch, sowie einige Namen mit dem Hinweis auf Goten wie Paradul Gotului, Gotesti, Muntele Gotului (G. Kisch 1929).

Während die vor und mit den Awaren gekommenen Ostvandalen sprachlich Fluß- und Ortsnamen auch in Siebenbürgen an die Ungarn weitergaben und dann vollständig madjarisiert wurden, sind im Dialekt der Siebenbürgener Sachsen keinerlei „slawische" Wortübernahmen nachweisbar (H. Horedt 1986). Da solche auch über die gepidischen Sprachanteile hätten aufgenommen worden sein können, folgt daraus, daß die Gepiden keine vorungarischen ethnischen Berührungen mit Ostvandalen hatten.

Nach Abschluß eines Vertrages zwischen Herzog Heinrich dem Löwen mit König Geisa II., sicher nach Billigung durch Kaiser Heinrich V., wurde von Magdeburg aus 1140 der erste Transport auf dem Landwege nach Ungarn in Marsch gesetzt, der wahrscheinlich durch die Mährische Pforte und Mähren oder durch den Duklapaß und die Zips führte. In der Zips trafen sie sicher germanische Siedler als Reste und Rückzugsgruppen der Gepiden, Vandalen, Goten und anderer an. Wie in Siebenbürgen wurde in der Zips – der Name soll sprachlich verwandt sein mit den Gepiden – die mittelalterliche Besiedlung unter König Geisa II. begonnen unter gleichem Recht wie in Siebenbürgen (R. Kaindl 1907). Auch die Siedlungsform war die gleiche, wie man heute noch an den Dorfbildern sehen kann.

Die für die Deutschen als *hospes,* als Angehörige eines anderen Rechtssystems geltende und im goldenen Freibrief 1224 niedergelegte Rechtsordnung war z.T. ein Rückgriff auf älteres, bereits einige Jahrhunderte nicht mehr geltendes germanisches Recht, wie Selbstverwaltung durch Wahl der Gemeinde- und Stuhl-(Bezirks-)Richter, keine Adelsvorrechte, auf Königsboden gab es nur Freie, Ansiedlung mit Gewannbewirtschaftung nach der Dreifelderwirtschaft, wobei die Gemeinde der Grundeigentümer war und der einzelne Bauer nur Nutzungsrechte hatte, was bis in die Neuzeit den Sachsen das Bodeneigentum sicherte, und das Einsickern von Rumänen und Ungarn verhinderte, Ansiedlung in geschlossenen Dörfern, deren Unterteilung in Nachbarschaftsgruppen zur gegenseitigen Hilfe, Wahl der Pfarrer, eigener Heerbann unter eigener Führung. Es galt ein Heiratsverbot für Nichtdeutsche, das seine Vorgänger in den germanischen Volksrechten hatte. Bei den Siebenbürger Sachsen wurde das Heiratsverbot bis zuletzt beachtet und ist die Ursache, daß dieser kleine Stamm bis 1990 seine Identität bewahren konnte. Daß sich diesen Siedlern die im Lande befindlichen Gepiden anschlossen, folgt aus nordgermanischen, gotischen Sprachbeimischungen im siebenbürgischen Dialekt, aus denen ein Anteil der Gepiden bis zu 40% erschlossen wurde. Die weitgehende Ähnlichkeit des siebenbürgischen, vor allem des nordsiebenbürgischen Dialekts mit dem Schwedischen wurde bisher völlig übersehen, obwohl Chronisten bereits früher darauf hinwiesen, wie z.B. Johannes Tröster in *„Das Alt- und neuteutsche Dacia",* Nürnberg 1666 (W. Knopp 1990).

Bereits kurz nach der Einwanderung der ersten Siedlerwelle wurden die ersten Städte angelegt, Mediasch 1146, Mühlbach 1150, Hermannstadt 1160, Klausenburg 1178, Schässburg 1198,

Broos 1200 und Kronstadt 1203, was ohne Mithilfe der bereits im Lande befindlichen Deutschen aus den alten karolingischen Marken kaum möglich war.

Mit dem Anteil der Gepiden an dem Siebenbürgischen Neustamm ist ein geschlossener Stammesteil von Ostgermanen mit der Rückwanderung der Siebenbürger nach 1945 nach Deutschland dem deutschen Volk erhalten geblieben. Die Siebenbürger haben gemessen an ihrer kleinen Zahl – sie waren in ihrer gesamten 800jährigen Geschichte niemals mehr als 250000 Menschen – Herausragendes kulturell wie militärisch geleistet. In ihrer Bedächtigkeit vor allen Entscheidungen meint man einen Charakterzug der Gepiden wiederzuerkennen. So wie die Gepiden auch nach Verlust ihrer Eigenstaatlichkeit nach 568 sich wenigstens in Resten bis 1140 ihr Volkstum erhielten, so haben die Siebenbürger bis heute germanisches Brauchtum bewahrt. In der Mädchentracht spielt die Kopfbedeckung des Borten, eine schwarze, oben offene Röhre, aus der hinten lange bunte Bänder herausquellen, die Hauptrolle. Da der bei den ostvandalischen Sorben-Wenden in Brandenburg gleichermaßen heute getragene Trachtschmuck den gleichen Namen trägt, Borta, scheidet seine Herkunft aus dem westfränkischen Bereich aus. Die Herkunft von den Gepiden, die ja mit den Goten aus Skandinavien kamen, ist sehr wahrscheinlich. In Südskandinavien, im Setesdal, war noch um 1800 ein ähnliches Trachtenstück bei der Heirat in Gebrauch, ebenso Scheibenfibeln, wie sie die Siebenbürger mit hoher künstlerischer Vollendung schufen. Ebenso wird auch das Kronenfest mit einer Ährenkrone auf einer hohen Stange, heute zu Peter und Paul kirchlicher Brauch, eher von den Gepiden als von den Franken stammen. Dieser Brauch entspricht dem ersten germanischen Erntefest, das vor Beginn der Ernte gefeiert wurde. Die Gepiden waren sicher bis zu ihrem Anschluß an die Siebenbürger wieder Heiden, während die Franken bereits von Chlodwigs Taufe 496 ab verchristlicht wurden. In Siebenbürgen wurden noch zur Jahrhundertwende die Merseburger Zaubersprüche bei Feldumgängen gesprochen.

5. Gesamtgermanische Religion und Kunst

5.1 Körper- und Reihengräber

Bei den Schnurkeramikern gegen Ende der jüngeren Steinzeit herrschte die Körperbestattung in Hockerform in Nordost-Südwest-Richtung vor. Die Männer wurden mit dem Kopf im Westen auf der rechten Seite liegend und die Frauen mit dem Kopf im Osten auf der linken Seite liegend bestattet, auch in Baumsärgen mit Steinpackungen darum. Über den Gräbern wurden kleine Hügel aufgewölbt. In der Broncezeit wurden sozial Herausgehobene in Hügeln bis 10 m Höhe in Steinkammern bestattet. Die Beigaben waren zumeist Waffen und Schmuck. Auch Holzkammergräber waren bereits im Brauch. Zumeist wurde in Baumsärgen bestattet. Zuweilen wurden Totenhäuser über dem Grab errichtet. In einem Fall wurde das Totenhaus nach der Bestattung abgebrannt und darüber ein Hügel errichtet (W. Wegewitz 1941). Nach Aufkommen der Brandbestattung wurde der Tote mit dem Totenhaus verbrannt.

Abb. 60: Rekonstruktion eines vandalischen Fürstengrabes aus dem 1. Jahrhundert n.d.Ztr., von Ehrenfeld, Kreis Oppeln, Schlesien. Nach H. Reinerth, *Vorgeschichte der deutschen Stämme*, Bd. 3, 1940.

Von den in der Broncezeit in Mitteleuropa sich herausbildenden fünf Kulturprovinzen, der germanischen, baltischen, rheinischen, lausitzer und danubischen, behielten nur die ersten beiden die Körperbestattung, die anderen gingen über zur Brandbestattung in Urnen (Urnenfelderkulturen). Die Hockerbestattung der Steinzeit wurde von solcher in gestreckter Lage abgelöst.

Die Aunjetitzer Kultur behielt die Körperbestattung bei. Ihre Träger hatten sich erst kurz vor der Broncezeit vor ihrer Südwanderung vom Kern des indogermanischen Raumes ausgegliedert. Das Aunjetitzer Fürstengrab von Leubingen bei Sangerhausen, also nicht weit von der damaligen Nordgrenze dieser Kultur gegen den germanischen Kulturkreis, ließ bemerkenswerte bautechnische Fertigkeiten erkennen. Das hügelüberwölbte Grabhaus bestand aus einem Rofendach, dessen Rofen in den Firstbaum eingezapft waren. Dieser wiederum war an seinem einem erhaltenen Ende in einen Firstpfosten eingezapft, und dieser war mit einer Außenstrebe verkämmt. Zwischen den Rofen befanden sich halbschalige Bohlen, die oben in den Firstbaum mit Holznägeln befestigt waren, zwischen deren nach oben weisender Krümmung Gipsmörtel verschmiert war. Darüber war eine Schilfschicht und darauf waren dachziegelartig Gesteinsplatten verlegt. Im Grab befand sich das gestreckte Skelett eines alten Mannes und quer über ihm das eines 10jährigen Mädchens. Die Beigaben waren neben Keramik eine Axt aus Serpentin, steinerne Dolchklingen, 2 Bronceäxte und broncene Holzmeißel sowie 2 Gewandnadeln und ein Armring aus Gold (P. Höfer 1906).

In der jüngeren Broncezeit übten dann auch die Urgermanen Brandbestattung, z.B. im Königsgrab von Seddin unter einem über 11 m hohen Hügel mit 90 m Durchmesser. Vereinzelte Körpergräber finden sich bereits in Urnengräberfeldern der germanischen Jastorfkultur nach dem Ende der Broncezeit.

Vor und nach Beginn der jüngeren Eisenzeit kam in Südskandinavien wieder die Körperbestattung auf. Nach ihrer Ankunft in Jütland wurden von den Germanen erst vereinzelt Steinkammergräber mit Körperbestattung errichtet.

In Jütland wurden um 0 d.Ztr. sozial Bessergestellte innerhalb von Urnengräberfeldern in Körpergräbern mit Baumsärgen bestattet. Beigegeben waren Keramik, Messer, Spielsteine, Sporen und selten Fibeln. Gleichzeitig gab es neben den Urnen gelegentlich Waffenbeigaben von Schwertern, Speeren und Schilden. In der jüngeren Kaiserzeit gab es bereits Körpergrabfelder mit NNW-SSO ausgerichteten Beisetzungen in Baumsärgen. Über einem Grab des Friedhofes von Hjemsted Banke bei Toftlund stand ein quadratisches Totenhaus auf 8 Pfosten (P. Ethelberg 1988). Unabhängig vom Übergang zur am Ende einheitlichen Körperbestattung wurde in Skandinavien für Angehörige der Oberschicht vom 5. Jahrhundert an die Bestattung sowohl von Brandgräbern wie von Körpergräbern im Boot üblich, die bis in die Wikingerzeit ausgeübt wurde (M. Müller-Wille 1969).

Im Bereich der Przeworsk-Kultur der Vandalen finden sich in Polen, Schlesien und Kujawien bereits vor 0 d.Ztr. Körpergräber. Die Toten sind oft in Seitenlage und bereits mit Waffen in biritutellen Gräberfeldern bestattet. Bei Stengade auf Langeland beginnt ein Körpergrabfeld mit drei ältesten Bestattungen unmittelbar neben einem neolithischen Ganggrab.

Für Fürstengräber wurden Grabkammern sorgfältig gezimmert mit Steinpackungen am Boden und auf der Holzdecke und reichen Beigaben an Gefäßen über dem Kopf und zu Füßen des Toten, auch mit römischen Importen von Trinkgefäßen aus Silber, Bronce und Glas (Abb. 60).

Diese reich ausgestatteten Gräber liegen nicht mehr in den Urnenfriedhöfen. Sie sind im gesamten germanischen Bereich bis nach Skandinavien zunächst sehr einheitlich, so daß man annimmt, daß hier Familienbeziehungen vorlagen (Lübsowtyp), die weite Räume überspannten. Diese Körpergräber der Nord-, Ost- und Elbgermanen von Skandinavien, der Elbe, Han-

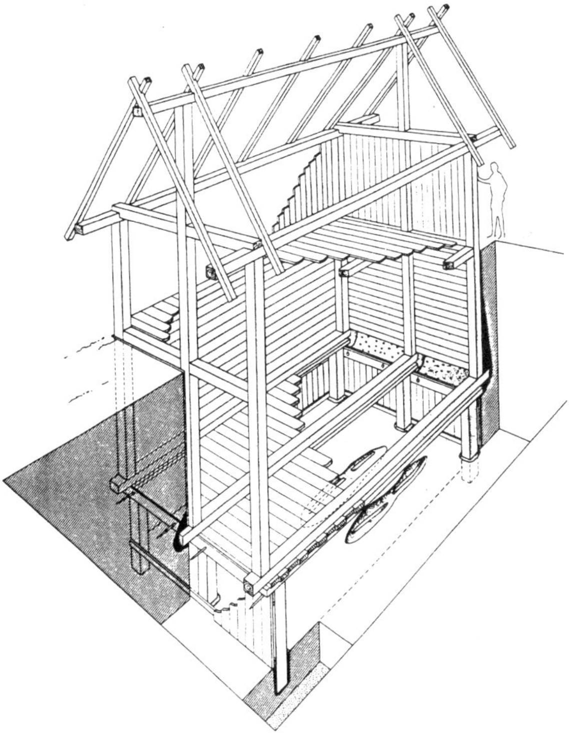

Abb. 61: Eine thüringische Adelsgrablege des 6. Jahrhunderts von Zeuzleben a.d. Wern (Mainfranken). Nach L. Wamser 1983/84, 173.

nover, Böhmen bis zur Weichsel aus den ersten zwei Jahrhunderten n.d.Ztr. enthalten sehr einheitliche Beigaben von Holz- und Bronceeimern und von Reiterzubehör aber keine Waffen, dazu Becher, Fibeln, Spielsteine, Würfel, Trinkhörner, Tongefäße und in Frauengräbern Gefäße, Goldschmuck, Toilettenzubehör und Gefäße römischer Luxusimporte. Nur die Keramik ist landschaftsgebunden (H. J. Eggers 1949). Später lassen sich regionale Unterschiede erkennen. Auf Seeland entwickelte sich ein Zentrum mit reichen Grabbeigaben. Derartige Gräber für Adlige und Fürsten finden sich wie gesagt im gesamten germanischen Bereich, etwa hundert in Birka bei Stockholm, in Haithabu, später bei den Franken, Alemannen, in Thüringen, auf dem Hradschin in Prag, im Großmährischen Reich, etwa zehn in der Hauptstadt der Waräger in Kiew, in Tschernigow, in Gnezdowo bei Smolensk, um nur einige Beispiele zu nennen. Während die Krieger weiterhin in Brandgräbern unter Beigabe von Waffen bestattet wurden, herrschte anfangs um 0 d.Ztr. in diesen reich ausgestatteten Fürstengräbern Waffenlosigkeit. Eine Ausnahme war das Königsgrab der Quaden aus den Markomannenkriegen von Musov an der Taya, möglicherweise das Grab des Vannius († 50 n.d.Ztr.), in dessen Reich mit einem Siedlungszentrum westlich des Neusiedler

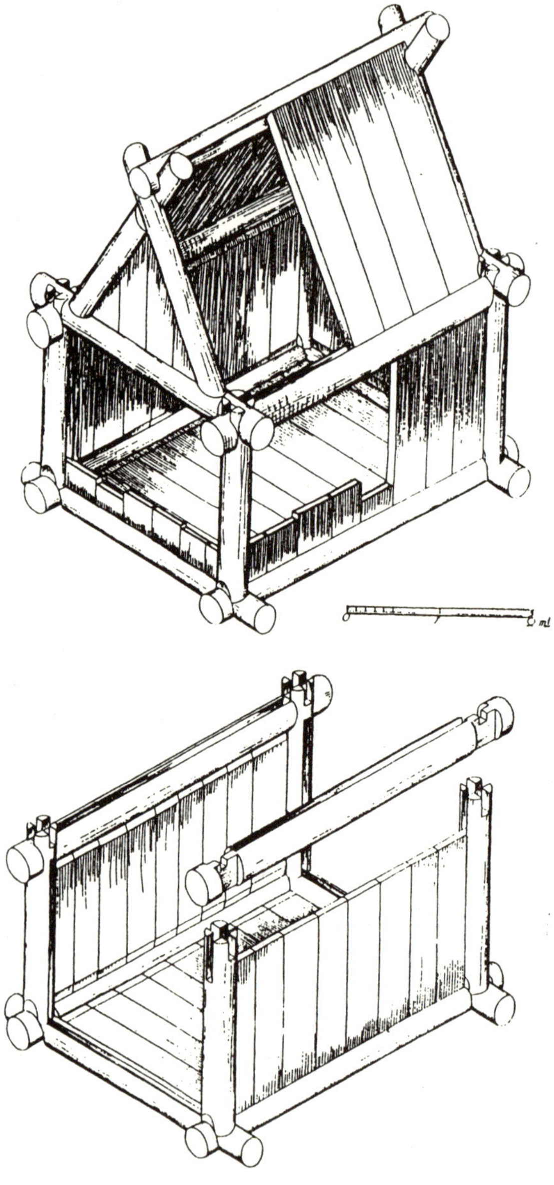

Abb. 62: Das Totenhaus eines gotischen Gaufürsten aus dem 3. bis 4. Jahrhundert n.d.Ztr., Pilgramsdorf bei Neidenburg in Ostpreußen mit beachtlichen handwerklichen Fertigkeiten. Nach D. Bohnsack 1937 und H. Phleps 1939.

Sees bereits in der Mitte des 1. Jahrhunderts n.d.Ztr. neben Brandgräbern in Körpergräbern bestattet wurde (T. Kolnik 1971).

Ein gotisches Fürstengrab mit nordsüdlicher Lage des Toten ist von Pilgramsdorf in Ostpreußen aus dem 3. bis 4. Jahrhundert bekannt. Es war im Ständerstabbau errichtet mit in die überkämmten Schwellen und in Rähme eingenuteten senkrecht stehenden Stäben und Bohlen (Abb. 62). Das Totenhaus mit den Innenabmessungen 2 x 2,8 m war mit einem Steinwall umgeben und mit einem Hügel von 26 m Durchmesser überwölbt (H. Phleps 1939).

Daß diese Gräber für das Leben nach dem Tode gedacht waren, folgt aus den Ausstattungen, die bei den Alemannen bis zur Mitgabe von Möbeln führte. Im Gräberfeld von Oberflacht, Kr. Tuttlingen, fand man Totenbetten, Hocker und Stühle mit gedrechselten, eingenuteten und gedübelten Eckpfosten und profilierten Teilen, die mit Kurvenhobeln gearbeitet worden sein mußten, gedrechselte Leuchter mit Bienenwachskerzen, gedrechselte Eßschalen und Feldflaschen, Baumsärge mit doppelköpfigen Schlangen auf dem Deckel, Näh- und Häkelzeug in Spanschachteln und 2 je mit 6 Saiten bespannte Leiern (M. Schach-Dörges 1990).

Bei den Thüringern führte die Gestaltung der Grabkammern als Totenhäuser bis zu mehrstöckigen Häusern wie im Beispiel Zeuzleben aus dem 6. Jahrhundert (Abb. 61). Dort war im untersten Geschoß eine Frau in einem vierrädrigen Wagen bestattet. Darüber war ein begehbarer Raum, der vermutlich dem Totenkult diente. Ein Raum darüber befand sich über der Erde und darauf das Dach.

Diese Sitte der Fürstengräber wurde bis über anfänglich oberflächliche Christianisierungen beibehalten z.B. im Großmährischen Reich bis um 900, bei den Ostvandalen bis nach 1100, und in Skandinavien. Im wikingischen Bereich sind Bootskammergräber bemerkenswert, z.B. das der Königin Asa im Oseberggrab von etwa 850 n.d.Ztr., wobei die Grabkammer im aufrecht stehenden Schiff stand, das Grab von Haithabu von 900 mit dem aufrecht stehenden Boot über der Grabkammer oder das einer Fürstin aus der Oldenburg in Wagrien, die in einem wikingischen Wagenkasten bestattet wurde.

Die Ähnlichkeit der Fürsten- und Königsgräber über die damals gesamte germanische Welt ohne Rücksicht auf heidnische Umwelt oder soeben erfahrene Taufe wie des Kammergrabes im Hügel von Högbom bei Sundsvall in Norrland, der Svear-Königsgräber in Alt-Uppsala, über die thüringischen und alemannischen Gräber bis zu den Gräbern von Childerich († 492) und Chlodwich († 511) im Westen, denen der Gepiden mit dem Grab von Apahida bei Klausenburg im Südosten und denen der Rus-Wikinger in der Ukraine, wobei es nur Unterschiede in der Beigabe und im Fehlen von Waffen gab (H. Ramqvist u. Müller-Wille 1988), belegen die Gleichartigkeit der heidnisch-religiösen Vorstellungen. Diese waren noch über die Taufe hinweg bestimmend, wie es sich in Böhmen und im Großmährischen Reich zeigt. Dort änderte sich der Grabritus der Fürstengräber von vorgroßmährischen Gräbern, solchen in Eigenkirchen und danach nicht. Auch die Ostvandalen zwischen Elbe und Oder sind hier eingeschlossen mit Kammergräbern in der Oldenburg in Wagrien (9. Jahrhundert), in Hanfwerder am Lieps-See bei Neustrelitz (11.–12. Jahrhundert) und in Ralswiek auf Rügen (8. Jahrhundert).

Auch die reich ausgestatteten wikingischen Körpergräber in Grabkammern in dem großen Hügelgräberfeld mit mehr als 4000 Grabhügeln bei Gnezdowo 12 km westlich von Smolensk aus der Zeit von 900 bis 1000 n.d.Ztr. gehören noch an das Ende dieser Zeit. Die Angehörigen der fürstlichen Reitergefolgschaft wurden mit ihren Waffen, Schwert, Speer, Streitaxt, Steigbügel, Köcher mit Pfeilen sowie mit Schläfenringen bestattet, die Frauen mit ovalen Schalenfibeln. Das Heidnische belegen Thorshammeranhänger. Auch Bootsbestattungen sind von dort bekannt. Diese Waffengräber sind etwa 10% der wikingischen Körpergräber. Bei Smolensk entstand aus 14–21% Wikingern, Balten und Ostvandalen der Stamm der Krivičen (E. Mühle 1988).

Noch während der Herrschaft Marbods bis 18/19 n.d.Ztr. entstanden abseits der Brandgräberfelder reicher ausgestattete und waffenlose Körpergräber in verschiedener Orientierung. Nach

Beginn der quadischen Besiedlung unter König Vannius (20–50 n.d.Ztr.) finden sich Körpergräber in der Südwest-Slowakei bis nach Preßburg und Niederösterreich. Hier gibt es außerhalb der Brandgräberfelder waffenführende Körpergräber (J. Lichardus 1984).

Auch die Fürstengräber der Westvandalen von Sacrau in Schlesien aus dem 4. Jahrhundert sind Grabkammern von 3 x 5 m und etwa 2 m Höhe mit Steinmauern. Diese Grabkammern waren mit Betten, Tischen und Stühlen wohnlich gestaltet ähnlich den alemannischen Grabhäusern (Abb. 61) und bargen kostbare Gefäße und erlesenen Schmuck.

Die Goten legten in Pommern und im Weichselgebiet, wohin sie ab 200 v.d.Ztr. kamen, birituelle Grabfelder an, wobei über beiden Gräberarten steinkranzumgebene Hügel aufgeschüttet wurden. Manchmal lagen die Toten in Baumsärgen. Nach der Inbesitznahme der Gebiete zwischen San und Bug nach 200 n.d.Ztr. entstanden Holzkammergräber mit reicherer Ausstattung. Die Beisetzungsbräuche in den weiterhin birituellen Grabfeldern waren sehr verschiedenartig mit Beisetzung der Toten in Baum- und Bohlensärgen. In Beisetzungen ohne Särge wechselten die Lagen der Toten sehr von gestreckten bis zu sitzenden, mit Bestattungen nur von Körperteilen, mit nachträglicher Bestattung verbrannter abgetrennter Körperteile. Holzkammergräber mit reichen Beigaben waren sozial Herausgehobenen vorbehalten. Beigegeben wurden Fibeln, Halsketten aus Glasperlen, Armringe, Kämme, Gefäßsätze, Amulette, z.T. aus Bernstein, aber keine Waffen. Die schönsten Beigaben erhielten Kinder bis zum Alter von 7 Jahren. Die Gräber wurden z.T. als Familiengräber in kreisartigen Gruppen um große zentrale Holzsäulen angeordnet. An Grabenden wurden Holzstelen aufgestellt (A. Kokowski 1995). Auch als Arianer behielten die Goten ihre heidnischen Bestattungssitten, wie Fürstengräber mit kostbaren Beigaben belegen. Auch in Mitteldeutschland finden sich kurz vor 0 und im 1. Jahrhundert n.d.Ztr. schon vereinzelt Skelettgräber.

Die Burgunden und Gepiden nahmen um 200 n.d.Ztr., vielleicht infolge der gotischen Nachbarschaft, die Sitte der Körpergräber an und ebenfalls die um 200 n.d.Ztr. auf Rügen erschienenen Rugier (G. Kossinna 1920).

In Böhmen hielt die alte germanische Bevölkerung an der Brandbestattung in großen Friedhöfen fest. Noch im 4. und 5. Jahrhundert kamen Elbgermanen und besonders Thüringer nach Böhmen, die ebenfalls am Brandritus festhielten (A. Rybova 1988). In Ostböhmen finden sich auf dem großen Brandgräberfriedhof Plotište (s. Nr. 26 in Abb. 64 oben) Schalen, die denen in Přestovice ähnlich sind (siehe Kap. 4.3).

In Mecklenburg wurden ab 200 n.d.Ztr. Fürsten in Körpergräbern in Nord-Süd-Richtung beigesetzt, die wie auf Seeland mit schweren Steinen umstellt und bedeckt wurden, während sonst die Brandbestattung in Urnen bis 500 andauerte und sich die Körperbestattung in getrennten Friedhöfen ab 450 durchsetzte. Ab 400 wurden den Toten die Waffen, so wie in Reihengräbern üblich, beigegeben, aber erst ab 500 setzte sich bei Reihengräbern die West-Ost-Richtung der Toten durch. Kurz darauf brachen die Friedhöfe ab (H. Schach-Dörges 1970).

In Mitteldeutschland wurde die Brandbestattung nach 300 von Körpergräbern abgelöst, die meist nord-südlich ausgerichtet waren. Den Toten wurden je nach sozialer Stellung zum Teil reiche Beigaben mitgegeben, Fürsten wurden in gezimmerten Kammergräbern beigesetzt. Bekannt sind die Gräberfelder von Hassleben bei Weimar und Leuna (W. Schulz 1933). Die Männer wurden dort waffenlos bestattet. Erst mit der Änderung der Bestattungssitte zu den west-östlich ausgerichteten Reihengräbern im 5. Jahrhundert gab man den Männern ihre Waffen bei. Die Gräberfelder wurden getrennt von den vorherigen Brandgräbern angelegt, die in Mitteldeutschland sonst noch bis in das 4. Jahrhundert vorkommen. Diese mitteldeutsche Kulturprovinz entspricht etwa

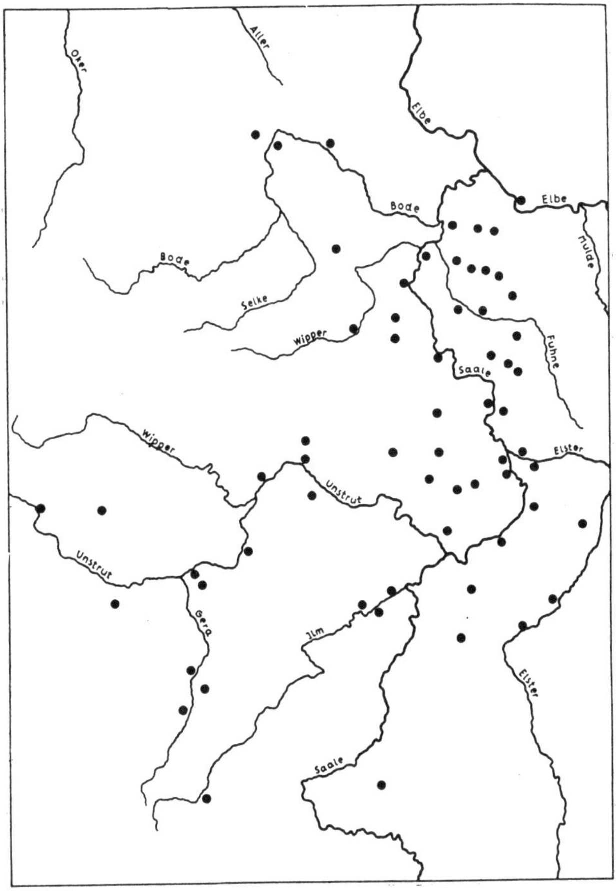

Abb. 63: Germanische Körpergräber aus Mitteldeutschland aus dem 4. Jahrhundert. Nach H. Reinerth, *Vorgeschichte der deutschen Stämme*, Bd. I, 1940 (nach W. Schulz 1933).

dem späteren Stammesgebiet der Thüringer (Abb. 66). Im Friedhof von Weimar-Nord lassen sich Gruppen von Toten unterscheiden, die jeweils aus 1 bis 2 Reitern, 3 bis 4 Spathaträgern und 1 bis 3 Leichtbewaffneten mit Schmalsax, Streitaxt und Pfeilen bestehen (J. Schneider 1991).

Die Langobarden hatten in ihrer Heimat im Bardengau an der Niederelbe noch Brandbestattung. Doch ihr Fürstenfriedhof zu Marwedel enthielt schon Körpergräber. Mit ihrer Einwanderung in Böhmen nach 400 wurden sofort Reihengräberfriedhöfe neu angelegt, verstärkt nach 450. Die nord-südlich orientierten Körpergräber brachen ab, während die Brandbestattung noch bis 500 fortdauerte. Nur die Friedhöfe Prag-Podbaba und Radonitz wurden während der gesamten frühgermanischen Zeit Böhmens bis zum Abzug der Langobarden um 525 zur Donau durchgehend belegt (Abb. 64). In Pannonien errichteten die Langobarden über Frauengräbern oft Totenhäuser auf 4 Pfosten. Langobardischen und gepidischen Kindergräbern wurden kleine Gefäße vom Prager Typ beigegeben (I. Bona 1979). Noch als Arianer hielten die Langobarden an der heidnischen Reihengräbersitte fest. König Alboin wurde 572 nach germanischem Brauch bestat–

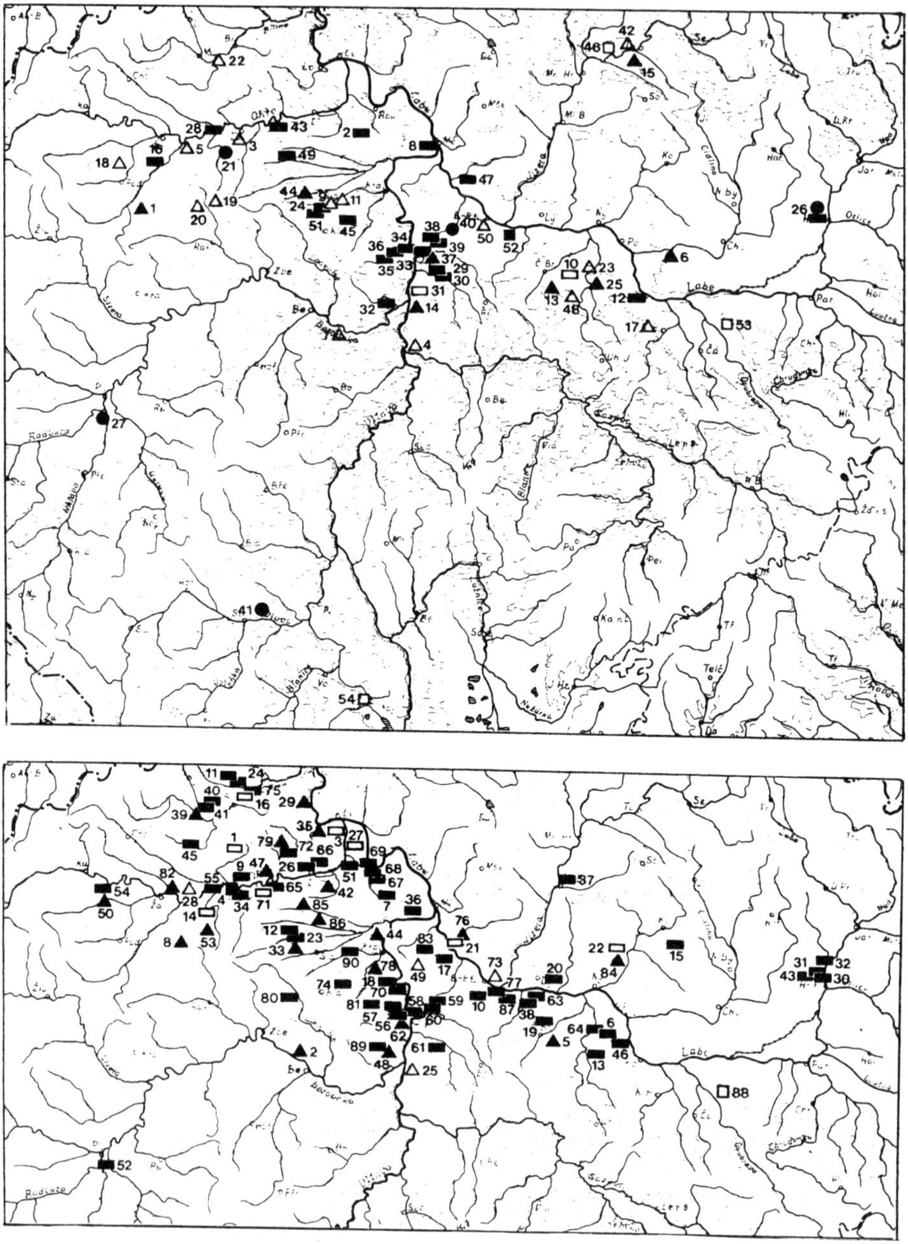

Abb. 64: Die germanischen Gräber der Völkerwanderungszeit aus Böhmen.
Oben bis 400 n.d.Ztr., Nr. 26, 41, 43, 56 Friedhöfe von Plotište, Přeštovice, Radonitz und Prag-Podbaba.
Unten die Gräberfunde aus der Zeit nach 400 n.d.Ztr.
Nach J. Zeman, in: *Germanen, Hunnen und Awaren*, Ausstellungskatalog Germanisches Museum Nürnberg 1988, 515.

tet und noch König Grimoald wurde 671 sein „Heergewäthe“ ins Grab mitgegeben (W. Menghin 1990).

Im südlichen Brandenburg gingen die Burgunder Ende des 3. Jahrhunderts zur Körperbestattung über. Sie siedelten gegen Ende des 4. Jahrhunderts an Main und Rhein über. Im Havelland setzte sich ab 450 die Körperbestattung mit West-Ost-Richtung durch. Noch nach Ende des Thüringer Reiches 531 gibt es bis nach 600 Körpergräber in der Umgegend von Berlin (A. v. Müller 1962).

Die nächst-frühen Reihengräber finden sich im Gräberfeld der Bajuwaren von Straubing, die, solange sie noch in Böhmen lebten, ein bisher unbekannter Stamm waren (s. Kap. 4.3) und Brandbestattung übten. Männer dieses Stammes taten ab 330 Militärdienst in den römischen Kastellen bei Regensburg und wurden dort in West-Ost gerichteten Körpergräbern bestattet. Dieser unbekannte Stamm Böhmens mit der Keramik von Friedenhain-Přeštovice ließ sich um 350 nördlich der Donau nieder und erlangte als römischer Föderat die Erlaubnis zur Siedlung auch südlich der Donau. Dort wurden die Friedhöfe ab 450 sofort mit Reihengräbern angelegt, während gleichzeitig nördlich der Donau noch Brandbestattung geübt wurde.

In Baiern erlosch die Reihengräbersitte mit Beigaben um 700. Nordostbaiern wurde ab 700 von Ostvandalen besiedelt, die sofort mit der Bestattung in Reihengräbern begannen. Diese Sitte wurde auch nach Ausdehnung des Frankenreiches über Nordostbaiern bis in das 9. Jahrhundert beibehalten (Abb. 65).

In den gotischen Kulturen von Sintana de Mures in Siebenbürgen und östlich der Karpaten wie von Černjachov in der Ukraine, herrschte im 4. Jahrhundert die Sitte der Körpergräber mit regel- und richtungsloser Bestattung in Gräberfeldern. Ende des 4. Jahrhunderts finden sich die ersten streng west-östlich ausgerichteten Gräber in diesen Grabfeldern.

Bereits vor 300 n.d.Ztr. wurden Germanen in römischen Diensten in den Friedhöfen der Grenzkastelle in Körpergräbern mit Axt, Lanze, Schild und Pfeilen als Beigaben bestattet. Nach den Militärreformen und dem Aufbau des mobilen Feldheeres nach 350 wurden erst einzelne und dann Fürsten mit Gefolgschaften und ihrem Stammesaufgebot zahlreich in dieses aufgenommen und gelangten bis in höchste Befehlsstellen. Sie behielten ihre den Römern fremde Beigabensitte mit Waffen, dem römischen Militärgürtel, und ihrer Frauen mit Fibeln, Halsringen, Spinnwirteln, Scheren, Kämmen und Holzeimern.

Römische Militärgürtel als Nachweis aus römischen Diensten heimgekehrter Germanen finden sich als Grabbeigaben bis zur Elbe. Im rechtsrheinischen freien Germanien entstehen seit vor 400 n.d.Ztr. reiche waffenführende Gräber aus der Oberschicht. Nach Beginn der fränkischen Landnahme nach 451 werden nur einem Teil der Männer Waffen ins Grab gegeben (H. Böhme 1974). Mit dem Tode des Frankenkönigs Childerich († 482) begannen die Reihengräber, die reihenmäßige Anlage von west-östlich gerichteten Gräbern, gleichzeitig in Franken, bei den Alemannen, in Thüringen bis zu den gepidischen Gräbern in Siebenbürgen (Abb. 66).

Dieser annähernd gleichzeitige Übergang in dem weiten Bereich von den Franken bis zu den Gepiden kann weder christlich noch römisch beeinflußt sein. Auf den Soldatenfriedhöfen der Kastelle bei Regensburg wurde in Körpergräbern bestattet (Abb. 67), als im Römischen Reich vor Einführung des Christentums als Staatsreligion im Jahre 380 noch Brandbestattung üblich war. Ebenso zeigen die Waffen- und Schmuckbeigaben der Reihengräber diese Sitte, in der sich gesamtgermanische religiöse Vorstellungen äußern.

Die Toten wurden in Bretter- oder Baumsärgen beigesetzt oder auf Totenladen gelegt. Mit zunehmend höherem sozialem Status des Toten stieg der Aufwand. Bei West-, Nord- und Ostgermanen wurden für Fürstengräber Grabkammern angefertigt, in denen die Beigaben abgestellt und auch Pferde mitbestattet wurden. In einem alemannischen Grab stand zu Füßen des Toten ein Schrein mit gedrechselten Pfosten, der in getrennten Fächern ein Pferdegeschirr, ein Broncebek–

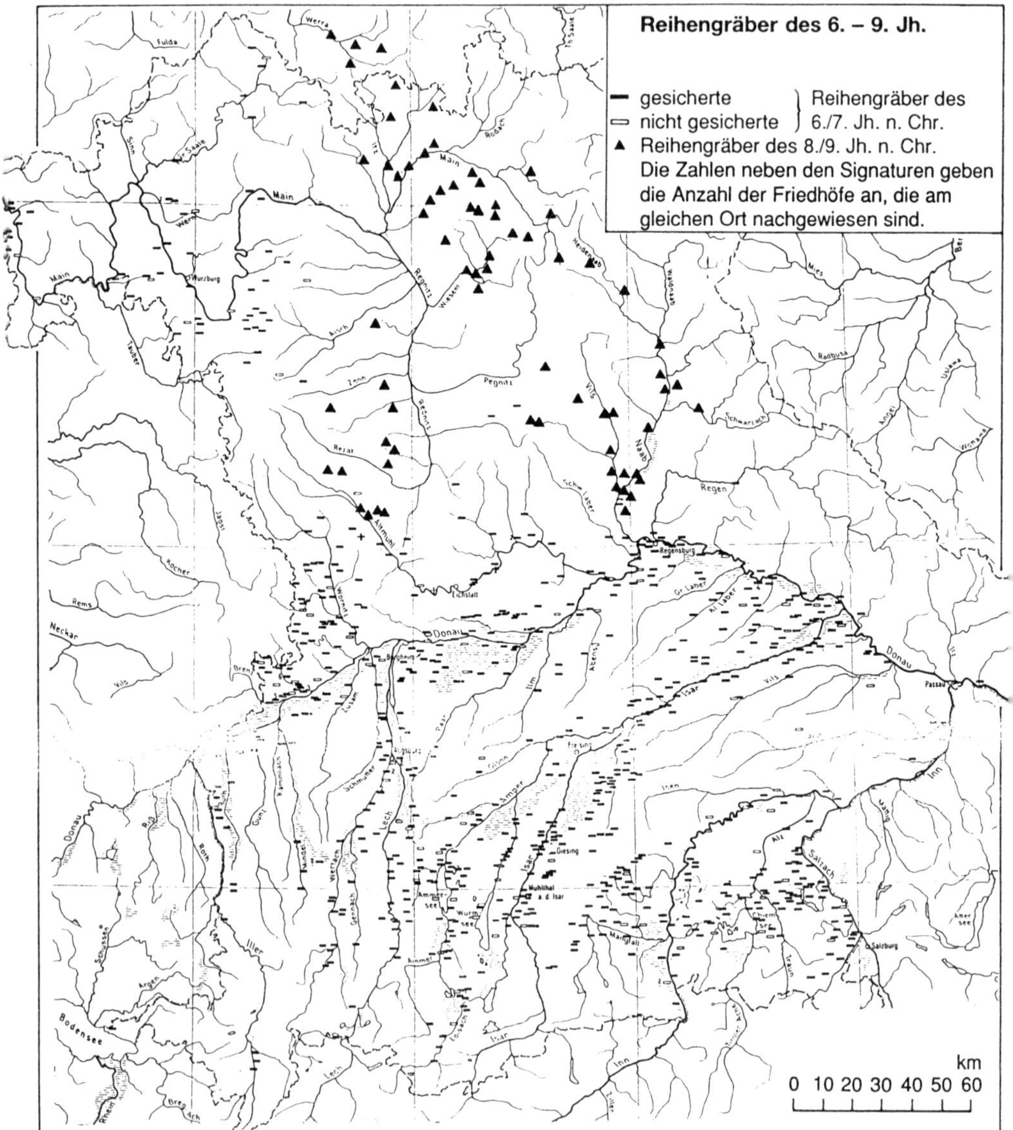

Abb. 65: Die Reihengräber in Bayern vom 6. bis 9. Jahrhundert. Nach W. Menghin, *Frühgeschichte Bayerns.* Stuttgart 1990

ken und Holzteller, Leuchter, Schuhleisten und Spielbrett enthielt. Adlige wurden auch in steinernen Familiengrüften beigesetzt. Es sind sogar mehrstöckige, hausähnliche Grabeinbauten in mehr als 4 m tiefen Grabkammern bekannt geworden, in denen Sitzmöbel und vierrädrige Wagen abgestellt waren (Zeuzleben, Thüringen) (K. Zeller 1988) (Abb. 61).

Die Frauengräber enthielten den an der Tracht getragenen Schmuck, vor allem die paarweise getragenen Fibeln zum Schließen der Gewänder an den Schultern. Auch Gürtelscheiben und Scheibenfibeln hat man gefunden, und zwar so ähnlich, wie sie heute noch an der Tracht in Siebenbürgen und in Norwegen getragen werden. Besonders künstlerisch ausgebildet waren die Gürtelscheiben und Scheibenfibeln bei den Franken. Die Fibeln erfuhren im übrigen besondere stammestypische Ausprägungen und Entwicklungen. Weitere in Frauengräbern beigegebene Gegen–

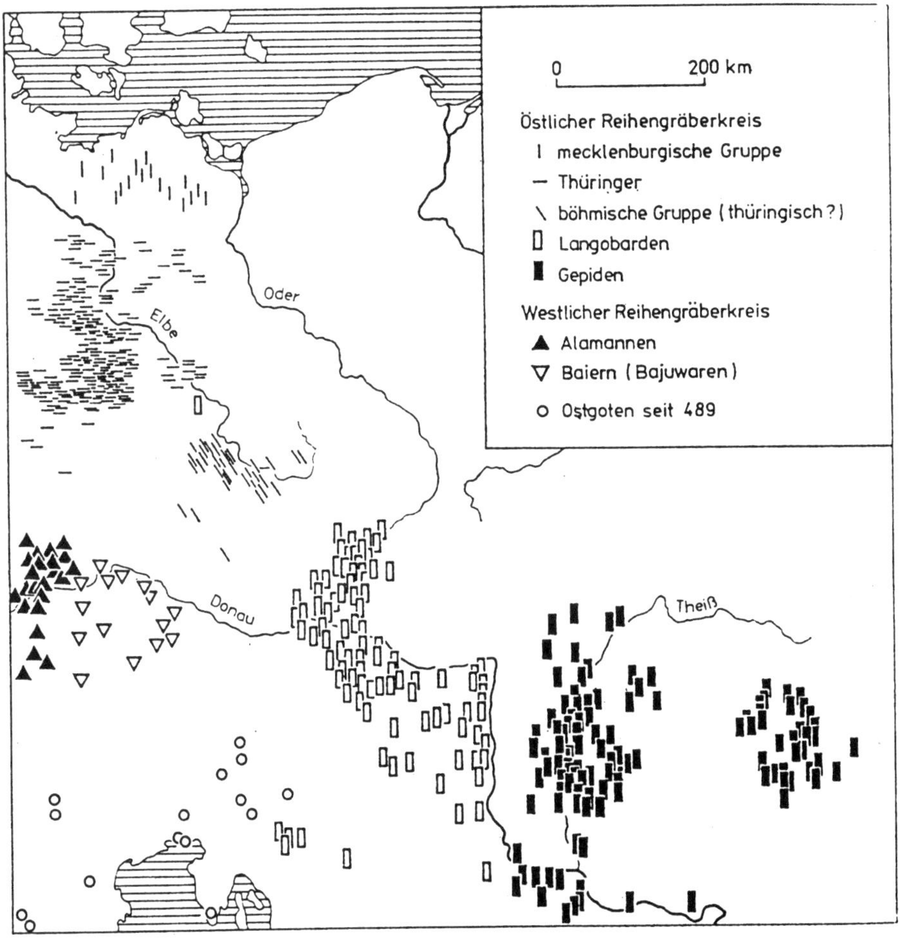

Abb. 66: Die Reihengräber zwischen 450 und 568 n.d.Ztr. Nach B. Krüger, *Die Germanen*, Berlin (Ost) II, 1983.

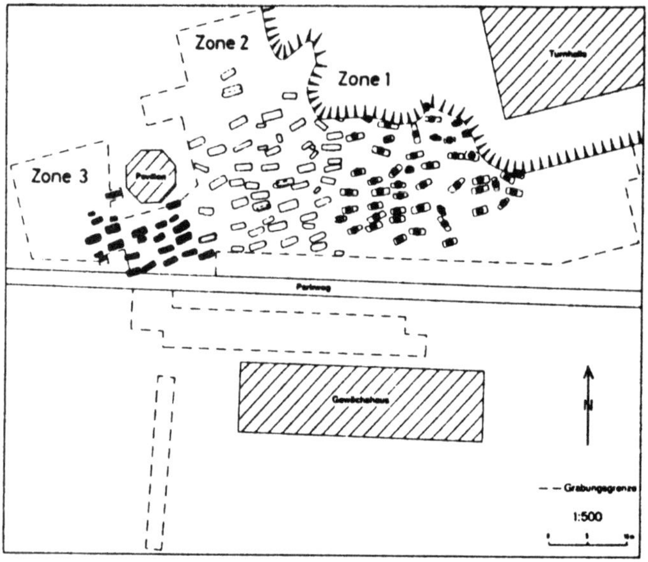

Abb. 67: Der Friedhof der Besatzung des römischen Kastells Neuburg a.d. Donau mit Körpergräbern meist in West-Ost-Richtung. In Zone 1, belegt von 330 bis 360, sind Alamannen neben Provinzialrömern, in Zone 2, 360 bis 390, sind neben Provinzialrömern vorwiegend Angehörige des unbekannten Stammes von Friedenhain-Přeštovice und in Zone 3, 390 bis kurz nach 400, sind vorwiegend Ostgoten bestattet. Nach H. Böhme, in: H. Dannheimer u. H. Dopsch, *Die Bajuwaren von Severin bis Tassilo 488–788*. Ausstellungskatalog München 1988, 23.

stände sind die getragenen Armreifen, Kämme, Toilettenzubehör, Becher und Kannen. Den Toten wurden auch Münzen mit auf den Weg gegeben, teilweise wurden diese ihnen in den Mund gelegt.

Die von Byzanz an Hunnen und Germanen wagenweise frisch aus der Prägeanstalt gezahlten Jahrgelder von Goldsolidi wurden zumeist zu Goldschmuck umgearbeitet. Das Gold gelangte 500 Jahre nach dem Auszug der germanischen Stämme aus Skandinavien rückwärts dorthin. Daraus entstanden, besonders in Schweden, z.B. Halskragen, die bis mehr als 1 kg schwer und äußerst künstlerisch gearbeitet waren und die, wie Abnützungsspuren zeigen, keineswegs nur zu Festen getragen wurden (E. v. Oxenstierna 1966).

Am spätesten gelangte die Sitte der west-östlich ausgerichteten Körpergräber bei den Westgermanen zu den Friesen, obwohl bei ihnen die Missionierung am Ende des 7. Jahrhunderts begann. Sie legten im 7. und 8. Jahrhundert zunächst Körpergräber radial um die Hügel von Urnengräbern an, gingen dann zu nord-südlich, dann zu nordost-südwestlich und schließlich von der Mitte des 8. Jahrhunderts an zu west-östlich ausgerichteten Körpergräbern über, die nun auf den Friedhöfen getrennt angelegt wurden. Erst mit dem Bau von Dorfkirchen setzte sich von der Mitte des 9. Jahrhunderts an die beigabenlose christliche Bestattung neben den Kirchen durch, so neben der als Pfostenbau im 9. Jahrhundert errichteten zweiten Kirche von Tostedt, Kreis Harburg (H. Drescher 1975). Auch im Friedhof Liebenau bei Nienburg/Weser ging man erst spät von der Brandbestattung (bis in das 8. Jahrhundert) zur gleichzeitigen Körperbestattung in Süd-Nord-Richtung (ab 700) über, obwohl aus den Beigaben intensiver Kontakt zur merowingischen Reihengräberkultur erkennbar ist. Erst seit dem 8. Jahrhundert wurde bis etwa 850 in West-Ost-Richtung bestattet (G. Kossack u.a. 1984).

Die Ostvandalen übten bei ihrer Rückwanderung aus dem Osten meist Brandbestattung in Urnen des Prager Typs, ausgenommen die Slowenen. Bereits bei der Einwanderung nach Oberkrain, die nach 600 erfolgte, legten die Slowenen Körpergräber in West-Ost-Ausrichtung mit Kopf im Westen an. Da die Bajuwaren erst nach ihrer Christianisierung das slowenisch besiedelte

Gebiet in Kärnten und in den Ostalpen ihrem Stammesgebiet einverleibten, dürften heute in Kärnten noch vorhandene Brauchtumsreste (P. Amtmann 1990), die auf germanische religiöse Vorstellungen zurückgehen, dort wohl nur in der Zeit vor der Christianisierung entstanden sein. Der Übergang der Slowenen zur Reihengräberbestattung ist daher der archäologische Beweis für die Übernahme der religiösen vorchristlichen Welt, die zur Reihengräberbestattung gehört. Noch etwa 150 Jahre nach Gründung des Klosters Kremsmünster im Jahre 777 wurden von den Karantanen im Köttlacher Kulturkreis die Toten nach heidnischer Reihengräbersitte bestattet, so z.B. im Begräbnisplatz von Michelsdorf, 18 km südlich von Kremsmünster (M. Pertlwieser 1989).

Auch die Ostvandalen, die sich in Oberösterreich ab Mitte des 6. Jahrhunderts niederließen, änderten sofort ihren Bestattungsritus und legten Reihengräberfriedhöfe an (Abb. 68). Sie suchten wohl, indem sie in den herrschaftsfreien Raum zwischen dem Herzogtum Bayern, das bis zur Enns reichte, und der Westgrenze des Awarenreichs am Ostrand der Alpen einwanderten, aus dem Einflußbereich der Awaren zu entkommen. In der Urkunde zur Gründung des Stiftes Kremsmünster im Jahre 777 werden freie *Sclavi* unter einem Fürsten (Zupan) genannt. In diesen Gräberfeldern ist meist nur ein Schwert- und Lanzenträger bestattet und in teilweise herausgehobener Art beigesetzt (V. Tovornik 1980).

In Niederösterreich, das auch ab Mitte des 6. Jahrhunderts von Ostvandalen besiedelt wurde, legten diese anfangs noch Brandgräberfriedhöfe an mit Urnen vom Prager Typ. Nach der Niederlage der Awaren im Jahre 796 wurden in ganz Niederösterreich bis nach Ödenburg und zur Enns eine Fülle von neuen Körpergrabfriedhöfen angelegt, in denen sich auch Bartäxte als Beigaben finden. Auch im Gräberfeld von Pitten, das bei Neukirchen am Ostrand der Alpen westlich Ödenburg liegt, wurden eine Bartaxt sowie eine Scheibenfibel gefunden. Über die Herkünfte dieser Bartäxte ist nichts bekannt, in Böhmen gelten sie als wikingisch. Aus dem 9. Jahrhundert stammen viele Hügelgräberfriedhöfe im Waldviertel in Niederösterreich und dem angrenzenden Böhmen. Die Grabschächte mit jeweils zwei Toten wurden bis 1 m tief in den Felsuntergrund eingemeißelt und die Toten darin in Holzsärgen mit Blick nach Osten bestattet. Auch hier wurden Bartäxte beigegeben. Im 10. Jahrhundert, mit dem Ausbau der Pfarrorganisation, wurden diese heidnischen Friedhöfe nicht mehr belegt (H. Friesinger 1976).

Die Sorben zwischen Saale, Elbe und Lausitz übten anfangs Brandbestattung in Urnen des Prager Typs. Jedoch nach Berührungen mit Elb- und Westgermanen gingen sie im 8. Jahrhundert im Westen zu Reihengräberfriedhöfen über, während sie im Osten bis in das 9. Jahrhundert an der Brandbestattung festhielten. Sie übernahmen die heidnische Sitte der Reihengräber noch, nachdem im Frankenreich das Christentum eingeführt war. Wie locker die Christianisierung jedoch war, geht daraus hervor, daß im Bereich des Bistums Fulda noch nach 1100 von *Sclavi* berichtet wird, die keinen Kirchenzehnten zahlten, also von Freibauern, die nach altem Glauben und altem Recht lebten. In Thüringen hielt sich die heidnische Sitte der Reihengräber mit Grabbeigaben ebenfalls noch lange (H. Rempel 1966). Bei Espenfeld nahe Erfurt wurden noch von 1000 bis in die Mitte des 12. Jahrhunderts heidnische Ostvandalen, also 350 Jahre nach der offiziellen Christianisierung, in einem mit Beigaben reich ausgestatteten Reihengräberfriedhof, dem westlichsten ostvandalischen Friedhof, bestattet (S. Dusek 1968).

Bei den Pommern wurde die Christianisierung erst durch Bischof Otto von Bamberg 1124 in Angriff genommen. Dort wie bei den Obodriten wurde jedoch bereits um oder sogar vor 1000 n.d.Ztr. die Körperbestattung geübt. Auch in Mecklenburg erfolgte die Christianisierung gründlicher erst mit der Taufe von Herzog Pribislaw um 1167 n.d.Ztr.

Die Obodriten und Polaben, die auf ehemals sächsisches Stammesgebiet in das Hannoversche Wendland westlich der Elbe, in den alten Bardengau der Langobarden, vorgedrungen waren, und zwar während und nach der Dezimierung der Sachsen durch Karl den Großen, mit dem sie verbündet waren und von dem sie dort angesiedelt worden waren, bestatteten ihre Toten in Reihengräbern, z.T. in Holzsärgen. Von Chronisten werden sie *Sclavi* und *Winidi* genannt. Nach beigegebenen Münzen wurden bei Rassau in der Nähe von Uelzen die Bestattungen eines Friedhofes auf das Ende des 13. Jahrhunderts datiert. Obwohl die Klöster in Uelzen und Lüneburg in den Jahren

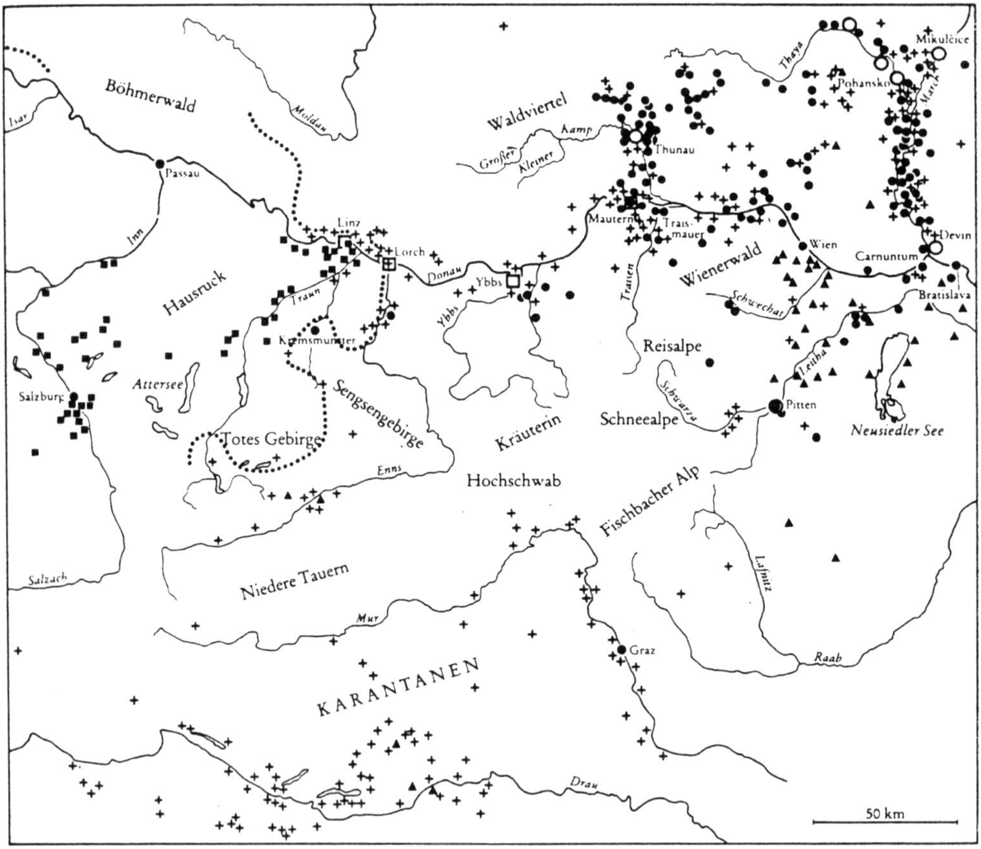

Abb. 68: Ostvandalische Skelett- und Reihengräber, bayrische und awarische Funde im Donau- und Ostalpenraum bis Karantanien.

+ ostvandalische Gräber des 9./10. Jahrhunderts
● ostvandalische Siedlungen des 9./10. Jahrhunderts
■ bayerische Funde 7./8. Jahrhunderts
▲ awarische Funde 8. Jahrhunderts
□ Handelsorte bzw. Zollstätten
○ Burg
... Westgrenze „slawischer" Ortsnamen

Nach J. Herrmann, *Welt der Slawen*, Berlin (Ost) 1986.

972 bzw. 974 gegründet worden waren (C. Schwantes 1909), lebte noch 500 Jahre nach Beginn der Christianisierung und 300 Jahre nach Gründung von benachbarten Klöstern in ihrer unmittelbaren Nähe diese heidnisch-germanische Art der Totenbestattung.

Aus dem Stammesgebiet der Wilzen sind Körpergräber aus der Umgebung der Adelssitze beim Tollensesee nach germanischem Ritus bekannt geworden, die aus dem 11. bis 13. Jahrhundert stammen. Die Beisetzungen im Gräberfeld östlich gegenüber dem Adelssitz auf der Insel Hanfwerder im Lieps-See südlich vom Tollensesee (Abb. 21) besitzen reiche Beigaben. Gefunden wurde ein dreiteiliges Holzkammergrab, ein Totenhaus mit 6 Pfosten für zwei Tote, zwei weitere Totenhäuser, Bestattungen in Baumsärgen und ein Tempelgrundriß von 20,4 x 9,0 m. Der Bestattungsplatz für den Adelssitz auf der Insel Hanfwerder wurde bis nach 1200 belegt. Hanfwerder war von nach 950 bis 1270 bewohnt. Auch auf Hanfwerder fand man einen kleinen Tempel von 4,8 x 4,0 m in Blockbauweise mit Schädeln von Rindern, Pferden und Geweihen. Auf der Halbinsel Nonnenhof im Liepssee, die sehr schwer zugänglich im Moor lag, wurde noch im 14. Jahrhundert ein Tempel errichtet. Die Umgebung des Liepssees mit Einschluß der Fischerinsel (über die Götterfigur von dort s. Abb. 80) war wohl das Zentrum des Liutizenbundes (V. Schmid 1992).

Die Skelettbestattung setzte um 1000 n.d.Ztr. ein, also noch in heidnischer Zeit. Die volle Christianisierung wurde erst nach dem Übergang des Redariergaues von Pommern an Brandenburg im Jahre 1236 vollzogen (V. Schmidt 1991).

Im germanischen Bereich wurden verschiedentlich Totenhäuser für Körpergräber errichtet. Das Totenhaus für den gotischen Gaufürsten in Ostpreußen aus dem 3. bis 4. Jahrhundert (s. Abb. 62) war in einem Grabhügel versenkt. Die Totenhäuser von Usadel am Lieps-See gegenüber dem Adelssitz auf der Insel Hanfwerder aus dem 11. bis 12. Jahrhundert waren überirdische Pfostenbauten ebenso wie diejenigen von Alt-Käblich bei Neubrandenburg aus dem 9. Jahrhundert, hier aber für Brandgräber.

Im Gebiet der ostvandalischen Besiedlung des nordöstlichen Bayerns legten die Sorben vom 8. Jahrhundert ab Reihengräber an (s. Abb. 65), während in den Herkunftsgebieten noch mit Brandgräbern bestattet wurde. Während des nach 700 beginnenden fränkischen Landesausbaues wurden die fränkischen Wehrbauern und die zusammen mit diesen angesiedelten Ostvandalen gemeinsam in Reihengräberfriedhöfen bestattet. Die Gräber der Franken, Alemannen und Sorben sind an den Beigaben und anthropologisch nicht unterscheidbar (K. Schwarz 1984).

In Böhmen sind die ältesten Körpergräber aus der Zeit nach der Völkerwanderung aus dem Nordwesten des Landes bekannt. Dieses Gebiet westlich von Kaaden war durchgehend west- und elbgermanisch besiedelt.

Im 8. Jahrhundert begannen die Boemannen von der Brand- zur Körperbestattung überzugehen. In der ältesten Burgwallzeit von 650 bis 800 entstanden in Böhmen für sozial Herausgehobene Hügelgräber zunächst nach dem Brandritus. Danach sind vereinzelt (R. Turek 1974) Hügelgräber aus dem 7. bis 8. Jahrhundert bekannt, in denen der unverbrannte Tote nach awarischer Sitte in seitlichen Nischen von Schächten im gewachsenen Boden mit awarischen Beigaben bestattet wurde. Am Übergang zur mittleren Burgwallzeit kam es zur Entstehung von birituellen Hügelgräbern, die sowohl Brand- wie Körperbestattung enthielten. In der jüngeren Burgwallzeit von 800 bis 950 folgen in Hügelgräbern fast nur noch Körperbestattungen (R. Turek 1958).

Die nach ihren Beigaben als Wikinger angesprochenen Fürsten wurden bei Kolin oder auf dem Hradschin in holzausgebauten Grabkammern in West-Ost-Richtung beigesetzt, genauso wie 400 bis 500 Jahre früher von den West-, Nord- und Binnengermanen. Gleichartig wurden auch die Reitergefolgschaften der Fürsten in oder neben den neuerrichteten Burgen sofort in west-östlich ausgerichteten Gräbern beigesetzt, während es abseits davon am Anfang auch birituelle Friedhöfe gab. Als Beispiel diene die Höhenfluchtburg bei Prachow, Kreis Jitschin, aus dem Gebiet der Chrowaten bzw. Sklavikniden. Am Fuße des Burgfelsens liegt ein Friedhof, der im 8. Jahrhundert mit Brandgräbern belegt wurde, im 9. Jahrhundert mit Körpergräbern und im 10. bis 11. Jahrhundert mit Reihengräbern (H. Preidel 1957). Abweichungen von der West-Ost-Lage gab es anfangs noch rund um Prag, bei Libice, dem Stammessitz der Sklavikniden, und bei Laun an der Eger. Das sind Gebiete mit möglichen Siedlungskontinuitäten seit der Völkerwanderung. In Böhmen wiederholen sich Vorgänge, wie sie bei den West-, Nord- und Binnengermanen 400 bis 500 Jahre früher stattfanden.

Als Beispiel für den Bestattungsritus bei böhmischen Adelsburgen seien die Friedhöfe des Fürstensitzes von Stara Kourim (Lage siehe Abb. 46) geschildert. Sofort nach Beginn der Niederlassung und Errichtung des Fürstensitzes um 830 wurden im Friedhof am Libusasee unterhalb des ersten Burgwalles die Toten in Schacht- und Kammergräbern beigesetzt, die meist südwestlich-nordöstlich mit Blick nach Osten gerichtet waren. Den Fürsten wurden silberne Streitäxte, Hammerbeile, vergoldete Sporen und karolingische Schwerter beigegeben, den Frauen Schmuck. In der Zeit nach dem Brand der Burg traten die Schachtgräber zugunsten von weniger tiefen Reihengräbern zurück und innerhalb des inneren Walles wurde ein weiterer Friedhof angelegt, dessen Toten beigabenlos blieben und den sozial Niedrigsten zugeordnet werden (M. Šolle 1959).

Zum Teil wurden die Toten in Särgen aus Spaltbohlen oder ausgehöhlten Baumstämmen beigesetzt. Noch Boleslav II. wurde im Jahre 999 in einem mächtigen Eichenstamm in seiner St. Georgskirche auf dem Hradschin nach altem heidnischen Ritus beigesetzt (I. Borkowsky 1961).

Nach Verbreitung der Kirchenorganisationen wurden zunächst christliche Teile von Friedhöfen von heidnischen durch Steinreihen abgegrenzt, ehe sie schließlich im 11. Jahrhundert oder später verlassen wurden (z.B. Krumphanzlova au Csav 1966).

Wie in Böhmen wurde auch in Mähren am Übergang von Brand- zu Skelettgräbern nach beiden Riten bestattet. In Hügelgräberfriedhöfen aus Mähren lag der Tote in west-östlicher Richtung mit Blick nach Osten und hatte in der linken Hand sein Schwert und in der rechten eine Streitaxt. Neben dem Kopf lag gelegentlich ein Vogelskelett (J. Schranil 1928). Auch hier wie bis nach Niederösterreich waren am Beginn der Reihengräberzeit anfangs die Gräber nord-südlich oder abweichend ausgerichtet. Vereinzelte Fundstücke awarischer Art, besonders Pferdetrensen, Steigbügel und Pfeile, weisen nicht nur auf kulturelle Einflüsse awarischer Art. Eine Mischbevölkerung ist anthropologisch nachgewiesen (H. Matiegka 1912, s. Kap. 6.1.5).

Im Großmärischen Reich begannen die west-östlich ausgerichteten Körpergräber nach dem Beginn der Christianisierung, so z.B. auf dem Friedhof der Kirche von Altenstadt, Bez. Ungarisch Hradisch, mit Beigaben z.B. von Schläfenringen und Schmuck aus Altenstädter Werkstätten. Diese Sitte wurde nach Verfall der Kirchen nach Ende des Großmährischen Reiches beibehalten. Auf dem Friedhof der Burg Breclav Pohansko wurde gleichartig heidnisch vor dem Bau der Kirche, während der christlichen Zeit und danach am Ende des 10. Jahrhunderts bestattet.

Im Zentrum des Großmährischen Reiches in Mikulčice bestätigt sich dieser Befund. Etwa gleichzeitig mit einer ersten Kirche von 825 wurde ein Reihengräberfriedhof angelegt. Unter der zweiten Kirche aus der Zeit kurz vor der Missionierung Methods, 650 bis 660, lag das Grab eines

Fürsten (Nr. 265), dessen Schwert das Kreuzeszeichen enthielt. Weitere Gräber mit reichem Schmuck stammen aus der Umgebung weiterer Kirchen vom Ende des 9. Jahrhunderts, die meisten erst aus der ersten Hälfte des 10. Jahrhunderts. Danach verfielen Burg und Kirchen und die Bestattungen hörten auf (J. Poulik 1957, Abb. 69).

Ab dem 11. Jahrhundert wurden in ganz Mecklenburg neben Körpergräbern, abgesehen von einzelnen Brandbestattungen, keine anderen Bestattungen gefunden. Reihengräberfriedhöfe gibt es im ganzen Land Mecklenburg. Eine mit Keramik des 9. Jahrunderts datierte Körpergrab-Nachbestattung in einem broncezeitlichen Hügelgrab ist bisher das früheste bekannte ostvandalische Grab Mecklenburgs. Wie nach der Einwanderung bis dahin bestattet wurde, ist unbekannt (A. Hollnagel 1960).

Im Potsdamer Havelland, im Stammesgebiet der Heveller, sind nur Körpergräber bekannt, die aus dem 9. bis 11. Jahrhundert stammen. Die Toten wurden nach Reihengräbersitte in undeutlichen nord-südlich ausgerichteten Reihen in West-Ost-Lage mit Blick nach Osten bestattet. Ein Teil der Gräber – der Anteil wechselt örtlich und beträgt im Gräberfeld Sixdorf (Kreis Bernburg) 28% – war mit Holzeinbauten unterschiedlicher Größe bis 2,6 m Länge und Bedeckung ausgestattet. Die Beigaben, abgesehen von drei Schläfenringen und einem Halsring, sind nur kleinere Gefäße, die als Eß- und Trinkgeschirr dienten. Nur einige Keramikformen treten bereits im 8. Jahrhundert auf (Ch. Plate 1976).

Auf dem Körpergrabfriedhof von Demmin (Abb. 70), der sich in der Nähe der Stammesburg der Wilzen befindet, wurde von fast regelloser Bestattung erst im 14. Jahrhundert zu Reihengräbern in West-Ost-Ausrichtung übergegangen, als längst offiziell die Christianisierung vollzogen war.

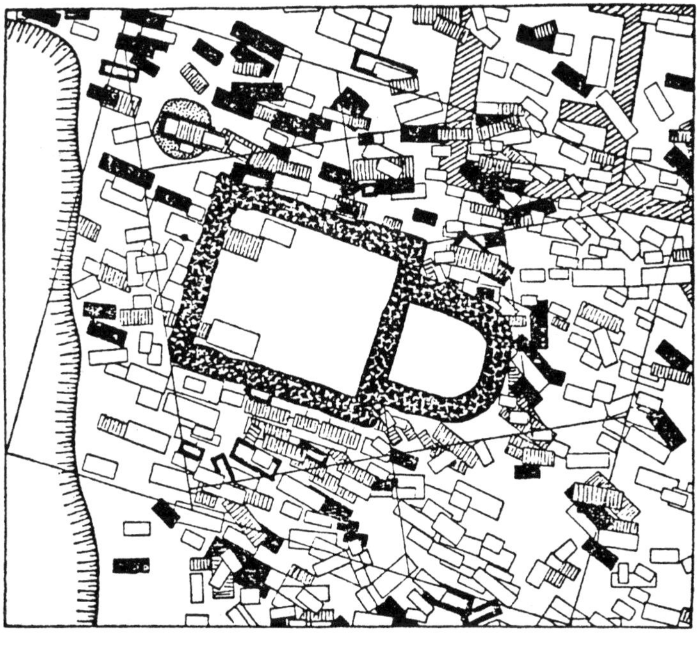

Abb. 69: Das Körpergrabfeld aus der Umgebung der Kirche im Burgwall von Stare Mesto. Volle Rechtecke: Gräber mit Edelmetallbeigaben; dick gerahmte Rechtecke: Gräber mit einigen Beigaben; schraffierte Rechtecke: beigabenarme Gräber, leere Rechtecke: beigabenlose Gräber. Nach H. Preidel, *Das Großmährische Reich*, München 1968

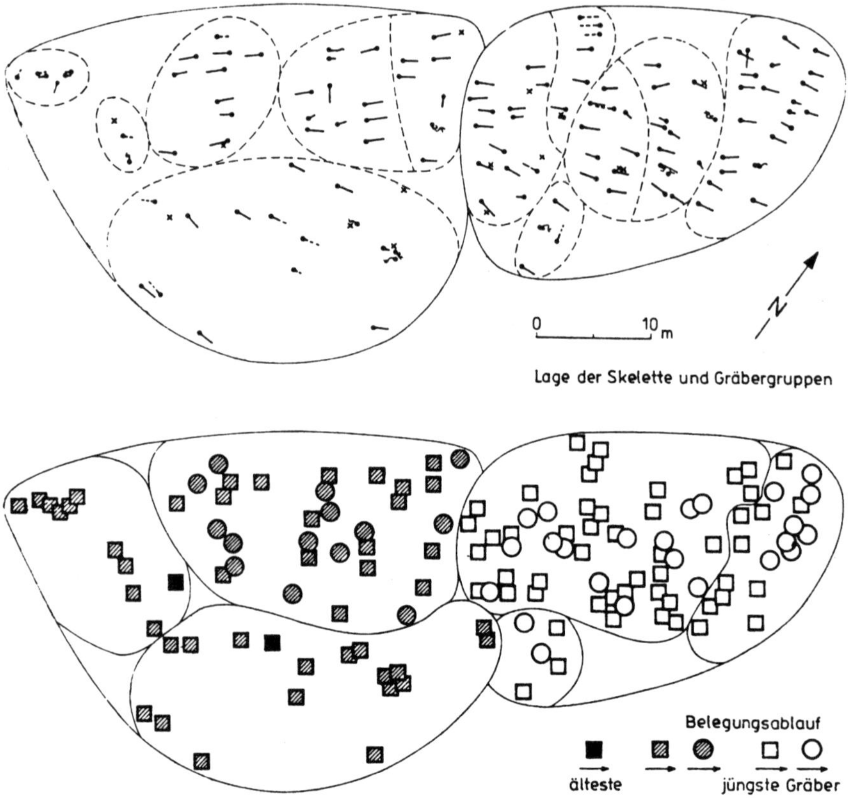

Abb. 70: Der Körpergrab- und Reihengräberfriedhof von Sanzkow (Kreis Demmin) aus dem Stammesgebiet der Wilzen von etwa 1200 bis 1350. Nach J. Herrmann, *Slawen in Deutschland*, Berlin (Ost) 1985.

Auch in Polen setzten die Skelettfriedhöfe erst ein, nachdem die Daglinger ab 975 zum Christentum übertraten. Bis 1100 finden sich neben kirchlichen auch heidnische Friedhöfe, *„die sich durch Orientierung des Toten, Art und Zahl der Beigaben unterscheiden"* (H. Zoll-Adamikova 1983).

Vor etwa 2000 Jahren entstand in Skandinavien die religiöse Vorstellung, der Gestorbene blicke in die aufgehende Sonne und müsse für seine letzte große Fahrt ausgestattet sein nach seinem sozialen Status als Lebender. Diese Vorstellung äußerte sich in der Sitte der Reihengräber, welche die Brandgräbersitte nach einer kurzen Übergangszeit mit nord-südlich ausgerichteten Gräbern ablöste. Der Brauch wurde zuerst von Fürsten aufgenommen, z.B. bei den Langobarden im Bardengau an der Niederelbe und bei den Vandalen in Schlesien. Die ersten Reihengräber bei Kriegern finden sich nach 330 im Friedhof der germanischen Söldner Roms im Kastell Neuburg an der Donau. Nach 450, zu Beginn der Entstehung des bayrischen Stammes wurden auf dem Südufer der Donau bei Straubing Reihengräber angelegt, während in Sichtweite auf dem Nordufer weiter Brandbestattung herrschte. Ebenso übten die Langobarden vom Einzug in Böhmen ab 400 den

Brauch der Reihengräber. Dann breitete er sich rasch unter den Germanen aus, von den Gepiden in Siebenbürgen bis zu den Franken am Niederrhein, von den Krimgoten bis nach Skandinavien und von der Themse bis zu den nordafrikanischen Vandalen.

Die Ostvandalen übernahmen nach ihrer Rückkehr diesen Brauch, sobald er ihnen durch west- und elbgermanische Nachbarschaft bekannt wurde, zuerst in Oberösterreich nach 550, dann die Slowenen nach 600. Bei den Sorben läßt sich verfolgen, wie die Anlage von Reihengräbern wandert, und zwar von der ersten Bekanntschaft damit im Westen nach 700 bis in den Osten ihres Stammesgebietes nach 800. Die Übernahme nach Beginn der Christianisierung der West- und Elbgermanen, trotz der Religionskriege gegen Ostvandalen und trotz der sprachlichen Unterschiede zwischen der altgermanischen Sprache und der *Lingua Sclavinia* offenbart ein hohes Maß an Gemeinsamkeiten und vom Bewußtsein davon.

Die Beigabensitte erlosch infolge der Christianisierung in den linksrheinischen Gebieten nach 650, im süddeutschen Raum herrschte sie trotz der Christianisierung bis um 700 und in den nordostbayrischen Gebieten des Landesausbaues (s. Kap. 4.2.12) noch länger, obwohl die Siedler aus dem Rheingebiet kamen und zwar auch in Gräberfeldern neben den von Karl dem Großen gestifteten „Slawen"(*Sclavi-*)-Kirchen. Dies ist ein Hinweis, wie lange sich noch der alte Glaube unter der christlichen Tünche erhalten konnte, im Daglinger Reich bis 1100, im Hannoverschen Wendland und bei den Wilzen bis vor 1400. Selbst als die letzten bedeutenden Heiligtümer um 1168 zerstört waren (s. Kap. 5.2), wurden große Kultfiguren in abseitige kleine Ansiedlungen gebracht. Noch die böhmischen Herzöge Wratislaw (929–973) und Boleslaw II. (973–999) ließen sich in der St. Georgskirche auf dem Hradschin in heidnischem Ritus beisetzen. Der böhmische Herzog Bretislav II. (1092–1100) mußte scharfe Verordnungen gegen das Heidentum und insbesondere bei den Bestattungsriten erlassen.

5.2. Kultstätten und Götter

Die ostgermanischen Kultgebäude und Tempel lassen sich aus dem bäuerlichen Langhaus in Pfostenbauweise ableiten.

Zeitlich am Anfang steht hier ein Langhaus von Gronhedensmark, Amt Hjöring, Vendsyssel in Jütland von 0 d.Ztr. Es ist anzunehmen, daß die etwa um 200 v.d.Ztr. aus Vendsyssel ausgewanderten Vandalen ähnliche Kultgebäude benutzten oder kannten. Das dreischiffige Langhaus, den Bauernhäusern mit Stallteil gleichartig, mit den Abmessungen 21 x 6,3 m und Vollwalmdach hatte keinen Stallteil und barg im Osten eine auf Estrich mit 1,2 x 0,9 m markierte Feuerstelle, die von 4 nichtdachtragenden Pfosten umgeben war, und hatte im Westen einen kellerartigen Kriechgang. Ähnlich markierte Feuerstellen wurden im Bereich der Prżeworsk-Kultur der Vandalen von Jankowo und Krusza Zamkova Bezirk Bromberg gefunden.

Eine in den Abmessungen (22,5 x 6,2 m) fast gleichartige dreischiffige Halle, ebenfalls in einer Siedlung liegend, ist das Haus Nr. 35 von Feddersen Wierde aus dem 3. Jahrhundert n.d.Ztr. mit der gerahmten Feuerstelle im Nordwesten (s. Abb. 132 c, das südöstlichste Haus) (Th. Völling u.a. 1994). Diese Halle liegt neben dem Herrenhof, hat neben sich eine Pferdebestattung und ist mit einem Zaun umgeben.

Diese Versammlungs- und kultischen Zwecken dienenden Hallen aus dem Sozialzustand des entstehenden Adels leiten über zu den späteren germanischen Fürsten- und Königshallen, die gleichen Zwecken dienten, von denen bisher drei bekannt geworden sind. Die Fürstenhallen der Wagringer im Obodritenstaat (s. Abb. 156, Kap. 7.4.7) und die etwa gleichaltrige Halle (9. Jahrhundert) des ersten dänischen Königsgeschlechts von Lejre auf Seeland (s. Abb. 157, Kap. 7.4.7) entsprechen sich in der Bauweise fast völlig. Auch sie beide halten sich an die Grundstrukturen des mehrschiffigen bäuerlichen Langhauses in Pfostenbauweise. Die dritte bekannte Königshalle ist die in Stein erbaute der Westgoten von Naranco in Asturien. Auch sie läßt noch Erinnerungen an die Holzbauweise erkennen (H. Phleps 1958).

Nach Thietmar von Merseburg (R. Holtzmann 1939) hatte jeder Gau der Ostvandalen *„seinen Tempel und sein besonderes ... Götzenbild"*. Die bekannten Namen der vorrangig verehrten Götter sind in Wagrien Prove, um Plön Podaga, bei den Obodriten Radigast, bei den Liutizen in Rethra Svarozic, bei den Hevellern in Brandenburg, in Wollin und Stettin der dreiköpfige Triglav, in Wolgast und Havelberg Jarovit, in Arkona auf Rügen und in Stettin der vierköpfige Svantevit (= Schwanweiß). Die Waräger und die Ostvandalen im Warägerreich hatten den Donnergott Perun gemeinsam, der Donar, Thor entsprach. Bei den Prußen hieß er Perkuna. Verschiedentlich wird aus Heiligtümern von heiligen Lanzen berichtet, auch von zwei gekreuzten Lanzen, die vergleichbar sind Odins Speer bei den West- und Nordgermanen.

Die Kultstätten befanden sich in heiligen Hainen, in denen Eichen eine besondere Rolle spielten. Von einem solchen heiligen Hain bei Oldenburg in Wagrien schreibt Helmold von Bosau (I, 84, A. Heine 1986) für 1156: *„Da sahen wir unter sehr alten Bäumen heilige Eichen, welche dem Prove, dem Gotte jenes Landes, geweiht waren; diese umgab ein freier Hofraum und ein sehr sorgfältig aus Holz gebauter Zaun, in dem sich zwei Pforten befanden. Denn außer den Hausgöttern und den Götzen, die jedes einzelne Dorf im Überfluß hatte, war dieser Ort das Heiligtum des ganzen Landes, und für denselben ein besonderer Oberpriester, sowie besondere Feste und verschiedene Arten von Opfern bestimmt. Dort pflegte am zweiten Tage jeder Woche das Volk mit den Priestern und dem Fürsten zum Gerichte zusammenzukommen. Der Eintritt in den Hofraum war allen verwehrt, außer dem Priester und denen, die opfern wollten, oder die von Todesgefahr bedrängt wurden; denn diesen wurde Schutz und Zuflucht hier niemals verweigert. Die sclavi haben nämlich solche Ehrfurcht vor ihren Heiligtümern, daß sie nicht dulden, daß der Bezirk eines solchen mit Blut, sei es auch nur von Feinden, befleckt werde. Zum Eid lassen sie es selten kommen; denn schwören ist bei ihnen beinahe so viel wie sich verschwören, nämlich den rächenden Zorn der Götter auf sich herabrufen. Die sclavi haben vielerlei Götzendienst; denn sie stimmen nicht alle in derselben Art von Aberglauben überein. Die einen stellen nämlich phantastische Götzenbilder in den Tempeln zur Schau aus wie z.B. das Götzenbild zu Plön, welches sie Podaga nennen; andere bewohnen Wälder und Haine, wie der Gott Prove zu Oldenburg; von solchen gibt es keine Bilder. Viele Götzen stellen sie auch mit zwei, drei oder noch mehr Köpfen dar. Bei aller Mannigfaltigkeit derjenigen Götter aber, denen sie Fluren und Wälder, Leiden und Freuden zuschreiben, leugnen sie doch nicht, daß ein Gott im Himmel über die übrigen herrsche; dieser vor allen gewaltige aber, sagen sie, sorge nur für die himmlischen Angelegenheiten, die anderen aber gehorchen ihm, indem sie die ihnen von ihm übertragenen Ämter verwalten; sie seien aus seinem Blute entsprossen, und jeder Gott stehe umso höher, je näher er diesem Gott der Götter stehe"*.

Der dänische Chronist Saxo Grammaticus (1150–1220) berichtet von einem mehrere Meter großen Standbild des vierköpfigen Gottes Svantevit im Tempel zu Arkona. Im Arm hielt er ein Horn, ein gebogenes Kultgefäß. Dieses entsprach dem Goldhorn von Gallehus in Dänemark aus der Zeit des 4. Jahrhunderts, auf dem ein Triglav, ein dreiköpfiger Gott, dargestellt ist. In der Kirche von Altenkirchen im Südwesten von Arkona ist eine als Grabstein gedeutete fast lebensgroße Reliefdarstellung eines Mannes in ostvandalischer Tracht, langem Rock mit Gürtel, Knebelbart, mit einem großen Horn in den Händen eingemauert (Abb. 71). Derartige Steine standen in Danzig vor dem Kunstmuseum. Um 1250 waren sie in Südrußland auf Grabhügeln zu sehen (C. Schuchardt 1926). Saxo Grammaticus berichtet von Arkona (J. Herrmann 1974):

„*Diese* (die Burg Arkona) *liegt auf der Spitze eines hohen Vorgebirges und ist im Osten, Süden und Norden nicht durch künstliche, sondern durch natürliche Steilhänge gesichert, die Uferwände sind wie Mauern, deren Höhenrand durch einen Geschützpfeil unten vom Meere nicht erreicht werden kann. An den drei genannten Seiten ist sie vom Meer umflossen, im Westen aber wird sie durch einen Wall abgeschlossen, der 50 Ellen hoch ist, dessen untere Hälfte aus Erde war, die obere bestand aus Holz und Erdfüllung. Auf der Nordseite fließt eine Quelle, zu der die Burgbewohner auf einem befestigten Pfad gelangten. Diesen Zugang hatte ihnen einst Erich abgeschnitten, so daß sie nicht weniger durch Durst als durch Waffengewalt bedrängt wurden.*

Inmitten der Burg ist ein ebener Platz, auf dem sich ein aus Holz erbauter Tempel erhob, von feiner Arbeit, ehrwürdig nicht nur durch die Pracht der Ausstattung, sondern auch durch die Weihe des in ihm aufgestellten Götzenbildes. Der äußere Umgang des Tempels erstrahlte durch seine sorgfältig gearbeiteten Skulpturen; er war mit rohen und unbeholfenen Bildwerken verschiedener Art geschmückt. Für die Eintretenden war ein einziger Eingang offen.

Das Heiligtum selbst war von zwei Einhegungen umschlossen. Die äußere, aus Wänden zusammengefügt, war mit einem purpurnen Dach bedeckt, die innere, auf 4 Pfosten gestützt, erglänzte statt der Wände durch Vorhänge; dieser Teil hatte außer dem Dach und dem wenigen Tafelwerk mit dem äußeren nichts gemein. Im Tempel stand ein gewaltiges Götterbild, den menschlichen Körper an Größe weit übertreffend, wunderlich anzusehen durch seine vier Köpfe und ebensoviele Hälse. Zwei der Köpfe schienen nach der Brust und ebenso viele nach dem Rücken zu sehen. Im übrigen schien von den vorderen wie von den hinteren der eine nach rechts, der andere nach links zu blicken. Die Bärte waren rasiert dargestellt, die Haare geschnitten, so daß es schien, der Fleiß des Künstlers hätte die Art der Rugianer in der Pflege der Haare nachgeahmt. In der Rechten hielt die Figur ein Trinkhorn, aus verschiedenen Metallen gebildet, das der Priester jährlich neu zu füllen gewohnt war, um aus der Beschaffenheit der Flüssigkeit die Ernte des kommenden Jahres zu weissagen. Der linke Arm bildete, in die Seite gestemmt, einen Bogen. Der Rock war so beschaffen, daß er an die Schenkel reichte, die aus verschiedenem Holz geformt waren und so mit dem Kniegelenk verbunden waren, daß man den Ort der Verbindung nur bei genauem Hinsehen erkennen konnte. Die Füße berührten den Boden, ihre Basis war in der Erde verborgen. Nicht weit davon hingen Zaum und Sattel und andere ‚Herrschaftsszeichen' der Gottheit; seine Bewunderungswürdigkeit vermehrte ein Schwert von ungeheurer Größe, dessen Scheide und Griff, abgesehen von dem sehr schönen Treibwerk, das silberne Äußere auszeichnete. Der Gottheit wurde ein feierlicher Kult in folgender Weise dargebracht.

Einmal im Jahr, nach der Ernte, beging die Menge der ganzen Insel vor dem Tempel des Götzenbildes nach einem Viehopfer ein festliches Mahl im Namen der Religion. Der Priester, der gegen die allgemeine Sitte durch seine Bart- und Haarlänge auffiel, pflegte am Tage vorher das Heiligtum, das allein er betreten durfte, mit einem Besen sorgfältig zu reinigen; er achtete darauf, nicht seinen Atem innerhalb des Tempels auszustoßen, so oft er ein- und auszuatmen genötigt war, lief er hinaus, damit die Gottheit nicht durch sterblichen Hauch befleckt würde. Am folgenden Tag, als das Volk draußen sich aufhielt, besah er sorgfältig den Becher, den er dem Götzenbild

Abb. 71: Der Svantevitstein aus der Kirche von Altenkirchen auf Rügen. Nach J. Herrmann, *Die Slawen in Deutschland*, Berlin (Ost) 1985.

abgenommen hatte: war die Flüssigkeit vermindert, so sah er daraus einen Hinweis auf den Mangel des folgenden Jahres; wenn er das bemerkte, so ließ er die Früchte für die kommende Zeit aufbewahren. War nichts von der gewohnten Menge verschwunden, weissagte er, daß Zeiten der Fülle der Äcker kommen würden. Entsprechend dieser Weissagung mahnte er, die Ernte des kommenden Jahres entweder sparsamer oder freigiebiger zu verwenden. Nachdem er den alten Trank vor die Füße des Götzenbildes ausgegossen hatte, schenkte er in den geleerten Becher neu ein. Indem er das Bild durch scheinbares Zutrinken geehrt hatte, erbat er mit feierlichen Worten sowohl für sich als auch für das Vaterland Güter und Sieg für die Einwohner. Nachdem er das beendet hatte, leerte er den Becher im großem Zuge und gab ihn wieder in die Rechte des Götzenbildes zurück. Es wurde auch ein mit Honig zubereiteter Kuchen in runder Form, von einer Größe, daß sie fast Menschengröße gleichkam, als Opfer dargebracht. Diesen stellte der Priester in die Mitte zwischen sich und das Volk und fragte, ob die Rugianer ihn sähen. Als sie antworteten, daß sie ihn sähen, wünschte er, daß er in einem Jahr nicht mehr zu sehen wäre ...

Es wurde dem Götterbild von jedem Mann und jeder Frau jährlich eine Münze als Abgabe für den Kult gezahlt. Ihm wurde auch von der Kriegsbeute ein dritter Teil zuerkannt, da sie ja durch seine Hilfe erlangt worden war. Dieser Gott hatte auch 300 auserwählte Pferde und ebensoviel Reiter in seinen Diensten, deren gesamter Gewinn, durch Waffen oder Diebstahl erworben, unter Aufsicht des Priesters gestellt wurde, der aus dem Erlös dieser Dinge verschiedene Kultgegenstände und Tempelschmuck gießen ließ und sie in verschlossenen Räumen aufbewahrte, in denen außer viel Geld auch noch viele vom Alter beschädigte Purpurgewänder angehäuft waren ...

Außerdem besaß sie (die Gottheit) *ein Pferd von weißer Farbe; es galt als Frevel, aus Mähne oder Schweif Haare herauszureißen. Allein der Priester hatte das Recht, es zu pflegen und sich darauf zu setzen, damit das heilige Pferd nicht durch häufigen Gebrauch sein Ansehen verlieren sollte. Auf diesem Pferd führte nach Meinung der Rugianer Swantewit – das ist der Name des Götzen – Kriege gegen die Feinde seiner Heiligtümer. Dafür galt als besonderes Zeichen, daß es, zur nächtlichen Zeit im Stalle stehend, so sehr mit Schweiß und Lehm bedeckt war, als hätte es lange Wege hinter sich gebracht. Auch wurden durch dieses Pferd Weissagungen ... vorgenommen.“*

Über die Belagerung durch die (christlichen) Dänen und die Einnahme Arkonas wird berichtet:

„Am folgenden Tage erhielten Esbernus und Suno vom König den Befehl, das Götzenbild zu stürzen, das man ohne Hilfe von Eisenwerkzeugen nicht abreißen konnte, und es wurden die Vorhänge, die das Heiligtum bedeckten, heruntergerissen. Sie befahlen ihren Knechten, die Aufgabe zu übernehmen, es abzubauen, aber aufzupassen, daß sie gegenüber einer so schweren, stürzenden Masse vorsichtig seien, damit sie nicht, von dem Gewicht erdrückt, als Racheopfer der feindlichen Gottheit erschienen. Inzwischen hatte sich die Menge der Burgbewohner um den Tempel versammelt, in der Hoffnung, daß Swantewit für einen solchen Frevel die Anstifter strafen würde. Aber das Standbild, im untersten Teil der Schienbeine durchgehauen, schlug von oben her gegen die nahegelegene Wand. Um es herauszuziehen, befahl Suno, die Wand einzustürzen; er ermunterte die Diener, sie sollten sich aber in acht nehmen und im Eifer die Gefahr nicht gering achten, damit sie nicht, durch Unachtsamkeit vernichtet, getötet würden. Das Götzenbild stürzte mit lautem Krach zu Boden.

Außerdem umgab es die Purpurdecke dicht und glänzend, aber sie war schon so morsch, daß sie nicht unversehrt hervorgezogen werden konnte. Es fehlten auch nicht ungewöhnliche Hörner von wilden Tieren, nicht weniger durch ihr natürliches Aussehen als durch die Bearbeitung bewunderungswürdig. Der böse Geist entwich aus seinem Inneren in Gestalt eines schwarzen Tie-

res und entzog sich plötzlich den Augen der Umstehenden. Die Burgbewohner sollten dem Götzenbild Stricke umwerfen und es herausziehen. Sie wagten es aus Furcht vor ihrem früheren Glauben nicht. Da wurde den Gefangenen und Fremden, die am Ort ihrem Erwerb nachgingen, befohlen, daß sie es herauszögen (in der Absicht), *die Köpfe unwürdiger Menschen dem Gotte preiszugeben. Denn natürlich vermuteten sie, daß die Gottheit, die sie durch eine solche Behandlung beleidigten, ihren Verletzern schwere Strafen auferlegen würde. Damals wurden verschiedene Äußerungen der Einwohner vernommen. Die einen beklagten den Frevel gegen ihren Gott, die anderen behandelten ihn mit Spott. Zweifellos befiel den klügeren Teil der Burgbewohner die Scham, daß sie sich in ihrer Einfalt lange Zeit für einen so törichten Glauben entscheiden konnten. Als das Götzenbild ins Lager geschleift wurde, bestaunten es die zusammengelaufenen Soldaten ...“*

Ähnlich wie beim Betrachten von Germanen durch römische Brillen Einseitigkeiten entstanden, ist bei Schilderung der heidnischen germanischen Religion aus christlicher Sicht mit einseitigen Verzerrungen zu rechnen.

Die *Tempelburg von Arkona* lag auf dem Nordkap von Rügen und war von zwei Seiten von steil ins Meer abfallenden Kreidefelsen geschützt, die durch dauernde Abbrüche rückwärts verlegt werden. Die Extrapolierung dieser Abbrüche 900 Jahre zurück ergab, daß die ehemalige Burgfläche hinter dem Reststück des inneren Burgwalles, das von Schuchardt 1921 irrtümlich für die Terrasse des Tempels gehalten worden war, etwa 3 mal so groß gewesen sein muß wie das heutige Reststück, also eine Ausdehnung von 300 bis 350 m in west-östlicher und 350 m in nord-südlicher Richtung gehabt haben muß. Darin, also längst ins Meer versunken, stand der Tempel und in diesem das Standbild des Svantevit (J. Herrmann 1974), das 9 bis 10 m hoch gewesen sein muß, da es nach Saxo Grammaticus bei der Zerstörung des Heiligtums 1168 die Außenmauern beim Umschlagen zerschlug. Die vier Pfosten werden also höher als 10 m gewesen sein. Dieser aus Saxos Beschreibung erschlossene quadratische Grundriß des Tempels mit Umgang ist dem heidnischen Tempel unter der romanischen Kirche in Uppsala ähnlich (F. Oelmann 1933) und dieser wiederum ist identisch mit Grundrissen und Bauart der skandinavischen Stabkirchen (Abb. 72). Die Pfosten der beiden inneren Pfostenreihen wurden zu den Masten der Stabkirchen, die Außenschiffe zum Umgang. Das Haus wurde in der Länge auf den quadratischen Kultraum beschränkt.

Ähnlich sind auch keltische Umgangstempel in Pfostenbauweise aus der späten La-Tene-Zeit in Viereckschanzen z.B. von Plattling-Pankoven/unt. Isar oder Wiedmais/Lkrs. Rottach-Inn mit den Innenabmessungen von 5,6 x 7,6 m bzw. 10 x 10 m (Abb. 74). Beim Zurückdrängen der Kelten in der Spät-La-Tene-Zeit wurden von den westgermanischen Stämmen die Umgangstempel nicht übernommen. Die im nord- und ostgermanischen Bereich fast ein Jahrtausend später errichteten Tempel fast gleicher Bauart können daher nicht als keltische Übernahmen erklärt werden, sondern sind Eigenschöpfungen.

Die Stabkirchen lassen sich ableiten aus dem dreischiffigen Pfostenhaus, indem das Mittelschiff zugleich verbreitert und erhöht wird. Die Pfosten der beiden inneren Pfostenreihen wurden zu den Masten der Stabkirchen und die Außenschiffe zum Umgang. Das Haus wurde in der Länge auf den quadratischen Kultraum beschränkt (Abb. 72). Sie sind auch aus dem Ständerbohlenbau des gotischen Grabhauses von Pilgramsdorf (s. Abb. 63) abzuleiten, indem die Umgänge auf den übergreifenden Teilen der Grundschwellen ruhen. Stabkirchen besitzen nicht nur quadratischen, sondern auch rechteckigen Grundriß und haben dann Ähnlichkeiten mit der steinernen westgotischen Königshalle in Naranco, Asturien, wobei die Stäbe der Stabkirchen den dortigen Säulen in den Längswänden mit dem Hochsitz des Königs an der Stirnwand entsprechen (Abb. 75, 76) (H. Phleps 1958).

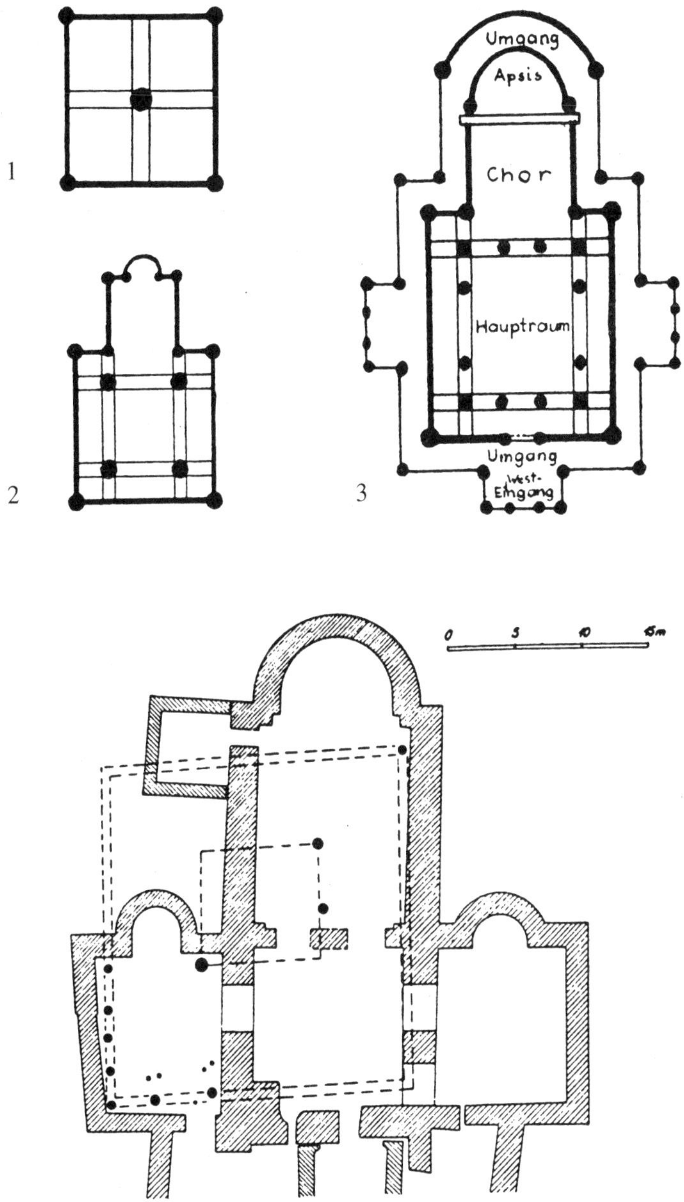

Abb. 72: Grundrisse norwegischer Stabkirchen und germanischer Tempel.
Oben: Grundrisse von Stabkirchen. 1) Einmastkirche, 2) Viermastkirche mit Chor und Apsis, 3) Grundriß der Stabkirche von Borgund, eine Zwölfmastkirche. Nach H. Reiher, *Norwegische Stabkirchen*, 1944.
Unten: Die romanische Kirche von Uppsala/Sweden und der ältere heidnische Tempel mit acht Masten. Nach F. Oelmann, 1933.

Abb. 73: Die Stabkirche von Borgund in Mittelnorwegen aus dem Anfang des 12. Jahrhunderts mit dem äußeren Umgang, in dem vor Betreten die Waffen abgestellt werden mußten, und den Drachenköpfen an den Giebeln. Nach H. Reiher, *Norwegische Stabkirchen*, Oslo 1944.

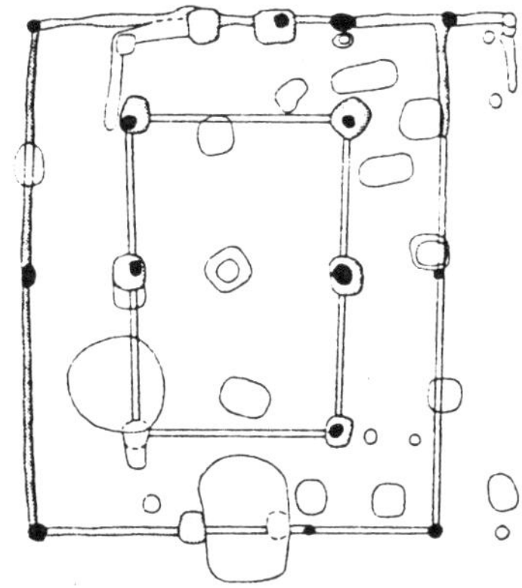

Abb. 74: Keltischer Umgangstempel von einer Anhöhe bei Zuchering südlich Ingolstadt mit den Abmessungen zwischen den inneren 0,4 m starken Pfosten von 10 x 7 m und beworfenen Flechtwerkswänden, etwa zeitgleich mit Manching. Nach K. Rieder 1992.

Da viele Stabkirchen noch einen inneren Umgang um die Masten besitzen, besteht die Möglichkeit, daß in Arkona auch ein solcher vorhanden war. Der Tempel in Uppsala entspricht in der Entwicklung der Stabkirchen von den Ein- zu Vier-, Acht- und Zwölfmastenkirchen der Achtmastenkirche. Wir sehen damit in Arkona den Typ des nordgermanischen Tempels verwirklicht. In seiner äußeren Erscheinungsweise dürfte dieser den heutigen norwegischen Stabkirchen ohne Chor entsprochen haben.

Daß in den Stabkirchen die Bauart germanischer Tempel weiterlebte, geht auch aus den jüngeren hölzernen Glockentürmen neben diesen hervor. Diese Tradition wird dann beim Bau steinerner Kirchen beibehalten, wie zum Beispiel bei der ältesten romanischen Kirche in Altuppsala und an anderen Orten Schwedens. Glockentürme neben alten Holzkirchen gibt es in den Karpaten und in Oberschlesien, in Schleswig und in der Lausitz. Sie legen nahe, daß in Rückzugsgebieten uralte Bautraditionen beibehalten werden konnten, jedoch in Block-, nicht in Stabbauweise.

Pollenanalytisch wurde in der Umgebung von *Arkona* für diese Zeit ein besonders großer Anbau von Hafer nachgewiesen. Dem entspricht, daß von heiligen Pferden und einer berittenen Tempelwache berichtet wird.

Bei den Ausgrabungen ist unter den spärlichen Funden ein großer Anteil skandinavischer Art bemerkenswert. Der vergrabene Verwahrfund eines Kaufmannes aus einem eisenbeschlagenen Kasten enthielt 3 Äxte, davon eine frühe Bartaxt, Reste eines Brustpanzers – das früheste bekannte Beispiel aus den Ostseeländern –, Schildbuckel von Rundschilden, Broncebeschläge für eine Schale mit Flechtbandmustern und der Abbildung von je einem Kopf vergleichbar solchen vom Osebergfund sowie zwei Klappwaagen, wie sie u.a. auch aus Haithabu bekannt sind. Die älteste Keramik enthält Kümpfe, die in Schweden hergestellt wurden und solche in skandinavischen Formen, die aus heimischem Ton gefertigt wurden. Diese Keramik läßt sich mit der aus der untersten Schicht von Jumneta auf Wollin vergleichen. Ferner fand man einen Broncearmring in einer auf Bornholm heimischen Form, Kämme und ein Schwert skandinavischer Herstellung (H. Berlekamp 1974). Vor kurzem gefundene Waffen und Schmuck von Wikingern deuten an, daß diese in der Tempelburg Arkona zusammen mit den Ranen wohnten.

Nach den Ausgrabungen läßt sich als Geschichte der Burg ermitteln: Errichtung des 1. Walles auf unbesiedelter und unbenutzter Fläche vor 950, Erhöhung des Walles und Anlage von Tor 2

Abb. 75: Rekonstruktion des Tempels in der Siedlung Groß-Raden aus der Zeit von 856 bis 956 im Sternberger See, Mecklenburg. Nach E. Schuldt 1985.

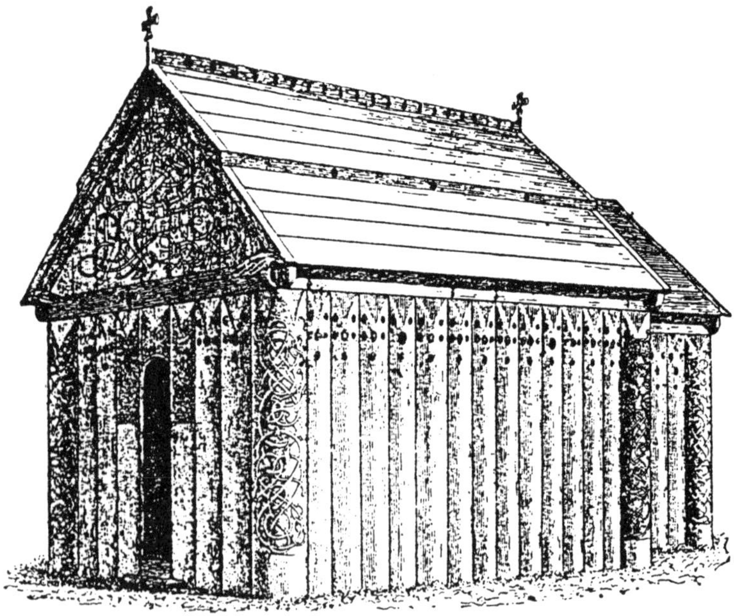

Abb. 76: Die frühchristliche Holzkirche von Hemsö auf Gotland, Rekonstruktion des Historischen Museums in Stockholm. Nach J. Strzygowski, *Die altslawische Kunst*, Augsburg 1929.

kurz vor oder nach 1000, Zerstörung von Wall und Tor 2, danach Erhöhung des Walles und Anlage von Tor 3 im 11. oder 12. Jahrhundert, endgültige Zerstörung der Burg 1168.

Auch auf dem *Gollenberg bei Köslin* in Pommern stand ein Heiligtum mit einem mit seinen Ecken eingenordeten abgebrannten Tempel der Seitenlängen 16 x 15 m. Dicht daneben war eine christliche steinerne Kapelle – wie an vielen heidnischen Heiligtümern – errichtet mit gleicher Orientierung NW-SO. 35 m daneben fand man ein Bootsgrab (W. Filipowiak 1979).

Von der Reise des Bischofs Otto von Bamberg 1124 zur Bekehrung der Pommern (s. Kap. 2, Th. Kantzow) nach Stettin wird berichtet (W. Wattenbach 1941):

„Es waren aber in der Stadt Stettin vier Kontinen (Kultstätten), *doch eine von ihnen, die die vorzüglichste war, war wunderbar in Schmuck und Kunst ausgeführt, da sie von innen und außen Schnitzereien hatte, Bilder von Menschen, Vögeln und wilden Tieren, die von den Wänden ragten und genau nach ihren Eigenschaften ausgedrückt waren, daß man sie atmend und lebend glaubte, und, was ich als eine Seltenheit bezeichnen würde, es konnten die Farben der äußeren Bilder durch kein Unwetter von Schnee und Regengüssen verdunkelt oder verwischt werden, was die Kunst der Maler bewirkte. In diesem Gebäude häuften sie nach alter Väter Sitte unter dem Gesetz den Zehnt, die gewonnenen Waffen und Reichtümer ihrer Feinde auf und was von Schiffsbeute oder auch im Landkampf erbeutet war. Auch stellten sie dort die goldenen oder silbernen Becher auf, aus denen die Edlen und Machthaber zu weissagen, zu schmausen und zu zechen pflegten, damit sie an den Tagen der Festlichkeiten wie aus einem Heiligtum herausgetragen würden. Auch bewahrten sie dort die mächtigen Hörner der wilden Stiere auf vergoldet, mit eingesetzten Edelsteinen, geeignet fürs Trinken, und Hörner, geeignet zum Blasen, Dolche und Messer, viel kostbares und schön anzusehendes Gerät zur Zier und Ehre ihrer Götter ... aber die anderen Kontinen* (eine soll das angebliche Triglavbild beherbergt haben) *genossen geringere Verehrung und waren weniger geschmückt. Es waren nur im Umkreis Sitze und Tische drinnen errichtet, weil sie dort ihre Ratsversammlungen und Zusammenkünfte abzuhalten pflegten."*

Von dem Tempel von *Rethra* schreibt Thietmar von Merseburg, bezogen auf das Jahr 1005:

„Im Redariergau liegt die dreieckige und dreitorige Burg Riedegast, rings umgeben von einem großen, für die Einwohner unverletzlich heiligen Walde. Zwei ihrer Tore sind dem Zutritt geöffnet. Das dritte und kleinste Osttor mündet in einen Pfad, der zu einem nahe gelegenen sehr düsteren See führt. In der Burg befindet sich nur ein kunstfertig errichtetes hölzernes Heiligtum, das auf einem Fundament aus Hörnern verschiedenartiger Tiere steht. Außen schmücken seine Wände, soviel man sehen kann, verschiedene, prächtig geschnitzte Bilder von Göttern und Göttinnen. Innen aber stehen von Menschenhänden gemachte Götter, jeder mit eingeschnitztem Namen; furchterregend sind sie mit Helmen und Panzern bekleidet; der höchste heißt Svarozic, und alle Heiden achten und verehren ihn besonders. Auch dürfen ihre Feldzeichen nur im Falle eines Krieges, und zwar durch Krieger zu Fuß, von dort weggenommen werden. Für die sorgfältige Wahrung dieses Heiligtums haben die Eingeborenen besondere Priester eingesetzt. Wenn man sich dort zum Opfer für die Götzen oder zur Sühnung ihres Zorns versammelt, dürfen sie sitzen, während alle anderen stehen; geheimnisvoll murmeln sie zusammen, während sie zitternd die Erde aufgraben, um dort durch Loswurf Gewißheit über fragliche Dinge zu erlangen. Dann bedecken sie die Lose mit grünem Rasen, stecken zwei Lanzenspitzen kreuzweise in die Erde und führen in demütiger Ergebenheit ein Roß darüber, das als das Größte unter allen von ihnen heilig gehalten wird; haben sie zunächst durch Loswurf Antwort erhalten, weissagen sie durch das gleichsam göttliche Tier nochmals. Ergibt sich beidemale das gleiche Vorzeichen, dann setzt man es in die

Abb. 77: Bauschema der Bohlenwand des Tempels der Obodriten in der Siedlung bei Groß-Raden im Sternberger See, Mecklenburg. Nach E. Schuldt, 1989.

Tat um. Andernfalls läßt das Volk niedergeschlagen davon ab. Auch bezeugt eine alte, schon mehrfach als falsch erwiesene Kunde, aus dem See steige ein großer Eber mit weißen, von Schaum glänzenden Hauern empor, wälze sich voller Freude schrecklich im Morast und zeige sich vielen, wenn schwere grausame und langwierige Kriege bevorstehen."

Auch hier wird von heiligen Pferden berichtet. Als das Heiligtum 1168 zerstört wurde, wurde das weiße Roß von Bischof Burchard nach Halberstadt geritten. Nach der Sage flohen die Bewohner von Rethra mit ihrem goldenen Götzenbild und versuchten, es irgendwo im Sumpf oder See zu verstecken.

Die Wendenaufstände 983 und 1066 gingen von Rethra aus, dessen Lokalisierung jedoch bis heute nicht gelang. Die Lokalisierung von Schuchardt (1926) mit dem Feldberg in Mecklenburg wird heute nicht mehr gestützt.

Auch in Gnesen stand der Vorgänger des Domes, eine romanische Rundkirche, auf den verbrannten Resten eines quadratischen Holztempels (W. Unverzagt, 1942).

Der einzige Tempel, der bisher mit so reichlichen Resten ausgegraben wurde, daß eine vollständige Rekonstruktion möglich war, ist der von *Groß-Raden* auf einer Halbinsel im Sternberger See südöstlich der Warnow (E. Schuldt, 1976, 1985, 1989). Er gehörte zum Stammesgebiet der Warnen im Reich der Obodriten und wurde nach dendrologischen Daten nach 983 errichtet.

Der Tempel (Abb. 75) mit den Ausmaßen 11 x 7 m war ein im Inneren und an den Wänden pfostenfreier Hallenbau nach skandinavischer Bohlen-Stabbauweise. Er besaß rechteckigen Grundriß, wobei die Giebelwände leicht nach außen gekrümmt waren. Es ist wahrscheinlich mit einem Typ germanischer Heiligtümer vergleichbar, deren einzig besser bekanntes Beispiel die frühchristliche Holzkirche von Hemsö auf Gotland mit Bohlenbauweise ist (Abb. 76) (J. Strzygowski 1929). Den Bohlenwänden mit zwei Zugängen an den Längsseiten waren stelenartige Bohlen mit Köpfen vorgestellt (Abb. 77), die vermutlich kultische Bedeutung hatten. Auch an dem kurzen Wegstück zwischen Siedlung und Tempel standen einige dieser Stelen. Das Dach war ein Walmdach, das mit 1 m langen Schindeln aus Eichenholz gedeckt war und möglicherweise noch über den Umgang reichte. Im Inneren lagen mehrere Pferdeschädel und am Eingang ein Rinderschädel und ein Tonpokal. Um den Tempel führte ein durch ein Geländer abgegrenzter Umgang.

In ähnlicher Lage zur Siedlung wie in Groß-Raden befand sich ein Kultbau am Strande im Südosten der Siedlung Ralswiek (s. Abb. 160), der auf einer von Flechtwerk umgebenen 6,5 m hohen Erdtribüne stand. Er wurde im 8. Jahrhundert zweiräumig mit den Abmessungen von 8 x 11 m und im 9. Jahrhundert von 9 x 16 m errichtet.

Weitere Kultbauten sind bekannt aus der Burg Feldberg der Wilzen (s. Abb. 148, Kap. 7.4.7) und vom Adelssitz auf Hanfwerder (s. Kap. 7.4.7).

Von den Warnen wurde um 1065 in abseitiger Lage (im Grenzbereich der Bistümer Havelberg und Schwerin bei *Parchim* an der Elde) ein heidnisches Heiligtum angelegt. Es ähnelte in Bauweise und Größe von 11,4 × 12,6 m dem älteren und damals nicht mehr bestehenden Heiligtum von Groß-Raden, besaß aber zum Unterschied von diesem kein Dach und hatte je einen schmalen Eingang in den Mitten der Schmalseiten. Im Inneren standen ein runder Pfosten und zwei Spaltbohlen möglicherweise mit Götterbildnissen. Daneben lagen zwei große Steine und neben diesen fand man mehrere Messer, eine Kastrierzange für Pferde und Reste von Spitzen von zwei Lanzen, die, wie chronistisch zum Beispiel von Riedegast, Arkona und Wollin berichtet wird, kultische Bedeutung hatten. In der Umgebung des Tempels fand man Pferdeschädel. Der Tempel besaß einen mit Sand belegten Umgangsweg, neben den Eingängen je zwei Öfen aus Stein und Lehm sowie Steinpodeste. In der Siedlung neben dem Heiligtum fand man Teile von Zaumzeugen, Reste von Sporen, eines Wagens und ein Getreidevorratslager, das Hafer enthielt. Das sind Hinweise darauf, daß bei dem Kult Pferde eine Rolle spielten (H. Keiling 1984).

Auf die gesamtgermanische religiöse Bedeutung von Lanzen, die bereits in broncezeitlichen Steinritzungen in Schweden beginnen und sich auf Gesichtsurnen der Bastarnen fortsetzen (V. Kellermann 1942), sei hier hingewiesen. Bei den West- und Nordgermanen gehören sie zu Odin, am schönsten dargestellt im Lanzenreiter von Hornhausen, bei den Ostvandalen wahrscheinlich zu Svantevit und Triglav. In der Kirche von Wolgast auf Wollin ist ein Bildstein eingemauert, der eine Gestalt mit erhobenen Armen mit einer großen Lanze zeigt (V. Kellermann 1942) (Abb. 78b). Auch aus Wollin wird von einem Pfahl mit einer eingesteckten großen Lanze berichtet.

Lanzen galten nach altem Herkommen bei den Franken und den Langobarden als Herrschaftszeichen und waren bei Herrschaftsübertragungen als Investitursymbol erforderlich. Noch während der Christianisierung ist bei den Franken ein lanzentragender Gott bekannt (Abb. 78a) und mit Christlichem vermengt. Bei den Langobarden wurde der Töter des Fenriswolfes, Widar, der Sohn Odins, vom arianischen Glauben in den Erzengel Michael verwandelt und ihm viele Kirchen von den Langobarden gewidmet. In ostvandalischen Tempeln und Heiligtümern sind verschiedentlich Lanzen gefunden worden. Die Langobarden sahen sich selbst als auserwähltes Volk Odins an. Möglicherweise weist die heilige Lanze aus den Reichsheiltümern, die Heinrich I. 926 vom Burgunderkönig Rudolf erwarb, zu den Langobarden (s. Kap. 9). Im Deutschen Königreich wurden nach Heinrich I. als Zeichen von Herzogsbelehnungen Fahnenlanzen übergeben.

Im dichtbebauten Innenteil von *Jumneta* befand sich auf einem freien und eingezäunten Platz ein Tempel, der infolge der Nachbarschaft von Häusern nicht größer als 5 x 5 m gewesen sein kann. Die Pfosten und Bohlenwände standen auf überkämmten Grundschwellen, was *„dafür sprechen könnte, daß es sich um ein hohes Bauwerk in der Art eines Turmes gehandelt hat“*. Diese Deutung und die Bauart weisen auf Ähnlichkeiten mit germanischen Tempeln vom Typ der Stabkirchen hin. Der Tempel bestand vom 9. Jahrhundert bis zur Christianisierung nach 1100. In einer Ecke des Hofes stand ein Pferdestall. Das Pferd hatte wie in den Heiligtümern von Arkona und Rethra kultische Bedeutung. In der Stadt wurde eine vergoldete Pferdefigur gefunden.

Bei der Christianisierung 1124 wurde eine goldene Triglav-Figur aus der Stadt entführt und versteckt.

a b

Abb. 78:
a. Der fränkische Grabstein von Niederdollendorf, 7. Jh. Nach: W. Menghin, *Die Langobarden*. Stuttgart ca. 1985.
b. Der Jarovitstein von Wolgast, in den Fundamenten der Petri-Kirche eingemauert, 12. Jh. (?) J. Herrmann, *Die Slawen in Deutschland*, Berlin (Ost) 1985.

Aus den benachbarten Häusern um den Tempel sind verschiedenartige Holzfigürchen ergraben worden, darunter einköpfige Figuren und die sehr aussagekräftige des vierköpfigen Svantevit (Abb. 79), die wohl nach Art heutiger Heiligenfiguren Hausgötter waren (W. Filipowiak 1982).

Ein ähnliches Holzfigürchen mit dem viergesichtigen Kopf des Svantevit von 13 cm Länge aus Wachholderholz wurde bei Svendborg auf Fünen gefunden (H. Jansen 1989).

Der Chronist Ebo, der den Bischof Otto von Bamberg 1124 zur Christianisierung der Pommern begleitete, berichtet, daß in Jumneta der Gott Triglav verehrt wurde, dessen Heiligtum noch nicht gefunden wurde, und von einem weiteren Heiligtum, *„wo auch eine in einen Pfosten ungewöhnlicher Größe eingerammte Lanze aufbewahrt wird,“* und wo *„zu Beginn jedes Sommers unter mächtigem Zulauf von Menschen und begleitet von Tänzen das Fest einer Gottheit stattzufinden“* pflegt (W. Filipowiak 1982).

Darstellungen des Triglav als Dreigesicht mit vier Augen, jeweils zwei gemeinsamen, finden sich als Relief in der Kirche von Plau in Mecklenburg und als Schlußstein in den Gewölberippen der Orgelempore der Marienkirche zu Zwickau aus dem 16. Jahrhundert (dort als Ansichtskarte käuflich, bisher unerklärt).

Auch in Stettin und Brandenburg wurde Triglav verehrt. Vielleicht besteht eine Beziehung zu Tiarnarglofi der nordischen Knytlingsaga.

Abb. 79: Die 9,4 cm hohe Figur des vierköpfigen Svantevit (Schwanweiß) aus der Stadt Jumneta auf Wollin. Nach J. Herrmann, *Welt der Slawen*, Berlin (Ost) 1985

Möglicherweise wurde mit diesem Fest der Erntebeginn gefeiert, wie auch sonst im germanischen Bereich. So schreibt Hartknoch (1525) von den kulturell von den Goten überschichteten Prußen: *„Das letzte und meines Erachtens nicht das geringste Argument nehmen wir von dem Gottesdienst der alten Preussen / welcher mit der Religion der im Lande Schweden vormals wohnenden Gothen so übereinkam / daß fast keine größere Gleichheit darinnen hätte können erdacht werden"*. Hartknoch beschreibt ihr Fest zu Erntebeginn. Die Siebenbürger Sachsen brachten 1140 aus ihrer Heimat Flandern bis Westfranken ein Fest zum Erntebeginn mit, das heute noch mit Ährenkränzen zu Peter und Paul am 29. Juni gefeiert wird, oder sie übernahmen es von den Gepiden.

Auch der Fund eines Thorshammeramulettes aus Bernstein in Jumneta ist bemerkenswert.

Daß der germanische Gott Thor auch im Großmährischen Reich verehrt wurde, zeigt der Fund einer Gürtelschnalle aus Mikulčice, die verziert ist mit einer Gestalt, die einen Thorshammer und ein Trinkhorn in den Händen hält (Abb. 49).

In der kleinen Siedlung auf der Fischerinsel im Tollensesee in Brandenburg, die durch eine Brücke erreichbar war, wurde eine zweiköpfige Kultfigur mit Knebelbärten und ihre gut behauene Standsäule (Abb. 80), sowie eine etwa gleich große weibliche Figur, beide aus Eichenholz, in einem Haus und daneben gefunden. Für beide Figuren lassen sich zugehörige Heiligtümer dort nicht nachweisen. Nach der Zerstörung von Arkona und Jumneta 1168 war diese Siedlung, die nach dendrologischer Bestimmung von 1180 bis 1270 bestand, wohl eine Rückzugsstätte, in die diese Bildwerke gerettet wurden. Auf der Insel befand sich nach den Funden von Schlüsseln, einer Bartaxt und einer Lanze der Sitz eines Adligen.

Weitere Bildwerke der Ostvandalen stammen von der Burg Altfriesack bei Neuruppin und aus einer Siedlung bei Jankowo zwischen Gnesen und Hohensalza (E. Gringmuth-Dallmer 1971) (Abb. 81).

Der Bohlenwand des Tempels von Groß-Raden in Stabbau war eine Schmuckfassade vorgestellt aus 2 m langen Planken mit rundlichen und rautenförmigen Köpfen (s. Abb. 77). An einem Anlegesteig von Ralswiek fand man eine 90 cm lange Holzfigur, deren rundlich-dreieckiger Kopf Gesichtszüge trägt mit erkennbarem Schnauz- und Spitzbart. Ein ähnliches Gesicht ist aus der Wikingersiedlung Staraja Ladoga bekannt. Ein diesen ähnliches kleines Brettidol von 6 cm Länge fand sich in einem Hause aus dem Ende des 10. Jahrhunderts in der Oldenburg (Abb. 82). Vergleichbar sind diese Brettidole mit solchen, die an Gefahrenstellen am Bohlenweg durch das Wittemoor, Kreis Wesermarsch, aufgestellt waren und die eine religiöse Schutzbedeutung ähnlich wie heutige Brückenheilige hatten. Die Figuren aus dem Wittemoor stammen aus dem 3. Jahrhundert v.d.Ztr. und belegen mit denen der Schmuckfassaden um den Tempel von Groß-Raden die Tradierung germanischer religiöser Anschauungen über mehr als tausend Jahre hinweg.

Alle aus den ostvandalischen Stammesgebieten bekannt gewordenen Darstellungen zeigen Gesichter mit mächtigen Schnauz- und Spitzbärten. Auch die Doppelfigur von der Fischerhalbinsel (s. Abb. 80) hat solche herabhängenden Spitzbärte, ebenso die Svantevit-Figur in der Kirche von Altenkirchen auf Rügen (s. Abb. 72), wie das vom Svantevit-Standbild im Tempel von Arkona von Saxo Grammaticus geschildert wird. Mit dem bärtigen Odin bestehen Ähnlichkeiten. Die 5,5 cm große Broncefigur eines Gottes aus dem Burgwall von Schwedt/Oder trägt nur einen Schnauzbart. Sie ähnelt auch mit ihrem Hut einer isländischen Thors-Figur etwa gleicher Größe (Abb. 83).

An Beschlägen von Messerscheiden aus ostvandalischem Gebiet und auch aus der Oldenburg finden sich Darstellungen mit Halsringen. Goldene Halsringe, die als besonders kostbare Gold–

Abb. 80: Zweiköpfige Figur aus der Siedlung auf der Fischerinsel im Tollensesee, Brandenburg, 0,68 m hoch. Nach H. Flade, *Holz, Form und Gestalt*, Verlag der Kunst, Dresden 1979.

halskragen in Schweden gefunden wurden (E. Oxenstierna 1966), gelten als Sinnzeichen höchster Heiligkeit (J. Gabriel 1988).

Aus den anschaulichen Schilderungen von Saxo Grammaticus, Thietmar von Merseburg und anderen wird die Verwandtschaft der Religion und ihrer Riten der Ostvandalen mit denen der Nord- und Ostgermanen deutlich. In den Stammesvereinigungen von Nord- und Ostgermanen ist das wohl auch so zu erwarten und in den von rückgekehrten Ostvandalen weitergeführten Heiligtümern von Danzig, auf dem Reif und auf dem Zobten wurde das sicher so geübt wie vorher. Die Liutizen haben Wodan, Thor und Freya verehrt, schreibt Orderis Vitalis (O. Kunkel 1940, Anm. S. 196). Man kann dann wohl nicht fehlgehen, wenn man feststellt, daß wir die besten wenn auch

Abb. 81: Kopf aus Eichenholz, Jankowo, Kreis Mogilno, zwischen Gnesen und Hohensalza. Nach J. Herrmann, *Welt der Slawen*, Berlin (Ost) 1985.

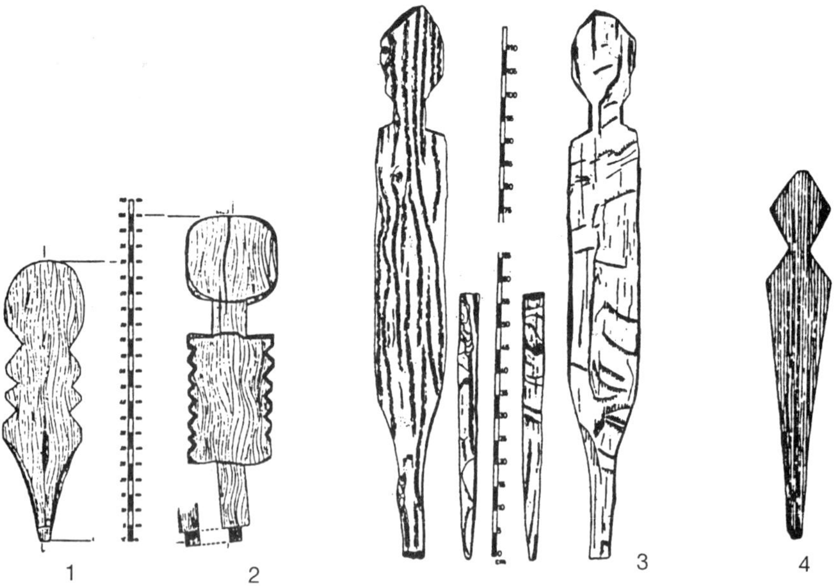

Abb. 82: Drei Figuren, die man für Kultfiguren hält und die neben dem Bohlenweg durch das Wittemoor, Kreis Wesermarsch, an Gefahrenstellen aufgestellt waren, 3. Jahrhundert v.d.Ztr.
1. weibliche, 2. männliche Figur, 3. Vorder- und Rückseite einer Holzfigur mit abgebrochenem Unterteil (dieses daneben), 4. Angebliches Brettidol von 6 cm Größe aus einem Hause aus der Burg Oldenburg, Ende 10. Jahrhundert 1.–3. nach H. Hayen 1971; 4. nach J. Gabriel 1988.

Abb. 83: Broncefigur des Thor aus Island, rechts: Broncefigur aus dem Burgwall Schwedt/Oder. Nach Paulsen, *Axt und Kreuz in Nord- und Osteuropa*, Bonn 1956.

verzerrten Schilderungen der germanischen Religion den frühmittelalterlichen deutschen Chronisten über die „slawischen" Kultstätten verdanken.

Das Hauszeichen mit der Rune Tyr für ostvandalische Fürstengeschlechter ist ein weiterer Hinweis für die Ähnlichkeit der religiösen Vorstellungen der Ostvandalen mit denen der Nord- und Binnengermanen. Tyr war der indogermanische Hauptgott, dem damals anscheinend Pferdeopfer dargebracht wurden. Dann war er altgermanischer Kriegsgott. Die Rune Tyr war anfänglich das Zeichen für Schwert. Tyr zu Ehren wurden weiße Pferde gehalten, Pferde geopfert und Schwerttänze aufgeführt. Besondere Verehrer von Tyr waren die Semnonen mit einem heiligen Hain in Brandenburg als Hauptsitz der Verehrung, dann die Quaden, Sachsen und Thüringer. Noch im 9. Jahrhundert war Tyr der Hauptgott der Wikinger (R. Meyer 1909). Die Sklavikniden in Böhmen führten die Rune Tyr als Hauszeichen.

Die Ähnlichkeiten zwischen der Religion der West- und Nordgermanen einerseits und der der Ostvandalen andererseits sind noch heute in Volksbräuchen nachzuweisen. In Weißrußland finden sich noch heute an den Giebeln älterer Bauernhäuser gekreuzte hölzerne Pferdeköpfe wie in Niedersachsen.

Die germanische Welt war als eine weitgehend von außen unbeeinflußte Ganzheit entstanden. Diese Ganzheit, ausgehend von der Familie und der Sippe, umfaßte den gesamten Aufbau des Volks- und Staatslebens, sei es auf dem Gebiet der Abstammung oder dem Gebiet von Religion, Wertordnung und Recht. Dies führte nach Berührungen mit Völkern und Religionen des Mittelmeerraumes dazu, daß Christus nur als germanischer König vorstellbar war und nur so Eingang in die germanische Welt finden konnte. Wo dies geschah, wie im Bereich des arianischen Christentums, ging die Übernahme der neuen Religion weitgehend ohne Widerstände vor sich. Noch mancher romanische Christus trägt diese Züge (Abb. 95). Andererseits mußte natürlich die durch römisch-katholische Intoleranz vollzogene Christianisierung größte Widerstände hervorrufen.

Nach germanischem Herkommen war der vom Thing gewählte Fürst der Heilsträger seines Volkes, oberster Richter und Heerführer. Als Heilsträger hatte er sakrale Aufgaben, er hatte die

Feste und Opfer auszurichten, z.B. die Opfermahlzeiten, die in der Halle des Fürsten über dem Langfeuer bereitet wurden. Beim Übertritt zum Christentum gingen diese sakralen Aufgaben verloren und wurden ersetzt durch den Anspruch der erblichen Alleinherrschaft. Damit wurden die Fürsten Träger einer fremden und feindlichen Ordnung und das gesamte bisherige Ordnungs- und Wertgefüge zerbrach. Doch im Verborgenen oder in angepaßter Form hielt sich der alte Glaube noch jahrhundertelang, z.B. in manchen germanischen Traditionen, welche die Siebenbürger Sachsen bei ihrer Ansiedlung in Siebenbürgen 1140 aus der alten Heimat mitbrachten und noch im 20. Jahrhundert übten. Ein Teil der alten Bräuche konnte sogar offen beibehalten werden, wie bei den Herzogseinsetzungen der Karantanen auf dem Zollfelde, was bereits im Mittelalter Staunen erregte.

Noch bei Beginn der Christianisierung lassen sich Gemeinsamkeiten in den ersten Steinkirchen finden, die mit quadratischem Grundriß und als Rundkirchen mit runder Apsis sich von Schweden über Dänemark, Holstein, Polen, hier in ersten Bauten auf dem Wavel zu Krakau, bis nach Kroatien (J. Strzygowski 1929) finden und mit dynastischen Beziehungen erklärt werden (H. Ludat 1952).

Die auf dem Harlunger Berg bei Brandenburg nach der endgültigen Wiedereinnahme im 11. Jahrhundert errichtete Marienkirche wurde von König Friedrich Wilhelm I. abgerissen. Das zuvor angefertigte Modell zeigt einen kuppelbedeckten, fast quadratischen Bau mit 4 Apsiden und innen 4 Mittelsäulen, dessen Grundriß vom heidnischen Tempel übernommen worden sein soll. Aus der ersten Zeit der Christianisierung sind aus dem Großmährischen Reich und aus Kroatien Kirchen mit quadratischem Grundriß erhalten. Am Fuße des Berges bei Split, auf dem die Pfalz eines kroatischen Fürsten stand, liegt eine solche Kirche mit lichter Weite von 9,5 m, die mit ihren 12 Säulen darin einer 12-Masten-Stabkirche ähnelt. Aus derartigen kroatischen Kirchen befinden sich Teile in den Museen von Knin und Nin in Kroatien (J. Strzygowski 1929).

5.3 Germanische Ornamentik und Plastik

Auf einen Ausschnitt aus dem Bereich der Kunst, die Ornamentik, sei hier besonders eingegangen, da sie im allgemeinen Sinne religiöse Inhalte und gesamtgermanische Verbreitung hat. Sie äußert sich vor allem in den Tierstilen und der Flechtbandornamentik. Beide gehen zeitweise nebeneinander her, vielleicht, weil unterschiedliche Inhalte bestehen.

Die germanische Kunst gestaltete nicht bildlich, naturalistisch und individualistisch wie die Kunst der Griechen und Römer, deren Leistungen vor allem in der Plastik der menschlichen Gestalt gipfeln, sondern in der Ornamentik, deren mythische Inhalte als Sinnbilder verstanden werden. Die stark vereinfachten Tiergestalten der Tierstile hatten vielleicht Dämonen- und Unheil-abwehrende Bedeutungen, es sind aber auch andere Bedeutungen denkbar, z.B. seelische Verbundenheit mit Tieren oder mit bestimmten Eigenschaften von Tieren, siehe z.B. Drachenboote. Die Verbreitung dieser Ornamentik über Nord-, West- und Ostgermanen zeigt Gemeinsamkeiten, die auch die Ostvandalen einschlossen. Bei den Kroaten war noch in der Zeit des ersten Kirchenbaues die germanische Mythologie bekannt, obwohl die bereits vor ihnen dorthin gekommenen Ostgoten Arianer waren. In den langobardischen Bauhütten war der alte Glaube noch nach 1100 lebendig. Auch die Darstellung menschlicher Gestalten, zuerst als Götterbildnisse wie auf den Reitersteinen von Hornhausen, den skandinavischen Bildsteinen oder aus den stabkirchenartigen ostvandalischen Tempeln wurde bald beherrscht. Noch nachdem unser Volk begonnen hatte, sich als Deutsche zu bezeichnen (s. Kap. 9), sind in den Naumburger Stifterfiguren aus der ehemaligen Berührung von Ostvandalen mit Westgermanen höchste künstlerische germanische Leistungen entstanden, die auch die Ostvandalen mit einschließen.

Während die Bandornamentik die ältere ist – es gibt schon Beispiele aus der germanischen jüngeren Broncezeit und wieder auf skandinavischen Fibeln des 2. Jahrhunderts –, löste der erste Tierstil um das Jahr 500 den Nydamstil ab. Dieser entstand in Südskandinavien und verziert Metallarbeiten, Fibeln, Riemenbeschläge und Ähnliches mit regelmäßigen und symmetrischen Mustern aus Spiralen und Schleifen mit stark vereinfachten Tiersymbolen an den Fibelrändern. Ein solcher Fibeltyp mit Masken als Fußabschluß ist fast über das gesamte Gebiet verbreitet, das die Ostvandalen auf ihren Wanderungen bis nach Kleinasien und den Peloponnes erreichten (s. Kap 4.2.7 und Abb. 23). Die Fibeln sind Beigaben in Brandgräbern, aber auch in den nach ihrer Rückkehr aus dem Osten von Westgermanen übernommenen Körper-(Reihen-)Gräbern, wie in einem der ersten Friedhöfe dieser Art von Theben-Neudorf um das Jahr 600 n.d.Ztr.

Nach dem Nydamstil (ca. 400–475) entstanden in Skandinavien die Tierstile, die mit Tierstil 1 bis 3 im 6. bis 8. Jahrhundert, dann im 9. Jahrhundert mit dem Osebergstil, im 9. und 10. Jahrhundert im Barrestil, im 10. Jahrhundert im Jellingstil, zu Ende des 10. Jahrhunderts im Mammenstil, daneben und danach im Ringerikestil und bis zuletzt im Schmuck der Stabkirchen mit dem Urnesstil weiter entwickelt wurden. Alle diese organisch auseinander entstandenen Stile haben nur im Tierstil 1 und 2 Verbreitung mit eigener Herstellung unter den Germanen südlich der Ostsee gefunden. Und nur im Tierstil 2, der im Süden der Ostsee länger als im Norden gepflegt wurde, kam es zur zeitgleichen Verwendung von Tierstil und Flechtbandornamentik und zur Vereinigung im gleichen Ornament. Die Flechtbandornamentik schließlich überdauerte die Tierstile im Süden und wurde noch nach 1100 durch Angehörige langobardischer Bauhütten im romanischen Kirchenbau angewandt.

Auf den alten Wanderwegen von Skandinavien über das Meer nach Südostengland, nach Jütland und über die Ostsee bis zur Weichsel gelangte der Tierstil 1 um und nach 550 nach Westen und Süden und wurde in Mittelengland, bei den Franken, Alemannen, Sachsen und Thüringern mit eigenen Werkstätten heimisch (Abb. 84). Den Langobarden war der Tierstil 1 schon im Lande der Rugier nördlich der Donau, das sie 489 erobert hatten, bekannt und in Pannonien, in das sie im Jahre 526 kamen, war ihnen der Tierstil 2 bekannt. Von dort gelangte er zu den Gepiden. Die Langobarden verwendeten ihn dort an Metallsachen, die sie 568 mit nach Italien brachten (J. Werner 1962). Aus Italien gelangten dann zahlreiche Importstücke in die anderen Länder des merowingischen Kulturkreises: England, Franken, Alemannien bis nach Thüringen.

Als erste überlieferte Bildhauerarbeit in Stein entstand südlich der Ostsee zwischen 600 und 650 durch einen heidnischen Schweden Steinplatten mit Reliefs, darunter die Platte mit dem sogenannten Lanzenreiter von Hornhausen (s. Titelblatt) bei Oschersleben im Nordthüringgau (K. Böhner 1976). Unter den Reiterbildern befinden sich Reliefs im Tierstil 2. Diese sind bemerkenswerterweise den 150 Jahre jüngeren Reliefs in Tierstil 2 auf Chorschrankenplatten von Müstair sehr ähnlich (Abb. 85). Die Platten waren hinter zwei beigabenarmen Gräbern sozial Herausgehobener nach der Nachbearbeitung der oberen und unteren Schmalkante der Platte 1, von der die Platte 2 eine Kopie ist, aufgestellt, Stein 1 bereits in zweiter Aufstellung. Die Steine wurden bis in das Dorf Hornhausen verstreut aufgefunden (H. Hahne 1923). Sie werden als Chorschrankenplatten einer Kirche gedeutet (K. Böhner 1976), die jedoch in der Umgebung der zwei Gräber nicht nachgewiesen werden konnte (W. Schulz 1956). Die Reiterbilder wurden lange von der Christianisierung des Nordthüringgaues dort angefertigt. Der Nordthüringgau kam nach der

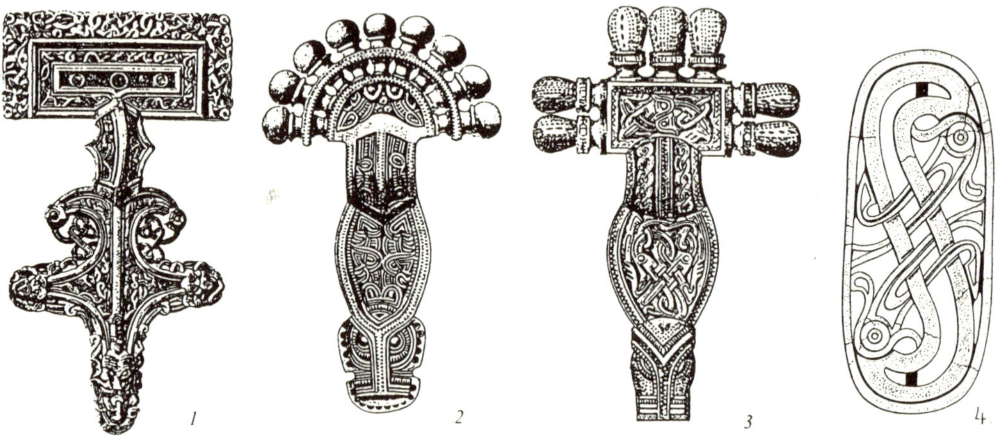

Abb. 84: Fibeln im Tierstil
1. Norwegische Fibel, Ende des Tierstiles 1, vor 600 n.d.Ztr., Amt Hedemarken,
2. langobardische Fibel im Tierstil 2, Udine,
3. fränkische Fibel im Tierstil 2, Würzburg,
4. ovale Plattenfibel, Starigard/Oldenburg im Tierstil 2.
Nach: 1 bis 3, R. Salin, *Die altgermanische Tierornamentik,* Stockholm 1935; 4, M. Müller-Wille, *Starigard/ Oldenburg,* Neumünster 1991

Zerstörung des Thüringer Reiches durch den Franken Theuderich 531 an das Herzogtum Sachsen, das damit bis an die Elbe reichte. Sachsen wurde jedoch erst durch Karl den Großen zwangschristianisiert. In Morsleben 30 km weiter nördlich wurde ein wesentlich schlechter erhaltener Stein gefunden, der ebenfalls ein den Hornhausener Steinen fast gleiches Relief in Tierstil 2 trägt und jünger als die Hornhausener Steine sein soll.

Die Deutung als Chorschrankenplatten einer christlichen Kirche ist sicher nicht richtig. Platte 1 wird Teil eines heidnischen Heiligtums gewesen sein. Ein solches hat wohl nicht weit von Hornhausen bei Gutenswegen, früher Wuotansweg, bestanden. Auf den Hornhausener Steinen ist der bärtige Reiter mit Schild und Lanze nicht als Kämpfender, sondern als Sinnender ähnlich wie auch auf schwedischen Bildsteinen dargestellt. Die schon früher ausgesprochene Deutung als der reitende Gott Odin ist naheliegend.

Im 8. Jahrhundert findet der Tierstil 2 in Mitteleuropa auf Metallsachen sein Ende. Auf dem Umweg über Irland und die irisch-angelsächsische Mission gelangte er noch zu einer letzten Ausbildung durch eine langobardische Steinmetzschule in Müstair (Münster) in Graubünden nördlich des Ortler.

Der Tierstil 1 kam gegen Mitte des 6. Jahrhunderts zu den Franken in das Mittelrheingebiet, zu den Alemannen und den Langobarden in Pannonien und dann in das schon christianisierte Irland und wurde dort von irischen Mönchen in Schreibschulen gepflegt. Im Buch von Durrow, in einem Kloster an der irischen Ostküste nach 600 entstanden und im Buch von Lindisfarne in einem Kloster an der englischen Ostküste um 700 entstanden, wird der Tierstil 2 abgewandelt. Es erscheinen nicht nur bandartig verschlungene Tiere mit symbolhaft vereinfachten Köpfen, sondern auch mehr naturalistisch gestaltete (G. Haseloff 1987, U. Roth 1987). Mit den irischen Mönchen kam diese Kunst nach 600 auf den Kontinent, verbreitete sich als anglokarolingischer Tierstil mit ihnen und ist in Erzeugnissen der Schreibschulen der damaligen Kulturzentren, z.B. des Klosters St. Gallen, erhalten. Der Tassilokelch, gestiftet von Tassilo III. und seiner Gemahling Liutperga, einer Tochter des letzten Langobardenkönigs Desiderius, entstand wahrscheinlich zwischen 777 und 788 im Kloster Mondsee. Er zeigt zwischen den Medaillons diese Tierornamentik mit Flechtbandumrahmung (V. Bierbrauer 1988).

Im Kloster Müstair, gegründet zwischen 774 und 786 vom Bischof von Chur, finden sich Chorschrankensteine der ersten Kirche in einem Tierstil, der sonst beispiellos ist, zusammen mit Flechtbandornamentik (G. Haseloff 1980), die in einer langobardischen Steinmetzwerkstatt aus dem oberen Vinschgau hergestellt wurden (Abb. 85). Dieser Tierstil läßt den Weg über die irische Mission erkennen. Die quergestreiften und bandverschlungenen Tiere sind ähnlich solchen vom älteren Lindauer Buchdeckel. In dieser Werkstatt muß das Wissen der Tierstile, welche die Langobarden bereits 568 beim Einzug nach Italien mitbrachten, mit dem Wissen vom Wesen der Bandornamentik zusammengetroffen sein bzw. noch bekannt gewesen sein.

Einen anderen Ursprung, andere Verbreitung und andere Inhalte als die Tierstile hat die Flechtbandornamentik, die über den gesamtgermanischen Bereich von Nordafrika, Spanien, Italien, Dalmatien, Kärnten, Deutschland, England, Skandinavien bis nach Osteuropa verbreitet ist und sich über die Zeit von 450 bis nach 1150 n.d.Ztr. erstreckt. Während im byzantinischen Kulturbereich einfach gedrehte Zweibandstreifen auf Schmuck und in Kirchen verbreitet sind und in der im byzantinischen Stil in Ravenna unter Theoderich dem Großen errichteten Kirche von San Vitale auch zopfartige Dreibandgeflechte vorkommen, ist auf einem Holzbalken aus dem langobardischen Königsgrab von Žuran bei Brünn von 539 schon ein Flechtband nachgewiesen. Die Unterschiede der byzantinischen und der germanischen Ornamentik bestehen bei der ersten in geometrischer Regelmäßigkeit, strengem Rhythmus und Symmetrie, während bei der zweiten auf größeren Flächen scheinbare Unregelmäßigkeiten, Unsymmetrien im Kleinen wie im Großen und unsymmetrische Wechsel der Muster hervortreten. Als Steinmetzarbeiten werden die einzelnen Bänder meist 2- und 3zeilig ausgeführt (Abb. 86). Die Bedeutung der Flechtbänder als Lebensatem, der Odins Mund entspringt, wurde von den Langobarden wiederholt dargestellt (Abb. 87).

In verschiedenen Zentren germanischer Kunst wurden Tierstile und Flechtbänder gleichzeitig verwendet, bei den Langobarden auf Fibeln und Goldblattkreuzen, in SO-England, im Schiffsgrab des 624 gestorbenen Königs Redwald von Suttan Hoo, in Ostirland, auf den schwedischen Bildsteinen bis zum Ende der Wikingerzeit um 1050, in den Klosterwerkstätten des Bistums Salzburg bis 800, mit den Verzierungen auf dem Tassilokelch und den Flechtbändern auf dem Cundbaldkelch (J. Werner 1966) und außerhalb der kirchlichen Kunst im alemannischen und bayrischen Raum mit Metallarbeiten auf Fibeln und Gürtel- und Riemenfassungen der Beigaben in Reihengräbern (W. Menghin 1990, H. Roth 1986).

Die Langobarden, die von allen germanischen Stämmen die Flechtbandornamentik am intensivsten pflegten, kannten diese bereits vor Eroberung des Landes der Rugier, von Niederösterreich und dem Marchviertel, im Jahre 489. Damals waren sie noch Heiden. Der Stammesname folgt aus ihrem Odinskult nach Odin, dem Langbärtigen. Odin wird am Weltenende vom Fenriswolf verschlungen. Aber sein Sohn Widar übersteht die Götterdämmerung und tötet den Fenriswolf mit einem Stoß seiner Lanze in dessen Rachen. Odins und Widars Lanzen spielen in der germanischen Mythologie eine große Rolle. Der Lanzenreiter Odin wird auf Bildsteinen in Skandinavien wie auf den Bildsteinen von Hornhausen dargestellt (K. Boehner 1976), welche nach den

1.

2.

3.

4.

5.

Abb. 85: 1. Relief im Tierstil 2 unter dem Reiterstein von Hornhausen bei Oschersleben, vor 650.
2. Verzierung einer Riemenzunge aus einem Einzelgrab eines ostvandalischen Kriegers mit den Beigaben einer fränkischen Spatha, einer Bartaxt, Messer, Riemenzunge fränkischer Herstellung, Medvedicka a.d. Drau, Nordkroatien, um 800. Ev. Grab eines Teilnehmers an den fränkischen Awarenzügen als Gefolgsmann des fränkischen Markgrafen von Friaul, umgezeichnet von G. Haseloff, Riemenbeschläge in flechtbandartigem Tierstil.
3. Verzierung einer Riemenzunge aus alemannischen Reihengräbern von Metzingen, Tierstil 2, in der Umzeichnung sind vier Tiere erkennbar (Augen als Punkte bzw. Kreise).
4. Vergoldete Riemenzunge des angelsächsischen Königs Redwald († 624) aus dem Schiffsgrab von Suttan Hoo.
5. Chorschrankensteine von Müstair, Graubünden, um 800.

Nach: 1. H. Hahne 1921, 2. H. Roth, 1986 (Z. Vinski 1977/78), 3. G. Haseloff 1979, 4. R. Bruce-Mitford II, 1978; 5. G. Haseloff 1980.

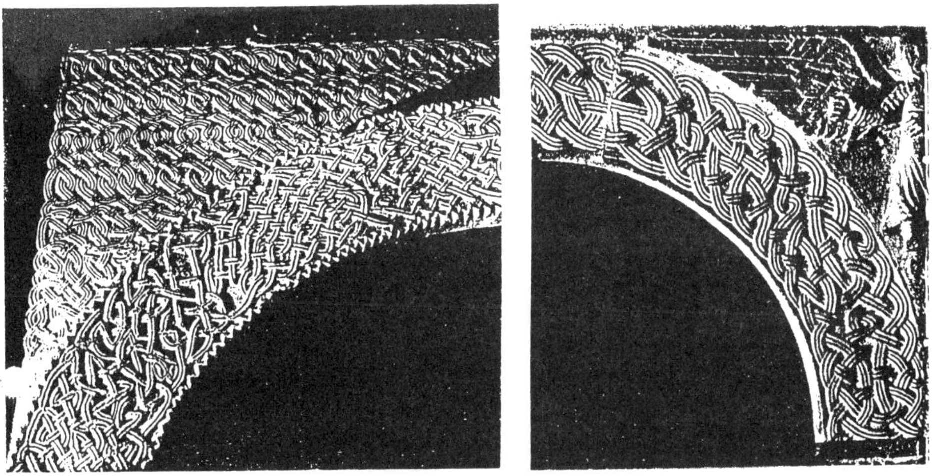

Abb. 86: Flechtbandornamentik aus langobardischen Kirchen; links: S. Giovanni, Palombara Sabina nördlich von Rom, rechts: Kanzel aus S. Ambrogie, Mailand, 9. Jahrhundert. Nach R. Kutzli, *Langobardische Kunst, die Sprache der Flechtbänder*, Stuttgart 1986

Bildsteinen Skandinaviens und den langobardischen Steinarbeiten die ersten germanischen sind. In manchem ostvandalischen Tempel fand man kultischen Zwecken dienende Lanzen. Die heilige Lanze gehörte zu den Reichsheiltümern des Regnum Theodiscum (s. Kap. 9).

In Pannonien wurden die Langobarden nach 526 Arianer und verbanden ihr Bekenntnis organisch mit dem Heidentum. Widar, der Töter des Fenriswolfes, wurde zu Michael, dem Drachentöter. Schon in ihrem Siedlungsgebiet an der Niederelbe in der Nähe des Odinsheiligtums der Externsteine bekannten sich die Langobarden zu Odin und waren Odins auserwähltes Volk. Von langobardischen Steinmetzschulen wurden noch nach Ende des langobardischen Reiches im Jahre 774 die Themen: der Fenriswolf verschlingt Odin, der Fenriswolf verschlingt die aus Odins Mund als Atem des Lebens strömenden Flechtbänder, Widar (Michael) tötet den Fenriswolf, wiederholt dargestellt (R. Kutzli 1986) (Abb. 88). Viele langobardische Kirchen sind dem Erzengel Michael geweiht. Besonders viele Fenriswölfe sind in den Außenfriesen von St. Servatius in Quedlinburg dargestellt.

Als Arianer, die dem Papst am nächsten siedelten, wurden die Langobarden von den Päpsten erbarmungslos verfolgt als *„abtrünnige Ketzer, ärger als Heiden, wucherndes Fleisch am Körper der heiligen Kirche, verpestete Menschen, Schweine, mit denen man sich nicht zu Tisch setzen kann“* (E. Schaffran 1938), sogar dann noch, als nach ihrer katholischen Königin Theodolinde († 626) ihre Bekehrung zum Katholizismus begann. Sämtliche weltlichen Bauten der Langobarden und viele ihrer Kirchen wurden Opfer der päpstlichen Zerstörungswut. Auf Einwirkung des Papstes mit einem Schreiben, verstieß Karl der Große seine erste langobardische Gemahlin Irmingard und unterwarf die Langobarden 774.

In dem Gesetzbuch des langobardischen Königs Rothari (636–653), das bis zum König Aistulf (749–756) weitergeführt wurde, finden sich auch Erlasse für die Genossenschaft der Baumeister und Steinmetzen, die *„magistri comacini“*, den Vorläufern der mittelalterlichen Bauhütten. Nach seinem Sieg über die Langobarden 774 brachte Karl diese langobardischen Fachleute an seinen Hof, die ihm u.a. die erhaltene Königshalle über dem Tor des Klosters Lorsch bauten. In diesen langobardischen Bauhütten wurden die mythischen Inhalte der Flechtbänder und der Reliefplastik gewissermaßen als Geheimwissen weitergegeben. Nur so ist es zu erklären, daß noch um und nach dem Jahr 1000 an mancher Kirche in Rom Flechtbandornamentik angewandt wurde. Noch

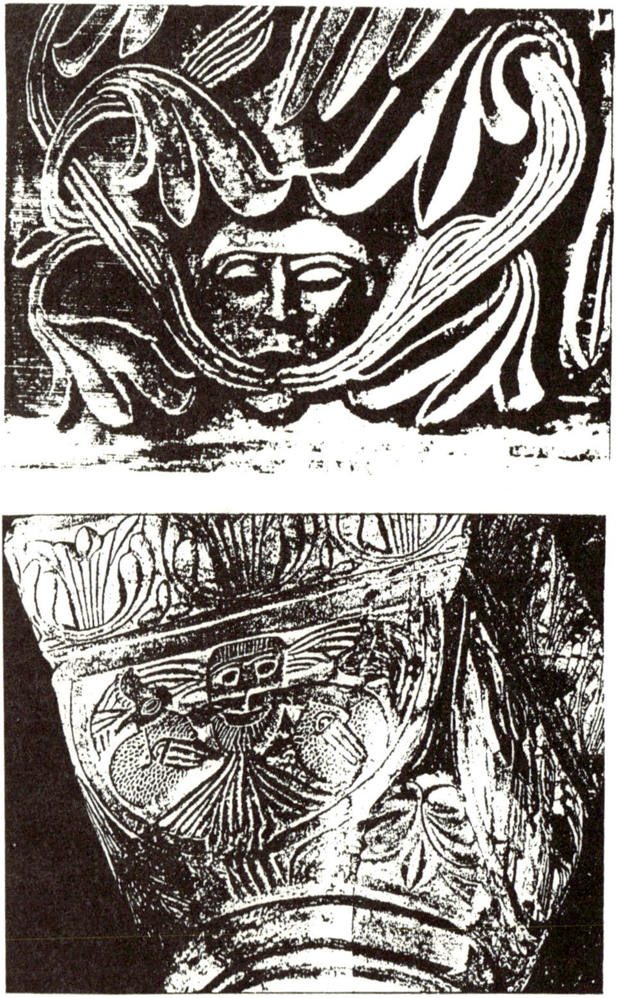

1.

2.

Abb. 87: 1. Die Flechtbänder entströmen dem Munde Odins als Lebensatem, Kanzel in der Kirche S. Giule, Orta-See, Norditalien, nach 1100.
2. Aus dem Munde Odins kommen zwei schlangenartige Tiere, deren Schnäbeln wiederum die Flechtbänder entströmen, Kapitäl im Langhaus St. Servatius, Quedlinburg, Säule SW 8.
Nach: 1. R. Kutzli, *Langobardische Kunst,* Stuttgart 1986; 2. Eigene Aufnahme.

an der nach 1100 von einem *magister comacini* geschaffenen Kanzel in der Kirche auf der Insel im Orta-See in Oberitalien bildete der Künstler neben einer Gestalt von Barlachscher Monumentalität die aus dem Munde Odins strömenden Bänder ab (s. Abb. 87). Bis in die Zeit des Ausklingens dieser langobardischen Kunst nach 1100 wurden aus der Runensymbolik der aufrecht stehende und der umgekehrt stehende Lebensbaum, der Drudenfuß, Sonnensymbole, Bänderknoten und weiteres, was aus germanisch-heidnischem Wissen weitergegeben worden war, zusammen mit christlichen Symbolen dargestellt (Abb. 89). Das Kreuz wurde aus Flechtbändern, dem Lebensatem aus Odins Mund geformt (E. Schaffran 1941, F. Kayser 1965, R. Kutzli 1986). Die

Abb. 88: 1. Der Fenriswolf verschlingt Flechtbänder, aus altkroatischen Kirchen, im Archäologischen Museum in Split, Kroatien.
2. Der Fenriswolf verschlingt Flechtbänder, Kapitäl aus S. Ambrogio, Mailand, 9. Jahrhundert.
Dem Fenriswolf ist jedoch der Atem des Lebens aus Odins Mund unbekömmlich, das verschlungene Band kommt unverdaut hinten wieder heraus (1.) bzw. der Fenriswolf krümmt sich zum Knoten (2.).
Nach R. Kutzli, *Langobardische Kunst, die Sprache der Flechtbänder,* Stuttgart 1986.

Abb. 89: Germanische Mythologie aus langobardischen Bauhütten, Flechtbänder, Lebensbäume, Sonnenzeichen zusammen mit christlicher Symbolik, das Kreuz aus Flechtbändern, Sandsteinplatte aus Lauterach, Vorarlberg, 9. Jahrhundert.
Nach K. Ginhart, 1942.

Runen waren den Langobarden schon in Pannonien bekannt (H. Reinerth III, 1940). In diesem mythischen Wissen Geschulte legten als Angehörige mittelalterlicher Bauhütten bis nach 1100 in Domen und Kirchen zu Lund in Schonen, Quedlinburg, bis nach Rom und Dalmatien Zeugnis davon ab.

Diese langobardischen Steinmetzschulen und Bauhütten waren neben den Künstlern der Stabkirchen die letzten, die Zeugnisse der großen germanischen Kunst schufen, die ihre heidnischen Inhalte kannten und sie weit in die christliche Zeit hineintrugen.

An den von den langobardischen Baumeistern und Bauhütten errichteten Gebäuden wendeten diese die von König Liutprand (712–744) im Nachtrag zu König Rotharis Gesetzen festgelegten Längeneinheiten von 28,5 cm und 1,5 x 28,5 = 42,75 cm an, so nördlich der Alpen in der Torhalle von Lorsch (nach 774), der Justinusbasilika in Höchst (vor 847), der Einhartsbasilika zu Seligenstadt a.M. (ab 834), der ersten Pfarrkirche von Unterregenbach a.d. Jagst (um 800), in Hirsau, Quedlinburg und im Palas der Burg Tyrol. In Kärnten findet sich verstreut eine Anzahl von Flechtwerksteinen, auch unter dem Westgiebel des Doms von Gurk ist ein Flechtbandstreifen erhalten. Besonders große Flechtbandsteine mit Korbmustern sind aus der abgegangenen Kirche St. Peter in Moosburg WNW von Klagenfurt erhalten. Das weist darauf hin, daß Arnulf, als er das Herzogtum Karantanien 876 erhalten hatte, dort neben seiner Pfalz langobardische Bauhüttenleute beschäftigte.

Abb. 90: St. Servatius in Quedlinburg, Mittelsäule des W-Eingangs in das Langhaus. Nach käuflicher Postkarte.

Der nach Lorsch einzige erhaltene weltliche und zugleich letzte Bau einer langobardischen Bauhütte ist das Gebäude mit dem großen Vinsch auf der Burg Tyrol bei Meran. Die Burg wurde nach dem Erhalt des Lehens der Grafschaft Vinschgau 1106 um 1150 von den sich dann nach dieser Burg nennenden Grafen von Tirol erbaut. Dort messen die zwei 2-Bogenfenster in der Breite 1,70 m = 3 x 43 cm und das 3-Bogenfenster 2,35 m = 5 x 43 + 20 cm (für den breiteren Mittelbogen). Dieser Saal ist zweischiffig wie die Fürstensäle der Palasbauten des Frühmittelalters. Es besteht damit die Möglichkeit, daß in diesem einzigen erhaltenen nichtkirchlichen langobardischen Bau noch ältere germanische Bautraditionen erkennbar sind. Auch die beiden Portale dieses Saales sind langobardische Gestaltungen mit zyklopischen Tieren, unsymmetrischen Flechtbandstücken und dem Lebensbaum. Am bemerkenswertesten ist die Darstellung der Kreuzabnahme im Tympanon über dem Kapellenportal mit dem Kreuz in Form der Lebensrune.

Auch in der 1129 geweihten Stiftskirche St. Servatius zu Quedlinburg finden sich in den Pfeiler-Säulen-Abständen der Mitten der Pfeiler und Säulen im Langhaus die Maße 318-315-318 cm = 11,1 x 28,5; 11,0 x 28,4; 11,1 x 28,5 cm (Abb. 90). Die Einheitlichkeit der Ornamentik bis unter die Turmspitze läßt den Schluß zu, daß die Kirche von einer langobardischen Bauhütte in einem Stück entworfen und gebaut wurde. Das ist deshalb so bedeutsam, weil hier gegen Ende der langobardischen Bauhütten überhaupt und daher mit dem Ende des Wissens von der germanischen Mystik ein daran besonders reichhaltiger Bau erhalten ist und zugleich das Geschlecht Heinrichs I. noch einmal seine germanischen Traditionen bezeugte. Heinrich I. wurde ohne kirchliche Mitwirkung

Abb. 91: Säulenkapitel S1n aus der Stiftskirche von Hamersleben, Sachsen-Anhalt. Nach käuflicher Ansichtskarte.

nach germanischem Ritus zum König erhoben. Seine Frau Mathilde war die Ururenkelin Widukinds. Heinrich und Mathilde gründeten das Stift Quedlinburg.

Diese reiche Darstellung germanischer Mystik reicht von vielfältiger Ausbildung von Flechtbändern besonders an Kapitälen, Darstellung von Fenriswölfen, von Adoranten mit erhobenen Händen, bis zu Odin. Ein Kapitäl im Langhaus (Abb. 87) zeigt, wie Schlangenleiber aus Odins Mund quellen. Aus ihren Mäulern entspringen die Flechtbänder, der Lebensatem Odins. Das ist die bisher einzige Darstellung der inhaltlichen Verknüpfung der schlangenartigen Tiere der Tierstile mit den Flechtbändern und Odin selbst. Auf der Westempore findet sich im Wandfries eine weitere Darstellung von Bändern, die aus Odins Mund kommen und in Schlangenleibern mit Dämonenköpfen enden (H. Wäscher 1959).

Die Langobarden pflegten noch im 9. Jahrhundert mancherorts den Schlangenkult. Dem Erzengel Michael als christlichem Nachfolger von Widar liegt ein schlangenartiger Drache friedlich zu Füßen, wurde verschiedentlich dargestellt, so über dem Hauptportal der Krönungskirche in Pavia. Von hier zu schlangenköpfigen Flechtbändern, doppelköpfigen Schlangen auf Baumsärgen von Oberflacht in Schwaben, den Schlangen des Tierstils 2 bis zu den Drachen auf den Giebeln der

Stabkirchen spannte sich dieser Teil des Odinsglaubens. Auf dem Monte Gargano im Herzogtum Benevent vereinigte sich der Kult des Widar mit dem Schlangenkult Odins, und sogar die Kaiser Otto II. und Heinrich II. pilgerten dorthin (H. Noelle 1978).

Michael wurde der Schutzheilige des ostfränkischen Reiches und dann des Reiches der sächsischen und salischen Kaiser. An alten Wodansheiligtümern wurden Michaelskirchen errichtet. Im Dom zu Aachen befindet sich hinter dem Thron Karls des Großen eine Michaelskapelle. Im 6. Jahrhundert wurden als große architektonische Neuschöpfung der Langobarden Türme neben und an den Kirchen errichtet, die oft oben Michaelskapellen enthielten, so noch im Mittelalter z.B. in Schwäbisch Hall. Eine weitere Neuschöpfung der Langobarden waren die Krypten, die aus dem Schlangenkult Odins entstanden.

In der Stiftskirche zu Hamersleben, 30 km nördlich von Quedlinburg, die ohne langobardische Baumaße, also ohne einen langobardischen Baumeister wie bei St. Servatius zu Quedlinburg, aber vor 1150 errichtet wurde, war ein Steinmetz einer langobardischen Bauhütte beteiligt. Er schuf die Kapitäle der Säulen des Langhauses und schmückte sie mit vier verschiedenen Odinsdarstellungen: aus Odins Mund quellen kurze palmettengeschmückte Flechtbänder (N 4 s); aus seinem Mund quellen schlangenartige Fabelwesen (Abb. 91) mit ihm zugewandtem Schnabel, mit Flügeln, Händen und krallenartigen Füßen (S 1 n), so ganz ähnlich in St. Servatius (S W 9, s. Abb. 87); anstatt Flechtbändern quellen zwei breite flache Bänder aus seinem Mund (N 4 w); Odin nicht inmitten der Kapitälseiten, sondern an den unteren Ecken der Kapitäle mit kurzen Palmetten-Flechtbändern sowie mit einem Irminsäulen-artigen Lebensbaum (S 4 w). Diese Darstellungen von Odin wurden als solche von Christus mißdeutet (H. Nickel 1954).

An den dalmatinischen Küsten und im Inneren Dalmatiens gibt es eine große Zahl überkommener Flechtwerksteine, die sich heute in den Museen von Agram, Zadar, Knin, Nin und Split, aber auch in alten Kirchen finden (Abb. 92) (J. Strzygowski 1929). Das zeigt, wie sehr die altkroatische Kunst von Angehörigen der langobardischen Bauhütten ab etwa 800 beeinflußt war und daß diese Kunst von kroatischen Künstlern, die in diesem mythischen Wissen geschult waren, im Auftrag kroatischer Fürsten weiter gepflegt wurde, wie z.B. der flechtbandverschlingende Fenriswolf von Split (Abb. 88) zeigt. Das führte bald zu einer einheimischen Tradition und erlebte im 11. Jahrhundert eine Blüte (Abb. 93) (J. Höfler 1989).

Da die Entwicklung der Flechtbandornamentik erst ab etwa 500 n.d.Ztr. einsetzte, kannten die schon früher aus dem geschlossenen germanischen Kulturbereich Abgewanderten wie die Goten und die Ostvandalen diese nicht. Wie die Verzierungen der prächtigen Tempel der Ostvandalen gestaltet waren, ist unbekannt. Doch ist zu vermuten, daß die Wikinger, die in Haithabu sowie in Wollin, Arkona, Ralswiek und anderen Siedlungen aus ostvandalischem Gebiet zusammen mit Ostvandalen wohnten, diese mit skandinavischer Kunst beeinflußten. Aus wikingischen Niederlassungen z.B. von Novgorod ist Flechtbandornamentik bekannt, die dann bis in das Mittelalter an russischen Bauernhäusern verwendet wurde (Abb. 94).

Auch vom Vorgängerbau des Doms auf dem Wavel in Krakau ist ein Flechtwerkstein überkommen (Abb. 92), der solchen aus Kroatien ähnelt und den weiten Wirkungsbereich dieser Bauhütten bis zu den Ostvandalen zeigt. Auch auf Holzgeräten der Ostvandalen westlich der Weichsel finden sich Verzierungen mit Flechtbändern (J. Herrmann 1985).

So kann diese Ornamentik mit ihren religiösen Wurzeln als Ausdruck einer eigenen Kultur angesehen werden, die über den gesamten germanischen Bereich verbreitet war und dann mit Übernahme des katholischen Christentums unterging.

1.

2.
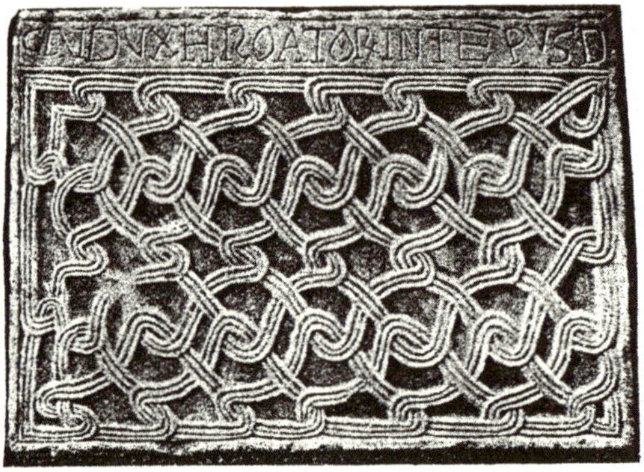

3.
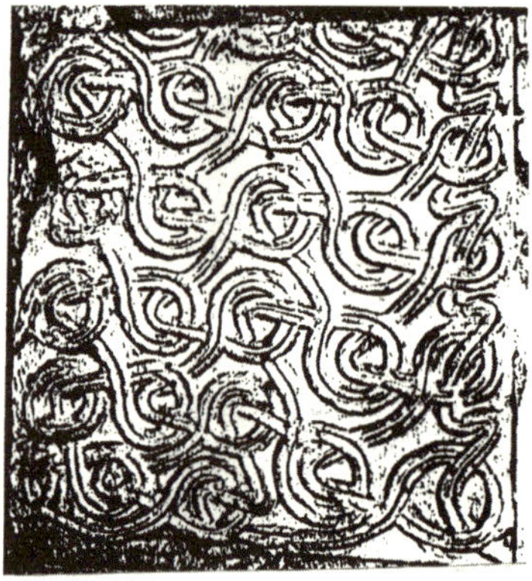

Abb. 92: Germanische Flechtbandornamente an frühen Kirchen

1. Zierplatten aus altkroatischen Kirchen, Museum Knin, Kroatien. Nach J. Strzygowski, *Die altslawische Kunst,* Augsburg 1929.

2. Chorschrankenplatte aus einer altkroatischen Kirche, Museum Knin, Kroatien.

3. Chorschrankenplatte aus einer Vorgängerkirche des Doms auf dem Wavel, Krakau, dort in einer Seitentreppe eingemauert.

Nach J. Strzygowski, 1929.

Abb. 93: Split, Baptisterium, die Platte stammt aus der Kirche St. Peter und St. Moses in Solin, ca. 20 km NNO Split, der Krönungskirche eines kroatischen Königs, vor 1070.
Nach: J. Herrmann, *Welt der Slawen,* Leipzig 1986.

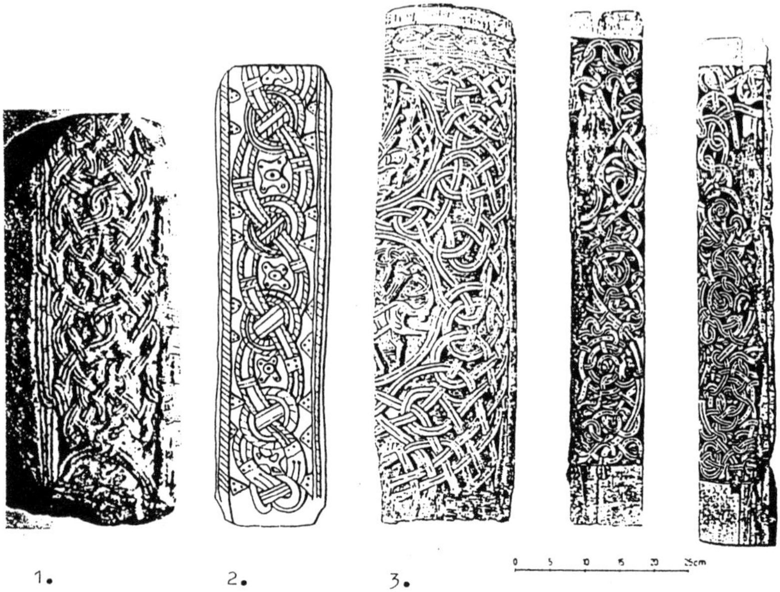

Abb. 94: Flechtbandornamente der Ostvandalen
1. von Zalavar, Moosburg am Plattensee,
2. Geweihplättchen aus Stettin, 12. Jh., 11,6 cm lang,
3. Flechtbandornamente in Holz von mittelalterlichen russischen Bauernhäusern.
Nach: 1) G. Tibor, *Magyaroszag Romankori Emelekei,* Bizottsaga 1938; 2) J. Herrmann, *Wikinger und Slawen,* Neumünster 1982; 3) M. Lissenko, *Die russische Holzbaukunst,* München 1989

5.4 Das arianische Christentum

Da die meisten germanischen Stämme außer den Franken und Sachsen während der Völkerwanderung Arianer geworden waren, ist ein kurzer Blick auf den Arianismus geboten, weil dieser dem germanischen Wesen und seiner Religion näher stand als der Katholizismus. *„Mit der Übernahme des* (katholischen) *Christentums wurde eine große Kultur zerstört"* (Prof. Lamm, Stockholm, persönl. Mitt.).

Der dogmatisch wichtigste Unterschied zwischen Katholizismus und Arianismus beruht auf der von Bischof Athanasius in Alexandrien (295–373) in der Dreieinigkeit vertretenen Identität von Gott Vater, Sohn und Heiligem Geist, während Arius (260–336) die Lehre von den verschiedenen Personen mit verschiedenen Graden der Göttlichkeit vertrat, die sowohl der christlichen Urreligion der Essener Sekte wie auch der historischen Wahrheit besser entspricht.

Nachdem Kaiser Konstantin der Große († 337) im Jahre 313 im Toleranzedikt die christliche Religion anerkannte und auf dem Konzil zu Nicaea 325 der Arianismus verdammt wurde, ließ er sich noch im Jahre 337 vom arianischen Bischof Eusebius taufen, was mit seinem Sohn Kaiser Konstantinus den Sieg des Arianismus brachte. Von Kaiser Theodosius wurde der Arianismus

381 und 383 als Ketzerei verboten, war aber außerhalb des Reichs gestattet. Dadurch konnte sich der Arianismus bei den Germanen zu Stammeskirchen entwickeln.

Unter den germanischen Stämmen ging der Arianismus von den Westgoten und ihrem Bischof Wulfila (311–383) aus. Sein Urgroßvater war ein Gefangener eines gotischen Beutezuges aus Kappadocien im östlichen Anatolien. Wulfila kam mit einer gotischen Gesandtschaft im Jahre 333 nach Byzanz, blieb dort und erhielt seine theologische Ausbildung in Kleinasien. Er wurde 341 von Bischof Eusebius zum Bischof geweiht für die Mission unter den Goten. Nach sieben Jahren Mission und Verfolgung trat er auf römisches Gebiet über. Nachdem der westgotische König Athanarich 376 von Frithiger besiegt worden war und dieser zum Arianismus übergetreten war, kehrte Wulfila zu den Goten zurück und erreichte von Kaiser Valens im gleichen Jahre die Erlaubnis zum Übertritt der Westgoten auf römisches Gebiet über die Donau. Damals führten die Goten noch ihre alten Heiligtümer mit sich.

Wulfilas Leistung ist vor allem die Bibelübersetzung in das Gotische, die er vielleicht 369 begann. Diese wurde das erste erhalten gebliebene Dokument einer germanischen Sprache und trug infolge ihrer Verbreitung im weiteren zur Ausbildung einer germanischen Hochsprache bei. Seine Lehre ist die von der erhabenen Hoheit Gottes, die an den germanischen Glauben anknüpft. Das Wort Gott ist altgermanisch Neutrum – Anschauungen, die im ersten Vers des Wessobrunner Gebets, aufgezeichnet nach 800, zum Ausdruck kommen:

Das erfrage ich unter den Menschen
als höchste Erkenntnis, daß die Erde nicht war
noch oben der Himmel, weder Baum noch Berg war
noch irgend ein Stern, noch die Sonne schien,
noch der Mond leuchtete, daß auch das Meer nicht war.
Als da war nicht aller Enden und Wenden,
da war der eine allmächtige Gott, der mildeste Herr.
Und da waren bei ihm viele herrliche Geister.
Und Gott ist heilig.

Die Germanen kannten den Begriff Sünde und Erbsünde nicht. Ihnen konnte Christus nur als König nahe gebracht werden. Das drückt sich noch in der königlichen Hohheit von romanischen Christusdarstellungen am Kreuz aus. Wohl nur eine einzige stellt Christus als König mit der germanischen Königsbinde dar, aus dem Münster in Altenstadt in Bayern (Abb. 95), eine Darstellung, die zu den Langobarden weist (E. Syndicus 1954). In Wulfilas Lehre spielt im Gegensatz zum Katholizismus die Passion, Erbsünde und Erlösung keine Rolle, wohl aber die germanische Freiheit der Schicksalswahl als Lebenssinn (H.-E. Giesecke 1939, L. Schmidt 1934, 1969). Im Arianismus wurde der Gottesdienst nur in den Volkssprachen gehalten. Die Geistlichen kannten keinen Zölibat und trugen die Volkstracht. Sie waren also volksverbundener als die katholische Priesterschaft. Wohl von den Goten übernahmen zunächst ihre Nachbarn, die Heruler und Langobarden, den arianischen Glauben. Wie im Arianismus der alte Odinsglaube unter christlicher Tünche weiterleben konnte, wurde von den Langobarden vorgelebt und in vielfältiger Art dargestellt (s. Kap. 5.3). Die Arianer waren wie alle Germanen religiös tolerant. Intoleranz entstand erst durch den Katholizismus.

Abb. 95: Der (früh-?) romanische Christus mit der germanischen Königsbinde, Münster von Altenstadt, Obb. Nach G. Weber, *Die Romanik in Oberbayern,* Pfaffenhofen 1985

Bei den Langobarden wurde aus Odins Sohn Widar der Erzengel Michael, aber der Fenriswolf und die Flechtbandornamente blieben. Sie waren der Lebensatem aus Odins Mund, was bis zum Ende der langobardischen Bauhütten nach 1100 auch so dargestellt wurde und zu den Kroaten gelangte. Sogar vom Vorgängerbau des Domes auf dem Wavel in Krakau ist eine Flechtbandplatte erhalten.

Während dieses heidnische Wissen selbst in Rom mit Flechtbandornamenten erhalten blieb, waren die Päpste die erklärten Feinde der Langobarden auch noch nach dem Übertritt ihrer Könige zum Katholizismus, obwohl vorher bereits unter den Langobarden eine große Toleranz herrschte. Nach Meinung der Kirche waren die Arianer Abtrünnige. Daher wandte sich der Papst auch gegen die erste Frau Karls des Großen, Luitperga, eine Tochter des letzten langobardischen Königs. In einem Brief des Papstes an Karl heißt es: „*Es ist zu unserer Kenntniss gekommen, daß der Lango-*

bardenkönig Desiderius seine Tochter mit einem von Euch zu vermählen sucht, was keine Ehe, sondern eine Verbindung der schlechtesten Art wäre. Was für ein Wahnsinn müßte es sein, wenn das treffliche Volk der Franken, das alle anderen überstrahlt und Euer königliches Geschlecht durch eine Verbindung mit dem meineidigen und stinkenden Volk der Langobarden verunreinigt werden sollte, das man gar nicht zu den Völkern rechnen kann und von dem die Aussätzigen kommen. Keiner, der bei gesunden Sinnen ist, kann es glauben, daß so berühmte Könige sich in eine so verwerfliche und abscheuliche Berührung einlassen, denn was hat das Licht für Gemeinschaft mit Finsternis?" (E. Schaffran 1938). Das hatte zur Folge, daß Karl seine erste Frau Luitperga verstieß, die Langobarden 774 besiegte und sich selbst zum König der Langobarden machte. Doch holte er langobardische Bauhütten in sein Reich, die z.B. die Königshalle im Kloster Lorsch bauten, und er vermittelte den Benediktinern ebensolche Bauhüttenleute für ihre Klosterkirchen.

Der Bau von St. Servatius in Quedlinburg mit seinen hochkonzentrierten heidnischen Gestaltungen ist schon in Kap. 5.3 gewürdigt worden.

Nicht nur in den Volksgesetzen der arianischen Könige der Langobarden und Westgoten, sondern auch bei anderen germanischen Stämmen gab es Vermischungsverbote mit der Bevölkerung der eroberten Gebiete, die erst mit dem Übertritt ihrer Könige zum Katholizismus aufgehoben wurden, womit der Volkstod dieser Stämme eingeleitet wurde.

Von den Westgoten gelangte der arianische Glaube mit den Vandalen bis nach Nordafrika. Die Heruler aber, die nach ihrer Niederlage durch die Langobarden 512 wieder nach Norden zogen, werden das Christentum bald wieder abgestreift haben.

5. Anhang: Germanische Fürsten- und Königserhebungen

Die Rechtsbräuche der germanischen Königserhebungen erfuhren nach den katholischen Christianisierungen Umwandlungen. In den drei nordischen Königreichen sind die alten Riten am wenigsten durch die Umwälzungen der Völkerwanderung mit den Erhebung von Heerkönigen und durch Einwirkungen aus dem antiken griechisch – römischen Raum beeinflußt worden und sie galten dort am längsten.

Das germanische Volkskönigtum beruhte auf dem Recht des Volksthings, vertreten durch die Freien und den Adel, zur Wahl eines geeigneten Anwärters aus der Königssippe. Diese trug das Königsheil aus mythischer Quelle als Geblütsrecht. Nur im Kriege wurden diese Volksrechte bei Bedarf ersetzt durch die Schilderhebung und Akklamation. Da der Heeresverband gefolgschaftlich aufgegliedert war, war das Heerkönigtum ebenfalls ein Volkskönigtum.

In Schweden hatte das *Thing der Svear* das Recht, den König zu benennen oder abzusetzen. Die Einsetzung erfolgte durch Erhebung auf den Morastein am Ort des Zentralheiligtums in Altuppsala. Darauf erteilte ihm der Gesetzessprecher den Königstitel und das Thing stimmte durch Zuruf zu. Anschließend schwor der König, die Volksrechte zu wahren. Sehr anschaulich wurde diese

„Basisdemokratie" im heutigen Sinne von der Königserhebung 1018 überliefert. Der Gesetzessprecher Thorgang sagte zum König: *„Nun wollen wir, daß Du, König Olaf, mit dem König Olaf Digre von Norwegen Frieden schließen sollst und ihm Deine Tochter Ingigard zur Frau gibst. Wenn Du die Länder im Osten wiedergewinnen willst, die Deine Vorväter besessen haben, so wollen wir Dir alle folgen. Wenn Du aber nicht tun willst, was wir Dir sagen, so werden wir gegen Dich aufstehen und Dich erschlagen und keinen Unfrieden und keine Ungesetzlichkeit von Dir dulden. Fünf Könige warfen unsere Voreltern in den Brunnen auf dem Thing Mora, weil sie so anmaßend waren wie Du. Nun sage schnell, welches Du wählst?"* (H. H. Schilling, *Germanische Frauen,* Leipzig 1935, S. 202).

Dann zog der neue König im Umritt durch sein Reich von Thing zu Thing und wurde ebenfalls dort zum König ernannt (E. Hoffmann 1976).

Dieses Volkskönigtum beruhte auf gegenseitiger Treueverpflichtung von König und Gefolgschaft und zur Bindung des Königs an den Volkswillen. Dieser demokratische Staat ist geradezu das Gegenteil von dem Staatstyp, der mit Herrschaft des katholischen Christentums daraus wurde: der Feudalstaat mit Fürsten, deren allumfassende Herrschaftsbefugnis aus christlich-göttlichem Ursprung abgeleitet wurde.

In Dänemark wurde die Königserhebung von den Jüten durch Einnehmen des königlichen Hochsitzes auf dem Stein Danaerigh bei Viborg durchgeführt. Er war der Deckstein des Sippengrabes der Königssippe (E. Hoffmann 1976).

Die Einsetzung des böhmischen Herzogs vollzog sich wahrscheinlich seit den ersten Přemysliden fast genauso wie die oben beschriebenen germanischen Königserhebungen. Der Herzog wurde von der Versammlung der böhmischen Großen, dem Thing entsprechend, gewählt. Danach erfolgte die Belehnung durch den deutschen König durch Übergabe der Fahnenlanze. Dann folgte die Throneinsetzung auf dem Hradschin. Vor der Marienkirche wurde der Gewählte vom Bischof empfangen und zum Thron geführt, der innerhalb der Burg auf dem Hradschin im Freien zwischen der St. Georgskirche, dem Palast und dem späteren Dom stand. Nach der Erhebung auf den Thron durch Angehörige des Adels stimmte das anwesende Volk durch dreimaliges Kyrie eleison zu. Dann folgte die Huldigung und die Leistung des Treueides durch den Adel (R. Schmidt 1978).

Auch die Wahl und Einsetzung des Herzogs der Karantanen (s. 4.2.10.1) vollzog sich nach diesen germanischen Bräuchen, insbesondere die Einsetzung auf einem Stein im Freien. Das Thing hatte in den ostvandalischen Stämmen den Namen *Veča.*

Das germanische Königtum wird aus mythischen Quellen durch das Herrschaftszeichen der Lanzen als Lanzen Odins von diesem hergeleitet. Bereits im Siegel König Childerichs († 481) findet sich die Königslanze. Als Designation überbrachte der Bruder König Konrads I. mit den anderen Insignien und den goldenen Armspangen altgermanischer Herkunft die Königslanze des Ostfränkischen Reiches. Ihr Schicksal ist unbekannt. Heinrich I. erwarb 926 die langobardische Königslanze vom burgundischen König Rudolf II., welche dann als heilige Lanze galt, weil bereits damals ein angeblich von Kaiser Konstantin dem Großen stammender Nagel aus dem Kreuz Christi in diese Lanze eingesetzt worden war. Da er damit bereits das rechtmäßige Herrschaftsabzeichen mit sich führte, konnte Otto I. bei seinem Einzug in Pavia sich als König der Langobarden ausweisen und bedurfte keiner Wahl und Krönung mehr. Er heiratete 961 die langobardische Königin Adelheid, die Tochter des Königs Rudolf II.

Die Langobarden waren nach ihrem Selbstverständnis Odins auserwähltes Volk. Damit führt die deutsche Königslanze unmittelbar in die vorchristliche Zeit. Diese Lanze wurde bei Königserhebungen nicht von kirchlichen Würdenträgern überreicht (H.-W. Klewitz 1976, 1943; H. Brackmann 1943).

Zur Königserhebung Heinrichs I. schreibt Widukind von Corvey, Herzog Eberhardt proklamierte Heinrich in Fritzlar vor den Großen des Stammes der Franken zum König. Er hatte vorher Heinrich aufgesucht und die Reichsinsignien überreicht, was als Designation galt. Eine Wahl war dann überflüssig und fand nicht statt. Schon kurze Zeit später galt der Besitz der Reichsinsignien bereits als Zeichen der Herrschaft des deutschen Königs. Nach der Proklamation und Akklamation mit der Bedeutung der Zustimmung des germanischen Things bot das anwesende Haupt der Reichskirche, der Erzbischof von Mainz, Heinrich die Salbung und die Krönung mit dem Diadem an, aber Heinrich lehnte höflich ab. Damit war diese Königserhebung die Rückkehr zum heidnisch-germanischen Ritus der Königserhebung, hatte doch bereits mit Pippin im Frankenreich der christliche Ritus mit Salbung und Krönung begonnen. Mit *„dei gratia francorum rex“* wurde der beiderseits verpflichtende Sinn des germanischen Königtums in das dem Volke gegenüber nicht verantwortliche sakrale Königtum verwandelt. Heinrich aber wollte gemäß seiner Herkunft nicht Priesterkönig, sondern Heerkönig sein (H. Diwald, *Heinrich I.*, 1987).

„Die deutsche Heldendichtung ... wird zur Quelle ... für den Geist und die Kräfte, aus denen die Verfassung des deutschen Volkes in jener Frühzeit lebte. Wie wirkungsmächtig dieser Geist und diese Kräfte waren, wird ... am deutlichsten daraus sichtbar, daß die römische Kirche einen Zusammenbruch des Reiches ... herbeiführte, daß es ihr gelang, im Investiturstreit das Königtum seiner sakralen Würde zu entkleiden und der gefolgschaftlichen Treue durch Bannung des Königs und Lösung aller Eide die Grundlage zu entziehen.“ (W. Schlesinger 1948).

6 Humanbiologische Untersuchungen

6.1 Anthropologische Untersuchungen*

6.1.1 Kraniologische Begriffe und Beispiele

Da in den letzten Jahrzehnten die Erkenntnisse der Anthropologie weitgehend verdrängt wurden, soll hier zur Einführung einiges aus der Anthropologie vorausgeschickt werden.

Für anthropologische Untersuchungen sind die Schädel am interessantesten. Sie bieten dem Betrachter bereits an den Front-, Seiten- und Oberansichten von Abbildungen wesentliche Einsichten. Aus der Fülle der genormten Daten (z.B. K. Saller, 1964) sind hierfür die wichtigsten:

Nr. 1: größte Hirnschädellänge zwischen Glabella und Ophistokranion
Nr. 8: größte Hirnschädelbreite zwischen beiden Eurya
Nr. 17: Basis-Bregma-Höhe
Nr. 45: Jochbogenbreite zwischen den beiden Zygia
Nr. 47: Entfernung zwischen Nasenwurzel (Nasion) und Kinnspitze (Gnathion)
Nr. 48: Obergesichtsweite, Entfernung Nasion – Prosthion.

Daraus werden die folgenden Verhältnisse gebildet, I/1 und I/38 sind bereits aus Front- und Seitenansicht bestimmbar:

der Längen-Breitenindex	I/1 = (Nr. 8: Nr. 1) · 100
der Längen-Höhenindex	I/2 = (Nr. 17: Nr. 1) · 100
der Breiten-Höhenindex	I/3 = (Nr. 17: Nr. 8) · 100
der Gesichtsindex	I/38 = (Nr. 47: Nr. 45) · 100

In anthropologischen Untersuchungen wird vielfach der Gesichtsindex, da oft nicht ohne weiteres exakt bestimmbar, nicht angegeben. Angegeben wird meist

der Obergesichtsindex I/39 = (Nr. 48: Nr. 45) · 100

Diese Indices werden eingeteilt:

I/1 Längen-Breitenindex

ultradolichokran			x < 64,9
hyperdolichokran			65,0 – 69,9
dolichokran	langer	Hirnschädel	70,0 – 74,9
mesokran	mittellanger	Hirnschädel	75,0 – 79,9
brachykran	kurzer	Hirnschädel	80,0 – 84,9
hyperbrachykran			85,0 – 89,9
ultrabrachykran			90,0 < x

I/2 Längen-Höhenindex

chamaekran	x – 69,9

---

* Anm.: Da die anthropologischen Untersuchungen aus methodischen Gründen in einem Kapitel zusammengefaßt werden mußten, lassen sich zu vorhergehenden Kapiteln inhaltliche Überschneidungen nicht ganz vermeiden.

orthokran			70,0 – 74,9
hypsikran			75,0 – x
I/3 Breiten-Höhenindex			
tapeinokran			x – 91,9
metriokran			92,0 – 97,9
akokran			98,0 – x
I/38 Gesichtsindex			
hypereuryprosop			x – 79,9
euryprosop	niedriges	Gesichtsskelett	80,0 – 84,9
mesoprosop	mittelhohes	Gesichtsskelett	85,0 – 89,9
leptoprosop	hohes	Gesichtsskelett	90,0 – 94,9
hyperleptoprosop			95,0 – x
I/39 Obergesichtsindex			
hypereuryn	niedriges	Obergesicht	x < 44,9
euryn	niedriges	Obergesicht	45,0 – 49,9
mesen	mittelhohes	Obergesicht	50,0 – 54,9
lepten	hohes	Obergesicht	55,0 – 59,9
hyperlepten	hohes	Obergesicht	60,0 < x

Kraniologische Daten einzelner Individuen

Typ, Herkunft	Längen-Breiten-index I/1	Gesichtsindex I/38	Literatur
Combe Capelle	65,7	-	K. Saller 1964
Cro-Magnon	73,8	103	K. Saller 1964
nordischer Typ, Schnurkeramik, Schweiz	66	100	L. Kilian 1988 (Abb. 56a)
Hvelling, Sweden	75	90	L. Kilian 1988 (Abb. 55a)
Haithabu	73,8; 70,8	-	U. Schaefer 1963
Ur-Bayer, Typ Friedenhain-Přeštovice	78	85	G. Ziegelmayer 1988
Rundkopf, Böhmen	89	78	J. Matiegka 1910

6.1.2 Die Gaußschen Verteilungskurven

Während die ältere Anthropologie von den Individuen ausging und aus Typen Rassen (Kleinrassen) entwickelte, forderten Biologen wie E. Mayr, I. Schwidetzky u. a. eine Abkehr vom typologischen Denken. „*Die Verdrängung des typologischen Denkens durch das Populationsdenken ist vielleicht die größte begriffliche Revolution, die in der Biologie stattgefunden hat*“ (E. Mayr

1967). Da Populationen mit Heiratsschranken dafür charakteristische Genverteilungen besitzen, werden die genetisch bestimmten phänomenologischen Merkmale im Idealfalle vollkommener Panmixie durch Gaußsche Fehlerverteilungen darstellbar sein.

Die folgenden Untersuchungen sind zunächst für den Längen-Breiten-Index durchgeführt worden. Sie lassen sich natürlich auf weitere kraniologische Indizes ausdehnen. Zufällig verteilte Ereignisse folgen bei genügend großer Zahl Gaußschen Normalverteilungen um Mittelwerte,

$$y = \frac{1}{\sigma\sqrt{2\pi}} \cdot e^{-\frac{(x-\mu)^2}{2\sigma^2}} \quad ,$$

$$\sigma = \frac{1}{y_{max}\sqrt{2\pi}}$$

wobei x der Längen-Breiten-Index, μ die Abszisse der Mittelwerte, y die Häufigkeit und σ die Standardabweichung vom Mittelwert, die Streuung oder Varianz sind. Wenn die Gesamtfläche unter der Kurve auf 100 bezogen wird, ist y des Mittelwertes eines Streifens der Breite einer Einheit von x, also hier für den Längen-Breiten-Index I_1, die Häufigkeit der Meßwerte in diesem Streifen in % mit dem zugehörigen mittleren Fehler $\pm\, v_i$ in %. Bei Bezug auf die Fläche 1 werden die Wahrscheinlichkeiten erhalten.

Aus der Bedingung des Maximums $x - \mu = 0$ folgt

$$y_{max.} = \frac{1}{\sigma\sqrt{2\pi}}$$

Die Wendepunkte der Kurve liegen bei $\mu \pm \sigma$ mit

$$y'' = 0{,}607 \cdot y_{max.} = 0{,}607 \frac{1}{\sigma\sqrt{2\pi}} \; .$$

Aus der Integration der Kurve zwischen $\pm t$, $t = (x - \mu) : \sigma = 1$ folgt, daß 68,3% aller Meßwerte, für $t = 0{,}683$ folgt, daß 50,4% aller Meßwerte in diesen vertikalen Streifen zwischen $\mu \pm \sigma$ bzw. $\mu \pm 0{,}683\,\sigma$ liegen (R. Ineichen 1965).

Die Eigenschaften der Kurven (Abb. 96) sind:

1. Für sehr große $y_{max.}$ wird $\sigma = 0$, d.h. die Verteilungskurve entartet zu einer Geraden parallel zur y-Achse durch $x - \mu = 0$.
2. Für $y_{max.} = 0$ entartet die Kurve zur x-Achse, d.h. alle Meßwerte besitzen die gleiche Wahrscheinlichkeit $y = 0$ und verteilen sich gleichmäßig über die x-Achse zwischen $\pm\infty$.
3. Die Kurvenäste konvergieren zur x-Achse, d.h. auch extrem von μ abweichende Meßwerte können, wenn auch sehr wenig wahrscheinlich, vorkommen („aberante Formen").

Daraus folgt für die Eigenschaften von Populationen: Eine Gaußsche Verteilungskurve kann nur bei völliger Zufälligkeit, also bei völliger Panmixie als Verteilung um einen Mittelwert entstehen. Je größer das Maximum wird, desto schmäler wird die Kurve und desto kleiner wird die Streuung σ. σ ist also ein Maß für die Selektion, die Selektion nimmt mit $1/\sigma$ zu. Mit $\sigma = 0$ entstehen Populationen, die nur aus einem anthropologischen Typ bestehen. Als noch für viele Populationen nur Serien von wenigen Individuen zur Verfügung standen, wurden mit der falschen Bezeichnung von Typen mit Rassen typenreine Populationen, die reinen Linien der Züchtung,

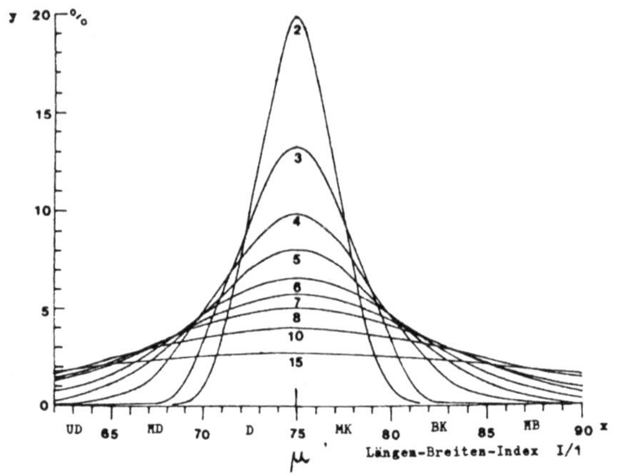

Abb. 96: Die Gaußschen Fehlerverteilungskurven für den Längen-Breiten-Index I_1 berechnet nach der Formel im Text für verschiedene σ bei konstantem Maximum der Kurven von μ = 75 normiert auf die Flächen unter den Kurven = 100%, y = Flächen% für Streifen der Breite 1 des Längen-Breiten-Index.
I_1 bis 65 UD, ultradolichokran
65 – 70 HD, hyperdolichokran
70 – 75 D, dolichokran
75 – 80 MK, mesokran
80 – 85 BK, brachykran
85 – 90 HB, hyperbrachykran
Die jeweiligen Werte von σ sind unter den Maxima.

gefordert, die es in der Natur nicht gibt („nordische, ostische usw. Rasse"). Aus den realen Kurven der Abb. 98, 103, 104 folgt, daß $\sigma < 3$ kaum vorkommt und $\sigma > 5$ auf polyethnische Vermischung hinweist.

Mit der Überlagerung von Verteilungskurven können Überlagerungen von Populationen im Modell behandelt werden. Die zu überlagernden Kurven können sich in n, σ und μ unterscheiden. Die aus einer Überlagerung erhaltene Summenkurve entspricht der Vermischung von zwei Populationen unter der Voraussetzung völliger Panmixie. Bezogen auf 100% wird die Summenkurve breiter und niedriger, da sie sich über die Felder beider Kurven erstreckt. Durch Addition von Gaußkurven mit $\Delta\sigma = 0$, $\Delta\mu \neq 0$ und $n_1 = n_2$ entstehen zwar auch glockenförmige Verteilungskurven, die aber keine Gaußkurven sind. Sie werden mit zunehmendem Δμ Gaußkurven immer unähnlicher, bis sich schließlich ein horizontales Stück im Maximum einschaltet, das mit weiter zunehmendem Δμ in eine Mulde übergeht. Damit ist eine doppelgipfelige Kurve entstanden.

Bei Überlagerungen von Gaußkurven mit $\Delta\sigma = 0$, $\Delta\mu \neq 0$ und $\Delta n \neq 0$ entstehen unsymmetrische Kurven. Aus der Unsymmetrie kann das Mengenverhältnis beider Ausgangspopulationen abgeschätzt werden.

Um die Genauigkeit der I_{max}-Werte der Kurven in ihren Abszissen vergleichen zu können, wurden für die Serien der Abb. 98 die mittleren Fehler der arithmetischen Mittelwerte aus den mittleren Fehlern der einzelnen Einheitsstreifen

$$V \simeq \frac{\sqrt{\Sigma\, v_i^2}}{n}$$

berechnet (siehe Tabelle nach Abb. 98 in Kap. 6.1.4). Die Differenzen der beobachteten Werte der Maxima von I_1 in den Abb. 98, 103 und 104 fallen weit außerhalb der Fehler V und sind also real.

6.1.3 Reale Verteilungen

In den Verteilungskurven, also in ethnischen Veränderungen, äußern sich langfristige genetische Veränderungen innerhalb von Populationen auch dann, wenn bei Trennungen oder Teilungen in geographischen Isolaten gentisch gleiche Genverteilungen herrschten. Kurzfristige Veränderungen entstehen, wenn bei Trennungen ungleiche Genverteilungen herrschten (Flaschenhals-Gründereffekt), wenn in genügend kleinen Populationen Veränderungen durch Mutationen oder in allen Größenordnungen Vermischungen auftreten.

Die beobachteten Verteilungskurven der Abb. 98, 103 und 104 lassen sich in erster Näherung mit Gaußschen Normalverteilungen der Abb. 96 vergleichen. Aus den Maxima dieser Kurven sind die Streuungen σ für ideale Gaußkurven berechnet und in den Tabellen der Kap. 6.1.4 und 6.1.6 eingetragen. Die Kurven sind abgeglichen auf gleiche Fehlersummen $\Sigma + v_i = \Sigma - v_i$. Die mittleren Fehler der einzelnen Meßstreifen der Breite 1 des Längen-Breiten-Index in % in den Ordinaten $\pm v_i = \Sigma /v_i/ : n$ sind in den Tabellen angegeben. Diese Fehler sind den Individuenzahlen n der Serien grob proportional.

In den Kurven der Abb. 98 sind bis auf Nr. 6 die Scheitel- und auch die Mittelbereiche schmäler und die Basisbereiche höher und breiter als ideale Kurven mit gleichem σ. Nur die Kurve 6 entspricht fast einer idealen Kurve.

Populationen mit Unsymmetrien und andersethnischen Assimilaten mit dem Maximum des Längen-Breiten-Index des Assimilates

Abb. 98	Popul.	1	2	3	4	5	8	9
	n_1 %	5,3	6,0	88,8	82,6	11,7	8,9	4,1
	n_2 %	94,7	94,0	11,4	7,4	88,3	81,1	95,5
	I_1 ca.	65	66	81	83	71	75	69

Abb. 103	Popul.	2	3	4	7	9	10	11	12	17	18	20	21	26
	n_1 %	95,9	96,7	7,7	6,9	93,5	86,5	89,6	22,5	78,5	76,0	7,0	7,5	5,9
	n_2 %	4,1	3,3	92,3	93,1	6,5	13,5	10,4	77,5	21,5	24,0	93,0	92,5	94,1
	I_1 ca.	78	81	68	68	77,5	79	80	72,5	80	79,5	70	72	71,5

Abb. 104	Popul.	2	3	4
	n_1 %	5,3	4,8	5,4
	n_2 %	94,7	95,2	94,6
	I_1 ca.	68	69	69

In Abb. 103 lassen sich die Kurven Nr. 3, 6, 7 und 26 gut mit Gaußkurven von gleichem σ zur Deckung bringen. Schmälere Scheitelbereiche und höhere Basisbereiche haben Nr. 1, 4, 5, 8, 9, 10, 11, 15, 19, 20, 21 und 25. Unsymmetrische Kurven sind das Ergebnis der Vermischung von zwei Populationen mit $n_1 >< n_2$ und $\mu_1 \neq \mu_2$. Für genügend kleine Zumischungen läßt sich die vollständige vorherrschende Kurve durch Umklappen eines Astes erhalten (in den Abb. 98, 103 und 104 gestrichelt). Der Flächeninhalt zwischen dem gestrichelten und ausgezogenen Ast der

Kurven ist der Anteil der assimilierten Population in %. Der größte vertikale Abstand zwischen beiden Kurven gibt das Maximum des Längen-Breiten-Index des Assimilates an. In Abb. 98 haben die Populationen 1, 2, 5, 8 und 9 Langköpfigere assimiliert und in 3 und 4 Kurzköpfigere. In 1, 2 und 5 lassen sich die Unsymmetrien aus der zeitlichen (diachronen) Entwicklung bei ethnischer Konstanz erklären. In Abb. 103 gibt es in 3, 4, 7, 12 und 21 Assimilate von Langköpfigeren, die nur z. T. durch eine gestrichelte Kurve abgegrenzt sind und in 9, 10, 11, 17 und 18 Assimilate von Kurzköpfigeren. In Abb. 104 gibt es scheinbare Assimilate von Langköpfigeren in 2, 3 und 4. Die bairischen Serien 1, 2, 3 entstanden aus der Vermischung vieler Einzelgruppen einer Reihe von germanischen Stämmen.

In Abb. 102 sind die Gebiete der Assimilate nur zum Teil hervorgehoben.

Wenn die Vermischung mit Populationen ähnlicher Individuenzahlen stattfindet und die Maxima beider Anteile genügend groß sind, entsteht zunächst eine Kurve mit Schulter wie in Abb. 103 Nr. 24 und weiter doppelgipflige Kurven wie Abb. 98 Nr. 7 und Abb. 103 Nrn. 22, 23 und 27. Bei der Fehlerabgleichung ergaben sich nicht Mulden zwischen den Maxima, wie aus den Kurvenadditionen zu erwarten war, sondern scharfe Schnitte. Auch sollten die beiden Innenteile der Teilkurven höher als ihre Außenteile liegen, was nicht der Fall ist. Bei 22 wurde mit der χ^2-Methode (O. Hasseloff u. H. Hoffmann, *Kleines Lehrbuch der Statistik,* Berlin 1970) die Abweichungen der Meßpunkte sowohl von der empirischen doppelgipfeligen Kurve ($\chi^2 = 42{,}7$) wie von der idealen Gaußkurve mit $\mu = 75{,}5$ und $\sigma = 5$ ($\chi^2 = 103{,}3$) überprüft. Die reale Kurve 22 gibt damit die realen Verhältnisse wesentlich besser wieder. Hier wird zunächst die Deutung als Überlagerung von zwei Populationen unter Aufrechterhaltung der Heiratsschranken bevorzugt. Im Falle der Kelten aus der Latène-Zeit (Abb. 103, 27) wird diese Deutung noch dadurch gestützt, daß in der Hallstadt-Zeit bei geringeren Individuenzahlen n fast die gleichen Maxima auftreten.

Die sehr flachen und weitgespannten Kurven der Alemannen von Solothurn (Abb. 103, 13) Burgunder (14) und Chasaren (28) sind wohl weniger als schlecht selektierte Populationen denn als Produkte langdauernder und polyethnischer Vermischung zu erklären. Ein deutliches Maximum läßt sich kaum finden.

Viele dieser Kurven sind mit der Überlagerung von mehreren Einzelkurven wesentlich breiter als die einer normal selektierten Population. Damit sind die Mengenanteile der beiden Endbereiche gegenüber denen der Mitte wesentlich größer als bei Populationen aus normaler Evolution. Dies wird noch mehr dadurch betont, daß kein deutliches Maximum vorhanden ist. Während bei normalen Verteilungen das Maximum der Mitte den überwiegenden Mengenanteil gegenüber den beiden Extrembereichen besitzt, sind bei derartig flachen Kurven die beiden Extrembereiche überwiegend groß.

Das sei mit dem Längen-Breiten-Index der Kurven 7 und 28 (Abb. 103) erläutert. Die Kurve 7 einer Population mit $\sigma = 3{,}3$ konvergiert gegen 0 für $x < 64$ und $x > 85$, Kurve 28 mit $\sigma = 7{,}2$ konvergiert gegen 0 für $x < 60$ und $x > 95$. Wenn gefragt wird nach den %-Anteilen der beiden Populationen, die von den Maxima I_1-Werte bis $\pm$ 3 besitzen, für Kurve 7: 71,5 bis 77,5 und Kurve 28: 76,0 bis 82,0, so sind das bei Kurve 7: 57% und bei Kurve 28 nur noch 34%.

Das Bild der körperlichen wie nichtkörperlichen Merkmale in derartigen Vermischungen ist nicht mehr das homogener Verteilungen mit dem zahlenmäßigen Verschwinden der Extremwerte, sondern das des Vorherrschens gegensätzlicher Extremwerte. Das bedeutet, daß z. B. die Wertordnung einer Population zerstört ist und kein Wertkonsens mehr herrscht, sondern die Extremwerte auch negativer Art vorherrschen und sich bereits in einzelnen Individuen als sog. gespaltene Charaktere äußern. Völkervermischungen sind daher auf die Zerstörung der Selektionen der Evolution hin gerichtet. Sie erzeugen nichts Besseres, sondern Schlechteres. Sie bringen nicht frühere Zustände der Evolution vor Aufspaltungen in unterschiedliche Populationen zurück. Das ist das wissenschaftliche Todesurteil für derzeit herrschende Ideologien, die in multiethnischer („multikultureller") Vermischung Fortschritt sehen.

Von der Genetik her sind Populationen Genpools, genetische Sammeltöpfe aus in längeren Zeiten der Auslese angepaßten und miteinander verträglichen Genkomplexen. Bei Vermischungen von Populationen werden nichtangepaßte Genkomplexe eingebracht, die eine Störung der inneren Balance zur Folge haben. Es entstehen Genotypen mit verminderter Lebensfähigkeit. Jeder Genpool hat eine obere Grenze der Aufnahmefähigkeit genetischer Verschiedenheiten (E. Mayr 1967). Das bedeutet, daß Populationen durch Vermischung zugrunde gehen können.

Da für die erblichen Merkmale Verteilungsfunktionen bestehen, entstehen daraus Regressionen zur Mitte (Eysenck), d. h., die Merkmale sind entsprechend ihrer Häufigkeit bei der Fortpflanzung verteilt. Da andererseits die Zahl der Vorfahren in jeder Generation um eine Potenz von 2 zunimmt, konzentriert sich das genetische Potential in der letzten Generation. Bei Annahme einer Generationsfolge von 25 Jahren hat z. B. zur Zeit Heinrichs I. jeder heute lebende Deutsche $1{,}76 \cdot 10^{13}$ Vorfahren. Wenn also im Reich Heinrichs I. etwa 10^6 Einwohner lebten, muß jeder damalige Einwohner in der Ahnentafel jedes heutigen Deutschen in der 44. Generation im Mittel $1{,}76 \cdot 10^7$mal vorkommen, d. h., in genügend großen Populationen geht kaum ein Krümel an genetischer Information verloren, insbesondere bleibt das Mittel erhalten, wenn in dieser Population keine ethnischen Katastrophen auftreten.

6.1.4 Die ethnische Entwicklung in Mitteleuropa bis zum Ende der Broncezeit

Wenn die Fragen nach den Trägern der archäologischen Hinterlassenschaften, ihrer im humanbiologischen Sinne völker- und stammesmäßigen Abgrenzung, der Abgrenzung von Wohngebieten und die Fragen nach den Bevölkerungsbewegungen gestellt werden, so können dazu die drei Methoden, die in Kapitel 3.2 behandelt wurden, sehr unterschiedlich aussagekräftige Antworten geben. Die *sachlichen* Hinterlassenschaften gestatten Schlüsse auch auf die Populationen ihrer Träger. Mit der *linguistischen* Methode lassen die Sprachentwicklungen Schlüsse und Rückschlüsse auf ihre Träger zu.

Nur die *anthropologische* Methode gestattet, humanbiologische Antworten zu geben. Sie gestattet, konkrete Antworten auf die linguistischen Zeitrückschlüsse zu geben und gestattet, die Sachhinterlassenschaften ethnisch zuzuordnen. Bei ausreichender Statistik können Fragen der Ethnogenese, der Homogenität der Ethnien, ihrer Abgrenzung, Verwandtschaft, zeitlichen Entwicklung und Vermischung beantwortet werden.

Bei der Ablösung des Neandertalers durch den Aurignac-Menschen vor ca. 35 000 Jahren lassen sich für beide ethnische Gruppen je der archäologische und anthropologische Befund zur Deckung bringen. Das ist eine Bestätigung der Hypothese Kossinnas (wörtliches Zitat siehe Einleitung) (J. Richter 1998).

An neolithischen Serien aus Mittel- und Nordeuropa erhielt J. Schwidetzky (1967) mit der Penroseanalyse unter Verwendung aller gemessenen Merkmale das wichtige Ergebnis, daß die Gruppen um so kleinere Penroseabstände haben, d. h. anthropologisch um so ähnlicher sind, je ähnlicher ihre Kulturhinterlassenschaften sind. Das ist eine weitere grundsätzliche Bestätigung von Kossinnas Hypothese.

Mit dem Aussterben des Neandertalers während der Würmeiszeit (100000 bis 10000 v.d.Ztr.) wanderte um 35000 v.d.Ztr. aus dem vorderen Orient der homo sapiens sapiens ein. Im periglazialen Klima fand bis zum Ende der Würmeiszeit in dieser Bevölkerung eine sehr wirksame Selektion statt, die als Depigmentierung beschrieben wird.

Da danach keine Wanderungen erkennbar sind, mußte der Aurignac-Mensch *„entlang einer Linie zwischen dem Baskenland im Westen und den Karpaten im Osten entstanden sein"* (J. Richter 1998).

Wenn mit dieser Selektion (s. Kap. 3.2.3) auch die Herausbildung der kraniologischen Kennzeichen verbunden ist, wie sie bis nach 1000 n.d.Ztr. in Deutschland bestand und diese Selektion nur im periglazialen Klimagebiet möglich war, dann kann die engere Urheimat der Indogermanen nur dieses Gebiet gewesen sein, von dem dann nach Ende der Eiszeit alle Verbreitungen und Auswanderungen ausgingen, obwohl aus der Linguistik (L. Kilian 1988) die Urheimat weiter nach Südosten gereicht haben kann.

Nach dem Ende der Würmeiszeit und des Paläolithikums wohnten im Mesolithikum weiterhin mit dem Nomadendasein der Jäger und Sammler um 0,1 Menschen/km^2. Eine Lokalgruppe umfaßte 20 bis 30 Personen und eine durch Fortpflanzung und gemeinsamen Dialekt verbundene größere Gruppe ein Gebiet von etwa 5000 km^2 (J. Hahn 1977). Wenn zwischen diesen Stämmen noch unbewohnte Gebiete bestanden, so wird deutlich, daß in dem größeren Gebiet von Mitteleuropa kaum die Möglichkeit der Homogenisierung dieser Kleingruppen bestand. Bei Absonderungen von Teilen solcher kleinen Populationen wurde nur ein Teil des gesamten Genpools mitgenommen. Das mußte die Gentrift verstärken, d. h., es mußten Kleinpopulationen entstehen mit voneinander abweichendem Phänotyp.

Mit dem „Flaschenhalseffekt" entsteht in der abgewanderten Population eine unterschiedliche Genverteilung. So ist wohl die Entstehung der Schwankungen des Längen-Breiten-Index zwischen den aufeinanderfolgenden indogermanischen Völkern und schließlich zwischen den germanischen Stämmen (Kap. 6.1.4 und 6.1.6) zu erklären.

Vor der Betrachtung der Anthropologie der Träger der großen, in Mitteleuropa aufeinanderfolgenden Kulturgruppen soll hier noch kurz auf eine Erscheinung hingewiesen werden, welche diese Entwicklung langfristig überlagert und als Brachycephalisation beschrieben wird.

Die großräumige Untersuchung der Brachycephalisation für das letzte Jahrtausend (A. Wiercinski 1974) ergab eine solche nur für Zentraleuropa, Osteuropa bis Zentralasien. In Island, in der iberischen Halbinsel, Ägypten und Südafrika blieb der Längen-Breiten-Index konstant und nahm in Indien und Ostafrika ab. Während in Böhmen die Brachycephalisation durch Vermischung mit der Vorbevölkerung erklärt werden kann, trifft diese Erklärung für andere Gebiete nicht zu. Zwischen frühem Mittelalter (A) und heute (B) nahm der Längen-Breiten-Index zu um:

	A	B	Δ
Deutsche	74,2	79,2	5,0
Westslawen	76,9	82,6	5,7
Ostslawen	75,8	81,2	5,4
Finnen und Balten	73,9	78,9	5,0

Für die Brachycephalisation in Süddeutschland, die nach etwa 700 n.d.Ztr. beginnt und sich nach 1000 verstärkt beobachten läßt, können weder Selektionen noch Vermischungen die Ursachen sein. Es müssen noch *„andere Faktoren als nur die Erblichkeit wirksam gewesen sein"* (P. Kramp 1938). Sie scheint mit der Körpergröße verbunden zu sein. Diese ist zunächst abhängig von Ernährungsweisen. Die Jäger und Sammler des Mesolithikums waren bis 1,80 m groß, während die ackerbauenden Bandkeramiker mit vorwiegend pflanzlicher Ernährung im Mittel 1,66 m groß waren. Von den im 5. Jahrhundert gleichzeitig in den innerkarpatischen Ebenen wohnenden Langobarden und Gepiden waren die ersten Viehzüchter, also vorwiegend Fleischesser, und im Mittel 1,80 m groß, während die letzten als Ackerbauer vorwiegend pflanzlich sich Ernährenden im Mittel 1,65 m groß waren (J. Bona 1976). Im Längen-Breiten-Index dagegen bestand kein Unterschied.

Die nach etwa 1100 im Bereich des Deutschen Reiches einsetzende Brachycephalisation ist wahrscheinlich vom Übergang zu mehr pflanzlicher Ernährung infolge der dichteren Besiedlung beeinflußt.

Nach den Daten von A. Bach 1986 (Abb. 97) dagegen erscheint in drei Perioden, dem Neolithikum, der Zeit nach 400 n.d.Ztr. und am auffälligsten in der Neuzeit die Entwicklung der Körpergröße mit der des Längen-Breiten-Index gekoppelt zu sein, derart, daß die Zunahme bzw. Abnahme der Körpergröße mit der Abnahme bzw. Zunahme des Längen-Breiten-Index einhergeht. Im letzten Fall aus der DDR kann das nicht ein Ernährungseinfluß sein, denn die Größenakzeleration war nicht mit Zunahme von Fleischverzehr verbunden. Daß aber die Ernährung doch einen Einfluß hatte, sahen Beobachter um 1900. In sozial hochstehenden Gruppen herrschte Langköpfigkeit, in den sozial untersten Gruppen dagegen Kurzköpfigkeit. Daß diese Debrachy–

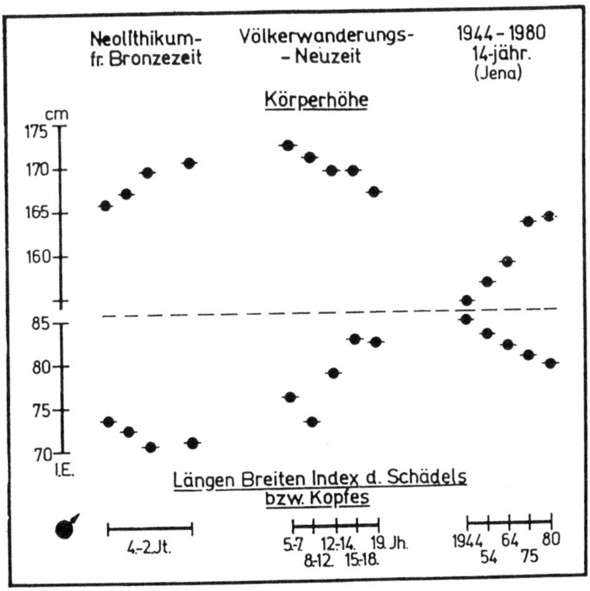

Abb. 97: Die zeitlichen Veränderungen von Körpergröße und Längen-Breiten-Index in Thüringen. Nach A. Bach 1986

cephalisation offenbar in ganz Deutschland heute weitergeht, kann ein aufmerksamer Beobachter auf den Straßen an deutschen Eltern und ihren Kindern sehen.

Aus dem Mesolithikum sind bestimmbare Skelettreste nur aus drei Gebieten Mittel- und Osteuropas bekannt, einem kleinen Gebiet an der Südküste der Normandie (n = 11, Männer) aus Mitteleuropa zwischen Rhein, Donau, Weichsel, Dänemark und Schonen (n = 14) mit den Ofnetfunden und aus einem kleinen Gebiet im Djnepr-Knie (n = 37). Diese Funde zeigen mit Verwandtschaften zu den paläolithischen Typen des Aurignac von Cro Magnon und Combe Capelle ihre Abstammung von diesen. Alle drei Fundbezirke sind sich anthropologisch ähnlich, wobei die Funde vom Djnepr im ältesten der vier Gräberfelder den Typ Combe Capelle am reinsten bewahrten. Mit den jüngeren Gräberfeldern nehmen Brachykrane zu. Im jüngsten an der Grenze des Neolithikums kommt der Typ Combe Capelle nicht mehr vor und Brachykrane als Zugewanderte herrschen vor (hier nicht berücksichtigt). In den mitteleuropäischen Funden herrscht breite Variabilität von $I_1 < 70$ bis $I_1 > 80$ (1 Fall) (G. Asmus 1973). In der Ofnethöhle gibt es drei Mesokrane. Brachykrane gibt es in der Altsteinzeit Europas noch nicht.

Der Längen-Breiten-Index für das Mesolithikum besitzt abgesehen von der mangelnden Statistik (n = 62) eine gut symmetrische Verteilungskurve (Abb. 98, Kurve 1) mit einem Überschuß von 5,3% Langköpfigen für $I_1 > 62$ als Differenz der gestrichelten und der ausgezogenen Kurve. Die Kurve enthält auch die Werte mit $I_1 > 75$ aus der Ofnethöhle bei Nördlingen. Infolge mangelnder Statistik ist das arithmetische Mittel der Meßwerte von $I_1 = 71{,}4$, das Maximum der Verteilungskurve aber $I_{1max.} = 72{,}6$.

Mit der Ausbildung des bodenständigen Bauerntums (s. Kap. 3.2.3) in der Bandkeramik setzte eine Bevölkerungsverdichtung ein, die bei den kleinen Hofgrundstücken der Familienhöfe auf der dicht besiedelten Aldenhovener Platte bei Köln zu Bevölkerungsdichten von etwa 25/km² führte. Der Übergang zu vorwiegend pflanzlicher Ernährung – die gleiche Kalorienzahl kann bei Übergang zu pflanzlicher Ernährung aus 1/10 der Fläche für Viehwirtschaft erhalten werden – bewirkte bei gleich gebliebenen kraniologischen Daten das Kleinerwerden (Abb. 98, Kurve 2). Die Verteilungskurve des I_1 ist bei einer kleinen Abnahme der Selektion ($\sigma = 3{,}32$ bei 1 gegen $\sigma = 3{,}56$ bei 2) und der Verschiebung der gesamten Kurve um eine I_1-Einheit nach rechts auf $I_1 = 73{,}5$ der Kurve vom Mesolithikum sehr ähnlich.

Die Bandkeramiker (Linienbandkeramik 5500–4900, Stichbandkeramik 4900–4500) entstanden mit ethnischer Konstanz aus den Mesolithikern im Gebiet ihrer Häufung in Mitteldeutschland zwischen Erzgebirge, Thüringer Wald, Harz und Elbe und breiteten sich von da sehr rasch aus. Dort sind 2500 Fundstellen für sie bekannt. Man schätzt die Bewohnerzahl auf 10000 bis 25000 mit 500 bis 700 gleichzeitigen Siedlungen. Daneben gibt es noch weitere Häufungen in Böhmen, in Westdeutschland (die Häufung westlich Köln fehlt in Abb. 5) und in Mähren. Nach Südosten dünnen die Funde aus, die letzten sind am oberen Dnjestr. Auch deshalb (vgl. Kap. 3.2.2) trifft die Behauptung der Zuwanderung der Bandkeramiker aus dem Orient nicht zu. Sie sind ein Glied in der ethnischen Entwicklung der Indogermanen in Mitteleuropa.

Nach Ende der Bandkeramik, die örtlich zwischen Rhein und Elbe von der Rössener Kultur (4600–4300) fortgesetzt wurde, entstand mit der Trichterbecherkultur (4300–3000) wieder eine Kultur, die in Mitteleuropa bis nach Südskandinavien weite Verbreitung hatte. Sie war vom Rhein in der norddeutschen Tiefebene auch außerhalb der von den Bandkeramikern besiedelten Lößböden, in Innerböhmen, nach Osten bis über die Weichsel und bis zum Bug (Abb. 6 a) verbreitet und dehnte sich dann nach Dänemark, Südschweden bis nach Oslo aus. Nördlich der Ostsee wurde die mesolithische Ertebölle-Ellerbek-Kultur von den Ackerbauern der Trichterbecherkultur zurückgedrängt. Archäologisch und anthropologisch wird der Trichterbecherkultur die Michelsberger Kultur zugerechnet, die im Rheingebiet und östlich davon verbreitet war. Die Trichterbecherkultur scheint sich in Mitteldeutschland aus der Rössener Kultur entwickelt und von da ausgebreitet zu haben. Die Megalithgräber wurden übernommen. Die Grabformen liefern die Unterteilungen in Dolmen-, Ganggrab- und Steinkistenzeit.

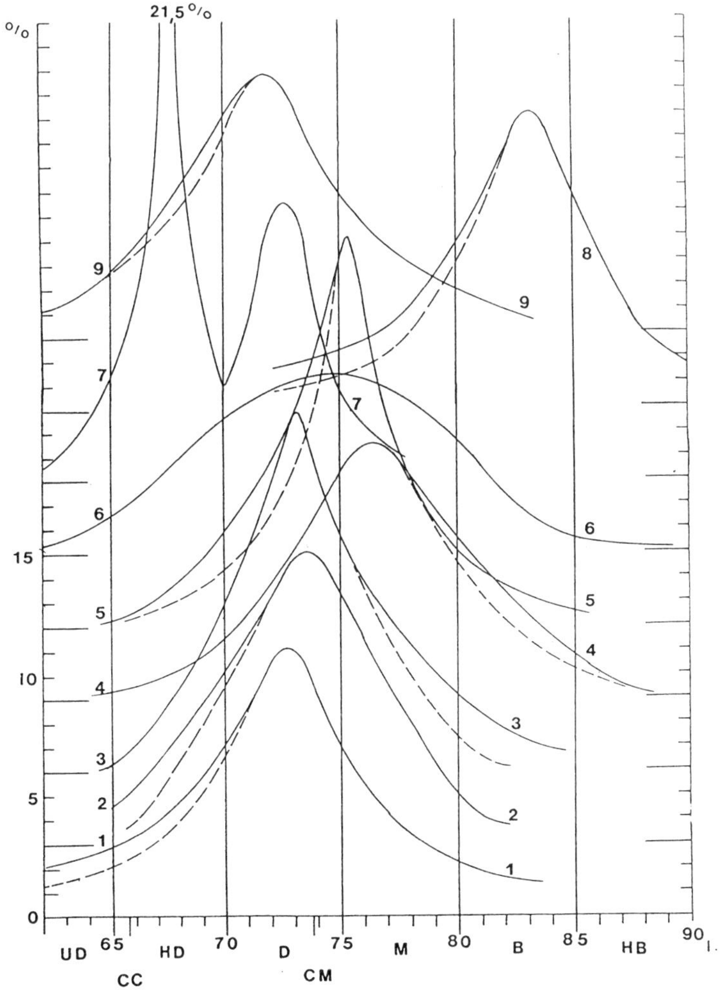

Abb. 98: Die Verteilungskurven des Längen-Breiten-Index I_1 für Populationen des Mesolithikums = 1, der Bandkeramik = 2, der Trichterbecherkultur Deutschlands = 3, der Trichterbecherkultur Dänemarks = 4, der Djnepr-Donez-Kultur = 5, der Ockergräberkultur = 6, der Schnurkeramik = 7, der Glockenbecherkultur = 8, der Aunjetitzer Kultur = 9. Für die Kurve 1 ist die Ordinatenteilung angegeben, für die weiteren Kurven erhöht sich deren Nullpunkt um jeweils 3, CC = Combe Capelle, CM = Cro Magnon. Herkunft der Daten siehe zugehörige Tabelle.

Tabelle: Die Maxima der Verteilungskurven und Mittelwerte des Längen-Breiten-Index von Indogermanen

♂	Kurve Nr.	Maxima der Verteilungskurven						arithmetische Mittelwerte aus Individualdaten			
		I_1	%	σ	$\pm v_i$ %	V_{i1}	n	I_1	$\pm v_{iI1}$	n	Lit.
Mesolithikum	1	72,5	11,2	3,56	1,6	0,56	62				1
Bandkeramik	2	73,5	12,0	3,32	1,2	0,35	101				2
Rössener								76,7	2,9	36	3
Trichterbecher Deutschland	3	73,2	14,8	2,69	0,8	0,45	69				4
Trichterbecher Dänemark	4	76,3	10,5	3,80	0,6	0,29	188				5
Djnepr-Donez	5	75,4	15,8	2,52	0,74	0,28	157				6
Ockergräber	6	74,5	7,5	5,32	0,81	0,27	276				7
Walternienburg-Bernburger								72,5	2,2	19	8
Schnurkeramik	7	72,5 67,5	11,5 21,5	3,4 1,85	}1,7		80				9
Glockenbecher	8	83,1	12,1	3,29	1,8	0,49	78				10
Aunjetitzer	9	71,8	10,8	3,70	1,0	0,30	198				11
Germanen Broncezeit								74,2	3,5	19	12

$\pm v_i$ % bezieht sich auf den mittleren Fehler der Kurvenabstände der Einheitsstreifen in der Ordinatenachse von Abb. 98.

V_{I1} bezieht sich auf die mittleren Fehler der Mittelwerte der einzelnen Messungen von I_1 in der Abszissenachse nach

$$V \simeq \frac{\sqrt{\Sigma v_i^2}}{n}$$

$\pm v_{i1}$ bezieht sich auf die mittleren Fehler der arithmetischen Mittelwerte von I_1 nach $v_i = \frac{\Sigma /v_i/}{n}$

Herkunft der Daten
1 Schwabedissen 1973, Tab. 15, 17, 18, 19
2 Schwabedissen 1973, Tab. 88, 95; Schwabedissen 1978, Tab. 27, 28, 34a, 52
3 Schwabedissen 1978, Tab. 54, 55, 56, 57; Mainzer Datenbank Nr. 20632, 21180, 21182, 21187–21193
4 Schwabedissen 1978, Tab. 31, 32, 37, 58, 59; Mainzer Datenbank Nr. 20053–21209; Fürst 1912
5 Bröste u. Jörgensen 1956
6 Mainzer Datenbank Nr. 20034–20043
7 Mainzer Datenbank Nr. 40028–41223
8 Mainzer Datenbank Nr. 20639, 21004; Schwabedissen 1978, Tab. 38
9 Bach u.a. 1975; Gerhardt 1965; Feustel u.a. 1966; Grimm 1959, 1961; Reche 1908; Sangmeister u.a. 1965
10 Mainzer Datenbank Nr. 40325–40366; Gerhardt 1953
11 Mainzer Datenbank Nr. 40234–40692
12 Mainzer Datenbank Nr. 40128–40708

Die ethnische Entwicklung verlief südlich der Ostsee anders als in Dänemark. Die Kurve des Längen-Breiten-Index (Abb. 98 Nr. 3) hat bei $I_1 = 73{,}2$ ein großes Maximum von 14,8%. Der Vergleich mit der Kurve der dänischen Werte zeigt, daß mit $\sigma = 2{,}69$ gegen die Bandkeramiker das Maximum schärfer herausgehoben ist und auf Bevölkerungskonstanz und deren weitergehende Selektion schließen läßt. Dieser Entwicklung schließen sich die Trichterbecherleute aus Schweden an. Gegenüber den Bandkeramikern mit einem kleinen Überschuß an Langköpfigen begegnet bei den Trichterbecherleuten ein relativ großer Überschuß an Kurzköpfigen von 11,4% bis zum Kurvenende bei $I_1 = 85$, deren Maximum bei $I_1 = 81$ liegen kann. Hier ist zum ersten Male ein Einschub eines Volkes anderer Herkunft festzustellen. Dieser Einfluß hat sich offenbar in Dänemark zur Verschiebung des Maximums auf $I_1 = 75{,}3$ (Nr. 4) ausgewirkt bei gleichzeitig kleinerem Überschuß von Kurzköpfigen von 7,4%. Interessanterweise ist dieser Überschuß bei den folgenden Schnurkeramikern südlich der Ostsee nicht mehr vorhanden, woraus geschlossen werden kann, daß zwischen den vorherrschenden Indogermanen und diesen Zugewanderten südlich der Ostsee Heiratsschranken bestanden und diese dann verschwanden.

Nach Dänemark wanderte die Trichterbecherkultur um 4000 v.d.Ztr. von Süden ein und brachte die Megalithgräber mit. Um 2000 v.d.Ztr. wanderten von Süden zahlenmäßig gering Schnurkeramiker ein, die ihre Kultur als Einzelgrabkultur ausbreiteten (J. Jörgensen 1973). Sie verursachten insgesamt keine merklichen anthropologischen Veränderungen. Die Trichterbecherkultur dauerte in Dänemark also länger als südlich der Ostsee.

Obwohl die Ockergrabkultur die Begräbnissitten der vorhergehenden Dnjepr-Donez-Kultur (Abb. 98 Nr. 6) beibehielt (A. Häusler 1981), können die Träger der Ockergrabkultur nicht anthropologisch und ethnisch aufgrund ihrer gegensätzlichen Verteilungskurve aus der Djnepr-Donez-Kultur abgeleitet werden. Dagegen können die Träger der Dnjepr-Donez-Kultur (Abb. 98 Nr. 5) zu den Indogermanen gerechnet werden. Sie zeichnen sich durch eine große Selektion mit $\sigma = 2{,}52$ aus, die bei ihrer Abwanderung nach Osten als Kleingruppe erworben wurde, aber dann bei ihrer Ausbreitung und Vermehrung sich nicht veränderte. Trotz ihres etwas mit $I_1 = 75{,}4$ gegen die vorhergehenden Maxima (Abb. 98 Nr. 1, 2, 3) verschobenen Maximums läßt die Verteilungskurve einen Überschuß von Langköpfigen von 11,7% mit dem Maximum bei $I_1 = 72$ erkennen.

Die Ockergrabkultur, die in der Ukraine der Dnjepr-Donez-Kultur nachfolgt, ist mit ihrer ältesten Untergruppe, der Altgrubenkultur, mit Funden etwa gleichalt mit den Schnurkeramikern belegt. Sie ist von Nordost-Ungarn, Rumänien, Bulgarien, der Ukraine, dem Schwarzen Meer bis zur Wolga verbreitet. Da eine Ableitung der Schnurkeramik von der Ockergrabkultur oder umgekehrt nicht haltbar ist, muß die Ockergrabkultur, deren Träger zu den Indogermanen gerechnet werden, älterer Herkunft sein. Dann stand sie am Beginn der Entwicklung der Indoarier mit einer Ausdehnung nach Osten (L. Kilian 1988).

Die Anthropologie der Ockergrableute besitzt eine überraschende Verteilungskurve des Längen-Breiten-Index (Abb. 98 Nr. 6). Die sehr gut symmetrische Kurve läßt sich gut mit der idealen Verteilungskurve (Abb. 96) für das gleiche Selektionsmaß $\sigma = 5{,}3$ zur Deckung bringen. Das ist deshalb überraschend, weil mit der Abstammung von den Urindogermanen eine wesentlich größere Selektion wie die der Mesolithiker, Bandkeramiker und Trichterbecherleute zu erwarten gewesen wäre und mit Fortschreiten der Evolution eine Rückbildung der Selektion in frühere Zustände bisher nicht beobachtet wurde. Das Entsprechen mit der idealen Verteilungskurve für gleiches σ schließt auch Vermischungen aus. Auch fällt das Maximum mit $I_1 = 75{,}5$ kaum aus dem Bereich der Indogermanen heraus. So muß dieses Problem offenbleiben.

In der Schnurkeramik (2800–2400) läßt sich eine lokale Entstehung nicht erkennen. Die ältesten Funde sind im A-Horizont fast über das gesamte Verbreitungsgebiet der Schnurkeramik verbreitet. Die Funde im Gebiet der größten Funddichte, in Thüringen, beginnen erst etwas später (Abb. 99). Sie folgen dort der Walternienburger-Kultur (3200–2800) und können aus ihr abgeleitet werden. Schnurverzierungen sind aber schon aus der Baalbecker-Kultur vor der Walternienburger-Kultur bekannt (H. Behrens 1981). Im Norden und Nordosten entstanden die Teilkulturen der Einzelgrabkultur, der Bootsaxtkultur und der Haffküstenkultur. In der Ausdehnung nach Südosten folgt das Erreichen von Mähren auf die mittlere Phase der Schnurkeramik Böhmens mit Ausläufern bis zum Dnjestr (Abb. 6b) (A. Häusler 1975). Diese archäologisch erschlossene Verbreitung nach Osten mit nach dorthin zunehmend jüngeren Funden widerspricht der behaupteten Einwanderung von dort. Die Schnurkeramik besetzte schließlich fast das gleiche Gebiet wie die Trichterbecherkultur.

Die Bestattungssitte der Hockergräber der Trichterbecherkultur wurde beibehalten wie weiteres aus ihrer Kultur auch, daß sie in ältere Grabhügel der Baalbecker-Kultur nachbestatteten (S. Bücke 1989). Aus der Verbreitung der Fundpunkte der Keramik (U. Fischer 1981) und der facettierten Äxte (Abb. 99), die im Vergleich mit ihren weiteren Verbreitungen mit Abständen der Fundpunkte von Zehnern von km in Thüringen eine außergewöhnliche Dichte aufweist, folgt eine entsprechende Dichte der Besiedlung. Da die Schnurkeramiker vorwiegend Viehzüchter waren und nicht Ackerbauer, muß bei dem zehnfachen Flächenbedarf dieser gegen jene ein besonders großer Bevölkerungsdruck entstanden sein. Daß andererseits die Ausbreitung der schnurkeramischen Kultur nur mit zahlenmäßig kleiner Einwanderung der Schnurkeramiker verbunden war, wurde für Dänemark am Ende der dortigen Trichterbecherkultur anthropologisch festgestellt (J. Jörgensen 1973). Auch im Gebiet der Bootaxtkultur in Südskandinavien wird nach der anthropologischen Typenverteilung (Hoops Bd. 4, 1978) kaum mit Einwanderung gerechnet.

Aus den bisher bekannten Mittelwerten der anthropologischen Daten der Schnurkeramiker läßt sich eine besondere Langköpfigkeit erkennen, die im Gebiet der Entstehung der Schnurkeramiker in Mitteldeutschland besonders ausgeprägt ist (Schwidetzky in Schwabedissen 1978, Tab. 98).

	Längen-Breiten-Index	n
ältere mitteldeutsche Schnurkeramik	66,7	8
SW-deutsche Schnurkeramik	66,7	6
mitteldeutsche Schnurkeramik	70,1	30
böhmische Schnurkeramik	69,1	22
böhmisch-mährische Schnurkeramik	71,1	13
ostpreußische Schnurkeramik	69,6	10
estnische Streitaxtkultur	70,3	5
polnische Schnurkeramik	72,0	14

Die Verteilungskurve des Längen-Breiten-Index der Schnurkeramiker ist zweigipfelig (Abb. 98 Nr. 7). Das eine Maximum mit $I_1 = 72{,}5$ stimmt innerhalb der vorherigen und folgenden indogermanischen Schwankungen mit den Verteilungskurven der ethnischen Vorgänger und folgend bis zu den Germanen überein (Abb. 103). Das andere Maximum mit $I_1 = 67{,}5$ und 21,5% fällt völlig aus dem Bisherigen heraus. Hier muß nach den Walternienburg-Bernburgern mit dem schon kleinen Mittelwert $I_1 = 72{,}5$ mit einem weitgehend unbekannten Vorgang diese extrem selektierte

Bevölkerung entstanden sein. Der Flaschenhalseffekt kann dazu nicht herangezogen werden, da der Vorgang nicht durch Auswanderung in ein Isolat, sondern inmitten des anderen Bevölkerungsanteils mit „normalem" indogermanischen Gepräge stattfand. Die Erklärung mit der Entstehung von Heiratschranken zwischen den beiden Bevölkerungsanteilen ist unbefriedigend, da zu

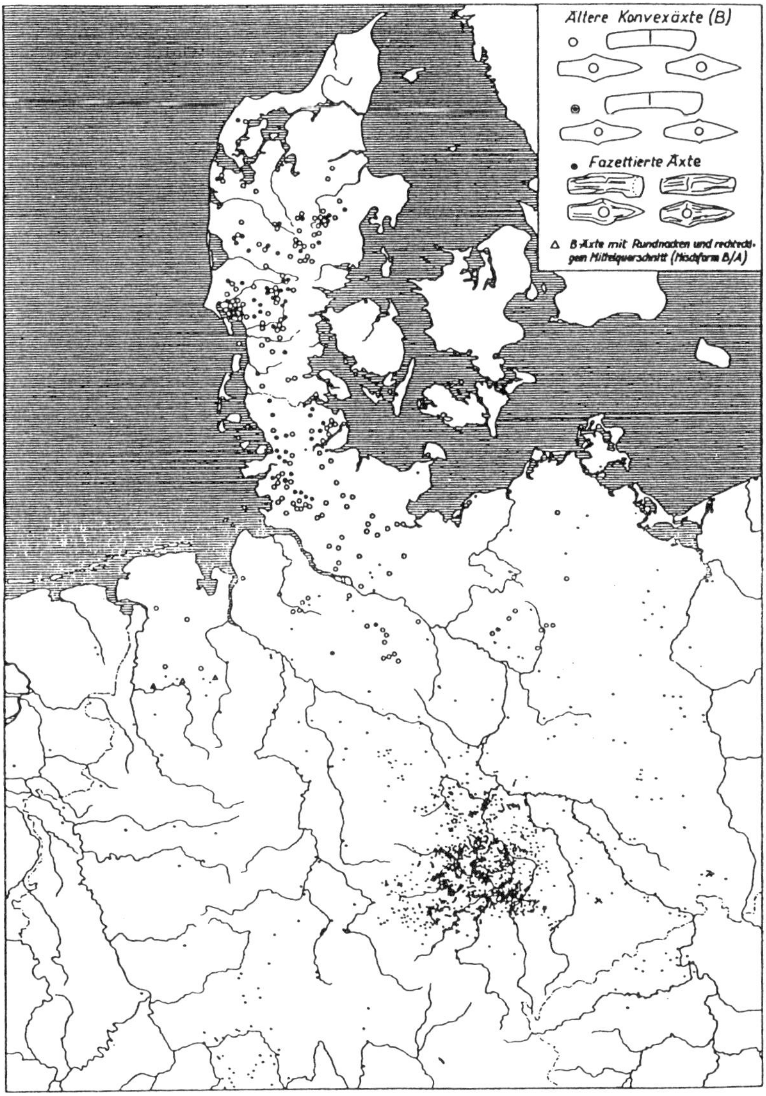

Abb. 99: Die Fundpunkte der Axtform B der Einzelgrabkultur und der facettierten Äxte der Schnurkeramik. Nach L. Kilian, *Zum Ursprung der Indogermanen,* Bonn 1988.

erwarten wäre, daß der hochselektierte Anteil hätte in der Minderzahl sein sollen. In der Population Nr. 7 der Abb. 98 aus Mitteldeutschland, Schlesien und Böhmen betragen die Zahlen der Individuen mit Längenbreitenindex $I_1 < 70$: 50 und die mit $I_1 > 70$: 30, d.h., daß der hochselektierte Bevölkerungsanteil aus dem Entstehungsgebiet mit hohem Bevölkerungsdruck zwischen Thüringer Wald, Harz und Saale auswanderte und zahlenmäßig in Minderheit das Gesamtgebiet der Schnurkeramik überlagerte, weil die nach Verschwinden der Glockenbecherleute aufgetretenen Aunjetitzer wieder zum „normalen" indogermanischen Habitus zurückkehrten (Abb. 98 Nr. 9), siehe im folgenden. Die Schnurkeramik ist damit ein Kulturumbruch bei fast ethnischer Konstanz. Auch im Nordostbereich der Schnurkeramik herrschte im Gebiet der Haffküstenkultur seit der Trichterbecherkultur ethnische Konstanz bis zu den damit germanischer Herkunft entsprechenden Prußen.

Plötzlich auftretende hoch selektierte Populationen aber mit größerem Längen-Breiten-Index waren vorher die Trichterbecherleute Deutschlands mit $\sigma = 2{,}69$ (Nr. 3) und die Träger der Dnjepr-Donez-Kultur mit $\sigma = 2{,}52$ (Nr. 5). Daß eine derartige Selektion durch Inzucht in kleinen Populationen, die geographisch isoliert sind, entstehen kann, wird an den Slowenen Nowgorods (Abb. 103, Nr. 24) mit 19,3% deutlich (s. Kap. 6.1.6), wo der wikingisch-slowenische (ostvandalische) Teil der Bevölkerung durch Heiratsschranken vom finnisch-osteuropiden Teil getrennt war und die Herrschaft ausübte. Die Entstehung des langköpfigen Anteils der Schnurkeramiker wäre so vorstellbar.

Die Glockenbecherleute, die sich zeitlich zwischen die Schnurkeramik und die Aunjetitzer Kultur einschieben, werden von einem Schädeltyp beherrscht, der bis dahin in Mitteleuropa nicht vorhanden ist, den planoccipetalen Steilkopf. Sein Längen-Breiten-Index von ca. $I_1 = 85$ ist zwar dem des ostischen und dinarischen Typs ähnlich (A. u. H. Bach 1976), und verbindet mit schmalem und hohem Gesicht ein steil abfallendes und flaches Hinterhaupt. Die Glockenbecherleute wanderten wohl aus dem weiteren Orient über den Seeweg oder über Nordafrika nach Spanien ein und verbreiteten sich nach Osten und Nordosten. In Mitteleuropa, besonders im Mittelelbe-Saale-Gebiet vermischten sie sich mit ansässigen Indogermanen und verschwanden wieder, ohne anthropologische Spuren zu hinterlassen (A. u. H. Bach 1976), wie sich aus der Ähnlichkeit zwischen Schnurkeramikern von $I_{1max} = 72{,}5$ und Aunjetitzern ergibt.

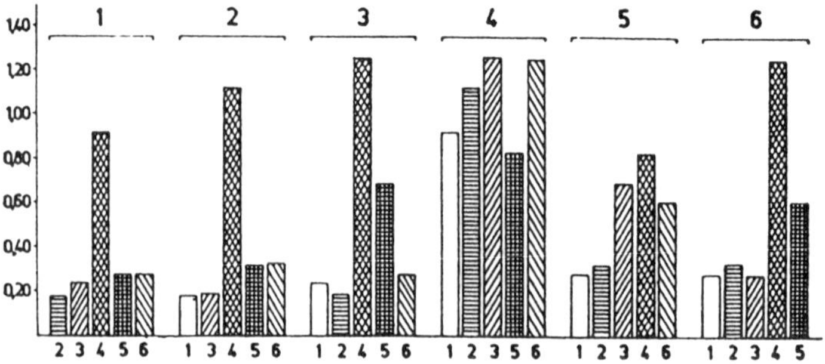

Abb. 100: Penroseanalyse der Mittelwerte kraniologischer Daten, Penrose-Abstände zwischen den Vergleichsserien Bandkeramiker = 1, Walternienburger-Bernburger = 2, Schnurkeramiker = 3, Glockenbecherleute, Hauptphase = 4, Glockenbecherleute, Spätphase = 5, Aunjetitzer = 6. Nach A. u. H. Bach 1976

Aus der Penroseanlayse der arithmetischen Mittelwerte von kraniologischen Daten folgen mit kleinen Penroseabständen (Abb. 100) nicht nur die Ähnlichkeiten der aufeinanderfolgenden Populationen der Indogermanen von den Bandkeramikern bis zu den Aunjetitzern, sondern auch die auffallend großen Penroseabstände zwischen den älteren Glockenbecherleuten und diesen. Ihre Vermischung wird durch die kleineren Penroseabstände der späten Glockenbecherleute (Abb. 100, 5) zu den Indogermanen (Abb. 98 Nr. 1, 2, 3) und die fehlende Vermischung mit diesen durch die kleinen Penroseabstände der Aunjetitzer zu den älteren Indogermanen (1, 2, 3) deutlich (A. u. H. Bach 1976). Nur im Rückzugsgebiet Südeuropa hinterließen sie in der älteren Broncezeit Spuren, so z. B. am Hohentwiel (K. Gerhardt 1964). Sie gingen in den Trägern der Urnenfelderkultur der Broncezeit auf, und die Spuren reichen mit dem Kurzkopfmaximum der Hallstadtzeit bis in die Kelten. Die Verteilungskurve des Längen-Breiten-Index der Glockenbecherleute (Abb. 98, 8) hat ihr Maximum bei $I_1 = 83{,}1$, ist unsymmetrisch mit bis $I_1 = 72$, einem Überschuß an Langköpfigen von 8,9%, welcher der Ausdruck der Vermischung mit ansässigen Indogermanen ist, aber für $I_1 < 72$ noch größer wird.
Von den Aunjetitzern vom Ende und Ausgang der Jungsteinzeit in die Broncezeit sind wieder genügend Daten für eine Verteilungskurve vorhanden. Diese ist leicht unsymmetrisch und läßt mit einem Überschuß von 4,2% Langköpfiger die Entstehung der Aunjetitzer wie vermutet (L. Schott 1976) aus den im Mittel etwas langköpfigeren Schnurkeramikern zu.

Die Aunjetitzer Kultur (2300–1500) ist von Sachsen, Thüringen, über Schlesien und Böhmen bis nach Mähren verbreitet und besitzt Fundpunktshäufungen in Mitteldeutschland, Nordböhmen und Mähren. Die ältesten Fundgebiete sind das nordböhmische und mährische. Die Verwandtschaft ihrer Kultur mit den Schnurkeramikern wird vor allem durch die Hockerbestattung nahegelegt.

Anthropologisch sind die Aunjetitzer den Schnurkeramikern ähnlich, indem ihr Verteilungsmaximum von $I_1 = 71{,}8$ mit dem zweiten Maximum der Schnurkeramiker übereinstimmt und deren erstes Maximum in einem Überschuß von Langköpfigen von 4,2% nachwirkt. Die ethnische Fortsetzung der thüringischen Schnurkeramiker in den Aunjetitzern des gleichen Gebietes wurde aus der anthropologischen Ähnlichkeit erschlossen (L. Schott 1976).

Sie setzen sich fort z. T. in den Trägern der Lausitzer Kultur, wanderten auf den Balkan und verschwanden dann. Von ihnen stammt das mächtige Grabhaus unter dem großen Hügel bei Leubingen südlich des Harzes. Während aus dem Gebiet der DDR nur 22 Funde und aus Österreich 50 bekannt sind, sind aus Böhmen 126 bekannt. Die Entstehung der Aunjetitzer ist wegen des Fundreichtums wohl in Böhmen zu vermuten.

Von den Germanen der Broncezeit ist bisher nur eine kleine Zahl an Skelettgräbern bekannt geworden. Sie gingen auch in der jüngeren Broncezeit zur Brandbestattung über. Ihr Mittelwert des Längen-Breiten-Index von $I_1 = 74{,}2$ liegt in dem Bereich der Werte für die vorhergehenden Indogermanen und die folgenden germanischen Stämme der Völkerwanderung (s. Abb. 103) und bestätigt die ethnische Konstanz bis zu ihnen.

Zusammenfassung

Ethnische Veränderungen entstehen langfristig aufgrund von genetischen Veränderungen langfristiger Art, kurzfristig durch den „Flaschenhalseffekt“, durch die Auswanderung kleiner Populationsteile mit etwas anderer genetischer Zusammensetzung und in genügend kleinen Populationen durch Mutationen sowie durch Vermischungen.

Die einander ablösenden Kulturen der Mesolithiker (Abb. 98, 1), Bandkeramiker (2) und Trichterbecherleute (3) fanden bei ethnischer Kontanz in fast gleichen Räumen statt. Dem schließen sich der eine Teil der Schnurkeramiker (7) mit weiter Verbreitung und dann die Träger der Aunjetitzer Kultur (9) an. Die Daten der Verteilungskurven sind sehr ähnlich. Die Trichterbecherkultur Dänemarks (4) hat mehr Zugewanderte aufgenommen als die Trichterbecherkultur südlich der Ostsee und zur Verschiebung des Maximums der Verteilungskurve in das mesokrane Feld geführt. Die Träger der Dnjepr-Doncz-Kultur lassen sich noch aus den Indogermanen ableiten. Ihre ethnische Zusammensetzung (5) ist mit dem Flaschenhalseffekt erklärbar. Der hochselektierte Teil der Schnurkeramiker, der im Thüringer Raum und räumlich in dem nicht veränderten Teil der Bevölkerung entstand, verbreitete sich als Minderheit dann in das weitere umliegende schnurkeramische Gebiet und ist noch in dem kleinen Überschuß Langköpfiger in den Aunjetitzern (9) nachweisbar. Eine Erklärung der Entstehung mit dem Flaschenhalseffekt steht noch aus. Die Träger der Ockergrabkultur lassen sich mit ihrer hochsymmetrischen und schlecht selektierten Verteilungskurve kaum auf Indogermanen beziehen. Völlig abseits davon stehen die von fern zugewanderten Glockenbecherleute, die aus dem mitteleuropäischen Raum wieder verschwanden und deren Reste in der Urnenfelderkultur aufgingen.

Dieser ethnisch konstanten Entwicklung über mehr als 5000 Jahre fügen sich die Mittelwerte der Rössener Kultur mit I_1 = 75,7 noch bzw. die der Walternienburg-Bernburger-Kultur mit I_1 = 72,5 gut ein, für die keine Verteilungskurven zur Verfügung stehen.

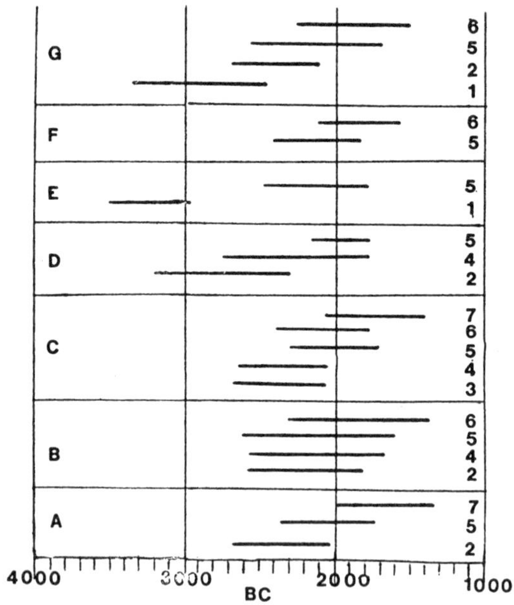

Abb. 101: Die Dauer von neolithischen Kulturen nach ¹⁴C-Analysen vorbehaltlich einer Kalibrierung, in den Gebieten: A = Dänemark, B = Norddeutschland, C = Mitteldeutschland-Saale, D = Polen, E = Süddeutschland, F = Westschweiz, G = Beneluxländer, 1 = Michelsberger Kultur, 2 = Trichterbecher, 3 = Bernburger, 4 = Kugelamphoren, 5 = Schnurkeramik, 6 = Glockenbecher, 7 = Spätneolithikum, Dänemark.
Nach W. Pape, 1981

Da die Bewohner Norddeutschlands der Broncezeit noch als Germanen bezeichnet werden müssen (L. Kilian 1988b) und sie sich lückenlos bis in das Mesolithikum anthropologisch zurückverfolgen lassen, müssen diese Vorfahren der Alt- und Urgermanen als Indogermanen bezeichnet werden, die schließlich in den Aurignac-Menschen nach der Selektion der Depigmentierung wurzeln, eine Bestätigung der Ergebnisse von L. Kilian 1988a.

Mit ^{14}C-Zeitbestimmungen (Abb. 101) ergab sich, daß es keine klaren zeitlichen Aufeinanderfolgen der Kulturen gibt, sondern nur Überschneidungen. Daraus folgt, daß die kulturellen Veränderungen bei ethnischer Konstanz erfolgten. Die Ethnogenese der Indogermanen vollzog sich generalisiert durch langzeitliche Entwicklung nacheinander und auseinander im gleichen Raum, während die der germanischen Stämme (Kap. 6.1.6) gleichzeitig in benachbarten Räumen stattfand.

6.1.5 Bisherige anthropologische Ergebnisse nach der Broncezeit bis ca. 1100 n.d.Ztr.

Nachdem um etwa 1500 v.d.Ztr. die Träger der Glockenbecherkultur zurückgedrängt waren, begannen sich nach Ende der Jastorf-Kultur (600–200 v.d.Ztr.) die germanischen Stämme herauszuformen. Nach Rückkehr zur Skelettbestattung bis zur zeitlich gestaffelten Übernahme des katholischen Christentums mit dem Ende der Grabbeigaben stehen zur Verfolgung ethnischer Fragen jetzt z. T. ausreichende und laufend zunehmende anthropologische Daten zur Verfügung. Und schon die Mittelwerte von Serien zeigen, daß in den 2000 Jahren von der mittleren Broncezeit bis zur Reihengräberzeit ethnische Konstanz geherrscht hatte.

In der Vorgeschichte Mitteleuropas lassen sich am Längen-Breitenindex deutlich Kelten von Germanen unterscheiden (K. Saller 1964). Das betrifft auch die Reihengräber im Westen, die nach Zurückdrängen der Kelten bis zum Ende der Völkerwanderung entstanden. Die Kelten müssen also weitgehend, vielleicht mit Ausnahme der Schweiz, abgezogen sein, ein Aufgehen größerer Anteile von ihnen in den ihnen gefolgten Germanen wird anthropologisch nicht gestützt.

Kraniologische Daten, Eisenzeit (K. Saller 1964)

in Prozent	Langschädel	Mittellangschädel	Rundschädel
Hallstadtkultur (Illyrier)	59	20	21
La Tene-Kultur (Kelten)	14	42	44
Germanen Provinz Hannover (Merowinger Zeit)	62	30	8
Fränkische Reihengräber	41	52	7
Bayer. Ostmark (Reihengräber)	70	25	5
Baden (Germanische Reihengräber)	66	30	4
Südbayern (Germanische Reihengräber)	42	44	14
Schweiz (Alemannische Periode)	29	47	23

Die anthropologischen Daten aus westgermanischen Reihengräbern (A. Bach 1986) zeigen eine sehr einheitliche Erscheinungsweise.

Kraniologische Daten, West- und Binnengermanen

Mittelwerte ♂		I/1	I/2	I/3	I/39
Thüringer		76,0	73,2	96,3	53,4
Franken,	Eltville	73,8	70,0	94,8	52,8
	Mannheim	74,3	70,8	95,2	53,4
	Langenlonsheim	75,4	71,2	94,4	53,3
	Rheingau	73,9	70,9	96,0	54,7
Alemannen,	Hailfingen	75,2	72,0	95,5	54,7
	Weingarten	74,8	71,8	96,0	53,8
	Mengen	74,5	70,9	95,2	53,5
Bajuwaren,	München-Giesing	74,6	71,0	95,2	54,5
	Altenerding	75,0	71,5	95,3	50,1

Kraniologische Daten, Ostvandalen

Mittelwerte ♂		I/1	I/2	I/3	I/39
Mecklenburg		76,2	72,5	95,2	50,2
Wollin		73,9	72,6	98,3	52,4
untere Weichsel		75,1	73,7	98,1	52,7
Radom		73,3	72,4	98,8	54,5
Wislica		73,4	71,2	97,0	53,2
Böhmen,	Bilin	76,1	72,3	95,0	52,8
	Libice	74,9	72,3	96,5	53,6
	Stara Kourim	75,4	74,1	98,3	52,1

Mit diesen Indices sind Ostvandalen bis nach Polen und aus Böhmen nicht von Westgermanen unterscheidbar (A. Bach 1986, Tabelle 3).

Die Untersuchung der Ähnlichkeitsbeziehungen zwischen den Lokalserien aus der Zeit von 500 bis 1000 n.d.Ztr. (F. Rösing u. I. Schwidetzky 1977) ergab auf regional und datenmäßig breiter Grundlage stets die große Ähnlichkeit germanischer und „slawischer" Serien mit Penroseabständen der Mittelwerte kleiner als 0,20.

Bereits Virchow stellte 1881 fest, daß *„mit einer dolichokranen Abteilung der Slawen"* zu rechnen ist und der Tscheche Niederle (zit. bei Schwidetzky 1938) kam 1896 nach Sichtung des gesamten Materials zu dem Ergebnis, daß der Grundstock der slawischen Völker derselbe langschädlige und hellfarbige Typ sei, der die benachbarten „arischen" Völker kennzeichne.

I. Schwidetzky (1938) bearbeitete das gesamte bis 1938 zur Verfügung stehende Material für die Zeit bis um 900 bis 1000, also nach der Ausbreitung der Ostvandalen in die heute bewohnten Gebiete. Sie fand im Nordwesten des Gebietes (Provinz Sachsen, Havelland, Pommern, Masowien) und im Südosten bei den Sewerjanen und Vjaticen (s. Abb. 24) Bereiche besonderer Langschädligkeit und im Nordosten (Nowgorod, Kostroma, Krivitschen), in der östlichen Mitte (Drevljanen, Polanen) und im Süden (Balkan) kurzschädlige Bereiche. Die Längen-Breitenindices reichen von 65 bis 90. Eine eingehende Typen- und Korrelationsanalyse (Mittelwerte von Serien) ergab, daß alle Ostvandalen Mischungen aus einem nordischen und einem osteuropiden (ostbaltischen) Typ sind. Darüber hinaus sind Einschläge eines brachykranen Typs in Böhmen, der Südslowakei und bei den nordöstlichen Stämmen der Kriwitschen (Nowgorod, Kostoma) und von der Südslowakei an auf dem Balkan ein dinarischer Typ vorhanden. Die mittleren Abweichungen vom Mittelwert der Westslawen auf die Stämme sind in Abb. 102 dargestellt. In der Mitte des ost–

Verteilung von Werten des Längen-Breiten-Index in ostvandalischen Stämmen (Nach I. Schwidetzky 1938)

I_1 in % ♂	< 75	75–80	80–85	85 <
Havelland	60,0	33,3	6,7	–
Prov. Sachsen	69,2	15,4	7,7	7,7
Schlesien	57,1	32,2	7,1	3,6
Posen	60,0	40,0	–	–
Masowien	77,8	22,2	–	–
Pommern	54,5	45,4	–	–
Westpreußen	45,0	43,3	10,0	1,7
Steiermark, Krain	40,5	54,0	5,5	–
Nordkroatien	51,2	30,2	18,6	–
Südkroatien, Bosnien	28,6	42,5	–	28,6
Nowgorod	7,6	58,5	32,1	1,9
Drewljanen	14,0	86,0	–	–
Devin, Slowakei	9,9	39,4	36,2	15,5

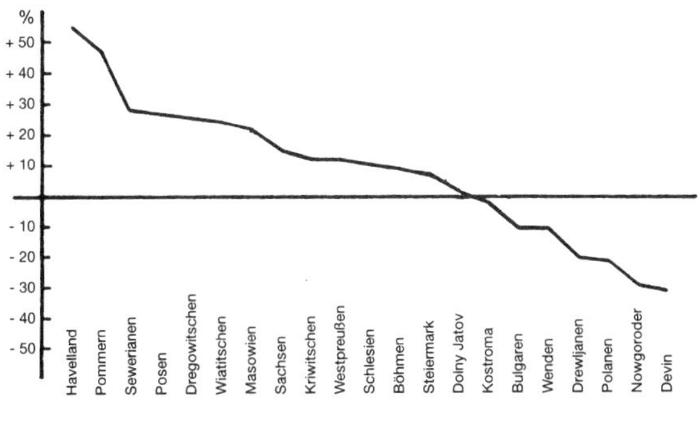

Abb. 102: Die mittleren Abweichungen von 5–11 Merkmalen von Schädeln ostvandalischer Stämme vom Mittelwert der Westslawen. Abweichungen in Richtung Langschädliger +, in Richtung Kurzschädliger –. Nach J. Schwidetzky, *Rassenkunde der Altslawen*, Stuttgart 1938.

vandalischen Bereichs hebt sich vom Hannoverschen Wendland und der Saale in das obere Wolgagebiet bis zum Dnjepr ein Streifen mit vorwiegend nordischem Typ heraus. Nordöstlich davon steigt der Anteil des ostbaltischen Typs und südwestlich der mediterrane Einschlag.

Der ostbaltische Anteil stammt aus der Mischung mit finnisch-ugrischer Bevölkerung, die schon vor Ende der Broncezeit, wie Gewässernamen ausweisen, bis zur Düna und der oberen Wolga wohnte. Die Randlage der kurzköpfigen und mediterranen Einschläge zeigt, daß diese erst nach der Ausbreitung der Ostvandalen durch Assimilation von Vorbevölkerungen entstanden.

Der hohe Anteil nordischen Typs ist besonders in Gegenden zu beobachten, in denen mit Resten zurückgebliebener völkerwanderungszeitlicher Germanen zu rechnen ist (O. Reche 1942). Dort ist die kraniologische Typenverteilung von derjenigen der Westgermanen oder Nordgermanen praktisch nicht unterscheidbar. Wenn die Ostvandalen bei ihrer Zuwanderung eine andere Typenverteilung besessen hätten, hätten sich in der folgenden Zeit Abweichungen gegen die der Westgermanen einstellen müssen. Die Ostvandalen müssen also vor ihrer Wanderung den Nord- und Westgermanen anthropologisch weitgehend entsprochen haben.

Diese anthropologischen Ergebnisse befinden sich im Einklang mit dem Wanderweg der Ostvandalen vom Weichselgebiet nach Westen. Der Streifen mit größtem nordischen Anteil könnte den Ostvandalen mit kürzestem Weg nach Westen entsprechen. Bei diesen Wanderungen kam es zur Überschichtung einer finnisch-ugrischen Vorbevölkerung und erst später, im Bereich nördlich des Schwarzen Meeres, kam es zur Vermischung mit Bevölkerungen mediterranen und auf dem Balkan dinarischen und ostischen Typs. Damit stimmt auch überein, daß der Anteil nordischen Typs in den älteren Ostvandalen größer ist.

Diese Ergebnisse von I. Schwidetzky werden von neueren Untersuchungen aus Mitteldeutschland bestätigt (L. Schott 1960). Mit einem diskriminanzanalytischen Ansatz war es nicht möglich, unter Verwendung der zehn wichtigsten Merkmale die Schädel der Germanen von denen der Ost-, West- und Südslawen zu unterscheiden (St. Klug 1973, 1982).

Unter Verwendung der Penrose-Abstände von einem Mittelwert von 42 Serien aus dem Verbreitungsgebiet der Ostvandalen ergaben sich erstaunlich geringe Abweichungen von diesem Mittelwert, dessen Daten leider nicht mitgeteilt werden (I. Schwidetzky 1972) (Abb. 102). Nur wenig größer ist der Penrose-Abstand von thüringischen Reihengräbern, wesentlich größer schon der von Alt-Ungarn des 9.–11. Jahrhunderts und noch größer der von Krimgoten.

An einigen vollständig ausgegrabenen Reihengräberfriedhöfen im NNW und SSW von Westgermanien, aus Thüringen (A. Bach 1986) und an der Saale bei Jena, die von Ostvandalen stammen, die innerhalb des elbgermanisch-thüringischen Gebietes ab 800 siedelten, konnte neben anthropologischen Untersuchungen auch die Bevölkerungsstruktur erschlossen werden. Sie siedelten in kleinen Weilern mit 3 bis 4 Familien von etwa 45 Personen. Die anthropologischen Untersuchungen von Rohnstedt ergaben eine Bevölkerung, die etwas größere Hirnschädellänge und geringere Hirnschädelbreite als die umgebenden Germanen und andere Ostvandalengruppen besaß. Diese sind die bisher am ausgeprägtesten nordisch betonte Gruppe der Ostvandalen. Die meisten Germanengruppen neigen zu größeren, die meisten Ostvandalengruppen zu kleineren Gesichtshöhen. Die meisten Orbitalmaße sind etwas kleiner als die von Germanen (A. Bach 1986).

Nach der Zeit um 900 bis 1000 entstanden weitere Veränderungen im anthropologischen Bild der ostvandalischen Stämme, die hier nur angedeutet werden können.

Anthropologische Daten (Mittelwerte) der Population aus dem Reihengräberfeld von Rohnstedt, Thüringen nach A. Bach 1986.

in Prozent ♂	Männer	Frauen	
	Längen-Breitenindex I/1 %		
hyperdolichokran	15,9	17,3	
dolichokran	56,8	34,6	
mesokran	27,3	48,1	
	Gesichtsindex I/38		
hypereuryprosop	10,7	20,0	
euryprosop	39,3	40,0	
mesoprosop	32,1	15,0	
leptoprosop	17,9	15,0	
hyperleptoprosop	–	10,0	
Mittelwerte für Männer			
I/1	I/2	I/3	I/39
73,0	71,9	98,5	52,0

Diese Vermischungen der Ostvandalen in einem Gebiet, in dem sie kurz nach ihrer Rückwanderung noch vorwiegend dem nordischen Typ angehörten, werden deutlich in Reihengräbern aus der 2. Hälfte des 12. Jahrhunderts von Sternberg, West-Mecklenburg. Dort treten nordische neben osteuropiden Schädeln und Mischtypen auf. Besonders auffällig sind die Geschlechtsunterschiede. Das Mittel des Längenbreitenindex beträgt für Männer 74,5 und für Frauen 80,9 (L. Schott 1960). Im Gebiet des russischen Reiches ist mit der mongolischen Beherrschung ab 1236 sicher mit ethnischen Veränderungen zu rechnen.

Besonders interessant sind diese in Böhmen. Ibrahim ibn Jaqub (P. Hirsch 1931) berichtet 973 über seine Reise durch die Länder der Sclavi: *„Seltsam ist, daß die Bewohner Böhmens braun und dunkelhaarig sind; der blonde Typus ist bei ihnen wenig vertreten“*. Dort hat Matiegka für die Zeit von 900 bis heute gefunden (H. Matiegka 1912) (Längen-Breitenindex) (dolichokephal = dolichokran):

in Prozent	I	II	III	16. Jh.	jetzt
Dolichokephal	58,3	29,5	23,5	5,0	1,0
Mesokephal	27,8	57,7	34,1	25,0	13,5
Brachykephal	13,9	12,8	42,4	70,0	85,5
I = älteste Gräberfelder ab 800, II = Übergangszeit, III = beigabenarme Gräber bei Kirchen ab 1600					

In 300 Jahren I bis III hat sich demnach die anthropologische Zusammensetzung der böhmischen Bevölkerung grundlegend geändert. Das Gleiche wird an unvergleichlich größerem Material 1975 von Stloukal (M. Stloukal 1979 a) bestätigt. Für die Brachykephalisation (Entwicklung zur Kurzköpfigkeit) in der Zeit zwischen dem 12. und 14. Jahrhundert und danach besteht noch keine endgültige Erklärung. Die ersten ethnischen Veränderungen sind in den *belvuci* von Frede-

gar für die Zeit um 620 bezeugt. Das wird aber nur das Randgebiet gegen die Awaren betroffen haben und wurde für die Slowakei und Mähren bestätigt (M. Stloukal u. L. Vyhnanek 1983). Für die von Matiegka belegten Veränderungen können höchstens Vermutungen ausgesprochen werden. Es erscheint zweifelhaft, ob, wie O. Pritsak 1983 vermutet, diese in Verbindung zu bringen sind mit dem Zusammenbruch des Awarenreichs und der dann erfolgten Ausbreitung der einstigen multiethnischen Ansiedler an der awarischen Militärgrenze, oder ob die vielen, besonders in Gräbern von Burgwällen gefundenen awarischen Hinterlassenschaften direkte Hinweise auf Awaren sind, wie H. Preidel (1953) vermutet.

Die anthropologische Heterogenität der böhmischen Bevölkerung, wie sie von Matiegka 1912 bereits in zeitlicher Entwicklung erkannt wurde, und wie sie 973 von Ibrahim ibn Jaqub anschaulich geschildert wurde, hat eine Wurzel offenbar bereits vor der Einwanderung der Ostvandalen und vor dem Abzug der Germanen. In Ostböhmen, ein Stück weit entfernt von den zeitgleichen Gräberfeldern der Germanen der römischen Kaiserzeit fand man im Brandgräberfeld von Plostiste (Abb. 65, Nr. 26) eine heterogene Bevölkerung mit mehreren Ausgangstypen. Einer davon ist nordisch, die anderen sind mediterranoid – also vom nordischen Typ nur sehr schwer unterscheidbar – sowie laponoid und alpin. Diese gehören zu den Brachykranen. In einem Kammergrab für Angehörige der Führungsschicht lag neben dem Skelett eines älteren Mannes das Skelett eines 14jährigen Knaben von mongoloiden Typ (J. Chochol 1980).

Obwohl in anthropologischen Bearbeitungen der böhmisch-mährischen Bevölkerung immer wieder ihre Heterogenität betont wird, entsprechen die Bewohner des Großmährischen Herrschaftszentrums Mikulčice einer einheitlichen Population mit einer von Nebenmaxima freien Verteilungskurve des Längen-Breitenindexes. Dieser hat sein Maximum bei I/1 = 77, was etwas über dem Mittel der Maxima der ostvandalischen Serien (Abb. 103, 15 bis 24) liegt. Damit wird die Kritik von Preidel (1968) am „romantischen" Volksbegriff hier widerlegt und vielmehr die Wanderung eines anthropologisch einheitlichen Volksstammes der Ostvandalen gesichert, den im Großmährischen Reich eine davon kaum abweichende wikingische Führungsschicht überlagerte. Damit steht diese Einheitlichkeit der Bevölkerung der Hauptstadt des Großmährischen Reiches, Mikulčice einer etwa gleichzeitig beginnenden Heterogenität in Böhmen gegenüber. Die Aufgliederung der Bevölkerung nach den Grabbeigaben in sozial Höherstehende (1) mit Einschluß der Reitergefolgschaft und in eine soziale Unterschicht (2) ergibt keine sehr großen Unterschiede (M. Stloukal 1970). Die Schädel der Gruppe 2 sind etwas länger und schmäler als die der Gruppe 1. Ähnliche Befunde wurden auch am Gräberfeld des böhmischen Fürstensitzes Stara Kourim erhalten. Die Skelette aus einem gleichaltrigen Gräberfeld einer kleinen Siedlung (Dorf) von Josefov unweit Mikulčice ordnen sich in diese Reihe als Gruppe 3 ein. Infolge dieser Unterschiede zwischen den Bewohnern der Herrschaftssitze und des umliegenden Landes wird vermutet, daß die neu zugewanderten Bewohner der Herrschaftssitze und die Autochthonen verschiedener ethnischer Herkunft sind (M. Stloukal 1979 b).

Großmährisches Reich	Gruppe 1		Gruppe 2	
Mittelwerte	Männer	Frauen	Männer	Frauen
Längen-Breitenindex I/1	77,5	78,5	75,8	77,51
Gesichtsindex I/38	91,5	88,7	89,7	88,5

Innerhalb des Burgwalles von Libice bestand vom Ende des 9. bis Mitte des 11. Jahrhunderts ein Reihengräberfriedhof mit 500 Gräbern. Die Burg gehörte bis zu ihrer Zerstörung durch die Přemysliden kurz vor 1000 n.d.Ztr. dem Geschlecht der Sklavikniden, die nicht wikingischer Abstammung wie die ersten, sondern ostvandalischer Herkunft waren. Die Burg war dauernd von 75 Personen (einschließlich Kindern) bewohnt. Die anthropologische Untersuchung ergab:

Schädelindex	I/1	I/2	I/3	I/38	I/39
Männer	74,9	72,3	96,5	89,7	53,6
Frauen	76,6	73,0	95,3	87,1	53,0

Die Schädel der Männer sind lang, schmal und mittelhoch, das Gesicht ist mittelbreit. Die weiblichen Schädel sind lang, mittelbreit und hoch. Außer im Längen-Breitenindex bestehen zwischen den Geschlechtern nur unwesentliche Unterschiede (H. Hanakova 1969). Die Verteilungskurven der Indices besitzen jeweils nur ein Maximum. Die Bevölkerung war ethnisch homogen und bis auf den höheren Anteil der Brachykranen nicht von Germanen unterscheidbar.

An größerem Material zeigt sich im Gräberfeld von Ducove/Slowakei, das vom 10. bis Ende des 13. Jahrhunderts reicht, die schon von Matiegka beobachtete starke Zunahme der Kurzköpfigkeit bis zum Ende des 13. Jahrhunderts (M. Stloukal 1979a).

Auch mit dem Einfluß der Ungarn zunächst auf Mähren muß gerechnet werden. Aber nach dem 10. Jahrhundert sind keine ausschlaggebenden Zuwanderungen mehr erfolgt. Da andererseits keine plötzlichen Häufungen Kurzköpfiger auftreten, die eine erfolgte Einwanderung anzeigen, muß damit gerechnet werden, daß der kurzköpfige Typ bereits vor der germanischen Einwanderung vorhanden war, der z.B. von den Glockenbecherleuten und den Kelten stammen kann und der sich im Laufe der Zeit immer mehr durchgesetzt hat. Das widerspricht der Hypothese, die „Slawen“ seien im 5. und 6. Jahrhundert in das von den früheren Einwohnern völlig verlassene Böhmen gekommen (H. Matiegka 1912). Da andererseits in den germanischen Reihengräberfriedhöfen der Langobarden dieser Typ fehlt, ist das ein Hinweis, daß sich diese und die Markomannen nicht mit der Vorbevölkerung vermischt hatten, wohl aber die dann folgenden Ostvandalen.

Nicht nur in Böhmen, sondern auch in anderen Siedlungsgebieten ostvandalischer Stämme konnten starke anthropologische Änderungen mit Abnahme des nordischen Typs zwischen Skeletten aus vorchristlichen Kurganen (Hügelgräbern) und aus frühen christlichen Friedhöfen gefunden werden (O. Reche 1942), z.B. bei den um Kiew wohnenden Polanen und den östlich von diesen wohnenden Sewerjanen.

Polanen und Sewerjanen		Längen-Breitenindex	Obergesichtsindex
Polanen	Kurgane	76,6	53,0
	Friedhof	77,0	49,3
Sewerjanen	Kurgane	73,5	52,3
	Friedhof	80,1	47,2

Auch die um Moskau sitzenden Wiatitschen änderten völlig ihren Typ nach Beginn der mongolischen Fremdherrschaft. Zwischen dem 10. und 18. Jahrhundert verschwanden Langschädel ganz zugunsten von Mittel- und Kurzschädeln, wobei letztere erst vom 16. Jahrhundert an auftreten.

Im Gegensatz zur großen anthropologischen Einheitlichkeit der östlichen Ostvandalen steht bei den Fundgruppen Jugoslawiens eine langköpfige Nordgruppe einer kurzköpfigen Südgruppe gegenüber. Die Mittelwerte der Serien sind:

Ostvandalische Populationen aus Jugoslawien

♂	Fundorte									
Index	1	2	3	4	5	6	7	8	9	10
I/1	77,1	76,0	75,8	72,2	81,4	79,1	79,6	82,7	75,8	73,6
I/2	74,7	72,4	72,1	72,9	79,9	74,9	80,4	77,1	75,0	71,7
I/3	95,7	95,3	95,1	100,5	97,3	94,8	102,6	92,7	99,7	98,4
I/38	75,6	70,0	79,9	82,4	76,9	81,5	86,4	82,6	82,9	77,9
I/39	52,6	53,2	56,0	54,4	49,6	55,9	52,0	51,8	52,0	51,6

1 = Bjelo brodo, Donau südl. Ungar. Grenze, 2 = Ptuj, bei Marburg, 3 = Slowen. Fundort nördl. Laibach, 4 = Baltine Bare, 120 km SSO Agram, 5 = Raskagara, 100 km WSW Sarajewo, 6 = Brestovnik, 70 km SSO Belgrad, 7 = Vince, 15 km SW Belgrad, 8 = Viminacium, 100 km O Belgrad, 9 = Radoliste, Ohridsee, 10 = Bugojna, 120 km W Sarajewo.

Die Nordgruppe mit den Fundorten 1, 2, 3, 4 besitzt in I/1 mittellange und die Südgruppe in den Fundorten 5, 6, 7, 8 kurze Schädel. Die Fundorte 9 und 10 schließen sich der Nordgruppe an. Sie stammen aus dem 9. bis 10. Jahrhundert, Fundort 10 aus dem 9. bis 14. Jahrhundert. Das Erscheinungsbild der Gruppen 1 bis 4, 9 und 10 ist nordisch. Es ist nicht sicher zu unterscheiden von Gruppen, deren germanische Herkunft unzweifelhaft ist. Gruppe 10 ist in der Umgebung isoliert (St. Klug 1987). Ebenso ordnen sich der Nordgruppe Bribir ein, an der dalmatinischen Küste 30 km nordwestlich Split, und Vukovar an der Donau zwischen Esseg und Neusatz. In Bribir ließen sich stärkere Veränderungen zwischen dem 9. bis 10. Jahrhundert und dem 13. bis 14. Jahrhundert feststellen (Männer):

	Bribir		Vukovar
Index	9.–11. Jahrhundert	13.–14. Jahrhundert	
I/1	72,8	80,4	78,6
I/2	73,4	75,4	73,6
I/39	56,5	50,1	61,5

Die alten Bevölkerungen von Bribir und Vukovar sind schmalgesichtig und langköpfig. „*Das sind kräftige nordische Leute*“ (G. Pilaric u.a., 1987). In Bribir ist im 13. bis 14. Jahrhundert die illyrische Vorbevölkerung vorherrschend geworden. Dort bestanden im 9. und 10. Jahrhundert zwei Häufungen in den Werten, von denen die eine schmal-, hoch- und langköpfiger ist als es dem Durchschnitt der Ostvandalen entspricht, während die andere kurz-, breit- und niedrigschädlig ist und der illyrischen Vorbevölkerung entspricht. Beide waren 300 bis 500 Jahre nach der Einwanderung der Ostvandalen noch durch Heiratsschranken getrennt. Auf dem Burgberg von Bribir war der Sitz eines der bedeutendsten kroatischen Adelsgeschlechter, das seine Abkunft von den Ostgoten ableitete (G. Pilaric u. I. Schwidetzky 1987). In den Gräberfeldern von Vinca bei Belgrad und in der weiteren Umgebung sind noch im 12. bis 14. Jahrhundert dolichokrane Häufungen (männl. I/1 = 72,7, I/39 = 54,3) neben 2 anderen Häufungen festzustellen, die darauf hinweisen, daß zu dieser Zeit noch zwischen den ostvandalischen Zuwanderern und der älteren Urbevölkerung Heiratsschranken bestanden und beide noch in Resten vorhanden waren. Auch hier wird die hyperbrachykrane Häufung (I/1 = 88,8, I/39 = 75,8) dem dinarischen Typ der illyrischen Urbevölkerung zugeordnet (Z. Mikic 1982).

Unter 44 Schädeln von Vinca mit 3 Häufungen haben 10 ein Mittel von I_1 = 72,7, 11 ein Mittel von I_1 = 77,2 und 10 ein Mittel von I_1 = 88,8. Aus dem Vergleich von 57 „slawischen" Serien schloß Z. Mikic (1986), *„daß keine geographische Gliederung in Ost-, West- und Südslawen nachweisbar ist"*. Unterschiede entstehen erst durch Assimilation von Urbevölkerungen (Z. Mikic 1986).

Zur Anthropologie der Slowenen teilt F. Jeza 1967 Ergebnisse von Untersuchungen mit, die Toldt bereits 1912 an altslowenischen Skelettgräbern aus dem Herzogtum Karantanien, also an Alpenslawen, machte. Er untersuchte Skelette von der Pettauer Burg, von Hajdin, Sredisce, Windischgraz, Feldes, Bohinjska srednja vas, Krungl, Hohenberg, Köttlach, Zellerdorf und Thurnau. Die Schädel sind dolichokephal und mesokephal. Ausgesprochen brachykephale Typen fehlen ganz. *„Nach der Form des Schädels kann man somit die Slowenen des karantanischen Kulturkreises von den Germanen nicht unterscheiden"*. Der von Jeza zitierte Dr. Josip Korosec (*Altslowenische Grabstätten im Norden Sloweniens*, Celje 1947), schreibt: *„Zu dieser Erkenntnis kam nicht nur Toldt, der erklärte, daß die Schädel aus den westdeutschen Grabstätten übereinstimmen, sondern auch andere"*.

6.1.6 Die Verteilungen des Längen-Breiten-Index in Populationen nach der Broncezeit bis ca. 1100 n.d.Ztr.

Die Ergebnisse für den Längen-Breiten-Index (I_1) sind in der Abb. 103 bezogen auf die Häufigkeit in % dargestellt. Kurven mit Maxima kleiner als 9%, aber schon die der Franken aus Frankreich (12), Alemannen aus Solothurn (13), Burgunder (14), Chasaren (28) sowie die doppelgipfligen Kurven von Slawen aus Ukraine und Westrußland (22), Slawen aus Böhmen bis 1200 (23), der Kelten der La-Tene-Zeit (27) und die Kurve der Slowenen aus Nowgorod (24) entsprechen nicht mehr homogenen Populationen. Sie können als Ergebnisse langer polyethnischer Vermischungen (13, 14, 28) und erst vor kurzem eingetretener Überlagerungen mit bestehenden Heiratsschranken angesehen werden (22, 23, 27).

Die am besten selektierte Population sind die Germanen Schwedens mit y = 13,6% und $\sigma = 2{,}9$. Bei ihnen besitzen 68% I_1-Werte zwischen 72,9 und 78,5 und 50% solche zwischen 73,8 und 77,6. Ein völlig herausfallendes Maximum von 19,6% besitzen die Nowgoroder Slowenen (24) bei stärkerer Abweichung von einer Gaußkurve.

Die Maxima der Verteilungskurven der Germanen reichen von I_1 = 73,5 der Bajuwaren (10) bis 75,7 der Schweden (4). Sie liegen im Mittel (1 bis 11) von 74,7 noch über dem Wert des Menschen von Cro-Magnon mit 73,8. Beachtlich ist hierbei, daß das Maximum der Schweden, für die eine Vermischung ausgeschlossen werden kann, bei dem größten $I_{max.}$-Wert der Germanen und das Maximum der Bajuwaren bei ihrem kleinsten Wert liegt, obwohl die Bajuwaren Assimilationen Kurzköpfigerer aufweisen (siehe unten). Es muß deshalb geschlossen werden, daß die Streuungen der Maxima der Germanen stammeseigenen Selektionen und Stammesmischungen entsprechen, wie sie während der Völkerwanderung geläufig waren. So muß bei den Bajuwaren der namensgebende und etwas kurzköpfigere, bisher weithin unbekannte Stamm aus der Umgebung von Přeštovice in Südwest-Böhmen nur untergeordnet an der Stammesbildung beteiligt gewesen sein.

Bemerkenswert ist die gut symmetrische Kurve der Langobarden aus Pannonien und Italien (8), die mit $I_{max.}$ = 74,5 von 600 bis 800 n.d.Ztr. zeigt, daß sie sich während und nach der Völkerwanderung nicht mit ihren andersartigen ethnischen Umgebungen und Vorbevölkerungen vermischt hatten. Mischehen zwischen Langobarden und Romanen wurden erst von König Liutprand (712–744 gestattet). Die für Schweden (14) und Westgoten (7) erhaltenen Überschüsse von Kurzköpfigeren von 7,4% bzw. Langköpfigeren von 6,9% können keine Assimilation gewesen sein. In Schweden sind keine Einwanderungen bekannt und in Frankreich und Spanien keine langköpfigen Vorbevölkerungen. Beide Asymmetrien mit der I_1-Verschiebung auf I_1 = 75,7 für die Schweden müssen Eigenentwicklungen gewesen sein.

Die Westgoten konnten ihre ethnische Identität bis nach ihrem Übertritt zum Katholizismus und der Aufhebung des Eheverbotes mit den Romanen von König Leovigild († 586) bewahren (I. Schwidetzky 1957). Die Franken aus der BRD und Belgien bis zur damaligen Sprachgrenze (1) hatten sich ebenfalls nach Zurückdrängen der Galloromanen nicht mit diesen vermischt, wie der Vergleich mit Kelten (27) und Römern (25) zeigt. Dagegen sind die in der Diaspora in Frankreich siedelnden Franken (12) sogar mehrheitlich mit Kurzköpfigeren vermischt. Sie sind eigentlich (nach Umklappen des rechten Kurvenastes) zu 77,5% Galloromanen mit 22,5% assimilierten Franken.

Die Alemannen aus Südwest-Deutschland (9), die Bajuwaren (10) und die Ostgoten (11) hatten von 6,5, 13,5 und 10,4% Anteile von Kurzköpfigeren aufgenommen. Für Bajuwaren und Ostgoten können dies Slawen und andere gewesen sein. Bei den Alemannen konnte mit archäologischen Untersuchungen erkannt werden, daß die assimilierten Galloromanen zur sozialen Unterschicht gehörten (I. Schwidetzky 1979).

Die Alemannen aus Solothurn (13), einem Rückzugsgebiet in den Alpen, besitzen eine wesentlich breitere und flachere Verteilungskurve mit einem Maximum I = 78. Damit sind Vermischungen mit dort Angetroffenen angezeigt.

Auch die Burgunder (14) haben eine ähnliche Kurve, die auf stärkere Vermischungen schließen läßt mit dem Maximum I = 80. Sie wurden vom Reichsverweser Aëtius im oberen Rhônegebiet angesiedelt, nachdem sie 406 den Rhein überschritten hatten und 437 besiegt worden waren. Sie hatten das Gebiet mit den dort bereits Wohnenden zu teilen.

Für die Slawen konnte gezeigt werden, daß diese nach Auswertung der Chronistik, aller archäologischen Zweigwissenschaften und der Sprache Germanen waren und sich aus dem Teil der Vandalen, den Ostvandalen, entwickelt hatten, die vor 200 v.d.Ztr. in der Weichselmündung landeten und von den folgenden Goten nach Osten und Nordosten zurückgedrängt wurden. Dies bestätigend wird hier gefunden, daß diejenigen Stämme der Ostvandalen, die bis gegen 1100 weitgehend unvermischt blieben, den West- und Nordgermanen sehr ähnlich waren. So schwanken ihre Verteilungsmaxima zwischen 74,5 und 76,8 (15 bis 24 ohne 21) mit dem Mittel von 75,8.

Die Bewohner des Großmährischen Reiches besitzen eine sehr homogene und einer Gaußkurve fast identische Kurve. Die beobachteten Unterschiede zwischen der wikingischen Führungsmannschaft, den Stadtbewohnern der Hauptstadt Mikulčice mit mehr als 2000 Einwohnern und der umgebenden Landbevölkerung waren gering. Doch ist eine leichte linksseitig höherliegende Unsymmetrie ihrer Kurve (19) ein Hinweis auf diese Wikinger. Es ist auffällig, daß die Maxima der Schweden als der Heimat der Wikinger mit I = 75,7 und der Einwohner des Großmährischen Reiches mit I = 76,8 beide den jeweils größten Werten der Germanen und Ostvandalen entsprechen. Sehr ähnlich den Einwohnern des Großmährischen Reiches sind die geographisch anschließenden Slowenen und Kroaten (20).

Sehr beachtlich ist, daß die Kurve der ostvandalischen Stämme der Dragovičen, Krivičen, Radimičen und Viatičen aus der weiteren Umgebung von Moskau bis nach 1500 (15), also noch lange nach dem Beginn der mongolischen Fremdherrschaft, sehr gut symmetrisch ist und keine kurzköpfigen Assimilate erkennen läßt.

Auch die Kurve für die Burgwallzeit Böhmens (16) ist gut symmetrisch. Im Skelettgräberfeld von Lahovice, einer dörflichen Siedlung 15 km südlich von Prag, zeichnet sich in der Belegung von vor 800 bis nach 1000 in der Verteilungskurve neben dem Hauptmaximum mit 13% und I_1 = 73,5 mit dem kleinen Randmaximum von 2% bei I_1 = 84,5 der Beginn der Vermischung ab (Individualdaten bei J. Chocholl 1973). Erst die doppelgipfelige Kurve für die Zeit danach (23) läßt eine zweite ethnische Komponente mit fast gleicher Zahl wie die der Ostvandalen erkennen. Eine starke Zunahme von Kurzköpfigen wird auch aus dem slowakischen Gräberfeld von Ducove bis 1300 berichtet (M. Stloukal 1979a). Schon Ibrahim ibn Jaqub hatte 973 die von den umgebenden Germanen abweichende Erscheinung der Böhmen beschrieben. Da für diese zweite ethnische Komponente nur eine zahlenmäßig etwa gleiche Population in Frage kommt, die auch chronistisch nachweisbar sein sollte, kämen nur die Ungarn in Betracht, wobei noch lange nach den Siegen über die Ungarn Heiratsschranken bestanden (23). Die vor Samo (623–660) in den böhmischen Winterquartieren durch die Awaren gezeugten „belvuci“ scheinen zahlenmäßig keine Rolle gespielt zu haben, denn sie hätten sonst in der böhmischen Bevölkerung der Burgwallzeit wie in der des Großmährischen Reiches erkennbar sein müssen.

Eine Vermischung mit autochtoner Vorbevölkerung (M. Stloukal 1986) erscheint jedoch möglich. Diese Vorbevölkerung äußert sich im kurzköpfigen Maximum der La-Tene-zeitlichen Kelten (27). Mit dieser Vorbevölkerung, die nach Abzug der eigentlichen Kelten um 60 v.d.Ztr. in Böhmen blieb, hatten sich die Germanen nicht vermischt (Langobarden (8)), ebenso die Ostvandalen bis zum Ende der Burgwallzeit nicht. Erst danach setzte die Vermischung ein, die möglicherweise von der dann einsetzenden Brachykephalisation überlagert wird. (M. Stloukal 1986) (s. Kap. 6.1.5).

Die Ostvandalen aus Polen (17) und der ehemaligen DDR (18) lassen die Assimilation einer Bevölkerung mit $I_{max.}$~80 und von 21,5 und 24% erkennen. Dagegen läßt sich die Kurve 21 mit ihrem Maximum von 78,3 kaum mehr „Slawen“ zurechnen sondern einer bereits gut selektierten Mischbevölkerung aus dem Sammeltopf der pannonischen Ebene und innerkarpatischen Gebiete.

Die doppelgipfelige Kurve aus der Ukraine und Westrußland (22) läßt zwei durch Heiratsschranken getrennte Bevölkerungen in fast gleichen Anteilen erkennen, die beide dem germanischen Bereich zuzurechnen sind. Die rechte, rechtsseitig höherliegende Teilkurve von Ostvandalen kann auf Assimilation osteuropäischer Populationen hinweisen.

In der Kurve 24 läßt sich das nach stärkerer Selektion in einer wohl kleinen Nowgoroder Population entstandene Maximum von 19,6% den schwedischen Wikingern und Ostvandalen zuordnen und die rechtsseitige Schulter assimilierten Anteilen einer finnisch-osteuropiden Bevölkerung mit dem $I_{max.}$ = 80.

Zum Vergleich mit Nichtgermanen wurden die Verteilungskurven von Römern (25), Awaren (26), Kelten (27) und Chasaren (28) erstellt. Die Kurve der Römer setzt sich aus einer Serie aus Pompei von 0 d.Ztr. mit n = 99 und Serien aus den nördlich bis nordöstlich der Alpen vorgelagerten Provinzen bis 400 n.d.Ztr. mit n = 143 zusammen mit den Mittelwerten I = 78,8 bzw. I = 76,0. Die Pompeianer haben Häufungen bei I = 76,5, I = 80,0 und I = 82,5. Mit den beiden kurzköpfigeren Häufungen wird der um 0 d.Ztr. bereits zahlenmäßig überwiegende Anteil der Bevölkerung nichtindogermanischer Herkunft vor allem der Sklaven sichtbar. Die nordalpin vorgelagerten Serien besitzen eine Häufung bei I = 75,5 von Westgermanen und Ostvandalen mit bis I = 81 abfallendem Ast von Galloromanen und anderer Vorbevölkerung. Die Symmetrie von 25 entsteht also durch Überlagerung.

Die Serie der Awaren (26) mit der hier größten Zahl von n = 1175 und dem kleinsten mittleren Fehler von 0,32% entspricht sehr gut einer Gaußkurve mit dem Scheitel I = 80,0. Die Population ist mit $\sigma = 4,4$ weniger gut selektiert als die germanischer Serien. Mit einem linksseitig etwas höherem Ast läßt sie eine ostvandalische und ostgermanische Vorbevölkerung von 5,9% erkennen.

Die Kelten der La-Tene-Zeit (27) sind mit ihrer zweigipfeligen Kurve aus einem größeren Anteil Indogermanen mit I = 75,5, wohl den eigentlichen Kelten, und aus einem kleineren Anteil von Vorbevölkerungen mit I = 80,5 zusammengesetzt. Da die gleichen Häufungen bereits in der Hallstadtzeit der Kelten auftreten, müssen langzeitliche Heiratsschranken bestanden haben. Sowohl in der Hallstadt- wie in der La-Tene-Zeit waren die Kelten typologisch sehr heterogen von dolichokran bis brachykran. In Manching überwiegt eine mediterrane Komponente. Gegenüber der Hallstadtzeit geht der Anteil der „nordischen Formengruppe" im Spät-La-Tene zurück (E. Hahn 1993). Auch A. Bach (1988) fand eine zweigipflige Verteilung für die Latène-Zeit mit einem Maximum $I_1 = 72,5$ und einem zweiten $I_1 = 81,5$ (n = 90).

Die Chasaren (28) besitzen ähnlich wie die Burgunder (14) eine sehr weitgespannte und flache Kurve einer wenig selektierten Bevölkerung mit schlecht ausgeprägtem Maximum bei I = 79. Sie können als Beispiel einer polyethnischen Vermischung angesehen werden.

Mit verschiedenen statistischen Methoden unter Einbeziehung von 8 bis 10 kraniologischen Merkmalen zeichnet sich in Europa für die Reihengräberzeit ein „Germanenblock" (I. Schwidetzky 1979) ab. Ähnlich sind Ostslawen zwischen Ostsee, Oder, Dnjepr und Schwarzem Meer mit kleinen mittleren Penrose-Abständen. Davon etwas abweichend sind die Westslawen und die Südslawen, die in sich größere Unterschiede aufweisen (I. Schwidetzky 1972). Innerhalb der Westslawen wiederum sind diese aus Mecklenburg, dem Havelland und aus Thüringen den Germanen besonders ähnlich (I. Schwidetzky 1979, A. Bach 1986) mit größeren westgermanischen Anteilen aus gemeinsamer Stammesbildung und aus sitzengebliebenen Germanen. Eine diskriminanzanalytische Untersuchung (St. Klug 1982) ergab, daß es nicht möglich ist, Germanen, West-, Ost-, und Südslawen sicher zu unterscheiden. Die Ostslawen weichen in den Maßen des Gesichtsschädels ab, bei den Südslawen sind abweichende Hirnschädelmaße vorhanden.

Bernhards Ergebnisse der Untersuchung von Serien bis um 1000 n.d.Ztr. sind: *„daß in den meisten Fällen die Mittelwerte nur in sehr geringen Grenzen um den Mittelwert der broncezeitlichen Serie zumindest bis zum frühen Mittelalter mit einem morphologisch relativ homogenen Bevölkerungssubstrat im Differenzierungsraum der Germanen gerechnet werden kann"*, mit anderen Worten, es herrschte ethnische Konstanz (W. Bernhard 1986).

Auch nach der Ausbildung der germanischen Stämme waren bis nach der Völkerwanderung und bis etwa 1000 n.d.Ztr. die Serien der Franken, Langobarden in Pannonien, Alemannen, Bajuwaren, Sachsen, Angelsachsen und skandinavische germanische Serien untereinander sehr ähnlich mit Penroseabständen < 0,10 und sehr ähnlich broncezeitlichen germanischen Serien. Nur Burgunder, italienische Langobarden, Gepiden aus Ungarn und vor allem Krimgoten wichen in ihren Mittelwerten stärker nach den Kurzköpfigen ab mit der Ursache der Vermischung mit Vorbevölkerungen (W. Bernhard 1986).

Das Ergebnis der Untersuchung zur Ethnogenese der Germanen von Bernhard ist: seit der Jungsteinzeit herrschte im geschlossenen Siedlungsraum in Mitteleuropa bis etwa 1000 n.d.Ztr. als Ende der Untersuchungszeit ethnische Konstanz. In diesen Homogenitätsbereich fallen auch die skandinavischen Serien bis in die Wikingerzeit.

Die mit ihren Schwankungen ähnlichen Verteilungskurven der germanischen (1–11) und der ostvandalischen („slawischen") (15–20) Stämme lassen sich insgesamt durch die mit Beginn der Völkerwanderung eingetretenen gegenseitigen Absonderungen von anfangs kleinen Populationen erklären.

Die Bearbeitung von Serien aus der Reihengräberzeit Baierns, die nicht in die Mainzer Datenbank aufgenommen sind, führte zu einem etwas anderen Ergebnis als jene (Abb. 103 Kurve 10) und zwar von Altenerding (E. Burger 1975), Aubing (J. Hertrich 1982), Künzing (A. Hannibal 1996) und Lauterhofen (K. Gebhardt 1975). Ihre Ergebnisse sind (Abb. 104):

Die Altenerdinger Serie (Abb. 104 Nr. 1), an der 13% nichtgermanische Teilnehmer vermutet wurden (W. Sage 1973), ist die von allen germanischen Serien (Abb. 103) nach der schwedischen Serie Nr. 4 mit $\sigma = 2,8$ bestens selektierte mit $\sigma = 3,0$, zusammen mit der langobardischen Serie Nr. 8. Sie ist völlig symmetrisch und enthält keine Überschüsse von Lang- wie von Kurzköpfigen bei dem in den germanischen Serien sehr kleinen Maximum des Längen-Breiten-Index von 71,6; d. h., diese Population ist insgesamt langköpfiger als die Germanen sonst. Der Reihengräberfriedhof wurde ab 450 belegt. Die Verteilungskurve läßt auf gute Panmixie der Population bereits kurz nach Ansiedlungsbeginn schließen, obwohl das Fundgut alemannischer, thüringischer, langobardischer und ostgotischer Herkunft ist (W. Sage 1973, 1975). Die grazilen Formen der Bearbeiter sind also keine ethnisch Fremden.

Die anderen beiden Serien von Aubing (I. Hertrich 1982, Abb. 104 Kurve 2) und von Künzing (A. Hannibal 1996, Kurve 3) weisen einen kleinen Überschuß von Langköpfigen (Fläche zwischen ausgezogener und gestrichelter Kurve) auf. Sie sind mit $\sigma_2 = 3,3$ und $\sigma_3 = 3,6$ weniger gut selektiert als die Altenerdinger Serie. Die Aubinger Serie besitzt zudem ein relativ kurzköpfiges Maximum von $I_1 = 75,1$.

Der Überschuß an Langköpfigen auch in der Summenkurve 4 bedeutet, daß im Belegungszeitraum, also bis zum Ende der Reihengräberzeit, d. h. solange sie Heiden waren, eine Vermischung mit den verbliebenen Resten der galloromanischen Provinzialbevölkerung nicht wesentlich war. In den germanischen Volksrechten waren Vermischungsverbote enthalten, die galten, solange sie Heiden oder Arianer waren. Die Verbote fielen erst nach dem Übertritt zum Katholizismus und leiteten den Volkstod der germanischen Stämme in der Diaspora ein. Das bairische Volksrecht, die lex Bajuvarorum, wurde vom katholischen fränkischen König Theuderich (511–534) an aufgezeichnet und enthält die Vermischungsverbote nicht mehr. Die Vermischung mit Resten der Vorbevölkerung wird daher erst nach Ende der Reihengräberzeit eingesetzt haben.

Die Kurve 10 (Abb. 103) beruht auf den in die Mainzer Datenbank aufgenommenen Serien. Der Überschuß von 13,8% Kurzköpfigen entsteht vor allem durch die Linzer Serie mit I_1-Werten > 80 von 15%. Die Baiern besetzten nach 450 Ufernorikum und fanden dort offenbar noch grö-

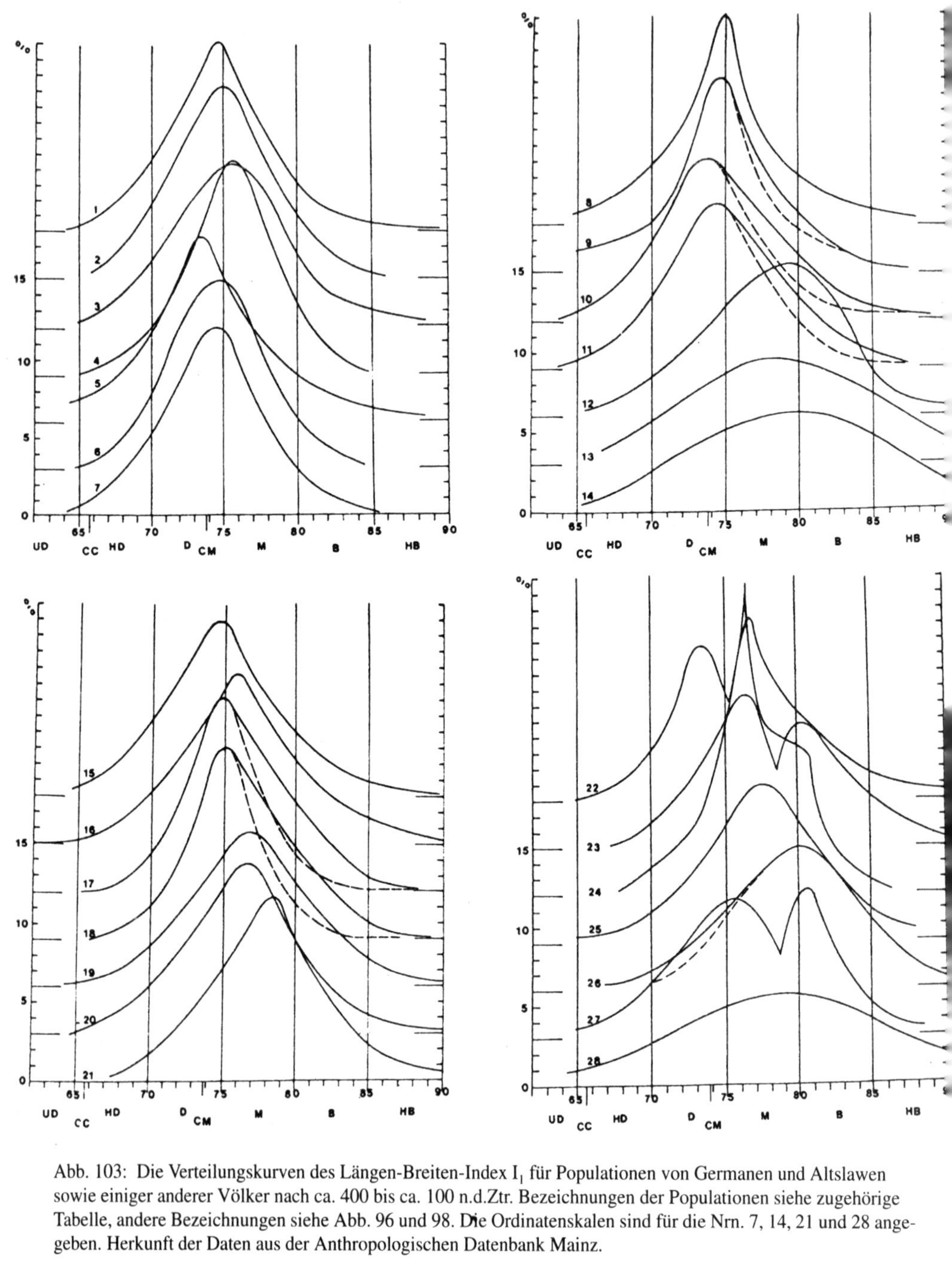

Abb. 103: Die Verteilungskurven des Längen-Breiten-Index I_1 für Populationen von Germanen und Altslawen sowie einiger anderer Völker nach ca. 400 bis ca. 100 n.d.Ztr. Bezeichnungen der Populationen siehe zugehörige Tabelle, andere Bezeichnungen siehe Abb. 96 und 98. Die Ordinatenskalen sind für die Nrn. 7, 14, 21 und 28 angegeben. Herkunft der Daten aus der Anthropologischen Datenbank Mainz.

Daten zu Abb. 103

Die Maxima der Verteilungskurven des Längen-Breiten-Index von Germanen und Altslawen

♂, ♀	$I_{1/1}$	%	$I_{1/2}$	%	v_i %	σ	n
West- u. Nordgermanen							
1. Franken, Belgien, BRD	74,8	12,3			0,50	3,2	850
2. Sachsen	75,0	12,3			1,10	3,2	154
3. ehem. DDR, Schlesien	75,5	10,5			0,84	3,8	185
4. Schweden	75,7	13,6			0,90	2,9	161
5. Haithabu, Dänemark, Norwegen	73,5	11,8			0,71	3,4	261
6. Angelsachsen, England	75,0	12,0			0,80	3,3	171
7. Westgoten, Frankreich, Spanien	74,0	12,0			1,70	3,3	138
8. Langobarden, Pannonien, Italien	74,5	13,1			0,94	3,0	98
9. Alemannen, SW-Deutschland	74,5	12,1			0,77	3,3	330
10. Bajuwaren, Bayern, Österreich	73,5	10,1			0,53	3,9	329
11. Ostgoten, Ukraine, Rumänien	74,3	10,3			0,65	3,9	258
12. Franken, Frankreich	79,5	9,5			1,30	4,2	120
13. Alemannen, Solothurn	78,0	6,6			1,70	6,0	83
14. Burgunder, Frankreich	80,0	6,2			1,20	6,5	115
Altslawen, Ostvandalen							
15. Mittelrußland bis 1500	74,5	11,0			0,21	3,6	717
16. Böhmen, Burgwallzeit	75,7	10,7			0,35	3,8	876
17. Polen, ohne deutsche Ostgebiete	75,0	12,0			0,28	3,3	718
18. ehem. DDR, Pommern, Schlesien, Österreich	75,0	12,0			0,24	3,3	864
19. Großmährisches Reich	76,8	9,9			0,30	4,0	813
20. Slowenen und Kroaten	77,0	10,8			0,88	3,7	382
21. in Ungarn	78,3	11,6			1,10	3,4	169
22. Ukraine, Westrußland	73,5	9,5	76,7	11,2	0,47	4,2 3,5	609
23. Böhmen bis 1200	76,3	9,5	80,3	7,7	0,77	4,2 5,2	290
24. Slowenen, Nowgorod	76,4	19,6			0,36	2,0	194
Römer							
25. BRD, Österreich, Ungarn, Pompei	77,5	10,0			0,80	4,0	242
Awaren							
26. Ungarn	79,5	9,0			0,32	4,4	1175
Kelten							
27. Latène-Zeit, Böhmen, Schweiz, Österreich	75,5	8,8	80,5	9,5	1,20	4,5 4,2	198
Chasaren							
28. N-Kaukasus, Sarkel	79,0	5,6			0,75	7,2	232

Bei 22, 23, 27 ist für jedes Maximum ein σ-Wert angegeben.

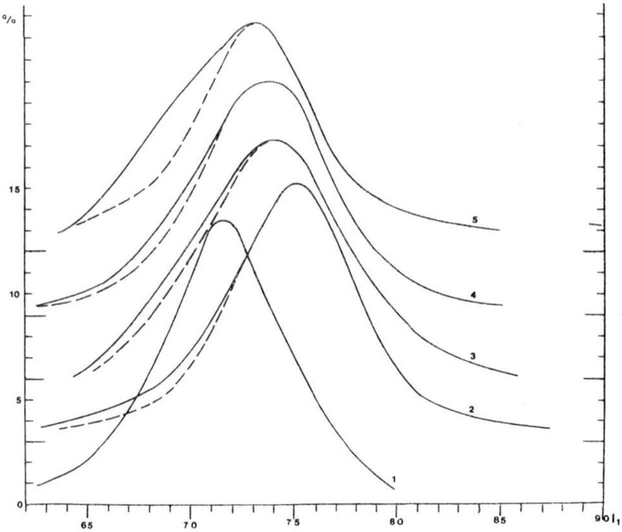

Abb. 104: Der Längen-Breiten-Index I_1 der baiuwarischen Reihengräberfelder von Altenerding = 1, Aubing = 2, Künzing = 3 und die Gesamtverteilung einschließlich der Serie von Lauterhofen = 4, Literatur im Text, sowie der ostvandalischen Reihengräberfelder in Nordostbayern = 5 nach O. Röhrer-Ertl 1998 (1 nach persönl. Mitteil. von Prof. Ziegelmayer, 2 nach Hertrich 1982, 3 nach Hannibal 1996). Die Ordinatenskala ist nur für die Kurve 1 bezeichnet, ihr Ursprung erhöht sich für die anderen Kurven um je 3.

Serien ♂	n	I_{1max}	σ	y_{max} %	v_i %	I_1	v_{I1}	Überschuß Langköpfige	Kurve Nr.
Altenerding	85	71,6	3,0	13,5	1,7			–	1
Aubing	76	75,1	3,3	12,2	1,8			5,3	2
Künzing	109	74,0	3,6	11,2	1,8			4,8	3
Lauterhofen	31					73,5	2,6		
Gesamt	301	73,5	3,6	11,0	0,8			5,4	4
NO-Bayern	82	73,0	3,7	10,8	1,4			11,7	5

v_i % ist der Fehler eines Einheitsstreifens in %, v_{I1} ist der Fehler des arithmetischen Mittelwertes von I_1.

ßere Reste nicht vertriebener oder rückgeführter Provinzialrömer vor, die in diese Serie eingingen.

Der anthropologische Typ von Friedenhain-Přeštovice ähnelt im Frontanblick dem Typ Cro Magnon (Saller 1964, Abb. 366), ist aber kurzköpfiger als dieser. Eine nähere Untersuchung des Wanderwegs der Baia-Leute ist durch die Brandbestattung bis zur Donau leider nicht möglich. Aus Ziegelmayer 1988 lassen sich folgende Daten von Leuten von Friedenhain-Přeštovice bestimmen:

	I_1	I_{38}	I_{39}
Abb. 174	76,8	83,3	50,0
Abb. 175a	78,1	82,0	48,0
Abb. 175b	80,0	81,5	52,6

Die nach 700 bis nach 800 nach Oberfranken aus Norden gekommenen Sorben und aus Böhmen gekommenen Ostvandalen (s. Kap. 4.2.12) unterscheiden sich in ihrem Längen-Breiten-Index (Abb. 104 Nr. 5) nicht von anderen Germanen (2 Messungen mit I_1 = 93 und 96 wurden verworfen). Sie besitzen zudem gegenüber den Baiern noch einen besonders großen Überschuß von Langköpfigen von 11,4%. Die Vermutung, daß es sich bei beiden Gruppen um eine Überschichtung durch pannonische Einwanderer awarisch-bulgarischer Herkunft gehandelt habe (O. Röhrer-Ertl 1998), muß fallengelassen werden.

6.2 Zum Volksbegriff in der Vor- und Frühgeschichte

Die anthropologischen an Knochen, besonders am Schädel meßbaren Werte gestatten die Überprüfung der ethnischen Homogenität menschlicher Populationen mit gewissen Einschränkungen, sie gestatten nicht die Einbeziehung der nichtkörperlichen Eigenschaften. Hierzu ist das folgende Beispiel lehrreich. Die um 200 v.d.Ztr. in der Weichselmündung gelandeten Goten überlagerten dort und in Ostpreußen die indogermanischen Prußen. Beide lassen sich nicht anthropologisch, sondern nur an ihren kulturellen Hinterlassenschaften unterscheiden. Aus diesen und aus dem historisch überlieferten Wissen von beiden kann aber auf Unterschiede der nichtkörperlichen Eigenschaften zwischen beiden Völkern geschlossen werden.

Populationen können als Fortpflanzungs- und Vererbungsgemeinschaften verschiedene Grade der Offenheit gegen benachbarte Populationen besitzen und sich mit diesen im Genaustausch befinden. Möglichst abgeschlossene Populationen sind für den Fortschritt der Evolution zur Artneubildung die notwendigen Vorstufen. In solchen Populationen entstehen langsame, kontinuierliche Veränderungen der vererbbaren körperlichen und nichtkörperlichen Eigenschaften, bis die Neubildung einer Art erreicht ist, d.h. bis zu benachbarten Populationen kein Genaustausch mehr möglich ist, und gehen dann ebenso weiter. Beim homo sapiens werden Populationen Völker genannt.

Die Gentrift mit der Veränderung der vererbbaren Eigenschaften ist nun um so schneller, je kleiner die Populationen sind, was vor allem für die Entstehung von Völkern in der Vorgeschichte von Einfluß war.

„Wenn eine Population gleichartiger Tiere für immer in zwei Teile zerlegt wird, ... so verläuft die weitere Entwicklung der geschiedenen Populationsteile in verschiedenen Richtungen, und zwar auch dann, wenn die Lebensbedingungen in den beiden getrennten Verbreitungsgebieten nicht in verschiedenen Richtungen Selektion treiben. Die Zufälligkeit der Erbvorgänge, die Veränderungen verursachen, reicht allein aus, um zwei Populationen, die nicht miteinander im Verhältnis des Genaustausches stehen, verschieden voneinander werden zu lassen“ (K. Lorenz 1976, S. 253).

Der Natur kommt es bei derartigen Veränderungen nicht auf die große Zahl nicht übereinstimmender Merkmale an, sondern auf oft nur geringfügige Unterschiede und oft nur wenige unterschiedliche Merkmale.

Kurzfristige Veränderungen des Genbestandes von Populationen entstehen durch die Auswanderung von kleinen Anteilen einer Population, die infolgedessen eine andere Genverteilung haben als die Hauptmasse, den „Flaschenhalseffekt“ oder „Gründereffekt“ (A. Bach 1978), durch Mutationen in genügend kleinen Populationen und durch Vermischungen.

Merkmale, die genetisch weitergegeben werden, folgen in Populationen genügend großer Individuenzahl Verteilungskurven. Die Verteilungsfunktionen haben bei den Mittelwerten große Maxima, d.h. die Mittelwerte treten an einer großen Individuenzahl auf. Infolgedessen besteht bei der Vermehrung von Individuen mit Eigenschaften, die von der Mitte abweichen, stets eine Regression zur Mitte (Eysenck). Das gilt auch für die nichtkörperlichen Eigenschaften. Das wird dadurch bewiesen, daß die mehr als 1000 Jahre lange negative Auslese geistig höherer Begabungen durch den Zölibat wirkungslos geblieben ist, denn der mittlere IQ als ein Teilbereich nichtkörperlicher Eigenschaften, der meßbar ist, ist in den protestantischen und katholischen deutschen Volksteilen gleich.

Der hier nicht verwendete und falsche Rassenbegriff, der aus der gesamten vieldimensionalen Variationsbreite herausgegriffene nulldimensionale Typen als Rassen bezeichnet (s. Kap. 3.2.3), hatte zur Folge, daß den Germanen in diesem Sinne Reinrassigkeit vor der heutigen „Vermischung“ zuerkannt wurde. Aber bereits bei der Selektion im klimatischen Zwang während der letzten Eiszeit im Vorfelde des Eisrandes gab es im Aurignac nebeneinander den nordischen Typ (Combe Capelle) und den Cro-Magnon-Typ, wie die benachbarten Typuslokalitäten beider Typen zeigen. Bei Zunahme der untersuchten Individuenzahlen von Lokalpopulationen zeigte es sich stets, daß in allen anthropologischen Merkmalen, einschließlich der kraniologischen, Verteilungsfunktionen von Typen und nicht Reinrassigkeit im obigen Sinne bestehen. Das wird auch auf die Erfolge der Depigmentierung als Teil dieser Selektion, die Haut-, Haar- und Augenfarbe, zutreffen. Heute kann man im schwedischen Volk auch braune Augen und Haare finden. Es sollte aber infolge fast fehlender Vermischung im obigen Sinne eigentlich „reinrassig“ sein.

Mit derartigen Verteilungsfunktionen, den Systemeigenschaften der Systemtheorie (siehe im Folgenden), lassen sich Völker bis zu einem gewissen Grade kennzeichnen und unterscheiden.

Da sich neben den körperlichen Eigenschaften auch viele nichtkörperliche vererben, besitzen unterschiedliche Völker auch unterschiedliche Volkscharaktere und eigene Kulturen mit eigenen Religionsvorstellungen und eigenen Wertordnungen und auf diesen dann aufbauend eigene Rechts- und Staatsordnungen. Während die vererbten körperlichen Eigenschaften bei konstanten Umweltbedingungen sich nicht oder kaum verändern, sind die vererbten nichtkörperlichen Eigenschaften stark beeinflußbar, sie können durch geistige Einflüsse aus der Umwelt und durch Eigenschöpfung seelischer Eigenschaften in gewissem Umfang überlagert, ergänzt oder unterschiedlich gerichtet werden.

Der Begriff Volk läßt sich definieren: Völker sind Abstammungs- und Vererbungsgemeinschaften für körperliche wie nichtkörperliche Eigenschaften der Individuen mit Gesamtunterschieden von Volk zu Volk, wobei die nichtkörperlichen Eigenschaften bei ungestörter Entwicklung zur Ausbildung eigener Sprachen, Kulturen, Wertordnungen, Rechtsordnungen, Staatsordnungen und Religionen führen.

Mit Hilfe der Systemtheorie kann der Begriff Volk definiert werden: Völker sind lebende Systeme höherer Ordnung mit voneinander verschiedenen Systemeigenschaften aus körperlichen und nichtkörperlichen Eigenschaften, die genetisch und soweit sie nicht vererbt werden, durch Eigenschöpfung entwickelt und durch Traditionen weitergegeben werden.

Bei Vermischung von Völkern werden verschiedenartige, abweichende Eigenschaften eingebracht, die genetisch erhalten bleiben. Die Variationsbreite vermehrt sich, die Labilität („gespaltene Charaktere") nimmt zu. Es erfolgt keineswegs eine Rückbildung zu ausgeglicheneren Urformen der Evolution. Es entsteht im Sinne der Evolution nichts Besseres. Mit weit ausgedehnten Verteilungskurven entstehen mengenmäßige Vorherrschaften der Randgruppen. Die Übereinstimmung in der Wertordnung wird zerstört zugunsten von Gegensätzlichkeiten.

In der Zeit der Entstehung des Deutschen Reiches nach den Karolingern war dieses Wissen chronistisch nachweisbar vorhanden (s. Kap. 9). Sogar in der Zeit des Absolutismus und der keineswegs völkerfreundlichen Aufklärung war dieses Wissen bei Fürsten dieser Zeit vorhanden.

„Jedes Volk hat seinen Charakter. Er kann durch das größere oder geringere Maß der Erziehung, das ihm zuteil wird, wohl verändert werden, aber niemals verschwinden seine Grundzüge. Es wäre leicht, diese Auffassung durch Belege der Natur zu stützen. ...Einzig die vollständige Zerstörung eines Staatswesens und seine Neubevölkerung mit fremden Ansiedlern können nach meinem Dafürhalten den Geist eines Volkes von Grund auf ändern. Aber man sehe sich vor: das wäre dann nicht mehr das gleiche Volk" (Friedrich der Große 1751).

Das Wissen davon, daß Völker individuelle Eigenschaften besitzen, ist noch heute allgemein vorhanden. Auf die Frage des Allensbacher Demoskopischen Institutes: *„Gibt es so etwas wie Nationalcharaktere oder gibt es das eigentlich nicht?"* antworteten 80% der Befragten aus Westdeutschland und 84% aus Mitteldeutschland: *„Es gibt einen Nationalcharakter"* (E. Noelle-Neumann, *Demoskopische Geschichtsstunde*, Osnabrück 1991).

Der Eigenentwicklung der Indogermanen in ihrer Urheimat stand stets nach mehr oder weniger langer Zeit der Volkstod der abgewanderten Völker durch Vermischung gegenüber. Von ihnen sind z. T. nur noch Sprachreste bekannt. Das gilt auch für die in fremde Umgebungen ausgewanderten germanischen Stämme, in denen die Vermischungsverbote der alten Volksrechte erst mit dem Übertritt vom arianischen zum katholischen Glauben fielen, bei den Westgoten mit König Leovigilt († 586), bei den Langobarden mit König Liutprand († 744).

Diese Vermischungsverbote wirkten z. B. bei den Langobarden so, daß die Römer nach langobardischem Recht minderen Rechtes waren als die langobardischen Freien und jede Heirat zwischen Personen verschiedenen Rechtes nach der minderen Seite ging.

Diesen Eigenentwicklungen gegenüber standen imperialistische Reiche, in denen die völkischen Individualitäten durch Übertragung von Sprachen und Kulturen ausgelöscht wurden. Das herausragendste Beispiel für den hier betrachteten Zeitraum war das römische Weltreich, aus dessen Völkervermischungen die heutigen romanischen Völker hervorgingen. Bereits im 2. Jahrhundert n.d.Ztr. waren 90% der römischen Bevölkerung Italiens ausländischer Herkunft. Die Bekehrung und Zwangsbekehrung zum Katholizismus ging von den Franken 496 aus und erreichte die Nordgermanen um 1000 n.d.Ztr. *„Vom Christentum wurde eine große Kultur zerstört"* (Prof. Lamm, Stockholm, persönl. Mitt.). Bis heute haben sich, ausgehend von politisch erfolgreichen aber naturwissenschaftlich falschen Ideologien (z.B. solchen, die auf der Milieutheorie basieren), ganze Gebirge von Mißdeutungen, aber auch Verleumdungen und Fälschungen zum Thema Volk und Rasse angesammelt. Das Ergebnis solcher ideologisch fehlgeleiteten Sichtweise ist z.B. die

Behauptung, es lohne sich nicht, das deutsche Volk zu erhalten, es sei ja nur ein beliebiger Mischmasch aus Kelten, Slawen und Germanen. Heute weiß man (Kilian 1988a, 1988b), daß das deutsche Volk das einzige größere, bis 1945 weitgehend unvermischt gebliebene Volk der Indogermanen war. Die angebliche Vermischung mit Kelten hat offenbar nur sehr untergeordnet stattgefunden, da sich Kelten von Germanen anthropologisch auch noch nach Zurückdrängung der Kelten unterscheiden (s. Kap. 6.1.6), und daß die „Slawen" als Ostvandalen Germanen waren, wird hier gezeigt.

Heute ist die Eigenentwicklung von Völkern durch das Selbstbestimmungsrecht völkerrechtlich geschützt, nur an Durchsetzungsmöglichkeiten und -willen mangelt es.

Der durch die heute herrschenden Ideologien angegriffene und verdammte Volksbegriff der deutschen Romantik und des deutschen Idealismus kommt mancherorts dem darüber heute gesicherten Kenntnisstand der Biologie und Humanbiologie sehr nahe. Diese heute wirksamen ideologischen Beeinflussungen hatten aber zur Folge, daß in den historischen und prähistorischen Wissenschaften seit 1945 der Begriff Volk möglichst gemieden wird. Das führte zu Umdeutungen als Grundlage ganzer Werke, die z.B. bei Preidel (1968) in der Überschrift seines ersten Kapitels „Der falsche Volksbegriff" und dessen Inhalt zum Ausdruck kommen, aber auch bei K. Bosl (1964) oder R. Wenskus (1961). Auf die Kritik an G. Kossinna, den Begründer der Siedlungsarchäologie, wurde schon in der Einleitung eingegangen.

Daß vielfach nicht Völker gewandert sind, sondern nur Gefolgschaftsverbände und als Herrschaftsgruppen sich anderen Völkern überlagerten, ist sicher. Die während der Völkerwanderung in das Römische Reich eingedrungenen germanischen Stämme verlangten 1/3 des bebaubaren Bodens. Wie diese zahlenmäßig Unterlegenen in den folgenden wenigen Jahrhunderten durch Assimilation verschwanden, ist bekannt. Es ist auch bekannt, daß in den Bajuwaren um Salzburg und in den Ostalpen Reste der Kelto-Romanen („Walchen") aufgingen, was allerdings bisher nicht anthropologisch untersucht ist. Aber soweit sich anthropologisch homogene, an den Verteilungskurven der Merkmale erkennbare Populationen durch Wanderungen verschoben, muß der obige Volksbegriff angewandt werden. Das trifft z.B. zu für die Südverschiebung der Indogermanen mit Zurückdrängen der Glockenbecherleute unter Beibehaltung ihrer anders zusammengesetzten, eigenen anthropologischen Charakteristik, d.h. ohne wesentliche Vermischung. Das trifft auch zu für Teile der Ostvandalen noch bei ihrer Rückwanderung aus dem Osten.

Daß antike Chronisten vielfach zu hohe Zahlen der äußeren Feinde angaben, ist sicher. Es lassen sich aber z.B. aus den einigermaßen sicheren Zahlen der römischen Heere, die gegen die Cimbern und Teutonen kämpften, auf die Zahlen der germanischen Krieger und damit auf die Volkszahl der wandernden Stämme schließen, die in diesem Falle mehr als 100 000 betragen haben muß. Aus den Orts- und Zeitdaten der Wanderung lassen sich weiter die dazu notwendigen beachtlichen Planungs- und Organisationsleistungen abschätzen, die allein zur Sicherung der Ernährung bewältigt worden sind.

Daß die Entstehung von Völkern bis zur Ausbildung eines Identitätsbewußtseins lange Zeiten in Anspruch nimmt und natürlich in vielfältiger Weise äußeren Beeinflussungen unterliegt, ist versucht worden, in Kapitel 9 am Deutschen Volk darzustellen.

Die Entstehung einer Sprache mit eigenen Wortbildungen und eigener Grammatik setzt ein abgeschlossenes Gebiet mit innerer Fluktuation voraus, was ethnologisch einer Population mit äußeren Heiratsschranken und guter Panmixie entspricht, also einem eigenständigen Volk. Daß ein solches Gebiet kleiner sein muß als ein von den Pyrrhenäen bis zum Kaspisee reichendes ist verständlich. Das Zusammenwachsen von Sprachgruppen aus Trägern verschiedener ethnischer Herkunft setzt ethnische Vermischungen voraus, die sich anthropologisch äußern müssen, und ist wiederum nur in einem genügend kleinen Gebiet möglich. Nur im Falle imperialistischer Gewaltherrschaft wie im Fall des römischen Weltreiches sind größere Gebiete sprachlich und kulturell zu vereinheitlichen. Bei den gut selektierten indogermanischen Völkern vom Mesolithikum bis zu den Germanen von 1000 n.d.Ztr. waren die obigen Fälle nicht gegeben.

Die Entstehung der Urindogermanen reicht rückwärts bis in das Mesolithikum hinein und geht sicher auf die Einwanderung des Aurignac-Menschen aus dem weiteren Orient um 30000 v.d.Ztr. zurück. Ob dessen Wanderung von Osten oder von Süden um die Alpen nach Mitteleuropa geführt hat, ist offen. Das Gebiet von den östlichsten Aurignac-Funden in Mähren bis zu den westlichsten im Norden der Pyrrhenäen scheint für innere Fluktuationen recht groß gewesen zu sein. Darin spielt das kleine Gebiet zwischen Elbe, Saale, Thüringer Wald und Harz die besondere Rolle bei der Entstehung neuer Kulturwellen neben seiner besonderen Rolle bei der Entstehung des langköpfigen Anteils in den Schnurkeramikern. Die Ethnogenese der Urindogermanen scheint sich weiter westlich als bisher gesucht (Abb. 4) abgespielt zu haben.

7 Siedlung und Wirtschaft germanischer Stämme

7.1 Klima- und Vegetationsgeschichte

Die geologisch vorgegebene Entwicklung des Klimas hat Meeresspiegelschwankungen, die Art der Ausbildung des Gewässernetzes, der Böden und der Vegetation zur Folge. Damit wurden die Lebensbedingungen der weitgehend im ökologischen Gleichgewicht mit der Natur lebenden vor- und frühgeschichtlichen Menschen bestimmt. Anpassung an die Umweltbedingungen und Selektion spielten bei der Entstehung, Entwicklung und Verbreitung menschlicher Populationen (Völker) eine wesentliche Rolle.

Nach der letzten Eiszeit ist das Klima ganz allgemein durch trockeneres und zwischen 2 °C bis 4 °C wärmeres Klima im Boreal, Atlantikum und Subboreal gekennzeichnet, dem das feuchtere und kältere Subatlantikum folgte. In die wärmeren Zeiten fallen Steinzeit und Broncezeit. Der Beginn des Subatlantikums und der Beginn der Eisenzeit sind etwa zeitgleich. Diesen längerzeitlichen Entwicklungen sind kurzzeitliche Schwankungen überlagert.

Die zur Untersuchung dieses Ablaufes verwandten Indikatoren reagieren auf gleiche Klimaänderungen verschieden. Eine Klimaänderung wirkt sich regional und in unterschiedlichen Höhenstufen verschieden aus und wird durch weitere örtliche Gegebenheiten beeinflußt.

Zum Beispiel wurde die Ausbreitung der Rotbuche als Anzeiger des ozeanischen, subatlantischen Klimas nicht nur durch Klimaänderungen, sondern zusätzlich noch durch andere Faktoren beeinflußt. Ihre Massenausbreitung war eine nach Norden gerichtete Wanderung aus den Alpen. Die Massenausbreitung begann im Schweizer Jura 3500 v.d.Ztr., im Berchtesgadener Land 3000, am Alpenrand im Illergebiet vor 1400, im Harz 1600, im Solling 900, in Nordwest-Belgien 700, in Masuren 600 v.d.Ztr.

In Mooren endet das Wachstum in wärmeren und trockeneren Zeiten und es entsteht durch Zersetzung Schwarztorf. Der Grenzhorizont gegen darüber liegenden Weißtorf zeigt den Wiederbeginn des Wachstums und damit den Übergang zu feuchteren und kühlerem Klima an. Ein solcher Grenzhorizont fällt auf den Beginn des Subatlantikums zu Beginn der frühen Eisenzeit. In Südschweden wurden von 3700 vor bis 1200 n.d.Ztr. sieben solcher Grenzhorizonte gefunden.

Klimaänderungen sind auch zu erkennen an dem Anteil der Pollen von Erlen unter den Baumpollen, an Süßwasser-Kalkabscheidungen, an der allgemeinen Waldzusammensetzung, an Meeresspiegelschwankungen, an Gletscherhöchstständen und -rückzügen.

Auf das wärmere und trockenere Klima des Subboreals, das die Broncezeit kennzeichnet, folgte kühleres und mehr ozeanisches Klima im Subatlantikum bis heute mit kälteren Perioden, die sich zu erkennen geben durch Transgressionen (Meeresvorstöße), Erlenpollenmaxima, Moorrekurrenzflächen und Gletschervorstöße um 600 v.d.Ztr., 400 n.d.Ztr. und 1200 n.d.Ztr. Dazwischen lagen wärmere Perioden. In der Zeit zwischen 800 vor und 800 n.d.Ztr. bestanden die Wälder in den Gebieten westlich der Elbe und der Sudeten und in den küstennahen Gebieten bis zur Weichsel aus Buchenmischwald und östlich davon aus kiefernreichen Laubmischwäldern mit Eichen (U. Willerding 1977).

Von den angebauten Getreidearten – Weizen (Triticum), Gerste (Hordeum), Hafer (Avena), Hirse (Panicium) und Roggen (Secale) – stammen die Wildformen aus den Gebirgen und Hochländern des Mittelmeerraumes und Kleinasiens, um nur die nächsten zu nennen. Diese Gebiete

Übersicht über die spätglaziale und postglaziale Vegetationsentwicklung und die zeitliche Stellung der frühen Kulturen in Mitteleuropa. Nach U. Willerding 1977.

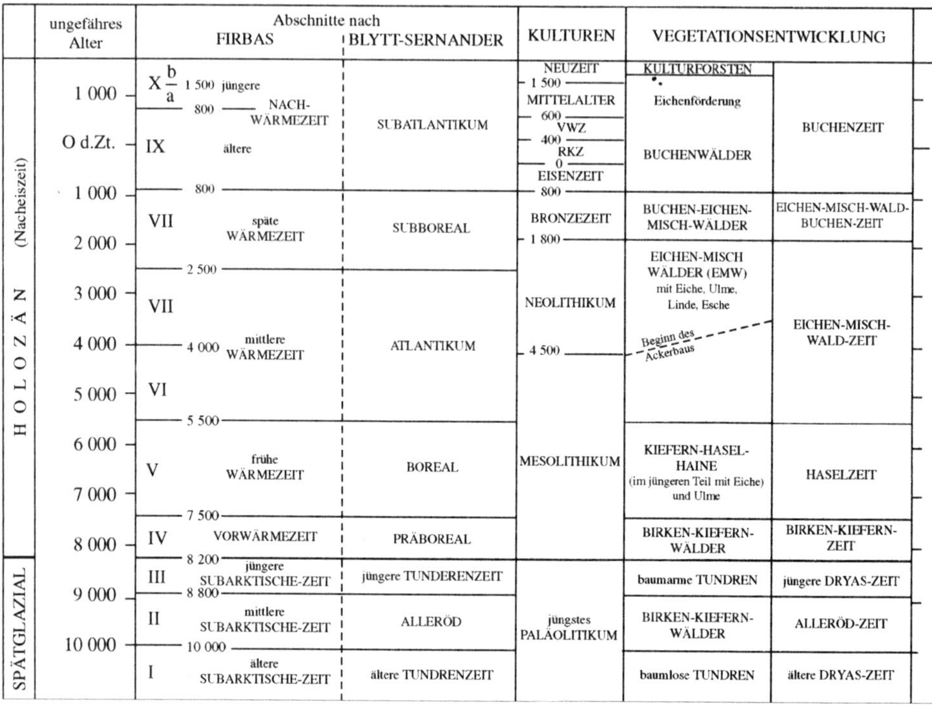

sind Mannigfaltigkeitszentren, die sich nicht nur durch Artenreichtum auszeichnen, sondern auch innerhalb der Arten noch durch viele Sonderformen. Dort sind zuerst die Wildformen angebaut und beim Anbau ausgelesen worden. Roggen und Hafer gelten als sekundäre Getreidearten, die zuerst als Ungräser mit dem Nutzgetreide zusammen selektiert wurden, ehe Roggen in Europa nach Ende der Broncezeit gesondert angebaut wurde.

Der erste Ackerbau wurde nach älteren ^{14}C-Altersbestimmungen auf die Zeit um 8000 v.d.Ztr. datiert. Die ersten Ackerbauer in Europa waren die Bandkeramiker, welche in Mitteleuropa bis nach Südosteuropa siedelten (s. Abb. 5). Mit dem Beginn der Bandkeramik in absoluter Chronologie ab 5800 v.d.Ztr. muß sich die Nutzung des Getreides sehr schnell verbreitet haben.

Infolge des Abschmelzens des Eises nach der letzten Eiszeit auf der nördlichen Halbkugel hat sich der Meeresspiegel angehoben. Der relative Anstieg für das Rhein-Maasgebiet ohne Berücksichtigung von tektonischen und isostatischen Krustenbewegungen ergab geologisch eine einfache Kurve fallender Neigung gegen heute. Zehn datierte archäologische Fundpunkte aus diesem Gebiet liegen etwa auf dieser Kurve (L. Kooijmans 1976, Abb. 105).

Diesem Meeresspiegelanstieg südlich von Nord- und Ostsee, der tektonisch durch Senkungen verstärkt wurde, stand eine Hebung Skandinaviens infolge der Entlastung durch das abgeschmolzene Eis gegenüber, die im Mittelteil der Halbinsel bisher zu Hebungen bis zu 150 m führte. Die

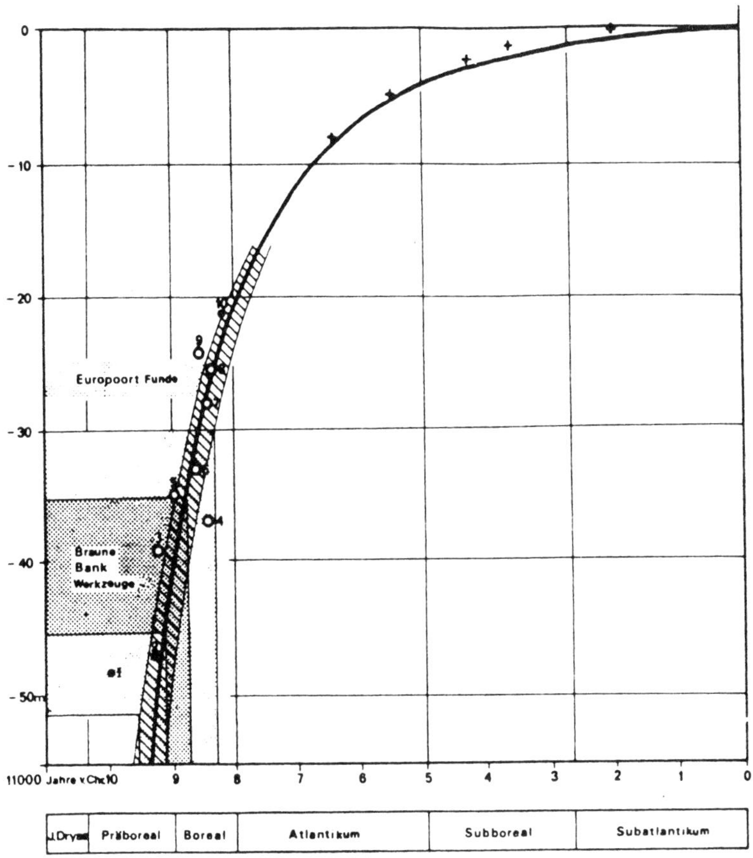

Abb. 105: Der Meeresspiegelanstieg in den letzten 9500 Jahren vor Beginn d.Ztr. nach datierten Torfproben und der Tiefenlage von verschiedenen archäologischen Fundplätzen im Rhein-Maasgebiet. Nach L. Kooijmans 1976.

± 0-Linie dieser Tektonik ging im Bogen um Skandinavien herum von Kopenhagen bis Estland. Seit 1000 n.d.Ztr. hat sich diese 0-Linie nach Süden verschoben und verläuft heute von Kolding Richtung Stettin.

Um 7000 v.d.Ztr. verlief die Küste nördlich der Doggerbank-Jütland-Bank auf der Linie Hull – Nordspitze Jütland. Vermutlich war am Ende der Jungsteinzeit die heutige 15 m Tiefenlinie der Küstenverlauf von der Elbemündung bis etwa Esbjerg, und Helgoland war noch landverbunden. Diese zungenartige Verbindung dürfte jedoch bald unterbrochen worden sein.

Diesen säkularen Vorgängen sind Schwankungen überlagert, die im Küstengebiet der Nordsee von Holland bis Jütland nach Sedimentationen die Marschen in der Broncezeit trockenlegten. Erneuter Meeresspiegelanstieg erforderte in der Eisenzeit, daß dort angelegte Siedlungen auf Warften höher gelegt werden mußten, bis diese schließlich nach weiterem Meeresspiegelanstieg und Transgressionen, besonders um 100–250 n.d.Ztr., verlassen werden mußten. Danach folgten weitere Transgressionen.

7.2. Erträge, Energieumsatz und Landnutzung in einem autarken Bauernhof

Für die Ermittlung der Flächengrößen autarker Bauernhöfe müssen zunächst die Erträge bekannt sein. Diese wiederum hängen ab von Klima, Umwelt, Technik, Düngung u.a.

Für den Zustand Östergötlands in Schweden während der frühen Eisenzeit wurde von M. Widgren (1983) angesetzt: Getreidegesamtertrag 700 kg/ha bei 200 kg Aussaat (Saat: Reinertrag = 1: 2,5). Für Böhmen und die Zeit vom 8. bis 12. Jahrhundert wurde von J. Kudnac (1958) angesetzt: Gesamterträge 525 bis 788 kg/ha (Weizen umgerechnet von Hohlmaßen 0,75 kg/l (Liter)) bei 262 kg/ha Aussaat mit Saat: Reinertrag = 1: 1,0 bis 1: 2,0. Bei der Bonitätsermittlung im Herzogtum Mecklenburg (K. Schultz-Klinken 1981) wurde 1717 verwandt:

Roggen	Gesamtertrag kg/ha	Aussaat kg/ha	Saat : Reinertrag
gute Böden	860	325	1 : 1,646
mittlere Böden	516	250	1 : 1,064
schlechte Böden	258	177	1 : 0,458
ganz schlechte Böden	195	175	1 : 0,114

Diese Zahlen gelten gleichbleibend aus dem Mittelalter bis zum Beginn der starken Ertragssteigerungen, die nach Anwendung besserer Wirtschaftsmethoden und mineralischer Düngung einsetzten. Die Zahlen können in gleicher Größenordnung weiter rückwärts extrapoliert werden. Noch aus der Zeit vor dem Einsetzen der Ertragssteigerung stammen Zahlen aus einem deutschen Dorf im ungarischen Banat (H. Diplich 1957) für Weizen:

1843	1844	1845	1846	1847	1848	1849	1850	Mittel
1272	859	695	694	1132	1272	1182	1085	kg/ha

Diese Zahlen gelten für beste Böden und kennzeichnen die damals möglichen jährlichen Schwankungen der Erträge.

Nach W. Abel (1978) kann im langjährigen Mittel in Deutschland im 17. Jahrhundert bei Dreifelderwirtschaft gerechnet werden mit: 700 kg/ha Roggen, 800 bis 900 kg/ha Weizen, 600 bis 650 kg/ha Gerste und für Hafer als dem letzten Glied der Fruchtfolge mit 400 kg/ha.

Aus den Gegebenheiten: Nutzbarkeit des Bodens, Erträgnisse und Menschenzahl pro Bauernhof läßt sich die mögliche Siedlungsdichte nach Zahl der Höfe und der Menschen ermitteln. Daraus sind dann Siedlungsstrukturen und weiteres erschließbar.

Die Berechnung von M. Widgren (1983) geht aus von 6 Erwachsenen bzw. mit Kindern von 8 bis 10 Personen pro Hof. Der Energiebedarf eines Erwachsenen pro Tag wird mit 3200 kcal angesetzt = 7 x 10^6 kcal/Jahr. Für die Nutzung werden Äcker, Wiesen und Weiden unterschieden. Bei einem Reinertrag von 500 kg Getreide/ha und Jahr und bei 9 bis 10 Stück Großvieh beträgt der Bedarf an Winterfutter für 200 Tage 15000 kg Heu. Bei einem Ertrag von 500 kg/ha sind 30 ha

Wiesen nötig und für die Sommerweide 30 bis 60 ha. Der Flächenbedarf eines solchen Hofes beträgt damit etwa 65–100 ha. Daraus wird zunächst die Erkenntnis gewonnen, daß bei Bevölkerungswachstum mit notwendiger Verkleinerung der Hofgrößen zunehmend auf Getreidebau ausgewichen werden kann, was allerdings zusätzliche Düngemaßnahmen verlangt, was möglicherweise durch Plaggendüngung geschah, durch den Auftrag von Mutterboden, der an anderer Stelle gewonnen wurde. Wenn andererseits für die Düngung mit Mist mit dem notwendigen Stickstoff pro ha 3 bis 10 Rinder erforderlich sind, erweitert sich der notwendige Viehbestand auf 30 Stück. Damit ergibt sich folgende Übersicht über die Energieproduktion:

	Fläche ha	Erzeugung ohne Saat kg/Jahr	Energieinhalt kcal/kg	erzeugte Energie kcal/Jahr	Energie pro Person u. Tag kcal
Äcker	3	1500	3200	4 800 000	2190
Wiesen	30	300 Fleisch	2000	1 720 000	785
Weiden	>30	2800 Milch	400		225 Rest

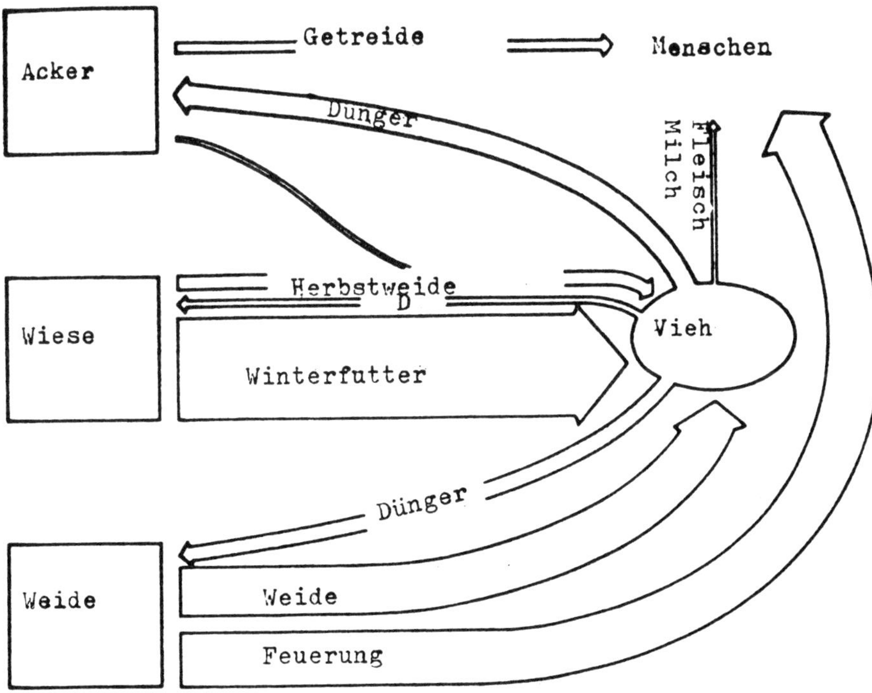

Abb. 106: Qualitativer Energiefluß in einem autarken Bauernhof mit Infeld-(Binnenfeld)-Wirtschaft. D = Dünger. Nach M. Widgren 1983.

Die Erzeugung aus Wiesen und Weiden ist in Fleisch 300 kg und Milch 2800 kg angesetzt und mit 3200 kcal/kg Getreide, 2000 kcal/kg Fleisch und 400 kcal/kg Milch verrechnet. Bei 15 Stück Großvieh beträgt der zusätzlich von außen durch Jagd, Fischfang u.a. zu beschaffende Rest 225 kcal/Person und Tag.

Für die Ermöglichung dauernder Ackernutzung ist vor allem die Versorgung der Böden mit Stickstoff entscheidend, die durch Selbstregeneration mit z.T. als Weide genutzter Brache, durch Stalldung und durch Plaggendüngung möglich war, ehe die Mineraldüngung mit Ammonium- und Nitratsalzen einsetzte. Ohne Plaggendüngung ist der gesamte Energiefluß eines solchen autarken Bauernhofes auf obiger Grundlage in Abb. 106 dargestellt.

Der Landbedarf in einer mittelschwedischen glazialen Rundhöckerlandschaft zwischen Linköping und Norköpping ergibt dann schematisch das Siedlungs- und Landnutzungsbild der Abb. 107.

Diese Wirtschaftsart wird als Infeld- bzw. Binnenfeldsystem bezeichnet (s. Kap. 7.3.5).

Während für die Regeneration des Stickstoffes nach einer Ernte auf Löß- und Kalksteinböden durch stickstoffsammelnde Pflanzen 10 Jahre erforderlich sind (s. Kap. 7.3.2), kann unter mittelschwedischen Bedingungen die Hälfte eines Stickstoffverlustes nur durch 25 Jahre Brache wieder angereichert werden (St. Welinder 1975).

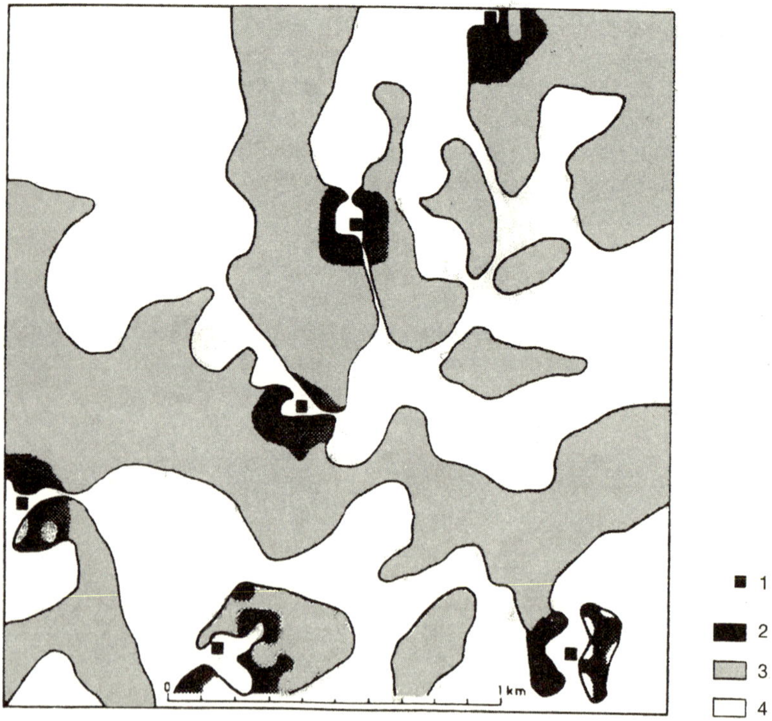

Abb. 107: Modell der Flächennutzung für autarke Bauernhöfe der im Text beschriebenen Ertragsart. Das Modell gilt für mittelschwedische Glaziallandschaft und für die frühe Eisenzeit. 1 = Siedlung, 2 = Acker, 3 = Wiese, 4 = Weide, Wald und Ödland. Nach M. Widgren 1983.

Von der eingestrahlten Sonnenenergie wird die Hälfte von Pflanzen absorbiert, 1% davon werden zur Primärerzeugung der Biomasse benötigt. Ein Teil davon steht nach der Ernte zum Verbrauch zur Verfügung. Bei der Viehzucht wird aus 10 Teilen Energie des Pflanzenfutters 1 Teil im Großvieh erzeugt. Aus dem gleichen Stück Land können bei rein vegetarischer Ernährung 10mal mehr Menschen ernährt werden als durch rein tierische Ernährung (St. Welinder 1975).

Für die Markomannen in Böhmen wurde das folgende Beispiel (H. Grunert 1968) entwickelt: Bei Berücksichtigung des kleineren Energiebedarfs von Frauen wird mit 3000 kcal/Tag für einen Erwachsenen und im Mittel mit 2000 kcal/Tag für Kinder unter 14 Jahren gerechnet. In einer Wirtschaftseinheit mit 10 Erwachsenen und 10 Kindern, für die am Tag 50 000 kcal zu beschaffen sind, müssen im Jahr 18,25 x 10^6 kcal erzeugt werden. Die Reinerträge aus dem Acker werden mit 400 kg/ha angesetzt und mit 3200 kcal/kg Getreide verrechnet. Es wird angenommen, daß 2 bis 3 Erwachsene in der Lage sind, mit einem Rindergespann die Jahresarbeit für 3 ha Acker durchzuführen. Für die Viehwirtschaft werden in dem Beispiel ausführliche Vorstellungen entwickelt. Für die Wirtschaftseinheit von 20 Menschen wird eine Stammherde von 5 Pferden, 18 Rindern (davon 13 Kühen), 22 Schweinen und 16 Schafen oder Ziegen für erforderlich gehalten. Als Haltungsdauer wird für Pferde 10, für Rinder 6 bis 7, für Schweine, Schafe und Ziegen je 3 bis 4 Jahre angenommen. Neben der für die Bestanderhaltung notwendigen Stammherde und vielleicht wenigen Ochsen gehören 2jährige Jungtiere dazu. Die Herde umfaßt Ende des Winters 40 bis 45 Stück Großvieh und insgesamt mit Jungvieh Ende des Winters 120 bis 140 Tiere und Ende des Sommers 250 bis 280 Tiere.

Für die Nutzung als Nahrung werden je Pferd 100 bis 150 kg, je Rind 70 bis 110 kg, je Schwein 23 bis 35 kg und je Schaf und Ziege 15 bis 25 kg Fleisch und 400 kg Milch je Kuh und Jahr mit insgesamt 590 kg Fleisch/Jahr und von Jungtieren 1230 kg Fleisch/Jahr errechnet. Mit 660 kcal/kg Milch und 1671 kcal/kg Fleisch stehen im Jahr aus Milch 3,036 x 10^6 kcal und aus Fleisch 3,041 x 10^6 kcal zur Verfügung, zusammen 6,077 x 10^6 kcal/Jahr.

Das sind 33,3% der aufzubringenden Jahresenergie von 18,25 x 10^6 kcal. Wenn der Rest aus dem Ackerbau stammt, sind bei dem Reinertrag von 500 kg Getreide/ha und 3200 kcal/kg Getreide dafür 7,6 ha erforderlich.

Bei fehlendem Futterbau sind für 1 Stück Großvieh 3 ha und für 1 Schaf 0,3 ha je Jahr erforderlich und für die gesamte Herde 150 bis 200 ha oder 1,5 bis 2 km^2.

Der Vergleich mit dem Modell von Widgren kann mit dem Energieansatz erfolgen:

	Erwachsene	Kinder	Energie kcal/Tag	Fläche km^2	Fläche je Erwachsener, km^2
Grunert	10	10	50000	1–2	0,12
Widgren	6		19200	1	0,16

Obwohl die beiden Ansätze von etwas verschiedenem Energiebedarf eines Menschen und verschiedenen Wirtschaftssystemen (nur Weide bei Grunert, Wiesen und Weide bei Widgren) ausgehen, ergibt sich doch eine gute Übereinstimmung für den Flächenbedarf.

Wenn die Streitmacht des Marbod von römischen Chronisten mit (sicher viel zu hoch!) 70 000 Kriegern angegeben wird, könnte sein Stamm 300 000 bis 370 000 Menschen gezählt haben. Da die offene Siedlungsfläche Nordböhmens etwa 7500 km^2 betrug, hätte nur ein Bruchteil des Stammes darin leben können. Es müßten dann die Krieger auch noch aus Siedlungsgebieten außerhalb Nordböhmens gekommen sein, darunter auch solche von anderen Stämmen, z.B. den Quaden.

7.3 Wirtschaftsgeschichte

7.3.1 Entwicklung bäuerlicher Geräte

Nach dem Sammeln von Wildfrüchten und von Samen der Wildgetreidearten, das auch von Nomaden ausgeübt wurde, erfolgte der Übergang zum ortsfesten Wohnsitz mit dem Anbau von Getreide. In Mitteleuropa vollzogen die Bandkeramiker diesen Schritt zuerst. Sie benutzten handgezogene Haken zur Herstellung von Saatfurchen. Der Boden wurde bis in einige cm Tiefe ausgehoben und beidseitig angehäufelt. Die Körner legte man von Hand in die Furchen und diese wurden darauf mit einem Streichhaken zugedeckt. Zwischen den einzelnen Furchen blieben unbewirtschaftete Streifen stehen.

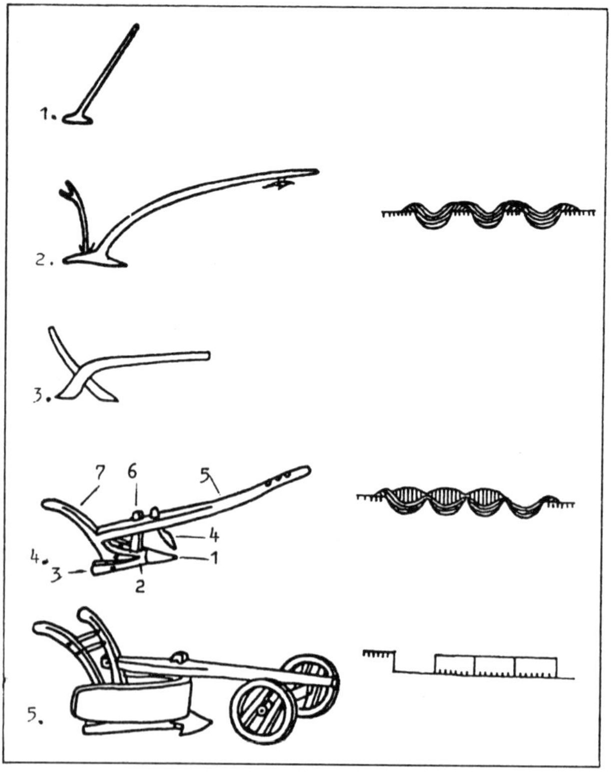

Abb. 108: Haken und Pflug, Geräte und Modelle der Bodenarbeit

1. Handhaken, Jungsteinzeit.
2. gespanngezogener Haken mit Sterz, Typ Walle, Broncezeit.
3. Prinzip des gespanngezogenen Hakens von Döstrup, Dänemark, Beginn der Eisenzeit.
4. Haken mit eisenbeschlagener Schar, Vorschneidemesser (Sech) und niedrigen, beidseitigen Streichbrettern, ab 600 v.d.Ztr. Die Teile sind: Schar = 1, Sohle = 2, Steichleisten = 3, Sech = 4, Grindel = 5, Griessäule = 6, Sterz = 7.
5. Karrenbeetpflug mit Streichbrett und beidseitig schneidender Schar, sog. altdeutscher Landpflug, ab 1. Jahrhundert v.d.Ztr. bis ins 18. Jahrhundert verwendet.

Nach K.-R. Schultz-Klinken, *Haken, Pflug und Ackerbau*. Schr. Deutsch. Landwirtschaftsmuseum, Univ. Hohenheim, Bd. 1, 1981.

In der Broncezeit wurde die Ausführung der *Haken (Arl, Ard)* schwerer. Immer noch waren Haken und Sohle aus einem Stück. Aber der Haken wurde bereits von Zugtieren gezogen. Zur Führung war eine Sterze mit Griff angebracht (z.B. Walle bei Aurich, 1500 v.d.Ztr.). Der Jochsohlenhaken von Döstrup (Dänemark, zu Beginn der Eisenzeit) besaß bereits zwei asymmetrische niedrige Streichbretter (A. Steenberg 1980, s. Abb. 108). Hier konnte durch ein Loch im Jochbaum das Stück für Sterz und Sohle durchgesteckt werden. Die Wirkungsweise war die gleiche, die Furchentiefe war etwas größer. Damit war es möglich, verwachsene Grasnarbe umzubrechen und schwere Böden zu bearbeiten.

Mit dem Arl von Nydam in Jütland, der eine horizontale Sohle besaß, konnten 16 bis 22 cm breite Furchen gezogen werden. Wenn der Arl schräg gehalten wurde, wurde der aufgebrochene Boden einseitig umgelegt und bei breiten Scharen wurden unbearbeitete Streifen zwischen den Furchen vermieden. Mit den Arlen konnte so bereits die Arbeitsweise der schollenwendenden Pflüge schon teilweise erzielt werden. Auch mit asymmetrischen Scharen wurde einseitiges Umbrechen erreicht. Reste solcher Scharen sind aus dem gesamten Siedlungsbereich der Kelten bekannt.

Mit dieser Technik wurde kreuz und quer gehakt. Die Felder („*celtic fields*") waren deshalb annähernd quadratisch. Bei einem Furchenabstand von 25 bis 30 aber auch bis 60 cm und einer Tiefe bis 7 cm blieben immer noch unbearbeitete Stücke als Unkrautherde dazwischen stehen mit bis 25% der Gesamtfläche.

Bereits aus der Zeit um 0 sind hölzerne Scharen bekannt (Flögeln 55 n.d.Ztr.). Es gab also Haken, die denen von Dabergotz (s. Abb. 118) ähnlich waren. Die Vandalen werden solche Geräte bereits in Jütland gekannt haben. Mit Beginn der Eisenzeit wurden die Haken mit Scharen versehen, die mit einem Untergriff die Breite des aufgerissenen Bodens vergrößerten, die unbearbeiteten Restflächen zwischen den Furchen verkleinerten und den Boden beiderseitig anhäufelten.

Eine wesentliche Verbesserung war die Erfindung des einseitigen Schollenwendens durch den *Pflug*, indem um etwa 100 v.d.Ztr. ein Streichbrett über der Pflugsohle angebracht wurde, zugleich wurde die Schar eisenbeschlagen. Die ersten gewendeten Schollen sind um 300 v.d.Ztr. aus den Niederlanden bekannt. Derartige Karrenbeetpflüge (Abb. 108, 5.) waren als sogenannte altdeutsche Landpflüge bis zum 19. Jahrhundert in Gebrauch. Damit wurde eine Vertiefung der Bearbeitung des Bodens bis auf etwa 12 cm und eine vollständige Flächennutzung erreicht und das Säen als Breitwurf ermöglicht. Spuren gewendeter Schollen wurden z.B. bei Feddersen Wierde (1. Jahrhundert v.d.Ztr.) gefunden. Der Pflug arbeitete einseitig und mußte beim Umkehren auf einen nächsten Streifen („Beet") umgesetzt werden. Damit entstanden statt annähernd quadratischer Felder Langstreifenfluren. Nach Pflügen und Eggen erfolgte die Breitaussaat von Hand und darnach wurde durch Eggen die Saat zugedeckt. Mit besserer Unkrautbekämpfung, Vermeidung unbearbeiteter Stellen, tieferer Bearbeitung und ebener Ackeroberfläche war eine Ertragssteigerung bis auf das Doppelte verbunden. Der Vollumbruch der Schollen ermöglichte mit der Schwarzbrache die Mehrfelderwirtschaft. Im römischen Kaiserreich verbreiteten sich Pflüge erst im 3. Jahrhundert n.d.Ztr.

Mit der Erfindung des Wendepfluges wurde dieser auf den schweren Marschböden verwandt, gleichzeitig auf Geestböden aber weiterhin der Haken. Noch bis in das Mittelalter wurden vielfach Pflüge für das Umbrechen von Grasland und gleichzeitig Haken für in Kultur befindliches Land verwendet. Bei den West- und Elbgermanen setzte sich der Wendepflug immer mehr durch und war in den Langstreifenfluren herrschend. Bei den Ostvandalen wurden bodenwendende Geräte im Großmährischen Reich und weiter nördlich nach 800 n.d.Ztr. verwandt (E. Gringmuth-Dallmer 1983).

Die Ostvandalen verwendeten die *Arl* (Haken) noch bis nach ihrer Rückwanderung nach Westen. Das Wort Arl ist als Lehnwort aus ostvandalischen Dialekten in das Bayrische erkannt. Der Arl verbreitete sich im Alpenraum über die Sprachgrenze nach Westen, da er als leichteres Gerät besseres Bearbeiten im Hochalpenbereich ermöglicht. Aber noch im letzten Jahrhundert fiel die Verbreitung der Arl mit dem ehemaligen Siedlungsgebiet der Ostvandalen zusammen. Die Bayern besaßen demnach bei ihrer ersten Berührung mit Ostvandalen Ende des 6. Jahrhunderts nur den Pflug. Umgekehrt wanderte dieser als Lehnwort zum Beispiel in das Slowenische (P. Wiesinger 1985).

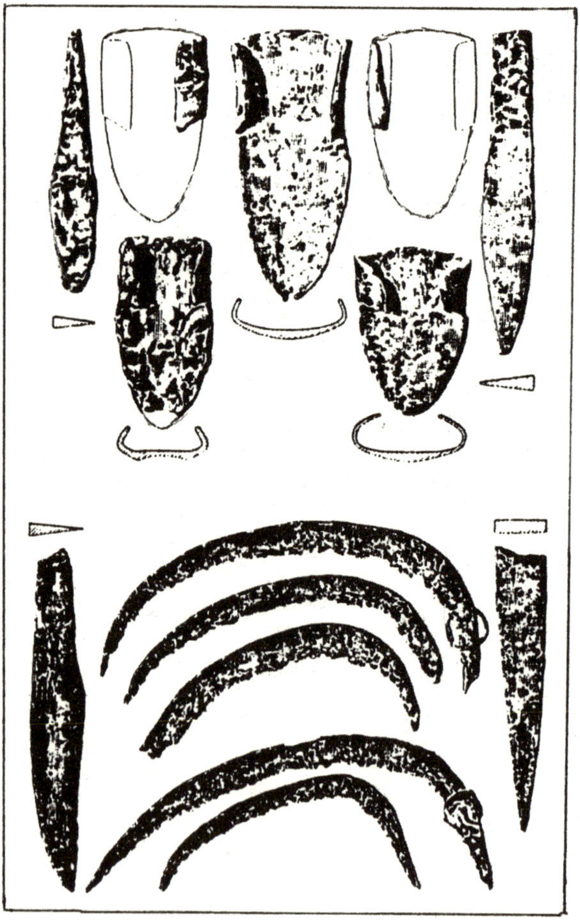

Abb. 109: Ackergeräte der Vandalen aus Schlesien 5. Jahrhundert n.d.Ztr.
Oben: Sohleisen für Schare und 2 Vorschneidemesser von Pflügen, verschiedene Fundorte.
Unten: Hortfund von Ackergeräten von Pampitz, Kreis Brieg, 2 Vorschneidemesser, 3 Sicheln und 2 Sensen, alle 1/4 wahrer Größe.
Nach W. Nowothnig, 1939.

Die in der Jungsteinzeit benutzten Sichelmesser, in Holz eingelassene Steinklingen, wurden in der Broncezeit durch gebogene Broncesicheln ersetzt. Die Ähren wurden damit oben am Halm abgeschnitten. Während der Hallstadtzeit wurden Sensen entwickelt, die bis in das 15. Jahrhundert nur zur Grasmahd Verwendung fanden (K.-R. Schultz-Klinken 1981). Von verschiedenen Orten aus dem Gebiet, das nach 400 n.d.Ztr. von Vandalen bewohnt wurde, sind eiserne Sohleisen für Schare und Vorschneidemesser von Pflügen sowie Sensenblätter gefunden worden (Abb. 109).

Etwas älter sind die burgundischen Feldgeräte von 3 Sicheln und einer 52 cm langen Sense, die neben einem Hause in der Siedlung von Kliestow bei Frankfurt/Oder vergraben waren (K. Marschalleck 1937/40). Bereits in der Zeit von 0 bis 200 n.d.Ztr. wurden bis 80 cm lange Sensenblätter von den Trägern der Prżeworsk-Kultur (Vandalen) in der Karpathoukraine benutzt (J. Kobal 1993).

Erst die Entwicklung von Sensen machte die Wintervorratswirtschaft an Heu für das Großvieh möglich, denn die dazu nötigen Flächen (s. Kap. 7.2) waren kaum mit Sicheln zu schneiden. In Schweden waren zu Beginn unserer Zeitrechnung 30 cm lange Sensen in Benutzung (St. Welinder 1975).

In Flögeln wurde ein aus dem 2. Jahrhundert n.d.Ztr. stammender Satz von landwirtschaftlichen Arbeitsgeräten gefunden mit einer Sense, Sensenring und Keil zum Befestigen am Baum, Dengelamboß, Dengelhammer und Tüllenhaken.

Der Arbeitsaufwand der Grasmahd von 1 ha mit Sicheln beträgt etwa 100 und mit Sensen heutiger Herstellung 25 Arbeitsstunden. Eine Wiesenfläche von 30 ha erfordert bei 3 Arbeitskräften und einem Arbeitstag von 10 Std. mit Sicheln 100 und mit Sensen 25 Arbeitstage. In dem in Abschnitt 7.2 dargelegten Modell ist der Arbeitsaufwand für die Erzeugung der täglichen 3200 kcal der 6 erwachsenen Bewohner des Bauernhofes in dem durch das Vieh gelieferten Anteil von 26% dieser Energiemenge also etwa 10mal größer als für die Erzeugung des restlichen Energieanteils aus der Ackerfläche.

Das Heu wurde gestapelt unter Pfosten, die ein bewegliches Dach trugen (Rutenberge). Diese sind von den Niederlanden bis Jütland bereits aus der Zeit nach Beginn d.Ztr. bekannt.

Zur Getreideernte wurden die aus der Kurzstielsense entwickelten Sichten verwendet. Mit der Sichte in der rechten Hand wurde das Getreide geschnitten und mit dem Matthaken in der linken Hand abgelegt.

Die Getreidevorräte wurden gelagert in gestelzten Speichern, die auf bis zu 16 Pfosten standen, in Kellern, wie sie vereinzelt aus Jütland bekannt sind, in Erdspeichern und in Grubenhütten. Zur Lagerung, vor allem, wenn diese in Grubenhütten und in Gruben erfolgte, wurde das Getreide leicht geröstet. Im Wohnhügel von Melenknop auf Sylt wurden Vorräte auf einem Dachboden über dem Mittelgang im Stallteil gelagert (G. Kossack 1984).

7.3.2 Feldgraswirtschaft, Brandrodungswirtschaft und Langzeitversuche

Der Übergang zur Seßhaftigkeit in Mitteleuropa bis Südskandinavien in der jüngeren Steinzeit war abhängig von Klima, Böden und den davon bedingten Pflanzengemeinschaften. Das wärmere Klima des Atlantikums und Subboreals begünstigte das Seßhaftwerden insofern, als auch im Winter das Großvieh ohne Ställe auf der Weide bleiben konnte. Damit entfiel die Notwendigkeit der

Stallhaltung im Winter und die Beseitigung der tierischen Fäkalien aus den Ställen, die zur Entdeckung ihrer Verwendung als Dünger führte. Es konnten nur die Böden bewirtschaftet werden, welche die Regenerierung der anorganischen und organischen Nährstoffe, die durch die Ernten entzogen werden, gestatteten.

Diese Regeneration ist in ausreichendem Maße nur möglich auf Lößböden, Lößlehmböden und alluvialen Verwitterungsböden auf Kalksteinen, wie erste biologische Arbeiten ergaben, die sich diesen Problemen widmeten (zit. in E. Bromme 1980). Sie erfolgt mit den Pflanzengemeinschaften der Trespenwiesen, die von diesen Böden nach einer Ackernutzung in der Brache schnell Besitz ergreifen und mit ihren Leguminosen, vor allem Klee- und Lupinenarten, in der Lage sind, den notwendigen Stickstoff mittels der in Symbiose an den Wurzeln lebenden Knöllchenbakterien als Nitrat zu erzeugen, das adsorbtiv an Humus und Tonmineralien gebunden wird. Diese Magerwiesenflora kann sich am besten bei einer mittleren Jahrestemperatur ab 8 °C und einem jährlichen Niederschlag von 400 bis 700 mm entwickeln. Die Verbreitung der ersten Ackerbauer in Mitteleuropa, der Bandkeramiker, nur auf Lößböden bestätigt diese Vorstellungen zunächst.

Wenn zur Regeneration der Nährstoffe nach zwei Ernten etwa 18 Jahre Brache benötigt werden, beträgt die erforderliche gesamte Ackerfläche das 10fache der jeweiligen Nutzungsfläche, also für einen Bauernhof mit 6 Erwachsenen etwa 30 ha. Dazu kommt der Bedarf an Weidefläche, die als Wald- und Niederwaldweide bis zu 60 ha betragen und stark schwanken kann, da ohne organische Düngung keine Minimalzahl von Großvieheinheiten nötig ist. Die Abmessung der als Urzellen von Dörfern angenommenen Einzelhöfe ergab im Landkreis Altenburg in Thüringen 100 ha je Hof (E. Bromme 1980). In Thüringen waren tatsächlich bis zur Einführung der Dreifelderwirtschaft, welche den inneren Landesausbau und die Rodung der Mittelgebirge ermöglichte, nur Löß- und Kalksteinböden besiedelt.

Dieses Modell ist zunächst ein theoretisches. Bereits die Untersuchungen von Siedlung und Wirtschaft der Bandkeramiker im Rheinland ergab eine wesentlich dichtere Besiedlung als bei der wilden Feldgraswirtschaft.

Das oben dargestellte Modell gilt für ortsbeständige Äcker und Selbstregeneration auf Löß- und Kalksteinböden.

Wenn die Äcker nach Brandrodung und zwei Ernten sich der Selbstregeneration durch Wald überlassen werden, wird für mittelschwedische Bedingungen die nächste Brandrodung und Bestellung nach 18 Jahren möglich. Auch hier verhalten sich Acker: Brache = 1: 9 an Zeit und Fläche. Nach Pollenuntersuchungen wurde die Brandrodungswirtschaft bereits von den ersten Siedlern in Skandinavien in der jüngeren Steinzeit und z.T. noch bis zum Ende des 19. Jahrhunderts angewandt. Bei Verwendung von Dünger für die Äcker und Verwendung der Brache als Weide kann die Brachezeit herabgesetzt werden, da Weiden mehr Humus als Wälder erzeugen (St. Welinder 1975).

Die Modelle der Feldgraswirtschaft und der Brandrodungswirtschaft besitzen nur eingeschränkte Bedeutung. Einmal erwiesen Phosphatbestimmungen und auf dem Umweg über die Analyse der Unkrautflora die Nitratgehalte prähistorischer Ackerböden, daß keine Mängel an diesen Nährstoffen bestanden. Das deutet auf frühzeitige, bereits bei den Bandkeramikern geübte Mistdüngung. Diese wurde kürzlich dadurch bestätigt, daß in einer Siedlung der Altheimer Kultur (3900–3500 v.d.Ztr.) in Feuchtbodenerhaltung, von Pestenacker bei Landsberg am Lech, Mistschichten gefunden wurden.

Zum Anderen hatten Langzeit-Anbauversuche ohne Düngung und ohne Brache, allerdings auf bestem fluviantilem Löß-Schwemmboden bei Göttingen von 1872 bis 1953 mit einer 9- und

8fachen Fruchtfolge von Erbsen-Raps-Mohn-Roggen-Ackerbohnen-Winterweizen-Futterrüben-Pfauengerste-Viertsbohnen-Kartoffel-Sommerweizen für Roggen bei Einschluß von Stickstoffsammlern in die Fruchtfolge kaum eine Abnahme der Erträge ergeben:

dz/ha Mittel/ Jahr	1883 bis 1902	1903 – 1910	1911 – 1917	1918 – 1922	1923 – 1927	1928 – 1935	1936 – 1940	1941 – 1948	1949 – 1953
	30,0	37,4	34,3	34,0	29,0	37,1	31,2	24,0	28,0

Andererseits ergab ein englischer Langzeitversuch von Winterweizen mit und ohne Mistdüngung seit 1852 auf schwerem Lehmboden über Kalkstein nur halb- bis drittel- sogroße Erträge ohne Düngung und eine säkulare, langsame Abnahme der Erträge, aber keinen Ertragssturz nach wenigen Ernten für den Daueranbau von Weizen (J. Lüning 1980):

dz/ha Mittel/Jahr	1852 bis 1861	1862 – 1871	1872 – 1881	1882 – 1891	1892 – 1901	1902 – 1911	1912 – 1921	1922 – 1925
Mistdüngung	21,5	23,7	18,7	23,4	25,6	23,6	19,2	(14,8)
ungedüngt	10,0	9,2	6,3	7,8	8,0	7,1	6,0	(3,3)

Die Aufgabe von Siedlungen durch Erschöpfung von Böden kann deshalb nur auf schlechtesten Podsolböden ein Grund gewesen sein und muß sicher andere, zusätzliche Ursachen gehabt haben. Das muß für die verbreitete Siedlungsaufgabe besonders in den Jahrhunderten vor und während der Völkerwanderung bedacht werden.

7.3.3 Jungsteinzeitliche Bewirtschaftungen

Der Übergang vom Zustand der Jäger und Sammler mit Nomadentum zum vollentwickelten bodenständigen Bauerntum fand in der mittleren Steinzeit statt. Im Magdalenien Mitteldeutschlands fand man in Halbhöhlen (Abris) Körner von kultivierter Gerste und Emmer. Es lagen also bereits Zuchterfolge vor.

Etwa gleichzeitig mit den Bandkeramikern (5500–4900) herrschte nördlich von diesen in dem großen Gebiet von Südschweden, Dänemark bis Hamburg und an der westlichen Ostseeküste die Ellerbek-Kultur. In ihrem mittelsteinzeitlichen Kulturzustand fanden sich Anzeichen des Übergangs zum ortsbeständigen Bauerntum mit Anfängen der Haustierhaltung und Anfängen des Getreidebaues, vielleicht gartenbauartig, den Hinweis dazu gab der Fund eines hölzernen Spatens.

Die Bandkeramiker, deren Siedlungsbeginn dendrochronologisch ab 5800 v.d.Ztr. datiert wurde, waren in Mitteleuropa die ersten Seßhaften, die Ackerbau trieben. Etwa 1500 Jahre nach Beginn der Kultivierung von Wildgetreide verfügten sie in Mitteleuropa über mehrere Sorten, die hier als Wildformen außer Hafer nicht heimisch waren.

Im unbeeinflußten, natürlichen Zustand bestand auf den Lößböden der Siedlungsgebiete der Bandkeramiker (Abb. 5) Eichenmischwald mit Ulme, Linde, Ahorn, Esche, Hasel, dem weiter im Osten Fichten beigemischt waren. Da es offene Grassteppen offenbar nicht gab, mußten die als Äcker genutzten Gebiete gerodet worden sein.

Angebaut wurden Emmer-Einkorn-Gemische, Erbsen, gelegentlich Zwergweizen, Lein, Mohn und Linsen auf getrennten Feldern. Da nur geringe Anteile an Unkräutern in den Ernten (z.B. in Vorratsgruben) nachgewiesen werden konnten und dann nur höher wachsende wie Gänsefuß, Windenknöterich, Roggentrespe, können nur die Ähren geerntet worden sein. Diese Unkräuter sind als Spätkeimer typisch für Sommer- nicht Wintergetreideanbau (U. Willerding 1965, 1978).

Mit der Ährenernte wurde zwar nur wenig Biomasse dem Boden entzogen, aber ein Unterpflügen war mit den Haken, ihrem geringen Tiefgang bis 7 cm und dem Stehenbleiben von Restflächen zwischen den Hakenfurchen nicht möglich. Da aus der Dichte der Siedlungen folgt, daß zur neunjährigen Brache nach einer Ernte der Feldgras-Wirtschaft die nötigen Flächen fehlten, muß für Dauerbenutzung mit geringem Bracheanteil und Stickstoffdüngung gerechnet werden. Aus der Unkrautflora konnte abgeleitet werden, daß kein Stickstoffmangel im Boden herrschte (U. Willerding 1981).

Das nach der Ernte verbleibende Stroh besitzt keinen Düngeinhalt und keine Düngewirkung bezüglich des Stickstoffs. Bei Unterpflügen wird durch Bakterien, die an der Umwandlung der Zellulose des Strohs in Humus beteiligt sind, im Boden gelöster Stickstoff verbraucht und in unlösliche Form überführt. Durch Kompostieren kann Stroh aber zur Erzeugung von Humus verwendet werden. Es ist also wahrscheinlich, daß ohne Mistdüngung und bei Ährenernte das Stroh weitgehend unverwendet blieb und wahrscheinlich durch Abbrennen beseitigt wurde.

Im Lößgebiet der Kölner Bucht lagen die bandkeramischen Siedlungen längs der Gewässer. Die Häuser befanden sich am Rande der Hochfläche und bis 500 m vom Wasser entfernt. Im Merzbachtal lagen auf 1 km Länge gleichzeitig 10 Höfe, die rechtwinklig zum Bach bis zur Wasserscheide des nächsten Siedlungsstreifens über 20–30 ha verfügten. Davon entfiel 1/3 auf die Bachaue, die wahrscheinlich als Weide verwendbar war, sodaß für jeden Hof etwa 15 ha als Wirtschaftsland für Ackerbau und Viehhaltung zur Verfügung stand. Dann blieben für die Viehhaltung etwa 11 ha übrig, was nur für wenige Stück Großvieh reichte (J. Lüning u. P. Stehli 1989). Für die Bearbeitung der Äcker mit dem Haken muß bei etwa 4 bis 5 ha Acker je Hof wohl schon mit der Bespannung der Haken mit Rindern gerechnet werden, so daß die geringe Viehhaltung in erster Linie dazu nötig war (J. Lüning 1982). In der Vegetationszeit ist mit Waldweide zu rechnen. Das Futter boten dann die auf den Stock gesetzten Laubbäume, besonders die Eschen. Für den Winter mußte jedoch Futter bevorratet werden, wozu die Sommeraustriebe von Esche und Ulme verwendet wurden wie noch bei heutigen Bergbauern als Schweinefutter („Schnaitelbäume"). Die Dichte der Besiedlung von 1,5 Menschen/km^2 als Jäger und Sammler und 25/km^2 auf den von den Bandkeramikern bewohnten Lößgebieten und die Ortsbeständigkeit der Höfe schließen die düngerlose Feld-Gras-Wirtschaft aus. Ohne mehrjährige Brache ist jedoch auch auf Lößböden wie hier auf der Aldenhovener Platte Stickstoffdüngung notwendig. So liegt der Schluß nahe, daß das Vieh im Winter in den großen Langhäusern gehalten wurde, was klimatisch nicht nötig war, und dabei der zur Stickstoffdüngung der Äcker notwendige Mist gesammelt wurde. In einer 3500 Jahre alten Siedlung der Altheimer Kultur mit 15 Häusern bei

Pestenacker bei Landsberg/Lech in Feuchtbodenerhaltung fand man im Stallteil von Langhäusern und neben diesen von Strohhäcksel durchsetzten Mist.

In der auf die Bandkeramik folgenden Rössener Kultur war die Besiedlung geringer. Die von den Bandkeramikern bebauten Gebiete wurden anscheinend gemieden. Auch hier blieb die Wirtschaftsfläche eines Hofes über Generationen gleich. Es entstanden Weiler aus mehreren Gehöften. Die Besiedlung griff erstmalig über die Lößgebiete hinaus (J. Lüning 1980, 1982). Vor den Langhäusern lagen eingezäunte Gärten.

Während der Trichterbecherkultur Dänemarks wurden schwere Lehm- und Sandböden mit Ackerbau und Viehzucht bewirtschaftet. Hier wurde bereits Gerste angebaut. Die Siedlungen bestanden aus mehreren selbständigen Wirtschaften oder einzelnen auch größeren Dörfern. Mit der Viehzucht wird mit Düngeranfall und dessen Benutzung gerechnet, welcher die Ortsbeständigkeit der Äcker auf den gegenüber Lößböden weniger guten Böden gestattete. Erwirtschaftete Überschüsse ermöglichten die Anlage größerer Gemeinschaftsleistungen, wie den Bau von Megalithgräbern oder von befestigten Fluchtburgen auf Hügeln (J. Skaarup 1982).

7.3.4 Zellenfluren („Celtic fields“)

In Irland, England, Niederlanden, Niedersachsen, Schleswig-Holstein, Dänemark bis Schweden war eine vor allem durch wallartige Begrenzung von Feldern und waben- bis zellenartige Gesamtstruktur gekennzeichnete Flurform von der Broncezeit bis zum 4. Jahrhundert n.d.Ztr. verbreitet. Vereinzelt fanden sie sich noch bei Uelzen und in den westdeutschen Mittelgebirgen bis zum Vogelsberg. Sie liegen außerhalb des Gebietes der Lößböden und bevorzugen sandige Böden. Diese anfangs nur den Kelten zugeschriebene Wirtschaftform ist jedoch über das Gebiet der Kelten hinaus am Ende der Broncezeit vor allem über das Gebiet der Germanen verbreitet. Auf den britischen Inseln gehen die Zellenfluren bis in das 3. Jahrtausend v.d.Ztr. zurück und sind mit Megalithgräbern verbunden. Der Name *celtic fields* sollte deshalb vermieden werden. Stattdessen wurden rein beschreibende Begriffe vorgeschlagen (D. Denecke 1979).

Diese Fluren sind wenige ha bis zu mehr als 100 ha groß. Die einzelnen Parzellen dieser Fluren sind annähernd quadratisch und 1000 bis 2500 m^2 groß. Langrechteckige Streifenfluren sind jünger bzw. entwickeln sich an den Außenrändern als letzte Benutzungen. Flächengröße und -form sind in der einzelnen Flur nicht einheitlich (Abb. 110). Die Größe wird als Tagesleistung der Arbeit eines Hakens gedeutet.

Die Parzellengrenzen nehmen an Höhe und Breite nach dem Rande der Flur hin ab und zeigen damit deren Wachstum. Die Feldumgrenzungen sind wohl anfangs durch die Ablagerung von Rodungsabfall entstanden. Sie bestanden nicht nur aus Lesesteinwällen, sondern in geneigtem Gelände aus Rainstufen, aus Gräben, vor allem aber aus bis zu 20 m breiten Aufwölbungen aus tiefgrundigem Humus ohne Steine, die dann phosphorreicher sind als die umschlossenen Felder. Mit der Phosphatkartierung wurde ermittelt, daß Felder und Raine organisch gedüngt wurden. Diejenigen Fluren mit Wällen aus Lesesteinen und Abfällen werden mit Sträuchern und Bäumen bewachsen gewesen sein und ein Landschaftsbild wie in der heutigen Normandie geboten haben.

In den Fluren mit humusreichen Hoch- und Wölbrainen sind offenbar umgekehrt gerade die Raine bewirtschaftet worden. Spuren von Hakenfurchen, die sich parallel der Wälle kreuzen, sind dort nicht gefunden worden. Die Pflugspuren aus der Zellenflur von Store Videnmose, Nordjüt-

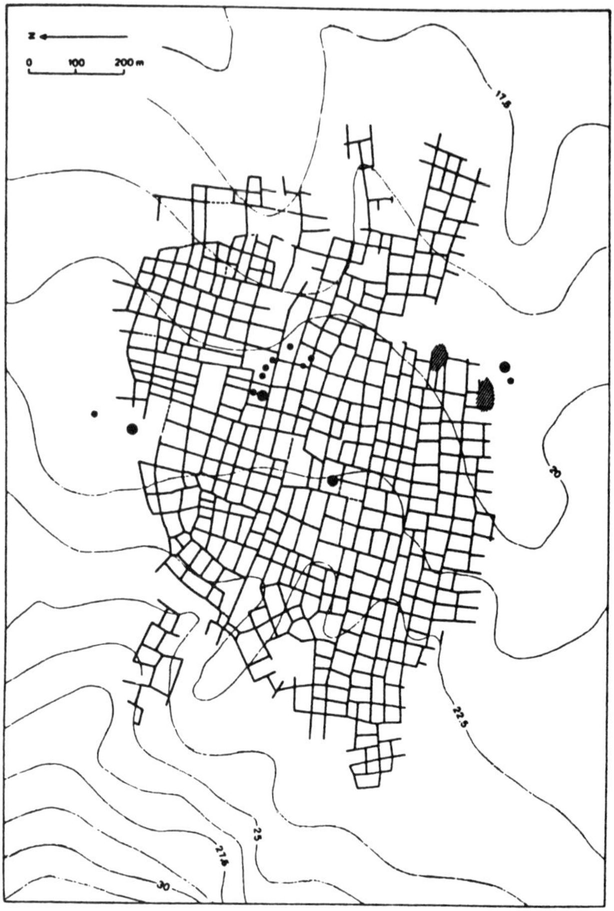

Abb. 110: Zellenflur der vorrömischen Eisenzeit von Vaasen, Gelderland (Niederlande) Vollkreis = Grabhügel, Striche = Siedlungen.
Nach M. Müller-Wille 1979.

land, sind wahrscheinlich mit einem schräggehaltenen Haken mit symmetrischer Schar entstanden (M. Müller-Wille 1979). Die Felder zwischen diesen Wölbrainen sind nach unten gewölbt. Diese Fluren sind vor allem auf sandigen Böden verbreitet. Die großen Mächtigkeiten des Humus müssen durch längerzeitlichen Auftrag von Plaggen und die sehr hohen Phosphorgehalte können nur durch tierischen Dünger entstanden sein. Die Muldenstruktur der Felder mit ihrem tiefstem Punkt jeweils im Osten der Feldmitten weist darauf hin, daß mit Mist gedüngt wurde, wie nachgewiesen wurde, und auf die Mitwirkung von Flugsand bei der Höhenzunahme der Wälle bei vorherrschenden Westwinden (D. Denecke 1979). In Norddeutschland bis zur Elbe ist nach bisherigem Befund mit ähnlicher Dichte von Zellenfluren zu rechnen wie in den Niederlanden oder in Jütland (Abb. 111).

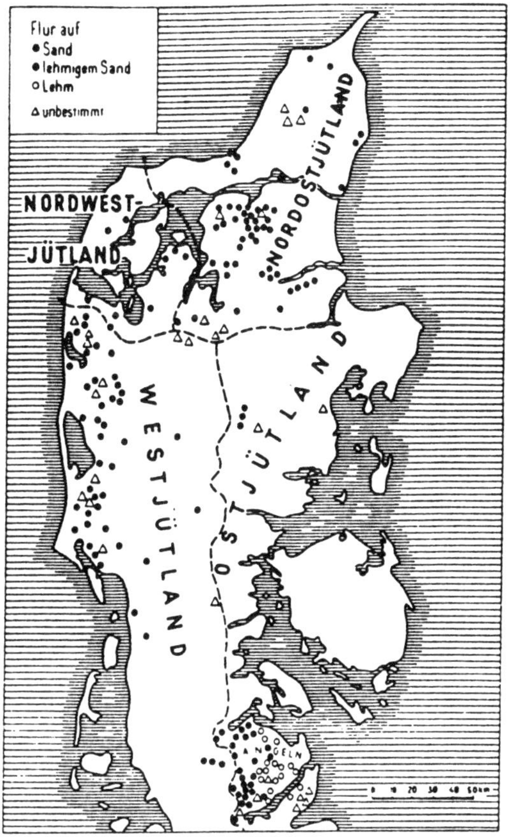

Abb. 111: Eisenzeitliche Zellenfluren in Angeln und Jütland.
Nach M. Müller-Wille, 1965.

Als Beispiel sei die Zellenflur der Geestinsel Flögeln westlich der Wesermündung etwas genauer dargestellt. Dort sind ausgezeichnete Siedlungsfunde gemacht worden. Das Dorf, das das gleiche Gebiet bewirtschaftete, aber etwas jünger ist als die Zellenflur (2. bis 5. Jahrhundert n.d.Ztr.), hatte in seinen 20 Wohnstall-Langhäusern insgesamt 320 Großviehboxen. Der Sandboden der Zellenflur liegt auf Geschiebelehm. Die Flur ist 100 ha groß, 30 ha davon sind die Wölbraine. Gegen Ende des Bestehens der Zellenflur wurde mit einer Änderung der Bewirtschaftung das Dorf gebaut und am Ostrand der Flur entstanden noch, oder waren kurz vorher entstanden, einige wallumgebene Langstreifenfelder, für die im Gegensatz zu den bis dahin verwendeten Haken Wendepflüge verwandt worden sein müssen. In der im Westen unweit gelegenen Marsch wurde schon in der Spät-La-Tene-Zeit der schwere Boden mit Wendepflügen bearbeitet. Auf dem leichten Geestboden wurden wohl weiterhin die Haken verwendet, weil die bewachsenen Restinseln zwischen den Furchen die Äcker vor Verwehungen schützten. Allerdings trugen auch die strauchbewachsenen Wälle der Zellenflur zum Schutz vor Verwehungen bei. Die Phosphatanalysen ergaben: natürlicher Boden bis 200 ppm P, Äcker der Zellenflur bis 800 ppm P, Siedlung bis 2000 ppm P (G. Kossack u.a. 1984). Damit sind die Äcker mit Mist gedüngt worden. Das wiederum erfordert Stallhaltung des Großviehs.

Die humosen und steinarmen Wälle zeigen verschiedentlich durch hohe Phosphorgehalte, daß vorzugsweise diese gedüngt und wohl zu besonderen Kulturen verwendet wurden. Die Felder zwischen den Wällen waren auch nach den gefundenen Hakenfurchen als Äcker benutzt worden. Innerhalb der Wälle ist mit Bodenauftrag von außen zu rechnen. Vielleicht wurden auch z.T. in den Feldern gegen Ende der Benutzung Plaggen zum Auftrag auf die Wälle gestochen.

Wenn 10 Rinder den Dünger für 1 ha Acker liefern, waren für 100 ha 1000 Rinder oder nach Abzug der Wälle für 70 ha 700 Rinder nötig gewesen. Da das zeitlich folgende Dorf vielleicht eine ähnlich große Flur bewirtschaftete, aber maximal nur 320 Rinder hatte, hätte diese Zahl für die Düngung zwar der 30 bis 35 ha Wälle ausgereicht, nicht aber für die der Felder. Es muß also mit Brachezeiten gerechnet werden. Der geringe Anteil der Getreidepollen an der Gesamtzahl der Pollen weist auch auf Brachezeiten hin (H. Zimmermann 1976).

Pollenanalytische Untersuchungen bei Flögeln (K.-E. Behre 1976) ergaben sowohl Ackerbau wie Weidewirtschaft. Ob Teile der Zellenfluren auch als Weiden genutzt wurden, ist offen. Dort ist mit mehr als 200 ppm P (1. Jahrhundert v. bis 1. Jahrhundert n.d.Ztr.) organische Düngung mit Mist nachgewiesen. Dort wurde auch bereits mit Mergel anorganisch gedüngt.

In manchen Zellenfluren sind an niedrigeren Wällen Unterteilungen sichtbar, die z.T. als Erbteilungen, z.T. als Aufteilungen von Gewannen auf einzelne Höfe gedeutet werden.

In Dänemark entstanden Zellenfluren vom Beginn der Eisenzeit an und bestanden bis etwa 200 n.d.Ztr. Die Vandalen in Jütland kannten diese Wirtschaftsart nicht nur, sondern benützten sie auch, ebenso die Cimbern und Teutonen.

Von Marbaek Plantage (Amt Ribe, Jütland) wurde eine Zellenflur aus der römischen Eisenzeit gemeinsam von 4 Siedlungen aus bewirtschaftet, die zwischen der Zellenflur und dem Meer im Halbkreis um diese lagen, von denen eine 4 Wohnstall-Langhäuser besaß.

Auch innerhalb mancher Zellenfluren wurden Siedlungen nachgewiesen. In der 100 ha großen Zellenflur von Brystedt Hede (Jütland) fand man einen Weiler aus 4 Gehöften von Wohnstallhäusern aus der vorrömischen und nach Umbau aus der römischen Eisenzeit. Wenn je Hof 6 bis 7 Menschen gerechnet werden, lebten auf dieser Zellenflur bis 30 Personen. Die Höfe konnten etwa 10 Rinder fassen. Die Siedlung lag am Sonnenhang 20 m oberhalb der Talaue. Innerhalb der Flur waren 2 trichterförmige Wassersammelstellen, eine etwa 200 m östlich und etwas oberhalb der Siedlung. Die Häuser waren von den Wällen in Form eines gemeinsamen Hofplatzes umgeben. Doppelwälle, die wie im Infeldsystem (s. Kap. 7.3.5) als Viehtriebe zu deuten wären, sind nicht vorhanden (M. Müller-Wille 1965).

Mit 40 Rindern des Weilers konnten, wenn bei guter Ernährung weniger als 10 Rinder den notwendigen Mist für 1 ha Acker lieferten, vielleicht 7 ha Acker gedüngt werden. Da diese Ackerfläche für die Ernährung der Bewohner des Weilers nicht ausreicht, bleibt die ungelöste Frage der Beschaffung des restlichen Stickstoffdüngers. Über die weitere Nutzung der Flächen der Zellenfluren als Brache, Weide oder Wiese ist nichts bekannt. Wahrscheinlich wurden noch äußere Gebiete als Waldweide genutzt.

7.3.5 Infeldwirtschaft

Noch vor dem Ende der Benutzung der Zellenfluren entstand in den letzten beiden Jahrhunderten v.d.Ztr. eine Bewirtschaftungsart, die sich vor allem von derjenigen der Zellenfluren durch die Gewinnung von Winterfutter für das Großvieh auf Wiesen auszeichnet. Die bisher bekannten Beispiele liegen in Mittelschweden und Gotland. Diese Wirtschaftsart muß somit allen aus Skandinavien stammenden und während der Völkerwanderung südlich der Ostsee erschienenen nordgermanischen Stämmen, auch den Vandalen, bekannt gewesen und mindestens von den aus Schweden stammenden benutzt worden sein.

Gut untersucht ist ein Gebiet in Mittelschweden zwischen Linköping und Norrköping. Das Gebiet ist fast eben und besteht über der 70 m Höhenlinie aus 10 bis 35% Glazialschutt und 0 bis 10% Felsausbiß. Die flachen Täler dazwischen haben Tonsedimente als Untergrund von Wiesen, Ried und Moor.

In diesem Wirtschaftssystem waren die Äcker und Wiesen durch Steinwälle gegen das äußere, z.T. als Weide nutzbare Land abgegrenzt und dadurch vor dem Vieh geschützt. Auch die Siedlungen, nachgewiesen durch hohe Phosphorkonzentrationen im Boden, waren z.T. völlig von Steinwällen umgeben. Neben den Siedlungen wurden von Steinwällen Bereiche bis 150 x 200 m umgrenzt, die zur hofnahen Weide und Versammlung des Viehs dienten. Von dort führten beiderseits von Steinwällen umgebene Wege und Viehtriebe zur nächsten Siedlung und zur Außenweide (Abb. 112). Äcker wurden in dem durch Steinwälle abgegrenzten Infeldbereich durch erhöhte Phosphorkonzentrationen nachgewiesen sowie z.T. durch Spuren von Feldbearbeitung und Feldbegrenzungen wie Gräben oder Raine. Die Äcker waren möglicherweise ohne Brache in Dauernutzung und wurden gedüngt. Dazu wurde das Vieh im Winter in Ställen gehalten und möglicherweise auch täglich im Sommer eingetrieben.

Die Siedlungen bestanden aus den in diesem Beispiel nicht gefundenen Wohnstall-Langhäusern mit Abmessungen z.B. von 5 x 14 und 6 x 25 m.

Das für die Äcker geeignete Land befand sich mit sandigen Böden an der Grenze der Tone der Niederungen und ausgewaschenem Glazialschutt der Hügel über der 70 m-Höhenmarke. Die Äcker waren stets in nächster Nähe der Siedlungen und waren je Siedlung zwischen 2 und 4 ha groß. Damit ist wahrscheinlich, daß jede Siedlung ein Familienbetrieb mit einem Wohnstall-Langhaus war. Die Ergebnisse der Pollenanalyse für das Untersuchungsgebiet in Östergötland (Abb. 113) belegen den Getreideanbau und den Anbau von Roggen ab 100 v.d.Ztr.

Die Übergänge aus der Bronce- in die Eisenzeit mit der damals eintretenden Klimaverschlechterung sind kaum sichtbar. Bereits im Zeitabschnitt A (1000 bis 100 v.d.Ztr.) gab es Pflanzen aus offenem Gelände wie Wachholder, Gräser und den Anzeiger offener Großviehweiden, den Spitzwegerich, mit unwesentlicher Zunahme. In der Nachbarschaft der Siedlungen finden sich Getreidepollen als Anzeiger von Ackerbau samt Pollen von hochwüchsigem Unkraut wie Gänsefuß.

Zu Beginn von Abschnitt B (100 v.d.Ztr. bis 500 n.d.Ztr.), der mit dem ^{14}C-datierten Beginn der Infeldwirtschaft im Untersuchungsgebiet zusammenfällt, bleibt der Rest der Getreidepollen konstant, aber Roggen tritt hinzu. Damit nimmt das bebaute Land zu und erreicht um 300 n.d.Ztr. ein Maximum.

Erlenbrüche wurden in Weiden und Wiesen umgewandelt. Mit dem Schutz von Wiesen vor der Beweidung durch Wälle wurde dort Winterfutter gewonnen. Da es umnöglich ist, diese großen Flächen mit Sicheln zu schneiden (s. Kap. 7.2, 30 ha je Hof), müssen vorher Sensen entwickelt

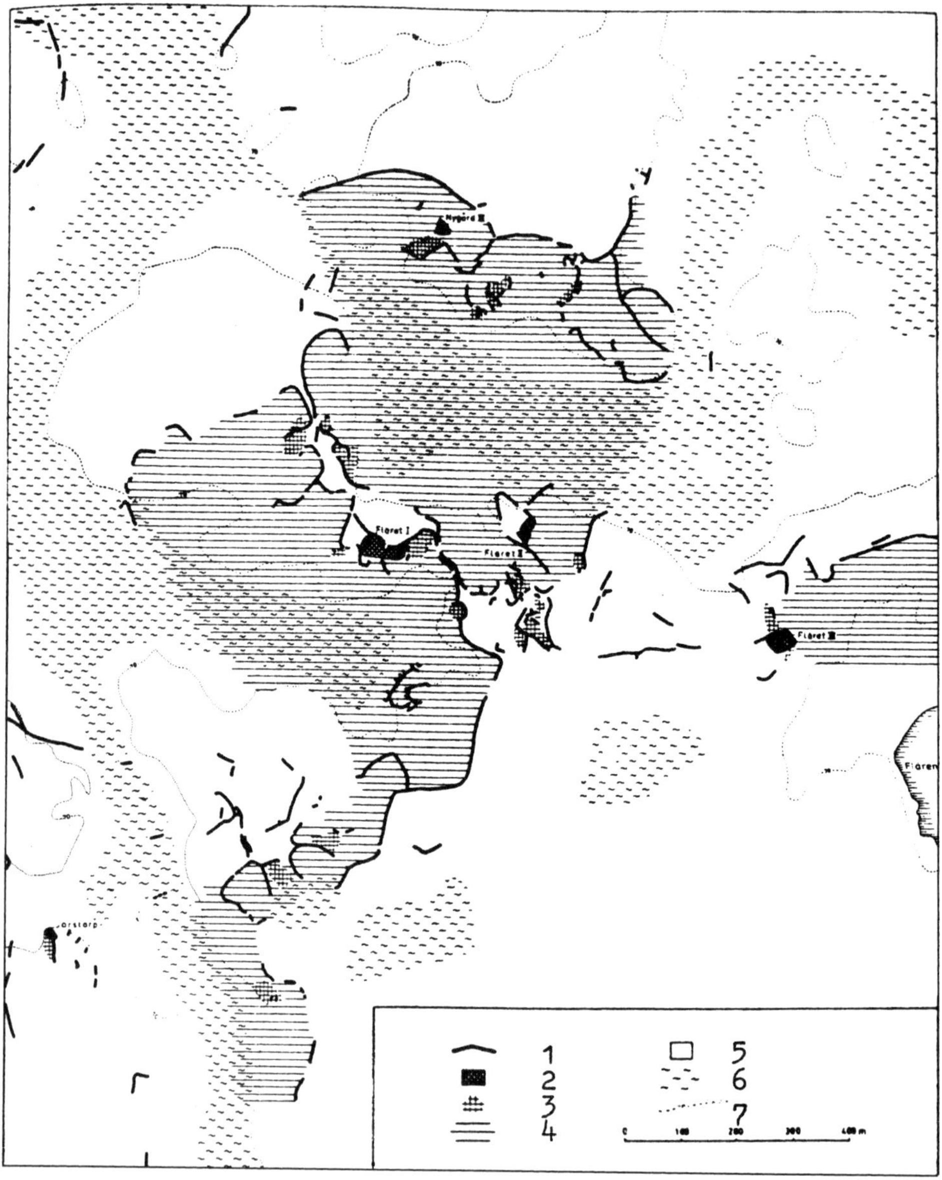

Abb. 112: Das Infeldsystem bei Fläret, Östergötland. Steinwälle = 1, Siedlungen = 2, Spuren von Ackernutzung = 3, Infeldbereich = 4, Außenweide = 5, Feuchtgebiete = 6, 70 m-Höhenlinie = 7.
Nach M. Widgren, 1983.

worden sein. Der Anteil von Spitzwegerich an der Summe von Spitzwegerich + Getreidepollen bleibt vom Auftreten des Spitzwegerichs ab bis nach 1700 mit größeren Schwankungen konstant gleich 25%.

Am Ende von B um 500 n.d.Ztr. fiel ein Teil der Siedlungen wüst und die Anzeiger offenen Landes, Wachholder und Gräser, nehmen ab, ebenso die Siedlungsanzeiger wie Getreide und Spitzwegerich. Die Zunahme der Birkenpollen zeigt die schnelle Verbreitung der Birke auf den Wüstungen, die durch Übernutzung und durch innerschwedische Kriege erklärt werden. Erst im Mittelalter nach 1000 nahm die Besiedlung wieder und dann stärker zu.

Das gesamte Siedlungsbild wird durch zwei bis 8 km^2 große Komplexe aus 2 bis 8 Einfamilienhöfen gebildet, die durch Viehtriebe untereinander und mit der gemeinsamen Außenweide verbunden sind. Die Infeldteile der Komplexe, von denen jeder wieder zu 2 oder 3 Höfen gehörte und Wiesen und Äcker enthält, werden von Wällen begrenzt und sind je Hof etwa 30 ha groß. Wenn auch die nicht nutzbaren Landschaftsteile eingerechnet werden, hat jeder Hof einen gesamten Landbedarf bis 2 km^2 (M. Widgren 1983).

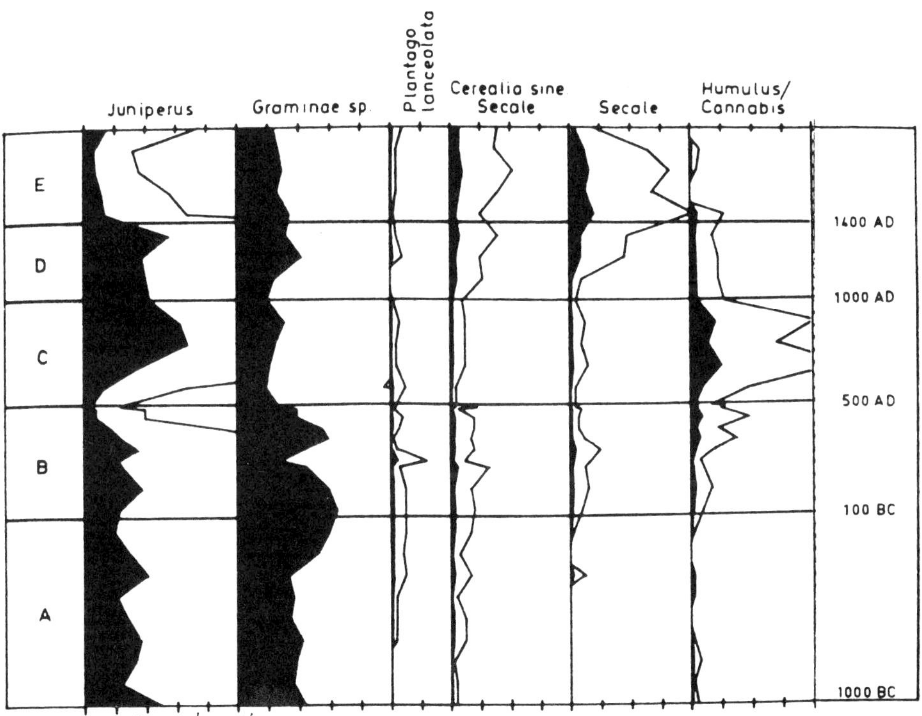

Abb. 113: Die Ergebnisse der Pollenanalyse von Sedimenten aus dem Flärensee in Östergötland. Juniperus = Wachholder, Graminae = Gräser, Plantago lanceolata = Spitzwegerich, Cerealia = Getreide, Secale = Roggen, Humulus = Hopfen, Cannabis = Hanf.
Nach M. Widgren, 1983.

Die westnorwegischen Küstengebiete von Rogaland und Jaeren wurden vom 1. bis 5. Jahrhundert n.d.Ztr. nach dem Infeldsystem bewirtschaftet. In der gleichen Zeit wurden Wohnstall-Langhäuser wie in Dänemark und Norddeutschland errichtet. In dieser Zeit war dieser Küstenstreifen von 660 km^2 dichter landwirtschaftlich besiedelt als heute. Für die dort gefundenen 460 Höfe hätten, wenn sie gleichzeitig bewirtschaftet worden wären ohne Berücksichtigung des Ödlandes, 14 ha je Hof zur Verfügung gestanden. Die von Wällen umgebenen Infeldbereiche waren 4 bis 15, in Jaeren bis 30 ha groß. Es ist nicht geprüft, ob im Sommer weiter landeinwärts und im Gebirge Almweide betrieben wurde. In Skandinavien wurden Haken vom Typ Döstrup benutzt und in der späten Eisenzeit mit eisernen Scharen versehen (B. Myrhe 1982).

7.3.6 Mehrfelderwirtschaften

Da zur Erzeugung gleicher Energieinhalte der menschlichen Ernährung von tierischer Herkunft durch Großviehhaltung 10mal mehr Fläche benötigt wird als für Getreidenahrung, ist eine Vergrößerung der Ackerfläche durch Brache im gesamten Flächenbedarf eines Bauernhofes unwesentlich. Durch Einschaltung von Brachezeiten können aber die Erträge gesteigert werden. Diese Entdeckung ist bald nach Beginn des Ackerbaues gemacht worden und ist bereits die Grundlage der Feld-Graswirtschaft. Möglicherweise wurden die Äcker in den Zellenfluren sowie beim Infeldsystem bereits nicht dauernd genutzt.

Die Ausbildung bestimmter geregelter Fruchtfolgen mit Einschaltung von Brache war an die Bodengüte, an klimatische und soziologische Bedingungen geknüpft. So wurde bei der Besiedlung von Siebenbürgen nach 1140 von einem Bodenrecht ausgegangen, bei dem die Gemeinde Bodeneigentümer war, und der einzelne Bauer nur das Nutzungsrecht hatte. Das führte zu Flurzwang, wobei die Bewirtschaftung vom gewählten Dorfhannen festgelegt wurde. Zur gleichen Zeit stand dieser Rechtsordnung, die von Heinrich dem Löwen in Verhandlung mit dem ungarischen König vor Beginn der Ansiedlung festgelegt worden war, im Deutschen Reich in den Waldhufendörfern die Dreifelderwirtschaft ohne Flurzwang gegenüber.

Bis zur Einführung der mineralischen Düngung mit anorganischen Salzen hatte sich in Deutschland eine Fülle von Mehrfelderwirtschaften herausgebildet. In Nordwestdeutschland hatte sich sogar die Einfelderwirtschaft gehalten mit bis zu 20maliger Folge von Roggen. Auf guten Böden gab es einschließlich von Gemüsebau Nutzungen über 5 und mehr Jahre mit anschließend einjähriger Brache (W. Abel 1978).

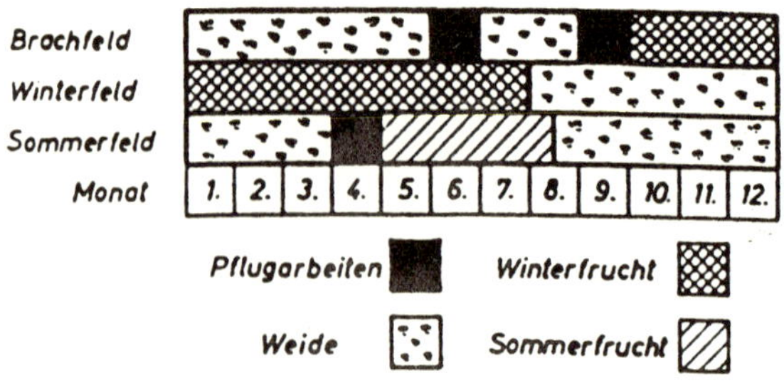

Abb. 114: Die Feldarbeiten in der Dreifelderwirtschaft. Nach W. Abel, *Geschichte der deutschen Landwirtschaft*, Deutsche Agrargeschichte Bd. 2, Stuttgart 1978.

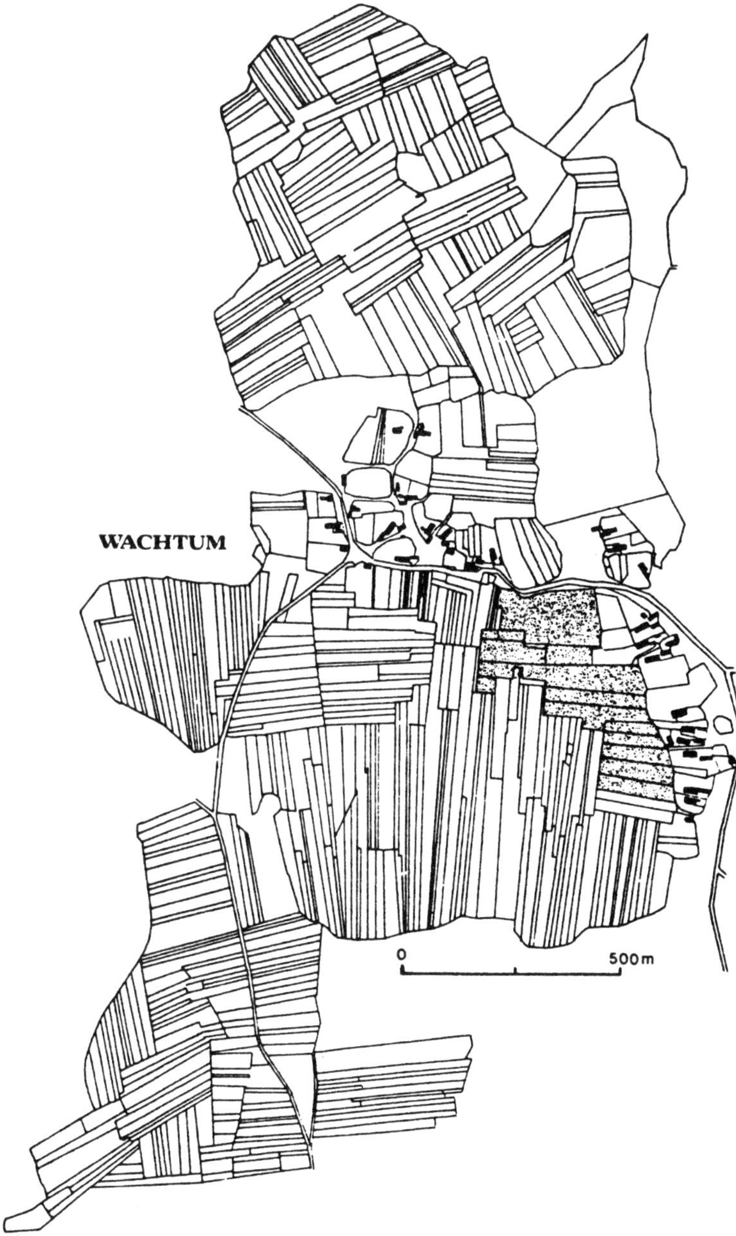

Abb. 115: Ausschnitt aus dem Urkatasterplan von Wachtum, nördliche Niederlande, mit altem eisenzeitlichem Blockkern und hufendorfähnlicher Ausbausiedlung im SO. Sowohl die älteren Kurzgewanne wie die jüngeren und größeren Gewanne sind in z.T. sehr lange Felder aufgeteilt, die besonders in den jüngeren Gewannen die Langstreifenflur bilden. Nach H. Waterbolk, 1982.

Am bekanntesten ist die Dreifelderwirtschaft, die bei den Merowingern entwickelt worden sein soll. Sie ermöglichte es, beim inneren Landesausbau weniger gute Böden und die Mittelgebirge zu besiedeln. Sie wurde dann mit der Ostsiedlung nach dem Osten verbreitet.

Daß die Ostvandalen bis dahin nur die Feld-Graswirtschaft kannten, ist nicht richtig. Bereits Ibrahim ibn Jaqub berichtet 973 (P. Hirsch 1931) von ihrer hoch entwickelten Landwirtschaft mit Getreideausfuhr nach Byzanz. Bereits in der Jungsteinzeit war der Flächenbedarf eines Bauernhofes kleiner als der Feld-Graswirtschaft entsprach. Es gab neben Einzelhöfen Weiler und sogar Dörfer.

Die Bewirtschaftung im Dreifeldersystem ist erstmalig beschrieben in einer Urkunde des Klosters St. Gallen von 763. Dort wird die Folge: Brache, Winter-, Sommergetreide als Dreizelgenwirtschaft beschrieben, wobei Zelge den in Parzellen je Bauer eingeteilten Block der Dorfflur bezeichnet, der in gemeinsamer Bewirtschaftung die gleiche Frucht trägt, was mit Flurzwang verbunden ist (Abb. 114).

Urkundlich wird meist das Wiesenland nicht erwähnt, das für die Gewinnung von Winterfutter notwendig ist, ebenso die im Gesamtbesitz des Dorfes befindliche Allmende und Waldweide (W. Abel 1978, H. Jäger 1980).

Nach Aufkommen der Benutzung von Wendepflügen und dem Wegfall der kreuzweisen Bearbeitung durch Haken setzen sich statt der annähernd quadratischen Feldformen lange rechteckige durch. Der Beginn dieser Umwandlung ist bereits an den Außenrändern und jüngsten Teilen mancher Zellenfluren zu sehen. Die Kurzgewanne der frühmittelalterlichen Dreizelgenwirtschaft sind bereits streifenartig aufgeteilt. Diesen Kurzgewannen um Dorfanfänge schließen sich nach außen jüngere und größere Gewanne an mit deutlicher Langstreifenaufteilung (Abb. 115).

7.3.7 Die Feldfrüchte der jüngeren vorrömischen Eisenzeit und im 1. Jahrtausend n.d.Ztr.

An Pflanzenresten, die bei Ausgrabungen gefunden wurden, konnten in Mitteleuropa vom Rhein bis in die Alpen und bis nach Ostpreußen die Feldfrüchte und Unkräuter bestimmt werden (U. Willerding 1979).

In fast allen Gebieten wurde Gerste angebaut. Diese war im Gebiet nördlich der Mittelgebirge das wichtigste Getreide, das von den Mittelgebirgen ab nach Süden von Weizen abgelöst wurde (Abb. 116). Einkorn, früher wichtiger, wurde kaum noch angebaut, Spalt örtlich in den Lößgebieten. Hafer scheint in den nördlichen Gebieten wichtiger gewesen zu sein. Vereinzelte Roggenfunde werden als Unkraut gedeutet. Hirse war südlich der norddeutschen Tiefebene und im Weichselgebiet von Bedeutung. Als Ölpflanzen wurden im Norden bis zum Nordrand der Mittelgebirge Lein und Leindotter verwendet. Saubohne und Erbse wurden in den südlichen Bereichen und im Weichselgebiet gelegentlich beobachtet.

Die Verbreitung der Feldfrüchte zeigt geographische Unterschiede. Schweden war ein reines Anbaugebiet von Gerste. Auf der dänischen Halbinsel und im Küstengebiet an der Nordsee herrschten Gerste, Hafer, Lein und Leindotter, im weiteren norddeutschen Tiefland bis Mecklenburg Gerste, Hafer und Emmer, südlich davon Gerste und Weizen neben Erbse, Bohne, Lein und Leindotter.

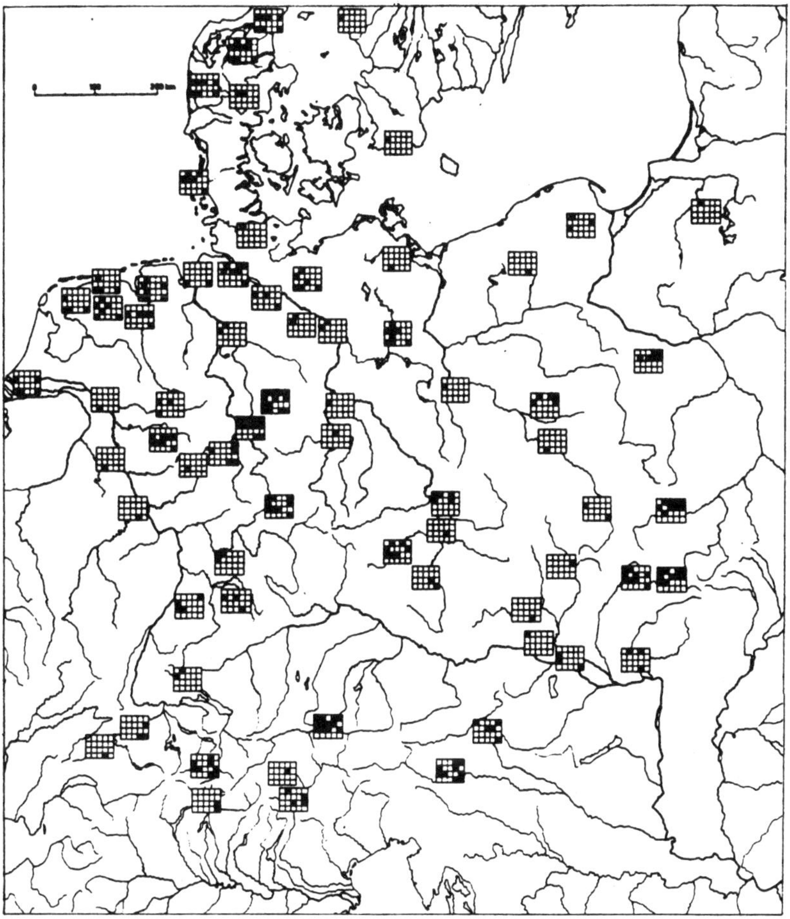

Triticum monococcum	T. dicoccon	T. spelta	T. aestivum	T. aestivo-comp.
Hordeum vulgare	H. vulgare nudum	Avena sativa	Secale cereale	Panicum miliaceum
Pisum sativum	Vicia faba	Lens esculenta	Cannabis sativa	Setaria italica
Linum usitatissimum	Camelina sativa	Papaver somniferum	Obst, Nüsse	Unkräuter

Abb. 116: Die in Großresten bestimmten Ackerfrüchte aus der jüngeren vorrömischen Eisenzeit. Triticum monoc. = Einkorn, Tr. dic. = Emmer, Tr. spelta = Spalt, Tr. aest. = Weizen, Hordeum vulg. = vierzeilige Gerste, Hord. vulg. nud. = Nacktgerste, Avena sat. = Hafer, Secale cer. = Roggen, Panicum mil. = Rispenhirse, Pisum sat. = Saaterbse, Vicia faba = Saubohne, Lens esc. = Linse, Cannabis sat. = Hanf, Sativa ital. = Borstenhirse, Linum us. = Flachs, Camelia sat. = Leindotter, Papaver som. = Schlafmohn.
Nach U. Willerding, 1979.

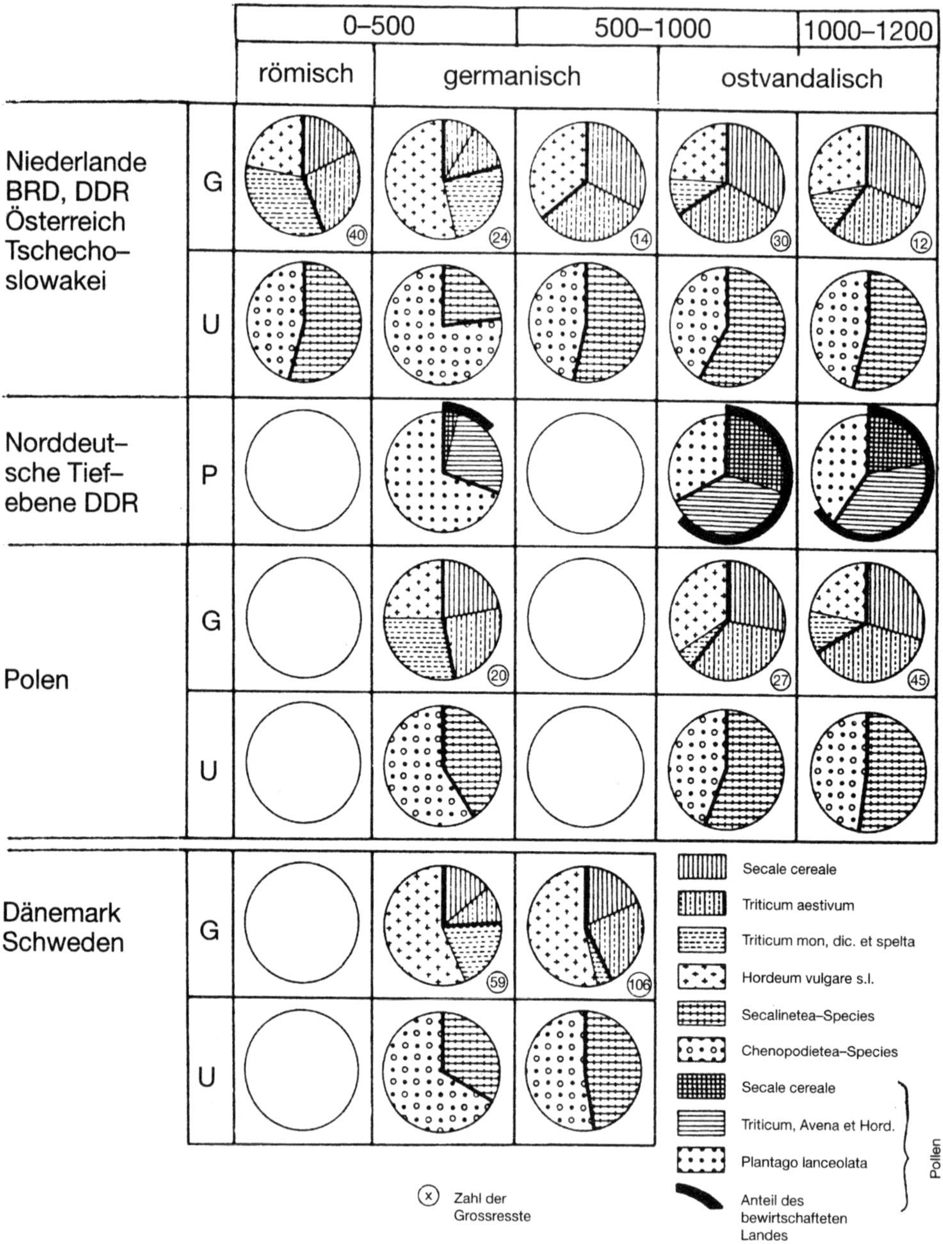

Abb. 117: Die Feldfrüchte in Mitteleuropa im ersten Jahrtausend n.d.Ztr. bis 1200 nach Funden von Großresten und Pollenanalysen, G = Getreide, U = Unkraut, P = Pollen.
Nach E. Lange, 1975.

Diese regionalen Unterschiede lassen sich zunächst klimatisch und bodenkundlich erklären. Sie gewinnen auch ethnische Bedeutung, da vom Rhein nach Westen, von den Mittelgebirgen nach Süden bis in das südliche Weichselgebiet Kelten wohnten. Da von Unkräutern nicht nur hochwüchsige sondern auch niedrigwüchsige gefunden wurden, scheint neben der Ährenernte das Getreide auch schon bodennah geerntet worden zu sein. Anzeichen von Stickstoffmangel der Böden wurden nicht festgestellt. Damit muß mit Mist gedüngt worden sein, was wiederum ohne Stallhaltung von Großvieh nicht möglich ist.

Im germanischen Siedlungsraum in Dänemark und Schweden herrschte n.d.Ztr. Gerste als Getreide vor (Abb. 117) (E. Lange 1975).

Es gibt aber bereits einen deutlichen Anteil von Roggen neben Weizen, Einkorn, Emmer und Spalt in den Großresten. Roggen kam anfangs als Getreideunkraut in der Wildform nach Mitteleuropa. Der Ackerbau der West- und Nordgermanen war bestimmt durch Saatweizen, Gerste und Hafer. Doch bereits bei den Vandalen (Przeworsk-Kultur) und den Burgundern (z.B. Siedlung Kablow, Kr. Königs-Wusterhausen) wurde Roggen gesondert angebaut. Der Züchtungsstand des Roggens war bereits vor Beginn d. Ztr. in der Hallstadtzeit mit Kornlängen von 6 mm beträchtlich. Der Ersatz von Spelzweizen durch die halmstabilen Arten von hexaploidem Nacktweizen und Roggen ermöglichte deren bodennahe Ernte und die Verwendung des Strohes als Stallstreu. Ob in Dänemark und Schweden um das Jahr 0 d.Ztr. bereits Roggen allein angebaut wurde, ist nicht sicher. Es ist aber damit zu rechnen, daß Vandalen und Goten ihn bereits kannten, als sie aus Jütland und Schweden in das östliche Ostseegebiet kamen. Südlich Dänemark herrschte bis 500 n.d.Ztr. Gerste vor bei einem kleinen Anteil von Roggen, Emmer, Einkorn und Spalt und einem größeren von Weizen. Das Getreideunkraut der Großreste bestand in den nordischen Ländern vorwiegend aus Gänsefuß, der nitrophil ist und damit bei hohem Anteil zur Stickstoffversorgung der Ackerböden beiträgt.

Der früheste selbständige Anbau von fast reinem Hafer ist für die Marschsiedlung Feddersen Wierde ab 0 d.Ztr. belegt. Roggen fehlt dort wegen dessen hoher Salzempfindlichkeit.

Der früheste Fund von getrennt angebautem Roggen stammt aus der La-Tene-Zeit und wurde in einem Röstofen bei Stade/Niederelbe gemacht. Der Anbau von Roggen führte zu seiner Erstellung als Wintergetreide. Mit der Herbstaussaat fand die Plaggendüngung Eingang. Die Plaggen wurden erst als Streu im Stall verwendet und kamen dann mit dem Mist auf die Felder oder wurden auch sofort auf die Felder ausgetragen. Erst durch den verbreiteten Plaggenabbau entstanden die Heiden und damit die extremen Podsolböden. Aber erst seit dem hohen Mittelalter wurde Roggen auf der Geest vorherrschend angebaut („ewiger Roggenanbau“).

Aus der großen Zahl von Pollen des Spitzwegerich im Vergleich zur Zahl der Getreidepollen wurde eine geringe Rolle des Ackerbaues und ein Vorherrschen der Viehzucht gefolgert. Dieses Verhältnis wird jedoch durch die unterschiedliche Flugweite der Pollen und damit durch die Lage der Probepunkte gegen die kleinen Flächen der Äcker stark beeinflußt. Roggen hat bei größerer Flugweite zugleich die weit größere Pollenzahl. Infolgedessen wird mit dem Beginn des Roggenanbaues das Zahlenverhältnis stark verändert. Da die Ostvandalen nach ihrer Ansiedlung Roggenanbau betrieben, die Germanen vorher jedoch nicht, erscheint ihr Ackerbau weniger entwickelt. Es ist weiter zu berücksichtigen, daß für eine ausreichende Stickstoffversorgung bei den für Feld-Graswirtschaft viel zu kleinen Flächen je Hof und bei der Bewirtschaftung von Böden, die schlechter waren als Lößböden, Großviehmist unerläßlich war. Damit wurde mit der Beschaffung von Winterfutter ein Verhältnis Wiese : Acker von etwa 10 : 1 nicht unterschreitbar.

Aus dem Verhältnis Nichtbaumpollen : Baumpollen kann auf das Flächenverhältnis offenes Land : Wald geschlossen werden. Da dieses Verhältnis jedoch stark beeinflußt wird durch die unverhältnismäßig große Pollenzahl bei Fichten und deren außerordentlich weitem Flug, müssen Schlüsse aus diesem Verhältnis mit großer Vorsicht betrachtet werden, von Summendiagrammen ganz abgesehen.

Nach 500 n.d.Ztr. ist sowohl im germanischen Raum westlich der Elbe wie in dem der Ostvandalen ein größerer Anteil von nunmehr gesondert angebautem Roggen vorhanden, im ersten Gebiet neben gleichen Anteilen von Gerste und Weizen. Bei den Ostvandalen wurde der Anteil der Gerste noch etwas durch Emmer, Einkorn und Spalt vermindert. Auch das Verhältnis der Pollen von Gänsefuß : roggenähnlichem Unkraut ist etwa gleich groß, aber kleiner als bis 500 n.d.Ztr. Das kann darauf beruhen, daß nunmehr das Getreide unten geschnitten wird, weil das Stroh für Stallstreu und Mist verwendet wird und Gänsefuß als hochwüchsiges Unkraut bei bodennahem Schnitt benachteiligt wird. Ebenso wird Gänsefuß durch Winteraussaat benachteiligt. Größerer Roggenanteil am Getreide und geringerer Gänsefußanteil am Unkraut kann also auf Anbau von Roggen als Wintersaat hinweisen.

Aus den Großresten und der Pollenanalyse läßt sich erschließen, daß nach 500 n.d.Ztr. ein intensiver und gesonderter Anbau von Roggen einsetzt, der infolge der geringeren Standortansprüche bessere Erträge auf schlechteren Böden liefert. Zugleich wird sich mit Herbstaussaat von Roggen der Übergang zur Mehrfelderwirtschaft und geregelter Fruchtfolge vollzogen haben.

7.3.8 Die Landwirtschaft der Ostvandalen

Den interessantesten Bericht über die Landwirtschaft der Ostvandalen gab Ibrahim ibn Jaqub 973 (P. Hirsch 1931): *„Sie bewohnen von den Ländern die ergiebigsten an Fruchtbarkeit und reichsten an Lebensmitteln. Sie befleißigen sich des Ackerbaues als Unterhaltserwerbs und sind darin allen Völkern des Nordens überlegen. Ihre Waren gehen auf dem Lande und Meere zu den Rus und nach Konstantinopel ... Sie säen in zwei Jahreszeiten im Hochsommer und im Frühling und bringen zwei Ernten ein, am meisten säen sie Hirse ... Die meisten Bäume ihrer Täler sind Äpfel und Pfirsiche“* (wahrscheinlich Pflaumen). Adam von Bremen (A. Heine 1986) schreibt 1072 über Böhmen (II, 18): *„Dieses Land aber wird, während es an Waffen, Männern und Früchten sehr reich ist, auf allen Seiten von festen ... Grenzen eingeschlossen“.*

Bei den Ostvandalen westlich der Weichsel gab es drei Worte für Pflüge: *hák*, *rádlo* und *plúh* (tschechisch), *plug* (polnisch), wobei mit *hák* der sohlenlose Haken, mit *rádlo* der Haken mit Sohle und Krümmel und mit *plug* der Beetpflug mit asymmetrischem Schar und festem Streichbrett bezeichnet wurde. Da der Name für die höchstentwickelte Form *plug* in allen ostvandalischen Dialekten vorkam, muß der Wendepflug bereits bei der Einwanderung aus dem Osten bekannt gewesen sein (H. Kothe 1983).

Bereits bei ihrer Einwanderung wurden von den Ostvandalen in Brandenburg Haken vom Typ Dabergotz (Abb. 118) verwendet, die eine Weiterentwicklung des Hakens von Døstrup/Dänemark (s. Abb. 108) sind. Der arbeitende Teil eines solchen Hakens ist die Stielschar, die der Sohle im Winkel von etwa 47° aufliegt und im Grindel eingekeilt wird. Solche Haken sind bisher von Dabergotz, Kreis Neuruppin (^{14}C-Alter 733 n.d.Ztr.) (U. Bentzien 1968), aus einem Graben vor dem Burgwall von Grodisch, südlich Frankfurt/Oder (6./7. Jahrhundert) zusammen mit 19 Stielscharen und vom Burgwall Berlin-Spandau (9./10. Jahrhundert) bekannt. Stielschare fand man u.a. in Tornow. Kreuzweise Hakenspuren wurden auf der Dominsel von Brandenburg gefunden und der ersten Besiedlung durch Ostvandalen zugewiesen. Experimente ergaben, daß zum Pflügen von 1 ha 12 hölzerne Stielschare erforderlich waren. Vom 9. Jahrhundert an wurden Haken mit eisernen Vorschneidemessern und eisernen Tüllenscharen für die Sohlenspitzen aus Brandenburg, Sachsen, Böhmen und Mähren bekannt und neben Haken vom Typ Dabergotz mit eisernen Stielscharen (ab 10. Jahrhundert in Tornow) benutzt (H. J. Vogt 1976). Indem dieser Haken beim Arbeiten aus der Senkrechten gedrückt wurde, war es möglich, das Ackerland teilweise zu wenden.

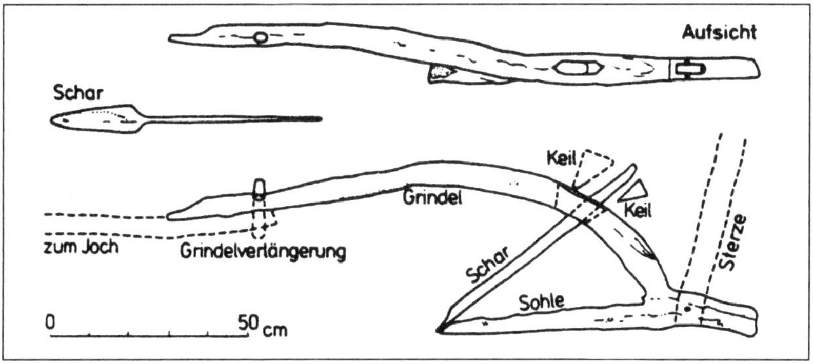

Abb. 118: Der Haken von Dabergotz, Kreis Neuruppin, aus dem 8. Jahrhundert.
Nach J. Herrmann, *Die Slawen in Deutschland*, Berlin (Ost) 1985.

Reste erster schollenwendender Geräte sind nach 800 n.d.Ztr. aus dem Großmährischen Reich und aus Gebieten nördlich davon bekannt geworden.

Als weiteres Feldgerät waren Eggen im Gebrauch, von denen ein Rest in der Siedlung Groß-Raden gefunden wurde (E. Schuldt 1976).

Sensen waren bereits in der frühen Eisenzeit aus Sicheln entwickelt worden. Die Westvandalen kannten sie (s. Abb. 109) und mindestens in Schlesien konnten die Ostvandalen sie übernehmen. Das Vorkommen von Ackerunkräutern mit niedrigem Wuchs in Mikulčice anstatt hochwüchsiger Unkräuter zeigt, daß im Großmährischen Reich anstatt Ährenernte das Getreide mit Sensen geschnitten wurde. Auch der Züchtungsstand von Roggen und Weizen war mit größeren Körnern besser als vorher (F. Kühn 1980).

In der Oldenburg/Wagrien fand man Reste getrennt gelagerter Großmengen von Roggen, Weizen und Gerste. Jeweils beigemischte andere Getreidearten sind aus selbst ausgesätem vorjährigen Getreide hervorgegangen und belegten Fruchtwechselwirtschaft mit Roggen und Spalt als Wintergetreide. Angebaut wurden die gleichen Kulturpflanzen wie gleichzeitig im westgermanischen und wikingischen Bereich (U. Willerding 1984). Ob einer Reihe von Fruchtwechseln Brachezeiten folgten, konnte nicht ermittelt werden (K.-D. Jäger 1966).

Aus den Großresten der Vorratsgefäße in den Fluchtwohnungen der Burg Tornow (s. Kap. 7.4.7) konnten die Fruchtfolgen anhand der Hauptfrüchte und der sie verunreinigenden unkrautartigen Vorjahresfrüchte ermittelt werden. Die Fruchtfolgen waren: Weizen oder Gerste – Roggen

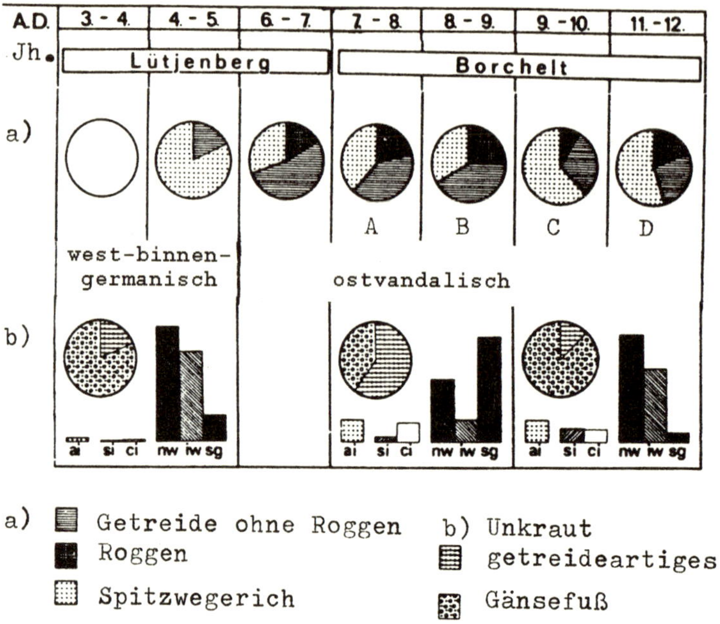

Abb. 119: Die Nutzung der Wirtschaftsflächen bei Tornow, Kreis Calau, Mitteldeutschland. Unkräuter: ai = saure pH-Werte der Böden anzeigende, si = stauende Nässe anzeigende, nw = nitrophile, iw = indifferente, sg = spezielle Gruppen. Nach E. Lange, 1975.

– Hirse. Da bei längerzeitiger Bewirtschaftung von nur mittelguten Böden Brache nach Hirse notwendig ist, ergibt sich eine Vierfelderwirtschaft. Aus den Funden von Samen der zweijährigen Kornrade und der zweijährigen Roggentrespe im Roggen sowie der Roggentrespe in der Gerste folgt, daß Roggen und Gerste als Winterfrucht angebaut wurden, während aus dem vorherrschenden einjährigen Unkraut Gänsefuß im Weizen folgt, daß Weizen als Sommergetreide angebaut wurde. Da aber untergeordnet auch im Weizen die Kornrade angetroffen wurde, muß auch Weizen untergeordnet Winterfrucht gewesen sein (K.-D. Jäger 1966). In diesen Vorratsgefäßen bildete Roggen 36mal, Hirse 22mal, Gerste 3mal, Weizen 2mal und Hafer 1mal die Hauptgetreideart. In den Pollenspektren (E. Lange 1973, 1975) ist jedoch die Pollenzahl von Roggen kleiner als die Pollenzahl der Summe des restlichen Getreides. Unter Berücksichtigung der größeren Pollenmenge von Roggen sollten Gerste und Weizen in den Großresten mehr vertreten sein. Dies kann ein Hinweis sein auf den Export von Weizen und Gerste.

Die Pollenanalyse bei Tornow über 8 Jahrhunderte ergab für die Landwirtschaft der Burgunder aus dem 4. und 5. Jahrhundert, daß die Pollenzahl von Spitzwegerich gegenüber der von Getreide etwa achtmal höher lag. Da Spitzwegerich ein Weideanzeiger ist, überwog hier also die Großviehwirtschaft. Bei den Ostvandalen änderte sich das in das Gegenteil. Nach dem Beginn des Roggenanbaues im 8. bis 9. Jahrhundert entwickelte sich bei der Pollenanzahl das Verhältnis Roggen 0,9 : Restgetreide 1,4 : Spitzwegerich 1,3 (Abb. 119). Nach der Zerstörung von Dorf und Burg B nahm im 9. Jahrhundert die Weidewirtschaft wieder zu, was daran abzulesen ist, daß sich die Pollenzahl von Spitzwegerich fast verdoppelte.

Hier muß berücksichtigt werden, daß Roggen gegen andere Getreidearten erheblich größere Pollenmengen liefert und daher in den Diagrammen die Pollenzahl für Roggen überrepräsentativ ist. Da die Anteile der Pollenzahlen von Roggen und Spitzwegerich indirekt zueinander proportional sind, muß bei dem Schluß aus diesen Anteilen auf die Flächenanteile von Acker und Weide die hohe Pollenproduktion des Roggens berücksichtigt werden, was bisher nicht geschah. Daher ist anzunehmen, daß sich das Verhältnis Weidefläche zu Ackerfläche in den Jahrhunderten vor und nach 500 weit weniger verändert hat, als dies nach E. Lange erscheint. Zudem muß berücksichtigt werden, daß zur genügenden Stickstoffversorgung mit Mist eine Mindestanzahl von Großvieh je Flächeneinheit Acker vorhanden sein muß, was das Verhältnis Grünland : Acker begrenzt. Der Schnitt von Gras mit Sensen bis zu 2mal im Jahr kann zudem den Anteil von Weideland zurückgedrängt haben und damit das Auftreten von Spitzwegerichpollen.

Eine weitere und objektive Möglichkeit, die Bedeutung der Viehwirtschaft zu prüfen, ist die Ermittlung der je Bauernhof gehaltenen Stück Großvieh. Aus den Wohnstallhäusern der Eisenzeit in Holland, NW-Deutschland und Dänemark ist an der Zahl der Viehboxen die Maximalzahl des Großviehs abzählbar. Da diese Zahl außer in der Marsch, bei Feddersen Wierde bis 30, im Mittel kaum 20 übersteigt, kann von Vorwalten von Viehwirtschaft nicht gesprochen werden. Nach dem Modell in Kap. 7.3 wird bei 6 erwachsenen Personen je Hof und 30 Stück Großvieh der Kalorienbedarf je Person von 3200 kcal je Tag zu 68% aus der Ackernahrung und zu 24,5% aus der Viehwirtschaft bei einem Rest von 7,5% gedeckt. Der Schluß, den E. Lange (1971, 1975) aus Pollensammeldiagrammen zieht, daß vor der Völkerwanderung bei den Germanen die Viehwirtschaft überwog, während nach der Völkerwanderung bei den Ostvandalen der Ackerbau überwog, muß also noch unbekannte Fehler enthalten.

Über die Flurformen der Ostvandalen (vgl. Kap. 7.3.4, 7.3.5, 7.3.6) ist nichts bekannt.

Mittels Pollenanalyse konnte aus den Ackerunkräutern erschlossen werden, daß mit dem Roggenanbau nach 500 zugleich dessen Herbstaussaat einsetzte. So wurden aus den für Sommeraussaat, Winteraussaat und Brache typischen Unkräutern die Anteile der Wirtschaftsflächen erschlossen (P. Donat u. E. Lange 1983) (Tabelle unten). Mit dieser Analyse der Unkräuter und den Pollenzahlen von Spitzwegerich folgt ab 500 eine Verringerung des Flächenanteils der Brache und damit der Brachezeit je Feld. Damit mußten andere Arten der Futterbeschaffung für das Großvieh gefunden werden, z.B. Umwandlung von Auenwäldern in Weiden. Spitzwegerich als Weideanzeiger wächst auch auf beweideter Brache und beweideten Wiesen. Beim Übergang zum schollenwendenden Pflügen wird zusammen mit Verkürzung der Brachezeiten auf den Äckern Spitzwegerich zurückgedrängt, was dann noch stärker geschieht, wenn Wiesen 2mal geschnitten und weniger oder gar nicht beweidet werden.

% Wirtschaftsfläche	1.–5. Jahrhundert	6.–10. Jahrhundert n.d.Ztr.
Sommeraussaat	61,1	35,9
Winteraussaat	4,3	44,2
Brache	34,6	19,9

Aus datierbaren Pollenanalysen längerer Profile lassen sich Aussagen über Dauer, Intensität von Besiedlungen und Bewirtschaftungsarten machen. Während aus den vergleichbaren Pollendiagrammen (Abb. 120) folgt, daß die Siedlungsintensität aus der Broncezeit bis vor und nach Erscheinen der Ostvandalen um etwa 600 n.d.Ztr. etwa gleich blieb, folgt aus der Zunahme nach 1200 überall die Zunahme des Landesausbaues durch die deutsche mittelalterliche Besiedlung mit der Ausnahme von Rügen, das bereits zwischen 600 und 1200 etwa so dicht durch Bauern besiedelt war wie um 1900. In den Profilen von Groß-Raden bei Sternberg, Lattsee bei Barnim und Arkona auf Rügen ist um 600 eine Siedlungsunterbrechung zu sehen, die dem Abzug der West- und Binnengermanen und dem Zuzug der Ostvandalen entspricht.

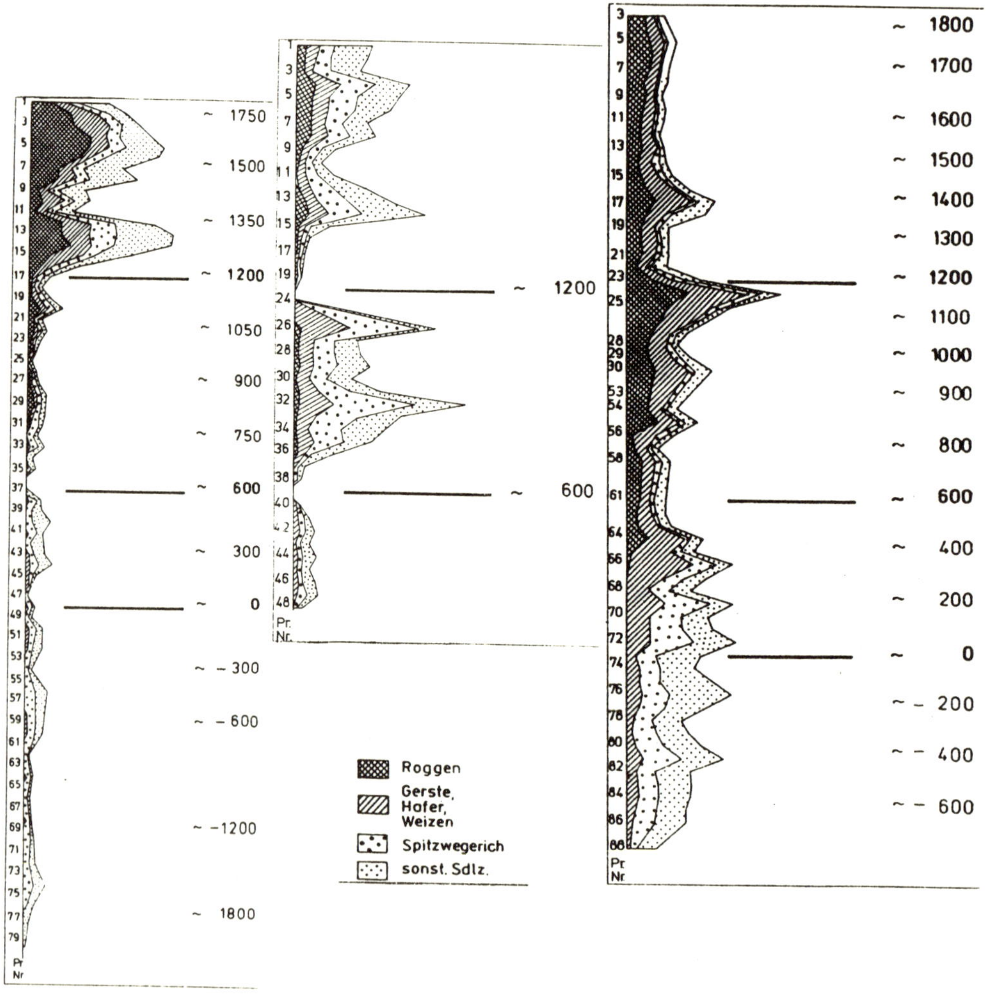

Abb. 120: Die Pollendiagramme a) von Groß-Raden, Kreis Sternberg, b) Arkona auf Rügen, c) Kleiner Hanfsee, nördliches Thüringer Becken, Sdlz = Siedlungsanzeiger. Nach E. Lange 1992.

Im Profil Fenn bei Wittenmoor fehlt diese, d.h. dort ist mit Bevölkerungsberührung um 600 zwischen Binnengermanen und Ostvandalen zu rechnen. Das Profil Hanfsee im nördlichen Thüringer Becken zeigt im durchgehend binnengermanisch besiedelten Gebiet von 600 v.d.Ztr. bis gegen 1800 n.d.Ztr. ähnliche intensive Besiedlung. Hier setzt der Roggenanbau bereits nach 300 n.d.Ztr. ein und nicht erst mit dem ostvandalischen Zuzug (E. Lange 1992).

In Böhmen wurden im 8. bis 12. Jahrhundert für 1 ha Acker etwa 262 kg Weizen und 211 kg Weizen-Gerste-Gemisch an Saatgut benötigt. Mit einem geschätzten Verhältnis Saatgut : Ernte bis 1 : 3 wurden bis 1050 kg/ha geerntet. Aus den verkohlten Resten von Unkräutern aus Getreidevorratsgruben wurde geschlossen, daß nach Anfang der Besiedlung noch Brandwirtschaft getrieben worden ist und damit die gleichen Erträge wie mit den folgenden Mehrfelderwirtschaften erzielt worden sind (J. Kudnarc 1958).

Bei Knochenresten aus Siedlungen wurden bei vorwiegender Viehzucht bei den Burgundern (J. Herrmann 1966) Verhältnisse von Rindern : Schweinen = 2 : 1 und bei vorwiegendem Ackerbau wie bei den Ostvandalen aus Tornow Verhältnisse wie 2 : 1 bis 1 : 1,6 gefunden. Nach der Zerstörung von Burg und Dorf Tornow B war in Tornow C bei starker Zunahme der Viehzucht dieses Verhältnis 11 : 1.

% Großvieh	Rinder	Schweine	Schafe und Ziegen	Pferde
Burgunder	52,3	28,0	7,0	8,1
Ostvandalen Burg Tornow A	27,4	43,6	22,6	0,0
Dorf Tornow A	42,2	38,1	11,5	2,2
Burg Tornow B	48,7	23,5	18,6	1,7
Dorf Tornow B	43,3	37,4	10,3	2,1
Dorf Tornow C	72,0	6,7	4,5	15,7
Dorf Tornow D	50,0	20,5	15,5	7,6

7.3.9 Bemerkungen zur Wirtschaft der Ostvandalen

Mit der Abnahme der militärischen Kraft des Römischen Reiches und seiner beiden Nachfolger wurden unruhige Nachbarn mit Geldzahlungen stillgehalten. So kamen frischgeprägte Goldsolidi wagenweise an die Hunnen, die den Reichtum an ihre Verbündeten weitergaben. Die Goldmünzen wurden jedoch nicht als Zahlungsmittel benutzt, sondern vorwiegend zu Goldschmuck umgearbeitet. Auch durch Heimkehrer aus römischen Diensten gelangte Gold nach Skandinavien und wurde zu Goldhalskragen, Fibeln und anderem Schmuck verarbeitet.

Edelmetall als Zahlungsmittel wurde erst üblich, als mit der Erkundung und Benutzung von Handelswegen durch Wikinger von der Ostsee zum Schwarzen und Kaspischen Meer orientalische Silbermünzen nach Norden strömten. Der große Silberschatz, der in einem Haus in Ralswiek gefunden wurde, umfaßte 2800 g Silber und hatte einen Gegenwert von 10 Pferden. Nicht nur Silbermünzen wurden als Zahlungsmittel benutzt, sondern auch zerkleinerter Silberschmuck als

Hacksilber, das mit zusammenklappbaren Waagen abgewogen wurde. Auch Eisenbarren wurden als Zahlungsmittel benutzt. Im 12. Jahrhundert begannen auch ostvandalische Herrscher Münzen („Wendenpfennige") zu prägen, z.B. die Fürsten der Obodriten und Heveller.

Im 10. Jahrhundert kosteten im östlichen Mitteleuropa ein Sklave durchschnittlich 300 und eine Sklavin 200 g Silber. Im 11. Jahrhundert wurde in Spanien ein Sklave mit 1000 Dinar, in Mähren mit 1078 Denar (1 karolingischer Denar = 1 Pfennig = 2,08 g Silber) gehandelt. Infolge dieser Wertsteigerung blühte der Sklavenhandel, Sklaven waren das wertvollste Handelsgut (H. Jankuhn 1976). Kriegszüge wurden oft nur zum Zweck der Einbringung von Gefangenen gemacht, die dann als Sklaven verkauft wurden. 1168 sollen nach Helmold von Bosau an einem Markttag in Mecklenburg 700 gefangene Dänen zum Verkauf angeboten worden sein mit einem Wert von 210 kg Silber. Der größte bisher geborgene Silberschatz aus dieser Zeit ist der von Gellenthin, Kreis Wolgast, mit 12 kg Silber. Die diplomatische Mission des jüdischen Sklavenhändlers Ibrahim ibn Jaqub, die er 973 durch Mitteleuropa im Auftrage arabischer Fürsten durchführte, diente der Erkundung für diesen Handel.

Im 11. Jahrhundert kosteten im Wirtschaftsbereich ostvandalischer Staaten (J. Herrmann 1968):

1 Pferd	150 bis 300 g Silber
1 Ochse	50 bis 125 g Silber
1 Kuh	80 bis 100 g Silber
1 Schwein	10 bis 30 g Silber
1 Schaf	10 bis 15 g Silber
1 Schwert	etwa 125 g Silber
1 Lanze	50 g Silber
Zaumzeug	10 g Silber
Steigbügel	125 g Silber
Sporen	20 g Silber
1 Gürtelschnalle	5 g Silber
1 Messer	2,8 g Silber

Für 1 Pfennig (= 3 bis 3,5 g Silber nach Herrmann 1968) erhielt man nach Ibrahim ibn Jaqub damals in Prag den Monatsbedarf eines Mannes an Weizen von 16,5 kg oder das Futter eines Pferdes für 40 Nächte von 33 kg oder 10 Hühner.

Anstatt der Wendenpfennige (in Pommern Vinkenauge = 0,5 g Silber, F. Becker 1968) wurden „Banknoten" in Gestalt gewebter (geklöppelter?) Deckchen benutzt (1 Pfennig = 10 Deckchen). *„Davon besitzen sie ganze Truhen voll"* (Ibrahim ibn Jaqub, P. Hirsch 1931). Noch im 12. Jahrhundert waren diese „Banknoten" in Rügen im Gebrauch und im Bereich der Hanse in Bergen noch im 15. Jahrhundert (J. Brankatschk 1961).

Um den Wert landwirtschaftlicher Erzeugung zu ermitteln, müssen die Flächengrößen der Bauernhöfe bekannt sein. Im Frankenreich hatte eine Hufe meist 30 Morgen = 10 ha, eine Königshufe bis 160 Morgen (W. Schlesinger 1979), beim mitteldeutschen Landesausbau mit der Rodung der Mittelgebirge etwa 14 ha. Wiesen wurden z.T. eingerechnet, z.T. nicht, Allmende nicht. Die im ostdeutschen Landesausbau vergebenen wendischen Hufen waren kleiner, ebenso waren die Hufen von Halb- und Unfreien kleiner. Im Urbar des Klosters Fulda vom Anfang des 9. Jahrhunderts werden 114 Sclavi aufgeführt, die zwischen 2 und 40 Hufen besaßen. Ein Besitz von 30

Hufen entsprechend 5,6 (früheren) karolingischen Königshufen kann nur einem Adligen gehört haben. Auch in der Niederlausitz war der Grundbesitz sorbischer Bauern um 1150 mit 4 bis 20 Pflügen (1 Pflug = etwa 10 ha) nicht klein. In der mittelalterlichen Ostsiedlung war 1 Hufe = 24,2 ha.

Nach Helmold von Bosau wurde bei Abgaben oft auf das Landmaß des Pfluges bezogen als der Fläche, die der Tagesleistung von ein Paar Ochsen oder einem Pferd entsprach, im 12./13. Jahrhundert Hakenhufe genannt, später 10,4 ha (J. Herrmann 1968). Davon wurden zu Helmolds Zeit in Wagrien und im Obodritenland bei deutscher Oberhoheit als Tribut erhoben 1 Scheffel (= in Böhmen Korec = 93 l) Korn (= 70 kg Weizen), 40 Bündel Flachs und 12 Wendenpfennige sowie 1 Wendenpfennig für den Einsammler. In den Bistümern Lübeck, Ratzeburg und Schwerin betrug 1158 die Abgabe je Pflug 3 Maß (Scheffel?) Getreide, 1 Solidus, 1 Bündel Flachs und 1 Huhn (J. Brankatschk 1961).

Ein Beispiel aus dem Zinsregister des Klosters Marienstern läßt die Abgaben, die sich auf die Erträge beziehen, ermitteln. Das sorbische Dorf Kaja verfügte 1330 über 2 slawische Hufen des Dorfältesten, 2 Hufen des Officiatus, 2 Hufen des Witsass und 16 weitere Hufen und 3 Tagewerke (1,5 Hufen) = 23,5 Hufen. Diese hatten folgende Abgaben zu leisten: je 16 Scheffel Weizen, Roggen und Gerste, 42 Malter Hafer, 16 Metzen Erbsen und Futtergetreide (J. Brankatschk 1961). Angenommen, die Hälfte der Dorffläche, also 12 Hufen, wurden bestellt mit Getreide ohne Hafer, dann ergibt sich bei 1 Hufe = 10 ha, 700 kg Getreideertrag/ha, 1 Scheffel = 93 l = 65 kg Korn, daß von 84 t Ernte 3,2 t oder 3,8% als Kirchenzehnt abgegeben wurden. Der Eigenbedarf von 20 Familien mit je 6 Vollpersonen bei 2500 kcal je Tag und Person Getreide beträgt bei 3200 kcal/kg Getreide insgesamt etwa 34 t je Jahr. Das Saatgut von 262 kg/ha beträgt insgesamt 31 t. Somit bleibt ein Nettoertrag von etwa 15 t oder 19% übrig, von dem noch Futtergetreide abzuziehen ist. Bei dieser Rechnung sind Wiesen nicht berücksichtigt, die damals aber innerhalb der Feldmark bestanden wie die häufigen Funde von Halbsensen ausweisen. Da hier die in der Literatur genannten kleinsten Erträge von 700 kg/ha angesetzt wurden, wird es verständlich, wenn Ibrahim ibn Jaqub schreibt, die Ostvandalen besäßen eine blühende Landwirtschaft und exportierten Getreide bis Byzanz. Der Wohlstand wird auch an den 150 bisher gefundenen Hacksilberschätzen aus bäuerlichen Siedlungen ersichtlich.

7.4 Siedlungsgeschichte

7.4.1 Konstruktion von Holzbauten in der Vor- und Frühgeschichte

Im Aufbau von Holzbauten sind Wände, dachtragende Teile, Dachgerüste und Dacheindeckungen zu unterscheiden.

Die Wände können ausgeführt sein aus Soden und Plaggen, Flechtwerk, Spaltbohlen oder Rund- bzw. Kanthölzern. Die dachtragenden Teile können bestehen aus Pfosten, Flechtwerkswänden ohne Pfosten, pfostenfreien Wänden aus vertikalen Spaltbohlen und horizontalen Rund- oder Kanthölzern. Die Dachkonstruktionen können aufweisen: First- und Seitenpfosten mit auflagernden First- und Seitenpfetten, welche die Rofen tragen, Sparrendächer ohne Innenpfosten und -pfetten mit schrägen Außenstützen ohne Anker- bzw. Spannbalken, Konstruktionen mit und

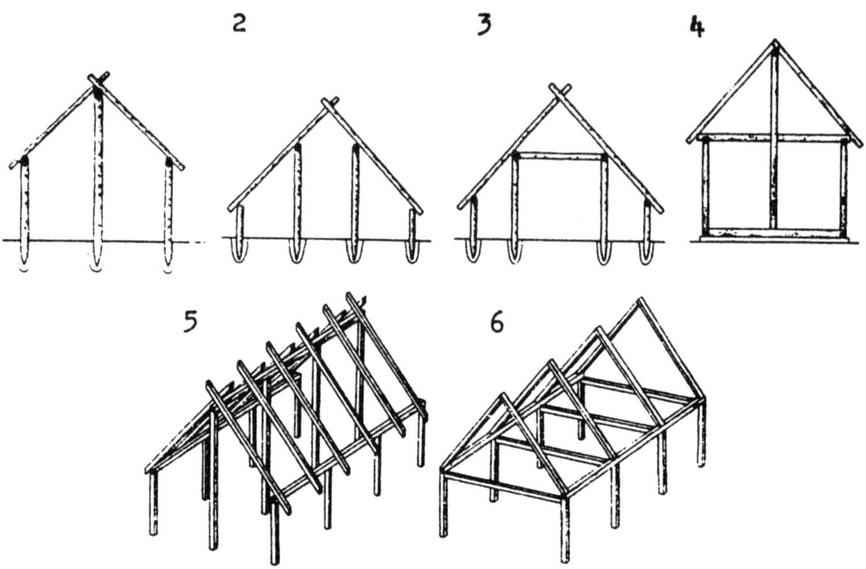

Abb. 121: Einfache Haus- und Dachgerüste von Holzbauten
1. Pfostenhaus mit Firstpfosten, Wandrähm und Firstpfette
2. Pfostenbau mit 2 Reihen Innenpfosten, die je eine Pfette tragen
3. Pfostenhaus mit 2 Reihen Innenpfosten mit Pfetten und Ankerbalken zwischen diesen sowie Wandrähm
4. Ständerbau, die Wand- und Firststander stehen auf einem Schwellenkranz, Wandrähm, Firstpfette und Ankerbalken
5. Haus mit Rofendach
6. Haus mit Sparrendach

ohne horizontale Rahmen als Auflager der Rofen oder solchen mit Spannbalken oder noch komplizierteren Aufbauten (Abb. 121).

Die Gliederung der Bauweisen geschieht vor allem nach Art der Dachlastträger und der Wandfüllungen (A. Zippelius 1958).

a) Primitive Hütten. Infolge ihrer Kleinheit (kaum über 4 x 4 m), Einfachheit und meist liederlicher Ausführung mit unregelmäßiger Pfostenstellung und allen Übergängen von wenig ausgeprägten rechteckigen bis zu quadratischen Grundrissen, dem Fehlen oder der Eintiefung von Innengruben, verschiedener Pfostenzahl und -stellung, ohne und mit Firstpfosten in den Giebelwänden, ohne und mit Eckpfosten, ohne und mit Firstpfosten im Inneren, Flechtwerkswänden, die wandbündig mit den Pfosten sind, diesen innen oder außen vorgestellt sind. Bei Übergängen aller Art am gleichen Haus und in der gleichen Siedlung ist es kaum sinnvoll, strenge Gliederungen vorzunehmen.

b) Pfostenfreie Flechtwerkswände. Die dünnen Stämme oder Spalthölzer sind unten im Boden eingelassen und müssen oben in Rahmenhölzern (Rähm) gefaßt sein, mit welchen die Rofen verbunden sind, auch Palisadenflechtwerk genannt.

c) Pfostenbau. Die senkrechten, tragenden Stützen sind in den Boden eingelassen. Die Gefache zwischen den Eck- und Wandpfosten werden mit lehmbeworfenem Flechtwerk ausgefüllt. Die

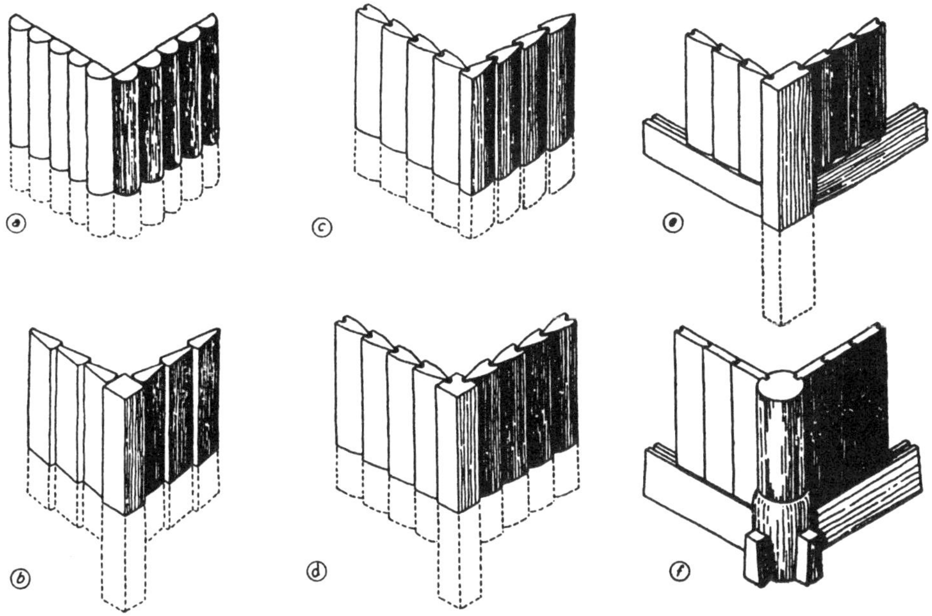

Abb. 122: Palisaden- und Stabbau
a) nicht verspundete bzw. vernutete Spalthölzer ohne Pfosten
b) nicht vernutete Spaltbohlen mit wandbündigen Eckpfosten; Stabbau
c) vernutete Spaltbohlen ohne Pfosten
d) vernutete Spaltbohlen mit wandbündigen Pfosten
e) vernutete Spaltbohlen mit Pfosten und Schwellriegeln
f) vernutete Spaltbohlen mit Schwellenkranz und aufgesetzten Pfosten
Nach A. Zippelius, in H. A. Herrnbrodt: *Der Husterknupp*, Köln 1958, 123.

Pfosten können auch den Flechtwerkswänden vorgesetzt sein. Die Pfosten tragen Rähme, auf denen die Rofen stehen bzw. Pfetten, auf denen die Rofen aufliegen. Bei wachsender Breite treten Reihen von First- und Seitenpfosten hinzu, die bei Rofendächern Pfetten tragen. Die Dachlast wird durch Anker- oder Spannbalken auf die Pfosten übertragen. Durch Eingraben der Pfosten wird die Stabilität gegen horizontal von außen angreifende Kräfte hergestellt. Die Weiterentwicklung zu Schwellriegeln zwischen den Pfosten und zu einem Schwellenkranz unter dem gesamten Haus führt zum Fachwerkbau. Erst mit den Verstrebungen des Fachwerkbaues war es, abgesehen vom Blockbau, möglich, die Stabilität des Hausaufbaues ohne eingegrabene Pfosten zu erreichen. Erst dann konnte das Holzgerüst auf Steinsockel gestellt und so vor Fäulnis bewahrt werden.

d) Palisadenbau. Zwischen die Pfosten sind Spalthölzer in den Boden eingelassen, die nicht miteinander und mit den Pfosten verbunden sind. Oben sind die Palisaden in Rähme gefaßt (Abb. 122).

e) Stabbau. Die Spaltbohlen der Wände sind mit den Pfosten und unter sich vernutet. Die Weiterentwicklung führt zu Schwellriegeln in den Gefachen zwischen den Pfosten, in welche die Spaltbohlen unten eingenutet sind, und weiter zu unten ganz durchgehenden Schwellenkränzen, auf die die Pfosten aufgesetzt sind (Ständerstabbau).

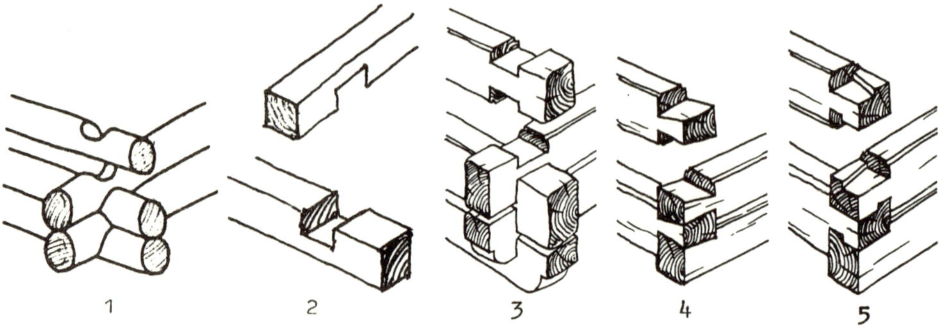

Abb. 123: Eckverbindungen im Blockbau
1. Einfache Verkämmung von Rundhölzern
2. Überblattung von Kanthölzern
3. Doppelte Verschränkung
4. Schwalbenschwanz-Verzinkung ohne Überstoß
5. Hakenblatt-Verzinkung ohne Überstoß

f) Pfostenbohlenbau. Hier sind Spaltbohlen waagerecht übereinandergelegt und unter sich und in die Pfosten eingenutet. Die Weiterentwicklung mit Pfosten, die auf Schwellenkränzen aufgesetzt sind, ist der Ständerbohlenbau. Anstatt Spaltbohlen können auch Rund- oder Kanthölzer in Pfosten oder Ständer eingenutet sein.

g) Blockbau. Aus der Eckverbindung übergreifend übereinandergelegter und einfach oder doppelt verkämmter Rundhölzer entsteht der Blockbau (Abb. 123). Die Eckverbindungen von Kanthölzern können wesentlich vielfältiger sein und führen zur Ersparnis der übergreifenden Längen. Auch hier kann das Haus auf einen Schwellenkranz gesetzt werden und dieser wiederum auf ein Steinfundament.

7.4.2 Haus und Hof der Bandkeramiker und Jüngerer bis zum Ende der Jungsteinzeit

In Mitteleuropa wurde der Übergang vom Jäger- und Sammler- zum ortsfesten Bauerntum zu Beginn der Jungsteinzeit vollzogen. Und bereits zu Beginn der Jungsteinzeit tritt uns bei den Bandkeramikern (5800–4900 v.d.Ztr.) die Wirtschaftsweise entgegen, wie sie bis zur Erfindung des Kunstdüngers bestand und die Siedlungen prägte. Der Hausbau mit den langen Einhäusern ist noch bis heute ortsbeständig in Norddeutschland erhalten. Auf der Aldenhovener Platte südwestlich von Jülich entstanden Einzelhöfe, Weiler (Abb. 124) und Siedlungen, die schon den Umfang von Weilern überschritten. Die vierschiffigen Pfostenhäuser (s. Abb. 128) von 7 x 30 m Abmessungen bestanden etwa 30 Jahre und wurden jeweils in der Nähe wieder neu errichtet. Von den 250 gefundenen Hausgrundrissen der 7 Siedlungen an den Rändern des Merzbachtales der Aldenhofener Platte (Abb. 124) bestanden während der 350jährigen Besiedlung gleichzeitig nur bis 17 Häuser. Weiter fand man auf 1,5 km Länge drei nicht gleichzeitig entstandene Erdwerke mit 5 m breiten und 3 m tiefen Spitzgräben und nicht erhaltenen Wällen dahinter, die möglicherweise mit Palisaden besetzt waren. Da im Inneren der Erdwerke von ca. 100 m Durchmessern keine Häuser standen, dienten diese wohl als Fluchtburgen.

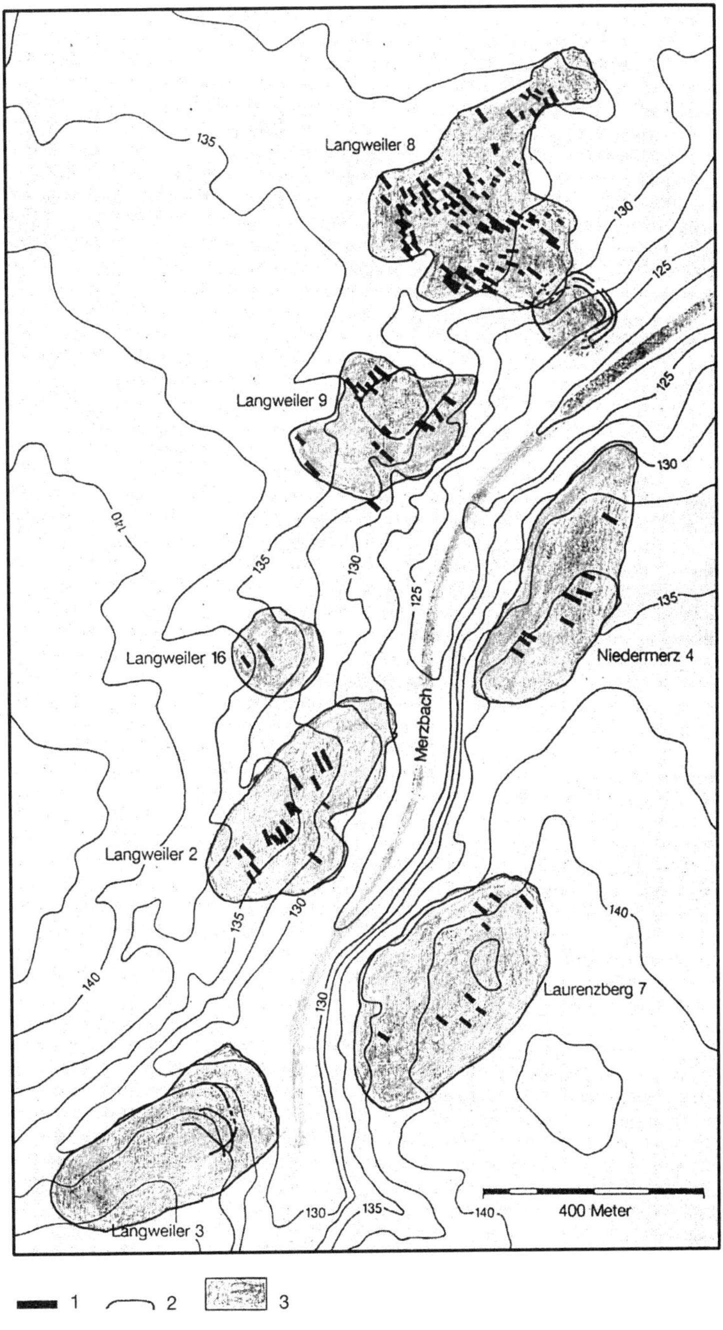

Abb. 124: Ausschnitt aus der bandkeramischen Besiedelung des Merzbachtales aus der Aldenhover Platte SW Jülich
1 = Haus, 2 = Erdwerk,
3 = maximale Wirtschaftsfläche nach bodenkundlichem und archäologischem Befund. Nach J. Lüning u. P. Stehli 1989.

In einer der größten bandkeramischen Siedlungen abseits von Bachtälern mit wahrscheinlich ehemals etwa 100 nicht gleichalten Langhäusern fand man bei Kückhoven 45 km nordwestlich von Köln als bisher ältesten Holzbau einen aus behauenen und überkämmten eichenen Spaltbohlen in Blockbauweise errichteten Brunnen mit quadratischer lichter Weite von 2 m. Wahrscheinlich nach Absenkung des Grundwasserspiegels wurde der Brunnen noch zwei mal mit ineinander gebauten Brunnenkästen von 1,1 m und 0,8 m lichter Weite bis auf 15 m vertieft. Die dendrochronologischen Alter sind 5090, 5065 und 5050 Jahre v.d.Ztr. Auch Rindentaschen zum Schöpfen des Wassers wurden gefunden (J. Weiner 1995). Beim Braunkohlentagebau von Zwenkau bei Leipzig wurde 1998 ein gleichartiger Brunnen gefunden mit der dendrographischen Altersbestimmung von 5098 Jahren v.d.Ztr.

Bereits bei den Bandkeramikern war also die Blockbauweise, deren Erfindung den Ostvandalen in der römischen Kaiserzeit zugeschrieben wird, bekannt. Bis zum Ende der Völkerwanderung mit dem Ende der Wikingerzüge wurde jedoch der Pfostenbau bevorzugt, trotzdem das zimmermannsgemäße Überkämmen von Balken – damals hergestellt mit Steinbeilen aus Kieselschiefer –, also nicht nur das Herstellen von Spaltbohlen, bekannt war.

Aus der nach 150 Jahren Wüstung den Bandkeramikern folgenden Rössener Kultur sind ähnliche Siedlungen bekannt, von denen eine, Inden 1, südlich Jülich, genauer untersucht ist (J. Lüning 1982). Die Siedlung bestand (Abb. 125) aus bis über 50 m langen trapezförmigen Häusern und einigen kleineren rechteckigen und polygonalen Nebenbauten. In jedem Zeitabschnitt war die Siedlung von einem Zaun umgeben. Ein kleiner Rechteckbau war eine Halle mit offener, von Holzpfosten gestützter Längsseite und hatte, in der Nähe des längsten Hauses stehend, wohl die Aufgabe einer Versammlungshalle. Diese Halle und die Zäune sind Neuentwicklungen in der Rössener Zeit.

Das schmale Ende der trapezförmigen Häuser weist ungefähr in nordwestliche Richtung. Es war bei bandkeramischen Häusern in den Niederlanden als einziger Teil von geschlossenen Holzbohlenwänden umgeben, besaß einen gesonderten Eingang und diente als Wohnteil. In den Häusern von Elsloo lebten in diesem Wohnteil 6–10 Personen. Dahinter folgte der längste Teil des Hauses, der nur als Stall erklärbar ist (P-Untersuchungen fehlen). Im Südosten wies meist ein kleinerer Teil des Hauses zusätzliche Pfosten auf. Möglicherweise befand sich dort ein Speicherboden. Falls der größte Teil der Häuser als Stall gedient hatte, ist mit der Entdeckung der Düngewirkung des Mistes zu rechnen. Dazu würde die geringe Fläche von 15 ha (s. Kap. 7.3.3) passen, die je Siedlung bzw. Hof zur Verfügung stand, was bei dem Flächenbedarf der düngerlosen Feld-Graswirtschaft (s. Kap. 7.3.2) nicht der Fall wäre.

Die Rössener Häuser lassen die Abgrenzung eines besonderen Wohnteiles im Nordwesten nicht erkennen. Die Bohlenwände umgeben das gesamte Haus. An der Südost-Schmalseite mit einer Tür war oft in Hausbreite eine offene Vorhalle angebaut.

Die bandkeramischen Großhäuser im Merzbachtal der Aldenhovener Platte waren verschiedentlich durch Querwände mit Durchgängen unterteilt, wobei die Funktionen der Hausteile nicht klar sind. Die Rössener Häuser sind in dieser Entwicklung die größten und erreichen die Länge von 52 m, wobei 11 m auf die Vorhalle entfallen. Das kleinste Trapezhaus war 11,90 m lang und hat offenbar auch zum Wohnen gedient. Die mehrfach unterteilten Großhäuser könnten auch von mehreren Familien bewohnt gewesen sein. Langhäuser ähnlicher Art gab es auch im Mittelneolithikum der Trichterbecher- und Megalithkultur von Dänemark (J. Skaarup 1982). Kürzlich wurden im Hegau bei Hilzingen Siedlungen der Linearbandkeramik (vergl. Abb. 5) gefunden, eine

Siedlung aus 15 NW-SO-orientierten, meist vierschiffigen Langhäusern, die bis 18 m lang und 6,75 m breit waren (B. Dieckmann u.a. 1990).

Bei Pestenacker bei Landsberg/Lech konnte eine Siedlung von einer der bandkeramischen Nachfolgekulturen ausgegraben werden, die infolge Feuchtbodenerhaltung und Überdeckung wesentliche Erkenntnisse ermöglichte und sich mit Haus- und Siedlungsart von den Bandkeramikern unterschied. In einer Bachschleife wurde im Jahre 3546 (Dendrodatum) eine dorfartige Siedlung der Altheimer Kultur (3900–3500 v.d.Ztr.) angelegt, die bis nach 3495 bestand. Das Dorf aus bis 19 etwa gleichgroßen Häusern mit Abmessungen 7,5 x 3,3 m bis 8,0 x 4,0 m wurde planmäßig und gleichzeitig angelegt (Abb. 126). Es war von einem Zaun mit Tor umgeben. Längs eines bohlenbedeckten Weges standen die Häuser dichtgedrängt giebelseitig in 2 Reihen. Mindestens ein

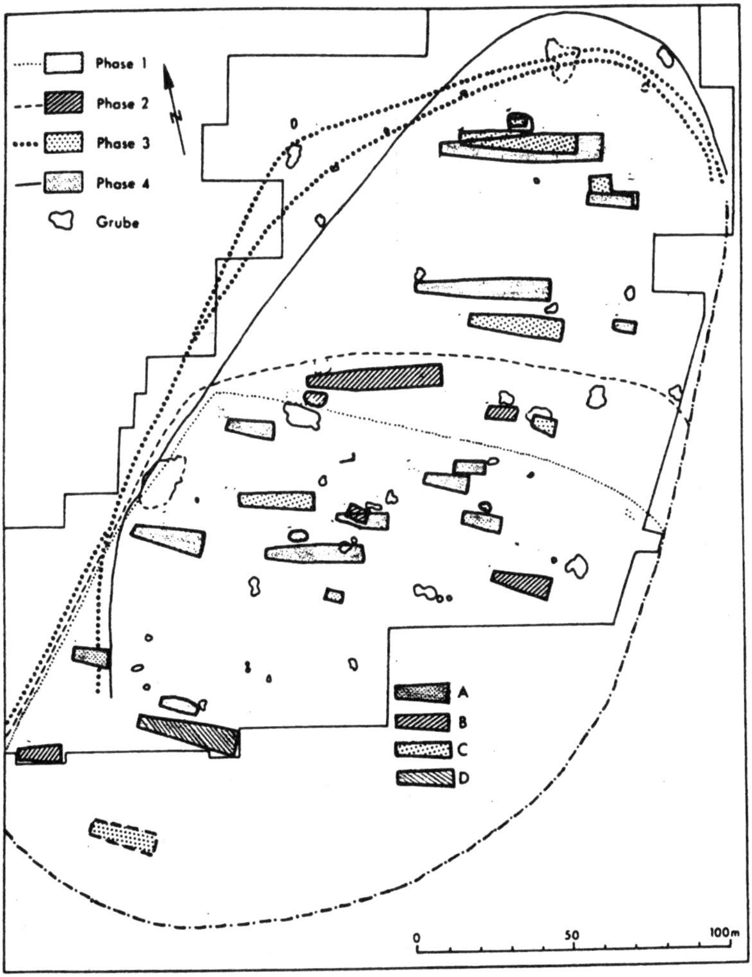

Abb. 125: Siedlung der Rössener Kultur Inden 1 bei Düren, Niederrheinische Bucht. Nach J. Lüning 1982.

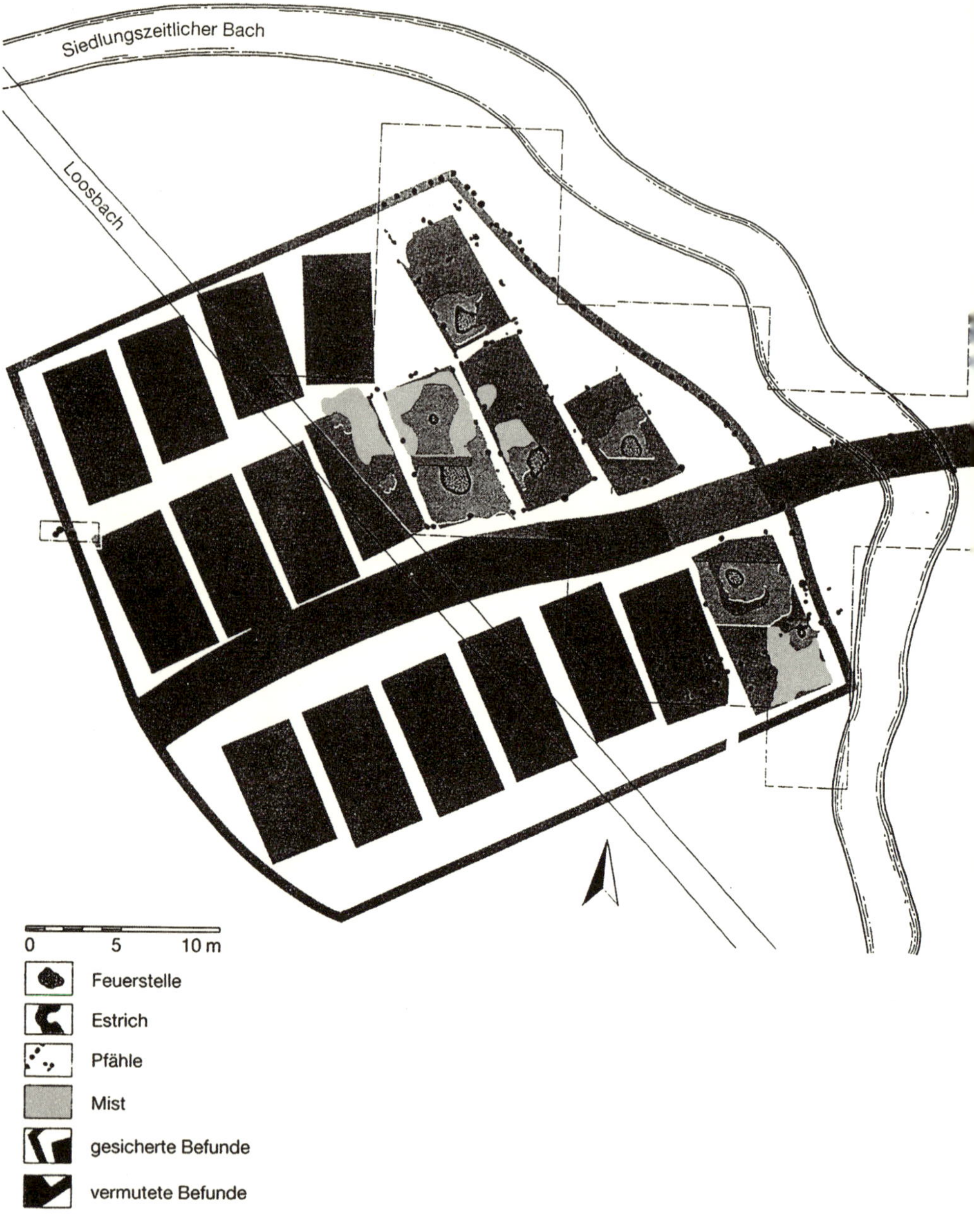

Abb. 126: Dorf der Altheimer Kultur von Pestenacker bei Landsberg/Lech. Zur Siedlung 1 wurden von 3546 bis 3495 v.d.Ztr. gefällte Bäume verwendet. Nach G. Schönfeld 1997.

Haus wurde im Bohlenständerbau, der hier erstmalig beobachtet wurde, mit in Grundschwellen eingezapften Eckständern errichtet, dessen Erfindung bis jetzt als wikingerzeitlich galt. Auf mehrfach sich kreuzenden Grundbohlen ruhte im Vorderteil eine Estrichlage und auf dieser ein Kuppelofen von 0,6 x 0,8 m der Abmessung. Die Erfindung des Kuppelofens wurde bisher von der Slawistik den Ostvandalen fast 4000 Jahre später zugeschrieben. Hinter einer Trennwand war der Wohnbereich. Der Hinterteil des Hauses war längsgeteilt. Die eine Hälfte war Stall und hatte Mistschichten am Boden. Eine Tür führte zu einem kleinen Hof, der ebenfalls Mistschichten enthielt, der bisher älteste Nachweis von solchem. Die andere Hälfte war Küche und enthielt einen offenen Herd (G. Schönfeld 1991).

Gegen Ende des Neolithikums sind in der Haffküstenkultur, einer Sonderausbildung der Schnurkeramikkultur, Häuser mit anderer Bauart als die der Wohnstallhäuser entstanden. Sie besaßen im Westen Vorlauben. Es ist bemerkenswert, daß ähnliche Vorlaubenhäuser im Weichselmündungsgebiet von der bodenständigen deutschen Bevölkerung bis in das 19. Jahrhundert gebaut wurden.

Im 3. Jahrtausend v.d.Ztr. gab es kilometerlange Bohlenwege, die z. B. bei Aurich, Ostfriesland, bis 4 m breit waren, also für den Gegenverkehr von Wagen eingerichtet waren. Bei Verfolgung von Bohlenwegen durch Moore in Nordwestdeutschland bis Holland aus der Zeit 2600 bis 2150 v.d.Ztr. (^{14}C-Daten) konnten viele Funde von Wagenteilen vierrädriger Wagen gemacht werden, die erstaunliche Fertigkeiten in der Holzbearbeitung mit Steinwerkzeugen offenbarten, die weit über die Blockbautechnik behauener Balken für Brunnen der Bandkeramiker hinausrreichen. Sie können den Schnurkeramikern zugewiesen werden.

Die Scheibenräder von 90 cm Durchmesser waren mit Buchsen aus einem Stück gearbeitet, saßen auf Achsen, auf denen der 1 m bis 1,16 m breite und 1,40 m lange Wagenkasten in der Mitte angedübelt und außen durch je zwei Lederriemen befestigt war, was die Austauschbarkeit nach Achsbruch am Ort erleichterte. Die Spurweit betrug 1,39 bis 1,56 m. In die Seitenbretter des Wagenkastens waren die Bodenbretter mit Dübeln eingezapft (Zapfenschloß) und mit Dübeln gesichert. Der Rahmen des Wagenkastens war durch Überblattung an den Ecken verbunden und verdübelt (H. Haysen 1990).

Das sind Techniken, wie sie mehr als 3000 Jahre später an den Befestigungen ostvandalischer Burgen im Großen angewandt wurden. Die über das Gebiet verstreut gefundenen einzelnen Teile waren gleich groß, d.h. sie waren genormt wie die wikingischen Wagen und Wagenkästen 3000 Jahre später ebenso. Der Verkehr der jüngsten Steinzeit ging offenbar den indogermanischen Wanderungen voraus, zu deren Vorausplanung wie zu denen der Cimbern und Teutonen und den folgenden der Völkerwanderung im engeren Sinne mit den gleichen Wagen mehr als 2000 Jahre später jetzt genauere Vorstellungen möglich geworden sind.

7.4.3 Broncezeitliche Siedlungen

Im Neolithikum waren in Mitteleuropa nur Lößböden besiedelt. Doch am Ende des Neolithikums siedelten die Schnurkeramiker nach Norden bis Jütland und Mittelschweden (s. Abb. 6) und überlagerten die Bandkeramik bis zur Donau. Auch in der Trichterbecherkultur bestanden in Dänemark Langhäuser. In der jüngeren Broncezeit lassen sich in Mitteleuropa einige Hauslandschaften abgrenzen, die sich ungefähr ethnisch bedingten Kulturbereichen zuordnen lassen. Im

Küstengebiet von der Ems über Schleswig-Holstein, Jütland und die dänischen Inseln erstreckte sich der Bereich des dreischiffigen Wohnstallhauses. Hier im Nordkreis der Broncezeit kam es zur bodenständigen Weiterentwicklung des jungsteinzeitlichen Langhauses. In der jüngeren Broncezeit reicht dieses Gebiet bis Westfalen.

Im Raum südlich um das engere Gebiet des Nordkreises, der in der jüngeren Broncezeit von den Germanen in Besitz genommen wurde, bauten diese ein- und zweischiffige Langhäuser sowie kleinere Rechteckhäuser, die nur dem Wohnen dienten. Von Süden her reichten aus dem Bereich

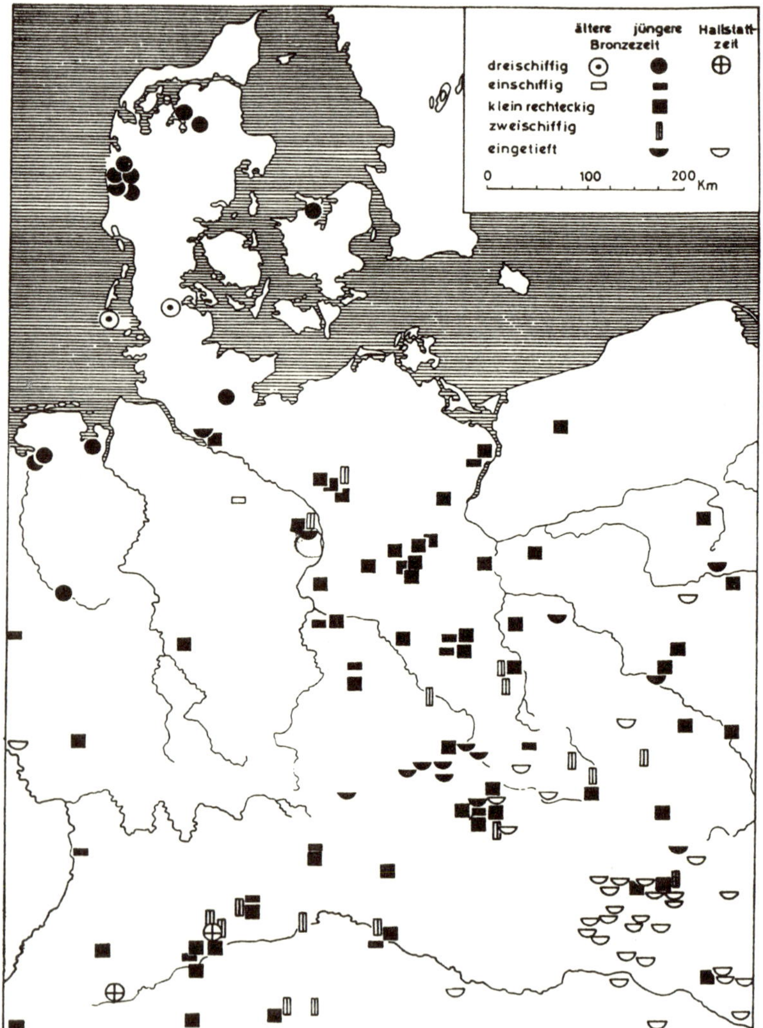

Abb. 127: Die Hauslandschaften der jüngeren Broncezeit. Nach F. Horst 1985.

der keltischen Hallstadtkultur (Böhmen) und von Osten her aus dem illyrischen Gebiet der Lausitzer Kultur bis an die Südgrenze des germanischen Gebietes Grubenhäuser, die vor allem Wirtschaftszwecken dienten. Das wurde von den Germanen teilweise übernommen.

Obwohl in der Broncezeit noch kein klimabedingter Zwang zur Stallhaltung des Großviehs bestand, sind aus dem Küstengebiet Hollands und aus Dänemark Langhäuser bekannt geworden, die Viehboxen, eine Erfindung der Broncezeit, enthielten und damit eindeutig Wohnstall-Langhäuser waren. Man kann nun annehmen, daß die ebenso langen bandkeramischen und Rössener Häuser auch Ställe, nur ohne Abteilungen in Viehboxen, enthielten.

Die Rechteck-Langhäuser, die bei Elp in der niederländischen Provinz Drenthe ausgegraben wurden (1600–900 v.d.Ztr.), enthielten Stallteile, die an den dichter gestellten inneren beiden Pfostenreihen kenntlich sind (Abb. 128).

Der Wegfall der Firstpfostenreihe schaffte den arbeitstechnischen Fortschritt eines freien Mittelfeldes im Haus. Die zwei Pfostenreihen des dreischiffigen Hauses standen nun weiter auseinander als die halbe Hausbreite. Das ist ein Hinweis auf die Erfindung von Dachsparren und die

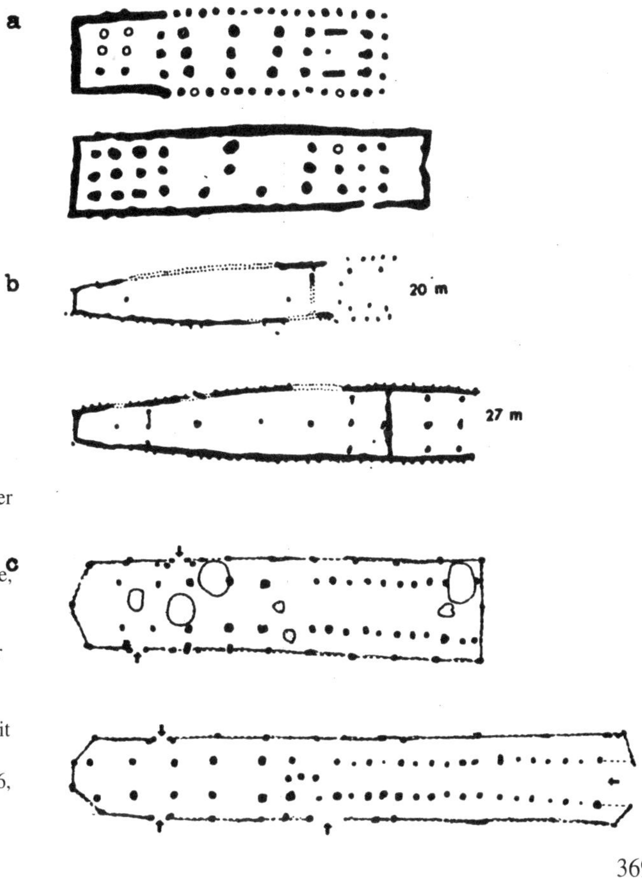

Abb. 128: Beispiele für Langhäuser mit Pfostenkonstruktionen.
a) aus der Linearbandkeramik von Elsloo, Prov. Limburg, Niederlande, 5250–4900 v.d.Ztr. (kalibr. ^{14}C-Alter).
b) Häuser mit Vorlauben, Rössener Kultur, Inden 1, bei Düren.
c) broncezeitliche Langhäuser von Elp, Prov. Drenthe, Niederlande mit Stallboxen.
Nach: a) und c) Hoops, Bd. 7, 1986, b) J. Lüning 1982.

Ablösung des Rofendaches durch das Sparrendach (W. Haarnagel 1957). Daneben standen 4 x 4 m große Speicher mit 9 Pfosten sowie solche mit 6 und 4 Pfosten.

Seit Erfindung des Langhauses durch die Bandkeramiker reicht eine durchgehende indogermanisch-germanische Tradition bis zu den heutigen Wohnstallhäusern Norddeutschlands. Die Pfostenkonstruktion und Ausfüllung der Wände durch Flechtwerk mit Lehmbewurf (Wand kommt nach J. u. W. Grimm, *Deutsches Wörterbuch*, Band 27, 1984 von winden) mündet dann in die Fachwerkkonstruktionen, deren Gefache durch ebensolche Flechtwerke bis in die jüngste Vergangenheit ausgefüllt wurden.

Auch in der jungeren Broncezeit ist dieses dreischiffige Langhaus in Pfostenbauweise in Jütland, auf Fünen, Seeland und in Schonen verbreitet. In einer Hausurne aus Schonen ist es mit hohem Satteldach modelliert (C. Becker 1982).

Vom Westrande des Nordkreises ist aus der jüngeren Broncezeit eine Siedlung fast vollständig bekannt (W. Haarnagel 1965, 1969). Sie liegt bei Boomborg-Hatzum am Südufer der Ems nahe ihrer Mündung in den Dollart. Sie wurde im Norden von einem größeren Priel und im Südwesten und Nordwesten von zwei kleineren Prielen geschützt. Die Besiedlung erfolgte während der Meeresregression zwischen dem Subboreal und dem Subatlantikum durch Brandrodung im 7. Jahrhundert v.d.Ztr. (Stufe V/VI); sie reichte mit 5 jeweils durch Sturmflutsedimente getrennten Siedlungsschichten bis in das 3. Jahrhundert v.d.Ztr., wurde dann infolge des Meeresanstieges aufgegeben und kurz vor 0 d.Ztr. wieder besiedelt.

Die Streusiedlung bestand aus 4 bis 6 dreischiffigen Wohnstallhäusern, die in jeder der folgenden Siedlungsschichten fast an den gleichen Stellen wieder errichtet wurden und an Zahl fast konstant blieben. Das Dach der Häuser war ein Doppelwalmdach. Es wurde durch zwei Pfostenreihen im Längsabstand von 2 bis 2,5 m und im Querabstand von etwa 3 m als Sparrendach mit Ankerbalken getragen (vergl. Abb. 121 Nr. 3). Die Siedlung muß einen ähnlichen Anblick geboten haben wie die von Ezinge, Holland (s. Abb. 131). Die Wände der Häuser bestanden in den ältesten beiden Siedlungsschichten aus liegenden Spaltbohlen, die durch über den Bohlen zusammengebundene Zangenpfosten zusammengehalten wurden und an den Ecken wahrscheinlich überkämmt waren. Erst in den folgenden Siedlungsschichten treten Flechtwerkwände auf. Damit erweist sich die Bohlenbauweise hier als die ältere. Die Häuser waren etwa 6 m breit und bis 15 m lang. Die Pfostengruben waren sehr eng, gerade weit genug zum Einsetzen eines Pfostens. Sie mußten mit Spezialwerkzeugen (Zangenschaufeln?) hergestellt worden sein. In den Stallteilen waren Viehboxen an Zwischenwänden und Mistschichten nachweisbar für bis 10 Stück Großvieh. Der Mittelgang wurde von Jaucherinnen gesäumt, die mit Holz oder Flechtmatten ausgelegt waren. Der Wohnteil befand sich jeweils am höher gelegenen Hausende, oft waren Herde nachweisbar. Der Stalleingang befand sich an der Stirnseite, der Wohnungseingang an der Längsseite.

Neben den Häusern, meist erkennbar diesen zugeordnet, standen auf 6 bis 12 besonders starken Pfosten Speicher, die wahrscheinlich mehr als ein Stockwerk trugen. In der Mitte des Weilers stand ein Wohnhaus ohne Stall und Speicher. Von Süden her führte ein Weg in die Siedlung, der mit einer Breite von 2,80 m dem Verkehr und dem Viehtrieb diente und von Flechtwerkszäunen begrenzt war. Vor der Südost-Seite eines Hauses lag eine von einem Zaun umgebene Feuerstelle.

Zugleich mit der Siedlung von Boomborg-Hatzum gab es auch Einzelgehöfte.

Abseits der Küsten herrschten kürzere Rechteckhäuser mit getrennten Aufgaben. Die Häuser des Weilers Perleberg in Brandenburg (Abb. 129a) sind mit Feuerstellen als Wohnhäuser ausge-

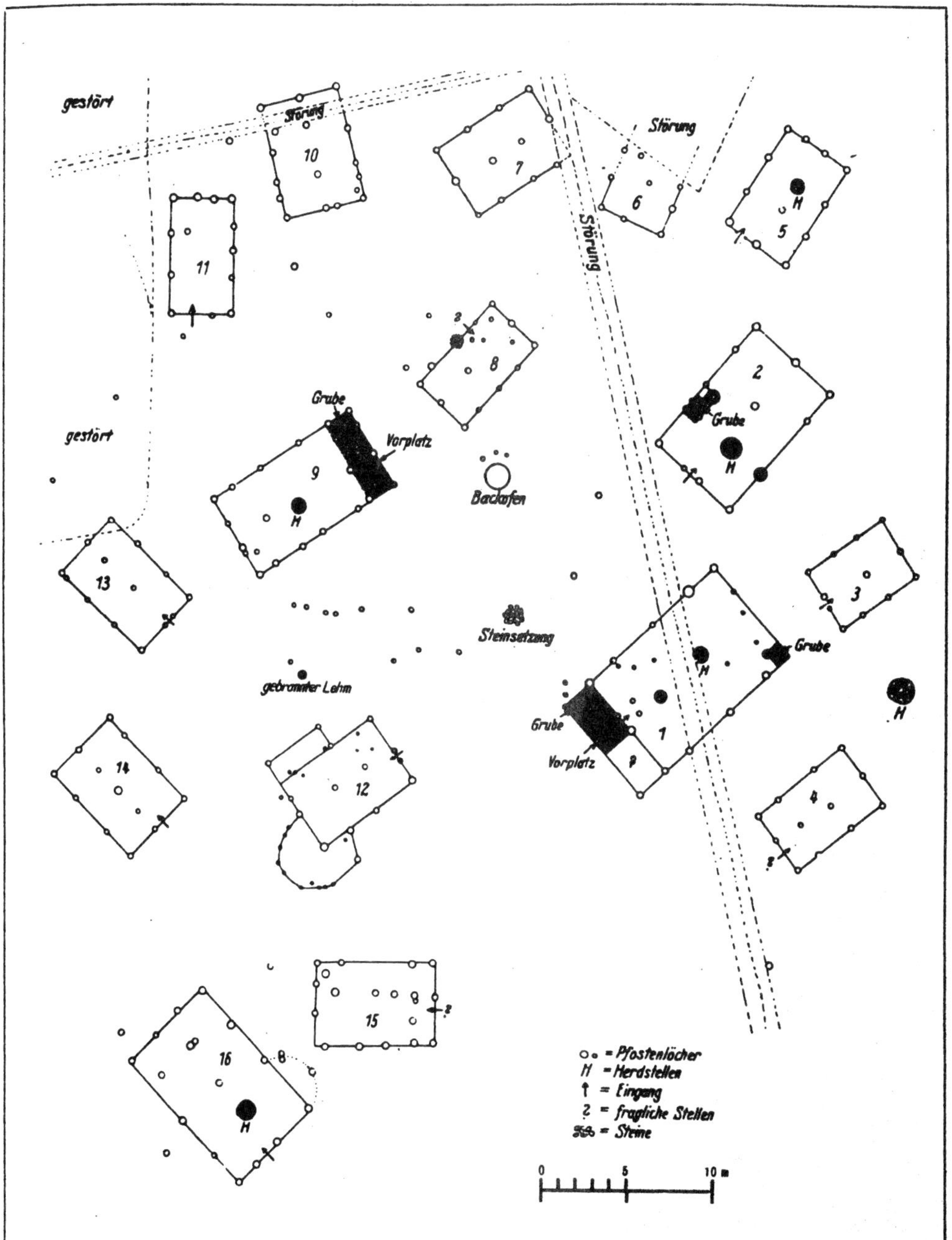

Abb. 129a: Die broncezeitliche Siedlung bei Perleberg, Westprignitz, Brandenburg. Nach W. Bohm 1937.

wiesen, die z.T. Vorlauben besitzen. Es ist anzunehmen, daß die weit zahlreicheren anderen, meist um ein Pfostenpaar kleineren Häuser, als Ställe dienten. Da diese nicht den Wohnhäusern zuzuordnen sind, muß an dorfeigene Besitzverhältnisse gedacht werden. Auch hier können die Feldfluren für die 5 Familien nicht nach der düngerlosen Feldgraswirtschaft bewirtschaftet worden sein – ganz abgesehen davon, daß diese auf den schlechteren Böden Brandenburgs nicht anwendbar ist – weil dann die Fluren viel zu groß und Einzelhöfe nötig geworden wären.

Aus der älteren Broncezeit ist von Trappendahl, Nordschleswig, ein mehrschiffiger Typ ohne Ställe bekannt geworden, der als solcher im Norden später weit verbreitet war und in den Wänden keine dachtragenden Pfosten besaß. Er bestand aus zwei Wohneinheiten (Abb. 129b) mit je einer Feuerstelle, hatte gerundete Giebelseiten und zwei Reihen dachtragender Pfosten im Inneren mit Abmessungen von 24 x 9 m. Die Außenwände waren aus Flechtwerk um dicht im Abstand von 0,5 m gestellte dünne Pfosten oder Stäbe. Diese Wandkonstruktion findet sich wieder fast 2000 Jahre später in Häusern der Burg Zantoch und der Stadt Jumneta der Ostvandalen.

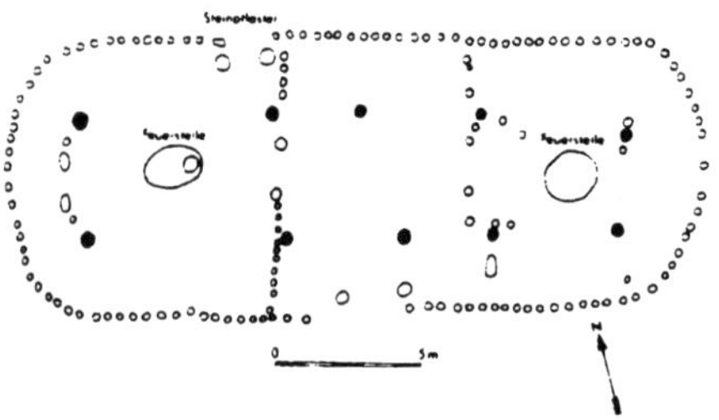

Abb. 129b: Dreischiffiges Haus der alteren Broncezeit aus Trappendahl, Nordschleswig, ohne Stall mit 2 Wohneinheiten, mit pfostenlosen Wänden in Stabbauweise. Nach C. Becker, 1982.

Die Bauart dieser Wände ohne dachtragende Pfosten erfordert das Verzapfen der Stäbe in einem Rahmen, der die Rofen oder Sparren trägt. Wie diese Aufgabe, obendrein bei den runden Stirnwänden, gelöst wurde, ist unbekannt.

In Buch bei Berlin fand man an der Ostgrenze des broncezeitlich-germanischen Gebietes ein ganzes Dorf aus vielleicht 100 Häusern, das als Haufendorf eine 60 m^2 große Halle enthielt mit einem Steinherd. Daneben standen acht 15 bis 20 m^2 große Hütten, ebenfalls mit Steinherden giebelseitig ausgerichtet eng nebeneinander. Ob die Bewohner dieser Hütten zur militärischen Gefolgschaft eines Adligen gehörten oder Hörige waren, ist offen. Die übrigen Häuser waren 15 bis 60 m^2 groß. Sie waren innen mehrfach unterteilt, enthielten einen Steinofen, keine Ställe, besaßen übergreifende Dächer, die z.T außen von schwachen Pfosten gestützt wurden und hatten z.T. Vorhallen. Die Firstpfette wurde von Pfosten getragen. Die Häuser waren zweischiffig. Sie waren nach Art der Umgebindebauweise errichtet, die noch heute in etwa der gleichen Gegend, in der Lausitz, im Spreewald, in Nordböhmen bis zum Erzgebirge bodenständig ist und als typisch „slawisch" gilt. Die Wände bestanden aus etwa 15 cm starken Rundhölzern, die nach Art des Blockbaues in Auskehlungen über Eck aufeinandergelegt (überkämmt) wurden. Außen standen in den Ecken und an den Wänden dachtragende Pfosten. Die Eckpfosten und Wände waren mit Schlingen aus Zweigen verbunden. Die Fugen der Wände waren außen stets und innen zum Teil mit Lehm verstrichen. Wenige Kilometer von diesem Dorf mit erkennbar hierarchischer Struktur entfernt fand man Einzelhöfe (A. Kiekebusch 1923).

Auch aus dem Gebiet im Süden des Nordkreises südlich der Elbe ist in Zedau (bei Osterburg 25 km WSW Havelberg) ein größeres Dorf vollständig ausgegraben worden (F. Horst 1985). Das Dorf wurde vor 900 v.d.Ztr. (Stufe IV/V der Broncezeit) fast gleichzeitig erbaut. Es bestand aus 78 Häusern, davon 28 ebenerdigen, rechteckigen, einschiffigen 6-Pfostenhäusern, 2–3 zweischiffigen Häusern mit 9 Pfosten, 2 zweischiffigen Häusern mit 12 Pfosten und 46 Grubenhäusern mit je 4, selten 6 dachtragenden Pfosten. Das Dorf lag auf dem höchsten Teil einer Talsandinsel, barg etwa 120 Bewohner und wurde nach 50jähriger Benutzung aufgegeben und nach Entfernung von Kulturgut abgebrannt.

Die Rechteckhäuser mit 6 Pfosten wie die zweischiffigen Häuser und die Grubenhäuser besaßen keine Firstpfosten. Sie trugen ein Sparrendach mit Wandpfetten, das durch Spannbalken zusammengehalten wurde, hatten lehmverputzte Flechtwerkswände sowie in einigen Fällen Feuerstellen. Die zweischiffigen Häuser waren 7 bis 7,8 m lang und 4,7 bis 5,7 m breit, bargen besser hergestellte Keramik und waren die Wohnhäuser von sozial höher Stehenden. Das Haus 3 enthielt Keramik für kultische Verwendung und wird als Wohnhaus eines Priesters angesprochen.

Die Grubenhäuser besaßen einen muldenförmig eingetieften Boden und an den Ecken abgerundete Flechtwerkswände mit meist 2, selten 3 Pfosten an den Längsseiten und waren 2,85 bis 7,90 m lang und 2,5 bis 4,1 m breit. Sie hatten keine Feuerstellen und dienten als Ställe, Wirtschafts- und Handwerksbauten, zur Lagerung von Vorräten, Herstellung von Keramik und Broncegegenständen. Die Grubenhäuser standen vor allem am Süd- und Südostrand des Dorfes, wegen der mit ihnen verbundenen Feuerstellen. Dort befanden sich auch ein Töpferofen und Eisenverarbeitungsplätze.

Am Rande des Dorfes lag eine Grube, in der Speiseopfer in Gefäßen abgestellt wurden, ein Brauch aus dem Nordkreis.

An der Ostgrenze der germanischen Jastorfkultur, bei Tangermünde, wurde eine Siedlung gefunden, die nur kleine rechteckige Pfosten- und Grubenhäuser enthielt. Die Grubenhäuser werden für Wohnhäuser gehalten wegen der den beiden Hausarten außen vorgelagerten steinernen Herdstellen (H.-J. Gomolka 1970). Damit wurden Grubenhäuser, die als „slawisch“ gelten, bereits am Ausgang der Broncezeit von Germanen angelegt, wenn wie hier bei Wanderungen noch keine dauernden Siedlungsmöglichkeiten gefunden worden waren.

Am Ende der Broncezeit war bereits eine erstaunliche Fülle von Bauweisen der Häuser im Siedlungsgebiet der Altgermanen in Gebrauch, von der das dreischiffige Wohnstallhaus in Pfostenbauweise aus der jüngeren Steinzeit bodenständig weiterentwickelt wurde. Es wurden Sparrendächer erfunden, deren Wandpfetten mit Spannbalken überkämmt waren. Die Wände waren aus lehmbeworfenem Flechtwerk, aus Spaltbohlen oder aus überkämmten Rundstämmen hergestellt. Zur Verbesserung der Viehhaltung und zur Gewinnung des Mistes als Dünger wurde die Aufstellung des Großviehs in Stallboxen erfunden. Neben den dreischiffigen gab es zwei- und einschiffige Pfostenlanghäuser, kleine rechteckige Häuser nur zum Wohnen, Häuser mit Vorlauben, die pfostenlose Stabbauweise und die Blockbauweise aus überkämmten Rundstämmen mit dachtragendem Umgebinde. Aus südlich anschließenden Kulturbereichen wurde der Bau von Grubenhäusern in den angrenzenden germanischen Bereichen übernommen, die als Ställe, Wirtschaftsbauten und auch als Wohnhäuser dienten. Es gab bereits größere Dörfer.

7.4.4 Eisenzeitliche Siedlungen bis Ende der Völkerwanderung

Nach der Klimaverschlechterung um den Beginn der Eisenzeit wurden an der Nordseeküste Langhäuser mit Stallteil und oft noch erkennbaren Stallboxen verwendet, in denen im Mittel 10 bis 20 Stück Großvieh untergebracht waren. Diese Häuser entsprachen ganz den broncezeitlichen Langhäusern im gleichen Gebiet. Sie waren von der Mitte der Langseiten und von der Stirnseite des Stallteiles aus zugänglich. Zum Teil gab es zwischen dem von außen zugänglichen Wohnteil und dem Stall noch weitere Hausteile mit anderer Verwendung (Abb. 130). Die Giebelseiten waren gerade oder gerundet. Bei einer Hausart wurden den Flechtwerkswänden außen Pfosten im Abstand von 0,8 bis 0,9 m vorgestellt. Im Wohn- und Wirtschaftsbereich, der meist am Westende der Häuser liegt, ist die Pfostenstellung weiter und im Stallteil enger. Es gibt Häuser mit dem Stall in der Mitte und zwei Wohnbereichen an beiden Enden (Abb. 130, 5.). Die Länge der Häuser ist verschieden, je nach Länge der Teileinheiten. Häuser mit Teilen stärkerer und tiefer gegründeter Pfosten lassen den Schluß auf Benutzung des Dachraumes als Vorratslager zu. Diese Langhäuser herrschen in Jütland, auf den dänischen Inseln bis Bornholm, in Schonen, im Südwesten von Norwegen und in Norddeutschland bis zu den Mittelgebirgen bis in die späte Eisenzeit. Neben den

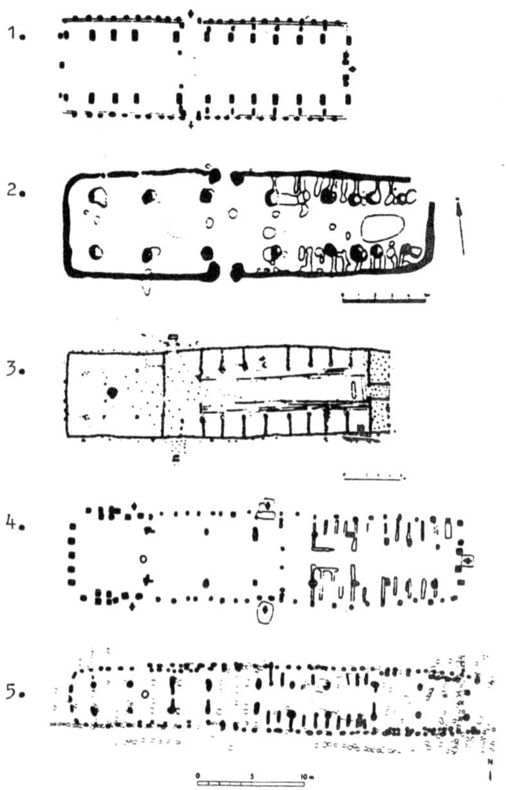

Abb. 130: Eisenzeitliche Wohnstall-Langhäuser mit Stallboxen
1. Typ Fochteloo, Drenthe, Holland 250 bis 100 v.d.Ztr. Nach H. Waterbolk, 1982.
2. Hodde, Westjütland, um 0 d.Ztr. Nach St. Hvass, 1982.
3. Feddersen Wirde, Land Wursten, Wesermündung, 1. bis 5. Jahrhundert n.d.Ztr. Nach P. Schmid, 1982.
4. Typ Wijster, Drenthe, Holland, 300 bis 400 n.d.Ztr. Nach H. Waterbolk 1982.
5. Vorbasse, Mitteljütland, 300 n.d.Ztr. Nach St. Hvass, 1986, 529.

Wohnstallhäusern liegen vielfach kleinere Bauten mit 4 oder 6 Pfosten, die Speicher oder Werkstätten, zum Beispiel Schmieden waren.

In Vorbasse in Mitteljütland konnte ein Dorf vom Jahre 100 bis 1100 verfolgt werden. Von zwei Gehöften um 100 war die Siedlung bis zum Jahre 300 auf zehn Gehöfte gewachsen. Um 300 standen auf den umzäunten Höfen von etwa 50 x 50 m Fläche in der Mitte je ein dreischiffiges Langhaus in Pfostenkonstruktion, das im Westen einen großen mehrfach unterteilten Wohnbereich und in der Mitte den Stallbereich mit Viehboxen enthielt. Im Hof standen noch ein bis zwei Vierpfostenspeicher, ein bis zwei Grubenhäuser, die Webstühle enthielten und als Speicher dienten und meist zwei um 10 m lange Häuser, von denen eines in der Siedlung eine Schmiede enthielt. Die Gehöfte waren regelmäßig aneinandergrenzend beiderseits eines Weges angeordnet (St. Hvass 1986).

Um 0 d.Ztr. beobachtet man den Übergang von fast regelloser Bebauung von Weilern oder Dörfern, die keine Abgrenzung von Grundstücken der Höfe erkennen lassen, zur gegenseitigen Abgrenzung von Gehöften durch Zäune. Gleichzeitig wird die Anordnung der Höfe im Dorf regelmäßiger. Das kann dem Übergang der Rechtsform des Bodeneigentums durch die Dorfgemeinschaft, wobei der einzelne Bauer nur das Nutzungsrecht hatte, zur Alodialverfassung mit dem Bodeneigentum des Bauern entsprechen. Da es auch Einzelhöfe gab, kann nicht ausgeschlossen werden, daß beide Rechtsformen gleichzeitig bestanden.

Wie an der Küste herrschte in Westfalen bis zum Hellweg nach Süden in der älteren Eisenzeit das dreischiffige Wohnstallhaus als Hauptgebäude der Höfe. Um 300 n.d.Ztr. baute man innenstützenfreie Hallenhäuser bis 8 m Breite und 50 m Länge ohne erkennbare Innenteilung, was beträchtliche Zimmermannsfertigkeiten für die Dachstühle abverlangte sowie Häuser mit Außenstützen im Wandabstand von 1 bis 2 m. Im frühen Mittelalter entstanden Gruppensiedlungen von vorwiegend 3 bis 4 Höfen. Das wird auf die umfangreiche Pflugmannschaft zur Bedienung des großen Wendepfluges zurückgeführt (C. Reichmann 1982).

Neben Einzelhöfen und Weilern mit 3 bis 5 selbständigen Höfen, jeder mit Nebengebäuden, gab es Dörfer (C. Becker 1982). In allen Siedlungen standen die Langhäuser in west-östlicher bis nordwestlich-südöstlicher Richtung mit Wohnteil im Westen. Die Anordnung der Häuser und Höfe in den Weilern ist oft ohne erkennbare Ordnung. In den Dörfern waren die Höfe um einen freien Platz angeordnet wie in Hodde, Jütland, oder beiderseits eines Weges wie in Vorbasse, Jütland, oder regellos wie in Grøntoft, Jütland.

Schon zu Beginn der Eisenzeit bestanden in den Siedlungen Jütlands soziale Unterschiede. Die aus einem größeren Siedlungsgelände bei Grøntoft, Westjütland genauer untersuchten zwei Siedlungsabschnitte eines Dorfes wurden nacheinander und jeweils gleichzeitig errichtet. Vom ersten zum zweiten Abschnitt vergrößerten sich die Stallteile der Häuser. Das zweite Dorf wurde mit einem Palisadenzaun umgeben. Dort wurden etwa gleichzeitig 5 große Wohnstall-Langhäuser für 10 bis 18 Stück Großvieh, 3 kleinere für je 3 bis 5 Stück Vieh, 2 Langhäuser ohne Stall, eines davon außerhalb des Zaunes, und 3 kleinere Häuser, eines davon mit nur einer Reihe von Innenpfosten errichtet. Diese Häuser waren vielleicht Vorratsgebäude. Im älteren Dorf gab es 3 x 3 bis 3 x 5 m große Speicher, die neben größeren Höfen standen (C. Becker 1968,1971, 1982).

Gegen Ende der Broncezeit waren infolge des Meeresrückganges Marschen entstanden, die mit Beginn der Eisenzeit besiedelt wurden, so die Flußmarschen in der Wesermündung und die Seemarschen. Im Land Wursten nördlich Bremerhaven baute man im 1. Jahrhundert v.d.Ztr. 8 Flachsiedlungen an der Küste in der Marsch im Abstand von 1 bis 2 km. Jeder Siedlung standen etwa 300 ha zur Verfügung, etwa 50 ha wurden jeweils als Äcker genutzt.

Die Anlage der Wurten in den Marschen erzwang in Feddersen Wierde bei Cuxhaven eine Lösung mit radial gestellten Langhäusern. Den Anblick einer solchen Wurtensiedlung zeigt Abb. 131. Das Dorf Feddersen Wierde entstand als Flachsiedlung mit 5 Gehöften, die etwa 100 Stück Großvieh unterbringen konnten, neben der von Gräben umgrenzten Ackerflur. Die Flachsiedlung hinter dem Brandungswall im Nordwesten war von Prielen umgeben. Sie wurde später bis auf 11 Gehöfte vergrößert (Abb. 132). Die Zunahme der Winterüberflutungen erzwang am Ende des 1. Jahrhunderts n.d.Ztr. die Erhöhung der Hofplätze mit erheblichen Erdarbeiten und die radiale Anordnung der Höfe um einen Platz. Im 3. Jahrhundert n.d.Ztr. waren die von Gräben umgebenen oder umzäunten Höfe zu einer Wurt zusammengewachsen, die im 5. Jahrhundert eine Fläche von 4 ha bedeckte und eine Höhe von 4 m Auftrag erreichte. Die radiale Anordnung machte die sektorenartige Erweiterung der Siedlung möglich, wobei die Hofplätze bei Aufschüttung und Hausneubau etwa an gleicher Stelle und im gleichen Familienbesitz blieben. In dieser Zeit entstanden Höfe mit unterschiedlicher Stallgröße für 8 bis 16 Stück Großvieh. Im Stadium 4 gab es 10 Wohnstall-Langhäuser. Neben und hinter dem ehemals zentralen und größten Hof, der geteilt worden war, waren zwei umzäunte Langhäuser mit Wohnteil ohne Stall entstanden. Einer davon war mit Werkplätzen für Metallverarbeitung, einem Handwerkerhaus und 3 Speichern zusammen umzäunt und hatte offenbar die Funktion eines Herrenhauses, das von anderen versorgt wurde und keine eigene Landwirtschaft mehr betrieb. Auch in den kleineren Höfen wurde handwerklicher Nebenerwerb betrieben. Im Stadium 5 hatte das Dorf etwa 300 Einwohner und 450 Großvieh-Stallplätze. Dann folgte ein langsamer Rückgang der Einwohnerzahl, die großen Gehöfte nahmen an Zahl ab und die kleineren zu. Der große Hof neben dem Handwerkerplatz blieb bestehen. Das weitere Anwachsen der Winterüberflutungen führte zur Verringerung der Einwohner und zwang schließlich zur Aufgabe der Siedlungen in der Marsch im 5. Jahrhundert (P. Schmid 1982).

Auf der Geest zwischen Weser und Elbe in der Nachbarschaft der Marschensiedlungen des Landes Wursten entstanden wie dort Siedlungen, die vom Beginn des 1. Jahrhunderts v.d.Ztr. bis Ende des 1. Jahrhunderts n.d.Ztr. Zellenfluren bewirtschafteten. Die vom Moor umgebene Geestsiedlung Flögeln bietet ein gut untersuchtes Beispiel. In der 100 ha umfassenden Zellenflur standen 12 Wohnplätze, die nach dem 1. Jahrhundert n.d.Ztr. in ein Dorf zusammengelegt wurden, das bis zum 5. Jahrhundert bestand und Ende des 3. Jahrhundert seine größte Einwohnerzahl (150–200 Einw., 320 Stück Vieh) erreichte. Hier fanden sich die gleichen Haustypen wie in den Marschsiedlungen, auch Handwerkerhäuser ohne Stall, und mit gleichen Zahlen der Viehboxen wie dort. Das Verhältnis der Flächen von Acker zu Grünland war also in Marsch und Geest gleich.

Die Siedlung bestand aus durch Zäune voneinander getrennten Mehrbetriebsgehöften mit Pfostenspeichern und Grubenhäusern für Handwerksbetätigung, die vielleicht Sippen zuzuordnen sind. Diese Mehrbetriebsgehöfte sind durch die verschiedenen Siedlungsschichten zu verfolgen.

Im Nordwesten führte eine befestigte Toreinfahrt zur Siedlung, die sich in einem Weg durch die Siedlung fortsetzte. Zuletzt waren die Langhäuser so vergrößert worden, daß bis 32 Stück Vieh untergebracht werden konnten und die Wohnteile mehrere Räume aufwiesen.

Auch in dieser Siedlung ging man zuletzt zu mehr Handwerk über, ein Platz zur Bearbeitung und Erzeugung von Eisen entstand und die Zahl der Kornspeicher ging zurück. Die Siedlung wurde im 5. Jahrhundert verlassen, was auch pollenanalytisch durch Abbrechen des Getreides

Abb. 131: Bild einer Wurtensiedlung von Ezinge, Holland, 400 bis 300 v.d.Ztr. Nach H. Reinerth, *Vorgeschichte der deutschen Stämme*, Bd. 1, 1940, Abb. 25.

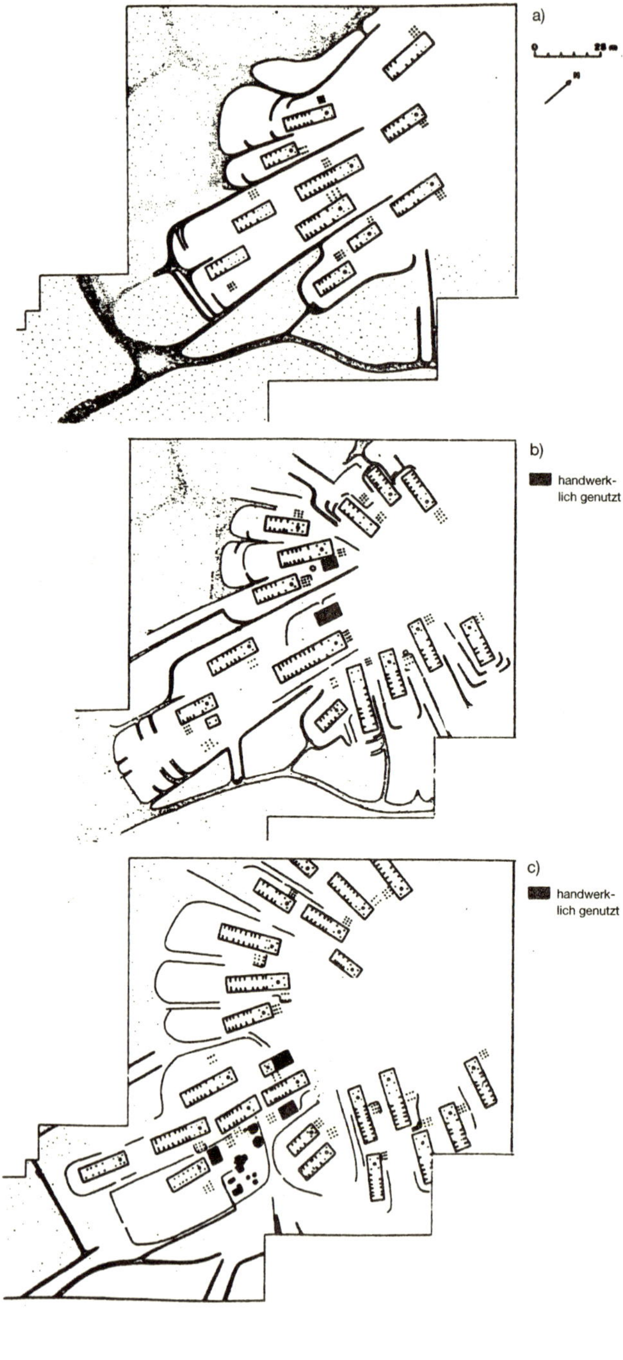

Abb. 132: Die Entwicklung der Wurtensiedlung Feddersen Wierde bei Bremerhaven.

a) Endausbau der Flachsiedlung, Horizont 1 d, Ende 1. Jahrhundert v.d.Ztr.
b) Beginn der radialen Dorfanlage, Horizont 2, 1.–2. Jahrhundert n.d.Ztr.
c) Horizont 4, 2.–3. Jahrhundert n.d.Ztr.

Punkte: Pfostenspeicher auf Stelzen.

Nach G. Kossack u.a. 1984.

und Wiederbewaldung bestätigt ist. Die Gründe zur Aufgabe der Siedlung waren archäologisch bisher nicht zu erkennen (P. Schmid 1982).

Bei Hodde in Westjütland wurde ein Dorf der vorrömischen Eisenzeit vollständig ausgegraben, das wahrscheinlich von den Vandalen vor ihrem Auszug zur Oder- und Weichselmündung bewohnt wurde. Es war von Anfang an auf Erweiterung angelegt und mit einem Zaun umgeben, der in den einzelnen Siedlungsabschnitten an der gleichen Stelle blieb und eine Fläche von 150 x 90 m einschloß. An der höchsten Stelle des leicht geneigten Geländes stand im Nordwesten zu Beginn nur ein Hof, der bis zum Schluß auch der größte blieb und gesondert umzäunt war. Zu ihm gehörte das größte Haus mit 28 m Länge und 28 Viehboxen, ein 12 m langes und stallfreies dreischiffiges Haus und ein kleineres mit 7 m Länge. Im dichtest bebauten Zustand gab es gleichzeitig 53 Häuser, davon waren 22 dreischiffige Wohnstallhäuser mit Wohnteil und Feuerstelle im Westen. Zwei Häuser waren Schmieden und in 4 Höfen wurde getöpfert. Die bessere, geglättete Keramik fand sich besonders in dem Hof mit hervorragender sozialer Stellung.

Die Häuser waren Pfostenkonstruktionen aus 4 Pfostenreihen mit lehmbeworfenen Flechtwerkswänden und Breiten von 5 bis 5,5 m. Die Stallteile hatten niedrige Zwischenwände für Viehboxen mit je 1 Stück Großvieh und 12 bis 20 Stück Vieh je Hof. Im dichtest bebauten Zustand konnten im Dorf etwa 350 Stück Vieh untergebracht werden (Abb. 133) (St. Hvass 1982).

In der gleichen Zeit gab es neben Dörfern auch Einzelhöfe mit den gleichen Haustypen in Jütland, auf Fünen bis Bornholm. Unweit von Hodde fand man zwei zusammengehörige einzelne Höfe mit vier Eisenniederschachtöfen. In Nordjütland gab es neben den Flechtwerkswänden auch bis mehr als 1 m in den Boden eingetiefte Langhäuser, mit Wänden außen aus Grassoden und innen aus Holzbohlen.

Der Südwesten von Norwegen bis Stavanger, in Rogaland und Jaeren war in der Eisenzeit vom 1. Jahrhundert n.d.Ztr. bis zur Völkerwanderung dichter besiedelt als heute. Das Land wurde nach dem Infeldsystem bewirtschaftet. Vom 1. Jahrhundert ab wurden dreischiffige Wohnstall-Langhäuser im Mittel 30 m lang mit Wänden aus Bohlen oder Flechtwerk zwischen dachtragenden Pfosten errichtet, die z.T. auf hölzernen Schwellen ruhten und außen von Steinwällen umgeben waren. Neben diesen gab es kleinere Wohnhäuser, Scheunen, Speicher und Schmieden. Diese Häuser bestanden zur einen Hälfte aus Ställen mit Viehboxen, zur anderen Hälfte aus zwei Wohnräumen. Die meisten waren, wo möglich, westöstlich bis nordwestsüdöstlich ausgerichtet. Die Eingänge befanden sich in der Mitte der Längsseiten („Mittertennhaus"), außen mit Verbindung zu den wallumgebenen Viehtrieben. Die größten Höfe besaßen zwei Langhäuser, davon eines ohne Stall. Es gab auch Mehrbetriebsgehöfte. Auch hier trat im 5. Jahrhundert ein Bevölkerungsrückgang ein und viele Höfen fielen wüst (N. Myrhe 1982).

Die Verbreitung des Wohnstall-Langhauses reichte damit von Mittelskandinavien bis zum nördlichen Rand der deutschen Mittelgebirge. Die Häuser waren zumeist dreischiffig. Die zwei Reihen von Innenpfosten endeten bereits vor den Stirnwänden und trugen damit Vollwalmdächer. Vereinzelt wurden auch Steilgiebel gebaut mit Pfosten in den Giebelmitten. Die Giebelseiten waren oft gerundet. In den Stallteilen der Häuser standen die Pfosten dichter (1,5 bis 2 m) als in den Wohnteilen (2,5 bis 3,5 m) und dienten mit niedrigen Flechtwänden als Abgrenzung der Stallboxen. Die Außenpfosten waren in Rähme eingezapft, auf denen die Sparren ruhten. Der Seitendruck des Daches auf die Außenpfosten wurde mit Spannbalken abgefangen. In den Marschsiedlungen standen die Außenpfosten außen vor den mit Lehm beworfenen Flechtwerkwänden und in

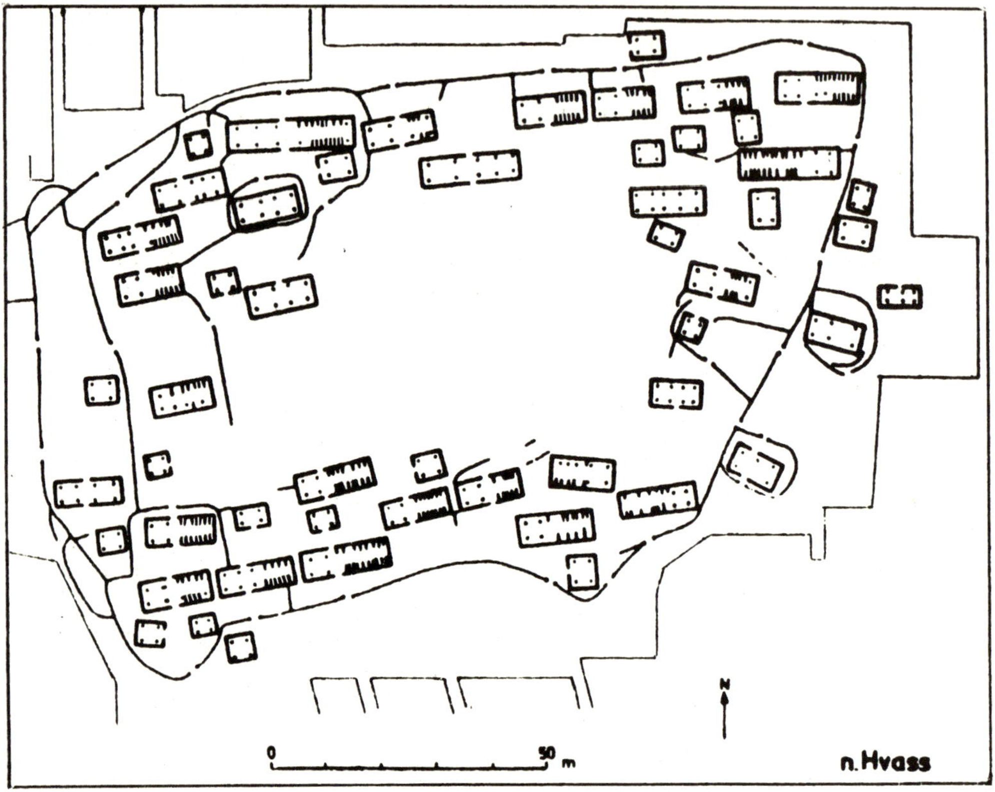

Abb. 133: Siedlung mit Wohnstall-Langhäusern aus dem 1. Jahrhundert n.d.Ztr. bei Hodde, Westjütland; Zäune dick ausgezogen. Nach G. Kossak u.a. 1984.

den Geestsiedlungen standen sie in den Wänden. Oft hatte der Wohnteil zwei Räume, einen hintersten mit der Feuerstelle. Im vorderen befanden sich in Queraufschluß die gegenüberliegenden Türen. Der Stallteil hatte einen Eingang an der Giebelseite.

In diesem Gebiet des Pfostenbaues war bereits um 0 d.Ztr. der Ständerbohlenbau bekannt, wie ein beim Bau des Mittellandkanals 1908 gefundener Brunnen zeigte. In vier quadratisch behauene Pfosten, die in Grundschwellen eingezapft waren, waren Bohlen eingenutet (H. Schroller 1934).

In der Siedlung Flögeln aus dem 4./5. Jahrhundert wurde eines der Häuser im Ständerbau auf Grundschwellen nachgewiesen. (H. Zimmermann 1988).

In diesem großen Gebiet des dreischiffigen Pfostenhauses herrschten bis in das frühe Mittelalter der gleiche Haustyp, die gleiche Innengliederung mit gleichen Abmessungen, die auf dem gleichen Maßsystem beruhte. Das war nur bei dauernder kultureller Kontinuität und mit einem spezialisierten Zimmermannshandwerk möglich (H. Zimmermann 1988), es belegt die germanische Kultureinheit.

Eine Ausnahme in dem großen Gebiet der Langhäuser in Pfostenbauweise bildeten die Stammesgebiete der Chauken an der Küste zwischen Elbe und Ems und der Cherusker in Westfalen.

Dort wurden Mehrhausgehöfte mit kleineren Wohnhäusern gebaut und diese wurden als Ständerbohlenbauten errichtet. In viereckig behauene Pfosten waren die Bohlen eingenutet. Die untersten waren durch die Pfosten durchgeführt und außen verzapft.

Beim Vergleich der Stallgrößen sind Abhängigkeiten von der Bodenbeschaffenheit erkennbar. In Marschgebieten herrscht die Viehzucht vor. Dort waren Gehöfte mit 16 bis 24 Stallplätzen, in Jütland dagegen auf Geestboden solche nur mit 8 bis 16 Stallplätzen die Regel. Im Vergleich der Stallplätze innerhalb einer Siedlung herrscht meist ein Mittelmaß vor, d. h., soziale Unterschiede sind wenig ausgeprägt. Dagegen läßt die im Mittel der Stallgröße entsprechende Größe der Wohnteile erkennen, daß sie für unterschiedlich große Familien gebaut wurden. Höfe, die Häuptlingen bzw. Adligen gehörten, hatten größere Ställe, größere Vorratsspeicher und kleinere Häuser von Hintersassen. Insgesamt ist erkennbar, daß die Bauern etwa gleichgroße Besitzstände hatten (P. Donat 1977). Das Vorwiegen der Kleinbauern in den Dorfstrukturen entstand wahrscheinlich erst mit dem Feudalismus.

Zu dieser norddeutsch-skandinavischen Hauslandschaft gehören noch die Steinbauten auf Öland. Dort entstanden im 4. Jahrhundert die ersten Steinbauten im gesamtgermanischen Bereich in Trockenmauerwerk, begünstigt durch anstehende plattige Kalksteine als Schutz- und Zufluchtsburgen für Bauern der Nachbarschaft. Eketorp 1 im Süden von Öland bestand bis in das 5. Jahrhundert 100 Jahre, war von einer 4 m hohen 2schaligen und 3,4 m dicken fast runden Mauer mit einem Tunneltor umgeben. Innen waren radial 20 dreischiffige Häuser angebaut, außen mit Mauern, innen mit 2 Pfostenreihen. Die Häuser waren am Giebel nach der Mitte der Burg offen. Sie dienten als Fluchtwohnungen. Eketorp 2 wurde nach Abriß von Eketorp 1 erweitert im 5. Jahrhundert errichtet, bestand etwa 200 Jahre und wurde dann verlassen. Die bis 6 m dicke, ursprüngliche 2-schalige Mauer mit 78 m Ringdurchmesser besaß 2 Einfahrtstore, das eine mit einem Fallgitter. Die Mauern umschlossen 12 Höfe mit Stall für je 16 Rinder und Wohnhaus, insgesamt 53 Häuser, 23 Wohnhäuser, 12 bis 13 Ställe und 11 Werkstatt- und Vorratshäuser. 11 Häuser waren unbewohnte Zufluchtsstätten. Die Häuser waren 11 m lang und dreischiffig mit Vollwalmdächern (J. Hoops, 7, 1989) (Abb. 134).

Diesem einheitlichen Wohnstall-Langhaus-Gebiet, das von der Jungsteinzeit an in dem engeren Bereich der Nord- und Ostseeküste bis heute besteht, stand im weiteren germanischen Siedlungsgebiet eine auch am gleichen Ort sehr vielfältige Hauslandschaft gegenüber.

Diese Grenze der Hauslandschaften entsprach zugleich einem Übergang des Vorherrschens der Viehzucht im Norden zur Vorherrschaft des Ackerbaues vom Nordrand der Mittelgebirge nach Süden.

Es gab Wohnstall-Langhäuser, kürzere und ein- und mehrschiffige Häuser ohne Stall, mit teilweise sehr unregelmäßiger Ausführung, mit Lauben und Anbauten verschiedener Art, auch kleine z.T. bewohnte Grubenhäuser. Im übrigen ist der erhaltene Zustand dieser Siedlungen meist schlecht und der Forschungsstand mangelhaft.

In diesem Gebiet ist im Gegensatz zum Gebiet der Wohnstall-Langhäuser in der norddeutschen Ebene auch die Ausbildung der Langhäuser vielfältig. Dort herrscht das dreischiffige Langhaus ohne Firstträger nach Abb. 121 Nr. 2. Hier kommt es in den dreischiffigen Langhäusern zur Längsaufstellung der Viehboxen, zu Anbauten und zu Lauben an den Längsseiten. Es kommt am Ende des 3. Jahrhunderts zu einer Weiterbildung der Langhäuser mit 3 Innenpfostenreihen zu vierschiffigen Bauten. Die mittlere Pfostenreihe trägt den Firstbalken, auf dem die Rofen eines Satteldaches ruhen, ein weiterer Unterschied zum ersten Gebiet.

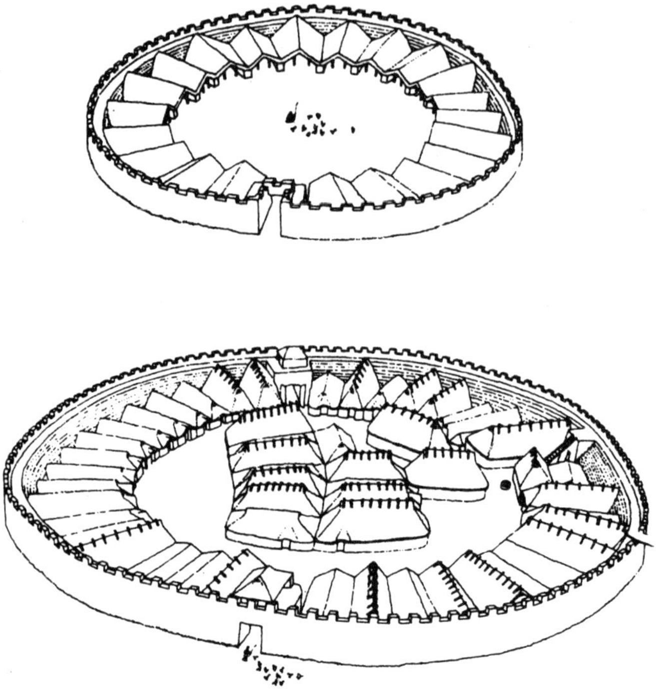

Abb. 134: Maßstabgerechte Rekonstruktion der Burgen von Eketorp 1 und 2 (unten) im Süden von Öland. Nach: *Das Museum von Eketorp*, Öland 1990.

Eine Siedlung aus der Nähe eines Reihengräberfriedhofes und des alemannischen Fürstengrabes von Wittislingen, Kreis Dillingen, aus der Zeit nach 260, dem Durchbruch durch den Limes, wurde auf einem abgebrannten römischen Gutshof mit rechteckigen Grubenhäusern von etwa 3 x 4 m angelegt. Das zeigt die Verwendung der Grubenhäuser in Wanderungszeiten nicht nur bei den Ostvandalen sondern auch bei Westgermanen. Diese kleinen und keineswegs regelmäßig gebauten Grubenhütten besaßen je 6 Pfosten, davon 2 als Firstpfosten in den Mitten der Schmalseiten. Sie standen in den bis 0,5 m eingetieften Gruben (W. Krämer 1952).

Auch die Franken verwendeten noch am Ende der Völkerwanderung um 500 Grubenhütten. In einer Siedlung bei Gladbach bei Neuwied, die bis etwa 900 bewohnt wurde, fand man 53 Gebäude, davon nur wenige rechteckige und ebenerdige Pfostenhäuser von 6 x 10 und 6,5 x 7 m und kleinere. Die meisten Gebäude waren Grubenhütten, die unregelmäßig mit unterschiedlicher Pfostenanzahl und -stellung gebaut waren, bei einer wurde ein eiserner Schlüssel gefunden. Auch Stelzenspeicher sind von dort bekannt (H. Mylius 1938).

Eine Vielfalt von Pfostenbauten mit Flechtwerkswänden wurde in den ersten Jahrhunderten in Brandenburg von den Burgundern errichtet, mit Grubenhäusern, die z.T. Wohnzwecken dienten und Feuerstellen besaßen. Als Beispiel diene die nur unvollkommen bekannte Siedlung Kliestow bei Frankfurt, die aus verschieden großen Häusern mit z.T. gerundeten Schmalseiten und einem Grubenhaus bestand. Auch hier waren Ställe nicht nachweisbar (A. Leube 1971). Diese jüngere Siedlung mit bis 6 x 8 m großen Pfostenhäusern und einem Backofen überlagerte eine etwas ältere Siedlung aus kleineren und unregelmäßigen Grubenhäusern mit Herden und Flechtwerkswänden, außerdem mit einer Anlage zur Eisenerzeugung. Diese ältere Siedlung war bei der Einwanderung errichtet worden (K. Marschalleck 1937/40). Aus dem gleichen Gebiet wurde in Waltersdorf, 60 km westlich von Frankfurt/Oder, eine Siedlung bekannt, die weitere Einblicke ermöglichte. In den ersten Jahrhunderten n.d.Ztr. entstanden um einen Platz mindestens sechs sehr unregelmäßige Hofkomplexe aus Wohnbauten mit je einer abgerundeten Schmalseite, Ställen, Speichern, kleinere Häusern und Grubenhütten (Abb. 135). Die Wohnbauten besaßen z.T. Anbauten und Vorlauben an den Längsseiten mit den Eingängen. Auch die Innengliederung der Wohnbauten war sehr verschiedenartig. Mehrschiffige Wohnstallhäuser wie im nahegelegenen Kablow fehlen. Die Siedlung besaß einen Eisenverhüttungsplatz mit zwei rechteckigen Werkstatthäusern. Bis Ende des 5. Jahrhunderts schließt eine Siedlung mit Grubenhäusern an (B. Krüger 1987).

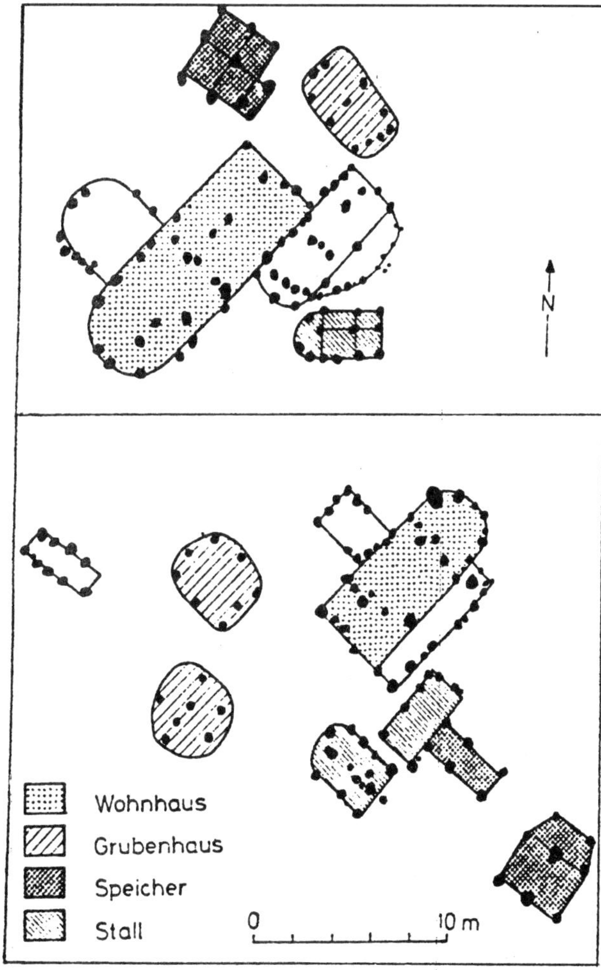

Abb. 135: Die Grundrisse von zwei Hofkomplexen der germanischen Siedlung von Waltersdorf 60 km westlich von Frankfurt/Oder aus den ersten zwei Jahrhunderten n.d.Ztr.
Nach B. Krüger 1987.

Bei Kablow, Kreis Königs Wusterhausen, wurden zwei eng benachbarte Dörfer mit 66 nicht gleichzeitig errichteten Häusern des 2. oder 3. Jahrhunderts n.d.Ztr. gefunden, von denen bisher nur einzelne Hausgrundrisse veröffentlicht sind. Hier standen dreischiffige Wohnstall-Langhäuser mit Viehboxen und im Süden vorgesetzten Lauben ähnlich wie im Küstengebiet, gestelzte Speicher, Eisenerzeugungsanlagen, kleine Wohnhäuser, getrennte Ställe und eingetiefte Grubenhäuser, die als Webhütten dienten. Der letzte Siedlungsanschnitt der einen Siedlung bestand nur aus größeren Wohnstall-Langhäusern mit einem von Lauben umgebenen vierschiffigen Haus besonderer Länge von 20 m mit erkennbaren Stallboxen, dem einige Speicher zugeordnet waren (G. Behm-Blancke 1950, 1956). Geradlinige Anordnungen von drei Pfosten im Abstand von 5 m wurden als Heustapelvorrichtungen gedeutet, wie sie heute noch in den Ostalpen (Harpfe) bis zu den Slowenen benutzt werden. Diese Siedlungen wurden erst von Burgundern und dann von Semnonen bewohnt.

Das größte Dorf wurde auf dem Bärhorst bei Nauen ab 1935 ausgegraben. Der Bärhorst ist eine Sandinsel in einem Urstromtal mit sumpfigen Niederungen und mißt etwa 1 x 0,7 km. Darauf lag die fast quadratisch umzäunte Siedlung von etwa 200 m Seitenlänge (Abb. 136) und einem Tor von 5 m Breite im Nordosten. Diese Fläche war mit etwa 50 Wohnstall-Langhäusern bebaut, die meist westöstlich gerichtet und von einem Zaun umgrenzt waren. Die bis 25 m langen und bis 8 m breiten Häuser waren meist dreischiffig und sehr vielgestaltig. Die Stallboxen standen nicht nur wie im Küstengebiet mit ihrer Längsrichtung senkrecht zur Achse der Häuser, sondern auch parallel dazu. Die wandbündigen Pfosten waren teilweise behauen. Die Wandfüllungen bestanden im Wohnteil meist aus Bohlen und im Stallteil meist aus Flechtwerk mit Lehmbewurf. Lehm diente auch als Füllung zwischen Rundhölzern. Ob diese liegend nach Art des Ständerbohlenbaus angeordnet waren, blieb unbekannt. Die Häuser trugen Walmdächer. Um die Feuerstelle standen oft quadratisch 4 Pfosten. Es gab Anbauten und Lauben. Zu den abgegrenzten Höfen gehörten vielfach ein Pfostenspeicher und ein Grubenhaus als Wirtschaftsnebengebäude. Inmitten des Dorfes lag neben einem 30 x 30 m großen freien Platz ein nordsüdlich gerichtetes fast 40 m langes Haus, von dessen Innenaufbau leider nichts beschrieben wurde. Dieses Dorf wurde möglicherweise von Langobarden Ende des 3. Jahrhunderts n.d.Ztr. angelegt, nachdem die vorher hier siedelnden Semnonen abgezogen waren. Es wurde nicht lange benutzt und nach Mitnahme alles Brauchbaren nach der Räumung abgebrannt (O. Doppelfeld 1937).

Bei Tornow westlich Cottbus wurden germanische Siedlungen des 3. bis Ende des 5. Jahrhunderts n.d.Ztr. ausgegraben, die deshalb sehr interessant sind, weil über dem germanischen Dorf am Bochelt die Ostvandalen bauten. Dort liegen die zwei ersten Siedlungen der Ostvandalen übereinander und am Lütjenberg wenige hundert Meter entfernt vier folgende nebeneinander.

Die Siedlungen am Bochelt bestanden aus Gehöften unterschiedlicher Größe mit Wohnstallhäusern, Stelzenspeichern auf 4, 6 oder 8 Pfosten und kleineren Wirtschaftsbauten. Die Häuser wurden mit dachtragenden Palisaden-Flechtwerkswänden, wandständig unregelmäßig eingeschalteten Pfosten und dachtragenden Firstpfosten errichtet. Die Häuser waren sehr unregelmäßig gestaltet, hatten z.T. gerundete Schmalseiten und Anbauten, die im größten Haus (Nr. 51 Abb. 137) Ställe waren. Im Dorf Bochelt 1 standen 18 Gehöfte mit 47 Gebäuden. Die Siedlung wurde im 3. Jahrhundert von den Burgundern errichtet. Vergleichbare Häuser gab es bei den Vandalen an der Oder, in Schlesien und weiter nach Südosten (Prżeworsk-Kultur).

Die Siedlung Bochelt 2 wurde beim Umzug in die Siedlung am Lütjenberg 1 verlassen unter Mitnahme alles Brauchbaren, z.T. unter Abriß von Gebäuden, und danach abgebrannt. Zwischen

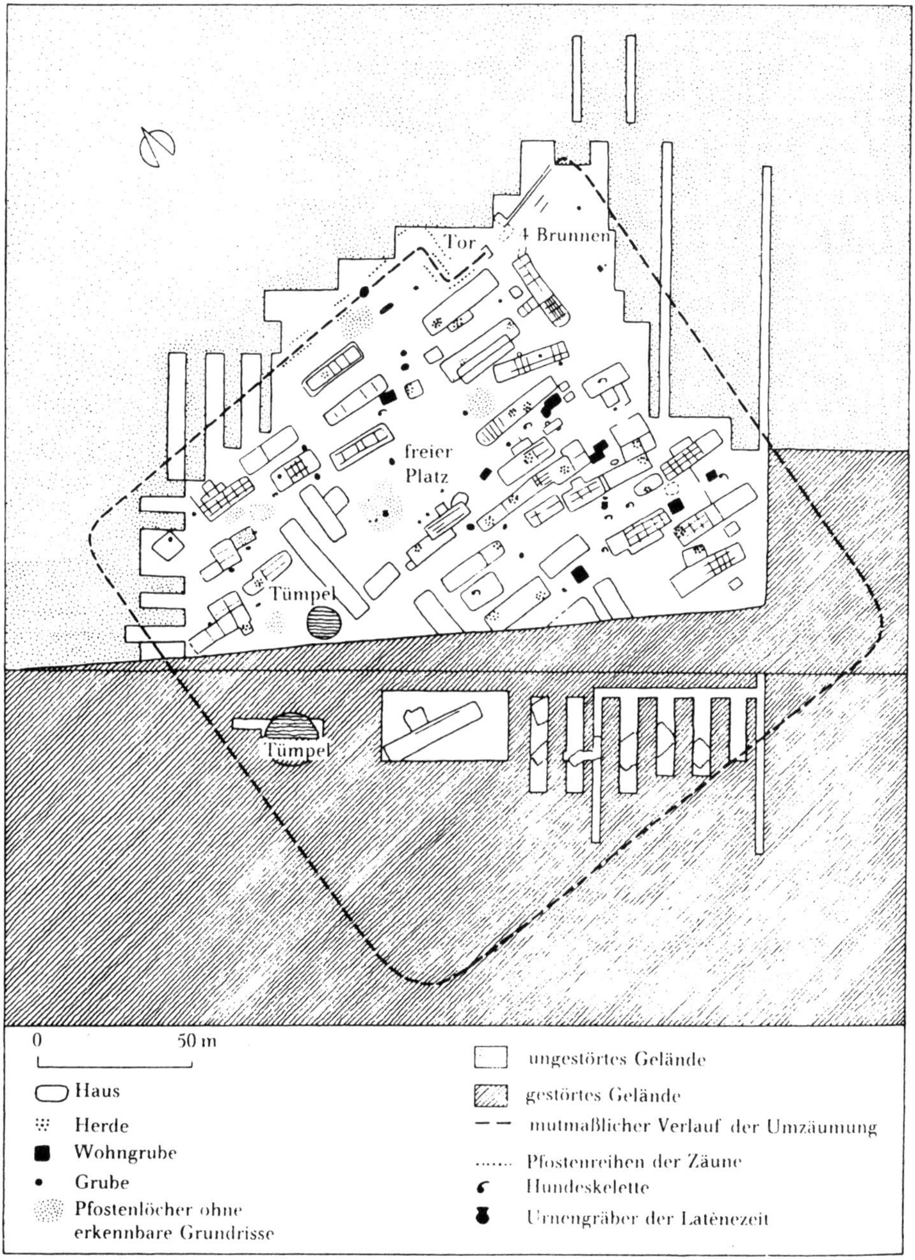

Abb. 136: Das germanische Dorf Bärhorst bei Nauen vom Ende des 3. Jahrhunderts. Nach H. J. Herrmann, *Archäologie in der DDR*, Leipzig 1989.

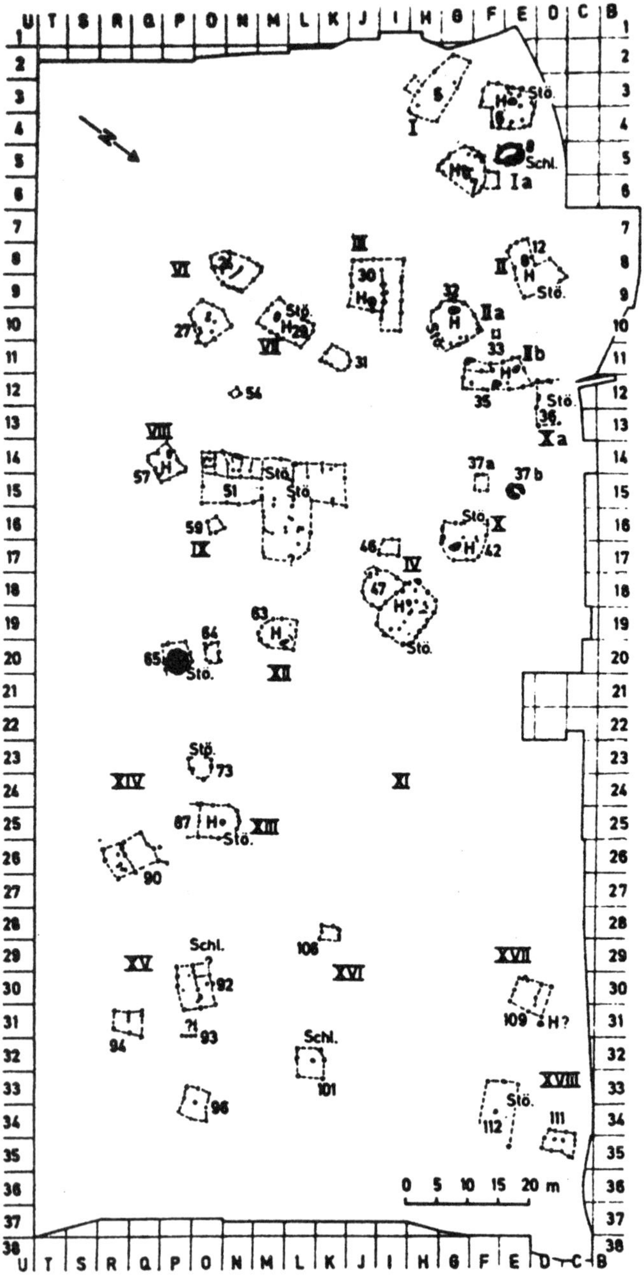

Abb. 137: a. Tornow, Kr. Calau, Siedlung 2 der Burgunder am Bochelt. Gehöfte in römischen Ziffern.

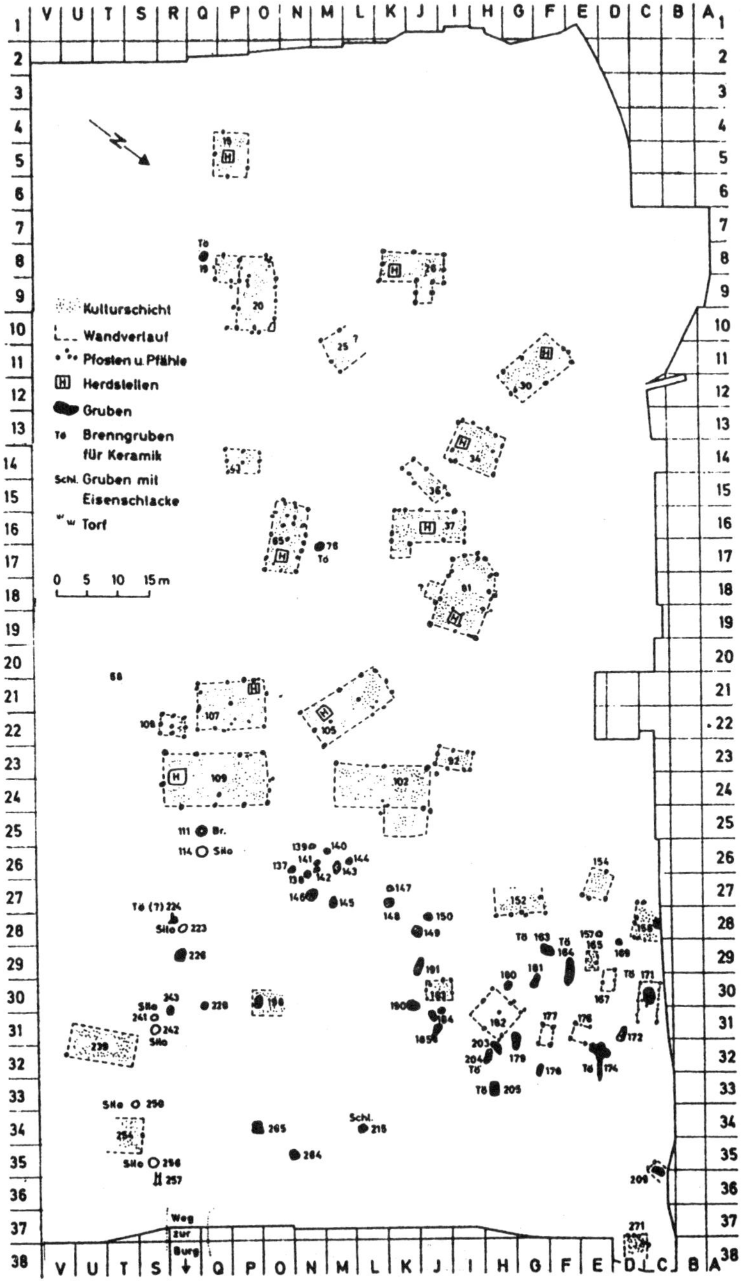

Abb. 137: b. Siedlung A der Ostvandalen darüber. Nach J. Herrmann, 1970b

dem Bau dieser Siedlung und der Siedlung 2 am Lütjenberg zogen die Burgunder ab und Elbgermanen zu. Diese bauten Rechteck-Langhäuser mit einer Firstpfostenreihe, bewohnte Grubenhütten, die innen im Halbkreis der großen Häuser standen, und eine größere Eisenerzeugungsanlage neben dem Dorf. Große Langhäuser fehlten. Die Gehöfte waren etwa gleich groß. Die Siedlung L 4 wurde etwa um 550 verlassen. Pollenanalytisch ließ sich keine Unterbrechung des Getreideanbaues bis zur Ankunft der Ostvandalen nachweisen, die am gleichen Platz siedelten. Es besteht also nicht nur die Möglichkeit der Berührung von Elbgermanen und Ostvandalen, sondern auch die Möglichkeit, daß Teile der Elbgermanen am Ort blieben (J. Hermann 1970, 1973).

Die Siedlungen der Vandalen (Przeworsk-Kultur) waren Weiler aus wenigen Gehöften oder Einzelhöfe in Streulagen. Die Gehöfte gehörten Kleinfamilien und bestanden aus wenigen gleichzeitig errichteten Häusern. Die Häuser waren ebenerdig, einräumig neben wenigen zweiräumigen, durchschnittlich von 38 m^2 Größe bzw. bei Grubenhäusern von 17 m^2. Sie waren aufgeführt als Pfostenbauten mit wandständigen oder innenständigen Flechtwerkswänden oder als Ständer-Rundholzbauten, oft mit einem Vordach über dem Eingang. Neben offenen Feuerstellen gab es geschlossene Öfen aus Stein oder Lehm. Kleinere Häuser mit Steinböden werden als Dampfbäder angesehen. Die Friedhöfe gehörten zu mehreren Gehöften im Umkreis bis zu mehreren km Radius (K. Godlowski 1969).

In einer dorfähnlichen größeren Siedlung von Wolka Lasiecka, Kreis Lowicz, 80 km westsüdwestlich Warschau, die aus dem 3. bis 4. Jahrhundert stammt, stand eine 8,5 x 16,2 m große Halle (Abb. 138), an deren Längswänden im Inneren je eine zweite Pfostenreihe stand. Das Dach war freitragend ohne Firstpfosten mit Ausnahme eines Pfostens in der Mitte. In den beiden Hälften lag je eine große Feuerstelle in 0,8 m tiefen Gruben (G. Domanski 1971). Diese Halle könnte ein Vorläufer der Fürstenhallen aus der Burg Oldenburg sein (s. Abb. 155).

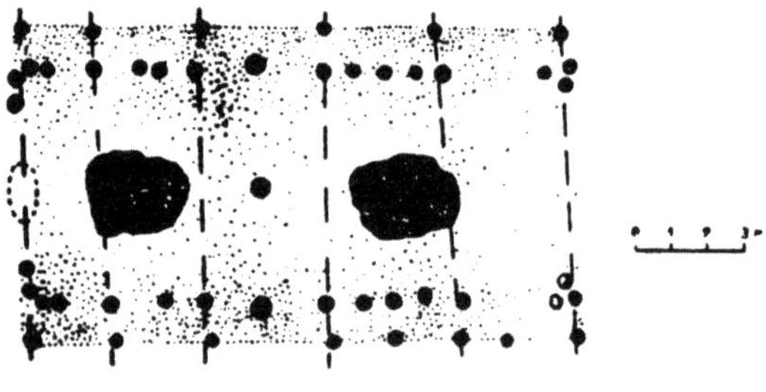

Abb. 138: Die große Halle der Westvandalen aus der Siedlung Wolka Lasiecka 80 km WSW Warschau, schwarze Flächen: Feuerstellen. Nach W. Bender 1962.

Von den bisher sehr spärlichen Siedlungsresten der Markomannen aus Böhmen ist eine Siedlung bei Tuchlovice (35 km westlich von Prag) bekannt, die von 200 bis nach 400 bestand. Anfangs wurden Pfostenbauten von 3,5 x 6,5 m mit First- und Mittelpfosten oder von etwa 3,8 x 4,5 m errichtet. Später trat Eisengewinnung in 1 m hohen Schachtöfen hinzu, die Schlackenabstiche und Windzufuhren hatten und in Reihe aufgestellt waren. Die Keramikreste zeigen Verwandtschaft mit Funden aus dem mittleren Elbegebiet. Ein Gefäß hat zahlreiche Verwandtschaften im Gräberfeld von Přeštovice (s. Kap. 4.3).

Nach ihrer Ankunft um 0 d.Ztr. in der Weichselmündung bauten die Goten Pfostenhäuser bis 4 x 7 m in Ständerbohlenbau mit Vorlauben wie im Fürstengrab von Pilgramsdorf bei Neidenburg/Ostpreußen (s. Abb. 63). Dies war die im gesamten germanischen Kulturkreis am weitesten entwickelte Bauweise. Der Ständerbohlenbau wurde erst im frühen Mittelalter nach 800 allgemein üblich.

In der weiteren Umgebung von Lublin bauten die Goten im 2. und 3. Jahrhundert Langhäuser skandinavischer Art. Bei Grodek südwestlich von Lublin am Bug fand sich ein einschiffiges, 10 x 20 m großes zweigeteiltes Haus mit 50 cm dicken Pfosten. Der eingetiefte Teil diente zum Wohnen und hatte einen Tonofen zum Heizen. Ebenerdige Langhäuser in Pfostenbauweise sind in den Kulturen der Goten, der Willenberg-Kultur in Pommern und der Černjachov-Kultur in der Ukraine verbreitet (A. Kokowski 1995).

In ihrem Reich zwischen den Karpaten, Dnjestr, Pripjet und Dnjepr bauten sie (Černjachov-Kultur) zwei- und dreischiffige ebenerdige Wohnstallhäuser in Längen bis 16 m, deren Wohnteile oft mehrfach unterteilt waren in Pfostenbauweise mit Flechtwerkswänden, die mit Lehm beworfen wurden, sowie kürzere ebenerdige Pfostenhäuser und Grubenhäuser. Die Wohnstallhäuser standen in West-Ost-Richtung oft beiderseits von Wegen. Die in Höfe gegliederten z.T. größeren Siedlungen lagen in Tälern außerhalb der Überschwemmungsgebiete und an Hängen. Die Über–

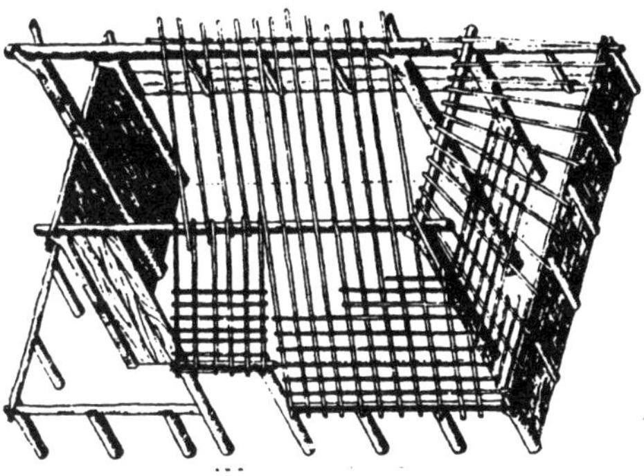

Abb. 139
a: Das Gerüst des Wohnhauses im bayrischen Gehöft nach dem *Lex Bajuvariorum* ohne den dort genannten Umgang. Nach T. Gebhardt 1951.

a.

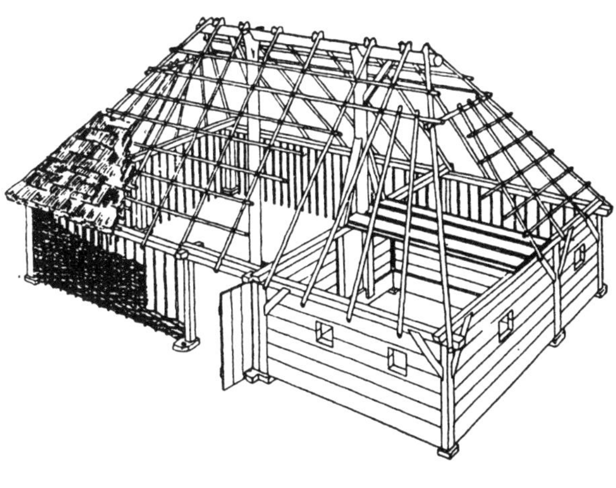

b.

b: Häusler-Wohnstallhaus aus der Oberpfalz um 1400, rekonstruiert nach Bauanleitung aus alten Weistümern. Nach T. Gebhardt 1951.

einstimmungen mit den Siedlungsgewohnheiten um 0 d.Ztr. in Jütland und Schweden geht bis in Einzelheiten (A. Häusler 1979) mit Ausnahme der Grubenhäuser, die im germanischen Norden erst in der Zeit der Völkerwanderung aufkamen.

Bereits im 1. Jahrhundert bauten die Goten im Norden des Schwarzerdegebietes Grubenhäuser, die teilweise 2 m eingetieft waren und Grundflächen bis 22, in Einzelfällen bis 30 m² erreichten. In der Nähe des Einganges stand meist ein Ofen. Das Dach wurde von Eck- und Firstpfosten in der Mitte der Schmalseite getragen. Die Wände bestanden auch im eingetieften Teil aus lehmbeworfenen Holzgerüsten. Bei den tieferen Grubenhäusern gab es keine aufgehenden Wände. Das Dach ruhte auf dem Boden. Die Siedlungen am Dnjestr bestanden bis nach 400 n.d.Ztr. (V. Baran 1973).

Die Ostgermanen, Goten und Gepiden, bauten stützenfreie Sparrendächer, wobei zum Unterschied von West- und Binnengermanen die Sparren auf die Rähme eingezapft wurden. In Rückzugsgebieten der Gepiden in Siebenbürgen hat sich diese Art der Verzimmerung bis in jüngste Zeit erhalten ebenso wie in den Ostalpen in Karantanien.

7.4.5 West- und Nordgermanische Siedlungen nach der Völkerwanderung

Im germanisch besiedelten Raum – dessen östliche Grenze nach A. Krantzius († 1517), Cosmas von Prag († 1125), Alfred dem Großen († 970) und Paulus Diakonus († 799) am Don liegt – zwischen Weichsel, Rhein und Donau zeichnet sich nach der zweiten ostvandalischen Westwanderungswelle vom 7. bis zum 11. Jahrhundert eine vielfältige Hauslandschaft ab. Im west- und nordgermanischen Bereich herrschte der Pfostenbau, den es aber auch weiter östlich in Mitteldeutschland bei den Ostvandalen gab, und verbreitet in den ostvandalischen Burgen und Städten. Im nördlichen Bereich der Ostvandalen herrschte der quadratische Blockbau, der auch von den Wikingern nördlich und südlich der Ostsee geübt wurde, und im südlichen Bereich der Ostvandalen war das quadratische Grubenhaus führend.

In Skandinavien vollzog sich in dieser Zeit der Übergang vom Wohnstall-Langhaus zum großen quadratischen Blockhaus – mit Sparren- und Vollwalmdach mit einem quadratischen Rauchabzugsloch in der Mitte über der Feuerstelle – und damit zum Haufengehöft, das bis zur Zerstörung der alten Formen in der Neuzeit üblich war, das aber noch in den großen Bauernhausmuseen Skansen bei Stockholm, Bygdöy bei Oslo und bei Lillehammer konserviert wird. Gleichzeitig erschienen Grubenhäuser, die vornehmlich Wirtschaftszwecken dienten. Es entstanden aber auch Siedlungen nur aus kleinen Grubenhäusern, wie die in Ystad an der Südküste Schonens, die vom 6. bis zum 11. Jahrhundert bestand. Ihre Bewohner trieben nur Viehzucht und Fischfang. Die Häuser wurden zu Wohn- und Wirtschaftszwecken benutzt (M. Strömberg 1982). Im 9. Jahrhundert bauten die Wikinger in Alt-Ladoga mehrräumige Blockhäuser.

Im größeren Gebiet des Wohnstall-Langhauses vor den Mittelgebirgen erschien zwischen Ems und Niederrhein ein neuer Haustyp, der Typ Warendorf (Abb. 141), der ohne Spann- und Ankerbalken schräge Außenstützen erforderte und bereits im 9. Jahrhundert wieder verschwand. Im Dorf Warendorf wird dieser Typ neben rechteckigen, wie in der Jungsteinzeit, wieder mit schiffartigen Wänden benutzt wie auch in Dänemark, hier aber anscheinend nur als Wohnhaus. Dieses spannbalkenfreie Haus mit Sparrendach wurde auch in Haithabu gebaut (s. Abb. 34).

Südlich der norddeutschen Tiefebene war die Bauweise nicht einheitlich. Es gab im alemannischen Bereich ein- und zweischiffige Wohnstallhäuser, die bis 7 m breit und 20 m lang waren. Vierschiffige Häuser in Abmessungen von 10 x 20 m fand man bei Ulm und Schaffhausen und deutet sie als Wohnbauten für sozial höher Stehende.

Aus den germanischen Volksrechten, wie sie vom Frankenkönig Theuderich (511–533) an aufgezeichnet wurden, läßt sich aus der *Lex Bajuvariorum* das bayrische Gehöft rekonstruieren, wie es ähnlich auch bei den Alemannen üblich war. Es bestand aus einem wandlosen Schopf, dessen Dach auf vier Pfosten und zwei möglichen Firstpfosten ruhte, die von waagerechten Spangen (Rähme) längs und Bretten (Spann-, Ankerbalken) quer zusammengehalten wurde. Die Rofen reichten bis zum Boden. Das Vollwalmdach der Scheune ruhte auf vier Eckpfosten und zwei inneren Firstpfosten, welche die Firstpfette mit Wandabschlüssen wie beim Schopf trugen. Ähnlich war der Großviehstall gebaut. Die Wände waren aus Flechtwerk, das lehmverputzt war, oder aus senkrecht gestellten Bohlen mit Zwischenpfosten. Das Haupthaus war ein zweitschiffiges Pfostenhaus mit Vollwalmdach und Wänden aus Flechtwerk oder senkrechten Bohlen. Die Rofen ruhten außerhalb der Wände auf Pfosten und Rähmen eines laubenartigen Umgangs (Abb. 139 a, T. Gebhardt 1951).

Aus alten Weistümern gelang es, einen Wohnstallhaustyp zu rekonstruieren, der um 1400 in der Oberpfalz für Häusler gebaut wurde und der in dieser Art noch nach 1900 in Benutzung war (Abb. 139 b, T. Gebhardt 1952) und dem Haus des Lex Bajuvariorum ähnelt.

Man braucht nur den Ständerbohlenbau gegen den Pfostenbau mit lehmverputzten Flechtwerkswänden zu vertauschen, um einen Haustyp zu erhalten, wie er schon um 0 d.Ztr. gebaut wurde. Ein ähnliches Gebäude, eine Scheune, wird von Dürer in seinem bekannten Aquarell von Kalckreuth bei Nürnberg dargestellt, und zwar mit Vollwalmdach, zwei Firstpfosten, Flechtwerkswänden und Einfahrt senkrecht zum First.

Im 7. Jahrhundert entstanden in Bayern regelmäßig angelegte Dörfer wie eine Freilegung in Kirchheim bei München zeigte (H. Geisler 1988, Abb. 140). Die rechteckigen Hofgrundstücke grenzten mit ihren Schmalseiten an die Dorfstraße. Die bis 6 x 20 m langen zweischiffigen Pfostenhäuser, wahrscheinlich mit Flechtwerkswänden, lagen in Westsüdwest-Ostnordost-Richtung in der Längsrichtung der Hofstellen, die je einen Brunnen und Grubenhäuser enthielten. Die Pfosten der Häuser hatten an den Längsseiten etwa 2 m Abstand. Spannbalken, die eine Mittelunterstützung hatten, befanden sich an den Firstseiten und mit 4 m Abstand im Inneren. Es gab Vorbauten, Laubengänge und schopfartige seitliche Anbauten. Die großen Pfostenhäuser waren Wohn-Stallhäuser. Die Bauweise war derjenigen der Alemannen und Franken ähnlich. Es wäre nun sehr interessant, etwas über den Hausbau der Urbayern des Stammes „Friedenhain-Přeštovice" in Böhmen oder nach ihrer Übersiedlung aus dem Gebiet nördlich der Donau erfahren zu können.

Mit dem Übergang zum Haufendorf und dem nur Wohnzwecken dienenden Haupthaus wurden kleinere Pfostenhäuser als Ställe benötigt. Seit dem 7. Jahrhundert ist die Stallhaltung des Großviehs überall üblich geworden und damit auch die Bevorratung von Winterfutter. Dieses wurde in kleineren Pfostenhäusern und wandlosen sechseckigen Heuschobern mit und ohne Mittelpfosten gelagert. Ebenerdige und gestelzte Speicher, die es bereits seit der frühen Eisenzeit, mit 4, 6 und 8 Pfosten gab, gehörten zu den meisten Höfen. Südlich des Küstengebietes der Wohnstallhäuser wurden eingetiefte Grubenhütten üblich, die kaum größer als 3 x 4 m waren. Diese hatten vier Pfosten an den Ecken, dazu traten zwei Pfosten in den Seitenmitten und/oder zwei Firstpfosten in den Schmalseiten. Alle in Schleswig-Holstein und im östlichen Niedersachsen gefundenen Gru–

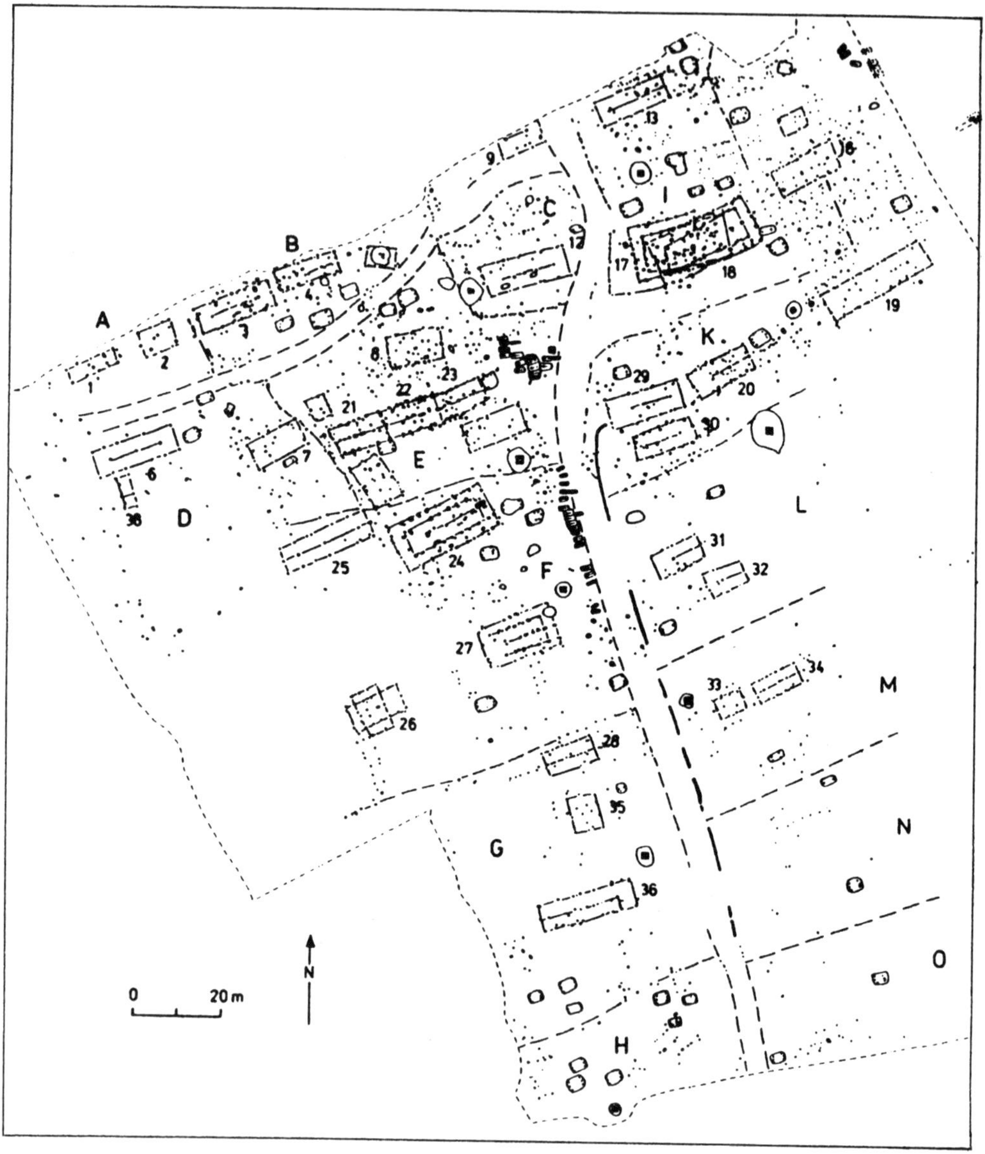

Abb. 140: Die bairische Siedlung von Kirchheim bei München. Nach P. Donat 1991.

benhäuser enthielten Feuerstellen, was sonst selten ist; sie waren also wohl Wohnhäuser von Hörigen. Meist waren die Grubenhäuser die Standorte von Webstühlen. Nach dem 9. Jahrhundert wurden die Grubenhäuser weniger zahlreich. Dafür häuften sie sich in den Adelshöfen und den Vorburgen der Pfalzen. Darin drückt sich aus, daß sich die bäuerliche Textilherstellung dorthin verlagerte, wo sie sich dann weiter entfaltete, z.B. wurden auf der Heuneburg Webstühle mit 3,90 m Standbreite gefunden.

Einen solchen Haufenhof aus Warendorf bei Bielefeld mit großem Wohnhaus der Familie des Freibauern, kleineren Rechteckhäusern als Wohnungen von Hintersassen, dazu Ställen, Scheunen, zwei Sechseckheuschobern und Grubenhütten zeigt Abb. 141. Auf einem solchen Hof lebten in drei Generationen die Familie des Freibauern mit den Familien der Söhne, dazu Hörige. Zusammen waren das etwa 25 Personen, davon 8 bis 10 Erwachsene. Ähnliche Höfe waren im ganzen germanischen Raum südlich der norddeutschen Tiefebene verbreitet. Es entstanden schon bald nach der Völkerwanderung unterschiedliche Größen der Höfe, denn die einsetzende Allodialverfassung beinhaltete das Eigentumsrecht am Boden und damit die Möglichkeit einer Veräußerung. Soziale Unterschiede bestanden an sich schon lange vorher. Auf den Friedhöfen wurde nur der Allodialbauer als Reiterkrieger mit seinen Waffen bestattet. Die Größen solcher Höfe lagen zwischen 3 bis 12 Mansen (= Hufen).

Außer im niederdeutschen Bereich wurde im 9. Jahrhundert das Wohnstallhaus vom Haufenhof abgelöst. In den Burgen, Vorburgen und stadtartigen Siedlungen trat zu den Wänden in Pfostenflechtwerksbau der pfostenfreie Flechtwerksbau, der pfostenfreie Palisaden-Flechtwerksbau, der Palisadenbau, der Stabbau, der Pfostenbohlenbau und im Norden der Blockbau wie in Haithabu hinzu. Der Ständerbohlenbau ist vor allem ostgermanische Eigenart (bei Westgermanen vergl. Kap. 7.4.4). Er wurde bereits von den Goten nach ihrer Übersiedlung in die Gebiete südlich der Ostsee angewandt (vergl. Abb. 63, dort mit vertikal angeordneten Bohlen). Er ist aus ostgermanischen Rückzugsgebieten aus den Ostalpen bekannt, z.B. aus dem Lavanttal (O. Moser 1955). Schließlich wurden unten Schwellriegel und ganze Schwellenkränze eingefügt und diese wiederum auf Steinfundamente gesetzt. Es entstanden Ständerbauten und daraus schließlich im 12. Jahrhundert der Fachwerkbau. Wie das gotische Fürstengrab von Pilgramsdorf bei Neidenburg/Ostpreußen zeigt, war bereits im 3. bis 4. Jahrhundert der Ständerstabbau ohne gegenseitige Vernutung der senkrecht stehenden Bohlen bekannt.

Etwa um 1000 entwickelten sich größere Wirtschaftshöfe mit größeren Wohnhäusern der Adligen, aus denen weiterhin Kleinburgen entstanden.

Seit dem 8. Jahrhundert wurden in wikingischen Gebieten bis weit in den Osten Handelsniederlassungen gegründet wie Haithabu, Hamburg, Dorestad und Antwerpen in den Niederlanden, Birka in Schweden, und bei den Ostvandalen Reric, Ralswiek, Menzlin, Jomsburg, Truso bei Elbing, Nowgorod und Kiew. Aus Vorburgsiedlungen und Pfalzen entwickelten sich Städte. Dort standen anfangs Grubenhäuser und dann kleinere Häuser der Handwerker mit Flächen bis 25 m^2. Aus großen Gütern der Allodialbauern entwickelten sich befestigte Höfe und Kleinburgen des niederen Adels. Unter Kaiser Karl dem Großen setzte der Übergang des bäuerlichen Eigentums in den Feudalbesitz ein, der tiefgreifende Einflüsse weit über das Bauerntum hinaus hatte.

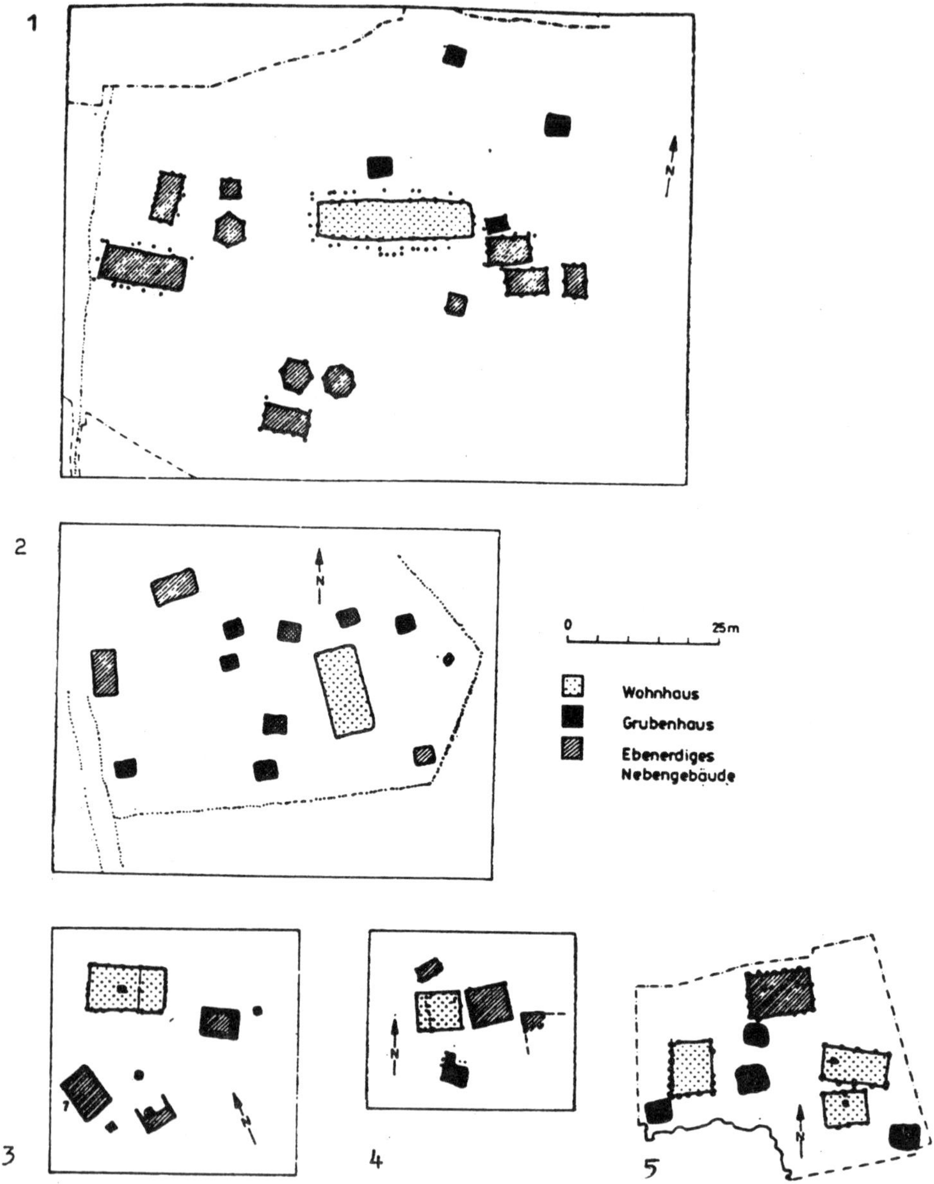

Abb. 141: Grundrisse von Gehöften des 6. bis 9. Jahrhunderts: 1. Warendorf, 2. Gladbach (93), dort waren die Grubenhäuser wohl nicht alle gleichzeitig.
Gehöfte des 9. bis 10. Jahrhunderts: 3. Eime, Kreis Alfeld, 4. Hullern, Kreis Recklinghausen, 5. Stebbach (110), Kreis Sinsheim. Nach P. Donat 1980.

7.4.6 Bäuerliche Siedlungen der Ostvandalen

Die Rückwanderung der ersten Welle der Ostvandalen aus den Weiten Osteuropas fand fast geräuschlos statt, nachdem im Elbe-Weichselraum liegende Gebiete durch die bisher dort wohnenden Germanen geräumt worden waren. In Böhmen und Mähren kann das nicht vor 550 geschehen sein, denn die bisherigen Besitzer, die Langobarden, zogen 568 nach Oberitalien, nachdem sie schon in der Hauptmasse in Pannonien gewohnt hatten. Die Rückwanderer waren anfangs nur kleine Familienverbände, von denen schon bald Teile elbabwärts weiterwanderten, während die große Masse der Ostvandalen weiterhin zwischen Pripjet, Dnjepr, Wolga, Karpaten und Weichsel wohnte. Diese ersten Einwanderer fertigten wie schon vorher im Osten die Keramik des Prager Typs an, und sie bauten quadratische Grubenhütten, deren Abmessungen kaum über 4 x 4 m hinausgingen. Im kontinentalen Klima des Ostens bauten sie den Kuppelofen aus Lehm oder Steinen zum Heizen. Zur Verbreitung von Haustypen siehe Abb. 142.

Diese Hütten mit unregelmäßiger Pfostenstellung, unregelmäßiger Pfostenzahl, ungleichmäßiger Pfostenstärke und unregelmäßigen Gruben machen in ihrer flüchtigen, ja liederlichen Ausführung ganz den Eindruck von Arbeiten Wandernder unter armseligsten Bedingungen (Abb. 143).

Derartige Grubenhütten entstanden im kontinentalen Klima der steppenartigen und trockenen Schwarzerdeböden. Aus dem Vorkommen von germanisch-völkerwanderungszeitlicher Keramik und rechteckigen Kleinhäusern wurde für Dessau-Mosigkau und Priesen bei Laun, auf Berührungen mit dann abgezogenen Germanen geschlossen. Diese hatten jedoch als Wohnbauten weit größere Häuser und derartige kleine Gebäude dienten ihnen nur als Nebengebäude. Für Dessau-Mosigkau wird dafür Haus 10 (Nr. 3 in Abb. 143) in Anspruch genommen. Dieses ist jedoch von den anderen Häusern praktisch nicht unterscheidbar und nur die Keramik kann Hinweise auf Berührungen geben. Die Grundrisse der Häuser von Dessau-Mosigkau und von Priesen bei Laun a.d. Eger (I. Pleinerova 1965) sind zum Verwechseln ähnlich. Ähnliche Grubenhütten wurden auch von anderen wandernden Stämmen errichtet, z.B. von den Vandalen in Südpolen oder von Gruppen um 400 nach Schlesien rückgewanderter Goten, die in der Ukraine große Pfostenbauten errichtet hatten (Guttentager Kultur, F. Hufnagel 1940), aber auch von Westgermanen.

Die Hütten besaßen Flechtwerkswände, die wegen der Kleinheit der Häuser auch ohne stärkere Pfosten ein Dach tragen konnten. In Dessau-Mosigkau bestanden einzelne Wände auch aus übereinandergelegten Rundstämmen, eine Vorform des Blockbaues. Diese Siedlung wurde mehrmals erneuert und dabei ganz verlegt (Abb. 144). Sie bestand unter gleichbleibender Zahl der Bewohner etwa 150 Jahre. Andere Siedlungen zeigten eine geordnete Anlage mit Feuerstellen vor den Häusern (Abb. 145).

Soziale Unterschiede gab es noch nicht. Die Rechtsform muß die frühgermanische vor Ausbildung der Allodialverfassung gewesen sein. Das Dorf war der Eigentümer und der einzelne Bauer hatte nur das Nutzungsrecht am Boden. Zäune um ortsfeste Grundstücke, die Eigentumsrechte anzeigen, sind unbekannt (P. Donat 1975).

Es ist nun außerordentlich interessant, daß diese Rechtsform für die Ansiedlung der Siebenbürger Sachsen in Siebenbürgen von Heinrich dem Löwen in Verhandlung mit dem ungarischen König Geisa II. vor Beginn der Ansiedlung 1141 festgelegt wurde und daß sie bis in das 19. Jahrhundert bestand. Diese Rechtsform konnte den Zuzug Nichtdeutscher in die Siebenbürgischen

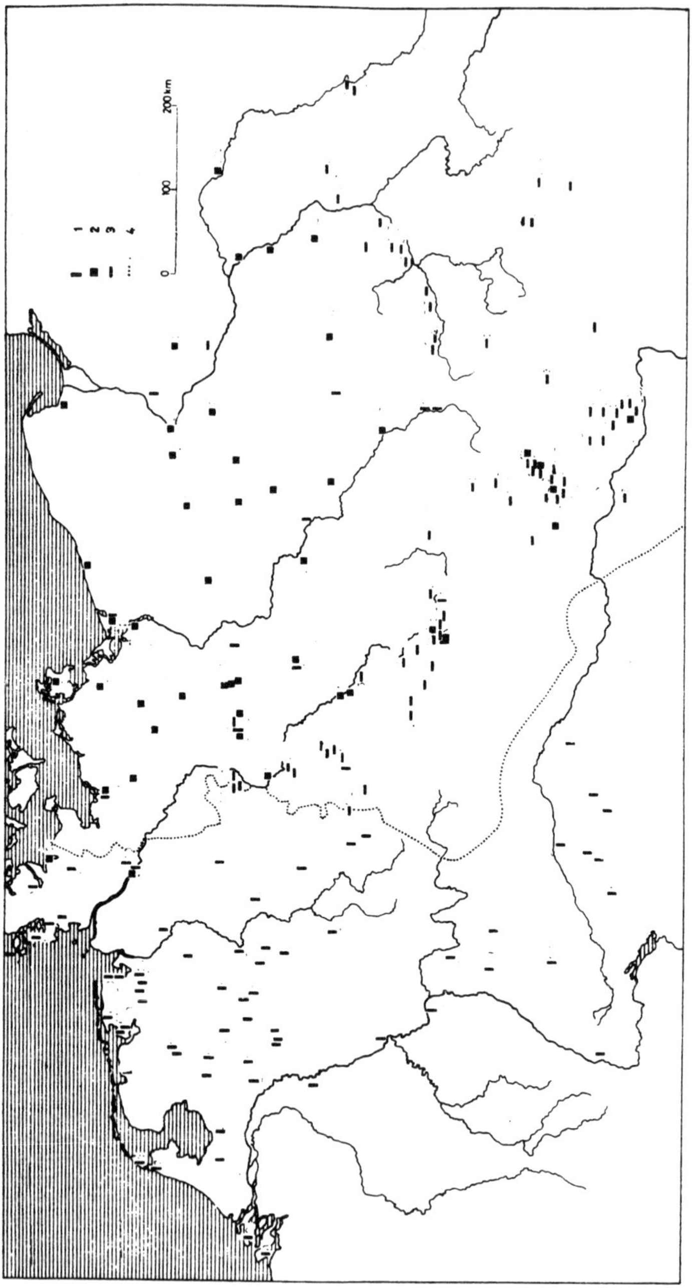

Abb. 142: Die Haupttypen der frühmittelalterlichen Wohnhäuser: Pfostenhäuser = 1, Blockbauten = 2, quadratische Grubenhäuser = 3, westliche Siedlungsgrenze der Ostvandalen = 4. Nach P. Donat 1980.

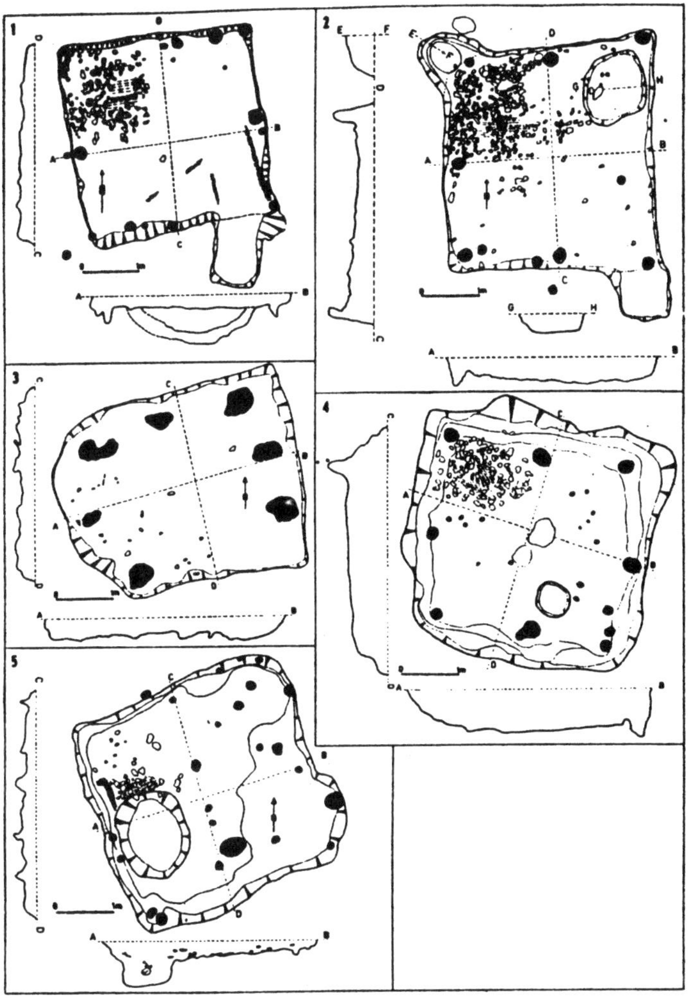

Abb. 143: Grubenhäuser aus der Siedlung des ältesten Siedlungsabschnittes von Dessau-Mosigkau. Haus Nr. 3 wird als germanisch angesehen. Nach B. Krüger 1967.

Dörfer bis in die Mitte des 19. Jahrhundert weitgehend verhindern und war damit eine der Ursachen, daß diese kleine Volksgruppe ihre ethnische Identität bis 1945 erhalten konnte.

Die erwähnten Grubenhütten wurden noch verwendet, nachdem die zweite Welle der Rückwanderer bereits eine stammesmäßige Gliederung mit Fürsten an der staatlichen Spitze besaßen und diese sich in großen Burgen jener Bauweisen bedienten, welche auch in der weiteren germanischen Umgebung gebräuchlich waren. Auch dann noch wurden in den bäuerlichen Siedlungen an den Häusern keine sozialen Unterschiede beobachtet. In diesen Siedlungen findet man nur Wohnhäuser, keine Ställe und Speichergebäude. Damit offenbart sich ein noch nicht geklärter Widerspruch zu der Tatsache, daß Rückwanderer der zweiten Welle hoch entwickelte Landwirtschaft besaßen. Bei fehlenden Ställen muß es winterharte Rinderrassen gegeben haben, die auch

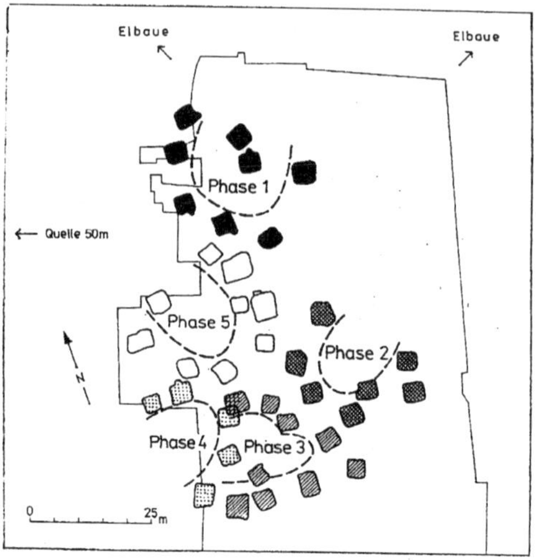

Abb. 144: Die Siedlung Dessau-Mosigkau mit den zeitlich sich folgenden Abschnitten der Siedlungserneuerung. Nach J. Herrmann, *Die Slawen in Deutschland*, Berlin (Ost) 1985.

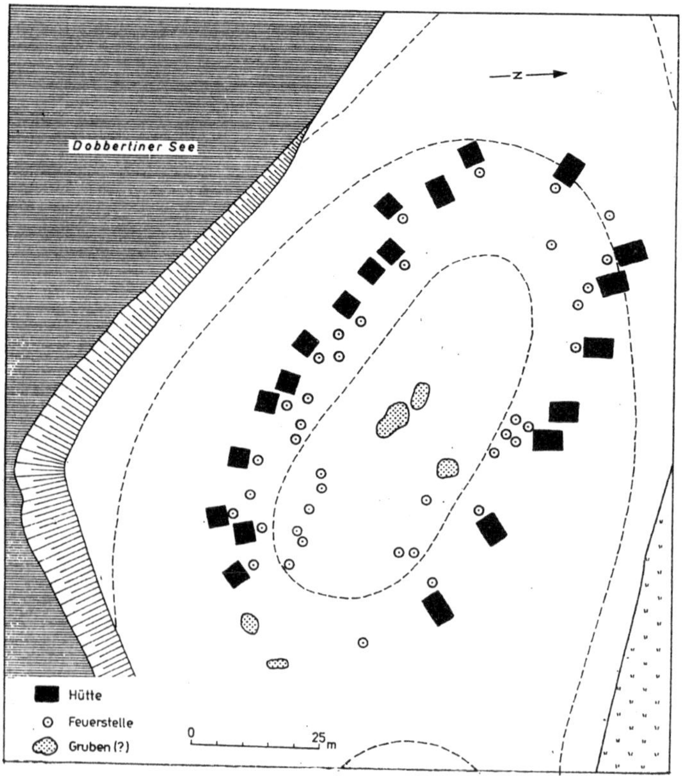

Abb. 145: Die Siedlung Devestof, Kreis Lübs, Mitteldeutschland. Nach J. Herrmann, *Die Slawen in Deutschland*, Berlin (Ost) 1985.

im Winter des kontinentalen Klimas im Freien standen. Im west- und nordgermanischen Bereich gab es Ställe und Nebengebäude für verschiedene Verwendungen bereits lange vor der Völkerwanderung. Und bereits bei ihrer Abwanderung aus Jütland um 200 v.d.Ztr. kannten die Vandalen das Wohnstall-Langhaus und gestelzte Speicher. Aus dem Gebiet der Prżeworsk-Kultur der Vandalen (s. Abb. 22) sind aus der älteren römischen Kaiserzeit von verschiedenen Orten Langhäuser in Pfostenbauweise bekannt geworden (A. Kokowski 1995).

Nördlich des Schwarzerdegürtels wurden Blockbauten errichtet, die nur Abmessungen bis 4 x 4 m aufwiesen. Unter den aus diesen Gebieten Rückgewanderten war der Blockbau bis zur Elbe üblich. Ganz vereinzelt wurden auch kleine Anbauten gefunden, die als Ställe für wenige Stück Vieh gedeutet wurden. Auf der Burg Meißen wurden nach ihrer Gründung durch König Heinrich I. im Jahre 929 beiderseits eines Bohlenweges Blockbauten in den Abmessungen von 4 x 2,5 bis 4 m errichtet, in denen die Besatzung wohnte. Echte zwei- und mehrräumige Wohnhäuser wurden in den fürstlichen Burgen, ihren Vorburgen und den Städten, abgesehen von Burgen des Großmährischen Reiches, erst nach 1100 errichtet. In Danzig wurden mehrräumige Blockbauten erst im 12. Jahrhundert gebaut. In der Vorburg von Gnesen entstanden erst im 12. Jahrhundert bis 30 m^2 große Wohnhäuser. Die Blockbauten wurden schließlich auf Grundschwellen gesetzt und hatten Estrich- und Dielenfußböden (P. Donat 1980). Im Havelgebiet, wo es Berührungen mit zahlreichen Resten von Elbgermanen gab, wurden eingetiefte Häuser in Größen bis 40 m^2 gefunden. In der Vorburgsiedlung der Burg Wildberg des Havelgebietes aus dem 7. und 8. Jahrhundert stand hinter dem Wall eine Reihe von abwechselnd flachen und tiefen Grubenhäusern. Die tieferen waren Schweineställe und enthielten Mistschichten, je einen Futtertrog, einen Mahlstein und eine Lehmwanne (K. Grebe 1976).

Die Siedlungen bei Tornow sind eine der wenigen aber gründlich untersuchten Ausnahmen, wo ostvandalische Rückwanderer in ihren bäuerlichen Siedlungen von den kleinen quadratischen Gruben- und Blockbauten abwichen. Durch kombinierte ^{14}C- und dendrochronologische Messungen konnte ermittelt werden, daß wahrscheinlich nur 50 Jahre nach dem Abzug der Semnonen Ostvandalen der ersten Rückwanderungswelle um 550 auf dem Lütjenberg mit Pfostenbauten siedelten. Dort sind Häuser der ersten Siedlung von 3 x 3 und 4 x 6 m Größe mit Keramik des Prager Typs sowie fragliche Rechteckbauten von etwa 6 x 8, 9 x 11 und 4 x 12 m bekannt geworden. Auch in der folgenden Siedlung auf dem Lütjenberg wurden rechteckige Pfostenbauten errichtet.

Bereits bei der Ansiedlung der zweiten Welle nach der Rückkehr aus dem Osten beherrschten die Ostvandalen die damalige Technik des Holzbaues des weiteren germanischen Bereichs. In Berlin-Marzahn bauten sie (739, dendrochron.) einen Kastenbrunnen als Pfostenbohlenbau und in Eythra südlich von Leipzig einen Kastenbrunnen als Ständerbohlenbau (J. Herrmann 1989).

Anfang des 7. Jahrhunderts entstand auf dem benachbarten Bochelt (Abb. 146) die erste Siedlung mit Burg A. Diese lag genau im Gebiet des Dorfes der um 300 abgezogenen Burgunder (Abb. 137). Auch hier wurden ebenerdige Pfostenbauten – ganz im Widerspruch zur sonstigen bäuerlichen Bauweise der Ostvandalen – verwendet und in einer Bauweise, die sich bis auf die großen Stallanbauten am sozial hervorragenden Bau Nr. 51 nicht von der letzten germanischen Bebauung des gleichen Platzes ca. 300 Jahre früher unterschied. Ob noch sichtbare Pfosten- und Wandreste dieser Siedlung der Anlaß zur Verwendung dieser Bauweise war, kann vermutet werden. Jedenfalls dürfte eine Bauweise mit unterschiedlich großen Wohnbauten nicht der damaligen Sozial- und Rechtsordnung der Ostvandalen mit der sozialen Gleichheit aller Bewohner gemäß der germanischen Ordnung vor der Allodialverfassung entsprochen haben. Als bisher bekannte ein–

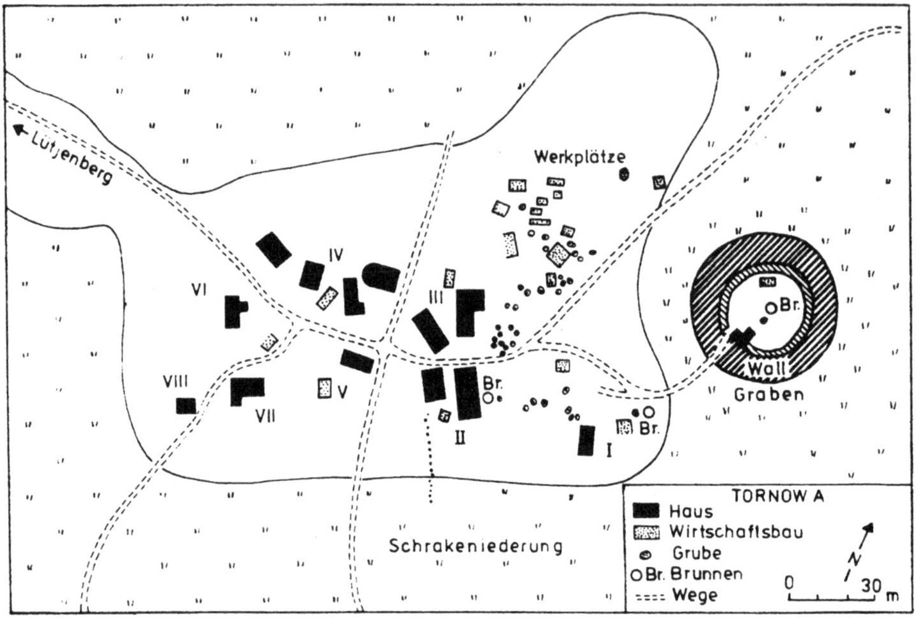

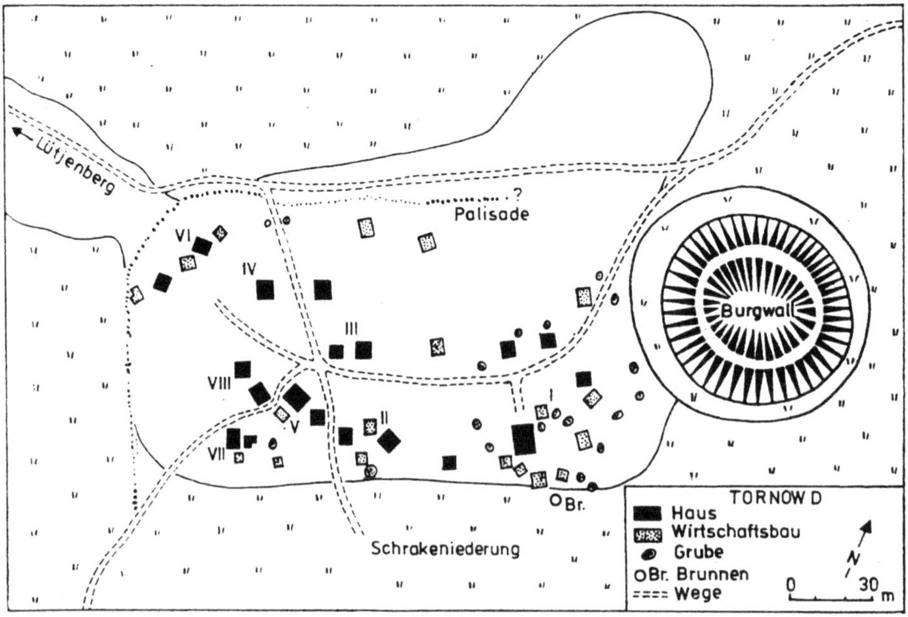

Abb. 146: Siedlung und Burg von Tornow, Kreis Calau, Siedlung Bochelt A oben und Siedlung Bochelt D unten. Nach J. Herrmann 1966.

zige Ausnahme ist hier die Anordnung der Gebäude zu Höfen erkennbar, die bis zuletzt in Bochelt beibehalten wurde. Hier wurden offenbar noch erkennbare Reste des Dorfes der abgezogenen Elbgermanen von ostvandalischen Rückwanderern nachgebaut. Aber infolge der herrschenden vorallodialen Dorfverfassung wurden die Häuser im Laufe der Zeit bei Neubauten rückgebildet.

In der Siedlung Bochelt A (786, dendrochron.) entstanden 13 große Pfostenbauten mit z.T. abgerundeten Schmalseiten von 35 bis 128 m^2 Fläche. Daneben wurden Speicher, Wirtschaftsgebäude und ein Wirtschaftsplatz mit Werkstatthäusern und Anlagen zur Eisenerzeugung errichtet. Gleichzeitig mit der Siedlung Bochelt A wurde Burg A als Fluchtburg für die Dorfbewohner gebaut. Eine Adelsvorherrschaft war nicht erkennbar, obwohl der Hof I mit Werkplätzen daneben und der größte Hof II bis zuletzt bestanden.

Auch in der kleinen benachbarten Burg Vorberg und in der weiteren Umgebung von Tornow wurden ebenerdige Rechteck-Pfostenhäuser errichtet, so z.B. in Hasenfeld (Kreis Fürstenwalde) und Küstrin-Klossnitz. Auch von Lisewo (Kreis Wabrzezno, Großpolen) wurden große Pfostenbauten als Wohnhäuser und kleine Wirtschaftsbauten aus dem 7./8. Jahrhundert bekannt, ebenso aus dem Wohngebiet der Ostvandalen in Schlesien, und zwar in weiter Verbreitung.

Nachdem die Siedlung und Burg A von Tornow abgebrannt war, wurde mit der Burg B (8. bis 9. Jahrhundert) eine Adelsherrschaft erkennbar. Die Häuser, die noch als ebenerdige Pfostenbauten neben ersten Blockbauten errichtet wurden, waren kleiner und die Größenunterschiede waren geringer. Noch war das Gehöft II mit 3 Wirtschaftsgebäuden das größte (Abb. 146).

Nach Vernichtung von Dorf und Burg B wurde die Burg nicht wieder aufgebaut. In Dorf C und D (10. bis 12. Jahrhundert) ging die Verkleinerung der Wohnbauten weiter, ausgenommen ein größeres Haus I von 7 x 10,5 m neben dem Wall der Burg, dessen Innenraum gepflastert war und 60 cm tiefe Kellergruben besaß. Neben ihm lagen Werkplätze ähnlich wie beim Werkgelände von Dorf A und B. Das Dorf war von einem Palisadenzaun umgeben (J. Herrmann 1966, 1973).

Auch die Siedlung neben dem Tempel bei Groß-Raden (Abb. 147) aus dem Stammesgebiet der Warnower weicht in verschiedener Hinsicht vom Grubenhausschema ab. Diese Siedlung entstand im 9. Jahrhundert auf und vor einer Halbinsel im Sternberger See in Mecklenburg. Zum Ansatz der Halbinsel führte über einen holzverschalten 4 m breiten Graben mit einer Brücke ein 3 m breiter holzbohlenbedeckter Weg. Er führte weiter nach Süden durch die Siedlung und über eine 84 m lange Brücke zu einer kleinen bebauten Insel. Hinter der Brücke befand sich ein 6,5 m tiefes und 3 m breites Tor mit einem Turm darüber, dem sich beiderseits eine Palisade anschloß.

Die Siedlung vor dem Tor entzog sich der Untersuchung. Hinter dem Tor fand man beiderseits des Weges 29 sehr eng und regelmäßig angeordnete, sehr gut rechtwinklig gebaute Häuser. Diese ebenerdigen Gebäude mit den Ausmaßen 3,5 bis 4,5 x 3,8 bis 5,5 m hatten 1,8 bis 2 m hohe Wände aus lehmbeworfenem Spaltbohlen-Flechtwerk ähnlich den gleichzeitig gebauten Häusern von Haithabu. Das Flechtwerk setzte an den Ecken ab und wurde nicht wie in der Burg Zantoch um die Ecken herumgeführt. Die vertikalen Eck- und teilweise auch die Zwischenbalken endeten in Zapfen, die in Rähmbalken eingriffen. Nichtverzapfte Bohlen wurden in eine Nut im Rähm gefaßt. Auch die Türpfosten waren in die Rähme eingezapft. Einige Firstständer, die in Gabeln einen Firstbalken trugen, weisen auf Satteldächer hin. Da im Hausinneren nie Firstpfosten gefunden wurden, müssen die firstständerlosen Häuser Walmdächer mit Sparren und Spannbalken oder mit Rofen, Firstbalken und Firststützen auf Spannbalken getragen haben. Diese Bauart der Häuser schließt nicht an die westgermanischen Pfostenbauten an, sondern an die nordgermanischen, aus Haithabu bekannten. Sie sind aber fortschrittlicher als diese, da sie mit Spannbalken keine schrä-

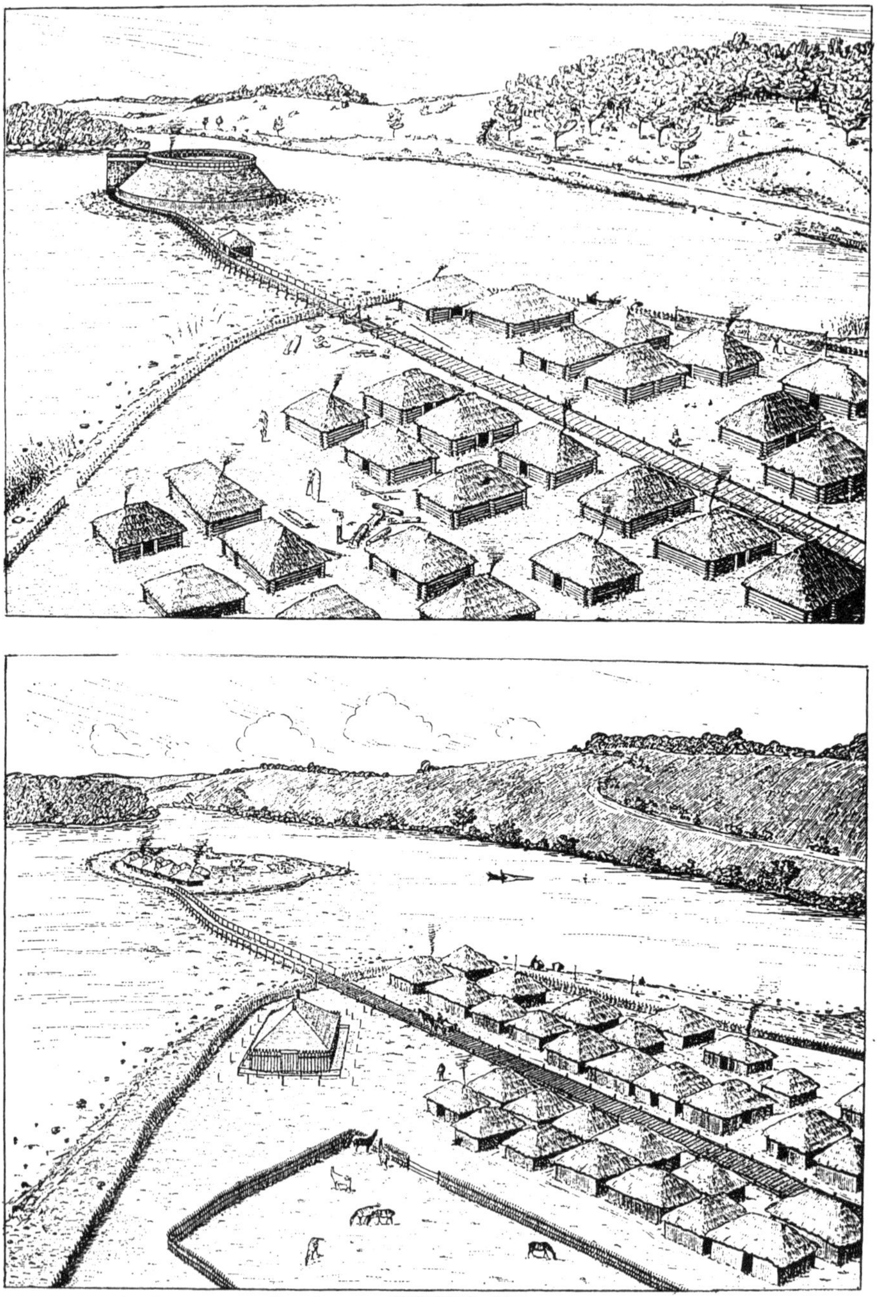

Abb. 147: Maßstabgerechte Rekonstruktion von Siedlung und Burg Groß Raden im Sternberger See, Mecklenburg, oben im 9., unten im 10. Jahrhundert. Nach S. E. Schuldt 1985

gen Außenstützen wie dort oder beim Typ Warendorf benötigten. Bis auf wenige nicht mit Lehm beworfene Schuppen dienten alle Häuser zu Wohnzwecken. Ställe, Vorrats- und Wirtschaftsgebäude wurden nicht gefunden. Nach der Zerstörung durch Brand wurde die Siedlung um 960 wieder aufgebaut.

Auch mit dem Wiederaufbau des Tempels wurde begonnen, die Fertigstellung unterblieb aber wegen der Taufe des Obodritenherrschers. Im zweiten Ausbau wurden in etwas lockerer aber genauso regelmäßiger Bebauung wie zuvor größere, oft lehmverstrichene Blockhäuser aus meist doppelt überkämmten Rundstämmen errichtet, die teilweise zweiräumig waren und häufig auf Fundamentsteinen standen. In manchen Häusern wurden Kuppelöfen anstatt der Feuerstellen nachgewiesen. Es gab auch Wände aus nicht überkämmten Rundhölzern, die dann Eckpfosten benötigten.

Im zweiten Abschnitt wurde auf der Insel anstatt der Häuser eine kleine Burg errichtet mit steilem, außen lehmbeschichtetem 10 m hohem Wall in Erde-Holzkastenbauweise, der oben einen Wehrgang trug. Das Material dazu wurde aus 1 km Entfernung herbeigeschafft. Die Toreinfahrt wurde teilweise mit Holzstelen von der Zierwand des Tempels ausgelegt, ein Hinweis auf die Zeit des Baues vor dem großen Wendenaufstand 983, als die Fürsten der Obodriten schon getauft waren. Innen waren am Wall Wohngebäude angebaut. In der Mitte des freien Hofes von 25 m lichter Weite befand sich ein sehr großes Pfostenloch, möglicherweise für eine nach 983 errichtete Kultfigur.

In der Siedlung auf der Halbinsel wurde keine Landwirtschaft betrieben. Die Häuser des ersten Bauabschnittes auf der Insel dienten zur Vorratshaltung mit 15 bis 50 l fassenden Tongefäßen. Die Siedlung wurde nur von Handwerkern bewohnt. Die Häuser 1 bis 4 standen in naher Beziehung zum Tempel. Auch für den Wohnsitz eines Stammesfürsten gibt es keine Hinweise. 1005 wurde nach dendrochronologischer Bestimmung die Siedlung zerstört, sie lag dann verlassen (E. Schuldt 1985).

In einem Dorf aus dem Stammesgebiet der Heveller von Neuendorf bei Brandenburg, von dem 18 Grubenhäuser des 9. und 10. Jahrhunderts mit Herdstellen bekannt sind, stand an dessen südlichem Ende ein 9 x 14 m großes Gebäude, wohl der Sitz eines sozial Herausgehobenen, wie Funde darin von 1 Messer, 1 Paar Sporen, Perlen und verkohlten Holzschnitzereien zeigen. Bemerkenswert ist der Fund eines Gewichtes von 4 x 6,8 g = 27,3 g. Mit dem gleichen Einheitsgewicht von 6,8 g fand man Gewichte in Schwedt, Teterow und Behren-Lübschin. In diesem Haus lagen aus dem 10. bis 13. Jahrhundert 7 Fußböden übereinander, es bestand in dieser Zeit am gleichen Platz (K. Grebe 1965).

7.4.7 Burgen und frühstädtische Siedlungen im Osten

Im Bereich der Binnen- und Nordgermanen wurden um 0 d.Ztr. keine Burgen und Befestigungen angelegt, die denen aus dem zweiten Drittel des Jahrtausends entsprachen. Ein völlig vereinzeltes Beispiel aus dem Gebiet der Sweben wurde von Westgreußen, Kreis Sondershausen/Thüringen bekannt. Eine aus einer Haupt- und einer dicht bebauten Vorburg bestehende Anlage war von 2 Wällen umschlossen und bedeckte 4 ha. Sie bestand von Spätlatene C2 bis in die frühe römische Kaiserzeit. Die Hauptburg barg ein zweischiffiges 8 x 14 m großes Hallenhaus, einen Pfostenbau, vielleicht einen Vorläufer der späteren Fürstenhallen, Hofanlagen, eingetiefte Pfostenhäuser mit runden Giebelseiten und Abmessungen von 4,0 x 5,5 m, Speicher und im palisadenbestückten Wall ein Torhaus mit Turm (S. Barthel 1994).

Ein anderes herausragendes Einzelbeispiel aus dem gesamten germanischen Bereich des Holzbaues sind die Steinbauten in Trockenbauweise der befestigten und planmäßig angelegten Dörfer von Eketorp 1 und 2 am Südende von Öland. Der Steinbau wurde begünstigt von unmittelbar in der Umgebung anstehendem plattigen und klüftigen Kalkstein (s. Abb. 134).

Aus der Zeit der Rücksiedlung der Ostvandalen, die durch die Keramik des Prager Typs kenntlich ist, sind noch keine Befestigungen bekannt geworden. Jedoch schon bald danach begann der Bau zunächst von Schutzeinrichtungen für Siedlungen, die soweit als möglich an natürlich geschützten Plätzen angelegt und mit Wällen oder Palisadenzäunen gesichert wurden, oder es wurden Fluchtburgen angelegt (7. bis 9. Jahrhundert). Später entwickelten sich aus diesen oder in diesen Herrschaftssitze, insbesondere wurden als Herrschaftszentren der Stämme und zu militärischen Zwecken Burgen mit großen Vorburgen als Fluchtburgen angelegt (Abb. 148). Die Kesigesburg, die Stammesburg der Coldici, nahm 1,5 ha ein, die Vorburg 8,5 ha. Die Brandenburg, der Sitz der Fürsten der Heveller, hatte die Abmessungen 250 x 150 m.

Die ältesten Burgen wurden von den *Wilzen* nach ihrer Rückwanderung angelegt als Volksburgen in Höhenlagen. Das Beispiel der Burg auf dem *Schloßberg am Feldberger See* in Mecklenburg ist gut untersucht (J. Herrmann 1970a) (Abb. 150). Der Burgberg mit seinen im Norden und Westen vorgelagerten flachen Abhängen wurde von einem Wall, einer davor angelegten Berme und einem Graben umgeben. Den Wallkern bildete ein Holzrost von 3,40 m Breite, der oben und vorn eine Palisadenwand trug. Innen hinter dem Wall waren Kasematten angebaut. Die Burg besaß drei Tore. Die Oberburg und die im Nordwesten vorgelagerte Vorburg trugen auf terrassierten Streifen Häuserzeilen mit für diese frühe Zeit der Einwanderung erstaunlich großen Häusern von 4–6 m Breite und 7–13 m Länge, deren Grundschwellen noch nachweisbar waren. In den Reihen hatten die Häuser nur geringe Abstände von 1–6 m. Von 51 bei der Ausgrabung angeschnittenen Häusern waren 32 unterkellert. Die Häuser dienten wohl ganz oder in Teilen auch als Ställe, denn in der Burg wurden Schweine und Rinder gehalten. Auf der Kuppe stand ein Haus von 6 × 7 m, das vorzügliche Keramik barg. Es gehörte wohl einem sozial Herausgehobenen, der selbst nicht mehr Landwirtschaft trieb. Auf einem Sporn im Steilabfall zum Feldberger See, 9 m unter dem Scheitel des Burgberges, stand ein Haus von 5 × 10 m, das gegen den Berg, wie üblich bei Heiligtümern, von einem flachen Graben umgeben war. Die Häuser enthielten Feldberger Keramik aus dem 7. und 8. Jahrhundert. Die Burg und die darin enthaltene Siedlung wurde erstmalig bei der Einwanderung der Wilzen angelegt, wie das auch bei den übrigen Burgen im Stammesgebiet der Fall ist. Nach Schätzungen lebten hier mehr als 600 Menschen. Die Burg bestand nicht mehr als 150 Jahre, brannte dann ab und wurde verlassen. Nach pollenanalytischen Untersuchungen wurde in der Umgebung jedoch weiterhin Ackerbau betrieben.

Die bis 10 m hohen Wälle, oft mehrere, waren in verschiedenartigen Holz-Erdekonstruktionen, in Holzkasten-, Schalen- und anderen Bauweisen errichtet, z.T. mit bedeckten Wehrgängen, selten als Trockenmauern aus Stein. Die Eingänge waren z.T. als tunnelartige Tore durch die Wälle angelegt. Als Zugänge in Mooren wurden Bohlenwege und zu Inseln Brücken errichtet; zur Burg Behren-Lübschin der Obodriten an der Grenze gegen die Liutizen führte eine 320 m lange Brücke.

Diese Burgen unterschieden sich kaum von solchen, die König Heinrich I. zum Schutz gegen die Ungarneinfälle und zur Sicherung der im Osten eroberten Gebiete errichten ließ oder die z.Zt. der

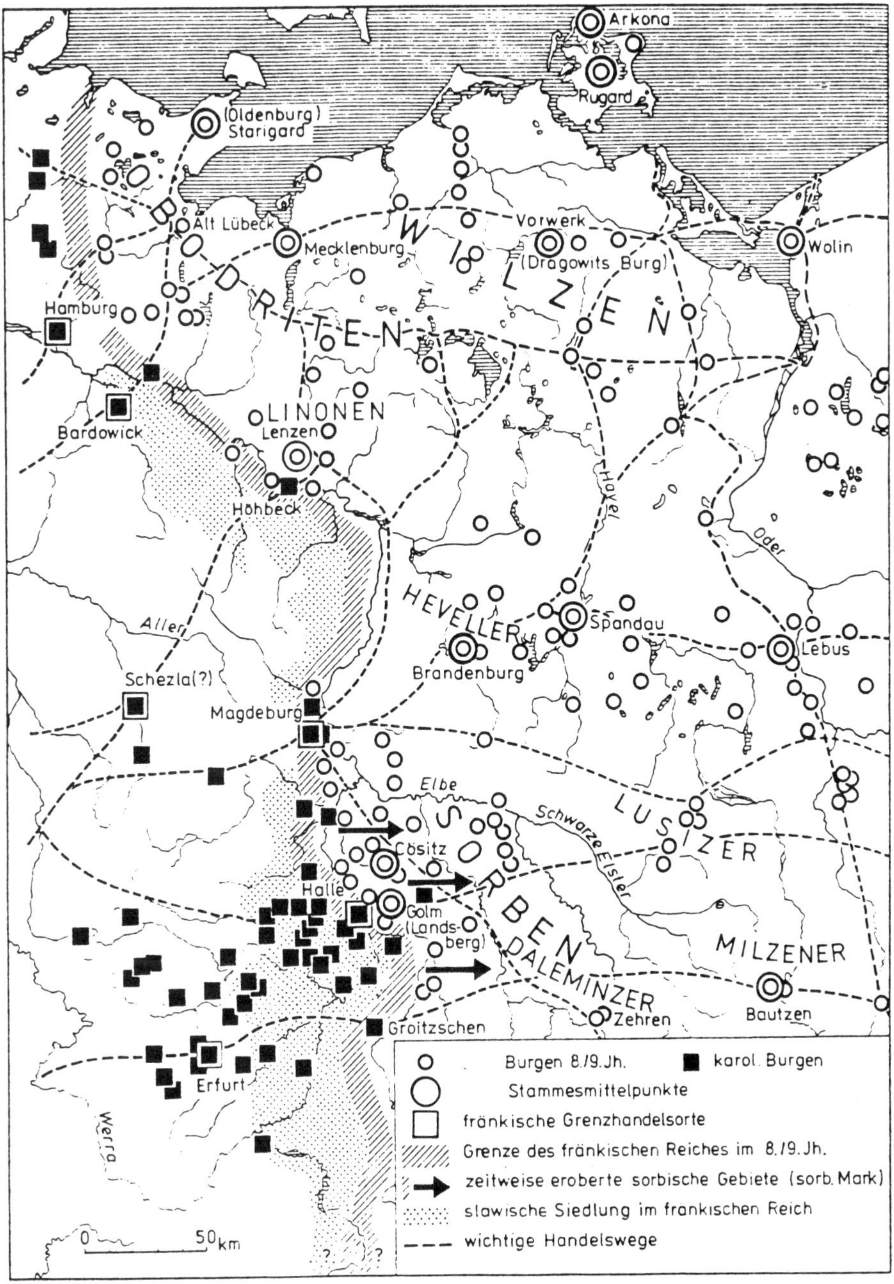

Abb. 148: Fränkische Burgen und Burgen ostvandalischer Stämme zwischen Elbe und Oder im 8. und 9. Jahrhundert. Nach J. Herrmann, *Die Slawen in Deutschland*, Berlin (Ost) 1985.

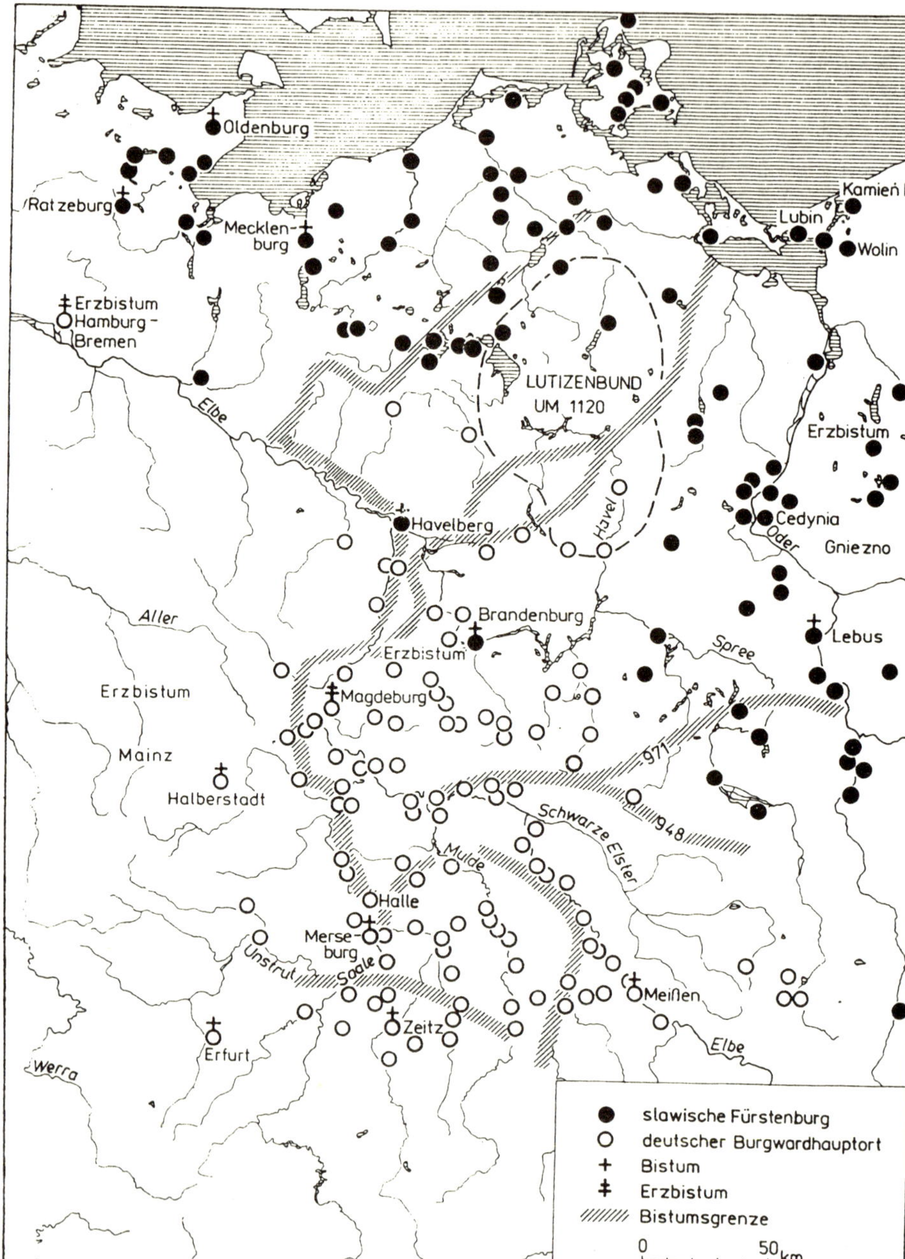

Abb. 149: Ostvandalische und deutsche Burgen im 11. und 12. Jahrhundert, Ausdehnung der Bistümer vor Mitte 12. Jahrhundert. Nach J. Herrmann, *Slawen in Deutschland*, Berlin (Ost) 1985

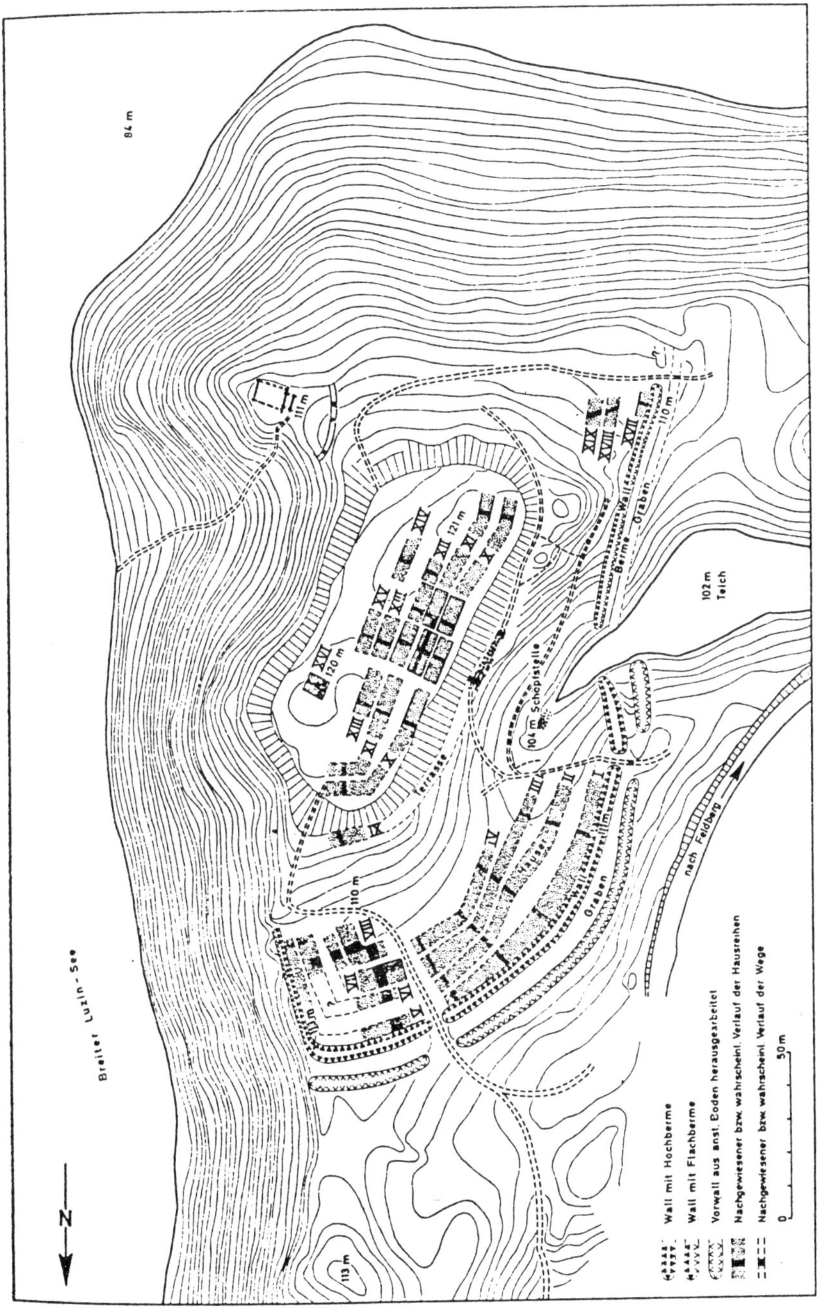

Abb. 150: Die befestigte Siedlung der Wilzen auf dem Schloßberg bei Feldberg, Mecklenburg. Nach J. Herrmann 1970a

Karolinger von westgermanischen Stämmen angelegt wurden. Als Beispiel sei der *Ringwall von Stöttinghausen bei Bremen* als einer von vielen kleineren erwähnt. Mit 90 m Außendurchmesser und 3 m heutiger Höhe umfaßte er 8 feuerstellenlose Pfostenhäuser, davon ein Langhaus von 5 x 16 m. Das Tor wurde durch einen Turm geschützt, der auf sechs mächtigen Pfosten stand (E. Sprockhoff 1933).

In den Burgen wurden anfangs kaum Häuser, dann aber Häuser für ständige Besatzungen errichtet mit Getreidespeichern, Mühlen und Sitzen für Handwerker. In der *Burg Hochborre in Wagrien* (bei Lütjenburg Kreis Plön) stand ein zentrales großes Pfostenhaus von 9,5 x 19,0 m Ausmaß mit äußerem Umgang. In Burgen, die Fürstensitze waren, entstanden repräsentative Gebäude.

Die Holz-Erde-Konstruktionen dieser Burgen waren im gesamten Gebiet der Wikinger und Ostvandalen von der Wikinger-Kaserne Trelleborg auf Seeland bis Kiew in ihrer Vielfältigkeit ähnlich. Einzig im Großmährischen Reich waren in der gleichen Zeit die Anfänge des Steinbaues erkennbar, abgesehen von Trockenmauern aus Stein im Gebiet von Saale und Elbe.

Das wohl infolge einzigartiger Erhaltungsbedingungen am besten untersuchte und bekannte Beispiel, die Burg von *Behren-Lübschin* in Mecklenburg, gestattete nicht nur die genaue Rekonstruktion aller Einzelheiten des Baues, sondern auch die Rekonstruktion des Arbeitsablaufes beim Bau (E. Schuldt 1965).

Diese Burg wurde im heute verlandeten See von Behren-Lübschin auf einer Insel angelegt und mit der Vorburg am Seeufer durch eine 320 m lange Brücke verbunden. Die verschiedenen Einzelteile für den Burgbau wurden auf der bis zur Burg herangeführten Brücke angeliefert und in der Burg zusammengebaut. Das Ganze erforderte vorausplanende Konstruktion des Gesamtbauwerkes wie der Einzelteile, Vermessung und Organisation der Bauausführung unter einer zentralen Leitung, eine für die damaligen Zeitumstände und für den eigenständig und abgeschlossen entwickelten germanischen Kulturkreis beachtliche Leistung, was nur von einem ganzen Stamm getragen werden konnte.

Die Technik dieses Holzbaues – die Säge wurde noch nicht angewandt – bestand in der Herstellung von Spaltbohlen und ihrer Verarbeitung durch die Axt. Holzverbindungen wurden durch Verzapfungen in mit Stemmeisen hergestellten Löchern, durch Riegel und Spannbalken sowie durch Vernutung hergestellt. In der zweiten Ausbaustufe wurden verkämmte Bohlen verwendet.

Es wurde ermittelt, daß zum Bau der Burg Behren-Lübschin für den Wall von 11 000 m^3 Inhalt bei 4 m Höhe, 420 m Länge 5400 m^3 Eichenholz benötigt wurde, für den Holzrost, auf dem die Burg stand, die Brücke und den Palisadenzaun weitere 6000 m^3. Wenn für Einschlag und Verarbeitung von 1 m^3 Eichenholz 6 bis 10 Tagewerke, für 1 m^3 Wallaufschüttung 1/2 bis 1 Tagewerk angesetzt werden, wurden insgesamt einschließlich Transport und Hausbau 74 000 bis 125 000 Tagewerke benötigt. Das wären bei 100 Arbeitskräften 740 bis 1250 Arbeitstage.

Die Außenbefestigung der ersten Burg (989–992) hatte einen recht komplizierten Aufbau mit 2 Wehrgängen. Begonnen wurde der Bau mit dem Einsetzen der rückwärtigen Bohlenwand (a in Abb. 151) aus Bohlen von 6 bis 8 m Länge, die in 2 m Abstand Auskehlungen zum späteren Einsetzen von Riegeln (n, o) und Spannbalken erhielten. Gleichzeitig wurde mehrere Schichten hoch ein Stangenrost in der Innenfläche (b) gelegt. Danach wurde die zweite Bohlenwand (c) eingesetzt und der Wallkern aus Buchen- und Eichenkloben angelegt und mit einer Torfschicht abgedeckt (e). Dann wurde die zweite Bohlenwand (c) mit eingezapften Spannbalken befestigt (1). Die dritte Bohlenwand (f) mit der Knüppelholzhinterfüllung wurde ebenfalls mit Spannbalken (h) befestigt, wobei diese Spannbalken zugleich den Boden des äußeren Wehrganges bildeten. Für den inneren Wehrgang wurde ein kastenartiges Gerüst aus 6 m langen Pfosten in Abständen von 1,8 m (i), die mit

Abb. 151 Die Befestigung der ersten Burg Behren-Lübschin mit 2 Wehrgängen. Nach E. Schuldt, 1965.

Spannbalken an den Pfosten (k) befestigt wurden, errichtet. Die Bohlenwand des oberen Wehrganges wurde mit Riegeln und Spannbalken (m, n) an der ersten Bohlenwand befestigt und danach der Zwischenraum (p) aufgefüllt. Dann erhielt die Front durch Auffüllen eine schiefe Böschung (q). Anschließend wurde eine vierte Bohlenwand (r) als Außenwand des unteren Wehrganges errichtet und mit Spannbalken befestigt. Danach wurde eine fünfte Bohlenwand (u) gebaut und wieder mit Spannbalken (t) befestigt, die angespitzt 0,50 m über die Wand in den See hinausragten. Schließlich wurde die Brücke ganz herangeführt, ein Torwächterhaus von 3 x 3 m in Stabbauweise und ein Torturm mit einem 2,50 m breiten Tor erstellt, der obere Wehrgang mit Spaltbrettern gedeckt und vor die Befestigung im See Palisaden eingerammt.

993 wurde diese erste Burg (Abb. 152) beim ersten Wendenaufstand zerstört, aber bald danach verändert wieder aufgebaut. Beim Neubau des Walls, der eine senkrechte, bis zur Sohle des Wehrganges 2,50 m hohe Vorderfront erhielt, wurde eine Kastenbauweise aus überkämmten Bohlen angewandt. Der Innenraum der Burg wurde recht dicht bebaut mit zwei Reihen von Wohnhäusern, mit Speichern und Backöfen, und zwar im Abstand von 3 bis 4 m hinter dem Wall. In der Mitte stand ein Haus von 5 x 8 m. Die Bebauung der ersten Burg ließ sich nicht genauer festlegen. Die Burg diente offenbar als Sitz einer militärischen Gefolgschaft (E. Schuldt 1965). Auch die Vorburgsiedlung am Seeufer wurde mit einer Befestigung umgeben.

Im Stammesgebiet der Zirzipanen in Mecklenburg an der Nordwestgrenze des Gebietes des Liutizenbundes wurde bei *Teterow* nach dem 9. Jahrhundert auf einer Insel eine Burg errichtet. Zur Insel führte von einer Siedlung am Ufer eine 750 m lange Brücke, deren Aufbau infolge vorzüglicher Erhaltungsbedingungen rekonstruierbar war. In gleicher Art war die Brücke zur Burg Behren-Lübschin gebaut. Bis zur Zerstörung der Burgen Behren-Lübschin (1. Brücke 910 dendr.) und

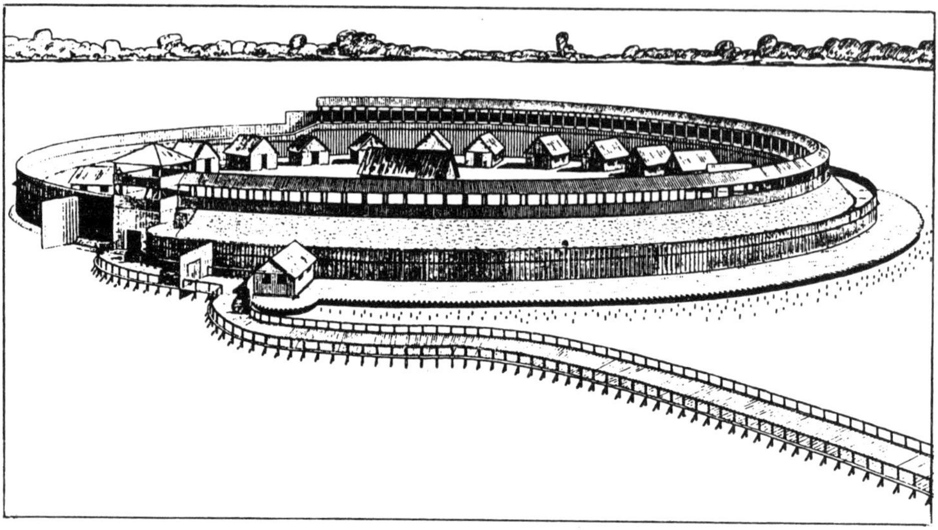

Abb. 152: Rekonstruktionszeichnung der ersten Burg von Behren-Lübschin mit einem Teil der Brücke. Nach E. Schuldt, 1965.

Teterow im Jahre 1171 durch die Dänen wurde die Brücke in gleicher Art zweimal erneuert. Sie wurde getragen von Jochbalken in Brückenbreite von 3,8 bis 4 m Länge, die in Abständen von 2 m mit je 2 Löchern auf senkrechten und schrägen Pfosten ruhten. Darüber kamen Rundbalken in Längsrichtung und darauf die Belagbohlen in Längen von 3,8 bis 4 m (W. Unverzagt u. E. Schuldt 1963). Von gleicher Art war eine 2,2 km lange Brücke, die in Längsrichtung des Oberückersees bei Prenzlau zu einem auf einer Insel im 12. Jahrhundert errichteten Burgwall führte. Eine verbesserte Konstruktion wies eine 400 m lange Brücke zur gleichen Insel auf, die eine Wassertiefe bis zu 20 m überspannte. Hier wurden Jochbalken in Längs- und Querrichtung über schräge Stützen gelegt (J. Herrmann 1966) (Abb. 153).

Ebenso vorzügliche Grabungsergebnisse wie in Behren-Lübschin wurden in *Spandau* gemacht (A. von Müller 1983). Dort entstand an der Ostgrenze des Stammesgebietes der Heveller (Wiltzen) am Übergang einer Fernstraße von der Elbe über Brandenburg, Spandau, Köpenick und Lebus nach Osten auf einer Insel im damaligen Zusammenfluß von Spree und Havel aus einer kleinen offenen Siedlung im 8. Jahrhundert ein bewohnter Burgwall. Auf einer im Süden angrenzenden Insel entstand eine Vorburgsiedlung, die in die Befestigung der Burg einbezogen wurde und auf dem Westufer der Havel, mit der Burg durch eine Brücke verbunden, eine unbefestigte weitere Vorburgsiedlung. Nach neunmaliger Brandzerstörung, der jeweils ein Wiederaufbau folgte, gelangte die letzte Siedlung nach 1157 unter askanische Herrschaft, sie wurde dann aus Platzgründen und wegen Änderung des Straßenverlaufs an die Stelle der jetzigen Zitadelle verlegt.

In einer ersten Ansiedlung im 7. Jahrhundert wurde bereits ein Haus unüblicher Größe von 5 x 6,5 m gefunden, das wie in der Burg Zantoch (s. Abb. 158) pfostenlose Flechtwerkswände besaß und damit bereits skandinavische Verwandtschaft bewies. Wohl vor 700 wurde mit der Befestigung durch eine Mauer aus Holzrosten mit Erdfüllung und Brustwehr darauf begonnen, die durch einen Brand vorzeitig beendet wurde. Die zweite Burg, errichtet um 700, besaß auf einem Wall

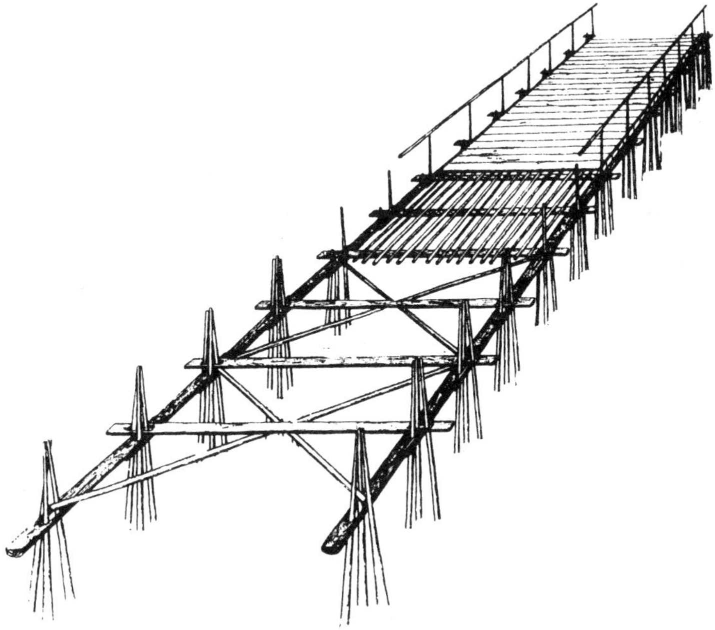

Abb. 153: Konstruktion der Brücke über den Oberückersee mit einer Wassertiefe bis zu 20 m. Nach J. Herrmann 1966.

einen überdachten Wehrgang sowie auf der Westseite der Burg ein Tor. Der Innenraum maß 20 x 24 m. Bereits damals war die Ostseite der Burg stärker befestigt als die Westseite (Abb. 154).

Die Bebauung mit Blockbauten von 4,5 x 4,5 m folgte der Innenseite des Walls. Während dieser Zeit bestand auf der Vorburg eine von einem Flechtwerkszaun und einem Wall im Osten umgebene Siedlung aus mindestens 7 quadratischen Blockbauten, die bis zu 4,6 x 4,6 m maßen. Zwischen den Häusern wurden Holzbohlen verlegt.

Nach einem Brand etwa um 750 wurde der Wall im Osten bis auf 2 m erhöht, darauf ein doppelter Palisadenzaun und an der Südwest- und Nordwestecke je ein Turm errichtet. Vom Tor auf der Westseite führte eine Brücke im Bogen zuerst am Wall entlang und dann über den Fluß. In der Vorburgsiedlung entstanden 40 bis 50 bis zu 5,5 x 5,7 m große Blockbauten. Die Siedlung besaß damit etwa 300 Einwohner, die nicht landwirtschaftlich tätig waren. Der bohlenbelegte Hauptweg lief von Norden auf ein Tor im Süden des Burgwalles zu, das rekonstruiert werden konnte. Das Tor war durch zwei zweigeschossige Blockbauten gesichert, die im Obergeschoß einen Wehrgang trugen. Der Torgang war wie der Hauptweg in der Vorburgsiedlung 2,4 bis 2,5 m breit. Die Vorburgsiedlung besaß in der Ostbefestigung ein Tor mit einem Anlagesteg davor. Von dort wurde der Fernverkehr über die Havel geschifft. Burg und Siedlung wurden um 830 durch Brand vernichtet.

Beim Wiederaufbau wurde der Burgwall im Osten auf 4 m erhöht. Oben trug er eine mit Planken gefaßte Feldsteinmauer neben der Palisadenwand am Fuß. Dies ist außer im Ostmährischen Reich eines der wenigen Beispiele für die Verwendung von Steinen beim Bau durch die Ostvandalen. Innerhalb des Burgwalles standen etwa 5 um 6,5 x 7,0 m große Gebäude. Nach einem Brand um 875 lag die Vorburg bis etwa 950 wüst. Nach einem weiteren Brand um 950 wurde der Innen-

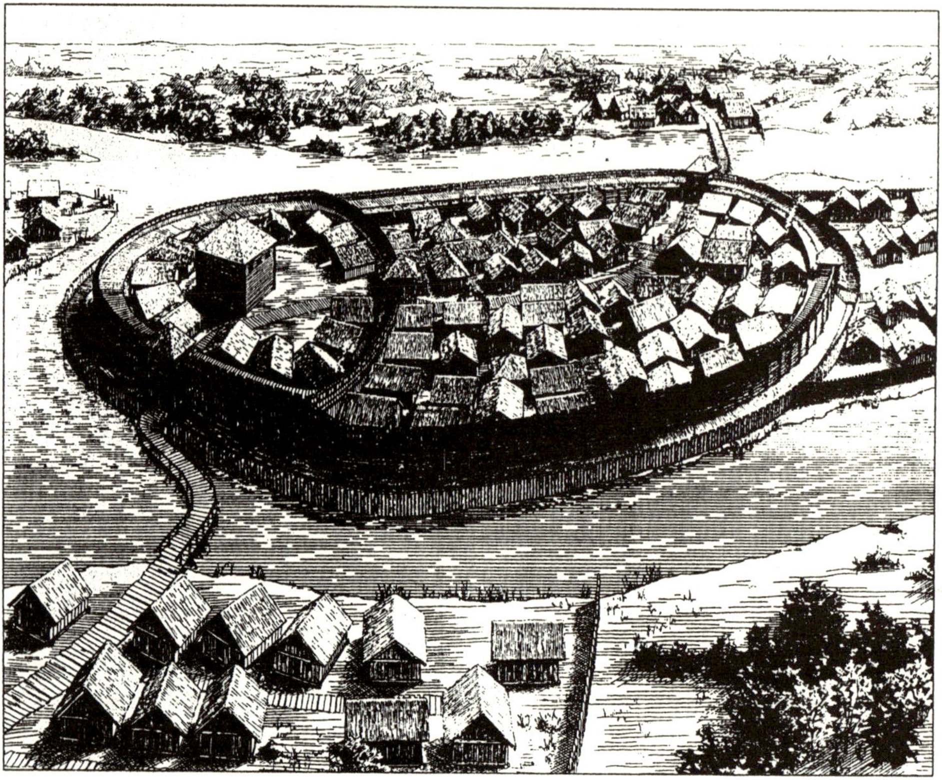

Abb. 154: Die Burg von Berlin-Spandau im 11. Jahrhundert, maßstabgerechte Rekonstruktion. Nach A. von Müller 1983

raum der Burg bis zur Wallkrone aufgefüllt und damit die Innenfläche erweitert. Nun fanden hinter dem neu errichteten Wall etwa 16 Häuser von 4 x 6 m Raum, in denen eine Besatzung von etwa 100 Mann hausen konnte. Der Havelarm zwischen Burg und Vorburg wurde verfüllt. Die Häuser der Vorburg wurden nun wahrscheinlich aus Holzersparnisgründen mit Pfostenbauten und Flechtwerkswänden gebaut in Größen bis 5 x 7 m. Sie enthielten meist zwei ungleich große Räume, große Kuppelöfen, gedielte Fußboden und flache Keller. An zwei Häusern wurde Stabbauweise auf Schwellenkränzen nachgewiesen, was wiederum über die norddeutsche und dänische Pfostenbauweise hinaus auf skandinavische Beziehungen weist.

Dieser Umbau mit Auffüllung des Raumes zwischen den Wallkronen entsprach den in der ottonischen Zeit üblichen Kleinburgen (Flachmotte) und entstand nach einer deutschen Besetzung. Spandau wurde Bischofssitz. Während des Italienfeldzuges von Kaiser Otto II. 980 wurde der Bischof ermordet und die Besatzung vertrieben. Im aufgefüllten Havelarm südlich der Burg wurde in sehr leichter Bauweise ein heidnischer Tempel von 4 x 4 m Größe errichtet. An einer Außenwand stak schräg im Boden eine besonders große Lanzenspitze. Von gekreuzt in den Boden gesteckten Lanzenspitzen bei kultischen Handlungen wird von Chronisten wiederholt berichtet. Im Tempel von Jumneta wurde eine göttliche Lanze aufbewahrt. Im Tempelinnern fand man u.a. einen in der Flechtbandornamentik des nordischen Tierstiles reichverzierten brettartigen Kopf eines Spinnrockens. Der Tempel wurde schon bald, nach Niederschlagung des Aufstandes, abgetragen; an anderer Stelle wurde eine Kirche von etwa 9 m Länge errichtet, die bautechnisch an die Häuser mit nach außen geschwungenen Wänden von Warendorf und von Trelleborg erinnert. Der an Innenpfosten freie Bau mit Bohlenwänden und in Schwellbalken eingezapften Pfosten entspricht nordischen Stabkirchen. Auch die schrägen Außenstützen der Wände entsprechen Bauten von Warendorf. In der Vorburgsiedlung jenseits der Havel wurde eine wesentlich kleinere Kirche in Stabbauweise ohne Schwellbalken gefunden. Beide Sakralbauten weisen nordische Bautechniken auf, die auf nordische Einflüsse hinweisen, welche trotz der Zugehörigkeit zur deutschen Kirchenorganisation bestanden.

Schon kurz darauf brach im Jahre 983 der große Wendenaufstand aus und die gesamte Burg verbrannte bei der Eroberung durch den Liutizenbund (A. u. K. Müller 1987).

Beim Wiederaufbau entstand am Wallfuß eine verbundene Doppelpalisade, auf der Holz-Erde-Mauer eine weitere Doppelpalisade und hinter der Mauer trapezartige kasemattenähnliche Unterkünfte mit Herdstellen. Im Burginnern enthielt ein größeres Haus einen Kuppelofen von 1,2 x 1,7 m, wohl einen Backofen. Die in der Vorburg wieder errichteten Häuser besaßen im Gegensatz zur folgenden Zeit keine Ortskonstanz und waren Stabbauten auf Schwellenkränzen von etwa 4,5 x 6,5 m. Auch sie bargen bis 1,5 m große Kuppelöfen. Das Osttor, das zum Landungssteg führte, erlaubte eine Rekonstruktion (Abb. 155). Die Torgasse mit 2 Toren war nur 2 m breit und trug einen turmartigen überdachten Aufbau, an dem ein daneben gefundener Pferdeschädel mit eingestecktem Hirschgeweih hing. Dieser hatte wohl eine religiöse Bedeutung von ähnlicher Art wie bei den West- und Nordgermanen. Noch das Märchen von der Gänsemagd der Grimmschen Sammlung berichtet von Pferdeschädeln an Burgtoren. *„Möglicherweise muß man einen Zusammenhang zwischen dem orakelnden heiligen Roß der Slawen* (s. Kap. 5.2) *und dem sprechenden Falada des Volksmärchens sehen"*. (A. von Müller 1983). Burg und Vorburg wurden um 1030 und 1100 wieder durch Brand zerstört. Nach 1030 wurde auch vom Osttor aus über den Havelarm eine Brücke errichtet. Bis 1100 war die Vorburg sehr dicht, etwa mit 65 Häusern, bebaut. Damit waren Burg, Vorburg und die Siedlung am Westufer von etwa 600 Personen bewohnt.

Beim kurz danach folgenden Wiederaufbau von Burg und Vorburg wurden auf der Burg statt der Kasematten dicht aneinander giebelseitig nach innen 4,5 x 4,5 m große Häuser errichtet. Auf dem Innenplatz wird wieder ein größeres Gebäude vermutet. Nochmals wurden die Flächen von Burg und Vorburg erhöht. Das Befestigungssystem war dem der großen Wikingerfestung von Trelleborg auf Seeland und der von Behren-Lübschin mit der Palisade am Fuß der Mauer, dem Bau der Mauer und der Palisade darauf sehr ähnlich. Die Anlage wurde beim Herrschaftswechsel von den Hevellern zu den Askaniern um 1157 wieder zerstört, dann wieder aufgebaut, aber später in das Gebiet der heutigen Zitadelle verlegt.

Die Siedlung am Westufer in der Ausdehnung von etwa 90 x 90 m bestand im Gegensatz zu den großen Häusern von Burg und Vorburg nur aus den allgemein üblichen kleinen Häusern mit Abmessungen von 3,5 x 3,5 m. Kurz vor 1150 wurde wohl unter dem getauften letzten Heveller Pribislaw auf einem Körpergrab-Friedhof ein zweischiffiger christlich-sakraler Palisadenbau aus Rundstämmen von 5 x 3,5 m errichtet, in dessen Südschiff ein Skelett ohne Kopf bestattet wurde.

Der Spandauer Burg ähnelten die Hauptburg der Heveller, die Brandenburg sowie weitere Burgen aus der Umgebung von Berlin.

Die Hauptburg der Obodriten, die *Mecklenburg*, wurde mit 1,4 ha Innenraum bereits kurz nach der Ansiedlung, im 7. Jahrhundert, nach der Dendrochronologie vor 640, auf frisch gerodetem Gebiet

Abb. 155: Das Osttor in der Befestigung der Vorburg des Burgwalles von Spandau aus der Zeit zwischen 983 bis 1030 n.d.Ztr. Nach A. von Müller 1983.

errichtet, das nach Abzug von Germanen Ende des 4. Jahrhunderts sich wieder bewaldet hatte. Für die Wallanlage von 34 000 m³ einschließlich des darin verbauten Eichenholzes von 9400 m³ waren für Erd-, Holz- und Transportarbeiten mindestens 85 000, wahrscheinlich 120 000 Tagewerke erforderlich, also für 500 Arbeitskräfte 240 Arbeitstage. Die Burg wurde angelegt auf einem in ein Flachmoor hineinragenden Rücken. Die Wälle in Kastenbauweise hatten eine Breite von 12,8 m und eine Höhe von 5 m und umschlossen einen Innenraum von 110 x 170 m. Vor dem Wall befand sich ein Graben von 2,5 m Tiefe. In späteren Bauabschnitten trugen die Wälle einen Wehrgang.

Bereits in der Burg A (nach 640 bis 700) wurden Hausreste in Flechtwerkkonstruktion ohne tragende Pfosten gefunden, wie sie aus anderen Burgen der Ostvandalen, z.B. aus Zantoch, Groß-Raden, Brandenburg und Jumneta bekannt sind. In Burg C (950) wurde mit der Errichtung von Blockbauten begonnen. Aus Burg E (bis Ende 10. Jahrhundert) ist ein Haus in Ständerbohlenbauweise gefunden worden – horizontale Bohlen sind in vertikale Pfosten eingenutet – wie das in Dänemark, Haithabu und Skandinavien üblich war.

Die Burg war mit Unterbrechungen Fürstensitz der Obodriten bis zu ihrer Übersiedlung nach Alt-Lübeck.

In der Fundschicht des 9./10. Jahrhunderts fanden sich u.a. ein broncener und ein beinerner Schreibgriffel.

Vor einer 30 m breiten Senke, die zum Aushub des Materials der Wälle bereits beim Bau der Burg A entstand, wurde eine Vorburgsiedlung angelegt, die nach dem Ende der Burg 1255 aufgelassen wurde (P. Donat 1984).

Die Burg der Wagrier, eines Teilstammes der Obodriten, das Starigard der lateinischen Quellen, *in Oldenburg/Ostholstein*, wurde vor 700 errichtet. Von der ersten Burg, die bis gegen 720 bestand, sind zwei konzentrische Wallringe, der äußere mit 130 m Durchmesser und 4 m Höhe, ergraben worden. Nach einem Brand entstand, etwas erweitert, Burg 2 und nach 750 Burg 3 mit einem um das Doppelte erweiterten Wall. Vor den ersten Großbauten darin wurden quadratische Häuser von 4 x 4,3 m aus überkämmten Spaltbohlen errichtet. Ungefähr ab 760 bis zur Zerstörung 1018 entstanden an gleicher Stelle nacheinander 5 große Pfostenhäuser. Im ersten Ausbau war die Fürstenburg (Abb. 156) innerhalb des Walles gesondert mit einer Stabbohlenwand eingezäunt und bestand aus 2 zweischiffigen Häusern von 20,5 x 7 m und mehreren weniger langen Pfostenhäusern. Die Bauten hatten Bohlenwände auf Schwellriegeln. Der Fürstenbau mit einer firststützenfreien Halle von 9 x 7 m mit schrägen Außenstützen (vergl. Warendorf, Abb. 141) barg in der Mitte ein steinumhegtes Langfeuer, wie es fürstlich-germanischem Brauch entsprach. Das Haus diente repräsentativen und kultischen Zwecken. Widukind von Corvey (925–973) erwähnt von der Oldenburg eine Götterstatue aus Bronce, die sicher in dieser Halle stand. Eine südlich im Abstand von fast 4 m vorgelagerte Pfostenreihe trug ein Vordach. Die kleineren Bauten dienten Wohnzwecken und enthielten Lehmkuppelöfen oder waren Speicher. In einem Haus befand sich die Werkstatt eines Edelmetallschmiedes.

Der zweite Großbau aus der Zeit von etwa 830–900 maß 17,5 x 12 m und enthielt eine fast quadratische Halle von 12 m Seitenlänge mit einem Mittelpfosten. Anstelle der nördlichen Pfostenhallen entstand ein Großbau von 5 x 16 m auf Schwellrahmen. Neben dem vierten Großbau, der möglicherweise nach der Eroberung Wagriens durch den Sachsenherzog Billung 968 entstand, wurde dort ein Bischofssitz errichtet. An der Südseite des vierten Baues wurden nach heidnischer Reihengräberart west-ost-gerichtete Gräber angelegt mit einem aus Holz gezimmerten Fürstengrab. Eine Fürstin wurde nach heidnischer wikingischer Art in einem goldbeschlagenen Wagenkasten, wie man einen im Oseberggrab fand, bestattet. Diese Wagenkästen wurden für den Warentransport im Fernhandel verwendet. Sie waren in Klinkerbauweise wie die Schiffe der Wikinger gebaut und oben wasserdicht abgedeckt. Sie waren in den Abmessungen genormt und zum Zwischentransport über Land auf genormten Wagen bestimmt. Die Bestattung in Wagenkästen war fürstlichen Frauen vorbehalten. An Beigaben wurde in diesen Gräbern ein Schwert und häufig Reitersporen gefunden, ferner eine skandinavische ovale Plattenfibel im Tierstil 2, eine skandinavische Kleeblattfibel, eine vergoldete Schalenspange und ein Schwertgurtbeschlag mit

Tierbandornamentik. In einem Kindergrab fand man eine Spielzeug-Doppelaxt, einen Hinweis auf Thor.

Nach einem Brand im großen Wendenaufstand 983 wurde die Burg vernichtet und beim Liutizeneinfall 1018 wurde auch der Fürstenbau 5 verbrannt. Danach entstanden auf dem freien Platz südlich davon weitere west-ost-gerichtete Gräber. Ein Steinsockel mit etwa 4,5 x 3 m Breite und 1,6 m Höhe trug ein Pfostenloch für ein Götterbildnis. Auf dem Platz vergrabene Pferdeschädel und

Abb. 156: Oben: Der Fürstenbau der Wagrier mit der Halle im Oldenburger Wall, erstes Drittel des 9. Jahrhunderts.
Unten links: Großbau 2 aus dem 2. und 3. Drittel des 9. Jahrhunderts.
Unten rechts: Großbau 3 aus dem 1. Drittel des 10. Jahrhunderts.
Zeichen: 1. Pfostengrube mit Pfostenkern, 2. Pfostengrube zerstört, 3. Grundschwelle bzw. Bohlenwände, 4. dasselbe zerstört, 5. Langfeuer, 6. Ofen mit Lehmplatte, 7. Grube.
Nach J. Gabriel 1988.

-läufe sind Anzeichen des Odinskultes. Einen ähnlichen Kultplatz aus Steinsockel mit Pfostenloch gab es in der Mitte des Burgwalles von Groß-Raden und im Reich der Waräger bei Kiew. Die letzte Bestattung unmittelbar am Südrande des Steinsockels war die eines Mädchens mit einem goldenen Stirnreif.

Auf dem eingeebneten und überdeckten Innenhof wurden zuletzt in dichter Weise nebeneinander und längs eines bohlenbedeckten Weges Häuser mit Kuppelöfen und Flechtwerkswänden ohne Pfosten von 5 x 5 und 8 x 5 m errichtet (I. Gabriel 1988a, 1988b).

Die Funde belegen vielfältige Fernverbindungen, heimisch gefertigte Prachtkeramik mit fränkischen Stileinflüssen, Glasgefäße, skandinavische Fibeln, Mühlsteine und Gußformensteine von dort. Die Fülle der Reitersporen fränkischer und wikingischer Art weisen hin auf die berittenen Reitergefolgschaften, wie sie aus den Anfängen des Daglinger Reiches bezeugt sind. Mit den Funden von Schüsseln aus Speckstein und Spinnwirteln aus Sandstein, deren Rohstoffe aus Skandinavien stammen, wird ein intensiver Handel belegt zwischen Nord- und Ostgermanen, zwischen Norwegen, Schweden, Dänemark und den Gebieten der Ostvandalen bis Berlin.

Die Anlage wurde spätestens 1019 durch den dänischen König Knud den Großen zerstört. Danach vernichteten die Dänen 1148/49 die Burg. Übrig blieb damals nur der heilige Hain des Gottes Prove, der erst 1156 zerstört wurde (s. Kap. 5.2).

Besonders hier am Beispiel der Oldenburg mit ihren reichen Funden nordgermanischer Art wird deutlich, wie falsch die gedankenlose Bezeichnung der Oldenburg in der wissenschaftlichen Fachliteratur als „slawisch“ ist*. Im Stammesgebiet der Wagrier wurden in weiteren Burgen Funde gemacht, aus denen nordgermanische Bewohner folgen. In der Burg Klein Gladebrügge südlich Segeberg, 2 km östlich des limes Saxonicus, erbaut um 895 (Dendrodaten) fand man Pfeilspitzen, Lanzenspitzen, Steigbügel, Sporen und Ringe mit wikingischer Ähnlichkeit (B. Goltz 1989).

Der hier gefundene Fürstensitz mit Fürstenbauten hat einen etwa zeitgleichen ähnlichen zur Seite, den des dänischen Königsgeschlechts in Lejre auf Seeland (Abb. 157). Kennzeichnend für beide ist die Abkunft aus dem germanischen Wohnstall-Langhaus. Diese Entwicklung läßt sich bereits mit der Entstehung sozialer Unterschiede erkennen. So wurde in Hodde in Westjütland an erhöhter Stelle des Dorfes ein gesondert umzäunter größter Hof aus dem 1. Jahrhundert n.d.Ztr. gefunden, der bereits ein stallfreies Langhaus besaß (Abb. 133). Im Dorf Feddersen Wierde in der Marsch bei Cuxhafen war im Horizont 4 aus dem 2. bis 3. Jahrhundert n.d.Ztr. (Abb. 132) auch ein stallfreies Langhaus mit einem Handwerkerhaus entstanden. Im 4. bis 6. Jahrhundert wurde in Gudme bei Lundborg auf Fünen in einem großen Dorf mit 50 Höfen ein Fürstensitz mit einem Langhaus von 47 x 10 m gebaut mit reichen Goldfunden aus der Nachbarschaft (L. Jörgensen 1998). Ähnlich wie diese Fürstensitze in Holzbauweise war der steinerne Fürstensitz der Westgoten von Naranco in Asturien, der noch Konstruktionsmerkmale zeigt, die an den Holzbau erinnern (H. Phleps 1934). Mit dem einzigen erhaltenen nicht sakralen Bau von langobardischen Bauhütten, dem Palas der Burg Tyrol bei Meran von um 1150, ging diese Bautradition schließlich in den Palas der romanischen Burgen und Fürstensitze über.

Nach 800 erbauten die Pomoranen am Südufer der Warthe bei *Zantoch* eine Grenzburg. Sie war anstatt mit einem Wall durch einen Palisadenzaun geschützt. Darin standen bis 4 x 8 m große Häuser aus Flechtwerkwänden, ohne Pfosten, wie sie auch von Haithabu, Sigtuna (Schweden) und Jumneta

---

* Anm.: Zu Beginn der Ausgrabungen wurden Forscher aus der UdSSR eingeladen!

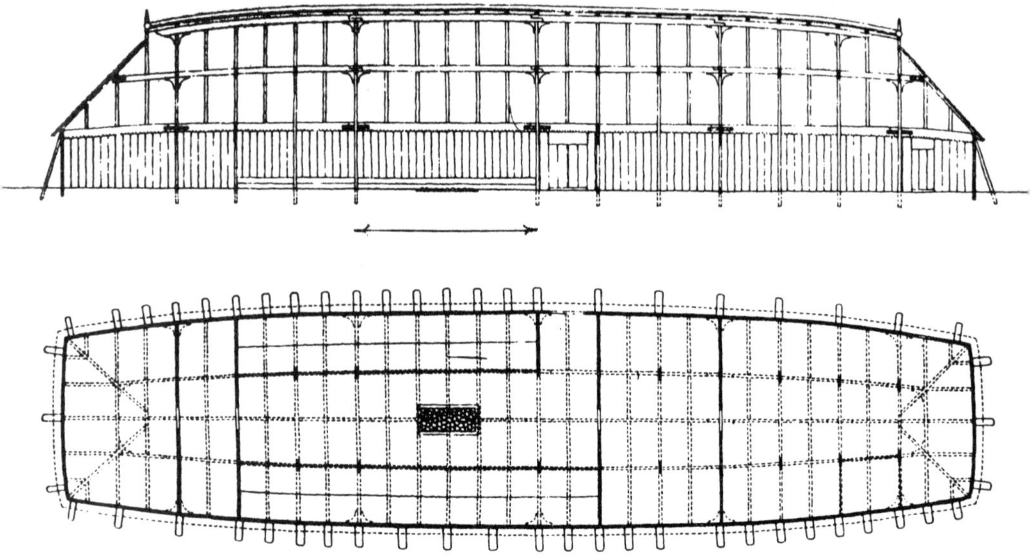

Abb. 157: Das große Haus von Lejre, Rekonstruktion nach dem Grabungsbefund, mit der Königshalle (↔) des dänischen Königsgeschlechts der Skjöldinge (↔) um 850 bis 950.
Abdruck mit Erlaubnis des Verfassers T. Christensen aus: *Lejre syn og sagn*. Roskilde 1993.

bekannt sind (Abb. 158). Die Burg wurde nach 990 bei den Kämpfen der Daglinger gegen die Pommern verbrannt. Die zweite Burg mit Wall wurde nach 1000 von Boleslaw I. errichtet und von seiner Wikingermannschaft besetzt. In dieser zweiten Burg fand man wikingische Reste; eine Kammscheide mit Flechtbandverzierung, eine Axt, Knochenkämme, einen Ebenholzgriff mit Tierornamentik im späten Jellingestil. Nach dem Tode von Boleslaw im Jahre 1025 machten sich die Pommern wieder selbständig und die Burg wechselte wieder den Besitzer (A. Brackmann u. W. Unverzagt 1936).

Aus dem Siedlungsgebiet der Lusitzer südwestlich des Spreewaldes konnte bei *Tornow* eine Burg ausgegraben werden, die interessante Einblicke gestattet (J. Herrmann 1966). Bei der Anlage eines Dorfes Ende des 9. Jahrhunderts (s. Kap. 7.4.6) wurde eine Fluchtburg angelegt. Sie ist wohl eine der *civitates*, die der Bairische Geograph (K. Zeuss 1837) für die in dieser Gegend ansässigen Stämme der Lunsizi (= Lusizi?) mit 30, der Dadosesani mit 20 und der Milzane mit 30 *civitates* aufzählt.

Gleichzeitig wurde in Vorberg, wenige Kilometer von Tornow entfernt, eine ähnliche Burg angelegt, die weniger gut erhalten ist.

Die erstgenannte, von den Dorfbewohnern errichtete Burg umschließt ein fast kreisrunder Wall in Holzrostkonstruktion von 47 m Außen-, 31 m Innendurchmesser und 6 m Höhe, der wohl oben eine Palisadenbefestigung trug. Innen war der Wall ringartig von 30 bis 35 Fluchtgemächern von 2,40 m Tiefe und 3 bis 4 m Breite umgeben.

Im Hof lag ein Brunnen, ein Mahlhaus und neben dem Tor das Haus des Burghüters, das einzige ständig bewohnte. Die Verteidigungslinie auf dem Wall war 160 m lang. Wenn für 5 m Verteidigungslinie je 1 Verteidiger gerechnet wird, wie bei böhmischen Burgen, dann waren 33 Mann nötig. Das entspricht der Zahl der Fluchtgemächer und der Zahl der darin unterzubringenden Familien.

Die von den Dorfbewohnern für den Burgenbau aufgebrachte Arbeit dürfte bei je 3500 m^3 Erde und Eichenholz für den Wall 21 000 bis 41 000 Tagewerke betragen haben. Bei 30 bis 35 Arbeitskräften ergibt das 600 bis 1200 Tagewerke je Arbeitskraft, also eine Bauzeit von mehreren Jahren. Nach Art der Anlage, Zweck und Durchführung entspricht die Burg den Siebenbürgischen Kirchenburgen.

Nach einem Brand wurde die Burg unter Verwendung des Walles stark verändert wieder aufgebaut (Abb. 159). Der Tortunnel wurde geändert. Er führte im Wall 2,5 m aufwärts mit einer Breite von 2 m und dann nach innen steil 2 m abwärts mit einer Breite von 1,5 m. Hinter dem Wall lagen 19 zweistöckige Einbauten, deren Oberstöcke innen vom Wall aus durch einen Umgang zugänglich waren und als Speicher genutzt wurden. Mit einer Ausnahme enthielten alle Einbauten eine Handmühle, Holzkisten und Tonwannen als Vorratsbehälter für Getreide. In 4 Speichern befanden sich größere Vorräte an Mehl. Von den Untergeschossen wurden 3 als Wohnräume verwendet, in denen man Spinnwirtel, Sicheln und Messer fand. In einem befand sich ein Herd. Im Hof stand ein größeres Gebäude, das teilweise unterkellert war. Die Art der Anlage dieser Burg mit den Einbauten gleicht den nach 1241 von den Siebenbürgern errichteten Kirchenburgen.

Diese zweite Burg ist wohl als Adelssitz mit einer ständigen Gefolgschaft von Kriegern zu deuten, die im Untergeschoß wohnten. Die Ausstattung der Obergeschosse der Einbauten hinter dem

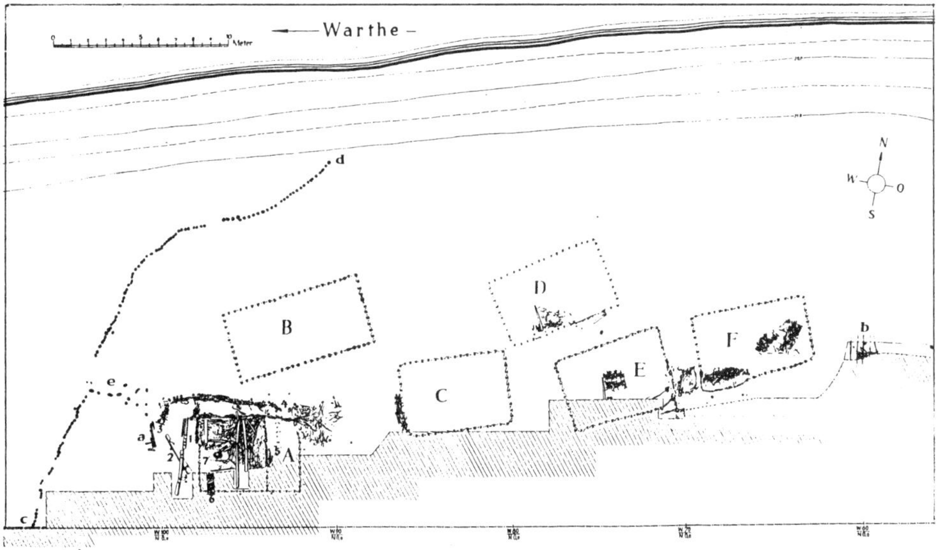

Abb. 158: Ausschnitt aus der von den Pomoranen angelegten Burg 1 bei Zantoch an der Warthe. A bis F Häuser mit Flechtwerkswänden ohne Pfosten, a, b Faschinenwerk der Uferböschung,
c-d Palisadenzaun, e Tor, 1, 2 Balken des Dachgestühls, 3, 4, 5 Reste eines älteren Hauses, 6 Südwand von Haus A, 7 Holzherd.
Nach A. Brackmann und W. Unverzagt 1936.

Wall mit Mühlen und Vorratsgefäßen, die Getreide enthielten, läßt auf Fluchtbehausungen für die Dorfbewohner schließen. Anfangs des 9. Jahrhunderts wurde auch diese Burg durch Feuer zerstört.

Nach Größe, Aufbau und Innenbebauung mit kammerartigen Anbauten innen am Wall war die *Burg Schönfeld, Kreis Calau*, ebenfalls aus dem Stammesgebiet der Lusizi, der Burg Tornow ähn-

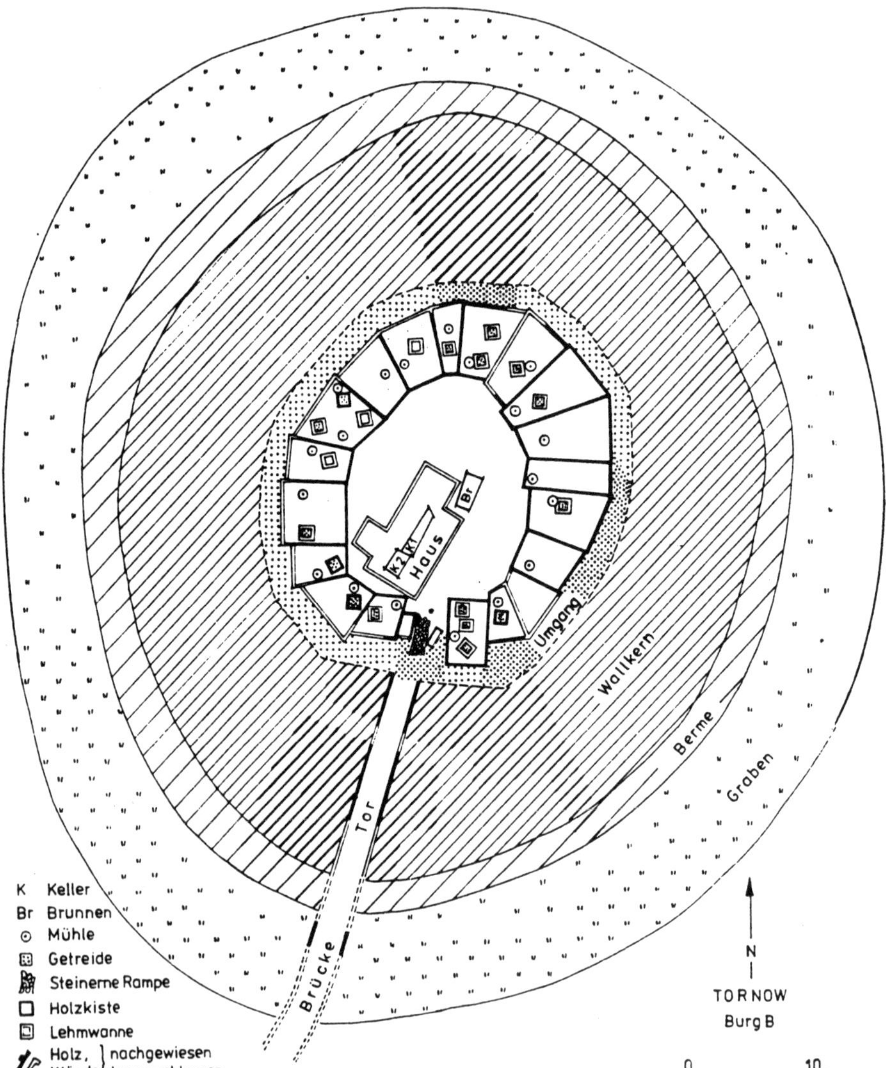

Abb. 159: Grundriß der Burg bei Tornow, Kreis Calau, 2. Baustufe 8./9. Jahrhundert. Nach J. Herrmann, 1966.

lich. Bei den Anbauten wechselten Pfosten- mit Blockbauten. Das in der Mitte stehende Haus war ein Pfostenbau (G. Wetzel, 1985). Auch die Burg von Presenchen westlich des Spreewaldes hatte an der Innenseite des älteren Walles kasemattenartige Anbauten. Wie auf anderen Burgen des Spreewaldgebietes wurde dendrochronologisch ein Baubeginn der ersten Burg mit Blockbauten vor 900 und nach Zerstörungen ein Wiederaufbau nach 950 mit Pfostenbauten festgestellt (J. Henning 1991).

Infolge der von den Wikingern entwickelten hochseefesten Segelschiffe entfaltete sich auf der Ostsee ein lebhafter Handel, der die Gründung von stadtähnlichen Siedlungen rund um die Ostsee zur Folge hatte. So wurden von den Wikingern Helgö und Birka in Schweden, Truso in der Weichselmündung, Haithabu bei Schleswig, Jumneta auf Wollin, Ralswiek auf Rügen, Menzlin bei Anklam und Reric bei der Mecklenburg angelegt. Diese Siedlungen waren auch von ostvandalischen Bevölkerungsgruppen, wie die Friedhöfe ausweisen, bewohnt. Über Jumneta, das nach der Zerstörung der Wikingerburg über der Stadt, der Jomsburg, gemeinsam von Wikingern und Ostvandalen bewohnt wurde, siehe bei Kap. 4.2.11.

In der Peene westlich von Anklam bei *Menzlin* entstand bei den Wilzen eine Hafensiedlung auf der Fläche von 8 ha. Die dort wohnenden Wikinger bestatteten ihre Toten in Brandgräbern mit schiffähnlichen Steinsetzungen. Von ihnen zeugen Funde von Fibeln, einer Bartaxt und eines Thorshammers.

Im Stammesgebiet der Ranen auf Rügen wurde bei *Ralswiek* um 750 eine Siedlung mit Hafenanlagen auf einer Halbinsel angelegt, die im Jasmunder Bodden sowohl nach Westen wie nach Osten schiffbare Verbindungen und damit in der Ostsee eine sehr verkehrsgünstige Lage hatte. Diese stadtartige Siedlung hatte im Westen auf 160 m Länge Liegeplätze für 17 Schiffe (Abb. 160), die durch hölzerne Landungsstege getrennt waren. Die Siedlung war 350 m lang und bis 120 m breit. Zu jedem Liegeplatz gehörte ein Gehöft mit einem Hauptgebäude von wenigstens 5 x 7 m, das einen Lehmkuppelofen besaß, sowie Nebengebäude, Wirtschaftsgebäude und Werkstätten, darunter auch solche für Metallbearbeitung. Hier konnten erstmalig getrennte Werkstätten für die Verarbeitung von Holz, Bronce, Knochen und Bernstein, eine Schmiede- und eine Kammacherwerkstatt nachgewiesen werden. Die Wassergräben der Liegeplätze waren 4 bis 7 m breit. Die Ranen bauten Schiffe, die bis 14 m lang waren und sich von den wikingischen, die Eisennieten aufwiesen, konstruktiv etwas unterschieden. Die Planken wurden gegenseitig mit Holzdübeln und an den Steven mit Eisennägeln befestigt. Bei Ralswiek wurden 4 solcher Schiffe gefunden.

In einem der Häuser wurde neben dem Ofen ein vergrabener Schatz aus 2200 arabischen Silbermünzen gefunden. Die jüngste der Münzen stammte aus dem Jahre 842. Dieser Münzfund ist der größte Fund arabischer Münzen zwischen Schweden und dem Schwarzen Meer jener Zeit. Die Siedlung dürfte nach kalibrierten ^{14}C-Altersbestimmungen 890 zerstört worden sein. Die Münzen zeugen von der Benutzung des Handels- und Schiffahrtsweges über Staraja Ladoga und die Wolga zum Schwarzen Meer und weiter nach Osten.

Ähnliche Siedlungsstrukturen wie in Ralswiek mit Faktoreien, die sich in Privatbesitz befanden, wiesen Helgö, Birka, Haithabu und Ribe (Jütland) auf (J. Herrmann 1978).

An einer Mole lag ein Brett mit einer Flachskulptur eines menschlichen Gesichtes. Bretter dieser Art umstanden den Tempel von Groß-Raden und wurden am Bohlenweg im Wittemoor bei Berne, Kreis Wesermünde gefunden (J. Herrmann 1980). Sie hatten wahrscheinlich religiöse Bedeutung. Sie sind ein Hinweis auf die Ähnlichkeit der religiösen Vorstellungen bei Westgermanen und Ostvandalen (s. Abb. 82) über mehr als 1000 Jahre.

Unter den spärlichen Funden sind Specksteinschalen und Gußformen für Silberbarren aus Speckstein, der aus Skandinavien eingeführt werden mußte, Schreibgriffel, ein mit Runen beritzter Knochen, Schnitzmesser, eiserne und broncene Schlüssel großer Vielfalt (vergl. Abb. 160) und Steigbügel bemerkenswert (P. Herfert 1967), es muß also vieles zum Abschließen gegeben haben.

Auf der der Siedlung zugewandten Seite der Hügel östlich der Siedlung und von dieser aus sichtbar liegt ein großes Feld mit Hügelgräbern mit mehr als 400 Bestattungen. Die Gräber sind für Ostvandalen untypisch, Schläfenringe fehlen ganz. Brandgräber mit dem Transportgefäß

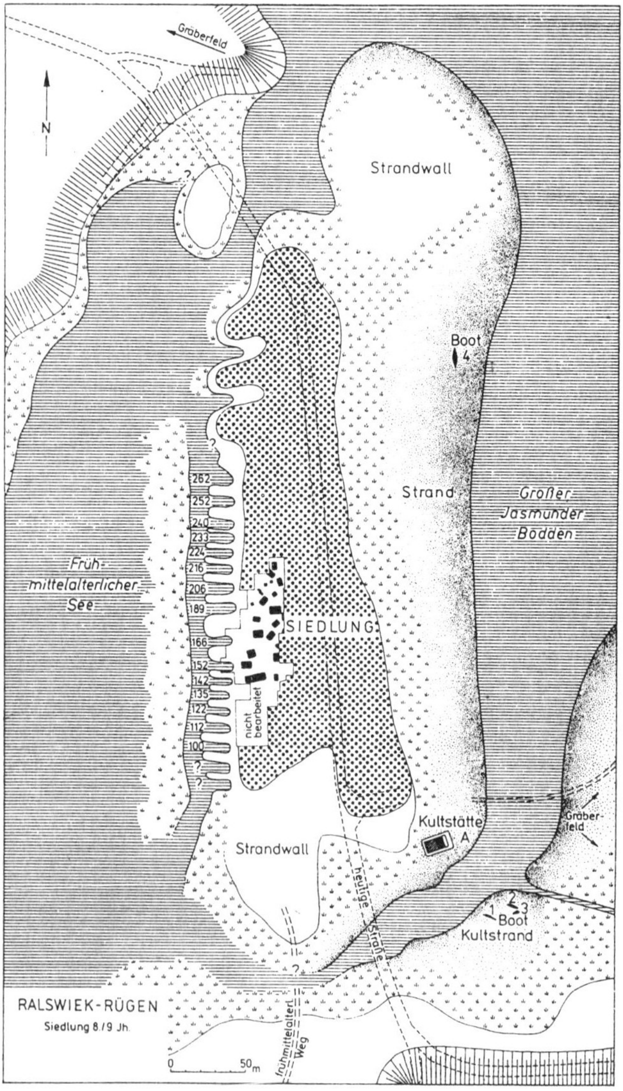

Abb. 160: Siedlung und Hafen von Ralswiek auf Rügen. Feld mit kleiner Kreuzsignatur noch nicht ausgegraben. Nach J. Hermann, *Die Slawen in Deutschland*, Berlin (Ost) 1985.

neben der Brandschüttung überwiegen. Etwa 10% sind Körpergräber. Diese enthalten z.T. in Skandinavien hergestellte Keramik. Vor rund hundert Jahren wurde eine holzverschalte Grabkammer mit einem Körpergrab und einem mitbestatteten Pferd gefunden. Auf Skandinavier deuten Schmuckscheiben sowie auf dem Scheiterhaufen verbrannte Teile von Schiffen skandinavischer Herkunft und mit solchen Schiffsteilen abgedeckte Brandgräber (D. Warnke 1978, 1981).

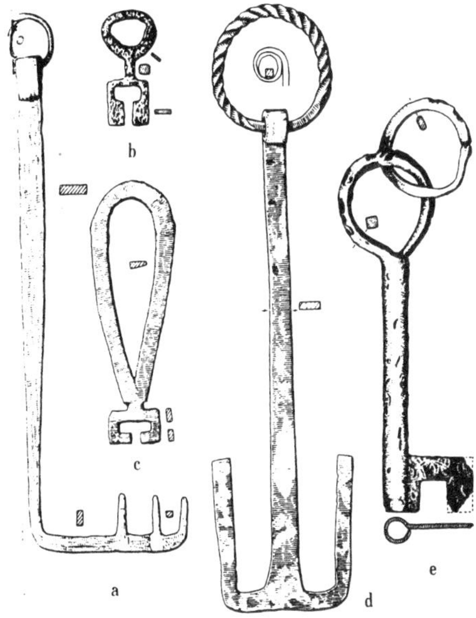

Abb. 161: Schlüssel aus frühstädtischen Siedlungen und Burgen. a und c: Menzlin. b und d: Groß-Raden, e: Behren-Lübschin. Nach E. Schuldt 1980.

Sechs Kilometer von Ralswiek entfernt lag auf einem Hügel, dem Rugard, die Stammesburg der Ranen mit einem außen 10 m hohen Wall, im 8. Jahrhundert errichtet. Innerhalb des Walles standen Häuser, außerdem befanden sich an der Innenseite des Walles hausähnliche Anbauten.

Im Stammesgebiet der Wilzen entstand nach 850 an der Peene bei *Menzlin*, zwischen dem Sitz des Fürsten und der Peenemündung eine Handelsniederlassung der Wikinger, die bis etwa 950 bestand. Sie war zu Schiff zu erreichen, lag an der Fernhandelsstraße *via regia*, die von Hamburg nach Wollin führte, auf der man nach Adam von Bremen von Hamburg bis Wollin sieben Tagesreisen benötigte und die ein dichtes Siedlungsnetz der Ostvandalen umgab.

Ausgegraben wurden bisher geringe Teile der frühstädtischen Siedlung und 33 Gräber eines auf 850 Bestattungen geschätzten Wikingerfriedhofes. Vom Hafen an der Peene wurde bisher noch nichts gefunden. Von der Siedlung sind 4 Häuser in den Größen 3,5 x 4 bis 5 x 10 m bekannt, von denen die größeren Handwerksbetriebe waren, in denen von Wikingern nach skandinavischer Art Kämme, Spinnwirtel, Bernstein-, Karneol- und Bergkristallperlen, Messer, Pfeilspitzen und Textilien hergestellt wurden. Da man nur ostvandalische Keramik fand, müssen in der Siedlung außer Wikingern auch Ostvandalen gelebt haben, welche diese Keramik dort herstellten. Im Brandgräberfeld fand man Schmuckstücke, die zur nordgermanischen Frauentracht gehörten und nicht gehandelt wurden wie ovale Schalenfibeln, eine aus Westfalen stammende Rechteckfibel, Ringe mit Anhängern von Thorshämmern und Miniaturäxten, ferner Arm- und Fingerringe. Am vermuteten Hafengelände fand man ein einschneidiges Schwert, in der Siedlung verschiedene Sporen, 2 Trensen und als Fernhandelsgut eine Tatinger Kanne aus Rheinfranken.

Auf dem Friedhof waren von 33 Brandgräbern 7 von schiffsförmigen Steinsetzungen umgeben, die 2,7 bis 7,5 m lang waren, im Friedhof von Birka am Mälarsee mit 2000 Bestattungen fand man nur 2, davon 3 in Kiellinie liegend. Der Bug ist am größten und an einem dreikantigen Stein kenntlich und zeigt zum Unterschied von gleichartigen skandinavischen Steinsetzungen nicht nach Süden – auch der Bug des Oseberg- und Gokstadschiffes wies nach Süden –, sondern in die alte Heimat nach Norden. Auch kreisförmige Steinsetzungen kamen vor (U. Schoknecht 1977).

8 Zusammenfassung

Der große Raum Osteuropas östlich und südöstlich des Siedlungsgebietes des Deutschen Volkes wird heute größtenteils von den slawischen Völkern bewohnt. Die Untersuchung der Vor- und Frühgeschichte dieses Raumes und der Ethnogenese der slawischen Völker mit allen Methoden: der Chronistik, Linguistik, den archäologischen Zweigwissenschaften und der Anthropologie ergab, daß die heutigen slawischen Völker bis zur Jahrtausendwende und noch danach Germanen waren und sich als solche verstanden. Die dann folgenden Vorgänge, die zur Ausbildung von ethnischen und größeren sprachlichen Unterschieden zu den west- und nordgermanischen Völkern führten, werden hier nicht untersucht.

Nach dem Diktat des Panslawismus über die Vor- und Frühgeschichte der heutigen Slawen hat in den letzten beiden Jahrzehnten eine Objektivierung der betroffenen Wissenschaften in den slawischen Staaten bedeutende Ergebnisse gezeitigt, die im wesentlichen zur Anerkennung von bereits vor mehr als 70 Jahren in Deutschland gemachten Erkenntnissen führten und darüberhinaus außerordentlich interessante neue Ergebnisse erbrachte. Die Entwicklung ist heute in vollem Fluß.*

Im einzelnen führte die Anerkennung der Prževorsk-Kultur als den Vandalen und der Černjachov-Kultur als den Goten zugehörig und die Ermittlung der Ausbreitung und Wanderung beider Germanenstämme zu einem völlig neuen Ausgang der slawischen Ethnogenese. Der Schlüssel dazu ist die *Zarubintsy-Kultur*, die bereits vor dem 2. Jahrhundert v.d.Ztr. beginnt und deren Träger mit den Bastarnen in Verbindung gebracht werden. Sie war nach ihren archäologischen Hinterlassenschaften wohl eine kleine, aber sehr weit durch die Goten nach Osten abgedrängte Gruppe der Vandalen. Sie wird als dem Kreis der Nachfolgekulturen der germanischen Jastorfkultur zugehörig bezeichnet und verschmilzt um 200 n.d.Ztr. mit dem östlichen Teil des von Schlesien bis zum Bug reichenden Gebietes der Prževorsk-Kultur nach der Abdrängung ihrer Träger nach Osten durch die nach Süden drängenden Goten.

In der von der Linguistik geforderten Urheimat der Slawen, in welcher das Gebiet der Zarubintsy-Kultur liegt, entsteht durch Sprachumwandlungen eine „slawische Ursprache". Diese kann nicht der indogermanischen Satemgruppe zugerechnet werden. Noch von Einhard wird die lingua sclavinia als seiner Sprache sehr ähnlich bezeichnet. Die vielen angeblich germanischen Fremdworte besonders für Begriffe von Grundsozialisationen sind keine Fremdworte, sondern wurden bei der Ethnogenese der „Urslawen" und der Sprachumwandlung zur gleichen Zeit aus dem Germanischen mitgebracht.

Ähnlich wie die vor der Ausbreitung und Individualisierung der „slawischen" Stämme vollendete Sprachumwandlung ergaben anthropologische Untersuchungen slawischer und deutscher Wissenschaftler, sowie hier zum ersten Mal veröffentlichter Ergebnisse, daß es keine anthropologischen Unterschiede zwischen West-, Ost- und Südslawen am Beginn der Ausbreitung gab, daß keine Unterschiede zu West- und Nordgermanen bestanden und daß Unterschiede erst durch Assimilation von Vorbevölkerungen entstanden. Die dann später entstandenen anthropologischen Unterschiede bleiben hier außer Betracht.

Kurz vor der Ausbreitung der „slawischen" Stämme aus der „Urheimat" nach Ende des Hunnenreiches beginnt ihre Eigenständigkeit mit der Kiewer Kultur im Bereich der gotischen Černja-

* Anm.: Mit der zentralen Erkenntnis Shchukins (wörtliches Zitat in Kap. 4.2.7 gesperrt) ist W. Steller rehabilitiert, dessen erstes Buch von 1957 Besprechungen erhielt wie die seines ehemaligen Breslauer Kollegen Vasmer (M. Vasmer 1962): „Die Wissenschaft braucht keine an die Nazizeit erinnernden Bücher wie dieses".

chov-Kultur in Erscheinung zu treten. Hier setzt die Chronistik ein. Von Jordanes und Prokop werden die Träger der Kiewer Kultur Veneder und Sklavenen genannt und im gesamten Bereich der lateinisch schreibenden Chronisten dann Sclavi.

Vom sagenhaften Stammvater Antezirto der *Sclavi, Vandali, Winidi*, der am Don wohnte, berichten so gewichtige Chronisten wie N. Marschalk († 1525) und S. Münster († 1588). Davon, daß die Wohngebiete der Germanen bis zum Don reichten, berichten Paulus Diaconus († 799). Alfred der Große († 870), Cosmas von Prag († 1125), Sebastian Münster († 1588) und Albertus Krantzius († 1517). Letzterer schrieb: *„... dieses alles wird gross Teutschland geheissen“*. Die Identität der *Sclavi* der lateinischen Chronisten seit Jordanes mit *Vandalen* wird am kürzesten und treffendsten von A. Krantzius definiert zu: *„Sclavi sunt Vandali“*.

Noch nach dem Ende des Mittelalters war es deutschen Chronisten bekannt, daß die Westvandalen mit den Ostvandalen ursprünglich einen Volksstamm gebildet hatten.

In der östlichen Abgeschiedenheit empfingen diese die Nachricht von ihres Volkes Heldentaten unter Geiserich in Nordafrika. Noch beim großen Wendenaufstand im Jahre 983, rund 550 Jahre nach Geiserich und 600 Jahre nach der Trennung von den Westvandalen, waren diese Ereignisse bei ihnen lebendig. Mit Teilen der Heruler, Warnen, Rugier, Ostgoten, mit Resten nicht abgezogener Elbgermanen und mit Wikingern gingen sie Stammesverbindungen ein, ähnlich wie dies während der Völkerwanderungszeit zwischen anderen Teilen von Germanenstämmen wiederholt geschah. Hierbei wurde für die neue Stammesverbindung meist der Name eines der ursprünglichen Stammesteile übernommen, einige Namen ostvandalischer Stämme sind daher auch direkt skandinavischer Herkunft, wie der des Stammesbundes der Liutizen.

Die Ostvandalen bauten auf ihrem langen Weg durch die Weiten Osteuropas die als typisch „slawisch“ angesehenen Grubenhütten, so auch die ersten Rückkehrer in kleinen Familienverbänden aus dem Osten. Ähnliche Grubenhütten bauten auch andere wandernde Germanenstämme. Doch davon, daß sich die Rückkehrer ihrer vor Beginn ihrer großen Wanderung geübten Bauweisen entsannen oder sie von abgezogenen oder in ihre Stämme eingegliederten Binnen- und Nordgermanen übernahmen, gibt es immer mehr Beispiele. Die den Ostvandalen zugeschriebene Erfindung des Blockbaues war bereits den Bandkeramikern bekannt. Die folgenden Wanderungswellen von Stämmen unter Fürsten kannten alle germanischen Bauweisen und bauten in der Oldenburg in Wagrien und in den baulich sehr ähnlichen dänischen Königshallen von Lejre und von Gudme auf Fünen – abgesehen von der steinernen Königshalle der Westgoten in der jetzigen Kirche Santa Maria de Naranco bei Oviedo in Asturien – die einzigen bisher bekannten germanischen Königshallen, ferner Bohlenwege, kilometerlange Brücken und die damals im germanischen Kulturkreis modernsten Befestigungen und Burgen. Eine Gruppe ostvandalischer Tempel stimmte in der Bauweise mit den heidnischen Vorgängern der nordischen Stabkirchen und diesen überein.

Mit der Anwendung exakter Methoden der Altersbestimmung, vor allem der Dendrochronologie, zeigt sich immer mehr, daß gegenüber den wenig zahlreichen ersten Einwanderern die zweite Welle erst viel später als bisher angenommen, nämlich erst im 8. und 9. Jahrhundert, aus dem Osten zurückkam und in ihrer damaligen z.T. nichtfeudalen Verfassung Burgwälle anlegte, die nach der Zerstörung in der Zeit der ersten größeren Ausgriffe des Deutschen Reiches nach Osten unter Heinrich I. wieder aufgebaut wurden. Dabei wurden nicht Blockbauten errichtet wie vorher, sondern die bei den West- und Nordgermanen üblichen Häuser vor allem in Pfostenbauweise. Das war die Folge davon, daß die Ostvandalen der zweiten Siedlungswelle bereits mit wikingischen oder mit Wikingern verwandten Fürsten kamen, die teilweise chronistisch belegt sind. Zum Teil wurden die nach 900 in den deutschen Eroberungen zerstörten Burgwälle nicht durch tributleistende eigene Fürsten, sondern durch vom Reich eingesetzte Adlige wieder errichtet. Dadurch verkürzt sich die eigene Staatlichkeit der Ostvandalen zum Teil auf weniger als 100 Jahre. Damit beginnt die Wiederentdeckung und Wiederanerkennung der vor 1945 geleisteten deutschen Forschungsarbeit, *„das heißt, sie* (die Forschung) *von Prämissen zu befreien, die seit längerem der Forschung vorgegeben waren“* (J. Henning u. K. U. Heußner 1992).

Bis in die Zeit ihrer Rückkehr nach Ostdeutschland bestanden keine ethnischen, anthropologisch nachweisbaren Unterschiede zu den Elbgermanen und anderen Germanen.

Nach ihrer Rückkehr traten sie mit einem hoch entwickelten Ackerbau in Erscheinung, der mit Mehrfelderwirtschaft und bis nach Byzanz exportierten Agrarüberschüssen fast zur gleichen Zeit begann wie die unter den Merowingern erfundene Dreifelderwirtschaft.

Sie eigneten sich auch bald die bei den West-, Süd- und Elbgermanen herrschenden religiösen Vorstellungen an, die sich in Reihengräberfriedhöfen äußerten, und sie hielten mit großer Zähigkeit an ihrem alten Glauben fest, bzw. übernahmen die Anlage von Reihengräbern oft erst dann, nachdem ihre Fürsten bereits zum Christentum übergetreten waren. In der Verfertigung von Reliefplastiken und Vollplastiken waren sie den West- und Binnengermanen künstlerisch überlegen.

Die außerordentliche religiöse Intoleranz („Taufe oder Tod“) des Christentums führte während eines Zeitraumes von fast 600 Jahren zu ihrer Dezimierung durch zahlreiche Bekehrungs- und Vernichtungskriege wie den – freilich ergebnislosen – Wendenkreuzzug von 1147. Die Reste gingen in den ostdeutschen Neustämmen auf oder erlitten außerhalb des alten Deutschen Reiches ethnische Veränderungen mannigfacher Art, etwa durch Vermischung mit der Vorbevölkerung und den Hunnen und Awaren in Böhmen und Mähren oder in Rußland mit Balten und Mongolen.

Ihre Fürstengeschlechter waren entweder Wikinger wie im Reich der Waräger, Daglinger und Pržemysliden oder eigene Geschlechter, die schon sehr früh nordgermanische Verwandte hatten. Die Daglinger heirateten von Miseko I. an bis zum Aussterben der Linie und vom ersten schlesischen Herzog der Daglinger an ebenso wie ab 1000 auch die Pržemysliden fast nur deutsche Fürstentöchter, so daß an ihren Höfen von da an deutsch gesprochen wurde. Die von ihnen gegründeten Reiche, Staaten und Fürstentümer wie Rußland, Polen, Böhmen oder Mecklenburg bestehen nach mancherlei Umwandlungen noch heute bzw. bestanden bis in das 20. Jahrhundert.

In Rußland wurde die nordgermanische Oberschicht bald assimiliert, in Polen und Böhmen wurde sie eingedeutscht, da sie fast nur deutsche Frauen hatten. In Polen wurde diese Oberschicht, die wie in Böhmen bald althochdeutsch sprach, im späten Mittelalter vor allem durch die Politik der katholischen Kirche polonisiert. In Böhmen entstand aus alter wikingerischer Wurzel das deutsche Kaisergeschlecht der Luxemburger und Habsburger.

Aus den vielfältigen ethnischen Veränderungen der Ostvandalen bei und nach ihren Wanderungen entstand die große Familie der heutigen slawischen Völker. Diese Veränderungen sind erst in großen Zügen überschaubar und wurden hier nur gestreift.

Ausgehend von ihren Sprachen begann sich mit der Entwicklung ihrer Schriftsprachen vor etwa 200 Jahren das Selbstverständnis der heutigen slawischen Völker zu entwickeln, gefolgt von der Entstehung des Panslawismus. Aus der Falschübersetzung des Begriffes *Sclavi* der mittelalterlichen Quellen mit Slawen bezog der Panslawismus für seine Gebietsforderungen eine vermeintliche historische Begründung, die sowohl vom Imperialismus des Zarenreichs als auch von dem ihm folgenden Bolschewismus, dem 1916 wiedererstandenen polnischen Staat und der Tschechoslowakei aufgegriffen wurde und bis heute zur Rechtfertigung der Vertreibungen nach den Weltkriegen herangezogen wird.

Diese imperialistischen, für viele Völker Europas unheilvollen Bewegungen beruhen so gesehen auf falschen historischen Grundlagen. Trostreich ist, daß sich nun die Möglichkeit bietet zur segensreichen Auswirkung der Erkenntnis historischer Wahrheit: der Erkenntnis von einer gemeinsamen Vorgeschichte und der engen Verwandtschaft vieler slawischer Völker mit dem deutschen Volk, einer Verwandtschaft, die z. T. größer ist als die des deutschen Volkes mit südeuropäischen und romanischen Völkern.

9 Die Entstehung des deutschen Volkes und seines Staates

Die Errichtung eines Staates nicht durch machtpolitische Imperialismen sondern durch ein Volk für sich selbst kann im Gegensatz zum Ersten nur das Ergebnis langer Entwicklung sein, die von der Entstehung der Sprache über die Bildung eines eigenen Sprachbewußtseins, dann eines Volksbewußtseins bis zum Willen zur eigenen Staatsbildung reicht. Daß ein Volk einen naturrechtlichen Anspruch auf eine eigene Kultur, eigene Religionsvorstellungen und gemäß seiner eigenen Wertordnung auf eine eigene Rechtsordnung und eine eigene Staatsordnung hat, folgt aus den heute offen liegenden biologischen und humangenetischen Erkenntnissen, wurde bereits dargestellt und ist heute zwingender Völkerrechtsanspruch des Selbstbestimmungsrechtes. Er ist auch im Spruch des Bundesverfassungsgerichts vom 23.10.1981 mit dem Bestehen *„einer Wahrungspflicht zur Erhaltung der Identität des deutschen Staatsvolkes"* enthalten.

Der Begriff Nation wird hier nicht verwendet, da er bisher im Gegensatz zum Begriff Volk nicht eindeutig definiert werden konnte. Nation kommt von nasci, geboren werden, und bedeutet ursprünglich Menschen gleicher Abstammung, also Volk der Definition von Kapitel 6.2. Er wird jedoch für Staatsbürger gänzlich verschieden entstandener multiethnischer Staaten verwendet, so wurden die Einwohner der UdSSR als sowjetische Nation bezeichnet und so wird das Rassen- und Völkergemisch der USA als Nation bezeichnet. Die heutigen Nationalitätenkonflikte entstanden durch feudalen Imperialismus und nach der Verfälschung von „Nation" mit der französischen Revolution. Mit dieser wurde das Imperium des französischen Königs, der sich noch als König der Franken, Bretonen, Austrier, Korsen und Elsässer verstand, in das „eine und unteilbare Frankreich" mit der Gleichheit aller Einwohner verwandelt. Damit begannen durch die westliche Aufklärung Völkerzerstörungen nicht nur in Frankreich (ab 1945 war es im Elsaß verboten, in Kindergärten Deutsch zu sprechen). Ohne ethnische Rücksichten wurden Staaten wie Polen, Tschechoslowakei, Rumänien oder Jugoslawien von den Siegern 1918 und 1945 zusammengeflickt und damit neue Konflikte vorprogrammiert. Nach gleichem Konzept der „westlichen Wertegemeinschaft" sollen durch Niederlassungsfreiheit, Freizügigkeit und Beseitigung staatlicher Grenzen die Individualitäten der Völker im Widerspruch zum Selbstbestimmungsrecht in der Eurounion beseitigt werden.

Auf die ethnische Kontinuität von der Herausbildung der in Europa herrschenden anthropologischen Typen im Aurignac über die Bandkeramiker, die Germanen der Broncezeit, des Regnum Theodiscum König Heinrichs I. zum Deutschen Reich bis 1945 sei hier nur hingewiesen. Seit der Entwicklung des bodenständigen Bauerntums auf familieneigenen Höfen bei den Bandkeramikern ist dieses Bauerntum ein tragender Pfeiler der Identität des deutschen Volkes gewesen. Erst heute wird dieses Bauerntum durch die EG-EU-Diktatur sowie durch die Erfüllung der stalinistischen Bauernvernichtung mit dem Einigungsvertrag von 1990 zerstört.

Hier konnte gezeigt werden, daß die in das Karolingische, das Ostfränkische, das Regnum Theodiscum und dann in das Deutsche Königreich aufgenommenen ostvandalischen Stämme anthropologisch sich nicht von Germanen unterschieden. Sie hatten sich seit der Ethnogenese der „Urslawen" aus den germanischen Stämmen der Bastarnen und Vandalen im Gegensatz zu den anderen Völkern der slawischen Völkerfamilie nicht ethnisch verändert. Auch daß eine Vermischung der die Kelten nach Westen drängenden Germanen mit diesen bis zur Sprachgrenze nicht stattfand, konnte anthropologisch gezeigt werden.

Für das Deutsche Volk und das Deutsche Reich vollzog sich die Entwicklung von der Volks- zur Staatsbildung in der Vor- und Frühgeschichte und war mit der Krönung von Heinrich I. in die Tat umgesetzt worden, nachdem die beteiligten Stämme den Willen zu einem gemeinsamen Staat über die Bewahrung ihrer Stammesidentitäten gesetzt hatten.

Ein gesamtgermanisches Bewußtsein als Vorstufe eines Volksbewußtseins gab es bereits in der Völkerwanderung. Wie sich und ob sich damals die Germanen selbst benannten ist unbekannt, es sind nur Stammesnamen bekannt. Diese Gemeinsamkeiten äußerten sich z.B. in gemeinsamer Kultur, in gemeinsamen Sozialbegriffen, Ehrbegriffen, Religionsvorstellungen, einer gemeinsamen Sagenwelt und in verwandten Sprachdialekten. Am Ende der Völkerwanderung bestanden Sprachunterschiede zwischen Nord-, West- und Ostgermanen. Am frühesten ist die Sprache der Goten mit der Bibel Wulfilas überliefert. Sogar die noch größeren Sprachunterschiede zu den altslawischen Dialekten der Ostvandalen konnten offenbar noch leicht überbrückt werden, wie deren Wahl von nordgermanischen Fürsten und Stammesneubildungen zwischen ostvandalischen und nord- und ostgermanischen Stämmen zeigt. Ebenso äußerte sich ein gesamtgermanisches Bewußtsein während der Völkerwanderung in dauernd wechselnder Teilnahme von Stammessplittern an kriegerischen Unternehmungen anderer Stämme, an Wanderzügen ganzer Stämme und in Neubildung von Stämmen auch zwischen Ostvandalen, Nord- und Westgermanen. Noch nach Ausbildung von Sprachunterschieden bestand ein gesamtgermanisches Bewußtsein, das sich z.B. im germanischen Völkerverzeichnis des englischen Königs Alfred des Großen (871–901) äußerte und die Ostvandalen einschließt (s. Kap. 2).

In der an schriftlichen Quellen freien Vorgeschichte und der quellenarmen Frühzeit läßt sich die Entwicklung verfolgen vom altgermanischen theuda mit der Bedeutung von Stamm, Volk, das noch indogermanische Wurzeln hat, über die Adjektive theodiscus = völkisch und teutonicus mittellateinischer Quellen bis zum ersten Auftreten von diutisc im Sinne der Stämme zwischen Mosel, Maas, Elbe und/oder nach 1000 (L. Weisgerber 1953). Diese Vorgänge der Volks- und Staatsbildung waren im Osten anders als im Westen des geschlossenen germanischen Siedlungsgebietes.

Das Vordringen der Franken gegen Ende der Völkerwanderung nach Gallien, die Unterwerfung der galloromanischen Bevölkerung und die Entstehung gemischt besiedelter Gebiete hatte das Bewußtwerden von ethnischen Unterschieden und von Unterschieden der Volkseigenschaften zur Folge, aber auch das Aufgehen von sporadisch siedelnden Franken in der galloromanischen Bevölkerung. Ein gleiches Schicksal erlitten die Ostgoten, Westgoten, Burgunder und Langobarden. Unter den Merowingern kämpften und siegten die germanischen Austrier über die galloromanisch-fränkisch gemischten Neustrier. Der Karolinger Karl Martell aus Austrien besiegte 732 die Araber bei Poitiers. Unter den Karolingern wanderte der Reichsschwerpunkt aus dem Pariser Becken nach Osten bis nach Aachen. Im 7. und 8. Jahrhundert entstand eine schärfer ausgeprägte Sprachgrenze und am Westrand des geschlossenen fränkischen Siedlungsgebietes entwickelte sich der Begriff von theodisc aus der altgermanischen Bezeichnung Stamm zur Eigenbezeichnung zunächst der Franken im Gegensatz zur galloromanischen Bevölkerung im Westen. Es wurde benutzt im Sinne der Kennzeichnung von germanisch und findet sich in schriftlichen Quellen ab 786 bereits zur Kennzeichnung der Sprache mit *„lingua Theodisca“*, so z.B. im Todesurteil für Tassilo 788 auf dem Reichstag zu Ingelheim aus den Stämmen der Franken, Alemannen, Sachsen, Thüringer, Bayern und Langobarden: „... *quod Theodisca lingua herisliz dicitur*“, was in germanischer Sprache Desertion genannt wird wegen des Ausscheidens Tassilos aus einem Heereszug von 763 (!) (herisliz = Desertion). Es findet sich auch im Bericht des späteren Bischofs von Amiens im Jahre 786 über eine englische Synode, wo Texte „*tam latine quam theodisce*“, sowohl lateinisch wie germanisch verlesen wurden, es findet sich auch im Gotischen. Nicht das Altfranzösische, sondern das Althochdeutsche war die Sprache Karls des Großen, z.B. in seinem Capitulare Italicum von 801. „.. *quod nos Theodisca lingua dicimus*“, was wir in unserer lingua theodisca (so) sagen. Es hatte damals noch gesamtgermanische Bedeutung. Da im Heerbann Karls des Großen der fränkische Dialekt die Befehlssprache war und an seinem Hof gesprochen wurde, wurde dieser die gemeinsame Hochsprache im Karolinger, im ostfränkischen Reich und darüber hinaus.

Die Bedeutung einer Eigenbezeichnung für das Volk der germanischen Stämme des ostfränkischen Reiches als *gens Theodiscum* beginnt in der 2. Hälfte des 9. Jahrhunderts sichtbar zu werden, nachdem Karl der Große, der bewußt Germanisches pflegte, die westgermanischen Stämme seinem Reich einverleibt hatte und damit zum Weiterbestehen eines eigenständigen germanischen Volks- und Kulturlebens beitrug. Er ließ die germanischen Heldenlieder sammeln, gab eine germanische Grammatik in Auftrag, gab Anweisungen zum kirchlichen Gebrauch der lingua Theodisca und stellte das Reiterstandbild Theoderichs des Großen aus Ravenna vor seinem Palast auf. Unter den am Hofe Karls des Großen anwesenden Adligen wurde bereits zwischen Franci und Germani unterschieden und es wird von Fällen von Haßausbrüchen zwischen Romanen und Germanen berichtet. Der unbekannte Biograph Ludwigs des Frommen legte den beiden Völkern die Ländernamen Francia und Germania zu.

Noch nach dem Zerfall des Reiches Karls des Großen und nach mehreren Teilungen, die bereits 843 in die Sprachgrenze einmündeten, wurden der ostfränkische Reichsteil und seine Bewohner als Germanien und Germanen bezeichnet. 860 wird zum ersten Male die Sprachbezeichnung lingua Theodisca auf das Volk der westgermanischen Stämme übertragen „*gens Theodisca... in lingua sua*“ (Weisgerber, L. 1953).

In der Zeit Ludwigs des Frommen entwickelte sich das Kloster Fulda besonders unter seinem Abt Hrabanus Maurus (* 776 in Mainz, 822–837 Abt in Fulda, 847 Erzbischof in Mainz, † 856) zu einem Mittelpunkt der Bewahrung ostfränkisch-germanischer Identität. Dort wurden das Hildebrandslied und die Merseburger Zaubersprüche in Stabreimen, wahrscheinlich der Heliand und das Wessobrunner Gebet althochdeutsch „*in amor Germanicae lingua*“, in Liebe zur germanischen Sprache, und die Volksrechte der Stämme des östfränkischen Reiches aufgezeichnet. Von Hrabanus stammt eine (verlorene) Schrift mit der Aufzeichnung der Runen. In der Vorrede findet sich zum ersten Male die Gleichsetzung „*in linguam Theotiscam vel Teotonicam*“. In einer der überlieferten Fassungen heißt es: „*Die Buchstaben, die die Markomannen, die wir Nordmänner nennen, benutzen, haben wir unten aufgeführt. Von diesen leiten sie ihre Sprache her, die sie die Thiudiske nennen. Mit diesen zeichnen sie ihre Lieder, Gesänge und Weissagungen auf*“ (K. Rexroth 1978).

Frechulf von Lisieux widmete 830 der aus sächsischem Hochadel stammenden Gemahlin Ludwigs des Frommen seine Weltchronik. Dort sagt er von den Franken: „*Francos ... de Scanza insula de qua Gothi et ceterae nationes Theodisca exierunt, quod idioma lingua eorum testatur*“, die Franken stammen aus Skandinavien, von wo auch die Goten und andere germanische Stämme herkamen, die eigene Sprachen besaßen; die dann etwa ab 900 als lingua Teutonica bezeichnet wurden.

In die Zeit Ludwigs des Deutschen fällt mit der Entstehung des ostfränkischen Reiches, die Einengung von Theodiscus auf die Bewohner dieses Reiches. So werden in einer Trienter Urkunde von 845 die Teutisci von den Langobardi unterschieden. Gegen Ende des 9. Jahrhunderts erscheint das althochdeutsche diutisc neben dem mittellateinischen theodiscus (I. Strasser 1984).

Der Mönch Otfried von Weißenburg (* 800, † vor 900) schrieb in einem Brief an Erzbischof Liutbert: „*Es ist Pflicht, die Tugenden zum Ruhme der Volkssprache einzusetzen, es ist Pflicht, durch Schaffung einer Grammatik wie durch literarische Werke die Volkssprache zu pflegen und auf den Rang einer Kultursprache zu heben. Es ist Pflicht, die Geschichte der Vorfahren und das heißt, des eigenen Volkes, durch volkssprachliche Geschichtsschreibung der Nachwelt zu übermitteln*" (K. Rexroth, 1978). Der Begriff Volk wurde von Regino von Prüm († 915) völlig übereinstimmend mit der heutigen Definition (s. Kap. 6.2) verstanden: „*Die verschiedenen Völker unterscheiden sich durch Abstammung, Sprache, Sitten und Gesetze*" (W. Schlesinger 1978). Damit wußte die germanische Führungselite bereits zur Zeit Heinrichs I. aufgrund germanischer Überlieferung (welcher Gegensatz zum multirassischen und multiethnischen Römischen Reich!) wissenschaftlich richtig und besser um die eigene Identität Bescheid als die heute in der BRD herrschende politische Führungsschicht. Zur Zeit Heinrichs I. war bereits ein in heutigem Sinne vollständiges eigenes Volks-, Sprach- Geschichts- und Kulturbewußtsein ausgebildet und man kann annehmen, daß das Weltbild Heinrichs I., des Gestalters des ersten Deutschen Reiches, dem entsprach und seine Handlungen beeinflußte. Er lehnte eine Krönung zum Imperator Romanum und die Salbung bei der Königskrönung ab.

887 wurde zum ersten Mal der Begriff des *regnum Teutonicorum* genannt in Verbindung mit der Wahl Arnulfs (887–899) zum König des ostfränkischen Reiches durch den Adel der Stämme der Franken, Sachsen, Thüringer, Alemannen und Bayern. Mit der Reichsteilung beim Tode Ludwigs des Deutschen 876 kam Baiern mit dem zugehörigen Herzogtum Karantanien an Karlmann, einen Enkel Karls des Großen. Bei Karlmanns Tod 879 nahm sein Bruder Ludwig III. Baiern in Besitz, das bei dessen Tod 882 an Karl III. kam. Arnulf, der ein nicht legitimer Sohn Karlmanns war, war nach Absetzung des kranken Karls III. bei der Wahl zum König nur Markgraf und Herzog von Karantanien. Die Königswahl wurde von den germanischen Vorstellungen des Wahlkönigtums bestimmt. Die Kirche hatte daran keinen Anteil (W. Schlesinger 1941). Ähnliche Vorstellungen lagen der Herzogswahl in Karantanien zugrunde, die bis in das hohe Mittelalter geübt wurde. Auch hierdurch wird die Zugehörigkeit der Slowenen zur germanischen Welt sichtbar. Die Sprachunterschiede zwischen Ostvandalen und Westgermanen waren damals noch nicht sehr groß. Einhard bezeichnete (Vita Carolina, Cap. 15), die Sprache aller Germanen zwischen dem Rhein und der Weichsel, also mit Einschluß der Stämme der heidnischen Ostvandalen (= *Sclavi*) (s. Kap. 3), als „*lingua quidem paene similes*", die sich sehr ähnlich ist.

Im Niedergang des Großmährischen Reiches unterwarf König Arnulf ganz Böhmen, das schon seit 805 dem Reich Karls des Großen tributpflichtig war und 929 dem regnum Theodiscum Heinrichs I. lehenspflichtig wurde. Die Obodriten schlossen sich dem ostfränkischen Reich 895 freiwillig an. Die Ostgrenze hatte unter König Arnulf bedeutend mehr Aufmerksamkeit gefunden als Vorgänge im westfränkischen Reich. Im Jahre 888 lehnte Arnulf ein Angebot für die Krone des westfränkischen Reiches ab, möglicherweise auf Rat der germanischen Stämme, die ihn gewählt hatten.

Unter dem Einfluß der Bedrohung durch die Ungarneinfälle beklagte der Bischof Salomon III. von Konstanz 906, der zeitweise Vormund für den letzten ostfränkischen Karolinger Ludwig das Kind war, die Zerrissenheit des ostfränkischen Reiches: „*Wenige sind unter uns, deren Sinn auf die Einheit gerichtet ist. Diejenigen, welche Verteidiger des Vaterlandes und Volkes sein sollten, geben den Anlaß zum Streit. Wenn die Zerrissenheit dieses einen Volkes so groß ist, wie glaubst Du, kann dann ein so geteiltes Reich bestehen?"* (K. Rexroth 1978).

Während unter Karl dem Großen die Stammesherzogtümer nur noch als Verwaltungseinheiten unter fränkischen Grafen und in ihren Heeresaufgeboten unter fränkischem Befehl weiterbestanden, entwickelten sich die Stammesherzogtümer nach ihm im ostfränkischen Reich zum Unterschied vom westfränkischen Reich neu aus dem Stammesadel. Die Entstehung der Stammesherzogtümer war bei der Wahl Konrad I. abgesehen von dem der Alemannen abgeschlossen.

Unter dem Druck von Niederlagen gegen Ungarn und Wikinger wählten die Herzöge der Stämme des ostfränkischen Reiches 911 in Forchheim entgegen der Erbfolge und dem Geblütsrecht nicht den letzten Karolinger, Karl den Einfältigen, König des westfränkischen Reiches, sondern den Herzog der Franken, Konrad, zum König, der auf dem Sterbebette seinen Bruder Eberhard beauftragte, die Krone dem sächsischen Herzog Heinrich zu übergeben: *„Bruder, wir haben die Macht, Heere zu sammeln und zu führen, wir haben feste Plätze und Waffen mit königlichen Abzeichen und überhaupt alles, was die königliche Würde erheischt außer dem Königsglück und der Königsart. Das Glück, mein Bruder, und die adeligste Artung sind Heinrich zuteil geworden, die größte Macht gehört den Sachsen. Nimm darum diese Insignien, die heilige Lanze, die goldenen Armspangen, das Obergewand, das Schwert und die Krone der alten Könige, geh damit zu Heinrich, mache Friede mit ihm, daß Du ihn zum Verbündeten habest für alle Zukunft"* (Widukind von Corvey, zit. nach G. Tellenbach 1940). Und Eberhard bewies mit der Ausführung des letzten Willens seines Bruders, daß es ihnen um die Erhaltung des Reiches ging.

Hier ist auf die Bedeutung der Lanze in den Reichsinsignien, die im Mittelalter die Bedeutung von Reliquien hatten, hinzuweisen. Der Sinngehalt der heiligen Lanze geht weit hinter das Christentum als Lanze Odins zurück und zeigt auch damit den germanischen Ursprung des regnum Theodiscum.

Heinrich I. erwarb sie nach Liudprand von Cremona (A. Hofmeister 1908, M. Untzel 1951) 926 von König Rudolf von Burgund, der sie wiederum vom Franken Graf Samson, der zeitweilig König von Italien war, erhalten hatte, was auf mögliche langobardische Herkunft hinweist. Diese waren das auserwählte Volk Odins, dessen Attribut der Speer war. Damit ist die mögliche germanisch-vorchristliche Herkunft angedeutet. Otto I. stürmte mit der Heiligen Lanze in der Faust auf dem Lechfeld 955 allen voran (V. Kellermann 1942).

König Heinrich I., *„rex Germanorum"*, konnte die westgermanischen Stämme einigen, nachdem bei ihnen der Wille dazu vorhanden war. Diesem regnum Teutonicorum gehörten zum Unterschied des Reiches des Imperator Romanum, das in lateinischen Urkunden noch im 15. Jahrhundert bezeichnet wurde als *„Sacrum Imperium nationis germanica"* (H. Eggers 1970 S. 280) und deutsch *„Heiliges römisches Reich deutscher Nation"*, nur Stämme an, die als gentes Theodisces bezeichnet wurden, was damals noch nicht identisch war mit dem Deutschen Volk. Diese Rechtsinstitution des regnum Theodiscum bestand unabhängig von der Rechtsinstitution des Reiches des Kaisers, das zeitweise weit über den Gebietsstand des regnum Theodiscum hinausgriff. So wird dieses z.B. vom Imperium Romanum in päpstlichen Urkunden zum Wormser Konkordat 1245 unterschieden. Die Krönung zum Deutschen König war die Voraussetzung zur Kaiserwahl. Zum germanischen regnum Theodiscum Heinrichs I. gehörten die Stämme der Franken, Sachsen, Thüringer, Alemannen und Bayern aber auch die Böhmen und mit dem Herzogtum Karantanien die Slowenen. Noch Maria Theresia führte den Titel *„Römische Kaiserin und Königin in Germanien"*.

Auch die damaligen Chronisten sind sich der Entstehung des Deutschen Reiches bewußt. Otto von Freising (1112–1158) schreibt in seiner *Weltchronik* (1143–1146) für die Königserhebung Heinrichs I.: *„Ex hinc quidam post Francorum regnum supputant Teutonicorum“*, „von da ab wird nach dem fränkischen Reich das Reich der Deutschen gezählt“, und er definiert als *„... totam orientalem Franciam, quod modo Teutonicam regnum vocatur, id est Baioariam, Sueviam, Saxoniam, Turingiam, Frisiam, Lotharingiam“*, das ganze ostfränkische Reich, was jetzt Reich der Deutschen genannt wird, das sind Baiern, Schwaben, Sachsen, Thüringen, Friesland und Lothringen. Aber noch am Ende des 13. Jahrhunderts schreibt der Kölner Kanoniker Alexander von Roes: *„Gentem Teutonicam sive Germanorum, quod est unum“* (K. Hugelmann 1955, S. 284), vom teutonischen oder germanischen Volk, was dasselbe ist.

Die Entstehung des Deutschen Reiches aus dem Reich Karls des Großen vollzog sich staatsrechtlich in einer Reihe von Teilschritten. Im Jahre 843 wurde im Vertrag zu Verden das Reich nach dem Teilungsbeschluß von 833 und nach fränkischem Recht geteilt, der Anspruch des Gesamtreiches blieb erhalten. Ludwig der Fromme legte den fränkischen und langobardischen Königstitel sowie den römischen Zusatz zum Kaisertitel ab. Ludwig der Deutsche datierte Urkunden nach dem Beginn des ostfränkischen Reiches ab 833. Dieses wurde nach dem Tode Ludwigs des Deutschen 876 nach fränkischem Recht unter seine Söhne geteilt. Karlmann († 880) erhielt Bayern, das 879 an Ludwig kam. Ludwig III. erhielt Ostfranken, Sachsen und Thüringen, die nach dem Tode Ludwigs 882 Karl III. erhielt, dieser bekam Schwaben und Churwalchen. 880 war ganz Lothringen zum ostfränkischen Reich gekommen, sodaß die Grenze gegen das westfränkische Reich etwa der Sprachgrenze und der Grenze des geschlossenen germanischen Siedlungsgebietes entsprach. Für wenige Jahre war ab 885 unter Karl III. nach dem Erbrecht das Gesamtreich Karls des Großen wieder vereint, aber Karl III. unterschied urkundlich die selbständigen Reiche Francia, das Ostreich, Gallia, das Westreich und Italia. Bereits 887 wurde Karl III. durch den Adel der Stämme des Ostreiches unter der Führung Arnulfs im Ostreich nach germanischen Vorstellungen mit dem Rechtstitel der Regierungsunfähigkeit abgesetzt (M. Lintzel 1942). Bei der Wahl Arnulfs 887 wurde noch nach dem Geblütsrecht, aber bereits nicht mehr nach dem Erbrecht, verfahren. Da Arnulf die Krone Westfrankens 888 ausschlug, war der Anspruch der Einheit des Fränkischen Reiches aufgegeben worden und die Trennung in das west- und das ostfränkische Reich vollzogen. 911, nach dem Tode des Sohnes von Arnulf, Ludwigs IV. des Kindes, des letzten ostfränkischen Karolingers, wurde mit der Wahl des Herzogs der Ostfranken, Konrad, auch das Geblütsrecht aufgegeben (M. Lintzel 1942), womit staatsrechtlich sämtliche Teilschritte zur Trennung des westfränkischen vom ostfränkischen Reich vollzogen waren. 919 ging das Königtum von den Franken auf die Sachsen über, und 936, bei der Ausführung der Designation Ottos, wurde das Reich unteilbar, die Teilbarkeit nach fränkischem Recht war aufgegeben. Otto wies den Titel *„rex Francorum et Langobardorum“* sowie den römischen Kaisertitel zurück.

Das Volksrecht der Slowenen ist in einem Einschub im Schwabenspiegel aus dem 12. Jahrhundert niedergelegt. Im Sachsenspiegel (um 1230) heißt es aber, daß der böhmische König von der deutschen Königswahl ausgeschlossen ist, da er kein Deutscher ist. Die Kurfürsten sind bis dahin die Herzöge der oben genannten fünf Stämme. Das Kurrecht des böhmischen Herrschers ist vom Erblichwerden des Königstitels durchgehend bezeugt. Vorher nahm er an einzelnen Königswahlen teil (W. Wegener 1959).

Theodiscus hatte wie auch anfangs Teutonicus noch die Bedeutung von germanisch. Die Böhmen und Slowenen wurden nach allen chronistischen Belegen (s. Kap. 2) als Germanen angesehen. Aber heidnische Germanen, Nordgermanen und Ostgermanen, Sclavi = Ostvandalen, waren nicht Mitglieder des regnum Theodiscum, das eines der germanischen Königreiche war. Das Wort Theodisc als Eigenbezeichnung wanderte von den Westfranken nach Osten. So überrascht es nicht, daß von Böhmen aus gesehen, Theodici von Bohemi unterschieden wurden.

Wie schon vor ihnen in der 2. Hälfte des 9. Jahrhunderts kämpften die sächsischen und salischen Könige und Kaiser um die Erweiterung des Reiches nach Osten. Dort war das Reich erweiterungsfähig. Dort herrschten ostgermanische Fürsten kleinerer Stämme, die vor allem zu den Fürstengeschlechtern der drei skandinavischen Reiche und den Warägern vielfache verwandtschaftliche Beziehungen hatten und von dort im germanischen Sinne als ebenbürtig anerkannt waren. Ihre Stämme waren nach der Rückwanderung der Ostvandalen z.T. aus der Vereinigung von ostvandalischen mit Teilen anderer germanischer Stämme als Neustämme entstanden. Daß in den Ostvandalen ein germanisches Volksbewußtsein vorhanden war, das mindestens bis zur Teilung in West- und Ostvandalen zurückreichte, offenbarte sich bei dem Kampfaufruf zum großen Wendenaufstand 983 in Rethra und kommt auch in gemeinsamen Sagenstoffen zum Ausdruck. Die Erweiterung des Reiches nach Osten bezog also ähnlich wie die Karls des Großen nur germanische Stämme ein.

Im Jahre 1025 wird zum ersten Male der Ländername „*Terra Theodisca*“ verwendet und in der Mitte des 12. Jahrhunderts wird in der Regensburger Kaiserchronik erstmalig der deutsche Volksname mit dem Substantiv Diutiscan = die Deutschen verwendet. Ab 1080 tauchen die Eigenbezeichnungen Diutschin Liute (Leute), Diutschin Lande im Mittelhochdeutschen auf. Ohne Bruch überleitend aus den germanischen Einwohnern des regnum Theodiscum und dann des regnum Teutonicum kann erst dann von Deutschen gesprochen werden, zu denen damals noch die Flamen, die Niederländer und Deutschschweizer gehörten.

Unter den salischen Kaisern schließlich ist ein voll ausgebildetes deutsches Nationalbewußtsein vorhanden in dem ursprünglichen und richtigen Sinne von natio = Volk (s. Kap. 6.2). Um 1080 z.B. ist im Annolied die Rede von Diutschin sprechin, Diutschin liute, Diutsch Volk und Diutsch Landt mit der dichterischen Krönung im Deutschlandlied Walters von der Vogelweide.

Aus sehr zeit- und ideologiebedingten (z.B. H. Wolfram 1990 S. 440) Gründen wird heute immer wieder behauptet, Völker hätten für die dynastische Machtpolitik bis in die Neuzeit mit der Entstehung von Nationalbewußtsein und Nationalstaaten keine Rolle gespielt. Schon mit Heinrich I. war ein ausgeprägtes Volks- und Staatsbewußtsein vorhanden, das dann sogar verfassungsrechtlich in den Unterschieden zwischen dem deutschen Königtum und dem Kaisertum zum Ausdruck kam. Damals um 919 wurde erstmalig etwas erreicht, was 1000 Jahre später mit dem Anspruch jedes Volkes als Selbstbestimmungsrecht verkündet wurde. Die Tragik, die aus seiner zentralen und geopolitisch nach drei Seiten hin offenen Lage entsprang, war der dann folgende Niedergang dieses Reiches der Deutschen, bis nach einer erneuten Selbstfindung das Reich durch Raumfremde im 31jährigen Krieg gegen Deutschland 1914–1945 erneut vernichtet wurde.

Daß die Erweiterung des Reiches im Mittelalter nach Osten mit besonders grausamen Religionskriegen verquickt war, ist ein weiterer tragischer Vorgang der deutschen Geschichte. Diese Religionskriege überschatteten das Zusammenwachsen der ost- und westgermanischen Stämme und betrafen noch die indogermanischen Prußen durch den Deutschen Orden. Diese Reichserweiterungen hatten aber den Erfolg, daß unter ihren Herzögen Böhmen 929, Mecklenburg 1167, Pommern 1182 und Schlesien 1263 dem Reich lehenspflichtig wurden. In Brandenburg übertrug der letzte kinderlose Hevellerfürst sein Land 1150 dem Askanier Albrecht. Die Sorben gingen in der Mark Meißen auf, die 1089 den Wettinern übertragen wurde. Teile der Sorben konnten sich in der Lausitz und im Spreewald ihre Sprache bis heute erhalten.

Um die Verluste der Religionskriege auszugleichen und zum inneren Landesausbau riefen die Fürsten dieser neuen Länder des Reiches deutsche Siedler herein, mit denen die nord- und ostgermanischen Ansässigen im hohen Mittelalter verschmolzen. Schon seit Karl dem Großen wurden Ostvandalen beim inneren Landesausbau besonders im Südosten seines Reiches, im folgenden ostfränkischen Reich und im regnum Theodiscum gleichberechtigt („Reichswenden") beteiligt. In West- und Ostpreußen schließlich dauerte die deutsche Volkswerdung unter dem Deutschen Orden und später mit Einbeziehung von Siedlern aus ehemals westgermanischen Stämmen, von Holländern und Flamen, fast 700 Jahre länger als im Westen des Reiches. Von den deutschen Siedlergruppen, die bis in das hohe Mittelalter in fremde Umgebungen im Osten und Südosten kamen, überlebten nur die Siebenbürger Sachsen bis heute, die dort durch Reste der Gepiden verstärkt wurden, weil sie bereits seit der Ansiedlung ab 1140 bis 1867 eine völlige Autonomie im Sinne eines heutigen Volksgruppenrechts besaßen. Sie konnten als Letzte manches damals in der alten Heimat Westfranken und Flandern und bei den Gepiden noch lebendige germanische Erbe bis heute bewahren.

Die öfters geäußerte Behauptung, die Ostgermanen hätten keinen Anteil an der Entstehung des Deutschen Volkes gehabt, wird mit der Eingliederung der Ostvandalen im hier betrachteten Zeitraum bis in den Walters von der Vogelweide widerlegt. Sie schritt mit der Eingliederung der Ostvandalen in Schlesien weiter nach Osten fort und erfasste durch den Deutschen Orden den von Goten und Wikingern ethnisch beeinflussten Raum im Weichselmündungsgebiet und in Ostpreußen. Mit der Rückkehr der stark von den Gepiden her bestimmten Siebenbürger Sachsen nach Deutschland in allerjüngster Zeit vollendet sich die Aufnahme von Ostgermanen bzw. ihrer Nachkommen in das Deutsche Volk.

Während die gebräuchlichen Völkernamen zumeist Ableitungen von Eigennamen von Ländern oder Stämmen sind, ist der Volksname Deutsch als eine Eigenbezeichnung entstanden aus dem altgermanischen theodo = Volk. Dies ist eine ausreichende Begründung für einen „deutschen Sonderweg", für das Dasein des letzten bis 1945 weitgehend unvermischt gebliebenen größten Volkes der Indogermanen, das jetzt in der multiethnischen und multikulturellen Gesellschaft der EU und ihrer geplanten Weiterentwicklung seine „Endlösung" finden soll. Dieser Völkerzerstörung steht das Erwachen der Völker Osteuropas und der zerfallenen UdSSR gegenüber, das zur unvollendeten deutschen Revolution in der DDR am 9.11.1989 führte,

„Wir sind das Volk, wir sind ein Volk"

Anhang

Zeittafel

2500 v.d.Ztr. ca.	Beginn der indo-iranischen Wanderung
1950	Lateiner in Oberitalien
1860	Abwanderung der Thraker nach SO-Europa
1600	Beginn der griechisch-italischen Wanderung
1500	Danaer und Ionier in Griechenland
800	Beginn der Wanderung der Bastarnen nach Pommern
300	Bastarnen nördlich der Donau
300	Westgermanen überschreiten Maas und Mosel
200	Vandalen siedeln südlich von Warthe und Netze
115	Beginn des Zuges der Cimbern und Teutonen
58–51	Caesar erobert Gallien
24–79	Plinius
8 v.d.Ztr.	Markomannen unter Marbod in Böhmen, Abzug der Kelten
4–6 n.d.Ztr.	Feldzüge des Tiberius nach Germanien
9	Schlacht im Teutoburger Wald
15–16	Römer werden auf das linke Rheinufer zurückgeworfen
28	Friesen überschreiten den Rhein
50–116	Tacitus
85–160	Ptolemäus
162	Vorstoß der Chatten über den Rhein
166–180	Markomannenkriege
170	Vandalen in Pannonien
213	Goten in der Donaumündung
260 ca.	Zerfall des niedergermanischen Limes
271	Westgoten in Siebenbürgen (Dacien)
286–288	Franken, Alemannen und Burgunder überschreiten den Rhein
290	Rückverlegung der römischen Grenze an Rhein, Bodensee, Iller, Donau
311–383	Wulfila
313	Religiöses Toleranzedikt von Kaiser Konstantin
350	Alemannen siedeln im Elsaß
350–370	Ostgotische Herrschaft bis zum Ural, Heruler siedeln nördlich des Asowschen Meeres
373	Ostgoten von den Hunnen besiegt, Selbstmord Ermanarichs
375	Die Hunnen überschreiten den Don
376	Westgoten von den Hunnen besiegt, Zug nach Westen über die Donau
378	Schlacht bei Adrianopolis
380	Das Christentum wird Staatsreligion unter Kaiser Theodosius
395–398	Westgoten erobern den Balkan bis Griechenland
406	Franken besetzen Flandern bis zur Küste; Burgunder, Alemannen und Vandalen überschreiten den Rhein

409	Vandalen erobern Spanien
410	Die Westgoten unter Alarich erobern Rom
412	Westgoten gründen ein Reich in Gallien
413–436	Burgunderreich mit Hauptstadt Worms
429	Gründung des Vandalenreichs in Nordafrika unter Geiserich
430 ca.	Langobarden siedeln in Böhmen
435	Karthago wird Hauptstadt der Westvandalen
450	Angeln und Sachsen erobern den östlichen Teil Britanniens
451	Schlacht auf den katalaunischen Feldern
453	Tod Attilas
454	Sieg der Gepiden über die Hunnen an der Nedao, Ende des Hunnenreichs, Goten siedeln in Pannonien, Reichsgründungen der Heruler in Gebieten nördlich der Donau, der Rugier in Oberdonau und der Skiren zwischen Theiß und Donau
455	Eroberung Roms durch die Vandalen
473	Abzug der Goten aus Pannonien
476	Ende des weströmischen Reichs durch Absetzung des letzten Kaisers durch Odoaker, Einnahme von Passau durch Alemannen
477	Tod König Geiserichs
486–511	Chlodwig I., König der Franken
487	Odoaker, weströmischer Patrizius und Heermeister besiegt die Rugier
488	Odoaker ordnet die Räumung der Provinzen Raetia und Noricum an
493	Odoaker wird von Theoderich ermordet, Theoderich gründet das Ostgotenreich in Italien
496	Franken unter Chlodwig zum römischen Christentum bekehrt
496/497	Chlodwig unterwirft die Alemannen
500	Burgunder werden den Franken tributpflichtig
508	Sieg der Langobarden über die Heruler, Einwanderung der Langobarden nach Pannonien
512	Zug der Heruler nach Norden
507–711	Westgotenreich in Spanien
526	Tod Theoderichs
531	Sieg der Franken über die Thüringer, Ende des Thüringerreichs
531 ca.	Jordanes, Geschichte der Goten
540	Bajuwaren bis Meran
552	Schlacht am Vesuv, Ende des Ostgotenreichs
568	Sieg der Langobarden zusammen mit Awaren über die Gepiden, Awaren besetzen Pannonien, Abzug der Langobarden aus Böhmen und Pannonien, Zug nach Italien
568–774	Langobardenreich in Italien
595	Sieg des Frankenkönigs Chlotar II. über die Warnen
612	Sieg der Bajuwaren über Awaren im Pustertal
623–660	Reich des Franken Samos in Böhmen
630	Sieg der böhmischen Ostvandalen unter Samo über die Franken, Schlacht an der Wogastisburg bei Kaaden
680–754	Christianisierung in Ostfranken, Thüringen, Hessen

714–768	Pippin der Kurze, Frankenkönig
732	Sieg von Karl Martell über die Araber bei Poitiers
742	Kloster Fulda gegründet
745	Brief des Bonifatius an König Ethibald über christliche Bestattungsart
768–814	Karl der Große, König der Franken
772–804	Religionskriege Karls gegen die Sachsen
774	Sieg der Franken über die Langobarden
789	Religions- und Erorberungskriege Karls d. Großen gegen ostelbische Ostvandalen
791–799	Kriege gegen die Awaren
800	Kaiserkrönung Karls in Rom
803	Ostvandalen in Niederösterreich und Rugier unter fränkischer Herrschaft
805–806	Kämpfe gegen die böhmischen Ostvandalen
814–840	Kaiser Ludwig der Fromme
843–877	Kaiser Karl der Kahle, König des westfränkischen Reichs
843	Vertrag zu Wirten (Verdun), Teilung des fränkischen Reichs
843–876	Ludwig der Deutsche, König des ostfränkischen Reichs
844–906	Großmährisches Reich
863	Gründung von Naugard (Nowgorod) durch Rurik
872	Feldzug gegen Böhmen, Anerkennung der ostfränkischen Oberhohheit durch Böhmen
874	Vertrag von Forchheim mit dem Großmährischen Reich
876–887	Kaiser Karl der Dicke, König des ostfränkischen Reichs
887–899	Arnulf von Kärnten ostfränkischer König, 896 Kaiser
895	Einbruch der Ungarn in Pannonien
899–911	Ludwig das Kind, ostfränkischer König
906	Ende des Großmährischen Reichs durch die Ungarn
907	Bayrisches Heer bei Preßburg von den Ungarn geschlagen
910	Niederlage König Ludwigs gegen die Ungarn am Lech
911–918	Konrad I., ostfränkischer König
919–936	Heinrich I., Deutscher König
929	Böhmen lehenspflichtig
925–932	Religionskriege gegen die Ostvandalen
932	Gründung der Mark Meißen
933	Sieg über die Ungarn an der Unstrut
936–972	Otto der I., Deutscher König, 962 Kaiser
946	Gründung von Kloster Havelberg
949	Gründung von Kloster Brandenburg
955	Sieg über die Ungarn auf dem Lechfeld, Wiederherstellung der bayrischen Ostmark
955	Mähren wird deutsche Markgrafschaft
960	Gründung des Reichs der Daglinger, ab d. 12. Jahrhundert Polen genannt
966	Taufe von Herzog Dago
968	Gründung von Kloster Merseburg
973–983	Kaiser Otto II.

980–1013	Wladimir von Känugard (Kiew)
982	Entdeckung Grönlands durch Wikinger
983	Aufstand der Ostvandalen
983–1002	Kaiser Otto III.
988	Taufe von Wladimir von Känugard
997	Märtyrertod Bischof Adalberts von Prag in Preußen
1000 ca.	Entdeckung Nordamerikas durch die Wikinger
1000 ca.	Beginn der Missionierung Preußens
1000	Taufe König Olafs von Schweden
1002–1024	Kaiser Heinrich II.
1000–1072	Erzbischof Adalbert von Bremen
1012–1018	Niederschrift der Chronik des Thietmar von Merseburg
1014–1035	König Knut der Große von Dänemark
1015–1028	König Olaf der Dicke von Norwegen
1024–1039	Kaiser Konrad II.
1039–1056	Kaiser Heinrich III.
1056–1106	Kaiser Heinrich IV.
1066	Zweiter großer Wendenaufstand
1072	Adam von Bremens Hamburgische Kirchengeschichte
1106–1125	Kaiser Heinrich V.
1108/1110	Klostergründung auf dem Zobten durch Peter Wlast
1111	Überfall der Rugier auf König Heinrich den Obodriten in Lübeck
1112	Kaiser Heinrichs V. Feldzug gegen die aufständischen Ostvandalen um Havelberg und Brandenburg
1112	Gründung des St. Albrechtsklosters in Breslau durch Peter Wlast
1113/1114	Winterfeldzug Heinrichs V. gegen die Rugier
1121	Boleslaus I. von Polen erobert Stettin, Unterwerfung des Herzogtums Pommern
1124	Bekehrung Herzog Wartislaws von Pommern
1125–1137	Kaiser Lothar
1129–1195	Herzog Heinrich der Löwe, 1180 abgesetzt von Kaiser Friedrich I.
1138	Der Daglinger Waldemar I. wird Herzog von Schlesien
1143	Wiederaufbau des zerstörten Lübecks durch Heinrich d. Löwen
1149	Wiedergründung des Klosters Brandenburg
1160–1223	Bischof Vinzenz Kadlubek (Gottlobonus) von Krakau
1167	Der Herzog von Mecklenburg wird Vasall Heinrichs d. Löwen
1170	Helmold von Bosau vollendet das chronicon Sclavorum et Venedorum
1175	Gründung des Klosters Leubus
1178	Gründung des Klosters Oliva bei Danzig
1180	Zerstörung von Jumneta durch die Dänen
1181	Der Herzog von Pommern wird Reichsfürst
1236	Beginn der Mongolenherrschaft über die Fürstentümer der Waräger
1241	Schlacht bei Liegnitz
1278	Herzog Heinrich IV. von Schlesien wird Reichsfürst
1348	Der Herzog von Mecklenburg wird Reichsfürst

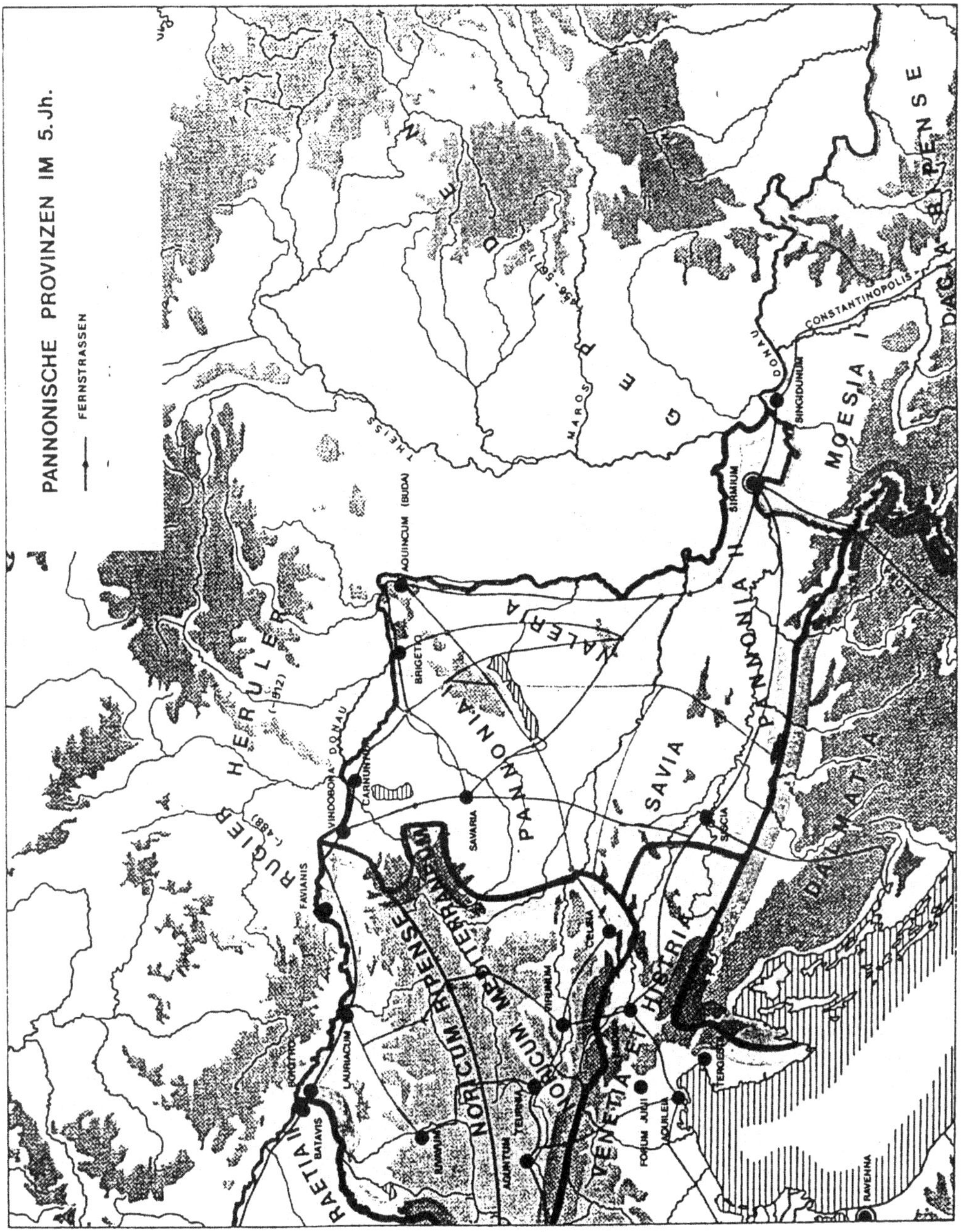

Abb. 162: Die römischen Provinzen und Fernstraßen im mittleren Donauraum im 4. und 5. Jahrhundert. Nach W. Menghin, *Die Langobarden*, Stuttgart 1990.

Personenregister

Ort-, Sachregister

Nicht berücksichtigt sind: Germanen, Ostgermanen, Ostvandalen, Sclavi, Sclaveni, Slawen

Literaturverzeichnis

Abel, W., Geschichte der deutschen Landwirtschaft. Deutsche Agrargeschichte 2, 1978.

Almgren, B., Die Wikinger. Burghardverlag 1966.

Amtmann, R., Brauchtum und Mythos. Deutschland in Gesch. u. Gegenwart 38, 1990, 29.

Anthropologische, Datenbank, Anthropologisches Institut der Universität Mainz

Arnold, G., Pollenanalytische Untersuchungen zur Vegetationsgeschichte und Siedlungsentwicklung im südl. niederrhein. Tiefland bei Wickrathsberg a.d. Niers. Arbeiten z. Rhein. Landeskunde 55, 1986.

Asmus, G., Mesolithische Menschenfunde aus Mittel- und Osteuropa. In: Schwabedissen, H., Die Anfänge des Neolithikums von Orient bis Nordeuropa. Köln 1973, 28.

Babes, M., Frühe Germanen im östlichen Dakien in den letzten Jahrhunderten v.d.Zt. In: Horst, F. u. Schlette, F., Frühe Völker in Mitteleuropa. Berlin (Ost) 1988, 129.

Bach, A., Neolithische Populationen im Mittelelbe-Saale-Gebiet. Weimarer Monogr. z. Ur- u. Frühgesch. 1, 1978, 1.

Bach, A., Germanen-Slawen-Deutsche. Anthropologische Bearbeitung des frühmittelalterlichen Gräberfeldes Rohnstedt, Kr. Sondershausen. Weimarer Monogr. z. Ur- u. Frühgesch. 19, 1986.

Bach, A., Zur Aussagefähigkeit von Skelettresten im Hinblick auf populationsgenetische Vorgänge, vor allem während der Hallstadt- und Latènezeit. In: Horst, F. u. Schlette, F., Frühe Völker in Mitteleuropa. Berlin (Ost) 1988, 275.

Bach, A., Germanen-Slawen-Deutsche. Weimarer Mongr. z. Ur- und Frühgesch. 19, 1990, 1.

Bach, A., u.a., Beiträge zur Kultur und Anthropologie der mitteldeutschen Schnurkeramik II., Alt-Thüringen, 13, 1975, 43.

Bach, A. u. H.,, Die Glockenbecherleute des Mittelelbe-Saale-Gebietes. Jahresschr. f. mitteldeutsche Vorgesch., 60, 1976, 409.

Bach, A. u. H.,, Paläanthropologie im Mittelelbe-Saale-Werra-Gebiet. Weimarer Monogr. z. Ur- u . Frühgesch. 23, 1989, 1.

Bach, A. u. Dusek, S., Slawen in Thüringen. Weimar 1971.

Balogh, B. u. Bartucz, L., Ungarische Rassenkunde. Berlin 1940.

Baran, D., Zur Frage nach dem Ursprung der Černjachovkultur. Schr. z. Ur- u. Frühgesch. 30, 1977, 309.

Baran, V., Siedlungen der Černjachov-Kultur am Bug und oberen Dnjestr. Zt. f. Archäol. 7, 1973, 24.

Baran, V., Entstehung und Ausbreitung der frühslawischen Kulturen. In: Müller-Wille, M., Starigard, Oldenburg. Neumünster 1991, 29.

Barthel, S., Rekonstruktion einer germanischen Burganlage in Westpreußen, Lkrs. Sondershausen. Ausgr. u. Funde 39, 1994, 238.

Bartucz, L., Altungarische Schädel, Budapest 1926.

Becker, B. u.a., Zur absoluten Chronologie der frühen Broncezeit. Germania, 67, 1989/2, 421.

Becker, C., Zum Problem der ältesten eisenzeitlichen Dörfer in Jütland. In: Claus, M. u.a.: Studien z. europ. Vor- u. Frühgesch., Neumünster 1968, 74.

Becker, C., Das 2. früheisenzeitliche Dorf bei Grontoft, Westjütland. Acta Achäol. 39, 1968, 235.

Becker, C., Früheisenzeitliche Dörfer bei Grontoft, Westjütland. Acta Achäol. 42, 1971, 79.

Becker, C., Siedlungen der Broncezeit u.d. vorrömischen Eisenzeit in Dänemark. Offa, 39, 1982, 53.

Becker, F., Slawen und Deutsche oder Christen und Heiden zwischen Elbe und Oder. Mitt. Bl. f. Vor- u. Frühgesch. Berlin 35, 1984, 113.

Becker, F., Helmold von Bosau, Wendische Chronika, Chronicon Sclavorum et Wenedorum, Entfälschung eines Geschichtswerkes. Berlin 1985.

Becker, F., Grenzsteine und Marksteine im Wandalischen Königreich. Berlin 1985.

Becker, F., Auf den Spuren der ersten Berliner. Manuskript 1988.

Becker, F., 2000-jähriges Berlin, 3000 Jahre germanisches Brandenburg. Auf der Spur der ersten Berliner. Manuskript 1988.

Behm-Blancke, G., Die germanischen Dörfer von Kablow bei Königs Wusterhausen. Ausgrab. u. Funde 1, 1956, 161.

Behm-Blancke, G., Germanische Dörfer in Brandenburg. Ausgrab. u. Funde, 3, 1958, 266.

Behre, K., Pollenanalytische Untersuchungen zur Vegetations- und Siedlungsgeschichte bei Flögeln und im Ahlenmoor. Probl. d. Küstenforsch. i. südl. Nordseegebiet 11, 1976, 101.

Behrens, H., Die Schnurkeramik – nur ein Problem der Klassifikation? Jahresschr. f. mitteldeutsche Vorgesch. 64, 1981, 9.

Behrens, H., Der europäische Horizont der schnurkeramischen Kultur. Neue Ausgrab. u. Forsch. in Niedersachsen, 19, 1991, 101.

Benda, K., Mittelalterlicher Schmuck. Prag 1966.

Bender, W., Un village appartenant a la civilisation de Prževorsk en Pologne Centrale (Wolka Lasiecka, Distr. de Lowicz). Archaolog. Polonia 4, 1962, 245.

Bentzien, U., Der Haken von Dabergotz. Tools and Tillage 1, 1968, 50.

Bergmann, J., Die ältere Broncezeit NW-Deutschlands, Teil A. Marburg 1970.

Berlekamp, H., Die Funde aus den Grabungen im Burgwall von Arkona auf Rügen in den Jahren 1969–1971. Zt. f. Archäol. 8, 1974, 211.

Berndt, A., Geschichte der Germanen und Slawen in Böhmen. 1943, Manuskript Bayr. Staatsbibl. 1970.

Bernhard, W., Ethnogenese europäischer Völker, Stuttgart 1986.

Bernhard, W., Die Ethnogenese der Germanen aus der Sicht der Anthropologie. In: Bernhard, W. u.a., Ethnogenese europäischer Völker. Stuttgart 1986.

Bierbrauer, V., Jugoslawien seit dem Beginn der Völkerwanderung bis zur slawischen Landnahme: die Synthese auf dem Hintergrund von Migrations- und Landnahmevorgängen. In: Grothusen, K.-D., Jugoslawien. Göttingen 1984, 49.

Bierbrauer, V., Das Reihengräberfeld von Altenerding in Obb. und die bajuwarische Ethnogenese – eine Problemskizze. Zt. f. Archäolog. Mitteldeutschlands 13, 1985, 7.

Bierbrauer, V.Liturgische Gerätschaften aus Baiern und seinen Nachbarregionen in Spätantike und frühem Mittelalter. In: Dannheimer, H. u. Dopsch, H., Die Bajuwaren von Severin bis Tassilo. München 1988, 328.
Bierbrauer, V., Zur chronologischen, soziologischen und regionalen Gliederung des ostgermanischen Fundstoffs des 5. Jh. in SO-Europa. Österr. Akadem. d. Wiss., Phil. Hist. Kl., Denkschr. 145, 1988, 131.
Bierbrauer, V., Die Goten vom 1. bis 7. Jh. n.d.Ztr.: Siedelgebiete und Wanderbewegungen aufgrund archäologischer Quellen. Peregrinatio Gothica 3. Oslo, 1992, 49.
Boege, W., Ein Beitr. z. Formenkreis der wandalischen Irdenware aus der Völkerwanderungszeit. Altschlesien 7, 1937, 44.
Böhme, H., Zum Beginn des germanischen Tierstiles auf dem Kontinent. In: Kossack, G. u. Ulberth, G., Werner-Festschr., 2, 1974, 1.
Böhme, H., Zur Bedeutung des spätrömischen Militärdienstes für die Stammesbildung der Bajuwaren. In: Dannheimer, H. u. Dopsch, H.: Die Bajuwaren von Severin bis Tassilo 488–788, Ausstellungskatalog München 1988, 23.
Böhme, H., Zur Bedeutung des spätrömischen Militärdienstes für die Stammesbildung der Bajuwaren. In: Dannheimer, H. u. Dopsch, H., Die Bajuwaren von Severin bis Tassilo. München 1988, 23.
Bohm, W., Die Vorgeschichte des Kreises Westprignitz. Leipzig 1937.
Böhner, K.Die Reliefplatten von Hornhausen. Jb. Röm.-German. Zentralmus. Mainz, Festschr. Hundt, T 3, 23/24, 1976/77, 89.
Bohnsack, D., Ein ostgermanisches Fürstengrab bei Pilgramsdorf in Ostpreußen. Germanenerbe 2, 1937, 258.
Bona, J., Abriß der Siedlungsgeschichte Ungarns im 5.–7. Jh. und die Awarensiedlung von Duneujaros. Archeol. rozhl. 20, 1968, 605.
Bona, J., Der Anbruch des Mittelalters, Gepiden und Langobarden im Karpatenbecken. Budapest 1976.
Bona, J., Die langobardische Besetzung Südpannoniens u.d. archäologischen Probleme d. langobardisch-slawischen Beziehungen. Zeitschr. f. Ostforsch. 28, 1979, 393.
Borkovsky, I., Die altslawische Keramik in Mitteleuropa. Selbstverlag Prag 1940.
Borkovsky, I., Das Wikingergrab auf der Prager Burg. Altböhmen u. Altmähren 1, 1941, 171.
Borkovsky, I., Der altböhmische Pržemysliden-Fürstensitz Praha. Historika 3, 1961, 57.
Borkovsky, I., Die Grabstätte Boleslavs II. in der St. Georgs-Basilika auf der Prager Burg. Pamatky Archeol. 52, 1961, 542.
Borkovsky, I., Levy-Hradec, der älteste Sitz der Pržemysliden. Pamatky nasi minulosti 1, 1964, 85.
Borkovsky, I., Prozsky hrad. Praha 1969.
Bosl, K., Deutsche romantisch-liberale Geschichtsauffassung und slawische Legende. Bohemia 5, 1964, 12.
Bosl, K., Bayerische Geschichte. München 1976
Brackmann, A., Die Anfänge der Slavenmission und die renovatio imperii des Jahres 800. Preuß. Akadem. d. Wiss. Phil. Hist. Kl. Sitzber. 1931.
Brackmann, A., Die Anfänge des polnischen Staates. Sitzungsber. Preuss. Akad. d. Wiss., Phil. Hist. Kl., 33, 1936, 984.
Brackmann, A., Zur Geschichte der heiligen Lanze Heinrichs I. Deutsches Arch. f. Gesch. d. Mittelalters 6, 1943, 401.
Brackmann, H., Der Limes Sorabicus-Geschichte und Wirkung. Zt. f. Archäol. 25, 1991, 224.
Brackmann, A. u. Unverzagt W., Zantoch, eine Burg im deutschen Osten. Leipzig 1936.
Brankatschk, J., Untersuchungen zur Wirtschafts- und Sozialgeschichte der Westslawen zwischen Elbe, Saale und Oder v. 9. bis zur Mitte des 13. Jh. Diss. Phil. Fak. Univ. Leipzig 1961.
Brather, S., Feldberger Keramik und frühe Slawen. Archäolog. Nachr.bl. 1, 1996, 200.
Brentjes, B., Die slawischen Militärsklaven (Sakaliba) in Spanien als Forschungsaufgabe. Ber. II. Intern. Kongr. f. slaw. Archäol. 2, 1973, 269.
Bretholz, B., Die Chronik der Böhmen des Cosmas von Prag. Monum. Germaniae Historika 1980.
Breuning, P., Bandkeramische Phasen und ^{14}C-Datierung, ein Vergleich. Archäol. Korrespbl. 15, 1985, 139.
Bromme, E., Grundlagen der Siedlungsforschung. E.-Bromme-Verlag, Berlin o.J. (ca. 1980).
Bröste, K. u. Jörgensen, J., Prehistoric men in Denmark. Copenhagen, Bd. 2, 1956.
Bruce-Mitford, R., The Sutton-Hoo shipburial. London 1, 1975, 2, 1978.
Buchholz, P. u. Gabriel, I., Zwei Runeninschriften aus Oldenburg in Holstein. Offa, 33, 1976, 162.
Bücke, S. u.a., Beitrag zur Kultur der mitteldeutschen Schnurkeramiker. Alt-Thüringen 24, 1989, 33.
Burger, E., Differenzierung historischer Populationen durch metrische Merkmale am Schädel. Diss. rer. nat. Univ. München 1982.
Chochol, J., Antropologicke materialy z navych vyzkumu broncove v Cechach. Crania Bohemia 1, 1964.
Chochol, J., Anthropologie der altslawischen Gruppe von Lahovice bei Prag. Pamatky Archeolog. 64, 1973, 393.
Chochol, J., Menschliche Überreste aus dem kaiserzeitlichen Gräberfeld in Plotiste nad Labem. Pamatky Archeologicke 71, 1980, 335.
Chochol, J. u.a., Überreste von Skeletten der slawischen Einwohnerschaft von Alt-Kourim. Pamatky Archeol. 51, 1960, 294.
Chochol, J. u. Paleckova, H., Anthropologischer Beitrag zur Erforschung der slawischen Population in Böhmen. Pamatky Archeol. 52, 1961, 631.
Chronik Fredegars, und der Frankenkönige. Gesch.schr. d. deutschen Vorzeit 11, 1940.
Chropovsky, B., Die frühslawische und vorgroßmährische Entwicklung im Gebiet der Tschechoslowakei. In: Poulik, J., Großmähren. Prag 1986.
Čilinska, Z., Zur Frage des Samo-Reiches. III. Int. Kongr. f. Slaw. Archäologie, Bratislawa 1975, II. 1980, 79.
Conrads, N., Deutsche Geschichte im Osten Europas: Schlesien. Berlin 1994.
Dabrowska, T., Frühe Einflüsse der Prženworsk-Kultur auf die Jastorfkultur. Zt. f. Archäol., 23, 1988, 191.
Dannheimer, H. u. Dopsch, H., Die Bajuwaren von Severin bis Tassilo 488–788. Ausstellungskatalog München 1988.
Denecke, D., Zur Terminologie ur- u. frühgeschichtlicher Flurparzellierungen sowie im Gelände aufgezeigter Flurrelikte. Abh. Akad. d. Wiss. Göttingen, Phil. Hist. Kl. III, 115, 1979, 410.
Denecke, D., Zum Stand der interdiszplinären Flurforschung. Abh. der Akad. d. Wiss. Göttingen, Phil. Hist. Kl. III, 116, 1980, 370.
Diculescu, C., Die Gepiden. Leipzig 1923.

Dieckmann, B. u. Fritsch, B., Linearbandkeramische Siedlungsreste im Hegau. Archäolog. Korr.bl. 20, 1990, 25.
Diels, P., Altkirchenslawische Grammatik. Heidelberg 1932.
Diplich, H., Deutsches Bauernleben im Banat 1842–1878. München 1957.
Dölger, F., Ein Fall slawischer Einsiedlung im Hinterland von Thessaloniki im 10. Jh. Sitzber. Bayr. Akad. d. Wiss., Phil. Hist. Kl., 1952, H 1.
Donat, P., Ausgrabungen am Burgwall Mecklenburg. Ber. II. Intern. Kongr. f. Slaw. Achäol., III, 1973, 279.
Donat, P., Stallgröße und Viehbesitz nach Befunden germanischer Wohnstallhäuser. Schr. z. Ur- u. Frühgesch. 30, 1977, 251.
Donat, P., Zur Struktur der westslawischen Dorfsiedlungen. 3. Int. Kongr. f. slaw. Archäol. I, 1975, 183, Bratislawa 1979.
Donat, P., Haus, Hof und Dorf in Mitteleuropa vom 7. bis 12. Jh. Schr. z. Ur- u. Frühgesch. Berlin, 33, 1980.
Donat, P., Die Mecklenburg – eine Hauptburg der Obodriten. Schr. z. Ur- u. Frühgesch. Berlin, 37, 1984.
Donat, P., Probleme der Erforschung kaiserzeitlich-völkerwanderungszeitlicher Haus- u. Siedlungsformen zwischen Elbe/Saale und Weichsel. Slavia Antiqua 30, 1984, 87.
Donat, P., Zu Entwicklungen germanischer Siedlungen östlich des Rheins bis zum Ausgang der Merowingerzeit. Zt. f. Archäol. 25, 1991, 149.
Donat, P. u. Lange, E., Botanische Quellen und Probleme der Landwirtschaftsentwicklung im 1. Jahrtausend. Zt. f. Archäol., 17, 1983, 223.
Doppelfeld, O., Das germanische Dorf auf dem Bärhorst bei Nauen. Praehistor. Zt. 28/29, 1937/38, 284.
Dostal, B., Ein slawischer Herrenhof des 9. Jh. in Breclav-Pohansko (Mähren). Ber. 11. Intern. Kongr. f. Slaw. Archäol., Berlin 1970, 3, 1973, 299.
Dostal, b., Breclav-Pohansko, Brno 1975.
Dralle, L., Slaven an Havel und Spree, Studien zur Geschichte des hevellisch-wilzischen Fürstentums (6.–10. Jh.). Giessener Abh. z. Agrar- u. Wirtsch.forsch. d. europ. Ostens. 108, 1981.
Drescher, H., Die Grundrisse zweier hölzerner Kirchen der Karolingerzeit aus Tostedt, Kr. Harburg. Niedersächs. Denkmalspflege 6, 1970, 43.
Dulinicz, M., Die früheste slawische Besiedelung in Ostholstein. Offa 48, 1991, 299.
Dusak, S., Die materielle Kultur der slawischen Dorfbewohner im deutschen Feudalstaat. Zt. f. Archäol., 2, 1968, 104.
Eggers, H., Lübsow, ein germanischer Fürstensitz. Prähistor. Zt. 33/34, 1949/50, 98.
Eggers, H., Der Volksname Deutsch. Darmstadt 1970.
Eggers, M., Das Großmährische Reich, Realität oder Fiktion? Stuttgart 1995
Eggers, M., Das Erzbistum des Method. München 1996.
Eichler, F. u. Nowotny, K., Der Harigast-Helm von Negau i.d.Steiermark, das älteste germanische Sprachdenkmal. Germanenerbe 1938, 140.
Engel, C., Die ostgermanischen Stämme in Ostdeutschland, die gotische Ostseeherrschaft und das Gotenreich in Osteuropa. Deutsche Ostforsch. 1, 1942, 132.
Enzelt von Saluelt, C., Chronik der Mark Brandenburg. Magdeburg 1579.
Ethelberg, P., Die eisenzeitliche Besiedelung von Hjemstad Banke, Skaerbaek sogn, Sonderjyllands Amt. Offa 45, 1988, 119.
Feustel, R. u. Bach, A., Beitrag zur Kultur und Anthropologie der mitteldeutschen Schnurkeramiker. Alt-Thüringen 8, 1966, 116.
Fidicin, E., Berlinische Chronik. Berlin 1868.
Filip, J., Enzyklopädisches Handbuch zur Ur- u. Frühgeschichte. Tschech. Akad. d. Wiss., Deutsche Übers., Kohlhammer, 1969.
Filipowiak, W., Die Entwicklung der Stadt Wolin vom 9. bis zum 12. Jh. Abh. Akad. d. Wiss., Göttingen, Phil, Hist. Kl. 84, 1974, 190.
Filipowiak, W., Die Kulturproblematik in Wolin vom 9. bis zum 12. Jh. 3. Int. Kongr. f. slawische Archäologie, Bratislawa 1975, Bd. 1 1979, 243.
Filipowiak, W., Der Götzentempel von Wolin, Kult und Magie. Beitr. z. Ur- u. Frühgesch. II. AFD Beih. 17, 1982, 109.
Filipowiak, W., Handel und Handelsplätze an der Ostseeküste Westpommerns. Ber. d. Röm.-German. Komm., 69, 1988, 690.
Filipowiak, W. u. Gundlach, H., Wolin, Vineta. Rostock 1992.
Firbas, F., Waldgeschichte Mitteleuropas. Jena, Bd. 1, 1949, Bd. 2, 1952.
Fischer, Th., Römer und Germanen an der Donau. In: Dannheimer, H. u. Dopsch, H., Die Bajuwaren. München 1988, 39.
Fischer, Th., Das bajuwarische Reihengräberfeld von Straubing. Katalog d. Prähistor. Staatssammlg. 26, 1993.
Fischer, Th. u. Geisler, H., Herkunft und Stammesbildung der Baiern aus archäologischer Sicht. In: Dannheimer, H. u. Dopsch, H., Die Bajuvaren. München 1988, 61.
Fischer, U., Das Verbreitungsmuster der Saale-Schnurkeramik. Jahresschr. f. mitteldeutsche Vorgesch. 64, 1981, 57.
Förstemann, E., Altdeutsches Namensbuch, II. Ortsnamen. Bonn 1916.
Franke, A., Rom und die Germanen. Das neue Bild der deutschen Frühgeschichte. Tübingen 1980.
Friedmann, B., Untersuchungen zur Geschichte des abodritischen Fürstentums bis zum Ende des 10. Jh. Giessener Abh. z. Agrar- u. Wirtschaftsforsch. d. europäischen Ostens, 137, 1986.
Friedrich der Große, Denkwürdigkeiten zur Geschichte des Hauses Brandenburg. DTV 1977.
Friesinger, H., Die Slawen in Niederösterreich. Wiss. Schr. Reihe Niederösterr., 15, 1976.
Fritze, W., Die Datierung des Geographus Bavarus und die Stammesverfassung der Abodriten. Zt. slaw. Phil., 21, 1952, 326.
Fritze, W., Probleme der abodritischen Stammes- und Reichsverfassung und ihrer Entwicklung vom Stammesstaat zum Herrschaftsstaat. In: Ludat, H.: Siedlung u. Verfassung d. Slawen zwischen Elbe, Saale u. Oder. Giessen 1968.
Fritze, W., Phänomene und Probleme des westslawischen Bauerntums am Beispiel des frühpřemyslidischen Böhmens. Abh. d. Akad. d. Wiss. Göttingen, Phil. Hist. Kl. III, 101, 1977, 494.
Fürst, C., Zur Kraniologie der schwedischen Steinzeit. Kungl. Svenska Vetm. skapsakadem Handl. 49, 1912.
Gabriel, I., Starigard/Oldenburg, Hauptburg der Slawen in Wagrien. I. Neumünster 1984.
Gabriel, I., Strukturwandel in Starigard/Oldenburg während der 2. Hälfte des 10. Jh. auf Grund archäologischer Funde, Slawische Fürstenherrschaft, ottonischer Bischofssitz, heidnische Gegenbewegung. Zt. f. Archäol., 18, 1984, 63.

Gabriel, I., Hof- und Sakralkultur sowie Gebrauchs- und Handelsgut im Spiegel der Kleinfunde von Starigard/Oldenburg. Ber. Röm.-German. Kommiss., 69, 1988, 103.
Gabriel, I., Zur Innenbebauung von Starigard/Oldenburg. Ber. Röm.-German. Komm. 69, 1988, 55.
Gadolin, A. von, Von den Tataren zu den Sowjets. Tübingen 1971.
Gaebel, G., Pomeriana. Eine pommersche Chronik aus dem 16. Jh. Stettin 1908
Gebers, W., Bosau, Untersuchung einer Siedlungskammer in Ostholstein. V. Der slawische Burgwall auf dem Bischofswerder. Offa-Bücher 57, 1986.
Gebhardt, T., Zu den Hausangaben im lex Bajuvariorum. Germania 29, 1951, 230.
Gebhardt, T., Ein spätgotischer Bauernhaustyp aus der Oberpfalz. Bayr. Jb. f. Volkskunde, 1952.
Gediga, B., Frühslawische Städte in Oberschlesien. 3. Int. Kongr. f. slaw. Archäol. I, 1979, 259, Bratislawa 1975.
Geisler, H., Haus und Siedlung. In: Dannheimer, H. u. Dopsch, H.: Die Bajuwaren von Severin bis Tassilo. Ausstellungskatalog München 1988, 129.
Gerhardt, K., Die Glockenbecherleute in Mittel- und Westdeutschland. Stuttgart 1953.
Gerhardt, K., Schädel und Skelettreste der frühen Broncezeit von Singen/Hohentwiel. Badische Fundber. Sonderh. 5, 1964.
Gerhardt, K., Schnurkeramiker in SW-Deutschland. Badische Fundber. 8/9, 1965, 55.
Gerhardt, K., Lauterhoven. Zur Anthropologie des Reihengräberfeldes in der Flur Geißäcker und des Friedhofes bei St. Martin. München 1975.
Germanen, Hunnen und Awaren. Ausstellungskatalog. Germanisches Nationalmuseum Nürnberg, 1988.
Giesecke, H., Die Ostgermanen und der Arianismus. Berlin 1939.
Giesler, J., Zu einer Gruppe mittelalterlicher Emailscheibenfibeln. Zt. f. Archäol. d. Mittelalters 6, 1978, 57.
Ginhart, K., Die karolingischen Flechtwerksteine von Kärnten. Carinthia I, 132, 1942, 112.
Ginhart, K., Karolingische und frühromanische Werkstücke in Kärnten. Carinthia I, 144, 1954.
Godlowski, K., Die Pržeworskkultur der mittleren und späten Kaiserzeit. Zt. f. Archäol., 2, 1968, 256.
Godlowski, K., Budownictwo rozplanowanie i. Wielkosc osad kultury Pržeworskiej na Gornym Slasku. Wiadomosci Archeolog., 34, 1969, 305.
Godlowski, K., Das Aufhören der germanischen Kulturen an der mittleren Donau und das Problem des Vordringens der Slawen. Österr. Akad. d. Wiss., Phil. Hist. Kl., Denkschr. 145, 1980, 225.
Godlowski, K., Germanische Wanderungen im 3. Jh. v.d.Ztr. bis 6. Jh. n.d.Ztr. und ihre Widerspiegelung in den historisch-archäologischen Quellen. Peregrinatio Gothica. Oslo 3, 1992.
Goecke, K., Neutronenaktivierungsanalyse löst ägyptische Rätsel. Bild. d. Wiss., 15, 1979. Nr. 7, 64.
Goez, W., Über die Anfänge der Agilolfinger. Jahrb. f. Fränk. Landesforsch. 34/35, 1975, 145.
Goltz, B., Die slawische Burg Klein Gladebrügge, Kreis Segeberg. Offa 46, 1989, 159.
Gomollica, H., Die Jastorfsiedlung bei Tangermünde. Etnogr. archäolog. Zt., 11, 1970, 477.
Graber, G., Schwabenspiegel und Eintritt am Fürstenstein. Carinthia I, 132, 1942, 168.
Graber, G., Volksleben in Kärnten. Graz 1949.
Grafenauer, B., Die Kärntner Herzogseinsetzung und die Edlingerfrage. Carinthia I, 183, 1993, 353.
Grandaur, G., Des Dekans Cosmas Chronik von Böhmen. Gesch.schr. d. Deutsch. Vorzeit, 65, 1939.
Grafenauer, B., Die Kärntner Herzogseinsetzung und die Edlingerfrage. Carinthia I 183, 1993, 353.
Grebe, K., Die slawische Siedlung Brandenburg (Havel)-Neuendorf. Ausgrab. u. Funde, 9, 1965, 157.
Grebe, K., Die altslawische Vorburgsiedlung von Wildberg, Kr. Neuruppin. Ausgrab. u. Funde, 15, 1970, 150.
Grebe, K., Die Ergebnisse der Grabung Brandenburg. Ber. II. Intern. Kongr. f. Slaw. Archäol., 3, 1979, 269.
Grebe, K., Zur frühslawischen Besiedlung des Havelgebietes. Veröff. Mus. f. Ur- u. Frühgesch. Potsdam, 10, 1976, 167.
Grimm, H., Weitere Untersuchungen über vorgeschichtliche Menschenreste von Schafstedt. Jahresschr. f. Mitteldeutsche Vorgesch. 43, 1959, 201.
Grimm, H., Die Schnurkeramiker von Schafstadt, Kr. Merseburg. Jahresschr. f. Mitteldeutsche Vorgesch. 45, 1961, 102.
Grimm, J. u. W., Deutsches Wörterbuch, Bd. 16, 1905, Stichwort Sklave.
Gringmuth-Dallmer, E. u. Hollnagel A., Die Jungslawische Siedlung mit Kultfiguren auf der Fischerinsel bei Neubrandenburg. Zt. f. Archäol., 5, 1971, 102.
Gringmuth-Dallmer, E. Frühgeschichtliche Pflugspuren in Mitteleuropa. Zt. f. Archäol., 17, 1983, 205.
Gross, U., Slawische Keramikfunde in Unterregenbach. Denkmalspflege Bad.-Württemberg, Nachr. Bl. d. Landesdenkmalsamtes, Okt./Dez. 1989.
Grotefend, H., Stammtafeln der schlesischen Fürsten bis zum Jahr 1740. Breslau, 2. Aufl. 1889.
Grunert, H., Zur Bevölkerungsstärke der Markomannen in Böhmen zu Beginn unserer Zeitrechnung. Zt. f. Archäol., 7, 1968, 207.
Guth, K., Die Prager Burg. Prager Rundsch., 1, 1931, 217.
Haarnagel, W., Die spätbronce-früheisenzeitliche Gehöftsiedlung von Jegum b. Leer a.d. linken Ufer der Ems. Die Kunde N.F., 8, 1957, 2.
Haarnagel, W., Die Untersuchung einer spätbronce-alteisenzeitlichen Siedlung in Boomberg/Hatzum, Kr. Leer, in den Jahren 1963 und 1964 und ihr vorläufiges Ergebnis. Neue Ausgrab. u. Forsch. in Niedersachsen 2, 1965, 132.
Haarnagel, W., Die Ergebnisse der Grabung auf der ältereisenzeitlichen Siedlung Boomberg/Hatzum, Kr. Leer, in den Jahren 1965–1967. Neue Ausgrabung und Forschung in Niedersachsen, 4, 1969, 58.
Habel, F., Dokumente zur Sudetenfrage. München 1984.
Hachmann, R., Die Goten und Skandinavien. Berlin 1970.
Hahn, E., Die Kelten aus anthropologischer Sicht. In: Dannheimer. Das keltische Jahrtausend. Mainz, 1993, 134.
Hahn, J., Das ältere Jungpaläolithikum in Mittel- und Osteuropa. Fundamenta Reihe A, 9, 1977.
Hahne, H., Der Reiterstein von Hornhausen. Mannusbibl. 22, 1922, 171.

Hanakowa, H., Anthropologische Anaylse der slawischen Skelettüberreste aus Zalany, Bez. Teplice. Pamatky Archäolog., 54, 1963, 308.
Hanakowa, H., Eine anthropologische Analyse der slawischen Skelette aus dem Burgwall von Libice nad Cidlinou. Anthropologie; 7, 1969, 3.
Hannibal, S., Das bajuwarische Gräberfeld von Künzing-bruck, Lks. Deggendorf. Archäolog. Nachr.bl. 1, 1996, 346.
Hartknoch, Ch., Alt- und Neupreußen; 1684.
Haseloff, G., Kunststile des frühen Mittelalters. Stuttgart 1959.
Haseloff, G., Die frühmittelalterlichen Chorschrankenfragmente in Müstair. Helvetia Archäologica 41, 1980, 21.
Haseloff, G., Insular animal styles with special reference to irish art in the early medieval period. In: Ryan, M., Ireland and insular art. Dublin 1987, 44.
Häusler, A., Die schnurkeramischen Becherkulturen. In: Narr, K., Handb. d. Vorgesch. 2, 1975, 483.
Häusler, A., Zu den sozialökonomischen Verhältnissen der Černjachov-Kultur. Zt. f. Archäol. 13, 1979, 23.
Häusler, A., Zur Frage der Beziehungen zwischen nordpontischem Raum und den neolithischen Kulturen Mitteleuropas. Jahresschr. f. Mitteldeutsche Vorgesch. 64, 1981, 229.
Häusler, A., Zur ältesten Geschichte von Rad und Wagen im nordpontischen Raum. Ethnogr.-archäolog. Zt. 22, 1981, 581.
Häusler, A., Protoindoeuropäer, Baltoslawen, Urslawen. Bemerkungen zu einigen neueren Hypothesen. Zt. f. Archäol.; 22, 1988, 1.
Havlik, L., Einige Fragen der Ethnogenese der Slawen im Licht der römischen und byzantinischen Historiographie. Ber. 11. Intern. Kongr. f. Slaw. Archäol., III, 1973, 153.
Hayen, H., Hölzerne Kultfiguren am Bohlenweg XLII (Ip) im Wittemoor (Gem. Berm Kr., Wesermarsch). Die Kunde N.F., 22, 1971, 88.
Hayen, H., Ein Vierradwagen des 3. Jahrtausends v. Chr. – Rekonstruktion und Nachbau. Archäol. Mitt. aus Nordwest-Deutschland, Beih. 4, 1990, 172.
Heberer, G., Die mitteldeutschen Schnurkeramiker. Veröff. d. Landesanstalt f. Volksheilkunde. Halle 10, 1938, 1.
Heindel, I., Äxte des 8. bis 14. Jh. in ostslawischen Siedlungsgebieten zwischen Elbe/Saale oder/Neisse. Zt. f. Archäol. 26, 1992, 17.
Heine, A., Jordanis Gotengeschichte. Stuttgart 1985.
Heine, A., Paulus Diakonus. Geschichte der Langobarden. Essen 1986.
Heine, A., Einhard, Das Leben Karls des Großen. Stuttgart 1986.
Heine, A., Helmold, Chronik der Slawen, übers. v. Laurent u. Wattenbach. Stuttgart 1986.
Heine, A., Adam von Bremen, Hamburgische Kirchengeschichte, übers. v. Laurent u. Wattenbach. Stuttgart 1986.
Heine, A., Einhards Jahrbücher, übers. v. Abel u. Wattenbach. Stuttgart 1988.
Hellmann, M., Grundzüge der Verfassungsstruktur der Liutizen. In: Ludat, H.: Siedlung u. Verfassung d. Slawen zwischen Elbe, Saale u. Oder. Giessen 1960
Hemmerl, J., Erörterung zur Frühgeschichte des Egerlandes und seiner Besiedelung. Bohemia 3, 1962, 112.
Henning, J., Germanen – Slawen – Deutsche. Prähistorische Zeitschr. 66, 1991, 119.
Henning, J., Gefangenenfesseln im slawischen Siedlungsraum und der europäische Sklavenhandel im 6. bis 12. Jh. Germania 70, 1992, 403.
Henning, J. u. Heußner, K. U., Zur Burgengeschichte im 10. Jahrhundert – Neue archäologische und dendrochronologische Daten zu Anlagen vom Typ Tornow. Ausgr. u. Funde 37, 1992, 314.
Herder, J. G. von, Ideen zur Philosophie der Menschheit. Riga 1791, 4. Bd.
Herfert, P., Die frühmittelalterliche Großsiedlung mit Hügelgräberfeld in Ralswiek, Kr. Rügen. Ausgrab. u. Funde, 1, 1967, 213.
Herfert, P., Ralswiek, ein frühgeschichtlicher Seehandelsplatz auf der Insel Rügen. Greifswald-Stralsunder Jb. 17, 1972/73, 7.
Herrmann, J., Slawisch-germanische Beziehungen im SO-deutschen Raum. München 1965.
Herrmann, J., Die slawischen Brücken aus dem 12. Jh. im Oberückersee bei Prenzlau. Ausgr. u. Funde, 11, 1966, 215.
Herrmann, J., Tornow und Vorberg. Schr. z. Vor- u. Frühgesch., 21, 1966.
Herrmann, J., Siedlung, Wirtschaft und gesellschaftliche Verhältnisse der slawischen Stämme zwischen Oder, Neiße und Elbe. Schr. z. Vor- u. Frühgesch., 23, 1968.
Herrmann, J., Der Beitrag der Ausgrabung Tornow, Kr. Calau, zur germanischen und slawischen Siedlungs-, Wirtschafts- und Kulturgeschichte. Zt. f. Archäol., 4, 1970, 58.
Herrmann, J., Feldberg, Rethra und die Probleme der Wilzischen Höhenburgen. Slavia Antiqua 16, 1970, 33.
Herrmann, J., Zwischen Hradschin und Vineta. München 1971.
Herrmann, J., Die germanischen und slawischen Siedlungen und das mittelalterliche Dorf Tornow, Kr. Calau. Schr. z. Ur- u. Frühgesch. 26, 1973.
Herrmann, J., Arkona auf Rügen, Tempelburg und politisches Zentrum vom 9. bis 12. Jh. Ergebnisse der archäologischen Ausgrabungen 1969–1971. Zt. f. Archäol. 8, 1974, 177.
Herrmann, J., Ralswiek auf Rügen, ein Handelsplatz des 9. Jh. und die Fernhandelsbeziehungen im Ostseegebiet. Zt. f. Archäol., 12, 1978, 163.
Herrmann, J., Die Ausgrabungen im NW-slawischen Seehandelsplatz Ralswiek auf Rügen 1978–1979. Ausgrab. u. Funde, 25, 1980, 154.
Herrmann, J., Ein Versuch zu Arkona. Ausgrab. u. Funde 38, 1983, 136.
Herrmann, J., Die Slawen in Deutschland. Ein Handbuch. Berlin 1985.
Herrmann, J., Welt der Slawen, Geschichte, Gesellschaft, Kultur. Leipzig 1986.
Herrmann, J., Archäologie in der DDR. Leipzig 1989.
Herrmann, J. u. Heißner, K., Dendrologie, Archäologie und Frühgeschichte vom 6. bis 12. Jahrhundert in den Gebieten zwischen Saale, Elbe und Oder. Ausgrab. u. Funde 36, 1991, 255.
Hertrich, J., Die menschlichen Skelette aus dem bajuwarischen Gräberfeld von München-Aubing. Dipl.arb. Univ. München 1982.

Heydebrand und der Lasa, F. von, Die Bedeutung des Hausmarken- und Wappenwesens für die schlesische Vorgeschichte und Geschichte. Altschlesien, 6, 1936, 339.
Heydebrand und der Lasa, F. von, Die bildlichen Darstellungen auf Prunkwaffen germanisch-slawischer Berührungsgebiete und ihre Bedeutung für die genealogische Forschung. Altschlesien, 8, 1939, 139.
Hirsch, P., Widukind, sächsische Geschichten. Gesch.schr. d. deutschen Vorzeit, 33, 1931, Ibrahim ibn Jaqub 183.
Höfer, P., Der Leubinger Grabhügel. Jahresschr. f. d. Vorgesch. d. sächs.-thür. Länder 5, 1906, 1.
Hoffmann, E., Königserhebung und Thronfolgeordnung in Dänemark bis zum Ausgang des Mittelalters. Beitr. z. Gesch. u. Quellenkunde d. Mittelalters 3, 1976.
Höfler, J., Die Kunst Dalmatiens. Graz 1989.
Hofmeister, A., Die heilige Lanze. Untersuch. z. deutschen Staats- u. Rechtsgesch. 96, 1908.
Hollnagel, A., Das slawische Körpergrabfeld Gustävel, Kr. Sternberg, mit einem Anhang über die slawischen Grabfunde in Mecklenburg. Bodendenkmalpflege in Mecklenburg, Jb. 1960, 127.
Holtzmann, R., Die Chronik des Thietmar von Merseburg. Gesch. schr. d. deutschen Vorzeit, 39, 1939.
Hoops, J., Reallexikon der germanischen Altertumskunde. Berlin, ab 1973.
Horedt, K., Wandervölker und Romanen im 5. bis 6. Jh. in Siebenbürgen. Österr. Akad. d. Wiss., Phil. Hist. Kl., Denkschr. 145, 1980,
Horedt, K., Siebenbürgen im Frühmittelalter. Bonn 1986.
117.
Horst, F., Die endbronce- und ältereisenzeitliche Besiedlung im nördlichen Mittel- und südlichen Nordeuropa. Zt. f. Archäol., 9, 1975, 1.
Horst, F., Zedau, eine jungbroncezeitliche Siedlung in der Altmark. Schr. z. Ur- u. Frühgesch., 36, 1985.
Horstmann, G., Die Besiedlung des Wendlandes aus historischer Sicht. Selbstverlag, 2361 Leezen.
Hruby, V., Stare Mesto, velkomoravske pohretiste „Na Valach". Praha 1955.
Hubensteiner, B., Bayerische Geschichte. München 1977.
Hufnagel, F., Eine Siedlung der Guttentager Kultur in Hedwigstein, Kr. Rosenberg. Altschlesien, 9, 1940, 84.
Hugelmann, K., Die Rechtsstellung der Slowenen in Kärnten im deutschen Mittelalter. Festschr. Adolf Zycha 1941, 235.
Hugelmann, K., Stämme, Nation und Nationalstaat im deutschen Mittelalter. Kohlhammer 1995.
Hvass, St., Ländliche Siedlungen der Kaiser- und Völkerwanderungszeit in Dänemark. Offa, 39, 1982, 189.
Hvass, St., Vorbasse – eine Dorfsiedlung während des 1. Jahrtausends n.Chr. in Mittelgutland, Dänemark. Ber. Röm.-Germ. Komm. 67, 1986, 529.
Ineichen, R., Einführung in die elementare Statistik und Wahrscheinlichkeitsrechnung. Luzern 1965.
Irmscher, L., Die Slaven und das Justinianische Reich. III. Int. Kongr. f. Slaw. Archäol., Bratislava 1975, II. 1980, 157.
Jäger, H., Bodennutzungssysteme (Feldsysteme) der Frühzeit. Abh. d. Akad. d. Wiss. Göttingen, Phil. Hist. Kl. III, 116, 1980, 197.
Jäger, K.-D., Die pflanzlichen Großreste aus der Burgwallgrabung Tornow, Kr. Calau. Schr. z. Vor- u. Frühgesch., 21, 1966, 179.
Jänichen, H., Die Wikinger im Weichsel- u. Odergebiet. Leipzig 1938.
Jaksch, A., Geschichte Kärntens bis 1355. Klagenfurt I, 1928, II, 1929.
Janin, V., Das frühe Novgorod. Ber. Röm. Germ. Komm. 69, 1988, 338.
Jankuhn, H., Die frühmittelalterlichen Seehandelsstädte im Nord- und Ostseeraum. Vorträge u. Forsch. 4, 1958, 451.
Jankuhn, H., Die Ausgrabungen in Haithabu 1935/36. Offa, 1, 1936, 1.
Jankuhn, H., Vor- und Frühgeschichte vom Neolithikum bis zur Völkerwanderung. Deutsche Agrargesch., Stuttgart, 1, 1966.
Jankuhn, H., Haithabu, ein Handelsplatz der Wikingerzeit. 6. Aufl. Neumünster 1976.
Jankuhn, H., Einführung in die Siedlungsarchäologie. Berlin 1977.
Jankuhn, H., Haithabu, ein Handelsplatz der Wikingerzeit. Neumünster, 8. Aufl. 1986.
Jansen, H., Svantevit fra Svendborg. Arbog f. Svenborg + Omgens Museum 1989, 65.
Jelinek, J., Die neolithische und broncezeitliche Besiedlung der heutigen Tschechoslowakei. In: Schwabedissen, H., Die Anfänge des Neolithikums vom Orient bis Nordeuropa. VIII a, 1. Teil. Köln 1973, 186.
Jeza, F., Skandinavski izvor Slovencev, ethnografskojizikoslovna in zgodovinska studia. Trst (Triest), Selbstverlag 1967.
Jobst, W., Genealogia/oder Stam und Geburtsliniea der Durchlauchtigen und Hochgeborenen Fürsten und Hertzogen in Pommern/ Stettin/der Cassuben und Wenden/auch in Rügen und Pomerellen. Frankfurt/O. 1573.
Jöcher, Ch., Allgemeines Gelehrtenlexikon. Leipzig 1750.
Jordanis, Gotengeschichte. Gesch. schr. d. deutschen Vorzeit, 5, 1913.
Jörgensen, J., Anthropologie des skandinavischen Neolithikums. In: Schwabedissen s. oben 1973, 300.
Jörgensen, L., Gold, Macht und Glaube. Archäol. i. Deutschl. 1998, H. 2, 56.
Kahl, H.-D., Zwischen Aquileja und Salzburg. Österr. Akad. d. Wis., Phil, Hist. Kl. Denkschr. 145, 1980, 33.
Kaindl, Geschichte der Deutschen in den Karpatenländern. Gotha, 1907.
Kalousek, F., Bewaffnung und Heerwesen im Großmährischen Reich. In: Großmähren. Ausstellung Tschech. Akadem. d. Wiss., Mus. f. Vor- u. Frühgesch., Berlin 1968.
Kantzow, Th., Vrsprunck, Altheit und Geschichte der Völcker und Lande Pomern, Rhügen in 14 Bänden. herausgeg. v. Kosegarten, H. Greifswald 1816.
Kayser, F., Kreuz und Rune, langobardische Kunst in Italien. 1, 2, 1965, Stuttgart
Keiling, H., Ein jungslawisches Bauwerk aus Spaltbohlen von Parchim. Ausgr. u. Funde 29, 1984, 135.
Keller, E., Das spätrömische Gräberfeld von Neuburg an der Donau. Materialh. z. bayr. Vorgesch. A 40, 1979.
Kellermann, V., Die heilige Lanze. Germanenerbe 1942, 78.
Kiekebusch, A., Die Ausgrabung des broncezeitlichen Dorfes Buch bei Berlin. Deutsche Urzeit, 1, 1923.
Kilian, L., Zur Herkunft und Sprache der Prußen. Bonn 1980.
Kilian, L., Zum Ursprung der Indogermanen. Bonn 1988.

Kilian, L., Zum Ursprung der Germanen. Bonn 1988.
Kisch, G., Germanische Kontinuität in Siebenbürgen. Korrespondenzh. f. Siebenbürg. Landeskunde 52, 1929, 129.
Klanica, Z., Zur Frage der Anfänge des Burgwalles „Valy" bei Mikulčice. Archaelogicke Rozhledy 20, 1968, 626.
Klanica, Z., Die Slawen im Marchgebiet und ihre Beziehungen zum awarischen Stammesverband. Ber. II. Intern. Kongr. f. slaw. Archäol., 2, 1973, 339.
Klebel, E., Zur Geschichte des Herzogstuhls. Carinthia I, 138, 1940, 95.
Klebel, E., Von den Edlingern in Kärnten. Arch. f. vaterl. Gesch. u. Topographie. Klagenfurt 1942.
Klebel, E., Langobarden, Bajuwaren, Slawen. Schr. Reihe z. Bayr. Landesgesch. 57, 1957, 1.
Klein, K., Transsylvanica. Buchreihe SO-deutsche Histor. Komm. 12, 1963.
Klewitz, H., Die heilige Lanze Heinrichs I. Deutsch. Arch. f. Gesch. d. Mittelalt. 6, 1943, 42.
Klug, St., Ein diskriminanzanalytischer Ansatz zur Trennung von Slawen und Germanen. Homo, 33, 1982, 237.
Klug, St., Cipulic-Bugojno, ein Beitrag zu Anthropologie mittelalterlicher Südslawen. Homo, 18, 1987, 16.
Kmiecinski, J., Zagadnienie tzw. kultury Gocko-Gepidzkiej na Pomorzu. Archaelogica Lodziendzia Lodz, 11, 1962.
Knopp, D., Gedanken und Materialsammlung zur These der germanischen Kontinuität in Siebenbürgen mit besonderer Berücksichtigung des ausgehenden Altertums. Halbjahresschr. f. SO-europ. Gesch., Literatur u. Politik, 1, 1989, H 1, 37.
Knopp, W., Die siebenbürgisch-sächsische Geschichtsschreibung in der Nachfolge K. K. Kleins und die Frage der germanischen Kontinuität in Siebenbürgen. Halbjahresschr. f. SO-europ. Gesch. 1, 1989, H 2, 1.
Knopp, W., Die skandinavischen und gotisch-gepidischen Sprachelemente im Wortschaft der Siebenbürger Sachsen, Ungarn und Rumänen. Halbjahresschr. f. SO-deutsche-europ. Gesch. 2, 1990, H 1, 3.
Knopp, W., War Siebenbürgen zur Zeit des ungarischen Königs Geisa II. ein Desertum, als die Flandrer aus Belgien und den Niederlanden angesiedelt wurden? Halbjahresschr. f. SO-europ. Gesch. 3, 1991, H 2, 13.
Knussmann, R., Penrose-Abstand und Diskriminanzanalyse. Homo 18, 1967, 134.
Kobal, J., The Prževorsk culture in the Transkarpathian Ukraine. Wiadomoskci Archaeologiczne 53, H 2, 1993, 31.
Kokowski, A., Schätze der Ostgoten. Stuttgart 1995.
Kolnik, T., Übersicht und Stand der Erforschung der römischen Kaiserzeit und Völkerwanderungszeit. Slovenska Archeologia 19, 2, 1971, 549.
Kooijmans, L., Prähistorische Besiedlung im Rhein- und Maasdeltagebiet und die Bestimmung ehemaliger Wasserhöhen. Probl. d. Küstenforsch. im südl. Nordseegebiet, 11, 1970, 120.
Koppe, W., Das Reich des Mesiko und die Wikinger in Ostdeutschland. Deutsche Ostforsch., 1, 1942, 253.
Köpstein, H., Zum Bedeutungswandel von Sclavus. Byzanthin. Forsch., 7, 1979, 67.
Kötschke, R., Die Völkertafel Germaniens und die angelsächsische Orosius-Bearbeitung aus der Zeit König Alfreds von England. In: Kötschke, R.: Deutsche und Slawen im mitteldeutschen Osten. Bad Homburg v.d. Höhe 1961, 50.
Kottmann, A., Langobardische Baumeister in Lorch und in Hirsau. München 1965.
Kossack, G., Beitr. z. Ur- und Frühgesch. Mecklenburgs. Offa, 23, 1966, 1.
Kossack, G. u.a., Archäologische und naturwiss. Untersuchungen an ländlichen und frühstädtischen Siedlungen im deutschen Küstengebiet vom 5. Jh. v.Chr. bis zum 11. Jh. n. Chr. Bd. 1, Ländliche Siedlungen. Acta Humaniora 1984.
Kossinna, G., Wikinger und Waräger. Mannus Bibliothek, 6, 1920, 39.
Kossinna, G., Die Herkünfte der Germanen. Mannus-Bibliothek, 6, 1920, 1.
Kothe, H., Historische Pfluggrenzen im westslawischen Bereich. Ber. II. Intern. Kongr. f. slaw. Archäol., 2, 1973, 437.
Krahl, H., Germanische Sprachwissenschaft. 1960.
Krämer, W., Eine kaiserzeitliche germanische Siedlung bei Wittislingen, Kr. Dillingen (Schwaben). Germania, 30, 1952, 287.
Kramp, P., Die bajuwarischen Reihengräberskelette vom Rieganger in München-Giesing. Anthropolog. Anzeiger 15, 1938, 162.
Kronsteiner, O., Baiern und Slawen in Oberösterreich. Linz 1978.
Krüger, B., Dessau-Mosigkau, ein frühslawischer Siedlungsplatz im mittleren Elbegebiet. Schr. f. Vor- u. Frühgesch., 22, 1967.
Krüger, B., Germanisch-slawische Siedlungsbeziehungen in der späten Völkerwanderungszeit. Ethnograph.-Archäolog. Zt., 13, 1972, 579.
Krüger, B., Zum Problem der Siedlungskontinuität von der germanischen zur slawischen Besiedlung des Havel-Spree-Gebietes. III. Int. Kongr. f. slaw. Archäol., Bratislava 1975, I. 1979, 441.
Krüger, B., Waltersdorf, eine germanische Siedlung der Kaiser- und Völkerwanderungszeit im Dahme-Spree-Gebiet. Schr. f. Ur- u. Frühgesch. 43, 1987
Krüger, B., Die Germanen, Geschichte und Kultur der germanischen Stämme in Mitteleuropa. Berlin 1983, 2 Bde.
Krumphenzlova au Csaw. Z., Der Ritus der slawischen Skelettfriedhöfe der mittleren und jüngeren Burgwallzeit in Böhmen. Pamatky Archeolog., 57, 1966, 277.
Kudnarc, J., Die slawische Getreidewirtschaft in den böhmischen Ländern. Pamatky Archeolog., 59, 1958, 496.
Kühn, F., Getreide und Unkräuter der großmährischen Fundorte in botanischer Hinsicht. III: Int. Kongr. f. slaw. Archäol., Bratislava, II. 1980, 231.
Kuhn, W., Die Neugestaltung von Schlesien und Kleinpolen durch mittelalterliche Ostsiedlung. Neue Beitr. z. schlesischen Siedlungsgesch. 23, 1984, 1.
Kunkel, O., Rugi, Liothida, Rani. Nachr.bl. f. Deutsche Vorzeit, 1940.
Kutzli, R., Langobardische Kunst, die Sprache der Flechtbänder. Stuttgart 1986.
Lammers, W., Die späteren Nakoniden in der abodritischen Stammesverfassung. In: Klose, O. Geschichte Schleswig-Holsteins 4, 1964.
Lange, E., Neue Ergebnisse pollenanalytischer Untersuchungen zur Siedlung und Wirtschaft im frühen Mittelalter. Ber. 11. Intern. Kongr. f. slaw. Archäol., 1970, 3, 1973, 423.
Lange, E., Pollenanalytische Untersuchung in Tornow und Presenchen. Schr. z. Ur- u. Frühgesch., 26, 1973, 203.

Lange, E., The development of agriculture during the 1. Millenium. Geolog. Fören. Forh., 97, 1975, 115.
Lange, E., Widerspiegelung des Landesausbaues im Pollendiagramm aus dem Gebiet zwischen Elbe und Oder. Mensch u. Umwelt 1992, 219.
Lange, E. u.a., Ralswiek und Rügen, Landschaftsentwicklung und Siedlungsgeschichte der Ostseeinsel. Schr. z. Ur- u. Frühgesch., 38, 1986.
Lendvai-Dircksen, E., Das Gesicht des deutschen Ostens. Zeitgeschichteverlag, Berlin o.J. (ca. 1939).
Lendvai-Dircksen, E., Ein deutsches Menschenbild, Antlitz des Volkes. Frankfurt 1961.
Laube, A., Siedlungsgrabungen aus der römischen Kaiserzeit in der Mark Brandenburg. Veröff. Mus. f. Ur- u. Frühgesch., Potsdam, 6, 1971, 57.
Lichadus, J., Körpergräber der frühen Kaiserzeit im Gebiet der südlichen Elbgermanen. Bonn 1984.
Lintzel, M., Die Anfänge des Deutschen Reiches. München 1942.
Lintzel, M., Zur Erwerbung der heiligen Lanze durch Heinrich I. Histor. Zt. 171, 1951, 303.
Lorenz, K., Die Rückseite des Spiegels. München 1975.
Ludat, H., Die Anfänge des polnischen Staates. Schr. d. Inst. f. Deutsche Ostarbeit Krakau, Sekt. Gesch. 3, 1942.
Ludat, H., Die Patriarchatsidee Adalberts von Bremen und Byzanz. Arch. f. Kulturgesch. 34, 1952, 221.
Lübke, Ch., Regesten zur Geschichte der Slawen an Elbe und Oder. Berlin 1984.
Lüning, J., Getreideanbau ohne Düngung. Archäol. Korr.bl. 10, 1980, 117.
Lüning, J., So bauten die Zimmerleute der Steinzeit. Bild d. Wiss., 17, 1980, Nr. 8, 44.
Lüning, J., Siedlung und Siedlungslandschaft in bandkeramischer Zeit und Rössener Zeit. Offa, 39, 1982, 9.
Lüning, J., Frühe Bauern in Mitteleuropa im 6. u. 5. Jahrtausend v.Chr. Jb. Röm. Germ. Zentralmus. Main 35, 1988, I, 27.
Lüning, J., Die Bandkeramik in Mitteleuropa: Von der Natur- und Kulturlandschaft. Spektrum d. Wiss. 1989, Nr. 4, 78.
Madsen, J., Dänisch-Wendische Beziehungen am Schluß des 11. Jh. vom Fund einer Schiffswerft bei Fribodrea auf Falster aus beleuchtet. In: Wiberg, B. Bistum Roskilde und Rügen. 1987, 71.
Mal, J., Probleme aus der Frühgeschichte der Slowenen. Ljubljana 1939.
Mangelsdorf, G., Spätvölkerwanderungszeitliche Funde aus dem Havelland. Ausgrab. u. Funde, 20, 1975, 147.
Marquart, J., Osteuropäische und ostasiatische Streifzüge. Leipzig 1903.
Marschalleck, K., Die ostgermanische Siedlung Kliestow bei Frankfurt (Oder). Praehistor. Zt., 28/31, 1937/40, 253.
Maschke, E., Das Erwachen des Nationalbewußtseins im deutsch-slawischen Grenzraum. Leipzig 1923.
Matiegka, J., O telesnam razu praehistorickeho obyvatelstva zemi ceskych. In: Buchtela, K. u. Niederle, L.: Rukovet ceske Archeologie, Vpraze, 1910.
Matiegka, J., Physische Anthropologie der Slawen im 9. bis 12. Jhr. Korr.bl. d. Deutsch. Ges. f. Anthropol., Ethnol. u. Urgesch., 53, 1912, 84.
Matthes, W., Die Gliederung der altgermanischen Zeit. Mannus, 28, 1936.
Mayr, E., Artbegriff und Evolution. Hamburg 1967.
Menghin, W., Die Langobarden. Stuttgart o.J. ca. 1990.
Meier, G., Die Atlantisberichte Homers und Platons – eine Quelle für die Erforschung der Megalithkultur und der germanischen Frühkultur? Deutschl. i. Gesch. u. Gegenwart 45, 1997, H 2, 15.
Menghin, W., Die Langobarden, Archäologie und Geschichte. Stuttgart o.J. ca. 1985.
Menghin, W., Frühgeschichte Bayerns. Stuttgart 1990.
Meyer, O., Bei den Slawen ist manches anders. Mannus-Bibl., 28, 1987, 753.
Meyer, R., Altgermanische Religionsgeschichte. Stuttgart 1909.
Mikic, Z., Heiratsgrenzen und Bevölkerungsmischung zwischen Einheimischen und slawischen Zuwanderern in Jugoslawien. Homo, 33, 1982, 134.
Mikic, Z., Die Ethnogenese der Südslawen unter Berücksichtigung von West- und Ostslawen aus der Sicht der Anthropologie. In: Bernhard, W. u. Kandler-Palsson. Ethnogenese der europäischen Völker. Stuttgart 19, 1986, 331.
Moser, O., Der Ständerbohlenbau und Verwandtes in Kärnten. Carinthia I 145, 1955, 508.
Much, R., Die Germanen des Tacitus. Heidelberg 1967.
Mühle, E., Gnezdowo – das alte Smolensk? Ber. Röm. Germ. Komm. 69, 1988, 358.
Müller, A. von, Völkerwanderungszeitliche Körpergräber und frühmittelalterliche Siedlungsräume in der Mark Brandenburg. Berliner Jb. I. Vor- u. Frühgsch. 2. 1962, 150.
Müller, A. von, Der Berliner Raum während des 6.–12. Jh. n.Chr. – Historische Überlieferungen und archäologische Befunde. Berliner Beitr. z. Vor- u. Frühgesch. N.F.3, 1983, 1.
Müller, A. u. K. von, Die Ausgrabungen auf dem Burgwall in Berlin-Spandau. Berlin 1987.
Müller, A. u. K. von, Ausgrabungen und Funde auf dem Burgwall Berlin-Spandau. Berlin 1987.
Müller, V. u. Zatschek, H., Das biologische Schicksal der Pržemysliden. Arch. f. Rassen- u. Gesellsch. biologie, 35, 1941, 136.
Müller-Mertens, E., Regnum Teutonicum. Graz 1970.
Müller-Wille, M., Eisenzeitliche Fluren in den festländischen Nordseegebieten. Geogr. Komm. f. Westfalen, 1965.
Müller-Wille, M., Flursysteme der Bronce- und Eisenzeit in den Nordseegebieten. Abh. Akad. d. Wiss. Göttingen, Phil. Hist. Kl. III, 115, 1979, 196.
Müller-Wille, M., Bestattung im Boot. Offa 25/26, 1968/69.
Müller-Wille, M., Starigard-Oldenburg. Neumünster 1991.
Münster, S., Cosmographey, Beschreibung aller Länder, Herrschaften und fürnemlichen Stetten des gantzen Erdbodens bis 1588. Basel, Faksimile Nachdruck.
Mylius, H., Fränkische Siedlung bei Gladbach, Kr. Neuwied. Germania, 22, 1938, 180.
Myrhe, B., Settlements of SW Norway during the Roman and migration period. Offa, 39, 1982, 197.

Neumann, H. H., Ausgrabungen im Lande Sachsen. Arbeits- u. Forsch. ber. z. sächs. Bodendenkmalpflege, 4, 1952, 248.
Neumann, G., Ausgrabungen im Lande Sachsen. Ein Haus der Latenezeit. Arbeits- u. Forsch.ber. im Lande Sachsen, 4, 1954, 248.
Nickel, H., Zur Erbauungszeit des Langhauses der Klosterkirche von Hamersleben. Wiss. Zt. d. Martin-Luther-Univ. Halle-Wittenberg 3, 1954, 653.
Noelle, H., Die Langobarden. Berg 1978.
Nowothnig, W., Germanische Ackergeräte in Schlesien. Altschlesien, 8, 1939, 93.
Oelmann, F., Zum Problem des gallischen Tempels. Germania, 17, 1933, 169.
Olsen, O., Vorgeschichtliche Heiligtümer in Nordeuropa. Abh. Akad. d. Wiss. Göttingen, Phil. Hist. Kl. III, 74, 1970.
Oxenstierna, E., von, Die Wikinger. Stuttgart 1959.
Oxenstierna, E., von, Die Nordgermanen. Stuttgart o.J., ca. 1966.
Pape, W., Bemerkungen zur relativen Chronologie der Schnurkeramik. Jahresschr. f. mitteldeutsche Vorgesch. 64, 1981, 23.
Paulsen, P., Der Goldschatz von Hiddensee. Mannus, 25, 1933, 82.
Paulsen, P., Wikingerfunde aus Ungarn im Lichte der Nord- und Westeuropäischen Frühgeschichte. Archeologia Hungarica, 12, 1933, 7.
Paulsen, P., Was bedeutet die Broncetür zu Gnesen für die Frühgeschichte des deutschen Ostens? Jomsburg, 5, 1941, 43.
Paulsen, P., Axt und Kreuz in Nord- und Ost-Europa. Bonn 1956.
Pertlwieser, M., Die frühmittelalterlichen Gräberfeldgrabungen des Oberösterr. Musealvereins Linz. Schr.Reihe d. Oberösterr. Musealvereins Linz 10, 1980, 43.
Pertz, G. u. Kurze F., Annales regni Francorum. Script. rer. Germanicarum. Hannover, I, 1895.
Petersen, E., Eine spätlatenezeitliche Siedlung aus Niederschlesien. Mannus, 6. Erg.bd. 1928, 59.
Petersen, E., Fragen der germanischen Besiedelung im Raume zwischen Oder und Weichsel in der Völkerwanderungszeit. Mannus, 28, 1936, 19.
Petersen, E., Die germanische Kontinuität im Osten im Lichte der Bodenfunde aus der Völkerwanderungszeit. Deutsche Ostforsch., 1, 1942, 179.
Perty, L., Menzel, J. u. Irgang, W., Geschichte Schlesiens. I Sigmaringen 1961.
Pfützenreiter, F., Eine Siedlung der Guttentager Kultur in Forst Koschentin, Kr. Lublinitz. Altschlesien, 9, 1940, 55.
Phleps, H., Ost- und Westgermanische Baukultur. Berlin 1934.
Phleps, H., Die Bauart des Totenhauses eines gotischen Gaufürsten in Pilgramsdorf bei Neidenburg. Mannus, 31, 1939, 399.
Phleps, H., Die norwegischen Stabkirchen. Karlsruhe 1958.
Pilaric, G. u. Schwidetzky, I., Vokovar und Pribir: Beitrag zur Anthropologie mittelalterlicher Südslawen. Homo, 18, 1987, 1.
Plate, Ch., Slawische Gräberfelder im Potsdamer Havelland. Veröff. Mus. f. Ur- u. Frühgesch. Potsdam, 10, 1976, 221.
Pleiner, R., Eine Siedlung mit Eisenschmelzen aus der jüngeren Kaiserzeit in Tuchlovice (Böhmen). Pamatky Archelog., 50, 1959, 195.
Pleinerova, J., Germanische und slawische Komponenten in der altslawischen Siedlung Brezno bei Launy. Germania, 43, 1965, 121.
Pleinerova, J., Zur relativen Chronologie der Keramik vom Prager Typ aufgrund der Siedlungsgrabung von Brezno bei Louny. Archeologicke Rozhledy 20, 1968, 645.
Pohl, W., Die Gepiden und die gentes an der mittleren Donau nach dem Zerfall des Attilareiches. Österreich. Akad. d. Wiss., Phil. Hist. Kl., Denkschr. 145, 1980, 239.
Poulik, J., Die Ergebnisse der Ausgrabungen aus dem großmährischen Burgwall „Valy“ in Mikulčice. Pamatky Archeolog., 48, 1957, 375.
Poulik, J., Archäologische Entdeckungen in Großmähren. Das Großmähr. Reich, Tagung Brno-Nitra 1963, Prag 1966, 11.
Poulik, J., Das Großmährische Mikultschitz. Prag ca. 1986.
Poulik, J., Die Zeugenschaft der archäologischen Grabungen und Quellen über Großmähren. In: Poulik, J., Großmähren. Prag, 1986.
Preidel, H., Germanen in Böhmens Frühzeit. Leipzig 1938.
Preidel, H., Das Begräbnis eines wikingischen Kriegers in Saaz, Böhmen. Mitt. Anthropol. Ges. Wien 68, 1938, 22.
Preidel, H., Der Silberschatz von Saaz. Mannus 31, 1939, 538.
Preidel, H., Die vor- und frühgeschichtlichen Siedlungsräume in Böhmen und Mähren. München 1953.
Preidel, H., Die Anfänge der slawischen Besiedlung Böhmens und Mährens. 2 Bde. Gräfelfing 1954, 1957.
Preidel, H., Das großmährische Reich im Spiegel der Bodenfunde. Gräfelfing 1968.
Prinz, F., Böhmen im mittelalterlichen Europa. München 1984.
Prinz, F., Deutsche Geschichte im Osten Europas: Böhmen und Mähren. Berlin 1993.
Pritsak, O., The slavs and the avars. Settimane di studio del Centro Italiano di studi sull'alto Medioeve 30, Spoleto 1983, 353.
Prokop v. Cesarea, Vandalenkrieg. Gesch.schr. d. deutsch. Vorzeit, 6, 1913.
Prokop, Der Gotenkrieg – der Vandalenkrieg. Stuttgart o.J. (ca. 1985).
Raumer, G. von, Regesta Historiae Brandenburgensis, 1. Bd. Berlin, 1836.
Reche, O., Zur Anthropologie der jüngeren Steinzeit in Schlesien und Böhmen. Arch. f. Anthropolog. N.F. 7, 1908, 220.
Reche, O., Stärke und Herkunft des Anteils der nordischen Rasse bei den Westslawen. Deutsche Ostforsch., 1, 1942, 58.
Reichmann, C., Ländliche Siedlungen der Eisenzeit und des Mittelalters in Westfalen. Offa, 39, 1982, 163.
Reindel, K., Die Bajuwaren, Quellen, Hypothesen, Tatsachen. Deutsch Arch. f. d. Erforsch. d. Mittelalters 37, 1981, 451.
Reinecke, P., Die Slawen in Nordost-Bayern. Bayr. Vorgesch.forsch. 1, 1927/28, 17.
Reinecke, P., Zur Herkunft der slawischen Schläfenringe. Germania 18, 1934, 218.
Reinerth, H., Vorgeschichte der deutschen Stämme, 3 Bde, 1940, Struckrum 1986.
Reinecke, P., Aus der russischen archäologischen Literatur. Mainzer Zt.schr. 1, 1906, 42.
Reitlinger, J., Das Slawenproblem aus archäologischer Sicht, Schr. Reihe d. Oberösterr. Musealvereins Linz 10, 1980, 25.
Rempel, H., Reihengräberfriedhöfe des 8. bis 11. Jh. aus Sachsen-Anhalt, Sachsen und Thüringen. Schr. z. Vor- u. Frühgesch., 20, 1966.
Rexroth, K., Volkssprache und werdendes Volksbewußtsein im ostfränkischen Reich. Nationes 1, 1978, 275.
Rhamm, K., Ethnographische Beitr. z. germanisch-slawischen Altertumskunde 2. Abt., 1. Teil. Braunschweig 1908

Rhamquist, P. u. Müller-Wille, M., Regionale u. überregionale Bedeutung des völkerwanderungszeitlichen Gräberfeldes von Högbom, Mendelpad, N-Schweden. Germania 66, 1988, 1.
Richter, J., Das Ende einer Menschenform. Archäol. in Deutschl. 1998, H 2, 34.
Rieckhof, S., Frühe Germanen in S-Bayern. In: Dannheimer, H. u. Gebhardt, H. Das keltische Jahrtausend. Mainz 1993.
Rieder, K., Ein spätkeltischer Umgangstempel bei Zuchering. Das Archäolog. Jahr in Bayern 1992, 91.
Riedler, A., Die rechtliche Stellung der Slowenen im deutschen Reich des Mittelalters. Carinthia I, 124, 1934, 79.
Ritter-Schaumberg, H., Dietrich von Bern – König zu Bonn. St. Goar 1982.
Ritter-Schaumberg, H., Die Didriks-Chronik oder die Svana. St. Goar, 1989.
Röhrer-Ertl, O., Vorbericht über die Ergebnisse der anthropologischen Untersuchung des bajuwarischen Reihengräberfeldes von Künzing-Bruck. Archäolog. Nachr.bl. 1, 1996, 348.
Rösing, F. u. Schwidetzky, I., Vergleichend-statistische Untersuchungen zur Anthropologie des frühen Mittelalters (500–1000 d.Z.). Homo 28, 1977, 65.
Rösing, F. u. Schwidetzky, I., Vergleichend-statistische Untersuchungen zur Anthropologie des Hochmittelalters (1000–1500 n.Z.). Homo, 32, 1981, 211.
Roth, H., Die Ornamentik der Langobarden in Italien. Bonn 1973.
Roth, H., Kunst und Kunsthandwerk im frühen Mittelalter. Stuttgart 1986.
Roth, U., Early insular manuscripts: ornament and archaeology with reference special to the dating of the book of Durrow. In: Ryan, M., Ireland and insular Art. Dublin 1987.
Rybova, A., Brandgräberfelder des 5. Jh. in Böhmen. Germanen, Hunnen u. Awaren. Ausstell. Katalog German. Nationalmus. Nürnberg, 1988, 528.
Sage, W., Gräber der älteren Merowingerzeit aus Altenerding, Ldkrs. Erding, Obb., Ber. Röm.-Germ. Komm. 54, 1973, 212.
Sage, W., Das Reihengräberfeld von Altenerding. Ausgrab. in Deutschl. 1/2, 1954, 254.
Salin, R., Die altgermanische Tierornamentik. Stockholm 1935.
Saller, K., Leitfaden der Anthropologie. Stuttgart 1964.
Sangmeister, E. u. Gerhardt, K., Schnurkeramik und Schnurkeramiker in SW-Deutschland. Badische Fundber. Sonderh. 8, 1965.
Sangmeister, E. u. Lorenzen, W., Helgoland und das früheste Gold des Nordens. Ottendorf, 1965. Offa 23, 1966, 141.
Sappok, G., Zur Entstehungsgeschichte des polnischen Staates. Zt. d. Vereins f. Gesch. Schlesiens, 70, 1936, 414.
Šašel, J., Zur historischen Ethnographie des mittleren Donauraumes. Österr. Akad. d. Wiss., Phil. Hist. Kl., Denkschr. 145, 1980, 33.
Saxo Grammaticus, Gesta Danorum. Zt. Archäol., 8, 1974, 179.
Schach-Dölges, H., Die Bodenfunde des 3.–6. Jh. n.Chr. zwischen Elbe und Oder. Neumünster 1970.
Schach-Dörges, H., Die Holzfunde von Oberflacht. Archäol. Deutschl. 1, 1990, 24.
Schaefer, U., Anthropologische Untersuchung der Skelette von Haithabu. Neumünster 1963.
Schaffran, E., Die Geschichte der Langobarden. Leipzig 1938.
Schaffran, E., Die Kunst der Langobarden in Italien. Jena 1941.
Scheil, U., Zur Genealogie der einheimischen Fürsten von Rügen. Veröff. d. Histor. Komm. f. Pommern Reihe V, H1, 1962.
Schier, B., Hauslandschaften und Kulturbewegungen im östl. Mitteleuropa. Göttingen 1966.
Schickel, A., Deutschland und Polen, ein Jahrtausend gemeinsamer Geschichte. Bergisch-Gladbach 1984.
Schietzel, K., Stand der Siedlungsarchäologie. Forschungen in Haithabu-Ergebnisse und Probleme. Neumünster 1981.
Schietzel, K., Haithabu – frühstädtischer Hafen- und Handelsplatz. Archäol. in Deutschl. 1992, Nr. 3, 22.
Schilling, F., Ursprung und Frühzeit des Deutschtums in Schlesien und im Lande Leubus. Leipzig 1938.
Schleicher, A., Laut- und Formenlehre der polabischen Sprache. St. Petersburg 1871.
Schlesinger, W., Die Anfänge der deutschen Königswahl. Zt. f. Rechtsgesch. 66, 1948, 381.
Schlesinger, W., Kaiser Arnulf u.d. Entstehung des deutschen Staates und Volkes. In: Kämpf, H., Die Entstehung des Deutschen Reiches. Wege d. Forsch. 1, 1956, 94.
Schlesinger, W., Die Anfänge der deutschen Königswahl. Wege d. Forsch. 1, 1956, 313.
Schlesinger, W., Die Verfassung der Sorben. In: Ludat, H. Siedlung und Verfassung der Slawen zwischen Elbe, Saale u. Oder. Giessen 1975, 75.
Schlesinger, W., Die Entstehung der Nationen. Nationes 1, 1978, 11.
Schlesinger, W., Die Völkertafel Germaniens in der angelsächsischen Orosius-Bearbeitung aus der Zeit König Alfreds von England. In: Kötschke, R.: Deutsche und Slawen im mitteldeutschen Osten. 1961, 50.
Schlesinger, W., Die Hufe im Frankenreich. Abh. d. Akad. d. Wiss. Göttingen, Phil. Hist. Kl. III, 115, 1979, 41.
Schlesische, Provinzblätter f.d. Jahr 1822, Literarische Beil., Breslau, 1822.
Schlifkowitz, H., Typische Ortsnamen zwischen Elbe und Weichsel, Ortsnamen auf -au, -ow, -witz, -itz, -schitz und -in. Selbstverlag H. Schlifkowitz, 75 Karlsruhe, Schwarzwaldstr. 25, 1988.
Schlifkowitz, H., Die böhmische Sprache. Anz. d. Notverw. d. Deutsch. Ostens, 18, 1989, 13.
Schlifkowitz, H., Die alpendeutschen Personennamen. Ardagger/Österr. 1990.
Schmeidler, B., Adam von Bremen. Hamburgische Kirchengeschichte. Script. rer. Germanicarum 10, 1925.
Schmeidler, B., Helmolds Sklavenchronik. Scrip. rer. Germanicarum, 1937.
Schmid, P., Ländliche Siedlungen der vorrömischen Eisenzeit bis Völkerwanderungszeit im niedersächsischen Küstengebiet. Offa, 39, 1982, 73.
Schmid, P., Friesische Gräberfelder und das Verhältnis ihrer Funde zur Sachkultur im Karolingerreich und in Skandinavien. In: Kossack, G. u.a.: Archäolog. u. naturwiss. Unters. an ländlichen u. frühgesch. Siedlungen im deutschen Küstengeb. v. 5. Jh. v.Chr. z. 11. Jh. n.Chr. I. Ländl. Siedl. Acta Humaniora, 1984, 361.
Schmidt, L., Geschichte der deutschen Stämme bis zum Ausgang der Völkerwanderung. Die Westgermanen, I, II, München 1938. Die Ostgermanen, München 1934.

Schmidt, L., Geschichte der Wandalen. München 1942.
Schmidt, R., Die Einsetzung der böhmischen Herzöge auf den Thron zu Prag. Nationes 1, 1978, 439.
Schmidt, V., Lieps. Die slawischen Gräberfelder und Kultbauten am Südende des Tollensesees. Beitr. z. Ur- u. Frühgesch. Mecklenburg-Vorpommerns 26, 1992.
Schmidt, V., Lieps, eine slawische Siedlungskammer am Südende des Tollensesees. Berlin 1984.
Schmidt, V., Das Bestattungswesen der Liutizen. In: Horst, F. u. Keiling, H., Bestattungswesen und Totenkult. Berlin 1991, 275.
Schmidt-Thomé, P., Helgoland, seine Düneninsel, die umliegenden Klippen und Meeresgründe. Sammlg. geolog. Führer 82, 1987.
Schneider, J., Grabformen und Beigabensitte aus den völkerwanderungszeitlichen Friedhöfen v. Deersheim u. Weimar-Nord. In: Horst, F. u. Keiling, H., Bestattungswesen u. Totenkult. Berlin 1991, 209.
Schönbach, A., Des Bartholomeus Angelicus Beschreibung Deutschlands gegen 1246. Mitt. Inst. f. Öster. Gesch. Forsch. 27, 1906, 77.
Schönfeld, G., Im Tal des verlorenen Baches: Siedlungen der Jungsteinzeit in feuchten Talauen Bayerns. Archäolog. in Deutschl. Sonderh. 1997,81.
Schoknecht, U., Oberflächenfunde auf einem frühgeschichtlichem Siedlungsplatz bei Menzlin im Kreise Anklam. Bodendenkmalpfl. i. Mecklenburg 1969, 223
Schoknecht, U., Menzlin, ein frühgeschichtlicher Handelsplatz an der Peene. Beitr. u. z. Ur- u. Frühgesch. d. Bez. Rostock, Schwerin u. Neubrandenburg 10, 1977.
Schott, L., Zur Anthropologie des slawischen Gräberfeldes von Gustävel, Kr. Sternberg. Bodendenkmalpfl. in Nord-Mecklenburg, Jb. 1960, 169.
Schott, L., Eine bevölkerungsbiologische Arbeitshypothese in Anwendung auf die Ethnogenese der Aunjetitzer Kultur im Mittelelbe-Saale-Gebiet. Jahresschr. f. Mitteldeutsche Vorgesch. 60, 1976, 425.
Schranil, J., Die Vorgeschichte Böhmens und Mährens. Leipzig 1928.
Schrodt, R., Die germanische Lautverschiebung und ihre Stellung im Kreis der indogermanischen Sprachen. Wien 1976.
Schröcke, H., Siebenbürgen, Menschen, Kirchenburgen, Städte. München 1987.
Schröcke, H., Zur Frage Sclavi – Slawen. Deutschl. i. Gesch. u. Gegenwart, 36, 1988, Nr. 1, 34, Nr. 2, 19.
Schröcke, H., Sclavi, Slawen, Ostgermanen. Europa 1990, H. 2, 55.
Schröcke, H., Die Ähnlichkeit von Germanen und „Slawen" bis 1100 n.d.Ztr. in Verteilungen anthropologischer Merkmale. Deutschl. i. Gesch. u. Gegenwart 43, 1995, H 1,33.
Schröter, P., Zur Anthropologie der römischen Kaiserzeit im Regensburger Raum. In: Fischer, Th., Das Umland des römischen Regensburg, München 1987, 375.
Schröter, W., Zur Anthropologie der römischen Kaiserzeit im Regensburger Raum. München. Beitr. z. Vor- u. Frühgesch. 42, 1987, 375.
Schroller, H., Beiträge zum urgeschichtlichen Hausbau in Niedersachsen. Mannus, 26, 1934, 65.
Schuchardt, C., Arkona, Rethra, Vineta. Berlin 1926.
Schuchardt, C., Vorgeschichte von Deutschland. München 1928.
Schützeichel, R., Ortsnamenwechsel. Beitr. z. Namensforsch. N.F. Beih. 24, 1986.
Schuldt, E., Behren-Lübschin. Schr. f. Vor- u. Frühgesch., 19, 1965.
Schuldt, E., Der altslawische Tempel von Groß-Raden. Schwerin 1976.
Schuldt, E., Handwerk und Gewerbe des 8.–12. Jh. in Mecklenburg. Mus. f. Ur- u. Frühgesch., Schwerin 1980.
Schuldt, E., Groß-Raden, ein slawischer Tempelort des 9./10. Jh. in Mecklenburg, Schr. z. Ur- und Frühgesch. 39, 1985.
Schuldt, E., Der eintausendjährige Tempelort Groß Raden. Mus. f. Ur- u. Frühgesch., Schwerin 1989.
Schulte, L., Beiträge zur ältesten Geschichte Polens. Zt. Verein f. Gesch. Schlesien, 52, 1918, 38.
Schulz, W., Das Fürstengrab und das Grabfeld von Hassleben. Röm.-German. Forsch., 7, 1923, 1.
Schulz, W., Eine Nachlese zu den Bildsteinen von Hornhausen. Jahresschr. f. mitteldeutsche Vorgesch. 40, 1956, 211.
Schultz-Klinken, K., Haken, Pflug und Ackerbau. Schr. Deutsches Landwirtschaftsmus., Univ. Hohenheim, 1, 1981.
Schulze, H., Der Anteil der Slawen an der mitteralterlichen Siedlung nach deutschem Recht in Ostmitteldeutschland. Zeitschr. f. Ostforsch. 31, 1982, 321.
Schultze-Motel, J., Kulturpflanzen der Schnurkeramik. Zt. f. Archäol. 23, 1989, 171.
Schwabedissen, H., Die Anfänge des Neolithikums von Orient bis Nordeuropa. VIII a, 1. T. Köln 1973.
Schwabedissen, H., Die Anfänge des Neolithikums vom Orient bis Nordeuropa. Fundamente Reihe B, 3, 1978, 1.
Schwantes, C., Slawische Skelettgräber bei Rassau, Prov. Hannover. Prähistor. Zt., 1, 1909, 387.
Schwarz, E., Die Frage der slawischen Landnahmezeit in Ostgermanien. – Ein kritischer Überblick des derzeitigen Forschungsstandes. Mitt. Österr. Inst. f. Gesch. Forsch., 53, 1929, 187.
Schwarz, E., Goten, Nordgermanen, Angelsachsen. München 1951.
Schwarz, E., Germanische Stammeskunde. Heidelberg 1956.
Schwarz, E., Sprache und Siedlung in Nordost-Bayern. Nürnberg 1960.
Schwarz, E., Die Stammensnamen in der Prager Bistumskunde. In: Graus, F. u. Ludat, H.: Siedlung und Verfassung Böhmens in der Frühzeit. Wiesbaden 1967, 29.
Schwarz, K., Frühmittelalterlicher Landesausbau im östlichen Franken zwischen Steigerwald, Frankenwald und Oberpfälzer Wald. Röm.-German. Mus., Mainz 1984.
Schwidetzky, I., Rassenkunde der Altslawen. Stuttgart 1938.
Schwidetzky, I., Zur Bevölkerungsbiologie der spanischen Westgoten. Homo 8, 1957, 157.
Schwidetzky, I., Vergleichende Untersuchungen zur Anthropologie des Neolithikums. Homo 18, 1967, 167.
Schwidetzky, I., Ähnlichkeitsbeziehungen altslawischer Bevölkerungen. Vznik a pocatky Slovanu, Cesk. Akad. VED, Prag 1972.
Schwidetzky, I., Vergleichend-statistische Untersuchungen zur Anthropologie der Eisenzeit (letztes Jahrtausend v.d.Z.). Homo, 23, 1972, 245.

Schwidetzky, I., Neue Aspekte des Brachycephalisationsproblems. Anthropol. Közl, 18, 1974, 175.
Schwidetzky, I., Anthropologie der Schnurkeramik und Streitaxtkulturen. Fundamenta Reihe B 3, 1978, 241.
Schwidetzky, I., Rassenkunde der Menscheit. München 1979.
Schwidetzky, I. u. Rösing, F., Vergleichend-statistische Untersuchungen zur Anthropologie der Römerzeit (0–500 u.Z.). Homo, 26, 1975, 193.
Scukin, M., Das Problem der Černajachov-Kultur in der sowjetischen Literatur. Zt. f. Archäol. 9, 1975, 25.
Sergevic, Ch., Die gotische Abstammung der Kroaten. Nordische Welt, 3, 1935, 447, 508, 570, 620.
Sevin, H., Die Gepiden. München 1955.
Seyer, H., Siedlung und archäologische Kultur der Germanen im Havel-Spreegebiet in dem Jahrhundert vor Beginn der Zeitrechnung. Schr. z. Ur- u. Frühgesch., 34, 1982.
Shchukin, M., The baltoslavic forest direction in the archaeological study of the ethnogenesis of the slave. Wiadomosci Archeologiczne 51, 1986–1990, 3.
Silagi, G., Die „Gesta Hungarorum" des anonymen Notars. Sigmaringen 1991.
Skaerup, J., Siedlungs- und Wirtschaftsstrukturen der Trichterbecherkultur in Dänemark. Offa, 39, 1982, 39.
Šolle, M., Die Bedeutung von Kourim in den Anfängen des Staatswesens der Tschechen. Pamatky Archeol. 54, 1963, 84.
Šolle, M., Alt Kourim und die großmährische Kultur in Böhmen. Prag 1966.
Spindler, M., Handbuch der bayerischen Geschichte 1, o.J.
Springer, I., Germanenfunde der Völkerwanderungszeit in Nordbayern. Bemerkungen zur Keramik vom Typ Friedenhain-Přestovice. Archäol. Korr.bl. 15, 1985, 235.
Sprockhoff, E., Vorläufiger Bericht über die Ausgrabung der Hünenburg von Stöttinghause, Bez. Bremen. Germania, 17, 1933, 213.
Steenberg, A., Agrartechnik der Eisenzeit und des frühen Mittelalters. Abh. Akad. d. Wiss. Göttingen, Phil. Hist. Kl. III, 115, 1980, Teil 2, 55.
Steinmann, U., Die älteste Zeremonie der Herzogeinsetzung und ihre Umgestaltung durch die Habsburger. Carinthia I 157, 1967, 469.
Steitz, E., Die Evolution des Menschen. Stuttgart 1993.
Steller, W., Name und Begriff der Wenden. Kiel 1959.
Steller, W., Gefahr im Verzuge. Kiel 1962.
Steller, W., Grundlagen der deutschen Geschichtsforschung I. Volkstumsverlag Landig, Wien 1973.
Steller, W., Deutsche Geschichtsforschung. Der Grundlagen zweiter Teil. II. Verlag Karl Werner, Wien 1975.
Stender-Petersen, A., Slawisch-germanische Lehnwortkunde. Göteborg 1927.
Steuer, H., Zur ethnischen Gliederung der Bevölkerung von Haithabu anhand der Gräberfelder. Offa, 41, 1984, 189.
Stjenquist, B., Das Problem der Grubenhäuser in Süd-Schweden. Jb. Röm.-German. Zentralmus., Mainz, 14, 1967, 144.
Stloukal, M., Die erste Begräbnisstätte auf dem Burgwall „Valy" bei Mikulčice. Pamatky Archeol. 54, 1963, 139.
Stloukal, M., Anthropologische Unterschiede bei Gräbern mit verschiedener Ausstattung im Gräberfeld von Miculčice. Sbornik Josefu Poulniovi k Sedesatinam, Cesk. Akad. VED, Archeolog. Ustav v Brno, 1970, 121.
Stloukal, M., Das anthropologische Material des Gräberfeldes Ducove. III. Int. Kongr. f. slaw. Archäol., Bratislava 1975, I. 1979, 781.
Stloukal, M., Erforschung der altslawischen Population in der CSSR. III. Int. Kongr. f. slaw. Archäol., Bratislava 1975, I, 1979, 785.
Stloukal, M., Das Gräberfeld rund um die 11. Kirche auf dem Burgwall „Valy" bei Mikulčice. Pamatky Archeol. 72, 1981, 459.
Stloukal, M., Die Ethnogenese der Westslawen aus der Sicht der Anthropologie. In: Bernahrd, A. u. Kandler-Palsson: Ethnogenese europäischer Völker. Stuttgart 1986, 323.
Stloukal, M., Anthropologisches Material aus dem Gräberfeld Miculčice-Klersterisko. Pamatky Archeol. 54, 1985, 540.
Stloukal, M. u. Vyhnanak, L., Hinweise auf populationsgnetische Prozesse in der alstslawischen Bevölkerung der Tschechoslowakei. Homo, 23, 1983, H. 3/3.
Strasser, J., Diutisk – deutsch. Neue Überlegungen zur Entstehung der Sprache. Österr. Akad. d. Wiss. Phil. Hist. Kl. Sitz.ber. 444, 1984.
Strausberg, Engel, Chronik der Marck Brandenburg, 1598.
Stridinger, I., Wie alt ist der Baiernname? Zt. f. Bayer. Landesgesch. 10, 1937, 1.
Strömberg, M., Eine Dorfsiedlung an der Ostküste von Schonen. Beitr. z. Ur- u. Frühgesch. II, AFD-Beih. 17, 1982, 183.
Stroh, A., Die Reihengräber der karolingisch-ottonischen Zeit in der Oberpfalz. Materialh. z. Bayr. Vorgesch., H 4, 1954.
Struve, K., Die Ethnogenese der Slawen aus der Sicht der Vor- u. Frühgeschichte. In: Bernhard, W. u. Kandler-Palsson, Ethnogenese europäischer Völker. Stuttgart 1986, 297.
Struve, K., Zur Ethnogenese der Slawen. In: Müller-Wille, M., Starigard-Oldenburg. Neumünster 1991.
Strzygowski, J., Die altslawische Kunst. Augsburg 1929.
Stühmer, H. u.a., Rotkupferfunde vor Helgoland. Offa 35, 1978, 11.
Suchenwirth, R., Der deutsche Osten, Aufstieg und Tragödie. Berg am See 1978.
Svoboda, B., Zum Verhältnis frühgeschichtlicher Funde des 4. u. 5. Jh. aus Bayern und Böhmen. Bayr. Vorgesch.blätter 27, 1962, 97.
Syndicus, E., Süddeutsche Kruzifixe der romanischen Zeit. Diss. Univ. München 1954.
Szydlowski, J., Zur Anwesenheit der Westslawen an der mittleren Donau im ausgehenden 5. u. 6. Jh. Österr. Akad. d. Wiss., Phil. Hist. Kl., Denkschr. 145, 1980, 233.
Tellenbach, G., Die Entstehung des Deutschen Reiches. München 1940.
Tellenbach, g., Die Unteilbarkeit des Reiches. In: Kämpfe, H., Die Entstehung des Deutschen Reiches. Wege d. Forsch. 1, 1956, 110.
Togan, Z., Ibn Fadlans Reisebericht. Leipzig 1939.
Tovornik, V., Das Gräberfeld der karantanisch-köttlacher Kulturgruppe auf dem Georgsberg bei Michelsdorf, pol.Bez. Kirchdorf/ Krems. Schr.Reihe d. Oberösterr. Musealvereins Linz 10, 1980, 81.
Tovornik, V., Die Slawen. In: Dannheimer, H. u. Dopsch, H.: Die Bajuwaren von Severin bis Tassilo 488–788. Ausstell. Katalog, München 1988, 118.

Trautmann, R., Die altrussische Nestorchronik. Leipzig 1931.
Trautmann, R., Die slawischen Völker und Sprachen. Eine Einführung in die Slawistik. Leipzig 1948.
Trestik, D., Borovoj und Svatopluk, die Entstehung des böhmischen Staates und Großmährens. In: Poulik, J., Großmähren und die Anfänge der tschechischen Staatlichkeit. Prag 1986, 121.
Tröster, J., Das alt- und neudeutsche Dacien. 1666, Wien 1981.
Turek, R., Slawische Hügelgräber in Südböhmen. Fontes Archeol. Pragensis 1, 1958, 1.
Turek, R., Der Burgwall Libice und seine Bedeutung im Rahmen der polnisch-böhmischen Beziehungen des 10.–11. Jh. Slavica Antiqua 10, 1963, 207.
Turek, R., Böhmen im Morgengrauen der Geschichte. Wiesbaden 1974.
Uhtenwoldt, H., Die Burgenverfassung in der Vorgeschichte und Geschichte Schlesiens. Breslauer Histor. Forsch., H. 10, 1938.
Unverzagt, W., Landschaft, Burgen und Bodenfunde als Quellen nordost-deutscher Frühgeschichte. Deutsche Ostforsch., 1, 1942, 267.
Unverzagt, W. u. Schuldt, E., Teterow, ein slawischer Burgwall in Mecklenburg. Schr. f. Vor- u. Frühgesch., 13, 1963.
Vajay, S., Großfürst Geysa von Ungarn, Familie und Verwandtschaft. SO-Forschungen 21, 1962, 45.
Vajay, S., Der Eintritt des ungarischen Stammesbundes in die europäische Geschichte. Mainz 1968.
Valic, A., Forschungen an altslawischen und frühmittelalterlichen Gräberfeldern in Gorenjsko. Ber. 11. Intern. Kongr. f. slaw. Archäol., Berlin 1970, 1973, 375.
Valvasor, J., Freiherr von, Die Ehre des Herzogtums Krain. Laibach-Nürnberg 1689, herausgeg. v. Krajec, J. u. Pfeifer, J. Rudolfswerth 1877.
Vana, Z., Die Welt der alten Slawen. Prag 1983.
Vana, Z. u. Kabat, J., Die Ausgrabungen des frühmittelalterlichen Burgwalles Libusin in den Jahren 1949–52, 1956 u. 1966. Pamatky Archeol. 62, 1971, 179.
Vasmer, M., Die Urheimer der Slawen, In: Volz, W.: Der deutsche Volksboden. Breslau 1926, 118.
Vasmer, M., Der Burgundername bei den Westslawen. Sitzber. Preuß. Akadem. d. Wisse. 30–32, 1933, 197.
Vasmer, M., Walter Steller, Name und Begriff der Wenden (Sclavi), Kiel 1959. Zeitschr. f. slaw. Philologie 30, 1962, 203.
Vinski, Z., Novi rano karolingski nalazu u. Jugoslaviju. Vjesnik Archeoloskog Muzeja u. Zagrebu, 3. Ser., X–XI, 1977–78, Zagreb.
Völling, Th. u. Wirtz, D., Ganga undir jardarmen? Archäolog. Befunde zur frühgermanischen Religion. Prähistor. Zt. 69, 1994, H 1, 32.
Vogel, Ch., Biologie in Stichworten. V. Humanbiologie. Kiel 1974.
Vogt, H., Altslawische Ackergeräte vom Gelände des Burgwalls „Grodisch“ in Wiesenau, Kr. Eisenhüttenstadt. Veröff. Mus. f. Vor- u. Frühgesch., Potsdam, 10, 1976, 205.
Wamser, L., Eine thüringische Adelsgrablege des 6. Jh. bei Zeuzleben. Das Archäolog. Jahr in Bayern. 1983/84, 175.
Warnke, D., Funde und Grabsitten des Gräberfeldes in den „schwarzen Bergen“ bei Ralswiek im Rahmen der kulturellen Beziehungen im Ostseegebiet. Zt. f. Archäol., 12, 1978, 275.
Warnke, D., Eine Bestattung mit skandinavischen Schiffsresten aus den „schwarzen Bergen“ bei Ralswiek, Kr. Rügen. Ausgrab. u. Funde, 26, 1981, 159.
Wäscher, H., Der Burgberg in Quedlinburg. Berlin 1959.
Waterbolk, H., Mobilität von Dorf, Ackerflur und Gräberfeld der Latenezeit. Offa, 39, 1982, 97.
Wattenbach, W., Das Leben des Bischofs Otto von Bamberg. Gesch. schr. d. deutschen Vorzeit, 55, 1941.
Wegener, W., Die Pržemysliden. Göttingen 1952.
Wegener, W., Die Lanze des heiligen Wenzel. Zeitschr. f. Rechtsgesch. Z 2, 1955, 56.
Wegener, W., Böhmen, Mähren und das Reich im Hochmittelalter. Graz 1959.
Wegewitz, W., Totenhäuser und andere Grabformen der älteren Broncezeit im Niederelbegebiet. Die Kunde 9, 1941, 75.
Weidlein, J., Gepiden und Szekler. Deutsche Forsch. in Ungarn 9, 1944–1985, 1.
Weidlein, J., Gepiden und Szekler. Deutsche Forsch. in Ungarn 9, 1985, H1–4, 1.
Weidlein, J., Untersuchungen zur Minderheitenpolitik Ungarns. Schorndorf 1990.
Weiner, J., Eine bandkeramische Siedlung mit Brunnen bei Erkelenz-Kückhoven. Schr. Heimatverein Erkelenz 12, 1992, 17.
Weiner, J., Eine zimmermannstechnische Glanzleistung: Der 7000 Jahre alte Eichenholzbrunnen aus Erkelenz-Kückhoven. Schr. z. Bodendenkmalpflege in Nordrhein-Westfalen 3, 1995, 179.
Weisgerber, L., Deutsch als Volksname, Ursprung und Bedeutung. Darmstadt 1953.
Wekerle, J., Abstammung und Kultur. Hamburg 1993.
Welinder, St., Prehistoric agriculture in eastern middle Sweden. Acta Archäol. Lundenburg, Ser. in 8° Minore, Nr. 4 1974.
Wenskus, R., Stammesbildung und Verfassung. Das Werden der frühmittelalterlichen gentes. Graz 1961.
Werner, J., Zur Entstehung der Reihengräberzivilisation. Archäolog. Geograph., 1, 1950, 23.
Werner, J., Neues zur Frage der slawischen Bügelfibeln aus südost-europäischen Ländern. Germania 38, 1960, 114.
Werner, J., Die Herkunft der Bajuwaren und der östlich-merowingische „Reihengräberkreis“. Schr. Reihe z. Bayr. Landesgesch. 62, 1962, 229.
Werner, J., Die Langobarden in Pannonien. Bayr. Akad. d. Wiss. Phil. Hist. Kl. N.F. 55 A, 1962.
Werner, J., Zum Cundpold-Kelch von Petöhaza. Jb. Röm. Germ. Zentralmus. Mainz 13, 1966, 265.
Werner, J., Zur Herkunft und Ausbreitung der Anten und Sklavenen. Actes VIII. Congr. Intern. Sci. Prehistor. et Protohistor., Beograd 1971, 243.
Werner, J., Neues zur Herkunft der frühmittelalterlichen Spangenhelme vom Typ Baldenheimer Typ. Germania 66, 1988(2), 521.
Westphalen, E. J. von, Monumenta inedita rerum Germanicarum praecipue Cimbri carum et Metgapolensium. I. Leipzig 1739, darin: N. Marschalci Annalium Herulorum ac Vancalorum, Libri 7.
Wetzel, G., Die Ergebnisse der Untersuchungen in Schönfeld und Seese, Kreis Calau. Veröff. Mus. f. Ur- u. Frühgesch. Potsdam 19, 1985.

Widera, B., Die Frage der ethnischen Deutung der Zaubincy- und der Černjachovkultur in der neueren sowjetischen Literatur. Ethnogr.-Archäolog. Zt. 13, 1972, 637.
Widgren, M., Settlement and farming systems in the early Iron age. Acta Univ. Stockholm, 3, 1983, 1.
Wiercinski, A., Brachycephalisation: definition and statistical facts. In: Bernhard, W., Kandler, A., Bevölkerungsbiologie. Stuttgart 1974, 503.
Wiesinger, P., Gotische Lehnwörter im Bairischen. In: Baumann, H. u. Schröder, W. Frühmittelalterl. Ethnogenese i. Alpenraum. Sigmaringen 1985, 153.
Wilde, K.-A., Zum Stand der Wollin-Forschung. Nachr. bl. f. Deutsche Vorzeit, 16, 1940, 200.
Willerding, U., Der älteste Ackerbau Mitteldeutschlands. Naturwiss. Rundschau., 18, 1965, 363.
Willerding, U., Über Klima-Entwicklung und Vegetationsverhältnisse im Zeitraum Eisenzeit bis Mittelalter. Abh. d. Akad. d. Wiss. Göttingen, Phil. Hist. Kl. III, 101, 1977, 357.
Willerding, U., Zum Ackerbau der Bandkeramiker. Materialh. z. Ur- u. Frühgesch. Niedersachsens. H. 16, 1978, 421.
Willerding, U., Anbaufrüchte der Eisenzeit und des frühen Mittelalters, ihre Anbauformen, Standortverhältnisse und Erntemethoden. Abh. d. Akad. d. Wiss. Göttingen, Phil. Hist. Kl. III, 116, 1980, 126.
Willdering, U., Ur- und frühgeschichtliche sowie mittelalterliche Unkrautfunde in Mitteleuropa. Zt. f. Pflanzenkrankheit. u. Pflanzenschutz, Sonderh. 9, 1981, 65.
Willerding, U., Paläo-ethnobotanische Analyse der „Getreideschicht". In: Gabriel, J.: Starigard/Oldenburg, I. 1984, Offabücher 52, 1984.
Willms, Chr., Zur absoluten Chronologie des Neolithikums in Hessen. Fundber. aus Hessen, 1982.
Winkler, E., Volk, Kultur, Ethnos, Population, Typus. Zur Methodik der „ethnischen Deutung". Mitt. Anthropol. Ges. Wien, 113, 1983, 5.
Wittmann, J., Die Daglinger/„Piasten" und ihre germanische Kontinuität. Ardagger/Österr. 1991.
Wolff, F., Ostgermanien. Tübingen 1977.
Wolfram, H., Conversio Bagoariorum et Carantanorum. Graz 1979.
Wolfram, H., Ethnogenese im frühmittelalterlichen Donau- und Ostalpenraum (6.–10. Jh.). In: Beumann H. u. Schröder, W. Frühmittelalterl. Ethnogenese i. Alpenraum, Sigmaringen 1985.
Wolfram, H., Das Reich und die Germanen, zwischen Antike und Mittelalter. Siedler-Verlag 1990.
Wolfram, H. u. Daim, F., Die Völker an der mittlerren und unteren Donau im 5. u. 6. Jh. Österr. Akad. d. Wiss., Phil. Hist. Kl., Denkschr. 145, 1980.
Wostry, W., Germania, Teutonia, Alemannia, Bohemia. Abh. d. Deutsche Akad. d. Wiss. Prag, Phil. Hist. Kl., 1943, H. 6.
Wostry, W., Die Ursprünge der Přemysliden. Zeitschr. f. Gesch. d. Sudetenländer 7, 1944, 156.
Wostry, W., Die Ursprünge der Primisliden. In: Schreiber, R.: Festgabe f. Th. Mayer, Salzburg 1953, 1, 156.
Wrede, F., Über die Sprache der Wandalen. Straßburg 1886.
Zak, J., Problematik der westlichen Ausbreitung der Westslawen zu Beginn des Frühmittelalters (5./6.–7. Jh.). III. Int. Kongr. f. slaw. Archäol., Bratislava 1975, I. 1979, 917.
Zeller, K., Bestattungsformen und Beigabensitte. In: Dannheimer, H. u. Dopsch, H.: Die Bajuwaren von Severin bis Tassilo 488–788. Ausstellungskatalog, München 1988, 229.
Zeman, J., Beginn der slavischen Besiedelung Böhmens. In: Graus, F. u. Ludat, H. Siedlung u. Verfassung Böhmens i.d. Frühzeit. Wiesbaden 1967, 3.
Zeman, J., Böhmen im 5. u. 6. Jh. Germanen, Hunnen u. Awaren. Ausstellungskatalog Germanisches Nationalmus., Nürnberg 1988, 515.
Zeuss, K., Die Deutschen und die Nachbarstämme, 1837. Heidelberg 1925.
Ziegelmayer, G., Die Bajuwaren aus anthropologischer Sicht. In: Dannheimer, H. u. Dopsch, H.: Die Bajuwaren von Severin bis Tassilo 488–788. Ausstellungskatalog München, 1988, 249.
Zimmermann, W., Die Siedlungen des 1.–6. Jh. von Flögeln, Eckhöltjen, Niedersachsen. Probl. d. Küstenforsch. 11, 1976, 1.
Zimmermann, H., Die eisenzeitlichen Ackerfluren vom Typ „Celtic field" von Flögeln-Haselhörn, Kr. Wesermünde. Probl. d. Küstenforsch. im südl. Nordseegebiet, 11, 1976, 79.
Zimmermann, H., Regelhafte Innengliederung prähistorischer Langhäuser in den Nordseeanrainerstaaten. Germania 66, 1988(2), 465.
Zippelius, A., Die Rekonstruktion und baugeschichtliche Stellung der Holzbauten auf dem „Husterknupp". In: Herrnbrecht, A.: Der Husterknupp. Köln 1958, 123.
Zoll-Adamikova, H., Anzeichen von Veränderungen im Brandbestattungsritus in Polen in den ersten Phasen des frühen Mittelalters. Ber. 11 Intern. Kongr. f. Slaw. Archäol., Berlin 1970, 3, 1973, 353.
Zoll-Adamikova, H., Die Einführung der Körperbestattung bei den Slawen an der Ostsee. Archäolog. Korrespondenzbl. 24, 1994, 1 81.
Zotz, L., Die spätgermanische Kultur Schlesiens im Gräberfeld von Groß-Sürding. Quellenschr. z. ostdeutsch. Vor- u. Frühgesch., 2, 1935.